教員採用試験「全国版」過去問シリーズ ⑪

全国まるごと

2025年度版

過去問題集

家庭科

#分野別　#項目別

協同教育研究会 編

協同出版

はじめに

本書は，全国47都道府県と20の政令指定都市の公立学校の教員採用候補者選考試験を受験する人のために編集されたものです。

教育を取り巻く環境は変化しつつあり，学校現場においても，教員免許更新制の廃止やGIGAスクール構想の実現などの改革が進められており，現行の学習指導要領においても，「主体的・対話的で深い学び」を実現するため，指導方法や指導体制の工夫改善により，「個に応じた指導」の充実を図るとともに，コンピュータや情報通信ネットワーク等の情報手段を活用するために必要な環境を整えることが示されています。

一方で，いじめや体罰，不登校，教員の指導方法など，教育現場の問題もあいかわらず取り沙汰されており，教員に求められるスキルは，今後さらに高いものになっていくことが予想されます。

協同教育研究会では，現在，626冊の全国の自治体別・教科別過去問題集を刊行しており，その編集作業にあたり，各冊子ごとに出題傾向の分析を行っています。本書は，その分析結果をまとめ，全国的に出題率の高い分野の問題，解答・解説に加えて，より理解を深めるための要点整理を，頻出項目毎に記載しています。そのことで，近年の出題傾向を把握することでき，また多くの問題を解くことで，より効果的な学習を進めることができます。

みなさまが，この書籍を徹底的に活用し，教員採用試験の合格を勝ち取って，教壇に立っていただければ，それはわたくしたちにとって最上の喜びです。

協同教育研究会

教員採用試験「全国版」過去問シリーズ⑪

全国まるごと過去問題集　家庭科＊目次

出題傾向と対策

専門教養家庭科は，専門内容とされる「衣生活」「食生活」「家庭生活・消費生活」「児童・保育」「高齢・福祉」「住生活」等，すべてについて多方面からまんべんなく出題される。かつては「衣・食・住」の問題が中心であったが，近年ではその他の分野の出題も増えてきている。

出題内容は，基本的には教科書に沿った内容が中心であるが，一部では教科書を読んだだけでは解答できないものが出題されており，大学の専門科目で学習するものや，時事的な内容，家庭内・家族間で生じる問題等も含まれている。

「衣生活」では，被服製作，繊維，洗濯や洗剤，被服の機能等の問題が出題されており，洗濯のマークや被服の管理など，より実践的な問題が出題されている。

「食生活」では，調理・献立，食品・食材，栄養・ビタミンなどが主な出題分野である。知識を問う問題以外にも，食品やその加工法，食品の材料や加工工程などの内容，アミノ酸価やコレステロール，カロリーやBMI等の計算問題などが出題されている。

「家庭生活・消費生活」は分野の範囲が広く，消費，経済，家計，家庭，医療，健康，環境・法律など，日常生活に深く関わる事柄が問われている。この分野は時事的な要素を含んだ問題も多く，教科書では学べないものもあるので，幅広い資料から知識を得る必要がある。

「児童・保育」については，乳幼児の発達や経済的支援，国が制定した法律やプランなど，子育てに関する様々な知識が問われている。

「高齢・福祉」については，高齢化がどんどん進んでいる状況もあり，出題が増えている。介護関係の知識や関連法令，成年後見制度など，幅広く出題されている。

「住生活」では，住空間の出題は減少傾向にあり，建築基準法や住生活基本法などの法令，シェアハウスなどの新しい生活様式に関する知識が多く問われている。

学習指導要領については出題傾向に大きな変化はなく，教科の目標や学年の目標，指導計画に関する問題が，空欄補充や正誤問題で問われている。

どの自治体も，教科書を中心とした知識に加えて，より具体的・実践的なことを出題にしていることが多く，かつ全分野において時事的な問題が増えてきている。幅広い学習を心掛けたい。

本書について

本書には，各教科の項目毎に，出題率が高い問題を精選して掲載しております。前半は要点整理になっており，後半は実施問題となります。また各問題の最後に，出題年，出題された都道府県市及び難易度を示しています。難易度は，以下のように5段階になっております。

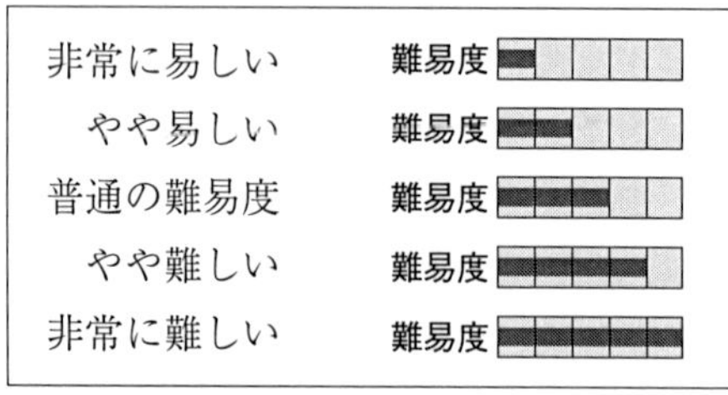
非常に易しい
難易度
やや易しい
難易度
普通の難易度
難易度
やや難しい
難易度
非常に難しい
難易度

また，各問題文や選択肢の表記については，できる限り都道府県市から出題された問題の通りに掲載しておりますが，一部図表等について縮小等の加工を行って掲載しております。ご了承ください。

衣生活

要点整理

被服領域

被服の分野は，毎年，どの都道府県でも多く出題されている。材料，被服整理，被服構成と全体的に幅広く理解しておくことが大切である。

私たちの衣生活は，材料の選択・購入→着用→手入れ・洗濯→収納・保管が，くり返し行われている。衣生活を快適にするためには，被服材料の性能を知り，選択する目や扱う技術を養うことが必要である。以下，各単元のポイントを箇条書きにしてみる。

○被服の役割　保健衛生的なはたらき・生活活動上のはたらき・装飾審美上のはたらき・社会生活上のはたらきを理解しておく。

○被服材料　天然繊維の綿・毛・麻・絹繊維についてその形状(側面・断面)，各種の性能・用途，化学繊維の分類，およびその形状，性能，用途など代表的な繊維の特徴について理解しておく。

○被服整理　洗剤の種類と特徴，洗剤の使い方と注意点，洗剤や水の量，洗濯液の温度，手洗いと機械洗い，取り扱い表示記号と意味，クリーニングの方法と特徴など。

被服領域は理論だけでは完全に理解することはできないので，実際に製作し，また実験しながら原理を考えて学習をすすめていく努力をしてもらいたい。

被服製作

中学校では内容が「簡単な衣服の製作」となり，題材はショートパンツやそでなしの上衣が取り上げられることが多い。高等学校では立体構成・平面構成が取り上げられ，製作題材には法被(はっぴ)等も取り上げられたりする。人体と被服の構成との関係を理解しておくことが，型紙をデザインや寸法に合わせて補正したり，製作の手順を考えることにつながる。布地の用尺(必要な長さ)の見積もり方，型紙の布への配置の仕方，しるしの付け方，ミシンの操作，針と糸の太さの関係，アイロンの使い方などの基礎的技術について，理由を考えながら理解しておく。衣服の手入れとして，裾あげのまつりぬいの仕方やスナップの付け方など，手縫いについても学習しておくことが必要である。

家庭科　衣生活

実施問題

被服製作

【1】次の図は，被服製作の過程の一部を示したものである。以下の(1)〜(3)に答えなさい。

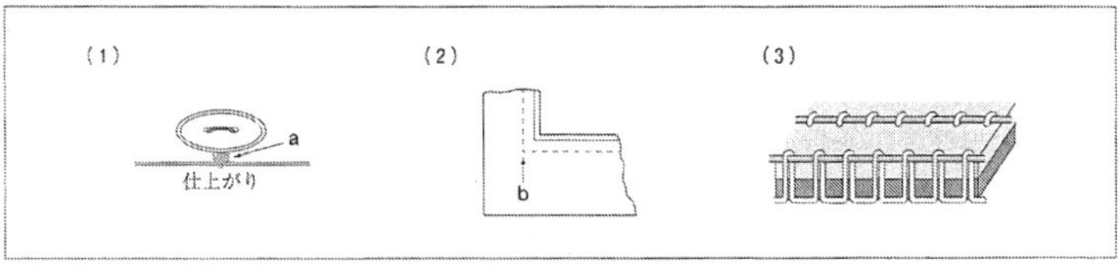

図

(1)　ボタンをつけるとき，図のaの部分を何というか，書きなさい。また，そのように仕上げる目的を書きなさい。

(2)　ミシンをかける場合，図のbの部分をきれいに仕上げるための方法を説明しなさい。

(3)　図のミシン縫いの上糸と下糸のつり合いの状態を説明しなさい。また，つり合いを直す手立てとして適切なものを次のア〜エから1つ選び，その記号を書きなさい。

ア　上糸調整ダイヤルのメモリを大きくする。

イ　送り調整ダイヤルのメモリを大きくする。

ウ　上糸調整ダイヤルのメモリを小さくする。

エ　送り調整ダイヤルのメモリを小さくする。

2024年度　青森県　難易度

【2】被服製作における次のa〜cの文が説明しているものとして最も適切な語句を，語群①〜⑧の中からそれぞれ一つ選びなさい。

a　着用後の型くずれや洗濯による縮みを防ぐため，裁断前にきり吹きやアイロンを用いて布目を整えること。

b　布目に対して斜めの方向のこと。

c　布の表が内側になるように折ること。

＜語群＞

① バイアス　② しつけ　③ 耳　④ 合いじるし
⑤ わ　⑥ 中表　⑦ 外表　⑧ 地直し

▌2024年度 ▌三重県 ▌難易度

【3】図中の(ア)～(エ)のうち，ハーフパンツの後ろまた上となる部分を，以下の1～4の中から1つ選びなさい。

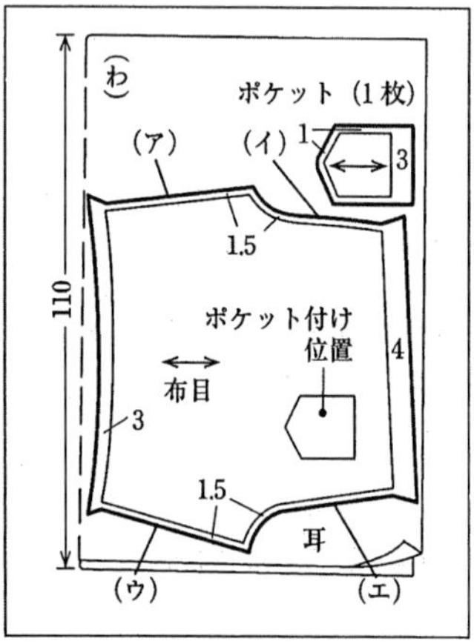

1　(ア)　2　(イ)　3　(ウ)　4　(エ)

▌2024年度 ▌埼玉県・さいたま市 ▌難易度

【4】次の図はJIS規格によるサイズ表示である。以下の1，2，3の問いに答えよ。

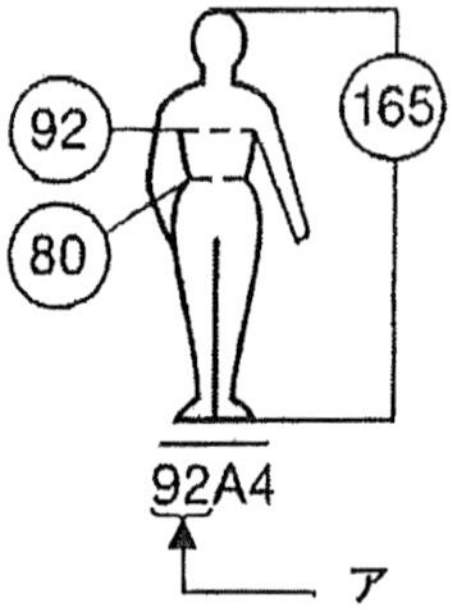

図1

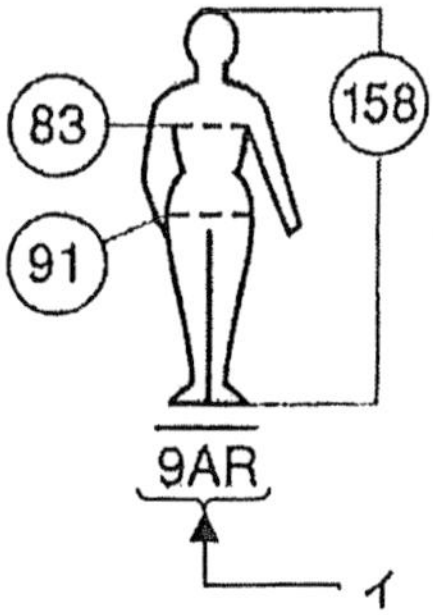

図2

バスト		体型	ヒップの大きさ
番号	寸法(cm)	Y	A体型より4cm小さい
3	74	A	普通の体型
5	77	AB	A体型より4cm大きい
7	80	B	A体型より8cm大きい
9	83	身長	
11	86	記号	寸法(cm)
13	89	PP	142
15	92	P	150
17	96	R	158
19	100	T	166

図3

1　図1は，成人男子衣料のサイズ絵表示である。アは何を示すか，答えよ。

2　図2は，成人女子衣料のサイズ絵表示である。次の成人女子の表示はどのようになるか，図2中のイにならい，図3を参考に，数字と記号で答えよ。

> バスト89cm　ヒップ95cm　身長166cm

3　腰部の採寸について，腰部のどの部分をどのように測るか，簡潔に説明せよ。

▌2024年度 ▌栃木県 ▌難易度 ■■■□□

【5】ソフトデニムを材料として，パンツだけ60cmのハーフパンツを製作する。次の(1)～(5)に答えなさい。

(1)　このパンツを製作するための用布の長さを求めなさい。ただし，90cm幅の布で，縫いしろ分は20cmとする。

(2)　布の裁ち方について，次の①，②に答えなさい。

①　次の図の中にあるア，イは布目を表している。「たての布目」はア，イのどちらか，記号を書きなさい。

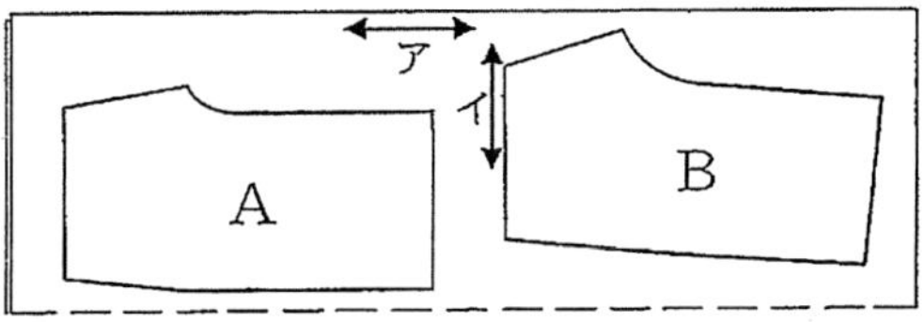

② 図の中にあるA，Bのうち，Aの型紙は「前」と「後ろ」のどちらか，記号を書きなさい。

(3) 布の裁断のため，縫いしろを考えて裁ち切り線を付ける。次図には，Aの型紙に合わせて，裁ち切り線が途中まで書かれている。その続きを書きなさい。

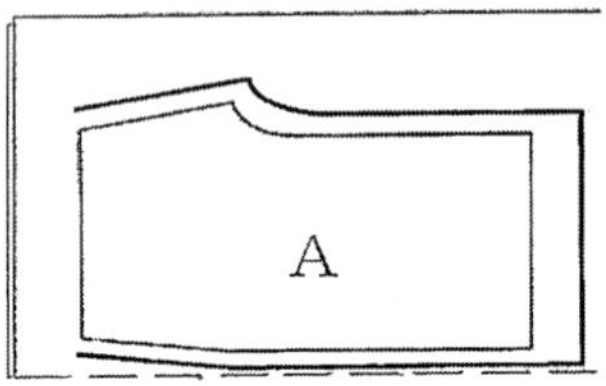

(4) 「また上(またぐり)」をミシン縫いする場合の縫い方を何というか。また，その縫い方を用いる理由を書きなさい。

(5) 製作において既製のハーフパンツを参考にしたとき，次のような取扱い表示があった。以下の①，②に答えなさい。

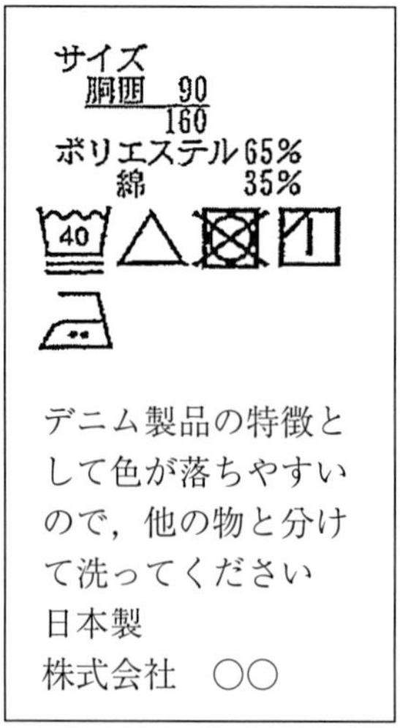

表示

① 「デニム製品の特徴として色が落ちやすいので，他の物と分けて洗ってください」という表示を何というか。

② 表示の中には，次の取扱い表示がある。その意味を書きなさい。

2024年度 新潟県・新潟市 難易度

【6】被服製作について，次の各問いに答えよ。

問1　この用具は，しるしをつける時に使用するものである。用具の名称を答えよ。

問2　次図はパンツの裁ち方を示したものである。この型紙の置き方は間違っている。その理由を答えよ。

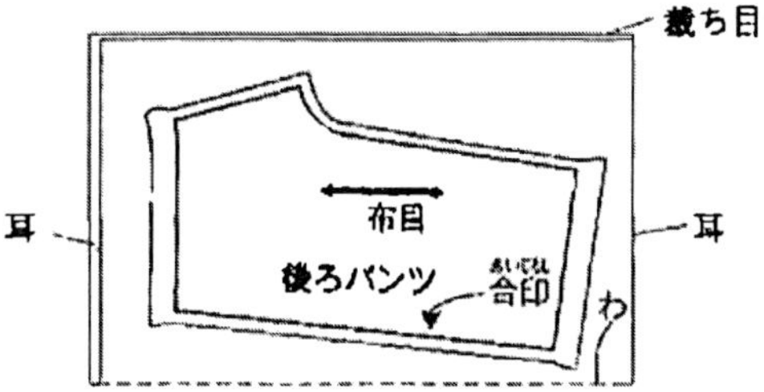

問3　ブロードの生地でシャツを製作する場合のミシン針とミシン糸との組み合わせで最も適するものを1つ選び，記号で答えよ。

	ア	イ	ウ	エ
ミシン針	9番	１１番	１１番	１４番
ミシン糸	ポリエステル糸 ８０番	ポリエステル糸 ８０番	ポリエステル糸 ６０番	ポリエステル糸 ４０番

問4　次図(1)・(2)の縫いしろの始末の名称を答えよ。

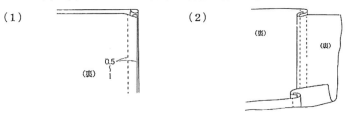

（1）

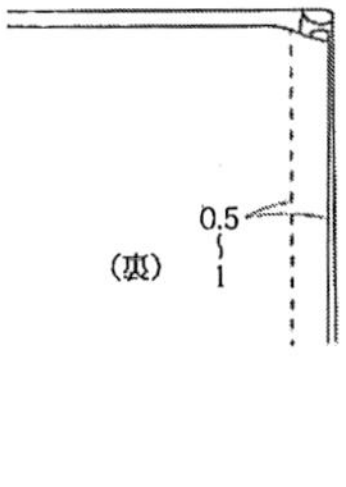

（2）

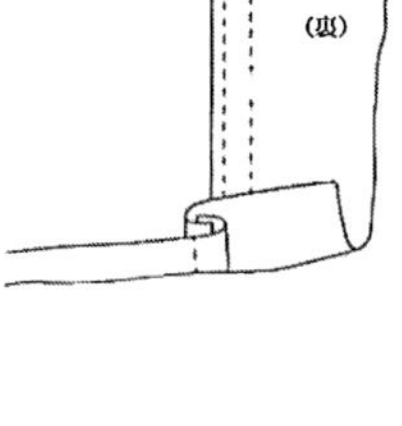

問5　ミシンの糸の調子が，上糸が切れる状態であった。その原因として考えられることを答えよ。

問6　肩周りが動かしやすく，スポーツをする時に最も適するそでを1つ選び，記号で答えよ。

ア　セットインスリーブ　　イ　ラグランスリーブ

ウ　パフスリーブ

問7　夏のシャツブラウスに適する布地を，次の中から1つ選び，記号で答えよ。

ア　サッカー(綿65%・ポリエステル35%)

イ　コーデュロイ(綿100%)

ウ　ジョーゼット(毛100%)

問8　シャツブラウスの型紙の身頃の幅を広げる方法で最も適するものを1つ選び，記号で答えよ。

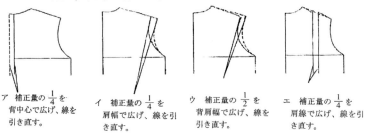

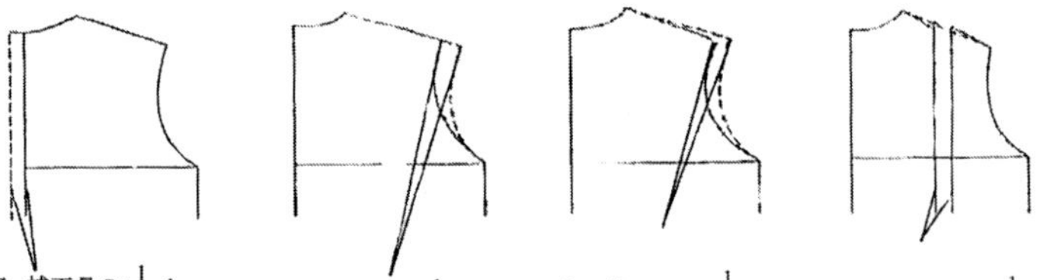

ア　補正量の$\frac{1}{4}$を背中心で広げ、線を引き直す。

イ　補正量の$\frac{1}{4}$を肩幅で広げ、線を引き直す。

ウ　補正量の$\frac{1}{2}$を背肩幅で広げ、線を引き直す。

エ　補正量の$\frac{1}{4}$を肩線で広げ、線を引き直す。

問9　次図はえりつけのでき上がりを示している。バイアステープや見返しの置き方で最も適するものを1つ選び，記号で答えよ。

ア　　イ　　ウ　　エ

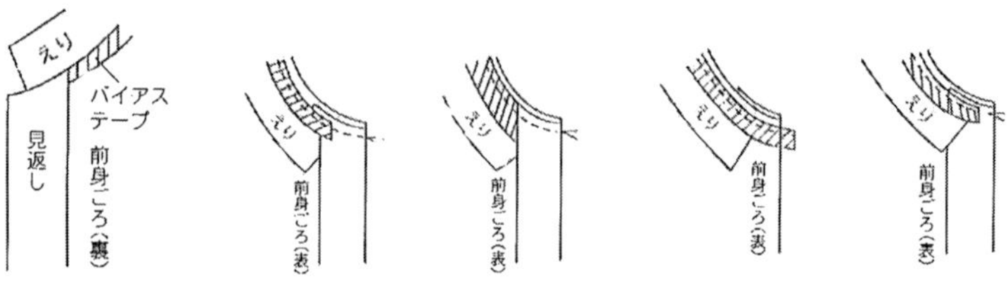

でき上がり図

▌2024年度 ▌長崎県 ▌難易度

【7】採寸項目のはかり方とサイズ表示(JIS)について，次の(1)，(2)の問いに答えよ。

(1) 次の表は，採寸項目とはかり方についてまとめようとしたものである。表中の(　ア　)，(　イ　)にあてはまる語句は何か。それぞれ書け。

採寸項目		はかり方
胸囲	男子：(　ア　)	腕のつけねのところで上半身の最も太いところを水平に一周はかる。
	女子：バスト	胸の最も高いところ（乳頭）を水平に一周はかる。
胴囲（ウエスト）	男子	腰骨を基準として、その2cm上を締めつけないように一周はかる。
	女子	胴の最も細いところを水平に一周はかる。
腰囲（ヒップ）		腰の最もはっているところを水平に一周はかる。
背肩幅		左右の肩先から肩先まで背中心の首のつけねを通るようにはかる。
背たけ		背中心の首つけねから胴囲線までの長さを背面にそってはかる。
(　イ　)		椅子に腰かけてウエストラインから腰かけまでを垂直にはかる。
そでたけ		肩先から手のくるぶしまでの長さをはかる。腕は軽く曲げる。

(2) 次の図は，成人女性の既製服のサイズ表示(JIS)を示している。図中のA，Rは，何を表したものか。それぞれ書け。

寸法列記表示

サイズ
バスト　83
ヒップ　91
身長　158
9AR

2024年度　香川県　難易度

【8】次の型紙を使って，ズボンを作る。また上が短いので，2cm長くすることにした。

どのように型紙を修正するとよいのか，以下のア～エの中から適するものを選び，記号を書きなさい。そして，次の型紙を使って，型紙でも表し，選んだ記号の文にある下線の言葉も型紙に書き入れなさい。

型紙

ア　ひざ線を切り，2つに分ける。そして，間に2cm幅の紙を付け足す。
イ　腰囲線を切り，2つに分ける。そして，間に2cm幅の紙を付け足す。
ウ　わき線を切り，2つに分ける。そして，間に2cm幅の紙を付け足す。
エ　わき線を切り，2つに分ける。そして，間に1cm幅の紙を付け足す。

2024年度　名古屋市　難易度 ■■■■□□

【9】ブロードの布地を用い，ボックスティッシュケースを製作する。次の各問いに答えよ。

1　布地と縫い糸，ミシン針の関係について，次の(　①　)(　②　)に当てはまる語句を書け。また，(　③　)に当てはまる数字を書け。

ブロードは(　①　)織の織物で，縫い糸は綿や(　②　)のミシン糸を使い，ミシン針は(　③　)番が適している。

2　次の図のような縫い代の始末の仕方を何というか書け。

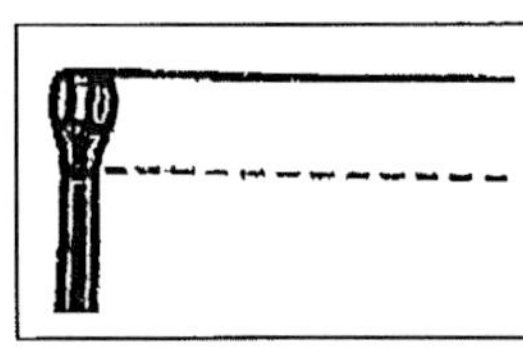

3　半返し縫いの糸の様子を図示せよ。ただし，布の表と裏に注意し，玉結びを図示すること。また，表目は一目が5mm程度となるようにすること。

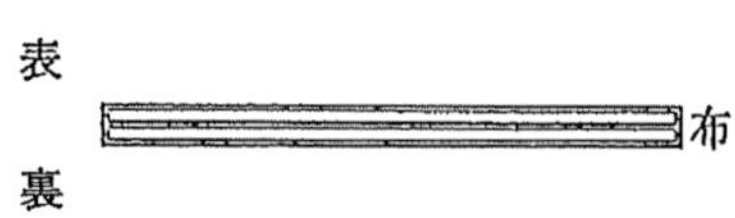

2024年度　岡山市　難易度 ■■■■□□

【10】被服製作について，次の(1)，(2)の各問いに答えよ。

(1)　オープンカラーシャツの製作について，次のア～ウの各問いに答えよ。

ア　えりの形について，オープンカラーを次のA～Dから一つ選び，記号で答えよ。

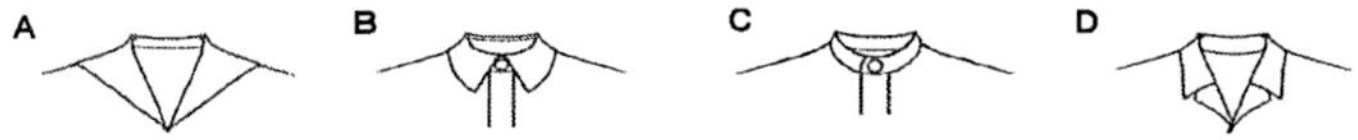

イ　図1は型紙の配置について示したものである。置き方としてふさわしくないものを次のA～Eから二つ選び，記号で答えよ。また，ふさわしくない理由をそれぞれ述べよ。

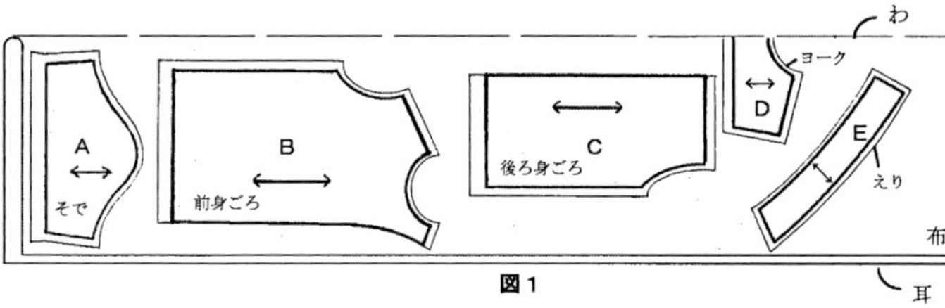

図1

ウ　ボタンつけについて，次の文中の(　①　)，(　②　)に入る適する語句を以下の語群から一つずつ選び，それぞれ記号で答えよ。

ボタンホールは，ボタンの直径に(　①　)を加えた大きさであり，身ごろの(　②　)にボタンをつける。

語群

A　ボタンの半径　　B　0.8cm　　C　ボタンの厚み
D　布の厚み　　E　上前中心　　F　下前中心
G　上前端　　H　下前端

(2)　生徒がミシンを使用する際に，針は動くが布地が進まなかった。この時，生徒に確認させることについて示した次の文中の(　①　)，(　②　)に入る適する語句を，それぞれ答えよ。

布地が進まない場合は，(　①　)の目盛りが0になっていないか，(　②　)が下がっていないか，(　②　)にほこりや糸が詰まっていないかを確認させる。

2024年度　山口県　難易度

【11】リラックスウエアの製作について，(1)～(3)の問いに答えなさい。

(1)　図1は，前見返しのすそのミシン縫いを示したものである。ミシンのかけ方で最も適しているものを，次のa～dの中から1つ選び，その記号を書きなさい。

図1

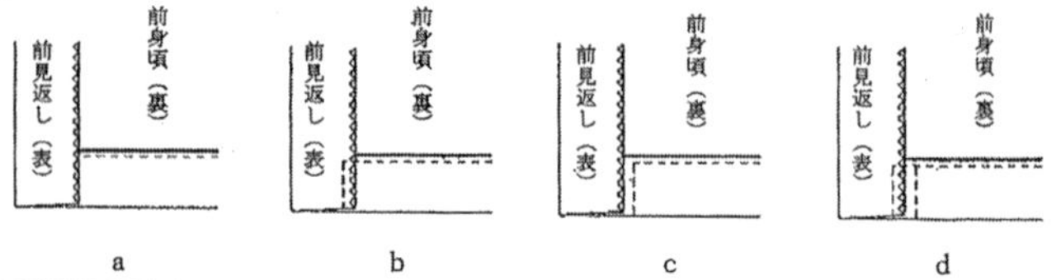

(2)　文中の[　ア　]，[　イ　]に当てはまる語句を以下のa～eからそれぞれ1つ選び，その記号を書きなさい。ただし，同じ記号には，同じことばが入るものとする。

> 本縫いの前に，[　ア　]縫いをしておくときれいに仕上げることができる。[　ア　]縫いは，ミシン縫いをした後にはずすため，できあがり線に重ならないように0.1～0.2cm[　イ　]を縫う。

a　まつり　　b　しつけ　　c　かがり　　d　内側

e　外側(縫い代側)

(3)　次の①，②の問いに答えなさい。

図2

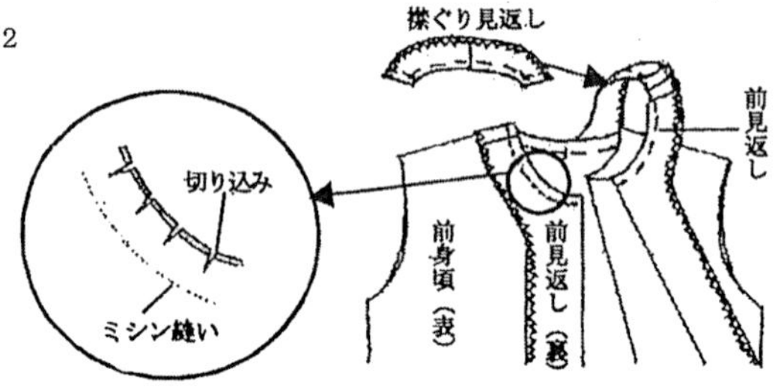

図3

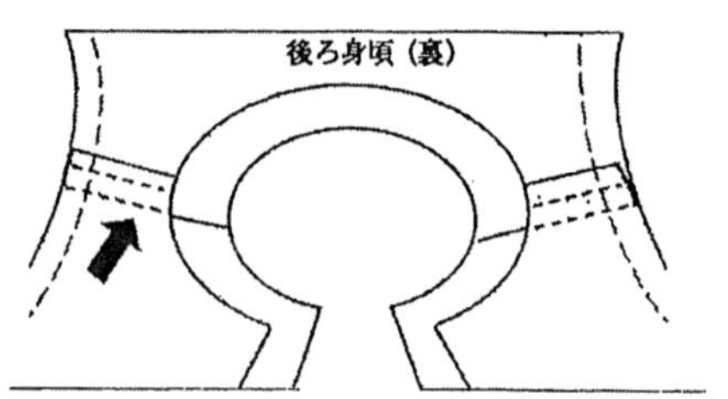

① 上の図2は，前見返しの始末の仕方を表している。中表に縫い合わせ，表に返す前に，切り込みを入れる理由を書きなさい。

② 上の図3の肩の始末の仕方を何というか。その始末の仕方を次のa～cから1つ選び，その記号を書きなさい。

a 袋縫い　　b 伏せ縫い　　c 割り縫い

2024年度 ▌福島県 ▌難易度

【12】被服製作実習に関する次の問いに答えよ。

(1) 製作実習の題材をハーフパンツとして，次の型紙をつくった。(ア)(イ)にあてはまる語句の組合せとして，適切なものを①～⑥から選び，番号で答えよ。

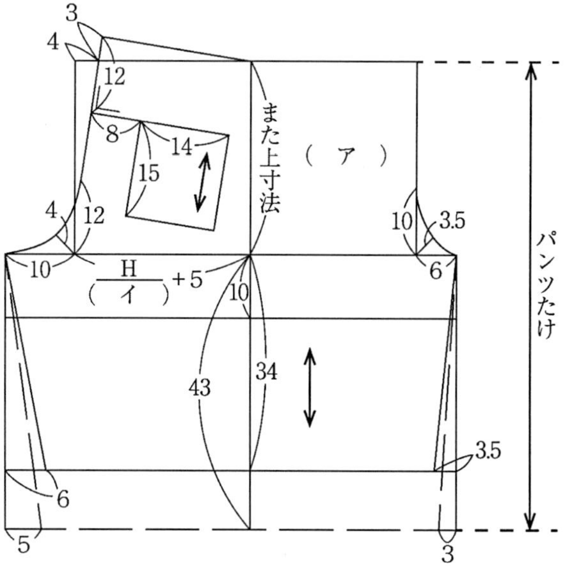

	ア	イ
①	前パンツ	4
②	後ろパンツ	4
③	前パンツ	2
④	後ろパンツ	2
⑤	前パンツ	6
⑥	後ろパンツ	6

(2)　ハーフパンツの製作実習のミシン縫いの際に，布が進まないというトラブルが起きた。この原因として適切なものを①～⑤から選び，番号で答えよ。

①　針の取り付けが浅い

②　かまの中にほこりや糸くずがつまっている。

③　送り調節ダイヤルの目盛りが0になっている。

④　上糸調節装置のダイヤルをしめ過ぎている。

⑤　下糸の巻き方が悪い。

(3)　型紙の置き方について，(　ア　)～(　ウ　)にあてはまる語句の適切な組合せを①～⑥から選び，番号で答えよ。

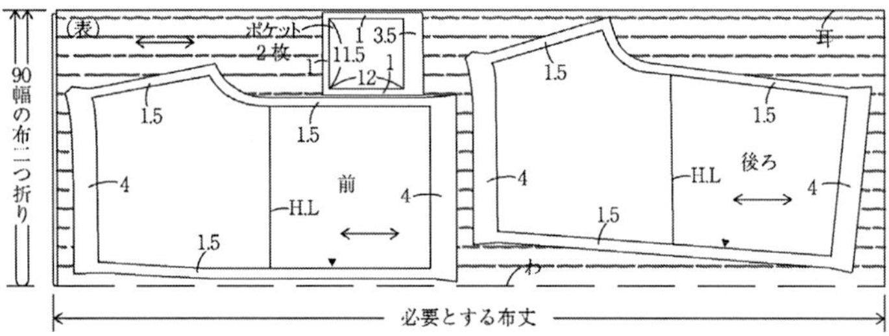

・型紙に袖等の名称を書き，布目等のしるしを入れる。
・布を平らなところに広げて型紙の布目を布の(　ア　)に合わせて置く。
・しるし付けに布用両面複写紙を用いる場合には，布を(　イ　)に折る。
・大柄や格子柄等では，柄合わせに注意する。
・位置が決まったら，まち針をうつ。
・チャコ鉛筆で縫い代のしるしを付ける。この際，補正が予想される部分やほつれやすい布では1cmぐらい多めにする。
・布目のしるしと(　ウ　)は平行に置く。

	ア	イ	ウ
①	たて方向	中表	見返し線
②	たて方向	外表	耳
③	よこ方向	中表	裁ち目
④	よこ方向	外表	見返し線
⑤	たて方向	中表	耳
⑥	よこ方向	外表	裁ち目

2024年度 神戸市 難易度

【13】女性用のストレートパンツの製作について，次の(1)～(4)の問いに答えなさい。

(1) 次の表Aのア～エに当てはまる語句の組合せとして，最も適当なものを以下の解答群から一つ選びなさい。

【表A】採寸箇所と採寸のしかた

採寸箇所	採寸のしかた
ア	腰の最も張っているところを水平に一周はかる。
イ	いすに座ってウエストラインからいすの座面までをはかる。
ウ	胴囲線から腰囲線までの長さをはかる。
エ	胴の細いところを一周はかる。

【解答群】

	①	②	③	④	⑤	⑥	⑦	⑧
ア	ウエスト	ウエスト	また上	また上	腰たけ	腰たけ	ヒップ	ヒップ
イ	また上	ヒップ	ヒップ	腰たけ	ヒップ	また上	また上	腰たけ
ウ	腰たけ	また上	ウエスト	ヒップ	ウエスト	ヒップ	腰たけ	ウエスト
エ	ヒップ	腰たけ	腰たけ	ウエスト	また上	ウエスト	ウエスト	また上

(2) ヒップの張りに引かれ，図Aのようになった場合の補正として，最も適当なものを次の①～④のうちから一つ選びなさい。

【図A】

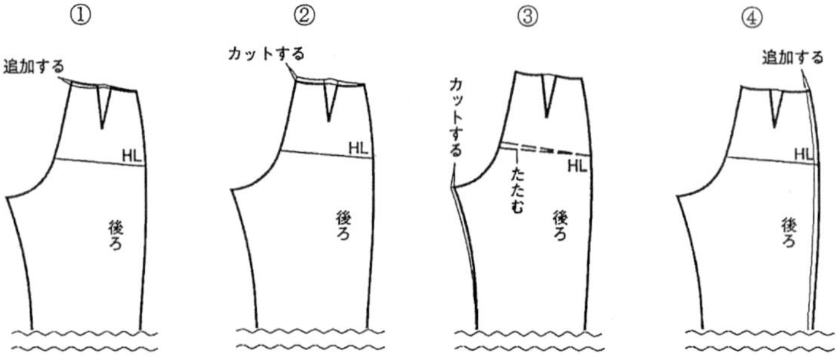

(3) 厚地のデニムを縫う際のミシン糸とミシン針の組合せとして，最も適当なものを次の解答群から一つ選びなさい。

【解答群】

	ミシン糸	ミシン針
①	ポリエステル糸３０番	７番
②	カタン糸１００番	１４番
③	カタン糸８０番	７番
④	ポリエステル糸９０番	９番
⑤	カタン糸４０番	１４番

(4) ミシンの不調とその原因の組合せとして，適当でないものを次の解答群から一つ選びなさい。

【解答群】

	不調	原因
①	針が折れる	針の太さが布の厚さにあっていない
②	縫い目が飛ぶ	針が正しくついていない
③	上糸が切れる	上糸調子が弱すぎる
④	下糸が切れる	かまやボビンケースに、ほこりがたまっている

2024年度 千葉県・千葉市 難易度

【14】次の表示は，衣服の「サイズ表示」(JIS)を示したものの一部である。空欄[　ア　]・[　イ　]に当てはまるものの組合せとして最も適切なものを，以下の①～⑧のうちから選びなさい。

成人男子	
サイズ	
チェスト	90
ウエスト	74
身長	170
[　ア　]	

成人女子	
サイズ	
バスト	83
ヒップ	91
身長	158
[　イ　]	

① ア　90A 4　イ　9AR
② ア　90B 4　イ　9YP
③ ア　90A 5　イ　9AP
④ ア　90Y 5　イ　9AR
⑤ ア　90Y 7　イ　9BP
⑥ ア　90E 7　イ　9BR
⑦ ア　90B 5　イ　9AP
⑧ ア　90Y 7　イ　9YR

2024年度 ┃ 神奈川県・横浜市・川崎市・相模原市 ┃ 難易度 ■■■□□

【15】シャツの衿ぐりの始末について説明した次の文を読み，各問いに答えなさい。前身ごろと前見返しは続け裁ちするものとする。

① 前見返し，後ろ衿ぐり見返しに$_A$接着芯をアイロンで貼る。
② 前身ごろと後身ごろを中表にして重ね，肩を縫う。縫い代は2枚一緒にジグザグミシンをかける。見返しも中表にして合わせ，肩を縫い2枚一緒にジグザグミシンをかける。$_B$肩の縫い代は縫い代の厚みが表にひびかないように倒す。
③ 前身ごろの上に前見返しを$_C$(外表・中表)になるように折って重ね，$_D$衿ぐりのカーブを縫う。
④ 衿ぐりの縫い代がもたつかないように$_E$縫い代を処理する。
⑤ 後ろ衿ぐり見返しと前身ごろ見返しを表に返す。$_F$見返しを控えてアイロンをかける。

(1)　下線部Aについて，次の各問いに答えなさい。

①　接着芯を貼るのに適したアイロンの温度をア～ウより選び，記号で答えなさい。

ア　100～120℃　　イ　140～160℃　　ウ　180～200℃

②　接着芯を貼る際にシーチングやハトロン紙をあてる理由を説明しなさい。

(2)　下線部Bの方法を具体的に説明しなさい。

(3)　下線部Cについて，正しいものを選び答えなさい。

(4)　下線部Dについて，縫う箇所を破線で図示しなさい。

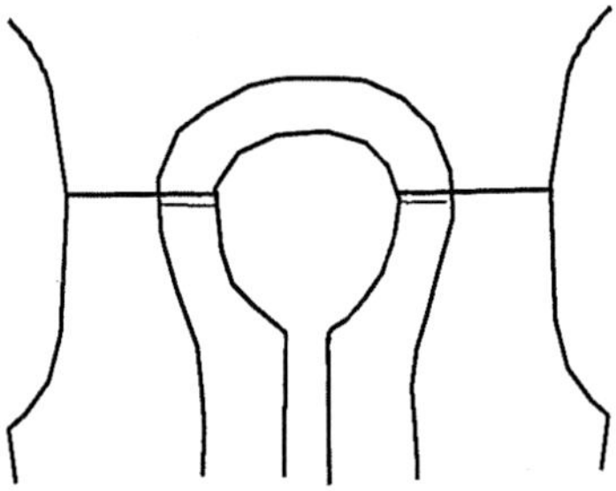

(5)　下線部Eについて，その方法を2つ答えなさい。

(6)　下線部Fについて，「見返しを控える」とはどのような状態か説明し，その目的を答えなさい。

(7)　衿ぐり始末の方法として見返し以外にバイアステープによる処理がある。バイアステープの正しいはぎ方を次図ア～エより選び，記号で答えなさい。

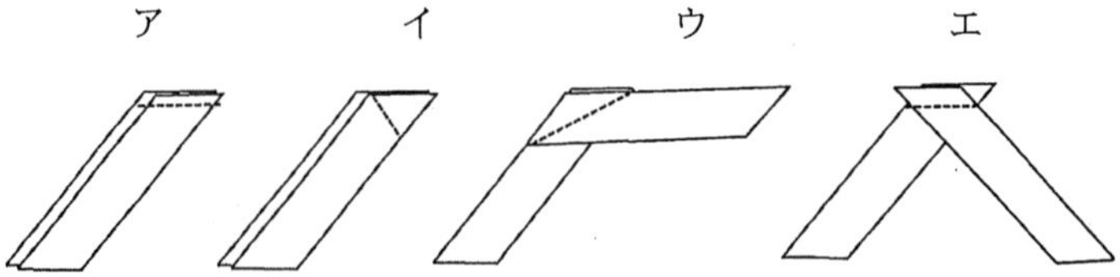

▌2024年度 ▌長野県 ▌難易度

【16】ミシンについて(1)～(3)の各問いに答えなさい。

(1) ミシンの(①)～(⑤)に適する各部の名称を答えよ。

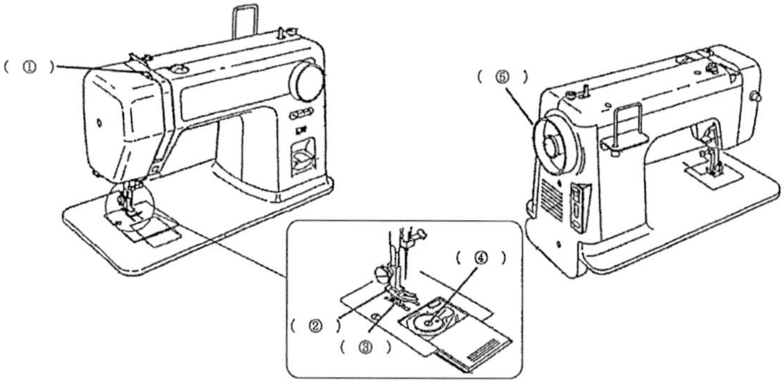

(2) ①～③のようにミシンの調子が悪い原因をそれぞれ以下のア～カから2つずつ選び，その記号で答えよ。ただし，同じ記号は2度選べないものとする。

① 上糸が切れる　② 針が折れる　③ 針棒が動かない

ア 針が少しだけ曲がっている

イ 糸巻軸が下糸をまく状態になっている

ウ 上糸のかけ方が正しくない

エ 釜の中にほこりや糸が詰まっている

オ 上糸の調子が強すぎる

カ 針止めねじが緩んでいる

(3) デニム(綿 95% ポリウレタン 5%)の布で日常着を製作する場合，ミシン針とミシン糸の組み合わせで正しいものをア～オから1つ選び，その記号で答えよ。

	ア	イ	ウ	エ	オ
ミシン針	9番	11番	11番	14番	14番
ミシン糸	80番	60番	50番	80番	50番

2024年度 佐賀県 難易度

【17】次は，JISによって定められた成人男性用の既成服のサイズ表示です。寸法列記として[　①　]～[　④　]にあてはまる語や数字，記号の組み合わせとして最も適切なものを，以下の1～4の中から1つ選びなさい。

サイズ	
[　①　]	92
ウエスト	80
身長	165
[　②　] [　③　] [　④　]	

	①	②	③	④
1	チェスト	83	YA	3
2	肩幅	92	YA	4
3	チェスト	92	A	4
4	肩幅	95	A	5

▌2024年度 ▌埼玉県・さいたま市 ▌難易度 ■■■□□

【18】ハーフパンツの作り方について，(　①　)～(　③　)にあてはまる手順の組み合わせとして最も適切なものを，以下の1～4の中から1つ選びなさい。

〈作り方〉

ポケットを付ける　→　縫いしろを始末する　→　(　①　)
→　(　②　)　→　すそを縫う　→　(　③　)

	①	②	③
1	また下を縫う	また上を縫う	胴囲を縫う
2	また上を縫う	胴囲を縫う	また下を縫う
3	また下を縫う	胴囲を縫う	また上を縫う
4	また上を縫う	また下を縫う	胴囲を縫う

▌2024年度 ▌埼玉県・さいたま市 ▌難易度 ■■■□□

【19】 次の文の(　　)にあてはまる語句について，正しいものを一つ選び，番号で答えよ。

> 2枚の布を縫い合わせた後に，縫いしろを開いてアイロンをかけることを，縫いしろを(　　)という。

1　いせる　　2　割る　　3　片返す　　4　たおす　　5　裁つ

‖ 2024年度 ‖ 愛知県 ‖ 難易度 ■■■□□

【20】 次のア～キは，じんべいの製作における本縫いについて記述したものの一部である。本縫いの順番に並べたものとして最も適切なものを，以下の①～⑥のうちから選びなさい。

> ・ひも，ポケットを縫う
> ↓
> ア　そで口を縫う
> イ　えりを縫う
> ウ　背縫い
> エ　そで下，わきを縫う
> オ　えり下，すそを縫う
> カ　そでを縫いつける
> キ　えり先を縫う

① ウ → カ → ア → エ → キ → イ → オ
② ウ → カ → エ → ア → オ → イ → キ
③ ウ → カ → エ → ア → イ → オ → キ
④ カ → ウ → ア → エ → オ → イ → キ
⑤ カ → ウ → エ → ア → キ → イ → オ
⑥ カ → ウ → エ → ア → イ → オ → キ

‖ 2024年度 ‖ 神奈川県・横浜市・川崎市・相模原市 ‖ 難易度 ■■■■□

解答・解説

【1】(1)　aの部分…糸足　　目的…布の厚みを確保して，ボタンをはめやすくする。　　(2)　bに針を刺したままミシンを止めて，押え金を上げて布の方向を変え，押え金を下ろして再び縫う。　　(3)　説明…上糸が強い　　記号…ウ

○**解説**○ (1)　糸足は布の厚さと同じくらい(2～4mm)が適しており，隙間のないようにきつめに糸を巻き付け，仕上げる。くるみボタンなど，穴が1つだけの足つきボタンは，糸足を作る必要はない。　(2)　布や縫い目がずれるのを防ぐため，必ず針を刺した状態で押え金を上げる。(3)　図の縫い目は布の上側に下糸が出ているので上糸の調子が強い状態である。ミシンに関する問題で，不具合があったときの対処の仕方については頻出なので，必ず理解しておくこと。

【2】a　⑧　　b　①　　c　⑥

○**解説**○ 地直しのやり方は，布地の種類により理解し，覚えておくこと。バイアスの布の取り方とつなぎ方に関する問題は頻出なので理解しておくこと。

【3】4

○**解説**○ (イ)はカーブが浅いので前また上である。後ろまた上は，臀部の膨らみの分，カーブが大きい。

【4】1　チェスト　　2　13ABT　　3　腰部の最もはっている部分を水平に一周測る。

○**解説**○ 1　成人男子の場合92A4は左から92はチェスト寸法，Aは体型，4は身長を示す記号である。成人男子の体型はチェストとウエストの寸法差で分類されており，Aは寸法差が12cmである。身長記号は150cmを1とし，5cm刻みで9の190cmまで示されている。　2　バスト89cmは図3より13，ヒップ95cmはA体型91cmより4cm大きいのでAB体型，身長166cmは記号Tになる。　3　採寸の方法は胸囲・胴囲など男

女で違う測り方をする項目，背肩幅・そでたけ・背たけ・総たけなど同じ測り方をする項目があるので確認しておくこと。

【5】(1)　求め方…(60＋20)×2＝160　　答え…160cm　　(2)　①　ア　②　前

(3)

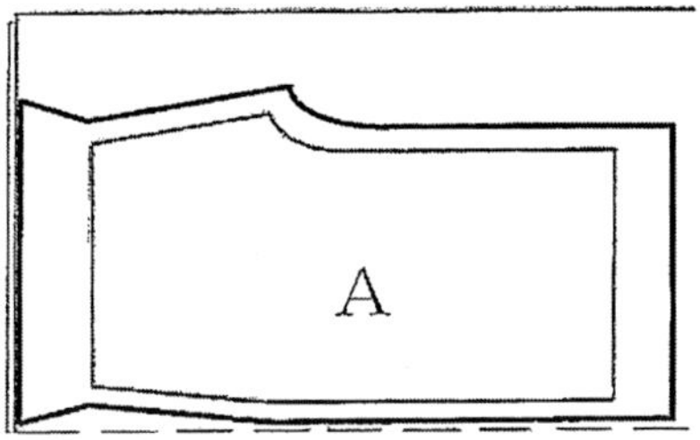

(4)　縫い方…二度縫い　　理由…また上部分を補強するため

(5)　①　デメリット表示　　②　底面温度150℃を限度としてアイロン仕上げができるという意味

○**解説**○ (1)　パンツたけ60cmに裾，ウエスト部分の縫い代20cmを加え，前後の分でその2倍必要になる。　(2)　①　布目線は，みみと平行である。　②　ハーフパンツでは股上の曲線が大きいほうが後ろパンツ，小さいほうが前パンツである。　(3)　ハーフパンツの裾は先に向かってやや細くなっているので，折り返して縫い代の始末をする時にあうように，角度に合わせて縫い代を広げておく。　(4)　丈夫な縫い方には二度縫い以外に割り縫い，袋縫い，さらに丈夫な縫い方には伏せ縫い，折り伏せ縫いがある。　(5)　①　デメリット表示とは製品の取扱い上の注意点をより詳細に説明するためのもので，素材の持つ特性などを消費者に理解してもらい，着用，洗濯による事故を未然に防止する目的で表示される。　②　取り扱い表示は，洗濯，漂白，クリーニング，アイロン，乾燥の5つの基本表示をもとに学習し覚えておくこと。

● 衣生活

【6】問1　へら　　問2　型紙の布目をたて方向に合わせて配置していない。　　問3　ウ　　問4　(1)　袋縫い　　(2)　折り伏せ縫い
問5　上糸のかけ方が間違っている。上糸の調子が強すぎる。針が正しく取りつけられていない。　　問6　イ　　問7　ア　　問8　エ
問9　ア

○**解説**○　問1　しるしつけにはへら以外にチャコペンシル，三角チャコ，チャコペーパーとルレットなどを用いる。　問2　布目のしるしと耳は平行に置く。　問3　ブロードとは，生地面に横畝がある高密度な平織り生地である。生地にあった針や糸の番手は覚えておくこと。糸は番号の数字が大きくなるほど細い糸になり，針は番号の数字が大きくなるほど太い針になる。　問4　(1)　袋縫いは，ほつれやすい素材に布の裁ち端を袋状にくるむ始末の仕方である。布端が隠れるので，仕上がりがきれいで肌にあたることもないので，赤ちゃんの肌着やおむつなどはこの縫い方で始末することが多い。また，2回縫うので丈夫に仕上がる。　(2)　折り伏せ縫いは，縫いしろが隠れて裏もきれいに仕上がり，丈夫な縫い方である。表から見ると，なみ縫いが見えるのが特徴である。ズボンの股下など，もたつかず丈夫に仕上げたい部分に適している。　問5　上糸は針，糸，下糸，押さえなどに不具合がある場合にも切れる可能性がある。ミシンの不具合と対処法についての問題は頻出なので学習しておくこと。　問6　アは，最も一般的な袖の形で，身頃と袖を別々に裁断し，組み合わせた袖型である。イは，襟ぐりから袖下にかけて斜めの切り替えを入れ，肩と一続きになった袖部分を身頃に縫い付けた袖の事で，腕を動かしやすくスポーツウェアに広く用いられている。ウのパフ・スリーブとは，肩先や袖口をギャザーやタックなどで絞り，袖の部分を丸く膨らせたもので，ブラウスやワンピースなどで用いられる。　問7　アは，収縮率の違うたて糸を組み合わせて平織りし，仕上げに縮ませて凹凸を出した生地で，通気性が良く，さらりと着れる軽い素材なので夏の衣服に多く使われている。イは，パイル織物の一つで，縦に走るうねが特徴でコール天とも呼ばれる。保温効果が高く，主に秋冬ものの衣服に使われる。ウは，表面にざらっとした凹凸のある生地感が出るよう織り出されたもので，秋冬もののシャツなどに使われる。　問8　アは見頃の全体

の幅が広がり，首周りも広がってしまう。イは，肩幅が広がり袖山のサイズが小さくなってしまう。ウは背肩幅だけ$\frac{1}{2}$広げるのは誤りである。エはウエスト，バスト共に広がるので身頃の幅を広げる適した補正方法である。　問9　誤りのある選択肢について，イはバイアステープが見返しの上に乗っていない，ウはバイアステープが長すぎる，エはえりぐりの縫い不足で，見返しの端まで縫えていない。

【7】(1)　ア　チェスト　　イ　また上　　(2)　A　体型　　R　身長

○**解説**○ (1)　ア　男子の胸囲はチェストと呼ばれる。腕のつけねのところではかるが，これは，男子では腕のつけねの周囲が乳頭の位置での周囲よりも大きい場合が多いためである。　イ　椅子に座った座面から，ウエストラインまでの長さをまた上という。　(2)　A体型とは，日本人の標準的な体型であり，Y体型は，A体型よりヒップが4cm小さい人の体型，AB体型は，A体型よりヒップが4cm大きい人の体型，B体型はA体型よりヒップが8cm大きい体型である。身長の区分について，RはRegular(普通)，PはPetite(小さい)，PPはPetiteを重ねたもの(より小さい)，TはTall(長身)を表す。

【8】記号…イ

型紙…

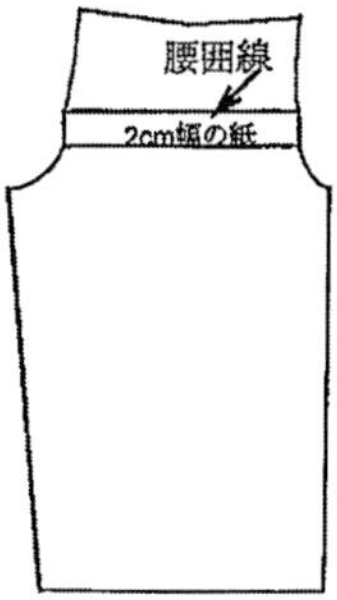

○**解説**○ 型紙の補正の仕方を学習しておくこと。正答以外の選択肢について，アはまた下を2cm長くする，ウは腰回り(脇部分)を4cm大きくする，エは腰回り(脇部分)を2cm大きくするときの補正である。

● 衣生活

【9】1 ① 平　② ポリエステル　③ 11　2 袋縫い

3

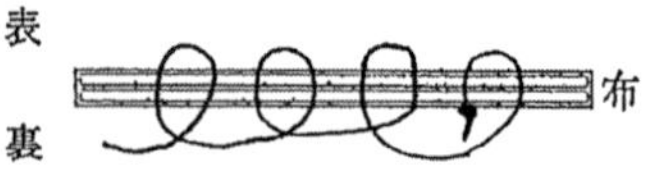

○解説○ 1 織りの三原組織と当てはまる布地の種類を理解しておくこと。ブロードの生地の厚みは普通である。普通生地の場合は，ミシン針11番，ミシン糸60番が適している。デニム生地やキルティング生地などの厚みのある生地にはミシン針14番，ミシン糸50番がよい。布地に適した糸や針の番手は覚えておきたい。針は番手が大きくなるほど太くなり，糸は数字が大きくなるほど細くなる。　2 袋縫いは，丈夫に仕上げたい場合や，縫い代をほつれないようにきれいに始末したいときに使う。折り伏せ縫い，割り伏せ縫いについても理解しておきたい。　3 半返し縫いは，今縫ったところから，1目5mmの半分2.5mm戻った位置に針を刺し，縫い目の5mm先の位置に針を出す。

【10】(1) ア D　イ ・記号…C　理由…背中心を「わ」でとっていない。　・記号…E　理由…布目線が布の耳と平行になっていない。　ウ ① C　② F　(2) ① 送り調節ダイヤル
② 送り歯

○解説○ (1) ア 正答以外の選択肢について，Aはセーラーカラー，Bは台えりつきのシャツカラー，Cはスタンドカラーである。　イ Cは背中心側に縫い代を取っていないことからも，背中心側を「わ」にする必要があることがわかる。Eについて，型紙の中に布の方向が記載されているが，布目線とあっていない。　ウ ボタンホールは，つけるボタンがスムーズに通るように作る必要があるため，ボタンの直径にボタンの厚みを加えた大きさが必要となる。ボタンは身ごろの下前中心につけるが，男女で下前になる身ごろが異なるため注意が必要である。　(2) ① 送り調節ダイヤルは，縫い目の大きさを調節するための装置である。布の厚さや布地の種類によって調節することができるが，目盛りが0になっていると布地が進まなくなる。　② 送り歯は布地を動かすための装置である。針が布地に刺さっている時には布

を送らないように下がっており，針が布地から抜けると上に上がって布地を動かすようになっている。

【11】(1) b　(2) ア b　イ e　(3) ① 布がつれないようにするため　② b

○**解説**○ (1) すそはミシン糸がほつれやすく，頑丈に縫う必要があるため，前見返し部分にかかるように縫う必要があるが，縫い目が多いと布がつれたり，見た目に影響がでることもあり，bが適切である。(2) しつけ縫いは，縫い合わせる布同士がずれないように，本縫いする前に仮であらく縫いとめる方法である。しつけはできあがり線の外側(縫い代側)を縫うことで本縫いの後にしつけ糸が取り除きやすくなる。(3) ① 切り込みを入れることで縫い代が重なるのを防ぐことができる。縫い代が重なると襟ぐりがごわついたり，布が引っ張られてしまい，布がつれて型崩れしてしまう。② 伏せ縫いは袋縫いや割り縫いより強度を持たせられる始末である。肩の部分は力がかかりやすく頑丈に縫製する必要があることから，伏せ縫いが適している。

【12】(1) ①　(2) ③　(3) ②

○**解説**○ (1) 右側より左側の方がまたぐりが深く，後ろパンツであることがわかる。Hはヒップのサイズを表し，パンツを製作するには前パンツ2枚，後ろパンツ2枚の計4枚の型紙を必要とする。(2) ④の上糸調節装置のトラブルについての問題も頻出である。布地の厚みの中心で縫い目が形成されるように，上糸の張力を調節するためのダイヤルである。布の表側に下糸がポツポツと出る場合は，上糸の調子が強過ぎる。(3) 型紙の記された矢印は布のたて方向を表す。両面複写紙を用いると複写紙に接している布の面にしるしが付く。布の裏側にしるしを付けるため，布を外表に折る。

【13】(1) ⑦　(2) ①　(3) ⑤　(4) ③

○**解説**○ (1) 採寸方法についての問題は頻出である。男性についても違いを整理して覚えておくこと。(2) 後ろ股上が浅くてヒップあたりが上に引きつられている。正答以外の選択肢について②は股上を浅くする，③はヒップと足回りを狭くする，④はウエスト，ヒップ，足回りを大きくする補正である。　(3)　生地の種類によって，適当な針や糸の番手を覚えておくこと。針は番手が大きいほど太い針である。糸は番手が大きいほど細くなる。　(4)　上糸が切れる原因は，上糸が正しくセットされていない，糸調子が強すぎるなどの原因がある。

【14】④

○解説○ 男性のサイズ表示について，最初の数字は胸囲，次のアルファベットは体型区分で，胸囲とウエストの寸法差によって，Aが標準の12cm，他にはJ，JY，Y，AB，BB，EEなどがある。最後の数字は号数で身長によって5cmごとに区分されている。女性のサイズ表示について，5～奇数で表されるのはサイズの大小である。数字が大きいほど大きいサイズである。Aは日本人の平均的な体型を表し，他にはY，AB，Bがありヒップの大きさにより区別される。Rはレギュラーで身長158cmを表す。他にはP，PP，Tがある。

【15】(1)　①　イ　　②　しみだした樹脂がアイロンにつかないようにするため　　(2)　身ごろの縫い代を後ろ身ごろ側に倒し，見返しの縫い代を前身ごろ側に倒す　　(3)　中表

(4)

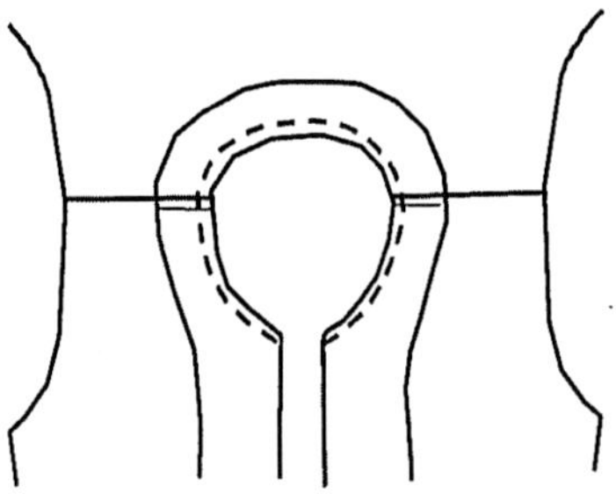

(5)　・縫い代を5mm程度にカットする　　・カーブがきついところに切りこみを入れる　　(6)　状態…見返しと身ごろの縫い目を見返し側にずらすこと　　目的…表から見返しが見えないようにするため

(7)　エ

○解説○ (1)　接着芯とは樹脂が吹き付けてある布のことで，布に張りを

持たせたり型くずれを防いだりする役割がある。衿ぐりや前たての見返し，衿，カフス，ポケット口，ベルトなどの布裏に接着芯をのり面が下になるように重ねて，接着芯側から中温で10秒ほどアイロンを当て接着する。 (2) 表側に縫い代の膨らみがでないようにする。
(3) 最後にひっくり返して表にする。 (4) 衿ぐりのカーブは端から端まで縫い，最初と最後は糸始末をする。この後切りこみを入れるので，縫い目が縫い代側にはみ出さないように注意する。 (5) 余分な縫い代は布を表に返したときにもたつくので切り揃える。カーブをきれいに出すために，カーブがきつい所は間隔を狭めに1cm間隔で切込みを入れ，カーブが緩やかなところは2～3cmくらいの間隔で切込みを入れる。 (6) 表から縫い目が見えないようにするためである。 (7) バイアステープとは正バイアス地になったテープのことで，伸びやすく，変形しやすいので，曲線部分の縫い代の始末などに使われる。

【16】(1) ① 天びん ② 押さえ ③ 送り歯 ④ ボビン ⑤ はずみ車 (2) ① ウ，オ ② ア，カ ③ イ，エ
(3) オ

○**解説**○ (1) ミシンの各部の名称は必ず覚えておくこと。糸をかける順番を問われることもあるので答えられるようにしておくこと。
(2) ミシンの不調とその原因についての問題は頻出である。他にも「布地が進まない」「縫い目がとぶ」などについても原因を理解しておきたい。 (3) ミシン針は，数字が小さいほど細く，数字が大きいほど太い針である。デニムは厚地の布であるため，14番の太い針が適している。ミシン糸については，数字が大きいほど細く，小さいほど太い。薄地の布には80番，普通地には60番，厚地には50番が適している。

【17】3

○**解説**○ 成人男性のサイズ表示の下の部分は，左から，チェスト・体型・身長の順である。体型はチェストとウエストの差をアルファベットで表す。Aは平均的な差12cmである。身長4は161～165cmを表す。成人女性の表示についても確認しておくこと。

● 衣生活

【18】1

○**解説**○ また下を縫って左右のパーツを筒状にしてから，片方を裏返し中表にしてまた上を縫う。

【19】2

○**解説**○ いせるは，細かくぐし縫いをして丸みを形づくることで，洋服の袖山や足袋のつま先の丸みなどで行う。片返すは，薄地や中肉地のほつれにくい生地で行う始末で縫いしろを割らずに片方に倒すことである。

【20】②

○**解説**○ ひもとポケットは最初に縫っておく。そで付け後にそで下やわきを縫う。ひもをつける箇所，えり先を縫ったときの始末の仕方，型紙の取り方や縫い代の幅，まつり縫いの仕方などについても実際製作することによって理解しておきたい。

衣服・繊維

【1】繊維を布にする工程は次の図の通りである。以下の(1)・(2)の各問いに答えなさい。

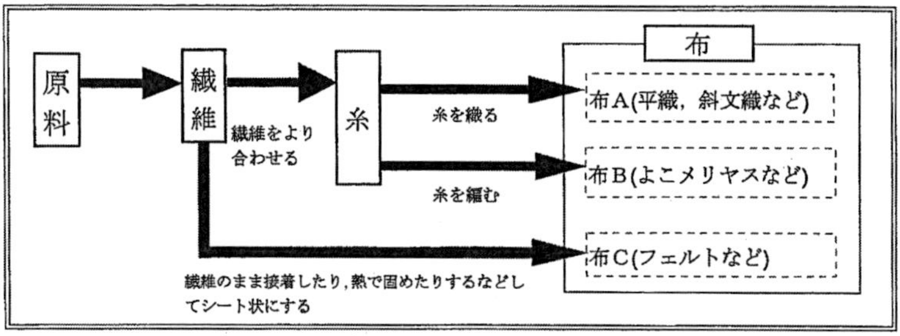

(1) 布B，布Cに適する名称を漢字で書きなさい。

(2) 糸を織る布Aと，糸を編む布Bでは，それぞれに特徴がある。布Aについて，「型崩れ」と「しわ」の2点から布Bと比較し，特徴を書きなさい。

布Aは布Bに比べて(　　　　　　　　　　　　　　　　)

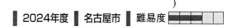

■2024年度 ■名古屋市 ■難易度

【2】衣生活について，次の各問いに答えよ。

問1 天然繊維について，次の各問いに答えよ。

(1) 毛の繊維を顕微鏡で見た図はどれか，次の中から1つ選び，記号で答えよ。

ア　イ　ウ　エ

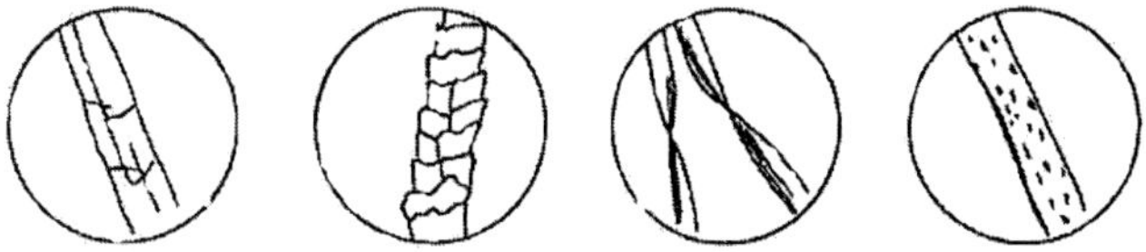

(2) 毛の燃焼試験の状態はどれか。次の中から1つ選び，記号で答えよ。

ア 急速に燃え，炎を離しても燃えつづける。

イ 溶融しながらゆっくりと燃え，炎を離してもゆっくりと燃え続ける。

ウ　溶融しながら急速に燃える。炎を離しても燃え続け滴下する。

エ　ちぢれながらくすぶるように燃える。

(3)　毛100%のセーターを手洗いする場合に適する洗剤を次の中から1つ選び，記号で答えよ。

ア　石けん

イ　中性洗剤

ウ　弱アルカリ性洗剤

(4)　断面が三角形で，長繊維(フィラメント)のものがある。その繊維名を答えよ。

問2　コットンリンターを原料として作られた繊維名を答えよ。

問3　次の表示は何を示したものか，以下の中から1つ選び，記号で答えよ。ただし，色は青とする。

ア　繊維の種類と混用率を表示した組成表示

イ　抗菌性・安全性などについての業界の自主基準に合格した製品につけられるマーク

ウ　優良純毛製品の目印とされるウールマーク

エ　リサイクルしやすくするために仕様や材料を工夫したアパレル商品につけるエコメイトマーク

オ　独創的で能率的な意匠の商品として認めたグッドデザインマーク

問4　異種類の防虫剤を同時に使用してはいけない理由は何か，答えよ。

▌2024年度 ▌長崎県 ▌難易度 ■■■□□

【3】次の1，2の問いに答えよ。

1　次に示したものは，経済産業省による「2030年に向けた繊維産業の展望(繊維ビジョン)」の一部である。以下の(1)，(2)の問いに答えよ。

繊維産業の特徴
- 繊維産業では，特定の地域に生産が集中し，産地を形成している。
- 高品質・高感性の素材や，高機能・高性能繊維を生産している。

繊維などの特徴
① 高品質・高感性の素材
・綿・麻・毛・絹といった天然繊維から化学繊維まで幅広く扱い，特殊な細い糸等を開発。
・$_A$デニムや$_B$レースなどの様々な製織能力やニットの生産能力，染色整理における繊細さや表現力を有する。
・世界のラグジュアリーブランドや民族衣装の素材として，高く評価・採用される生地も多い。
② 高機能・高性能繊維
・$_C$吸汗速乾，吸湿発熱，抗菌防臭，ストレッチ等の機能を付与した高機能繊維や，高強度，高弾性率，耐衝撃性，耐熱性などの繊維特性を強化した高性能繊維などの高い技術を有している。
・衣料品のみならず，おむつやカーペットなどの衛生・生活資材や，自動車などの産業資材の分野でも活用。

(1) 下線部A，下線部Bの主な産地として適するものを，次のアからエのうちからそれぞれ一つずつ選び，記号で答えよ。
ア 足利(栃木県)
イ 尾州(愛知県・岐阜県)
ウ 北陸(石川県・福井県・富山県)
エ 三備(岡山県・広島県)

(2) 下線部Cの機能をもつ布の構造を，簡潔に説明せよ。

2 次の文章は，近年開発が進められているテキスタイルについての説明である。(　　)にあてはまる名称を答えよ。

> （　　）とは，従来の繊維素材では得られない新しい機能をもつテキスタイル素材，または新しい技術で機能を得るテキスタイル素材を示す。例えば，着用することで脈拍や心拍数などの生体情報を記録し，体調管理を行うなど着用者にとって快適な環境に対応していくことが期待される。

‖ 2024年度 ‖ 栃木県 ‖ 難易度 ‖■■■□□ ‖

【4】衣生活について，次の(1)，(2)の各問いに答えよ。

(1) 衣服の再資源化の一つで，繊維製品を針状の機具で織りを崩すことによって毛羽立たせ，もとの綿または毛状の単繊維に戻したものを何というか，答えよ。

(2) 「衣食住の生活についての課題と実践」の授業で，家庭で着用しなくなった衣服(ジーンズ)の特徴を調べて，リメイクを行うことにした。次のア～オの各問いに答えよ。

ア　次のA～Cが示す織物の三原組織の名称をそれぞれ答えよ。また，A～Cのうち，「デニム」の織り方を示しているものはどれか，記号で答えよ。

A 　　B 　　C

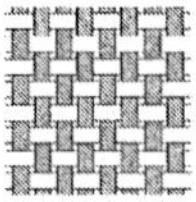

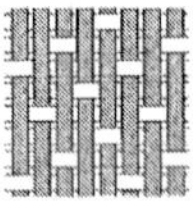

イ　ジーンズの組成表示を確認すると，ジーンズは2種類の繊維が用いられていた。このように，2種類以上の異なる種類の糸を用いて織物を織ることを何というか，答えよ。

ウ　ジーンズに用いられていた繊維の一つは「綿」で，もう一つは「ゴムのように非常に高い伸縮性」をもつ化学繊維であった。この繊維の名称を次の語群から一つ選び，記号で答えよ。

語群

A　ポリエステル　　B　ナイロン　　C　ポリウレタン

D　ポリ乳酸

エ　ジーンズには，「化学肥料を3年以上使用していない土地で，農薬が化学薬品を使わずに栽培され，第三者認証機関から証明された綿」が使われていた。このような綿を何というか，答えよ。

オ　中学校学習指導要領解説技術・家庭編(平成29年7月)の第3章「指導計画の作成と内容の取扱い」に示されている家庭分野の指導事項「生活の課題と実践」の指導にあたって配慮することを一つ述べよ。

2024年度 山口県 難易度

【5】織物と編物について，以下の問いに答えなさい。

表1

	織　物		編　物
種　類	A	B	Cよこメリヤス
構　造	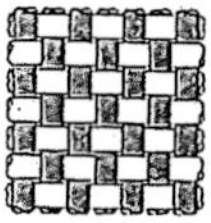	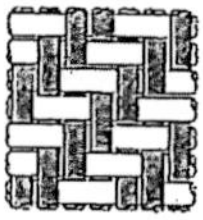	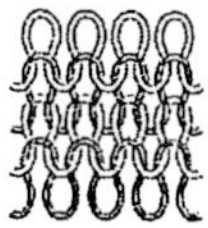
伸縮性	D		E
通気性	F		G

(1)　表1に示す織物A・Bの種類を書きなさい。

(2)　主な用途と布名の組み合わせが正しいものを，①～⑤の中から一つ選び，記号で書きなさい。また，それは表1の種類A・B・Cのどれに該当するのか，記号で書きなさい。

用途	ア ワイシャツ　イ 下着　ウ 靴下　エ ジーンズ　オ 体操着
布名	ⓐ ギンガム　ⓑ デニム　ⓒ ブロード　ⓓ サテン　ⓔ キルティング

①　ア―ⓒ　②　イ―ⓔ　③　ウ―ⓑ
④　エ―ⓐ　⑤　オ―ⓓ

(3)　織物と編物の特徴について，表1のD～Gには，「高い」「低い」のどちらがあてはまるか，書きなさい。

(4)　2種類以上の繊維を使って織物や編物にすることを，混用という。混用について次の問いに答えなさい。

①　原料繊維の異なった繊維を混ぜて糸を作ることを何というか，書きなさい。

②　混用の布の手入れ方法について，説明しなさい。

2024年度 静岡県・静岡市・浜松市 難易度

【6】次の(1)～(3)の三原組織の種類と，代表的な布地の名称を1つ書きなさい。

(1) 交錯点が多いため糸がずれにくく，しっかりしていて丈夫である。

(2) たて糸とよこ糸の交点をできるだけ離して交錯させたもので，表面が滑らかで光沢がある。

(3) たて糸と2本以上のよこ糸を交錯させたもので，斜めの方向にうねがあらわれる。

2024年度 ▌青森県 ▌難易度 ■■■■□□

【7】「衣生活の科学と文化」について，各問いに答えよ。

(1) 織物について，次の(　ア　)から(　カ　)にあてはまる語句の組み合わせとして最も適当なものを以下の①から⑥までの中から一つ選び，記号で答えよ。

> (　ア　)は，たて糸とよこ糸が1本ずつ交互に組み合わされているもので，じょうぶで薄地のものをつくることができ，布の例としては(　イ　)がある。(　ウ　)はたて糸とよこ糸の交差点が少なく糸が浮いている部分が長いので光沢がある。布の例としては(　エ　)がある。(　オ　)は1本の糸が2本以上の糸をまたいで交差するもので，斜めの方向にうねが現れる。布の例としては(　カ　)がある。

	ア	イ	ウ	エ	オ	カ
①	綾織	サテン	平織	ブロード	朱子織	デニム
②	平織	デニム	朱子織	サテン	綾織	ブロード
③	朱子織	ブロード	綾織	デニム	平織	サテン
④	平織	ブロード	朱子織	サテン	綾織	デニム
⑤	朱子織	シーチング	平織	ブロード	綾織	サテン
⑥	綾織	デニム	朱子織	サテン	平織	シーチング

(2) ポリエステルの燃焼実験結果の説明として，最も適当なものを次の①から⑤までの中から一つ選び，記号で答えよ。

① 紙を燃やすようなにおいで早く燃え，やわらかい灰が残る。

② 毛髪を焼くにおいで，じりじりとくすぶるように燃え黒褐色のかたまりになり，押すと容易につぶれる。

③ 酢酸のようなにおいで，溶けながら弱い炎をだして燃える。

④ 石油や石炭を燃やすように黒いすすを出して丸まりながら燃え，かたい黒褐色かたまりが残る。

⑤ 溶けながら徐々に燃える。冷えるとガラス玉のような固さの球になり，熱いうちに引き延ばすと糸状になる。

(3) 化学繊維の地直しの方法として，最も適当なものを次の①から⑤までの中から一つ選び，記号で答えよ。

① 1時間ほど水につけ，裏面から高温でアイロンをかける。

② 全体に霧をふいてからビニール袋などに入れてしばらく置き，裏面から中温でアイロンをかける。

③ 布目を整えながら全体に霧をふき，裏面から中温または低温でアイロンをかける。

④ 1時間ほど水につけた後ビニール袋に入れてしばらく置き，裏面から中温または低温でアイロンをかける。

⑤ 布目を整え，裏面から中温または低温でドライアイロンをかける。

(4) 袋縫いの図として最も適当なものを，次の①から⑥までの中から一つ選び，記号で答えよ。

①
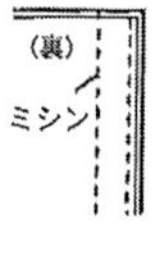

②
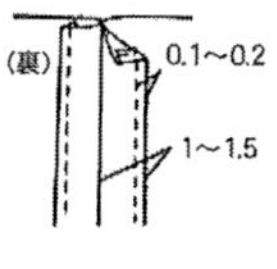

③
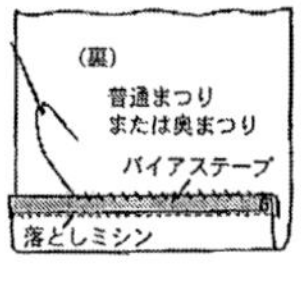

④
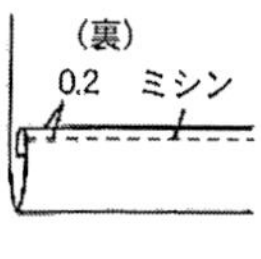

⑤
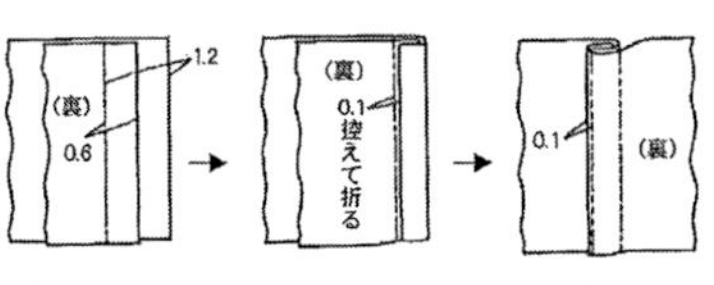

⑥
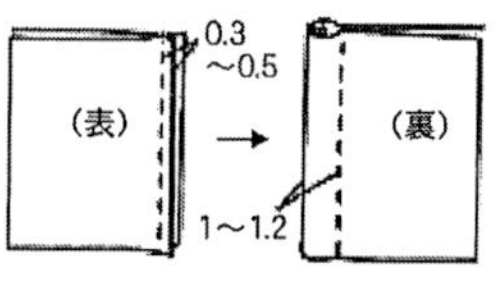

(5) 次の説明文にあてはまる語句として，最も適当なものを以下の①から⑥までの中から一つ選び，記号で答えよ。

たて糸とよこ糸をかけあわせて面をつくり，布を織るように穴をふさぐイギリスの伝統的な修繕技術。擦り切れた部分にも活用される。

① エシカル　② 刺し子　③ リペア　④ ダーニング
⑤ リフォーム　⑥ リメイク

(6) 各国の民族衣装について，被服構成の分類，国名，衣装の名称の組み合わせとして誤っているものを次の①から⑤までの中から一つ選び，記号で答えよ。

	被服構成の分類	国名	衣装の名称
①	前開き型	トルコ	カフタン
②	体形型	イギリス	キルト
③	巻垂型	ブータン	デール
④	腰布型	タヒチ	パレオ
⑤	貫頭型	ペルー	ポンチョ

(7) 洗濯に関する取扱い表示(JIS　L0001)記号と説明の組み合わせとして誤っているものを次の①から⑥までの中から一つ選び，記号で答えよ。

	取り扱い表示	説明
①		液温は最高温度40℃を限度とし、洗濯機で非常に弱い洗濯ができる。
②		塩素系漂白剤のみ使用できる。
③		濡れつりぼし乾燥がよい。
④		タンブル乾燥ができる。排気温度は最高80℃。
⑤		アイロンがけは、アイロン底面の最高温度200℃までおこなう。
⑥		石油系溶剤によるドライクリーニングができる。

(8) 次図に示すシャツカラーのブラウス(標準体型)を作る場合の布の見積もりとして，最も適当なものを以下の①から⑥までの中から一つ選び，記号で答えよ。ただし，布は90cm～100cm幅とする。

① (ブラウスたけ＋そでたけ)×2
② (ブラウスたけ＋そでたけ＋えり分)×2＋縫いしろ
③ (ブラウスたけ＋そでたけ)×2＋えり分＋縫いしろ
④ ブラウスたけ＋そでたけ＋えり分＋縫いしろ
⑤ ブラウスたけ＋そでたけ＋縫いしろ
⑥ ブラウスたけ×2＋そでたけ＋えり分＋縫いしろ

2024年度 沖縄県 難易度

【8】繊維について，次の各問いに答えなさい。
(1) 次の説明文が示す繊維の加工の名称を答えなさい。
① 綿を濃い水酸化ナトリウム溶液中で引っ張りながら処理する。
② 樹脂を含ませた生地を縫製，プレスした後，熱処理して形態安定性を与える。
(2) 次の図は機能性繊維の断面を示している。どのような性能が加えられているか，空欄にあてはまる性能を答えなさい。

①（　　　）素材	②（　　　）素材
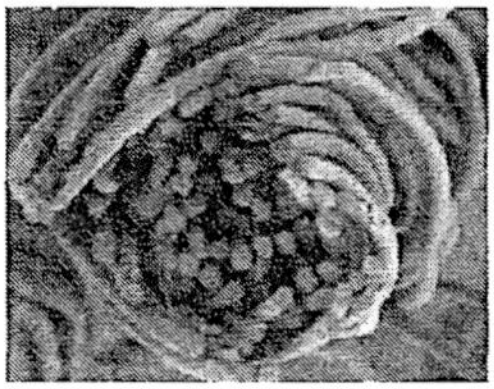	
キュプラとアクリルを組み合わせる	エチレンビニルアルコールという樹脂とポリエステルを組み合わせる

2024年度 長野県 難易度

【9】次のア～オは，化学繊維の種類と特徴についての記述である。その内容の正誤の組合せとして最も適切なものを，以下の①～⑥のうちから選びなさい。
ア レーヨンは再生繊維であり，吸湿性があり，肌触りがよい。
イ アセテートは半合成繊維であり，絹に似た光沢があり，熱可塑性がある。

ウ　ポリエステルは合成繊維であり，軽くて丈夫だが，比較的熱に弱い。

エ　アクリルは半合成繊維であり，弾力性があり，保温性がある。

オ　ポリウレタンは合成繊維であり，軽くて，伸縮生に富む。

① ア 正　イ 誤　ウ 誤　エ 正　オ 誤
② ア 誤　イ 誤　ウ 正　エ 正　オ 誤
③ ア 正　イ 正　ウ 誤　エ 誤　オ 正
④ ア 誤　イ 正　ウ 正　エ 誤　オ 誤
⑤ ア 正　イ 誤　ウ 誤　エ 正　オ 正
⑥ ア 誤　イ 正　ウ 正　エ 誤　オ 正

▌2024年度 ▌神奈川県・横浜市・川崎市・相模原市 ▌難易度

【10】編み物について，次の各問いに答えなさい。

(1)　図Aはセーターの袖口に用いられる編み方である。編み方の名称と編み図を記入しなさい。

【 図A 】

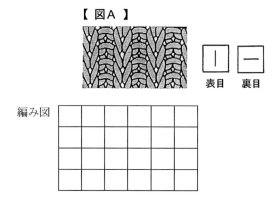

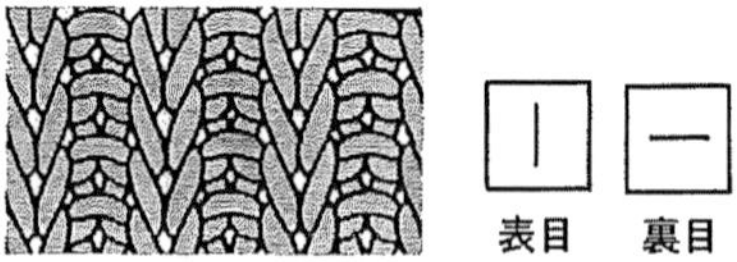

編み図

(2)　図Bの記号について，編み方の名称と立ち上がりの鎖目の数を答えなさい。

【 図B 】

(3) 次の説明文の空欄にあてはまる語句または数字を答えなさい。

ニットで作品を製作する場合，基本となる編み目の大きさを決める。これを(　①　)という。(　①　)は糸の太さ，使用する針の太さ，編む人の手加減によって異なる。(　②　)cm四方の編み地の中に，たて(段数)，よこ(目数)がいくつあるかをはかる。指定の段数よりも目数や段数が多い時は，編み針の号数を(　③　)くする。

2024年度 長野県 難易度

【11】次図のえりを何というか，正しいものを一つ選び，番号で答えよ。

1　テーラード・カラー　　2　ショール・カラー
3　ウイング・カラー　　4　スタンド・カラー
5　ケープ・カラー　　6　ステン・カラー

2024年度 愛知県 難易度

【12】衣生活に関する次の文を読み，以下の(1)～(5)の問いに答えなさい。

多くの衣服は繊維から作られており，大きく分けて(ア)原料により(　a　)繊維と(　b　)繊維の2つに分類される。(　b　)繊維の中には植物を原料としてつくられ，絹に似た光沢をもつものもある。また(　b　)繊維のうち，石油を原料として作られる繊維を(　c　)繊維と呼ぶ。

繊維をそろえて束にし，ねじって絡ませることで糸にするが，短い繊維に撚(よ)りをかけて糸を作ることを(　d　)という。

糸は織ったり編んだりして布にする。(イ)織ってできた布の代表的な組織を三原組織という。布は裁断し(　e　)するなどの工程を経て衣服になる。繊維の種類や布の成り立ち，衣服の構成を知ることは，(ウ)着用の目的に合った衣服を選ぶことや，(エ)適切に衣服を管理することにもつながる。

(1) (a)～(e)に当てはまる語句を書け。

(2) 次表は文中の下線部(ア)について，代表的な繊維の長所と短所をまとめたものである。(A)～(C)に当てはまる繊維の名称を答えよ。

特徴＼名称	（ A ）	（ B ）	（ C ）
長所	・保温性が高い ・吸湿性が高い ・しわになりにくい	・伸縮性に富む ・軽い ・しわになりにくい	・肌触りが良い ・熱に強い ・吸水性、吸湿性が高い
短所	・アルカリに弱い ・虫害を受けやすい ・ぬれた状態でもむと縮む	・静電気を帯びやすい ・アルカリに弱い ・汚れやすい	・しわになりやすい ・乾きにくい ・ぬれると縮みやすい

(3) 下線部(イ)について，織物の三原組織の名称と，代表的な布地の名称，特徴・性質，主な用途の組合せとして正しいものを次表の①～③から1つ選び記号で答えよ。

選択肢＼項目	組織の名称	布地の名称	特徴・性質	主な用途
①	斜文織	サージ	斜めの方向にうねが現れる	ジャケット
②	平織	ガーゼ	横方向に編み目をつくる	シャツ
③	朱子織	ツイード	表面がなめらかで光沢がある	ネクタイ

(4) 下線部(ウ)について，学校の運動着としてふさわしいのはどのような衣服か。文中の波線部「繊維の種類や布の成り立ち，衣服の構成」の観点から答えよ。

(5) 下線部(エ)について，麻100％でできたシャツに最もふさわしい取扱い表示の組合せはどれか。次の①～③より1つ選び記号で答えよ。

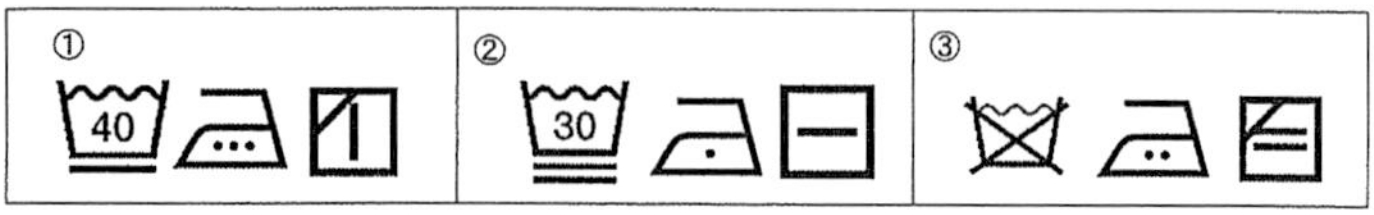

2024年度 群馬県 難易度

【13】次の文章を読み，以下の(1)～(4)の問いに答えなさい。

> 衣服は，生産から消費・廃棄までの段階で多くの資源やエネルギーを使用する。私たちは，2015年に国連で採択された持続可能な開発目標SDGsやエシカル消費の重要性を認識し，一人ひとりが環境負荷の削減をめざし，a<u>循環型社会</u>へ向けて衣生活を見直す必要がある。たとえば衣服は着用したら洗濯するが，b<u>商</u>

業洗濯，c家庭洗濯のいずれでも洗濯するための水，d洗剤などの原料，エネルギーが必要となり，洗濯後は水資源，エネルギー，排水，ごみ問題など，さまざまな課題がある。

(1) 下線部aについて，繊維製品の再資源化の方法として，図Aのア～オにあてはまる語句の組合せとして，最も適当なものを以下の解答群から一つ選びなさい。

【図A】

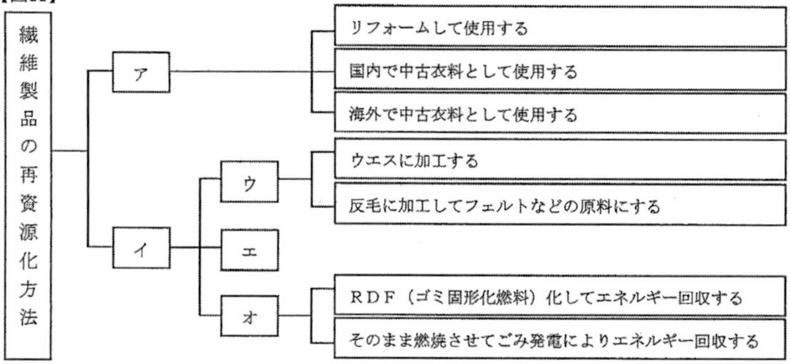

【解答群】

	ア	イ	ウ	エ	オ
①	リユース	リサイクル	ケミカルリサイクル	マテリアルリサイクル	サーマルリサイクル
②	リユース	リサイクル	マテリアルリサイクル	ケミカルリサイクル	サーマルリサイクル
③	リユース	リサイクル	サーマルリサイクル	ケミカルリサイクル	マテリアルリサイクル
④	リサイクル	リユース	ケミカルリサイクル	マテリアルリサイクル	サーマルリサイクル
⑤	リサイクル	リユース	マテリアルリサイクル	ケミカルリサイクル	サーマルリサイクル
⑥	リサイクル	リユース	サーマルリサイクル	ケミカルリサイクル	マテリアルリサイクル

(2) 下線部bに関する記述として，最も適当なものを次の①～④のうちから一つ選びなさい。

① 利用する際には，SマークやLDマークのある店を選ぶのが望ましい。

② 全ての衣類はドライクリーニングで洗濯する。

③ 利用後に衣類にかけられてきたポリ袋は，衣類にかけた状態で保管する方が良い。

④ 水と中性洗剤を用いて弱水流で洗う方法をランドリーという。

(3) 下線部cに関する記述として，適当でないものを次の①～⑤のうちから二つ選びなさい。

① たて型渦巻式洗濯機と比べると，ドラム式洗濯機は使用水量が

多い。

② ドラム式洗濯機と比べると，たて型渦巻式洗濯機は短時間で高い洗浄効果がある。

③ 洗濯機に入れる洗剤は，使用量を多くすればするほど，高い洗浄力を得られる。

④ 毛の製品を手洗いするときは，押し洗いなどのやさしい洗い方が適している。

⑤ 洗浄効果を考慮すると，30〜40度程度の水温が適当である。

(4) 下線部dに関して，表Aの(ア)〜(ウ)にあてはまる語句の組合せとして，最も適当なものを以下の解答群から一つ選びなさい。

【表Ａ】家庭用品品質表示法による洗濯用洗剤の区分

品名	洗濯用せっけん	洗濯用複合せっけん	洗濯用合成洗剤	
界面活性剤の種類と含有量	（ア）１００％	（ア）　７０％以上 その他　３０％未満	（ア）　７０％未満 その他　３０％以上	
用途	綿・麻・合成繊維	綿・麻・合成繊維	綿・麻・合成繊維	綿・麻・毛・絹・合成繊維
液性	（イ）	（イ）	弱酸性・（イ）・（ウ）	（ウ）

【解答群】

	(ア)	(イ)	(ウ)
①	次亜塩素酸ナトリウム	弱アルカリ性	中性
②	次亜塩素酸ナトリウム	中性	弱アルカリ性
③	脂肪酸ナトリウム	弱アルカリ性	中性
④	脂肪酸ナトリウム	中性	弱アルカリ性

2024年度 ▌千葉県・千葉市 ▌難易度

【14】シャツ・ブラウスについて(1)〜(5)の各問いに答えなさい。

> シャツは性別や季節を問わず，日常着や通学着として着用されている。えり・そでの(　①　)が付き，前開きのものが多い。
>
> 夏物の素材としては(　②　)性が良く，洗濯に耐えるものが望ましい。また，冬物の素材としては中肉地の綿織物や薄手の毛織物を用いる。
>
> ブラウスは(　③　)用胴衣の総称である。スカートやパンツの中にすそを入れて着用する(　④　)ブラウスとスカートやパンツの上に出して着用するオーバーブラウスがある。

(1) 上の文中の(　①　)〜(　④　)に適する語句を答えよ。

(2)　次の①～③のえりの名称を答えよ。また，製図について適するものをア～オから1つ選び，その記号で答えよ。

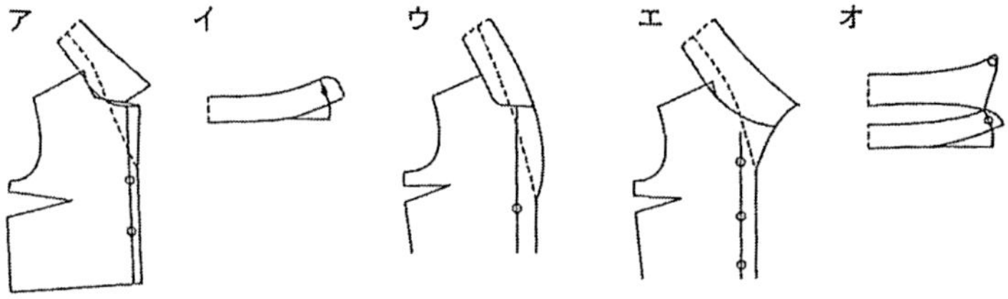

(3)　次の文はそで山の高さとそで幅の関係について述べたものである。(　①　)～(　③　)に適する語句を答えよ。

そで山が高くなればなるほどそで幅は(　①　)なり，腕まわりが(　②　)なるので腕によく合う。腕は上げにくくなるが，外出着に適する。反対にそで山が低くなればそで幅が(　③　)なり，ゆったりとする。腕の上げ下ろしが自由になり作業着に適する。

(4)　下線部について，①夏用・②冬用のシャツ・ブラウスを製作する場合，それぞれに適する布地をア～クから夏用・冬用2つずつ選び，その記号で答えよ。

ア　カシミヤ(毛100%)
イ　サッカー(綿65%　ポリエステル35%)
ウ　サテン(ナイロン100%)
エ　ブロード(綿65%　ポリエステル35%)
オ　コーデュロイ(綿100%)
カ　ジョーゼット(毛100%)
キ　オーガンジー(ポリエステル100%)
ク　フランネル(綿100%)

(5) 次の図はシャツ・ブラウスのそでの型紙を示したものである。前身頃のアームホールに合わせる部分をア～オから1つ選び，その記号で答えよ。

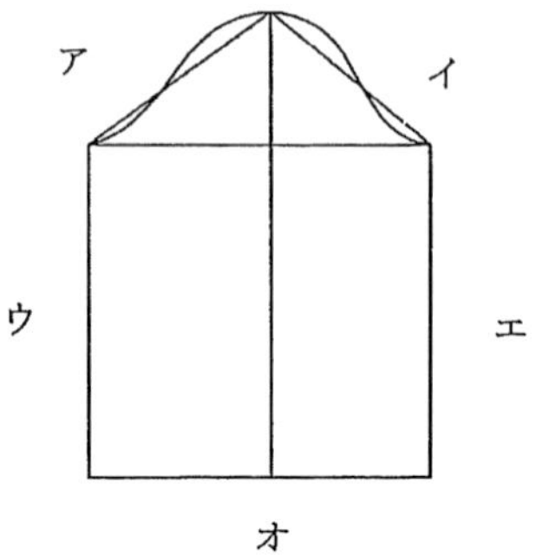

▌2024年度 ▌佐賀県 ▌難易度 ■■■■□

【15】衣服に関する次のa～cの文が説明しているものとして最も適切な語句を，語群①～⑨の中からそれぞれ一つ選びなさい。

a 明度と彩度を合わせた色の調子のこと。

b 子ども服のひもについての安全基準を定めている。

c 短い繊維から糸をつくること。

＜語群＞

① ヒートショック　② トーン
③ 消費者契約法　④ 紡績
⑤ JIS(日本産業規格)　⑥ 織物
⑦ 消費者基本法　⑧ 色相
⑨ 表面フラッシュ現象

▌2024年度 ▌三重県 ▌難易度 ■■■■□

解答・解説

【1】(1) B　編物　　C　不織布　　(2) (布Aは布Bに比べて)型崩れしにくく，しわになりやすい。

○**解説**○ (1) 織物の平織，斜文織，朱子織の三原組織について学習し，織り図と特徴，当てはまる布地を理解しておくこと。編物は，編み図を確認して，様々な編み方を理解しておきたい。フェルトや不織布は，織ったり編んだりすることなく，繊維を絡ませたり圧力をかけたりして結合させて作る。　(2) 平織，斜文織，朱子織の特徴をそれぞれ理解しておくこと。編物は，1本の糸がつながっているので，糸が切れると目がほつれやすいことがデメリットである。

【2】問1　(1) イ　　(2) エ　　(3) イ　　(4) 絹　　問2　キュプラ　問3　イ　　問4　溶けて衣類にしみをつけることがある。

○**解説**○ 問1　(1) 繊維の側面図と断面図は写真などで確認し覚えること。正答以外の選択肢について，アは麻，ウは綿，エはポリエステルである。　(2) 繊維の種類は天然繊維(動物繊維，植物繊維)，化学繊維(合成繊維，半合成繊維，再生繊維)に分類して特徴，燃え方も整理して覚えること。頻出問題である。　(3) 洗剤は溶液中のpH値によって「酸性」「中性」「アルカリ性」に分けられるが，pH値が酸性かアルカリ性になるほど汚れを落とす効果が高い。洗濯用洗剤は中性または弱アルカリ性のものが主流で，中性洗剤は，酸性やアルカリ性に比べると洗浄力は劣るが，衣類をやさしく洗い上げ，衣類の色合いや風合いを保つので毛100％や絹製品に適している。　(4) 絹の光沢はこの三角断面によりうまれる。蚕は糸を口から吐出するが，最初から最後まで途切れることなく吐き続けるので長繊維になる。　問2　綿花に種子がついているものを実綿といい，これには長い繊維と短い繊維がついている。短い繊維はコットンリンターと呼ばれ，長さが2～6mmで糸にすることが難しく，溶かしてキュプラといった再生繊維や紙の原料として使われる。　問3　SEKマークは，Sen-i Evaluation Kinoの略であり，SEKは「S＝清潔」・「E＝衛生」・「K＝快適」の頭文字を合わせてSEKともいわれている。SEKマークには,「抗菌防臭加工」以外にも「制菌加工」「抗かび加工」「光触媒抗菌加工」「抗ウイルス加工」「消臭加工」「光触媒消臭加工」「防汚加工」などがある。抗菌防臭加工は青,制菌加工はオレンジと赤のマークというように,SEKマークのカラーによって,それぞれの用途や性能・効果を表示している。 問4 防虫剤の主な成分にはピレスロイド系,パラジクロルベンゼン,ナフタリン,樟脳の4つあり,他の防虫剤と併用できるのはピレスロイド系のみである。それぞれの特徴と用途を整理して覚えること。

【3】1 (1) A エ B ア (2) 肌側は太い繊維,粗い編地で低密度,外側は細い繊維,細かい編地で高密度に配置し,二層の構造にする 2 スマートテキスタイル

○**解説**○ 1 (1) 尾州は毛織物の産地で,紳士用スーツ地,コートなどの高級品に多く用いられている。北陸は化合繊維物の産地として有名である。 (2) 吸汗速乾素材は,汗を素早く吸収して乾かし,衣服内をドライで快適な状態に保つ素材で,その仕組みの一つが毛細管現象の利用である。太さの違う糸を編み2～3の層を作り,毛細管現象を利用し,生地の肌側についた汗を太い繊維から細い繊維へ,外側一方向に移動拡散させ,汗を多量に吸水,すばやく乾燥させる。 2 スマートテキスタイルは少子高齢化や健康意識の高まりを背景に注目されており,センサー機器によって対象の何らかの情報を取得するセンシング機能を持たせたテキスタイルは「e－テキスタイル」と呼ばれ,生体情報のモニタリングなどに利用されている。医療機器,ヘルスケア,ファッション,スポーツ,エンターテインメント,軍事防衛などの広い分野に応用されると見込まれている。

【4】(1) 反毛 (2) ア A 平織 B 朱子織 C 斜文織 デニム…C イ 交織 ウ C エ オーガニックコットン オ 家庭や地域社会との連携を図る。

○**解説**○ (1) 古着,廃棄布地などを綿などの単繊維に戻して繊維として再利用するためのものである。反毛によって得られた繊維は繊維長が短くなったり傷付いたりしているため,品質が下がり用途は限られる。

(2) ア 平織は，縦糸と横糸が1本ずつ交互に上下しているもので，平滑かつじょうぶで薄地のものをつくることができる。朱子織は，糸の上下する部分が少なく，縦糸または横糸が長い浮き糸となったもので，摩擦には弱いがすべりがよく光沢に富む。斜文織は，布面に連続したななめの綾目があらわれたもので，柔軟で光沢があり摩擦に強い。ブロード，ギンガムなどが平織，サテンやドスキンなどが朱子織，デニムやサージなどが斜文織である。 イ 交織とは，縦糸と横糸に2種類以上の異なる糸を用いて織ることである。異なる糸を組み合わせることでさまざまな風合いや質感を表現することができ，それぞれのもつ機能性を付与することも可能である。 ウ 繊維の種類について，天然繊維(動物繊維，植物繊維)，化学繊維(再生繊維，合成繊維，半合成繊維)に分けて，繊維の特徴と断面図，手入れ方法もあわせて覚えておきたい。 エ オーガニックコットンの認証機関には，GOTS(Global Organic Textile Standard)などがあり，厳しい基準が設けられている。農薬や化学薬品を使用していないことや，生産者の人権尊重や子どもや女性・移民による強制労働を行わないなどの基準もある。 オ 「生活の課題と実践」とは，「A家族・家庭生活」の(4)，「B衣食住の生活」の(7)及び「C消費生活・環境」の(3)の項目である。これら三項目のうち，一以上の項目を選択して履修させるよう示されている。

【5】(1) A 平織 B 綾織 (2) 組み合わせ…① 表1の種類…A (3) D 低い E 高い F 低い G 高い
(4) ① 混紡 ② 弱い繊維の特徴に合わせて手入れをする。

○**解説**○ (1) 織物の三原組織について，図と特徴，布地，用途を整理して覚えること。たて糸とよこ糸が1本ずつ交互に上下している平織は丈夫で摩擦に強い。布地にはブロード，ギンガム，サッカーなどがある。布面に連続した斜めの綾目があらわれる綾織は，しわがよりにくい。布地には，デニムやサージ，ツイードがある。朱子織は交錯点が上下左右とも隣接しないように織られ糸が長く渡るので，なめらかで光沢がある。布地としてはサテンがある。 (2) それぞれの織り方と布地と用途を理解しておくこと。 (3) 編物の平編み(よこメリヤス)

は，Tシャツ，カットソー，ポロシャツ，裏起毛のスウェット生地(トレーナー生地)などに使用される。糸が切れると編み目がほつれやすくなるのが欠点である。 (4) ① 混紡により，種類の異なる繊維の性能を高めたり，欠点を補ったりすることができる。 ② 手入れをする際に大切になる，組成表示についても学習しておくこと。混用の表示には2通りあり，1つは「羊毛50％，カシミア50％」のように全体の混用率を表示する「全体表示」。もう一つは，「たて糸　綿100％，よこ糸　レーヨン100％」，や「本体　綿50％　麻50％　えり　ポリエステル100％」のような「分離表示」がある。

【6】(1) 種類…平織　　布地名…ブロード，ギンガム，シーチング，さらし　から1つ　(2) 種類…朱子織　　布地名…サテン，綿朱子，ドスキン，綸子　から1つ　(3) 種類…斜文織(綾織)　　布地名…デニム，サージ，ツイル　から1つ

○**解説**○ 織物の三原組織についての問題は頻出なので，織り方の図もあわせて，種類と特徴，使用される布地を覚えること。

【7】(1) ④　(2) ④　(3) ⑤　(4) ⑥　(5) ④　(6) ③　(7) ②　(8) ⑥

○**解説**○ (1) 織物の三原組織の図も合わせて理解しておきたい。

(2) 正答以外の選択肢について，①は綿，麻など，②は毛，③はアセテート，⑤はナイロンの説明である。 (3) それぞれの繊維の種類による地直しの方法を理解しておくこと。正答以外の選択肢①は綿，麻，②は毛の方法である。 (4) 正答以外の選択肢について，①は捨てミシン，②は端ミシン，③はバイアスによるまつり縫い，④は三つ折り縫い，⑤は折り伏せ縫いである。 (5) 日本では，当て布をあてがい，繕うことが多いが，ダーニングは穴が開いた場合も当て布を用いないで，糸だけで行う。一見すると刺繍のように見える。 (6) デールはモンゴルの民族衣装である。立襟で左に打ち合わせがある絹やナイロンの丈の長い上着である。ブータンの民族衣装は，キラ(女性)，ゴ(男性)である。 (7) ②は酸素系漂白剤の使用はできるが塩素系漂白剤は使用禁止のマークである。洗濯に関する取扱い表示は，洗濯，漂白，

乾燥，アイロン，クリーニングの5つの基本表示を元に覚えておくこと。　(8)　洋服，和服の型紙の置き方を理解しておくこと。布の見積もりはこれを理解していれば計算できる。

【８】(1)　①　シルケット加工　　②　パーマネントプレス加工

(2)　①　吸湿発熱　　②　接触冷感または吸水速乾

○**解説**○ (1)　①は染色性の向上，寸法安定性，光沢の発現，引張強度の改善が見られる。絹のような光沢が発現するので，シルケット加工と呼ばれている。②は，しわになりにくく，プレス仕上げの効果が長期間持続することから命名された。PP加工とも呼ばれる。　(2)　①は肌にやさしいキュプラ繊維と吸湿発熱機能のあるアクリルを組み合わせた，ソフトでストレッチ性に優れた素材である。身体から出る湿気を吸湿して発熱し，冬の静電気の刺激や汗の蒸れなどを感じにくく，快適な着心地となる。②について，繊維には親水性と疎水性のものがあり，親水性のエチレンビニルアルコール共重合体を鞘部に，疎水性のポリエステルを芯部に使用しているため，両方の特徴を合わせ持つ。親水性のエチレンビニルアルコールが素早く汗を吸収し，疎水性の内部のポリエステルが水を拡散して素早く汗を蒸発させ，気化熱の作用で，暑い日でも生地の内部を快適に保つことができる。さらにエチレンビニルアルコールは熱伝導率が高いので，気化熱を奪うことと素早く熱移動させることの2つの働きで冷感効果をもたらす。

【９】③

○**解説**○ 間違いのある選択肢ウについて，ポリエステルは合成繊維の中でも，比較的熱に強い。熱に弱いのはナイロンやアクリルである。エのアクリルは合成繊維である。化学繊維は再生繊維，半合成繊維，合成繊維に，天然繊維は動物繊維と植物繊維に分類して，特徴とあわせて整理して覚えておくこと。また，繊維の断面図や側面図も確認しておきたい。

● 衣生活

【10】(1)　名称…一目ゴム編み

編み図

｜	－	｜	－	｜	－
｜	－	｜	－	｜	－
｜	－	｜	－	｜	－
｜	－	｜	－	｜	－

(2)　名称…長編み　　目数…3

(3)　①　ゲージ　　②　10　　③　大き

○**解説**○ (1)　棒針編みの1目ゴム編みで，表目・裏目を交互に編むため横に伸び縮みする伸縮性がある。　(2)　これはかぎ針編みの長編みで，1目で細編みのおよそ3目分の高さになるので，一気に多くの面積を編むことができる。　(3)　毛糸などを編むかぎ針や棒針は号数が大きくなるほど太い針軸になるが，レース針は号数が大きくなるほど細い針軸になる。

【11】2

○**解説**○ ショールを巻き付けたような形のえりで「へちまカラー」ともいう。選択肢1は男性の背広によく使われるV型の折りえり。3はえりが立ち上がり，えり先だけが前に折れたえりで，男性のタキシード，燕尾服などフォーマルな装いに使用される。5は肩から上腕を包むような大きめのえり。ケープをかけたようなえりで，女性のブラウスや上着，コートなどに使用される。6は後ろえりが高くなっていて，比翼仕立てのえりである。

【12】(1)　a　天然　　b　化学　　c　合成　　d　紡績　　e　縫製

(2)　A　毛　　B　ポリウレタン　　C　綿　　(3)　②　　(4)　学校の運動着は丈夫で乾きやすいポリエステル繊維，伸縮性のあるメリヤス地を用い，体にフィットして動きやすい立体構成の衣服がふさわしい。　　(5)　①

○**解説**○ (1)　繊維の種類は天然繊維(動物繊維，植物繊維)と化学繊維(再生繊維，合成繊維，半合成繊維)に分類し，それぞれ特徴と用途，繊維の断面図もあわせて覚えておきたい。絹や化学繊維は繊維が長い。(2) 繊維の特徴についての問題は頻出である。長所と短所を整理して覚えること。 (3) 公開解答は②になっているが，選択肢①の布地の名称はサージで主な用途がジャケットでもあるが，サージも斜文織であるので間違いとはいえない。 (4) 解答以外に「汗を吸収しやすく，乾きやすい」「何度も洗濯することから摩擦に強く，耐久性が高い素材」「体を大きく動かしたり，素早く動かしたりすることの多いことから，軽量で動きやすい」などが求められる。立体構成と平面構成の違いを理解しておくこと。 (5) 麻は熱に強い。それぞれの繊維に適した手入れの方法を整理して覚えておくこと。洗濯表示についての問題は頻出なので，洗濯，アイロン，漂白，乾燥，クリーニングの5つの基本記号で分類し覚えること。

【13】(1) ② (2) ① (3) ①，③ (4) ③

○解説○ (1) 3Rの違いを理解しておくこと。心がける順番はリデュース→リユース→リサイクルである。リサイクルやリメイクとは別に，アップサイクルについても確認しておきたい。 (2) ①の「Sマーク」は，厚生労働省大臣が認可した「クリーニング業の標準営業約款」に基づいて営業している店で，「LDマーク」は，全国クリーニング生活衛生同業組合連合会の会員である47都道府県クリーニング生活衛生同業組合に加盟していることをあらわしている。②について，ドライクリーニングは油性の汚れ落としには適しているが，水溶性の汚れには不適なので水洗いを行う場合もある。③作業後の乾燥が不十分で石油系の溶剤の成分が残ってしまうこともある。また，ポリ袋をかけたままだと湿気がこもり，虫食いやカビの原因になる。④はランドリーではなく，ウエットクリーニングのことである。 (3) たて型の特徴は，「もみ洗い」で衣服同士をこすり合わせて汚れを落とす。水量も多く洗浄力は高い。ドラム式は，少ない水で「たたき洗い」する。洗濯物が傷みにくい。洗剤の使用量は多ければいいわけではない。衣類の手入れに関する問題は頻出なので学習しておくこと。 (4) 洗剤の種類と用途は整理して覚えること。界面活性剤についての問題も頻出なので，汚れの落ちる仕組みについて図などをあわせて理解しておくこと。

【14】(1) ① カフス ② 通気 ③ 女性 ④ タックイン
(2) (名称／記号の順) ① 台襟付きボタンダウンシャツカラー／オ ② オープンカラー／ア ③ ウイングカラー／エ (3) ① 狭く ② 細く ③ 広く (4) ① イ，エ ② オ，ク
(5) イ

○**解説**○ (1) 衣服の種類と形は学習しておきたい。えりの種類について問われることも多いので，確認しておくこと。 (2) ①はえりと身頃の間に台えりがついている。②は第1ボタンの位置が低く，えりが開いている。③はえりの全面が浮いて立ち上がっている。正答に当てはまらなかった選択肢のイはスタンドカラー，ウはショールカラーの製図である。 (3) そで山の高さは，胴部原型そでぐりの長さを4等分したものに，2～3cm加えた程度が日常用であるが，外出着，作業着など用途に応じて調整する。 (4) サッカーやブロードは平織物である。綿とポリエステルの混紡素材であるため，吸湿性が高く，しわになりにくい。コーデュロイは添毛織物，フランネルは布地の表面を起毛させた保温性に優れた素材である。 (5) アームホールとはそでぐりのことである。ア，イがそでぐりと合わせる部分，オがそで口である。アの傾斜がなだらか，イの傾斜がきついことから，アが後ろ身頃，イが前身頃に合わせる部分である。

【15】a ② b ⑤ c ④

○**解説**○ a 色の三属性は，色相・明度・彩度である。カラーの基本事項は学習しておくこと。 b 首まわりや裾のひもなどは，遊具に引っかかったりして事故につながる。 c 綿や羊毛などの短くて細い繊維をより合わせながら長い糸にすることである。「製糸」は蚕の繭をほどいて細くて長い糸を引き出し，それをばらばらにならないよう数本まとめて撚って太い糸にすること。「紡糸」は，ポリエステルやナイロン等を熱で溶かして柔らかいお餅のような状態にして，それを引き延ばして細い糸にすること。

洗濯・洗剤・機能・手入れ

【1】界面活性剤のはたらきを確かめることができる実験のうち，乳化作用を確かめることができる実験はどれですか。次の1～4の中から1つ選びなさい。

1	2	3	4
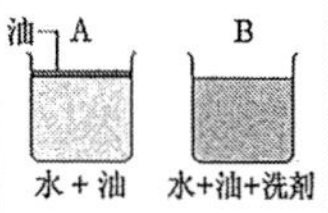	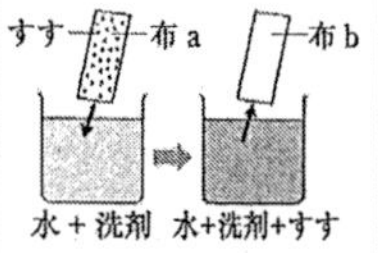	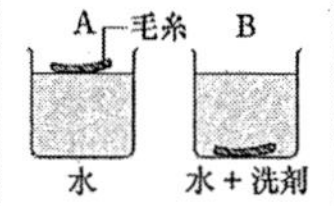	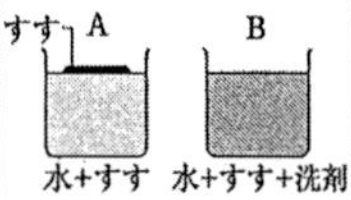
Aは，水と油（液体）に分かれるが，Bは境界面が消え，全体に混ざりあう。	すす（固体）の付着した布を洗剤液から取り出すと，すすが付着しない布となる。	Aの毛糸は沈まないが，Bの毛糸は沈む。	Aはすす（固体）が固まって浮いているが，Bは液体が一様に黒くなる。

2024年度　埼玉県・さいたま市　難易度

【2】被服の保健衛生や安全について述べた文として誤っているものを，次の(1)～(4)の中から1つ選びなさい。

(1)　足に合わない靴を履き続けていると，足の骨格が変形する外反母趾になることがある。

(2)　暑さから身を守るには，通気性がよく，えり・袖・裾など開口部の小さい形の衣服が適する。

(3)　フリース素材など，表面の毛羽に引火し，一瞬で燃え広がることを表面フラッシュ現象という。

(4)　子ども服の安全規格がJISで制定され，ひもを付けてよい位置とその長さに基準が定められている。

2024年度　埼玉県・さいたま市　難易度

【3】ワイシャツ・ブラウスのアイロンがけの順番として最も適切なもの
を，次の1〜4の中から1つ選びなさい。

1　えり　　　→　カフス・袖　→　身ごろ
2　えり　　　→　身ごろ　　　→　カフス・袖
3　身ごろ　　→　えり　　　　→　カフス・袖
4　身ごろ　　→　カフス・袖　→　えり

|| 2024年度 | 埼玉県・さいたま市 || 難易度 ▓▓▓□□□

【4】衣生活について，次の(1)〜(3)の問いに答えよ。

(1)　次の文は，漂白剤について述べたものである。文中の（　ア　）〜
（　エ　）に当てはまる言葉として最も適切なものを以下のA〜Jから
それぞれ一つずつ選び，その記号を書け。ただし，同じ記号には同
じ言葉が入る。

> 被服は着用・洗濯を繰り返すと，繊維のすきまに入りこん
> だ汚れにより，黒ずんだり黄ばんだりする。漂白剤は，この
> 着色物質を化学的に分解して白さを回復させるが，塩素系・
> （　ア　）系・（　イ　）系の3種類があり，塩素系は（　ウ　）性で
> あり，白もののみに使われる。（　ア　）系は色柄物も使用可能
> であり，（　エ　）が主成分のものは，主に粉末で，弱アルカリ
> 性である。

A　アルカリ　　　　　　　B　二酸化チオ尿素　　　C　酸
D　中　　　　　　　　　　E　次亜塩素酸ナトリウム　F　酸素
G　過炭酸ナトリウム　　　H　過酸化水素　　　　　　I　還元
J　水素

(2)　次の図は，界面活性剤が汚れを落とす様子について述べたもので
ある。図中の（　ア　）〜（　エ　）に当てはまる言葉の組合せとして
最も適切なものを以下のA〜Fから一つ選び，その記号を書け。

界面活性剤は、
（　ア　）基を汚れの
表面に向けて集まる。

界面活性剤が、
（　イ　）作用により、
汚れと（　ウ　）の
間に入る。

（　エ　）作用と分散
作用により、汚れが
少しずつ取り出され
る。

界面活性剤が繊維を
覆い、汚れが再び繊
維に付くのを防ぐ。

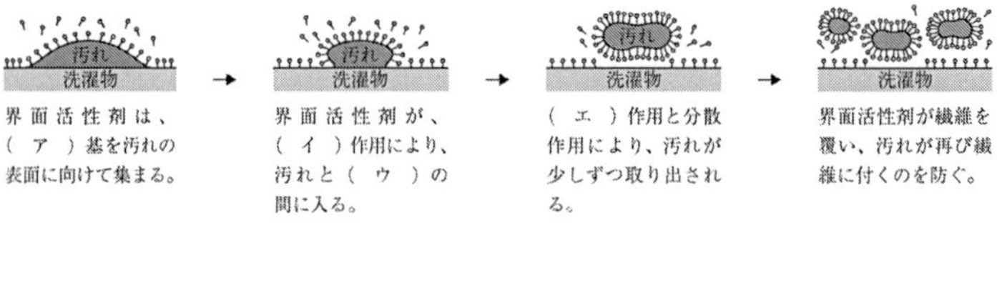

A	ア	親水	イ	浸透	ウ	水	エ	乳化
B	ア	親水	イ	乳化	ウ	繊維	エ	洗浄
C	ア	親水	イ	乳化	ウ	水	エ	溶解
D	ア	親油	イ	浸透	ウ	繊維	エ	乳化
E	ア	親油	イ	乳化	ウ	水	エ	洗浄
F	ア	親油	イ	浸透	ウ	繊維	エ	溶解

(3) 綿織物(編物)の地直しの方法として最も適切なものを次のA～Dから一つ選び，その記号を書け。

A 裏から160℃～170℃でアイロンをかける。

B 中表に二つに折り，両面に霧を吹いてから，ビニル袋などに入れてしばらく置き，裏側から布目にそって約160℃でアイロンをかける。

C 1時間水に浸け，軽く水気を切って布目がまっすぐになるようにさおに干す。生乾きの状態で，裏側から布目にそって180℃～200℃でアイロンをかける。

D 布目を整え，折りじわを消す程度に裏側から約150℃でドライアイロンをかける。

┃ 2024年度 ┃ 愛媛県 ┃ 難易度 ▩▩▩□□

【5】洗濯用洗剤について，誤っているものを一つ選び，番号で答えよ。

1 洗剤の主成分である界面活性剤は，水と油のように混じり合わないものを混ぜ合わせるのに役立ち，汚れを落とす洗浄の働きをする。

2 せっけんの界面活性剤の原料は天然油脂であり，液性は中性である。

3 合成洗剤の界面活性剤の原料は石油または天然油脂であり，液性は弱アルカリ性と中性がある。

4 毛や絹はタンパク質でできており，弱アルカリ性洗剤の使用で，布地が損傷することもある。

┃ 2024年度 ┃ 愛知県 ┃ 難易度 ▩▩▩□□

【6】取り扱い表示とその意味について，誤っているものを一つ選び，番号で答えよ。

	取り扱い表示	意　味
1		液温40℃を限度に洗濯機での通常洗濯可
2		液温40℃を限度に洗濯機での弱い洗濯可
3		日陰で平干しがよい
4		200℃を限度にアイロンできる
5		液温40℃を限度に手洗いでの洗濯可

▌2024年度 ▌愛知県 ▌難易度

【7】「衣服の選択と手入れ」に関する学習について，次の【学習計画】に沿って学習する。以下の(1)～(4)の問いに答えなさい。

【学習計画】

時　間	○主な学習活動
第1時	○衣服の選択と手入れについての問題を見いだし、課題を設定する。
第2～9時	○目的に応じた衣服の着方や自分らしい着方について考える。 ○和服と洋服の構成や着方の違いについて調べる。(ア) ○既製服の選び方を考える。(イ) ○衣服の材料や状態に応じた手入れの仕方を調べる。(ウ) ○衣服の材料や状態に応じた手入れをする。(エ) ○これまでの学習を基に、家庭での実践計画を立てる。
実践計画に沿って、家庭で実践する。	
第10時	○家庭での実践の結果を話し合い、題材の振り返りをする。

(1)　(ア)について，次の①，②の問いに答えなさい。

①　和服と洋服は様々な点で違いがある。生徒に理解させたい和服と洋服の構成について，それぞれ書きなさい。

②　浴衣は和服の中でも簡単に着ることができ，江戸時代から夏の日常着として着用されてきた。浴衣が日本の夏に適している理由を，浴衣に主に用いられる生地の特徴に触れて書きなさい。

(2)　(イ)において，既製服を購入する際に，手入れの方法を確認できるよう，取扱い表示を取り上げることとした。取扱い表示は，5つの基本記号があり，付加記号や数字を組み合わせて構成される。生徒に理解させたい取扱い表示の5つの基本記号と，それぞれの記号の意味を書きなさい。

(3) (ウ)について，次の①，②の問いに答えなさい。

① 衣服の材料によって適する洗剤の液性が異なることから，衣服の組成表示を観察することとした。どのような材料の衣服を用意するとよいか，洗剤の液性に触れて書きなさい。

② 生徒から「家の洗濯機には，ドライコースがあるけれど，家庭でドライクリーニングができるのか。」という質問があった。洗濯機のドライコースと，ドライクリーニングの違いに触れて，生徒への説明を書きなさい。

(4) (エ)について，次の①，②の問いに答えなさい。

① 「しみ抜き」の実習をする際に，しょうゆのしみとチョコレートのしみを用意した教師の意図を書きなさい。

② 「家で，服に付いた汚れを落とすために漂白剤を使ったら，服の色まで落ちてしまったことがある。」と発言した生徒がいたことから，漂白剤について説明することとした。塩素系漂白剤と酸素系漂白剤の使い方について，それぞれ生徒への説明を書きなさい。

2024年度 | 群馬県 | 難易度 ■■■□□

【8】衣服の手入れ方法について，次の(1)～(5)の各問いに答えよ。

(1) 次の□に示す衣服の手入れ方法の手順から，洗濯のしかた，乾燥のしかたに適する取り扱い表示記号をア～サからそれぞれ選び答えよ。また，この衣服に適したアイロン仕上げの記号を完成させよ。

> 衣服に付く汚れには，水溶性，油性，固体がある。汚れの付着は見た目がよくないうえ，保健衛生上好ましくなく，衣服の性能を低下させるため，適切な手入れが必要である。次の手順は，家庭で洗濯できる繊維の混用率がポリエステル70％，ウール30％の衣服の手入れ方法である。
>
> 【手順】
>
> 1．ボタンがとれかかっていたり，ほつれていたりしないか確認

2. しみの有無を確認
3. ポケットの中を空にする
4. ボタンやファスナーを止めて，形を整え裏返してネットに入れる
5. 30℃以下の水を使用
6. 洗剤は「中性洗剤」を使用
7. 非常に弱い洗濯機での洗濯
8. 脱水は30～60秒程度
9. 軽くシワをのばして形を整え，ハンガーにかけて陰干し
10. 140℃でアイロンをかける

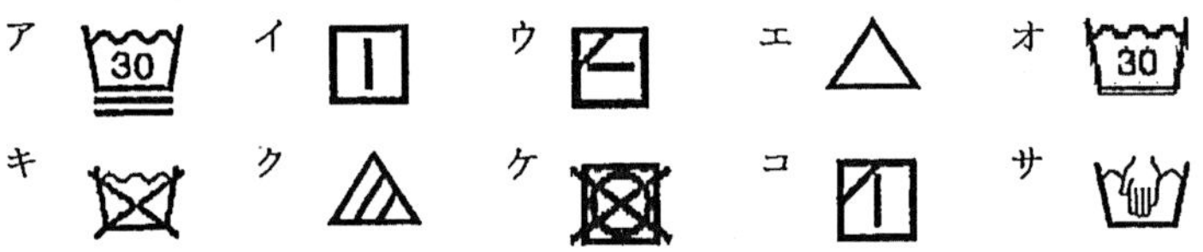

アイロン仕上げ

(2) 「塩素系及び石油系溶剤によるドライクリーニングができる」の意味を表すJIS L0001の取り扱い表示記号を書け。

(3) スラックスを干す際，どのようにすれば乾きやすいか答えよ。

(4) 縦型渦巻き式洗濯機，ドラム式洗濯機の特徴について，次の表を完成させよ。

	使用水量	洗濯時間	汚れの落とし方
縦型渦巻き式			
ドラム式			

(5) 授業で，油性汚れのしみ抜き方法について説明するときの図と説明文を書け。

2024年度 奈良県 難易度

【9】衣服の手入れについて，次の(1)，(2)の問いに答えよ。

(1) 次の表は，洗濯用洗剤の種類と特徴についてまとめようとしたものである。表中のア～ウの(　　)にあてはまる語句は何か。それぞれ書け。

種類	成分	特徴	液性
石けん	純石けん分100％（原料：天然油脂）	冷水や（ イ ）に溶けにくい。 石けんかすが残ると，衣類の（ ウ ）の原因となる。	弱アルカリ性
複合石けん	純石けん分70％以上，その他の界面活性剤30％未満（原料：天然油脂，石油）	石けんに比べると，冷水や（ イ ）に溶けやすい。	弱アルカリ性
（ ア ）	純石けん分70％未満，その他の界面活性剤30％以上（原料：天然油脂，石油）	冷水や（ イ ）にも溶けやすい。	弱アルカリ性・中性・弱酸性

(2) 次の文は，授業で家庭洗濯のポイントについて学習している時の生徒と教員の会話である。文中の下線部の生徒の発言は誤りである。洗剤量や酵素入り洗剤について，正しく理解できるように科学的に説明したい。どのように説明するか。書け。

> 教員：家庭洗濯のポイントについて，何か質問はありますか。
> 生徒：先生，ワイシャツの皮脂汚れを落とす際，水温が高いほど洗浄力が上がり，さらに酵素入り洗剤を使うといいのですね。それなら，<u>酵素入り洗剤を使用量より多めに入れた熱湯で洗うと，汚れがよく落ちそうですね</u>。

2024年度 ｜ 香川県 ｜ 難易度 ■■■■□□

【10】衣生活の科学と文化について，次の1～5の問いに答えなさい。

1 次の文の①～⑤のうち，繊維の種類と特徴について述べた文として正しいものを○，誤っているものを×としたとき，最も適切な組み合わせを，以下のa～eの中から一つ選びなさい。

① 綿は，細くしなやかで，紫外線で黄変する。和服や婦人服，ランジェリー，スカーフに用いられる。

② 麻は，吸湿性，吸水性が大きく，冷たく感じることから，夏用衣服に用いられる。

③ レーヨンの原料は，木材パルプで，吸湿性や吸水性が大きく，しわになりやすい。

④　毛は，吸湿性が大きい。側面は水をはじく。ぬれると縮みやすく，紫外線に強い。

⑤　アセテートは，再生繊維である。光沢があり，摩擦に弱い。ぬれると弱くなる。

選択肢	①	②	③	④	⑤
a	○	○	×	×	×
b	×	×	○	×	○
c	○	×	×	○	○
d	×	○	○	×	×
e	×	○	○	○	×

2　次の□の文中の(　　)に当てはまる語句として最も適切なものを，以下のa～eの中から一つ選びなさい。

> (　　)加工を施したワイシャツやブラウスは，しわになりにくくアイロンかけが不要である。

a　防汚

b　吸水速乾

c　ウォッシュアンドウエア

d　抗菌防臭

e　パーマネントプレス

3　防虫剤の種類と特徴について述べた文として，正しいものを○，誤っているものを×としたとき，最も適切な組み合わせを，以下のa～eから一つ選びなさい。

①　種類の異なる防虫剤を混ぜると，溶けて液状になる場合がある。

②　ピレスロイド系の防虫剤は，他の防虫剤と併用してもよい。

③　パラジクロロベンゼンは，効果は弱いが長く続くため，出し入れの少ない衣類に用いる。

④　ナフタリンは，効果が強く早くきくが，長く続かない。虫のつきやすい衣類にこまめに取り替えて使用する。

⑤　しょうのうは，すべての衣類に使用できる。環境汚染の心配が少ない。

選択肢	①	②	③	④	⑤
a	×	○	×	×	○
b	○	○	×	×	○
c	○	×	×	○	×
d	○	○	×	○	×
e	×	×	○	○	○

4　次の□の中の文は，衣生活と環境について述べたものである。文中の(　　)の①～④に当てはまる語句や数字の組み合わせとして最も適切なものを，以下のa～eの中から一つ選びなさい。

○2015年に国連で採択された持続可能な開発目標や(　①　)消費の重要性を認識し，循環型社会へ向けて衣生活を見直す必要がある。
○使用済みの衣類を洗い，細かく粉砕した後，化学的に分解し，繊維の原料として利用する方法を(　②　)という。
○日本において，衣類の国内需要に対する輸入品の割合(数量ベース)は，2017年には(　③　)%となっている。
○衣料品を短いサイクルで生産し，低価格で販売する(　④　)を扱う企業が世界的に広がっている。

選択肢	①	②	③	④
a	エシカル	ケミカルリサイクル	97.6	ファストファッション
b	オーガニック	ケミカルリサイクル	56	フェアトレード
c	オーガニック	サーマルリサイクル	56	ファストファッション
d	エシカル	サーマルリサイクル	97.6	フェアトレード
e	エシカル	ケミカルリサイクル	56	ファストファッション

5　縫いしろの始末について，端ミシンに該当するものとして最も適切なものを，次のa～eの中から一つ選びなさい。

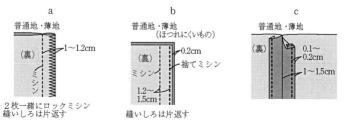

a

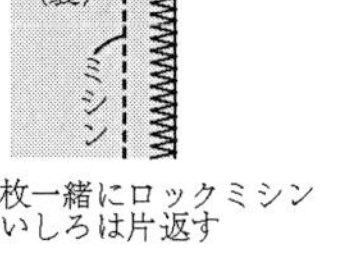

２枚一緒にロックミシン
縫いしろは片返す

b

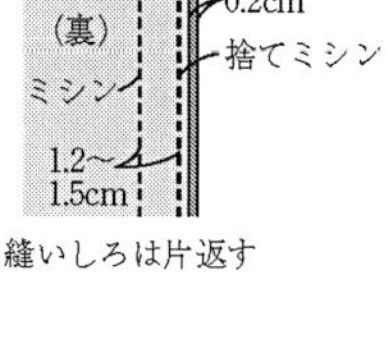

縫いしろは片返す

c

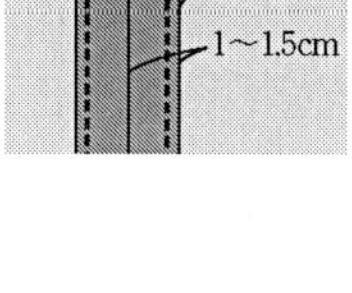

d

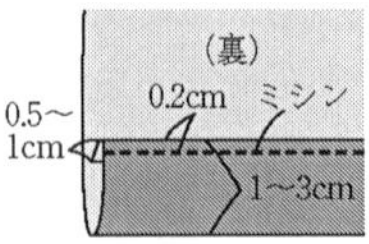

e

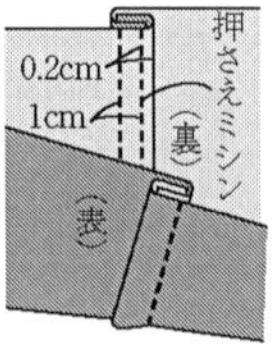

▌2024年度▌茨城県▌難易度 ■■■■□□

【11】次の文は，衣服材料について述べたものである。以下の(1)～(3)に答えなさい。

> 衣服材料にはさまざまな性能がある。快適性に関わる性能では，通気性，$_{a}$保温性，伸縮性などがあげられる。また，私たちは$_{b}$体表などから常に水分が蒸発しているため，これらの気体の水分を吸い取る(　①　)性や，透過させる(　②　)性が高い衣服であることが一年を通して必要である。(　①　)性は主に繊維の種類に影響されるが，吸水性と(　②　)性は，布の構造にも影響される。

(1)　(　①　)，(　②　)に適する語句を書きなさい。

(2)　下線部aについて，ダウンジャケットやフリース素材などが優れている理由を説明しなさい。

(3)　下線部bを何というか，書きなさい。

▌2024年度▌青森県▌難易度 ■■■■□□

【12】衣生活について，以下の(1)～(3)の問いに答えなさい。

> 太郎：　僕は，夏に着る肌着を購入したいと思っている。どんな素材が適しているかな。
>
> 花子：　夏は汗をかくため，吸湿性や［　ア　］のよいものがいいと思うな。毎日の$_{(A)}$洗濯に耐える丈夫さも必要ですね。
>
> 教師：　綿は，［　ア　］がよいので汗をよく吸いますが，ぬれると重く，［　イ　］ため，ぬれたまま着ていると体熱を奪われます。そのため，ポリエステル中空繊維などを綿と［　ウ　］や交編にして用い，夏には軽くて速乾性がある肌

着が市販されています。
花子： ［ウ］とはどのようなことですか。
教師： ［ウ］とは，それぞれの異なる種類の繊維を組み合わせて紡ぎ，糸にすることです。
太郎： 肌着についている(B)表示を見て購入しようと思います。

(1) 文中の［ア］～［ウ］に当てはまることばを次のa～gの中からそれぞれ1つ選び，その記号を書きなさい。ただし，同じ記号には，同じことばが入るものとする。

a 保温性が低い　b 乾きが遅い　c 乾きが速い
d 伸縮性　e 吸水性　f 混紡
g 裂織

(2) 次の図1は，文中の下線部(A)の汚れの落ちる仕組みを表したものである。文中の［エ］，［オ］に当てはまることばを書きなさい。

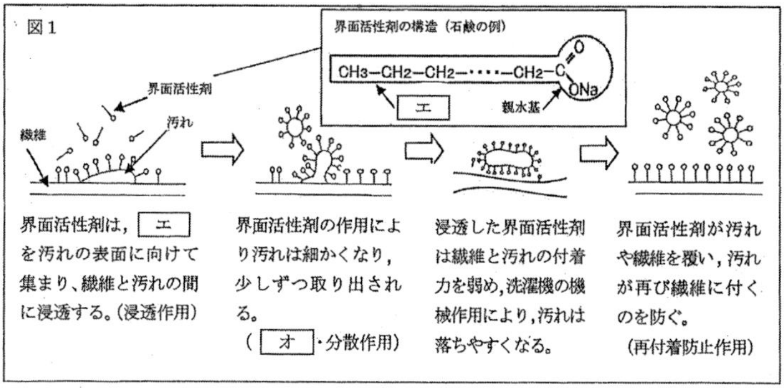

(3) 文中の下線部(B)は，図2のような表示である。この表示名を書きなさい。

図2

ポリエステル	65％
綿	35％

衣生活

【13】静子さんは，休日，図に示す自分の衣服をまとめて洗濯機で洗い，洗濯ハンガーを使い乾かした。また，紺色のウール100％のカーディガンも別の方法で手入れした。以下の問いに答えなさい。

図

＜洗濯物＞
A　部活動で着用し汗をかいたTシャツ
B　制服の白い長袖シャツ
C　部活動で使用した靴下
D　カレーじみのついたハンカチ
E　家で着用していたジャージ

(1) 乾いたTシャツをみると，しわだらけであった。このTシャツの素材は，何と考えられるか，ア～エの中から一つ選び，記号で書きなさい。

ア　ポリエステル100％　　イ　綿100％

ウ　ポリエステル50％，綿50％　　エ　アクリル100％

(2) 「B　制服の白い長袖シャツ」の組成表示を見ると，「綿70％，ポリエステル30％」であった。ポリエステルの繊維の特徴を，ア～オの中から一つ選び，記号で書きなさい。

ア　虫の害を受けやすい　　イ　ぬれたら縮む　　ウ　乾きにくい

エ　再汚染しやすい　　オ　静電気を帯びにくい

(3) 「日陰でつり干し」を意味する衣服に付けられる表示はどれか。ア～エの中から選び，記号で書きなさい。

ア 　イ 　ウ 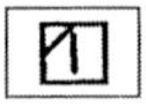　エ 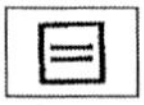

(4) 今回の洗濯で，Dのハンカチのカレーじみが落ちていなかった。カレーじみを落とすためにどうするべきだったか説明しなさい。

(5) 紺色のウール100％のカーディガンの繊維の特徴を踏まえて，洗濯方法と手入れ方法を説明しなさい。

(6) 洗剤の働きは，主に界面活性剤によるものである。どのようにして汚れが落ちていくのか，「界面活性剤」「汚れ」「繊維」の言葉を使って説明しなさい。

2024年度 ▌静岡県・静岡市・浜松市 ▌難易度

【14】被服の機能や選び方について(1)～(3)の各問いに答えなさい。

> 私たちは被服を着ることによって外の気温とは違った人工的気候をつくって温度や湿度の調節をしている。これを(　①　)という。皮膚と肌着の温度が(　②　)±1℃，湿度が(　③　)±10%の時に最も快適と感じる。
>
> 一生のうちには病気やけがで運動機能や感覚が低下し，不自由になることがあるが，年齢や障がいの有無に関係なく，だれでも快適に着ることができる被服デザインの開発も進み，すべての人が楽しめる衣生活の実現が目指されている。すべての人がおしゃれを楽しみ自分らしい衣生活を送ることは(　④　)の向上にもつながる。

(1)　文中の(　①　)～(　④　)に適する数字や語句を答えよ。ただし(　④　)はアルファベット3文字で答えること。

(2)　下線部について，このような考え方を何というか，カタカナで答えよ。

(3)　次のサイズ表示の服を着用するのに最も適するのは誰か，ア～オから1つ選び，その記号で答えよ。

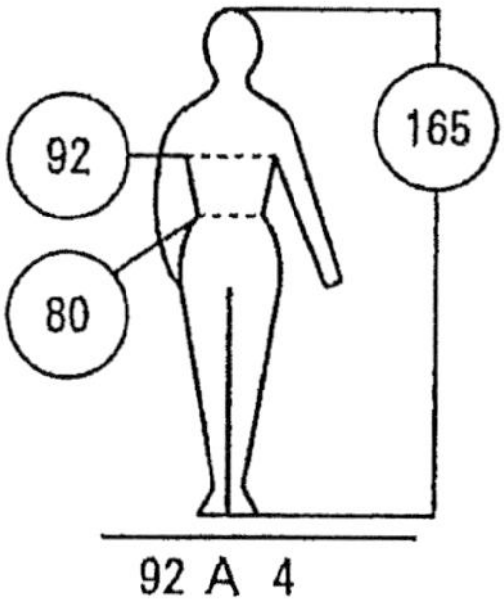

ア　身長168cm　胸囲86cm
　　普通体型より6cm腰囲が大きい男性
イ　身長150cm　胸囲83cm
　　普通体型より4cm腰囲が小さい女性
ウ　身長164cm　胸囲90cm　普通体型の男性
エ　身長158cm　胸囲83cm　普通体型の女性

オ　身長166cm　胸囲83cm　普通体型の女性

2024年度 佐賀県 難易度

【15】次の表は，防虫剤の種類と特徴について示したものの一部である。空欄［ア］～［エ］に当てはまるものの組合せとして最も適切なものを，以下の①～⑥のうちから選びなさい。

種類	特徴
ア	防虫効果はやや低い。着物や毛皮などに用いる。
イ	即効性がある。持続性が低い。
ウ	防虫効果が低い。持続性が高い。
エ	防虫効果が高い。刺激臭がない。

① ア　しょうのう　イ　パラジクロロベンゼン
　ウ　ナフタリン　エ　ピレスロイド系
② ア　しょうのう　イ　ナフタリン
　ウ　パラジクロロベンゼン　エ　ピレスロイド系
③ ア　ナフタリン　イ　ピレスロイド系
　ウ　しょうのう　エ　パラジクロロベンゼン
④ ア　ナフタリン　イ　ピレスロイド系
　ウ　パラジクロロベンゼン　エ　しょうのう
⑤ ア　ピレスロイド系　イ　ナフタリン
　ウ　しょうのう　エ　パラジクロロベンゼン
⑥ ア　ピレスロイド系　イ　パラジクロロベンゼン
　ウ　ナフタリン　エ　しょうのう

2024年度 神奈川県・横浜市・川崎市・相模原市 難易度

【16】被服管理について以下の(1)～(4)の各問いに答えなさい。

衣服を保管する際には汚れや湿気に注意する。汚れは(　①　)の原因になる。特にたんぱく質繊維である絹や毛は被害を受けやすいので(　②　)剤を使用して保管する。また，乾燥が不十分

であると(　③　)の被害にあいやすい。衣服は(　④　)性の高い容器に入れ，しわや型崩れなどが生じないよう保管する。

(1)　文中の(　①　)～(　④　)に適する語句を答えよ。

(2)　次の図は洗濯の原理を示している。①～④の図を汚れの落ちる順番に並べ変えよ。また，①の作用名をア～ウから1つ選び，その記号で答えよ。

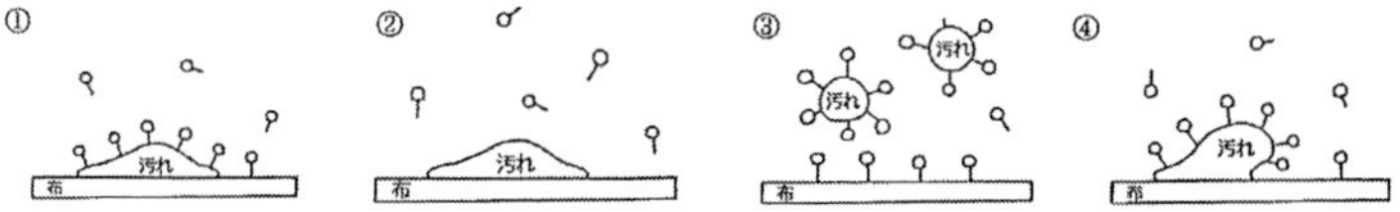

ア　乳化・分散作用　　イ　浸透作用　　ウ　再付着防止作用

(3)　次の衣類にアイロンがけする場合，適する温度をア～ウから1つ選び，その記号で答えよ。ただし，同じ記号を何度選んでもよい。

①　綿とレーヨンの混紡のブラウス　　②　麻のパンツ

③　アクリルと毛の混紡のセーター　　④　絹のスカーフ

ア　高(200度まで)　　イ　中(150度まで)　　ウ　低(110度まで)

(4)　使用しなくなった被服の再資源化について「リサイクル」の観点からどのような活用方法があるか，具体的な活用方法を1つ答えよ。

2024年度 ｜ 佐賀県 ｜ 難易度

【17】JIS L0001に示されている繊維製品の取扱い表示の記号に対する説明として適切でないものを，次の1～4の中から1つ選びなさい。

	記　号	説　明
1		液温は40℃を限度とし，洗濯機で非常に弱い洗濯処理ができる。
2		石油系溶剤でのドライクリーニングができる。
3		塩素系漂白剤は使用できるが，酸素系漂白剤は使用禁止。
4		日陰の平干し乾燥がよい。

2024年度 ｜ 埼玉県・さいたま市 ｜ 難易度

【18】被服素材の性能改善や性能向上に関する加工について説明したものです。次の説明にあたる加工の種類として最も適切なものを，以下の1～4の中から1つ選びなさい。

水酸化ナトリウム液中で綿布を処理し，絹のような光沢を持たせたり，接触したときの感触をよくしたりする加工。

1　ウォッシュアンドウエア加工　　2　パーマネントプレス加工
3　シルケット加工　　4　透湿防水加工

▌2024年度 ▌埼玉県・さいたま市 ▌難易度 ■■■□□

【19】次の表は，漂白剤の種類について示したものの一部である。空欄［ア］～［オ］に当てはまるものの組合せとして最も適切なものを，以下の①～⑥のうちから選びなさい。

種類	酸化型漂白剤			還元型漂白剤
	塩素系	酸素系		
成分	［ア］	過炭酸ナトリウム	過酸化水素	［イ］
液性	アルカリ性	［ウ］	弱酸性	弱アルカリ性
形状	［エ］	［オ］	液体	粉末

①　ア　次亜塩素酸ナトリウム　　イ　二酸化チオ尿素
　　ウ　弱アルカリ性　　エ　液体
　　オ　粉末
②　ア　二酸化チオ尿素　　イ　次亜塩素酸ナトリウム
　　ウ　弱酸性　　エ　液体
　　オ　粉末
③　ア　次亜塩素酸ナトリウム　　イ　二酸化チオ尿素
　　ウ　酸性　　エ　粉末
　　オ　液体
④　ア　二酸化チオ尿素　　イ　次亜塩素酸ナトリウム
　　ウ　弱アルカリ性　　エ　粉末
　　オ　液体
⑤　ア　次亜塩素酸ナトリウム　　イ　二酸化チオ尿素
　　ウ　酸性　　エ　液体

オ　粉末

⑥　ア　二酸化チオ尿素　　イ　次亜塩素酸ナトリウム
　　ウ　弱酸性　　エ　粉末
　　オ　液体

2024年度　神奈川県・横浜市・川崎市・相模原市　難易度

【20】布の加工とその説明について，誤っている組合せを一つ選び，番号で答えよ。

1　シルケット加工－絹のような光沢を付与し，染色性が増す。
2　防水加工－水の通過を防ぐ。
3　減量加工－風合をソフトにする。
4　W&W加工－防しわ性を向上させ，アイロンかけの手間を省く。
5　オパール加工－折り山やひだ山に耐久性を与える。

2024年度　愛知県　難易度

解答・解説

【1】1

○**解説**○　界面活性剤の汚れを落とす仕組みについての問題は頻出なので詳細に学習しておくこと。正答以外の選択肢の作用について，2は再汚染防止作用，3は浸透作用，4は分散作用である。

【2】(2)

○**解説**○　間違いのある選択肢(2)について，開口部の小さいではなく，大きいが正しい。被服気候について学習しておくこと。快適な被服気候，気温32±1度，湿度50±10%は覚えておくこと。

【3】1

○**解説**○　細かいところから広いところをかけるのが基本である。先に身ごろをかけてしまうと，他の部分をかけているときに，しわができてしまうからである。

【4】(1) ア F　イ I　ウ A　エ G　(2) D　(3) C

○**解説**○ (1) 漂白剤の種類は整理して覚えること。しみ抜きの方法についての問題も頻出なので，確認しておきたい。 (2) 界面活性剤が汚れを取り除く仕組みは，親油基が汚れの表面に付着→浸透作用→乳化作用と分散作用→再付着防止作用で汚れを落とす。頻出問題なので必ずこの図は理解しておくこと。 (3) 他の繊維についても，地直しの方法を覚えておくこと。

【5】2

○**解説**○ せっけんの界面活性剤の原料はヤシ油とパーム油の植物性油脂である。液性は中性でなく弱アルカリが正しい。せっけんの長所は，環境にやさしいこと，肌にやさしい，肌への刺激となりやすい化学物質を一切使用していないこと。デメリットとしては，すすぎが不十分だと長期の保存で黄ばみやすいことがあげられる。洗剤の種類と特徴，界面活性剤の汚れを落とす仕組みを学習しておきたい。

【6】3

○**解説**○ 選択肢3は日陰のつり干しの表示である。取扱い表示は，洗濯・乾燥・漂白・アイロン・クリーニングの5つの基本区分をもとに整理して覚えること。頻出問題である。

【7】(1) ① 和服の構成…直線に裁った布を縫い合わせた平面構成　洋服の構成…体に合うように裁断した曲線の各部分を縫い合わせた立体構成　② 浴衣の生地は綿で，汗を吸い取り，通気性がよいから
(2) (※基本記号…意味)
・…家庭洗濯に関する表示　・△…漂白剤に関する表示
・□…乾燥に関する表示　・○…クリーニングに関する表示
・…アイロンに関する表示　(3) ① 弱アルカリ性が適する植物繊維や化学繊維の衣服と，中性が適する動物繊維の衣服　② 洗濯機のドライコースは，通常より少ない水量でゆするように洗うコー

スです。ドライクリーニングは，水を使わずに石油系の溶剤で汚れを落とす方法なので，家庭用洗濯機ではできません。　(4)　①　しょうゆは基本的に水で落ちるしみ，チョコレートは水だけでは落ちず，洗剤を使って落とすしみであり，しみの落とし方が異なるから
②　塩素系漂白剤…漂白力が強く，白物衣料に使えます。　酸素系漂白剤…白物衣料だけでなく，色柄物にも使えます。

○**解説**○ (1)　①　平面構成と立体構成の違いについての問題は頻出なので，必ず違いを理解し説明できるようにしておくこと。平面構成の服は他に，インドのサリーやトルコのシャルワール，中南米のポンチョなどがある。　②　浴衣の素材の綿は，吸湿性がある。また，浴衣の袖口や見八つ口，袖のふり，えりなどが開いており，空気の流れがスムーズにでき，涼しさを感じることができる。　(2)　洗濯表示の問題は頻出である。5つの基本記号に分類し整理して覚えること。
(3)　①　衣類用の洗剤の液性は，中性洗剤と弱アルカリ性洗剤がある。2つの特性と繊維の特徴が合致することが重要である。　②　ドライコースは傷みや縮みの恐れがあるデリケートな衣類に対応した洗い方で手洗いに近いが，水を使って洗濯する。業者によるドライクリーニングは，水を使わずに薬剤で処理するのでまったく別の洗い方である。
(4)　①しみ抜きに関する問題は頻出なのでさまざまな汚れに対してのしみ抜き方法を理解しておくこと。しみの種類が水溶性か油溶性なのかの判別が大切である。　②　漂白剤について，塩素系と酵素系の違いを明確に理解しておくこと。

【8】(1)　洗濯のしかた…ア　　乾燥のしかた…コ
アイロン仕上げ…　　(2)　Ⓟ　　(3)　スラックスを裏返し，筒状に止めて干す。
(4)

	使用水量	洗濯時間	汚れの落とし方
縦型渦巻き式	多い	短い	水流を起こして洗濯物どうしをこすり洗い
ドラム式	少ない	長い	洗濯物を落下させてたたき洗い

(5)

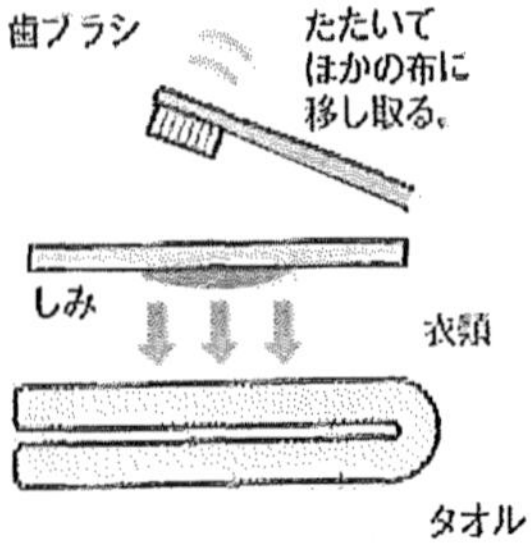

説明文…汚れた布の汚れた面を下に向け，タオルの上に置き，ベンジンか洗剤をしみこませた綿棒または歯ブラシで上からたたいて下のタオルに汚れを移す。こすらない。

○**解説**○ (1)　それぞれの繊維の取扱いについて整理して覚えること。また，洗濯表示の問題は頻出なので，洗濯・乾燥・アイロン・クリーニング・漂白の5つの基本記号をもとに覚えること。　(2)　ドライクリーニングの溶剤は，石油系溶剤とパークロロエチレンの2種類ある。石油系溶剤は，作用が穏やかでほとんどの衣類を洗うことができる。一方，パークロロエチレン溶剤のドライクリーニンは，石油系よりも洗浄力が高いが素材を傷める可能性も高い。揮発性が高く乾きやすい特徴がある。　(3)　筒状に干すのは，風が通りやすいようにするためである。洗濯物を干すときは，洗濯物の表面積を広くとることや風の通りをよくすることがポイントである。スラックスのベルト部分を円になるように洗濯ばさみで止めることで筒状となり，風が通りやすくなる。　(4)　縦型洗濯機の「こすり洗い」とは，汚れが強く付着している場合に有効である。「たたき洗い」は，布にやさしい洗い方である。　(5)　こすって落とそうとすると，かえって布の生地に染み込む。「しみの裏側」から行うことや，周囲から少しずつ中心に向かって，取り除いていくことなどが重要である。しみの種類に分類してしみ抜きの方法を覚えておくこと。

【9】(1)　ア　合成洗剤　　イ　硬水　　ウ　黄ばみ　　(2)　洗剤を使用量以上入れても洗浄効果は変わりません。また，水温が高いほど洗

浄力は上がりますが40℃が限界です。40℃以上の温度では酵素のはたらきが落ち，布を傷める原因にもなります。適切な洗剤量と温度を守ることで，衣服を傷めず汚れを落とすことができるし，環境にも優しいですよ。

○**解説**○ (1) 洗濯洗剤の種類と特徴は整理して覚えること。 (2) 洗剤の濃度と洗浄力の関係については，洗剤濃度が必要以上に高くなっても，洗浄力は大きくなることはないため，洗剤の容器等に示された使用量を守ることが重要である。なお，洗濯表示についての問題は頻出なので，洗濯，クリーニング，漂白，乾燥，アイロンの5つの基本記号に整理して必ず覚えること。

【10】1 d　2 c　3 b　4 a　5 c

○**解説**○ 1 誤りのある選択肢①について，この説明に該当するのは絹である。④の毛は紫外線に弱く黄変する。⑤のアセテートは再生繊維でなく半合成繊維である。再生繊維はレーヨンやキュプラである。繊維の特徴は分類し整理して覚えておきたい。 2 繊維の加工に関する問題は頻出である。選択肢にあげられているものは確認しておきたい。 3 ③のパラジクロロベンゼンと④のナフタリンの説明は逆である。それぞれの防虫剤の種類と特徴，使ってはいけないもの，兼用できないものなど整理して覚えること。 4 衣生活と環境について，ファストファッションについての問題は頻出である。デメリットについて学習しておきたい。 5 正答以外の選択肢について，aは縁かがりミシン，bは捨てミシン，dは三つ折り縫い，eは折り伏せ縫いである。まつり縫いの種類も確認しておきたい。

【11】(1) ① 吸湿　② 透湿　(2) フリース素材などのように空気を多く含むかさ高い被服素材は，空気の熱伝導率が低いため，いったん温まった空気は冷めにくいから。　(3) 不感蒸泄

○**解説**○ (1) 空気中の水分(湿気)を吸い取る性質を吸湿性と言い，綿・麻・レーヨンなどの化学構造が親水性のものと羊毛が湿気を吸いやすい。水蒸気が繊維と繊維の間にある隙間を通過して，外に出ていくことを透湿性と言い，布の気孔が大きいものは湿気がこもりにくい。繊

維の種類と特徴は，天然繊維(植物繊維，動物繊維)，化学繊維(再生繊維，半合成繊維，合成繊維)に分類し整理して覚えておくこと。
(2) 衣類の保温性とは，体温を衣服内外の気温差や風などの影響にも関わらず保持する性質をいう。空気は熱伝導率が小さく，これは熱を伝えにくい，断熱性が高いことであるので，滞留して動かない空気層をより多く持つ素材は保温性が高い。ダウン(羽毛)は空気を含むことで膨らみ，膨らんでできる空気の層が外気を遮断し，体温も外に逃がさないので保温性が高い。フリース生地はパイル地の表裏を起毛させ，繊維と繊維の間に空気の層ができるため，熱を逃がさないので保温性が高い。 (3) 不感蒸泄とは，発汗以外の皮膚および呼気からの水分喪失をいう。不感蒸泄の量は，条件により大きく変動するが，常温安静時には健常成人で1日に約900mL(皮膚から約600mL，呼気による喪失分が約300mL)程度で，発熱，熱傷，過換気状態などで増加する。

【12】(1) ア e イ b ウ f (2) エ 親油基(疎水基)
オ 乳化 (3) 組成表示

○**解説**○ (1) 吸水性とは，液体を吸収する性質であり，汗をかく夏用の衣類に求められる性質である。綿は吸水性が良い分，汗などの水分を多く吸収し，その分乾きが遅くなる。混紡により，異なる種類の繊維を組み合わせることで，それぞれの繊維の特徴を生かした素材ができあがる。繊維の種類と特徴を整理して覚えておくこと。 (2) 親油基は水との親和性が低く，油との親和性が大きい基である。よって，親油基が油などの汚れの表面に向けて集まる。乳化とは水と油が混ざることである。界面活性剤を使用することで水と油を乳化・分散させることが可能になる。界面活性剤の汚れを落とす仕組みについての問題は頻出である。出題の図や，作用の種類とともに覚えておくこと。
(3) 組成表示とは，繊維製品の素材や混用率を百分率で表す表示である。製品に使用されている繊維ごとに，その製品全体に対する質量割合を百分率で表示する全体表示と，製品の部位を分離してわかりやすく示し，それぞれの部位について，それぞれの繊維の当該部位の組成繊維全体に対する混用率を百分率で示す数値を併記して表示する分離表示がある。

【13】(1)　イ　(2)　エ　(3)　ウ　(4)　色素が残りやすいので，洗剤と漂白剤を使って，しみ抜きをしてから洗う。　(5)　毛は水で洗うと縮むので，家庭で洗濯する場合は専用の洗剤を使用する。または，ドライクリーニングを利用する。毛は虫の害を受けやすいため，防虫剤を使用して保管する。　(6)　界面活性剤が汚れの表面に集まり，汚れを繊維から引き離す。汚れは水中でさらに細かくなる。界面活性剤が繊維や汚れの表面を覆い，再びくっつくのを防ぐ。

○**解説**○ (1)　選択肢の中で，しわになりやすいのは綿100%の素材である。繊維の特徴をそれぞれ覚えておくこと。　(2)　ポリエステルは静電気が起きやすく，綿は起きにくい。ポリエステルと綿の混紡は綿の吸湿性を残しながら防しわ性，耐久性を向上させる。　(3)　洗濯表示についての問題は頻出である。洗濯，クリーニング，乾燥，漂白，アイロンの5つの基本表示で整理して覚えること。　(4)　しみ抜きの方法について問われることは多い。しみの種類によって方法が違うので，水性，油性，不溶性のしみについて方法を説明できるようにしておくこと。　(5)　ウールの特徴は水につけると縮むことである。水に濡れるとフエルト化するためである。ドライマーク対応の洗剤はフエルト化を防ぐ成分が含まれているので，家庭で洗うときは，ドライマーク対応の中性洗剤を使用し，また水につけている状態をなるべく短くする。　(6)　界面活性剤は1つの分子に親水基と親油基を持つ。図などもあわせて，界面活性剤が汚れを落とす仕組みを理解しておくこと。頻出問題である。

【14】(1)　①　被服気候　②　32　③　50　④　QOL　(2)　ユニバーサルデザイン　(3)　ウ

○**解説**○ (1)　被服を着ると，皮膚と被服の間や，さらに重ねた被服との間に空気の層ができて，外気とは異なる温度や湿度を持つ被服気候ができる。QOLとは，物質的な豊かさだけでなく，個人の生きがいや精神的な豊かさについても重視するという考え方である。　(2)　ユニバーサルデザインとは，年齢や障がいの有無，体格，性別，国籍などに関わらず，最初から誰もが使用しやすいように，心理的・物理的疎外感を感じさせないように考えられたデザインのことである。　(3)　サイズ表示の詳細を学習しておくこと。胸囲よりウエストが小さいので男性とわかる。胸囲とウエストの差が12cmの人の体型をA体型という。Aの右側の数字は身長を表し，4は165cmである。

【15】①

○**解説**○ 防虫剤に関する問題は頻出である。整理して種類と特徴を覚えておくこと。ピレスロイド系のみ他の薬剤と併用できる。防虫剤の成分は上から下に広がるので，衣類の上に置く。

【16】(1) ① 虫害　② 防虫　③ カビ　④ 気密　(2) 並べ替え…②→①→④→③　記号…イ　(3) ① ウ　② ア　③ ウ　④ イ　(4) フリーマーケットで販売する

○**解説**○ (1) 衣類につきやすい虫には，ヒメカツオブシムシ，ヒメマルカツオブシムシ，イガやコイガがいる。日本は高温多湿であり，四季があるため，その季節に適した衣服を着用する必要があり，その季節に着用しない衣服を適切に保管しておかないとすぐにカビたり傷んでしまうため，防虫剤や乾燥剤を有効に活用する必要がある。防虫剤の種類と用途を整理して覚えておくこと。　(2) ③はウ，④はアである。界面活性剤の汚れが落ちる仕組みについての問題は頻出なので必ず理解しておくこと。　(3) 混紡の場合はそれぞれの繊維の適温の低い方を優先する。　(4) リサイクル以外の再資源化についても答えられるように学習しておきたい。

【17】3

○**解説**○ 正しくは，酸素系漂白剤は使用できるが，塩素系漂白は使用禁止である。洗濯表示についての問題は頻出である。洗濯・漂白・乾燥・アイロン・クリーニングの5つの基本記号にそって正しく覚えること。

【18】3

○**解説**○ 正答以外の選択肢について，1は防しわ性を向上させ，洗濯後にアイロンをかけずに着用できるようにするための加工である。2は

PP加工とも表示され，コットン，麻，レーヨンなどの布生地に樹脂加工をして高温で処理し，半永久的なプレスを施した加工のこと。4は水の浸透は防ぐが，湿気は布の外に逃がす加工で，レインコートやスキーウエアなどに使用される。

【19】①

○**解説**○ 漂白剤についての問題は頻出である。種類と成分，液性，形状とともに特徴もあわせて覚えておくこと。酸化型の塩素系は，色柄物や毛・シルク・ナイロン・アセテート・ポリウレタンに使用できない。酸素系は色柄物にも使え，過炭酸ナトリウムは毛・シルクに使用できないが，過酸化水素は毛・シルクにも使用できる。還元型漂白剤は色柄物には使用できない，鉄分による黄ばみを回復できるなどの特徴がある。

【20】5

○**解説**○ オパール加工は，レースのように透かし模様をつくる加工のことである。選択肢5で説明しているのはシロセット加工で，ズボンのセンターライン，スカートのプリーツ加工などに使われる。

和服・民族衣装

【1】世界の民族衣装の図と説明の組合せとして，適当でないものを次の解答群から一つ選びなさい。

【解答群】

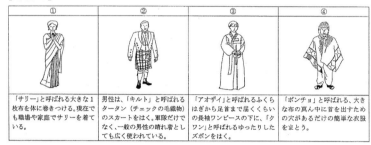

①	②	③	④

「サリー」と呼ばれる大きな1枚布を体に巻きつける。現在でも職場や家庭でサリーを着ている。	男性は、「キルト」と呼ばれるタータン（チェックの毛織物）のスカートをはく。軍隊だけでなく、一般の男性の晴れ着としても広く使われている。	「アオザイ」と呼ばれるふくらはぎから足首まで届くくらいの長袖ワンピースの下に、「クワン」と呼ばれるゆったりしたズボンをはく。	「ポンチョ」と呼ばれる、大きな布の真ん中に首を出すための穴があるだけの簡単な衣服をまとう。

2024年度 千葉県・千葉市 難易度 ■■□□□

【2】衣生活の文化について，次の(1)～(3)の各問いに答えよ。

(1) 民族衣装について，次のア，イの各問いに答えよ。

ア　立体構成の衣装を次の語群から一つ選び，記号で答えよ。

語群

A　ゴー　　B　サリー　　C　ポンチョ　　D　アオザイ

イ　衣装と国の組み合わせとして正しいものを次のA～Dから一つ選び，記号で答えよ。

	ゴー	サリー	ポンチョ	アオザイ
A	ブータン	ペルー	インド	ベトナム
B	ブータン	インド	ペルー	ベトナム
C	ベトナム	インド	ペルー	ブータン
D	ベトナム	ペルー	インド	ブータン

(2) 次のア～ウの和服について，適する説明を以下のA～Eから一つずつ選び，それぞれ記号で答えよ。

ア　振袖　　イ　作務衣　　ウ　甚平

A　簡単な形式の和服であり，もともと僧侶の作業着とされた。

B　夏の日常着であり，長着の丈を短くした形で，短い筒そでとし，えり先とわきにつけた紐を結んで着用する。

C　ひざ丈から腰丈までの表着。大工などの職人に着用されてきたが，現在では祭礼の際に用いられる。

D　女性の慶事における第一礼装の一つであり，総模様や絵羽模様の上に刺しゅうや箔や絞りで豪華に彩られる。

E　女性の慶事における準礼装であり，肩，そでからすそにかけて絵羽模様のある長着である。

(3)　男物ひとえ長着の特徴について，次のア～エから正しいものをすべて選び，記号で答えよ。

ア　身たけとは，着たけにおはしょり分を加えた寸法で，身長とほぼ同じである。

イ　女物のふりに当たる部分は人形といい，縫い詰めてある。

ウ　身八つ口のあきは女物よりせまくなっている。

エ　着用時の前合わせは右前となるように着る。

2024年度 山口県 難易度

【3】次の記述は，帯の結び方(文庫結び)を示したものである。空欄[　ア　]～[　ウ　]に当てはまるものの組合せとして最も適切なものを，以下の①～⑥のうちから選びなさい。

帯の片方の手先(手)から60cmほどの幅を2つに折り，肩にかける。

↓

帯を胴に[　ア　]巻きしてしっかり締める。

↓

肩にかけておいた手先をおろし，たれと一結びする。

↓

たれを[　イ　]ぐらいにたたんで羽根をつくる。

↓

羽根の中央にひだをとる。

↓

手先を羽根にかぶせ，残りは胴帯に入れて[　ウ　]回しで結び目を後ろ中心にもっていく。

①　ア　1　イ　腰幅　ウ　右

②　ア　1　イ　肩幅　ウ　左

③　ア　2　　イ　腰幅　　ウ　右
④　ア　2　　イ　肩幅　　ウ　左
⑤　ア　1　　イ　腰幅　　ウ　左
⑥　ア　2　　イ　肩幅　　ウ　右

┃ 2024年度 ┃ 神奈川県・横浜市・川崎市・相模原市 ┃ 難易度 ┃■■■□□ ┃

【4】和服について，次の1，2の問いに答えよ。

1　男物ひとえ長着について，次の(1)，(2)の問いに答えよ。

(1)　次の図は，男物ひとえ長着の着装の手順を示している。
（　①　）から（　④　）の語句の組合せのうち，適するものを以下
のアからエのうちから一つ選び，記号で答えよ。

| 左右の（　①　）をそろえ，背縫いが中央にくるようにする | （　②　）を左わきにしっかり入れる | （　③　）を重ねる |

| ひもを（　④　）の位置にあて，後ろで交差させ前に戻す | ひもをややわきよりで結び，残りははさむ |

ア　①　えり先　②　下前　③　上前　④　腰骨
イ　①　えり下　②　下前　③　上前　④　腰骨
ウ　①　えり先　②　上前　③　下前　④　胴囲
エ　①　えり下　②　上前　③　下前　④　胴囲

(2)　(1)のあとに，帯を結んでいく。男物ひとえ長着に使用する帯の名称を答えよ。

2　次の文章は，男物ひとえ長着の特徴についてまとめたものである。以下の(1)，(2)の問いに答えよ。

・身たけは，着たけに仕立て，(　①　)で着る。 ・縫い直しを考え，帯で隠れる位置に内揚げをする。 ・女物のふりにあたる部分は(　②　)といい，縫い詰める。 ・A<u>えりを抜かずに首にそわせて着る</u>。

(1)　文章中の(　①　)，(　②　)の語句の組合せのうち，適するものを次のアからエのうちから一つ選び，記号で答えよ。

ア　①　対たけ　②　身八ツ口
イ　①　対たけ　②　人形
ウ　①　はしょり　②　身八ツ口
エ　①　はしょり　②　人形

(2)　男物の場合は下線部Aのように着装するが，女物の場合は後ろえりを下げて，えり足が出るように着装する。このような着装法を何というか。

■2024年度■栃木県■難易度■■■■□

【5】和服について次の(1)，(2)の各問いに答えなさい。

(1)　次の図は女物ひとえ長着の出来上がり図である。(　①　)～(　⑤　)の名称をア～サから1つ選び，その記号で答えよ。

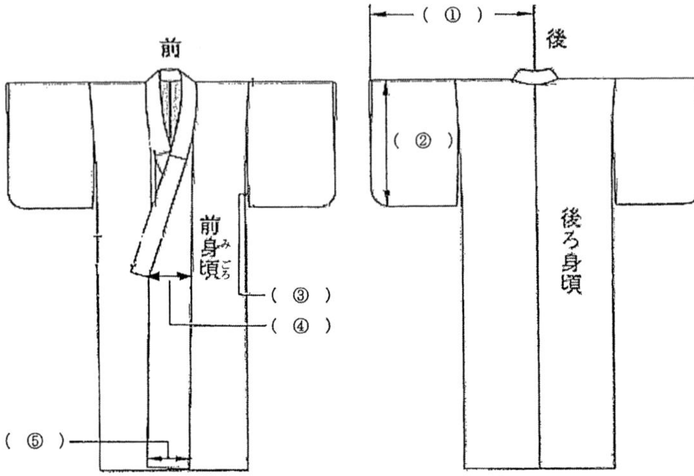

ア　おくみ幅	イ　身八つ口	ウ　そでたけ
エ　ゆき	オ　肩当て	カ　いしきあて
キ　人形	ク　けん先	ケ　合いづま幅
コ　おくみ下がり	サ　背	

(2)　次の①～⑤は和服製作に関する用語の説明である。あてはまる語句を答えよ。

①　縫い合わせたぬいしろを縫い目通りに折らず，深く折ること。

②　運針やまつり縫いの途中，または終了した後，糸のつれやたるみをなくすため指先でしごいて縫い目を平らにすること。

③　そでつけどまり，えり先などを丈夫にとめる方法。裏表左右など四枚の布を止める方法。

④　女物ひとえ長着のそで下の縫い方。

⑤　女物ひとえ長着のえり下・裾のしまつの仕方。

2024年度 ｜ 佐賀県 ｜ 難易度

解答・解説

【1】③

○**解説**○ アオザイはベトナムの民族衣装である。③のイラストは朝鮮民族の「チマチョゴリ」である。①のサリーはインド，②のキルトはイギリス，スコットランドの男性の衣装，④は中南米の民族衣装である。

【2】(1) ア D イ B (2) ア D イ A ウ B
(3) イ，エ

○**解説**○ (1) 正答以外は平面構成の衣装である。Aはブータンの男性の民族衣装，Bはインドの民族衣装で，幅90～120cm，長さ450～1100cmの1枚の布を体に巻き付けて着装する。Cはペルーなどの中南米，Dはベトナムの民族衣装である。 (2) 正答以外の選択肢について，Cははっぴ，Eは訪問着の説明である。 (3) 男物にはおはしょりと身八つ口がない。和服の前あわせは男女とも右前である。左前は死装束を意味する。

【3】⑥

○**解説**○ 文庫結びは浴衣を着用したときによく結ばれる基本的な結び方である。実際に結ぶ練習をしておくこと。長着の着装と，太鼓結びも結べるようにしておきたい。また着物の各部の名称について，男性用と女性用，それぞれ整理して覚えておくこと。

【4】1 (1) ア (2) 角帯 2 (1) イ (2) 抜き衣紋

○**解説**○ 1 (1) 男性用の着物は女性用と違い，おはしょりがないので長さを調節せずにそのまま着用できる。④のひもの位置は，男性は腰骨，女性は胴囲あたりである。男女の着物の各部の名称の違いを理解して覚えること。また，女性の着装も理解しておくこと。 (2) 貝の口の結び方を覚えておくこと。 2 (1) 対たけとは着たけと同じ寸法のたけのことでおはしょりが出ない。長襦袢や男物の着物は基本的に対たけに仕立てられている。身八ツ口とは着物の身頃の脇のあき部分のことで，女性と子どもの着物にだけあり，男性用にはない。これは，女性の帯幅が広くなり，また胸高に帯をするようになったため，手の動作を自由にするための工夫であったといわれている。子どもの着物の身八ツ口は帯代わりの付紐を通すためにある。 (2) 抜き衣紋はのけくび，のけ衣紋，ぬぎかけともいわれる。後ろに張り出すような形に結い上げた髪がえりにかからないように，また，えりを汚さないように，えりを下げて着るようにしたことからできた着方である。女性用の着物は，えりを抜いて着るために，仕立てるときに肩山から繰越しを約2～3cmつけている。

【5】(1) ① エ ② ウ ③ イ ④ ケ ⑤ ア
(2) ① きせ ② 糸こき ③ 四つどめ ④ 袋縫い
⑤ 三つ折りぐけ

○**解説**○ (1) 着物の各部の名称は男女の着物の違いを踏まえた上で覚えること。正答に当てはまらなかった選択肢について，オは肩の部分の内側に縫い付ける補強の布である。カは後ろ身頃の下半身部分の内側に縫い付ける補強の布である。キは男物ひとえ長着の場合の，女物のふりに当たる部分のことである。クは前身頃についているおくみの上端で，襟と身頃に挟まれて斜めにとがった部分のことである。コは肩の一番高い部分からけん先までの長さのことである。サは背縫い部分のことである。 (2) 四つどめは四枚の布をとめることからこのように呼ばれる。袋縫いは，出来上がり線よりも外側で一度縫い，縫った部分を袋状に隠して本縫いをする。三つ折りぐけは，布の端を三つ折りにしてからくける方法である。和裁の基本の縫い方は実践し，理解しておくこと。

総合問題

【1】衣生活に関する次の問いに答えよ。

(1) 日本には人生の節目に願いや祈り，祝いの習慣があり，その機会に和服を着用することがある。次の文の(　　)にあてはまる語句として適切なものを①～⑤から選び，番号で答えよ。

日本人の生活には，ある年齢に達したときや，健康や長寿への祈りや喜び，悲しみの気持ちなどを服装で表す風習がある。(　　)には赤いちゃんちゃんこを着て頭巾をかぶるなどの例があげられる。

① 還暦　② 七五三　③ 産着　④ 結婚式　⑤ 正月

(2) 次の採寸に関する説明文(ア)～(カ)のうち，説明が適切な組合せを①～⑤から選び，番号で答えよ。

(ア) 採寸の際に，左右がある場合は原則として左側を測る。

(イ) 正確に採寸するには，薄着をして，自然な姿勢で立ち，ほかの人に測ってもらう。

(ウ) バストの採寸は男女ともに胸の最も高いところを1周水平に測る。

(エ) ウエストの採寸では女子は胴の最も細いところを1周水平に測る。

(オ) ヒップの採寸は腰の最も太いところを1周水平に測る。

(カ) パンツ丈の採寸ではウエストから好みの丈を，わきで測る。

① (ア)・(イ)・(ウ)・(エ)　② (ア)・(ウ)・(オ)・(カ)
③ (イ)・(エ)・(オ)・(カ)　④ (イ)・(ウ)・(エ)・(カ)
⑤ (ア)・(イ)・(エ)・(オ)

(3) 次の取り扱い表示についての説明文(ア)～(エ)と表示の適切な組合せを①～⑤から選び，番号で答えよ。

(ア) 酸素系漂白剤のみ使用が可能である。

(イ) 日陰でのつり干しがよい。

(ウ) 200℃を限度にアイロンできる。

(エ) 石油系溶剤によるドライクリーニングができる。

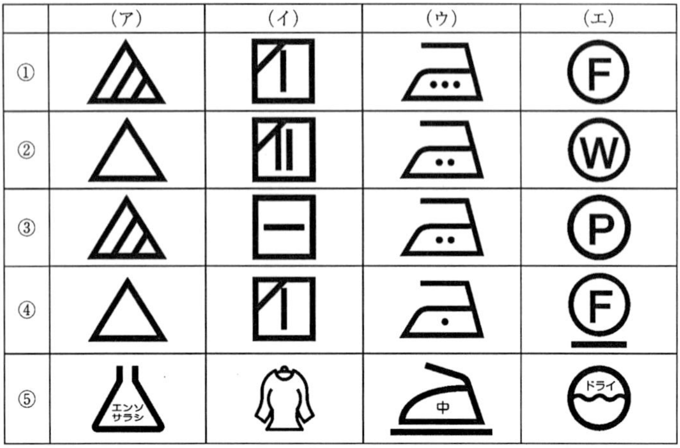

(4) 次の洗剤について述べた文の(　ア　)～(　エ　)にあてはまる語句の適切な組合せを①～⑥から選び，番号で答えよ。

> せっけんの液性は(　ア　)で，界面活性剤の原料は(　イ　)である。特徴としては(　ウ　)，使用に適する繊維は(　エ　)である。汚れ落ちの効果や環境への影響を考えて，洗剤の使用量の目安を守りたい。

	ア	イ	ウ	エ
①	弱アルカリ性	石油	汚れ落ちがよく	綿、化学繊維等
②	中性	天然油脂	汚れ落ちはやや劣るが衣服を傷めにくく	羊毛
③	弱アルカリ性	天然油脂	汚れ落ちがよく	綿、化学繊維等
④	中性	石油または天然油脂	汚れ落ちはやや劣り	綿
⑤	中性	石油	汚れ落ちがよく	化学繊維
⑥	弱アルカリ性	石油または天然油脂	汚れ落ちはやや劣り	綿

(5) 次の付与される性能と用途の説明文にあてはまる繊維製品の加工の種類として適切なものを①～⑤から選び，番号で答えよ。

> 付与される性能としては光沢や接触感のよさがあげられる。用途にはブラウスやワンピースがある。

① シルケット加工　② パーマネント・プレス加工

③ 透湿防水加工　④ 帯電防止加工

⑤ ウオッシュアンドウエア加工

(6) 次の図の説明として適切な組合せを①〜⑥から選び，番号で答え
よ。

	種類	特徴	利用例
①	たてメリヤス	よこ方向にループを作りながら、たて方向に段を重ねて編目を形成する。	下着（トリコット）
②	よこメリヤス	よこ方向にループを作りながら、たて方向に段を重ねて編目を形成する。	トレーニングウェア（ジャージ）
③	たてメリヤス	たて方向にループを作りながら、隣接したたて方向の糸を相互に連結して編目を形成する。	コート（ドスキン）
④	よこメリヤス	たて方向にループを作りながら、隣接したたて方向の糸を相互に連結して編目を形成する。	ユニフォーム（サージ）
⑤	たてメリヤス	たて方向にループを作りながら、隣接したたて方向の糸を相互に連結して編目を形成する。	Tシャツ
⑥	よこメリヤス	よこ方向にループを作りながら、たて方向に段を重ねて編目を形成する。	ジーンズ（デニム）

┃ 2024年度 ┃ 神戸市 ┃ 難易度 ■■■□□

【2】次の各問いに答えよ。

(1) 和服について，（ A ）〜（ D ）に当てはまる語句の組合せとし
て最も適切なものを，以下の①〜⑤の中から一つ選べ。

和服は，（ A ）衣服の代表的なもので，直線で裁断した細長い
布をほとんど直線で縫い合わせる。

和服の着装は，長着に（ B ）を締めた状態が基本になる。和服
の下着には，肌襦袢や（ C ），長襦袢があり，足には足袋を履く。

裏地をつけない1枚仕立てのものを（ D ）という。

	A	B	C	D
①	平面構成	帯	すそよけ	ひとえ
②	立体構成	ひも	いしき当て	あわせ
③	平面構成	帯	いしき当て	ひとえ
④	立体構成	帯	すそよけ	ひとえ
⑤	平面構成	ひも	いしき当て	あわせ

(2) 次のグラフは，国内におけるアパレル供給量・市場規模の推移，および国内に供給される衣類によるCO_2排出量を示したものである。グラフから読み取ることができることについて適切でないものを，以下の①～⑤の中から一つ選べ。

国内アパレル供給量・市場規模の推移

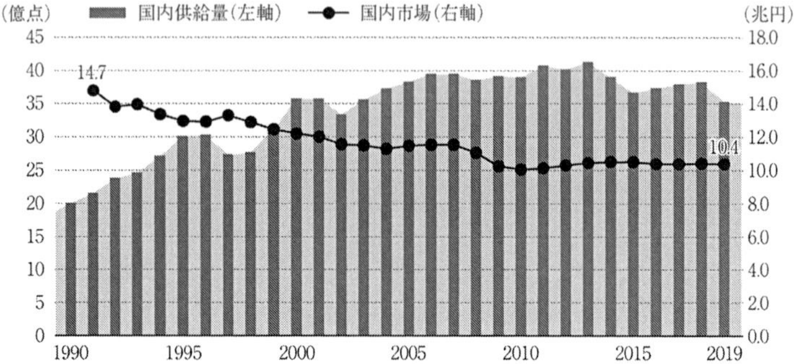

(経済産業省「生産動態統計」，財務省「貿易統計」，矢野経済研究所「繊維白書」より作成)

国内での衣類のライフサイクルに渡るCO_2排出量 ［千t－CO_2，カッコ内は内訳］

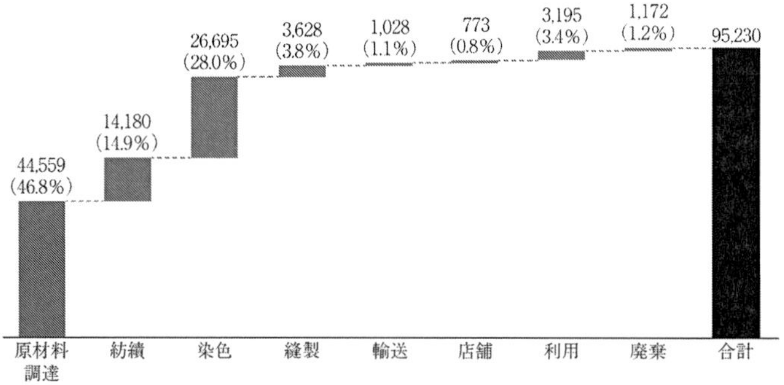

(環境省「令和2年度ファッションと環境に関する調査業務」より)

① 1990年から2019年にかけて，国内におけるアパレル供給量はほぼ1.75倍になっている。

② 1990年から2019年にかけて，国内におけるアパレルの需要と供給のバランスは変化していない。

③ 国内での衣類のライフサイクルに渡るCO_2排出量は，原材料調達，染色の順に多い。

④　国内での衣類のライフサイクルにおいて，排出されるCO_2全体の約9割は，製品が作られる過程で排出されている。

⑤　国内での衣類のライフサイクルに渡るCO_2排出量は，約95百万トンである。

(3)　次のセーターの取扱い表示について，(A)～(C)の記号の意味の組合せとして最も適切なものを，次の①～⑤の中から一つ選べ。

	(A)	(B)	(C)
①	液温 40℃を限度に手洗いでの洗濯可	ぬれ平干し乾燥がよい	200℃を限度にアイロンできる
②	液温 40℃を限度に洗濯機での洗濯可	ぬれ平干し乾燥がよい	200℃を限度にアイロンできる
③	液温 40℃を限度に洗濯機での洗濯可	日陰の平干し乾燥がよい	150℃を限度にアイロンできる
④	液温 40℃を限度に手洗いでの洗濯可	ぬれ平干し乾燥がよい	150℃を限度にアイロンできる
⑤	液温 40℃を限度に手洗いでの洗濯可	日陰の平干し乾燥がよい	150℃を限度にアイロンできる

2024年度　岐阜県　難易度

【３】食生活について，次の各問いに答えなさい。

(1) 次の文章を読んで，以下の各問いに答えなさい。

体内の水分量は，年齢，性別などによって異なるが，成人で約(　ア　)%を占めている。水は，体内では(　イ　)を運搬したり，(　ウ　)を排出したり，(　エ　)を調節したりするなど重要なはたらきがあり，私たちは，1日に2リットル以上の水分を取り込み体内で利用している。

① 空欄(　ア　)～(　エ　)に当てはまる数字や語句をそれぞれ答えなさい。

② 下線部について，どのように異なるのかを説明しなさい。

(2) 次の①～③の特徴に当てはまる栄養素およびそれを多く含む食品を，それぞれ答えなさい。

① すべての細胞や組織をつくり，酵素やホルモンなどの材料となる。体内で消化されてアミノ酸になる。

② 炭水化物のうち，体内でほとんど吸収・消化されないが，便通を整えたり血中コレステロールを低下させたりする働きがある。

③ 他の栄養素に比べて，少量で高いエネルギーを発生する。体温を保持する働きもある。

(3) 栄養バランスのよい献立を考える際，主食である米飯を中心に，汁物とおかず3品を組み合わせて整える形式を何というか，漢字4文字で答えなさい。

(4) 青年期の食生活と栄養について，次の各問いに答えなさい。

① 朝食を摂る際の留意事項について，栄養素に触れながら説明しなさい。

② 次の図は，年齢による骨量の変化について示したものである。この図を生徒に示しながら，青年期の食生活においてどのようなことに留意する必要があるかを説明したい。説明の内容を，具体的な栄養素名も挙げて答えなさい。

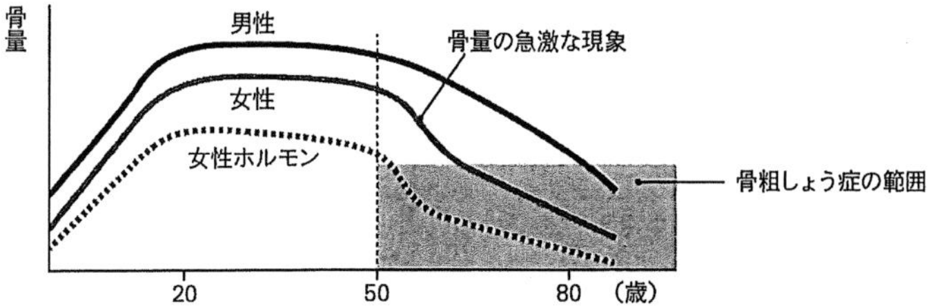

(5) 次の文章は，おいしさと味覚について説明したものである。以下の各問いに答えなさい。

> 人間は，感覚器官のすべてを使って味を感じる。食べ物の味には，基本味として，甘味・酸味・苦味・塩味・うま味があり，それらは舌によって味の刺激として感知され，おいしさに深く関わっている。

① 下線部について，例えば「聴覚でおいしさを感じる」とはどういうことか，説明しなさい。

② 下線部について，触覚で感じられる硬さや粘り・歯ごたえ・舌触りなどを何というか，カタカナで答えなさい。

③ 五感以外で，味やおいしさに影響を与える要素を2つ答えなさい。

(6) 「しつらい」，「もてなし」なども含めた京都文化の価値が認められ，2022年11月に国の登録無形文化財に登録されたものは何か，答えなさい。

(7) 災害時の食の備えとして，普段食べる日持ちする食品を少し多めに購入し，賞味期限の古いものから消費して，消費分を補充しながら常に一定量の食品を家庭に備蓄する方法を何というか，答えなさい。

2024年度 京都府 難易度 ■■■□□

【4】衣生活に関する次の各問に答えよ。

〔問1〕 織物の組織図ア～ウと，三原組織の名称A～Cとの組合せとして適切なものは，以下の1～4のうちのどれか。

ア　　　　　　　　イ　　　　　　　　ウ

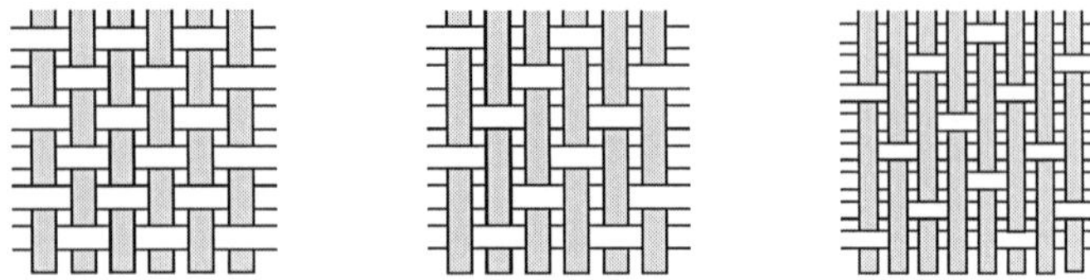

A　朱子織　　B　平織　　C　斜文織

1　ア－A　　イ－B　　ウ－C

2　ア－B　　イ－A　　ウ－C

3　ア－B　　イ－C　　ウ－A

4　ア－C　　イ－A　　ウ－B

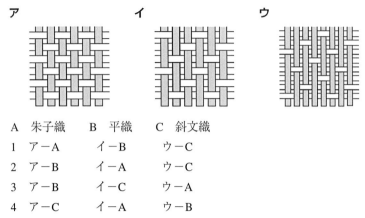

〔問2〕 次の図は，上糸調節装置の付いているミシンを使って試し縫いをしたときの縫い目を示したものである。上下の糸のつり合いがとれた縫い目にするための対処方法に関する記述として適切なものは，以下の1～4のうちのどれか。

図

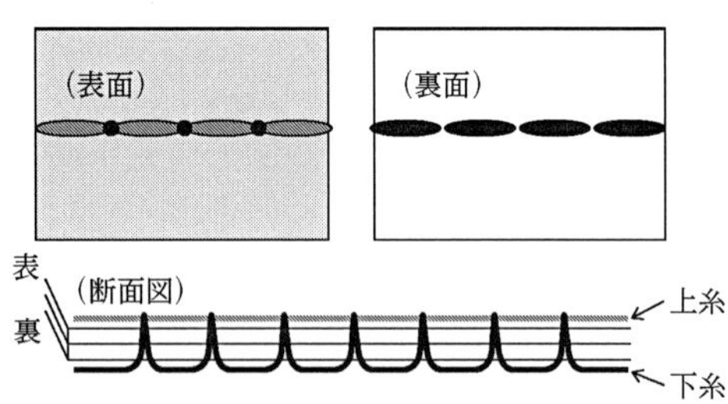

1　上糸が弱いので，上糸調節装置の目盛りを小さくする。

2　上糸が強いので，上糸調節装置の目盛りを小さくする。

3　上糸が弱いので，上糸調節装置の目盛りを大きくする。

4　上糸が強いので，上糸調節装置の目盛りを大きくする。

〔問3〕 次のア～エは，JIS規格に基づいた成人女子用衣料のサイズ表記である。ア～エを，身長の低いサイズ順に並べたものとして適切なものは，以下の1～4のうちのどれか。

ア　7ABT　　イ　11YR　　ウ　13APP　　エ　9BP

1　ア　→　エ　→　イ　→　ウ

2 イ → ウ → ア → エ
3 ウ → エ → イ → ア
4 エ → ア → ウ → イ

2024年度 東京都 難易度

【5】次の衣生活に関する文章を読み，次の(1)～(9)の問いに答えよ。

(1) 繊維の名称とその繊維の取扱いについて次のア・イの問いに答えよ。

ア 次のA・Bは繊維の断面の顕微鏡写真である。それぞれの繊維の名称の組合せとして最も適切なものはどれか。以下の1～5から一つ選べ。

A

B
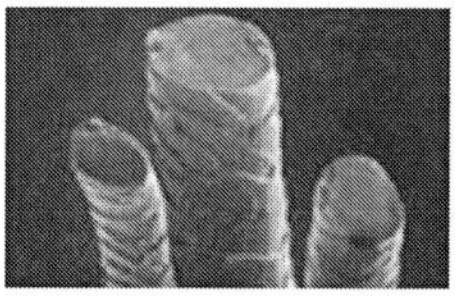

日本化学繊維協会「繊維のかたち」より作成

	A	B
1	アセテート	毛
2	毛	アセテート
3	毛	綿
4	綿	毛
5	綿	絹

イ 上記アで答えたA・Bそれぞれの繊維100％で作られた日本産業規格による繊維製品の取扱いについて，最も適切な取扱い表示の組合せはどれか。以下の1～5から一つ選べ。

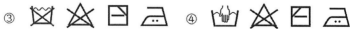

①

②

③
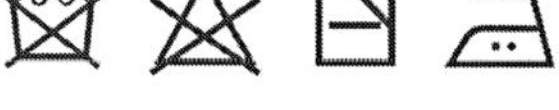

④

⑤

	A	B
1	④	②
2	①	④
3	③	⑤
4	②	③
5	⑤	①

(2) 次の表は繊維の種類ごとの公定水分率と伸び率を示したものである。(ア)～(オ)の繊維の名称の組合せで最も適切なものはどれか。以下の1～5から一つ選べ。

繊維	公定水分率（%）	伸び率　標準時（%）
（ ア ）	0.4	20～32
（ イ ）	1	450～800
ナイロン	4.5	28～45
（ ウ ）	8.5	3～7
（ エ ）	11	15～25
レーヨン	11	18～24
（ オ ）	15	25～35

日本化学繊維協会「わが国化学繊維性能表」より作成

	ア	イ	ウ	エ	オ
1	ポリエステル	ポリウレタン	綿	絹	毛
2	ポリエステル	ビニロン	ポリウレタン	綿	絹
3	綿	ポリウレタン	絹	ポリエステル	ビニロン
4	絹	ビニロン	綿	毛	ポリウレタン
5	綿	ポリウレタン	絹	ビニロン	ポリエステル

(3) 繊維製品における「家庭用品品質表示法」(令和5年1月1日施行)に関する記述として最も適切な組合せはどれか。以下の1～5から一つ選べ。

ア　原産国に関する表示について規定されている。

イ　レース生地の表示すべき事項は繊維の組成，家庭洗濯等取扱方法，はっ水性の3項目である。

ウ　繊維の名称を示す用語には，カタカナや英語は認められていないため，「コットン」や「COTTON」などは「綿」と表示される。

エ　混用率を表示する際の許容範囲は表示が100%の場合，特例を除き，毛はマイナス3%以内，毛以外はマイナス1%以内である。

オ　繊維製品にはカーテンやベッドスプレッドも含まれる。

1　ア　　2　ア，イ　　3　イ，ウ　　4　エ，オ
5　ウ，エ，オ

(4)　次の防虫剤の説明について，誤っているものの組合せとして最も適切なものはどれか。以下の1～5から選べ。

ア　昇華性防虫剤である樟脳，ナフタリン，パラジクロルベンゼン(パラジクロロベンゼン)のうち，殺虫力はパラジクロルベンゼン(パラジクロロベンゼン)が最も高い。

イ　昇華性防虫剤のガスは空気より軽いので衣類の下部において使用する。

ウ　ピレスロイド系の防虫剤は，他の防虫剤と併用できる。

エ　樟脳はパラジクロルベンゼンやナフタリンと併用できる。

オ　ナフタリンは効き目がゆっくりと持続していく特徴がある。

1　ア，ウ　　2　ア，オ　　3　イ，エ　　4　イ，オ
5　エ，オ

(5)　伝統文様の種類について，名称の組合せとして正しいものはどれか。以下の1～5から選べ。

ア

イ

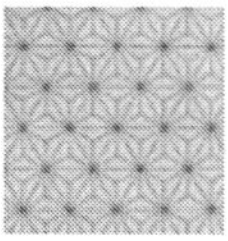

ウ

エ

「和の文様辞典　きもの模様の歴史」より作成

	ア	イ	ウ	エ
1	檜垣	七宝	檜垣	麻の葉
2	鱗	麻の葉	青海波	亀甲
3	青海波	七宝	亀甲	鱗
4	檜垣	亀甲	青海波	麻の葉
5	青海波	麻の葉	鱗	亀甲

(6)　和服について次の空欄に適する言葉の組合せとして最も適切なものはどれか。あとの1～5から一つ選べ。

和服は(　ア　)構成である。次のひとえ長着の図中のAの部分の名称は(　イ　)，Bの部分の名称は(　ウ　)である。

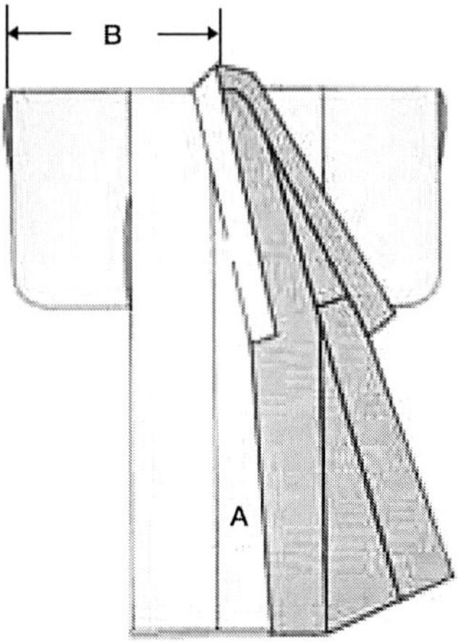

	ア	イ	ウ
1	平面	衽下り	衿
2	平面	袂	衿
3	平面	衽	裄
4	立体	衽	袂
5	立体	衽下り	裄

(7) 次の表は布，糸，ミシン針の関係を示したものである。(ア)～(エ)にあてはまる数字の組合せとして最も適切なものを以下の1～5から一つ選べ。

布地の種類	糸	ミシン針
ブロード	カタン糸(ア)番	(ウ)番
デニム	カタン糸(イ)番	(エ)番

	ア	イ	ウ	エ
1	60～80	50	11	14
2	60～80	50	14	11
3	50	60～80	11	14
4	50	60～80	14	11
5	100	50	11	9

(8)　次の表は「繊維産業の現状と2030年に向けた繊維産業の展望(繊維ビジョン)」(2022年経済産業省)にある日本からの生地の輸出先である。(　A　)・(　B　)の国の組合せとして最も適切なものはどれか。以下の1～5から一つ選べ。

(輸出額：百万円)

	生地		
	輸出先	輸出額	割合
1	(　A　)	76,652	33.6%
2	(　B　)	57,493	25.2%
3	UAE	9,062	4.0%
4	サウジアラビア	8,677	3.8%
5	香港	7,983	3.5%
6	(　C　)	7,690	3.4%
7	ミャンマー	6,543	2.9%
8	(　D　)	6,410	2.8%
9	イタリア	6,306	2.8%
10	バングラデシュ	5,024	2.2%
	輸出総額	227,896	

「2020年の生地・衣料品に関する輸出状況」より抜粋
※国・地域の区分は，貿易統計における区分に沿ったもの
資料：Global Trade Atlas

	A	B
1	アメリカ	中国
2	インドネシア	アメリカ
3	中国	ベトナム
4	韓国	インドネシア
5	ベトナム	韓国

(9)　環境省は2020年12月～2021年3月に，日本で消費される衣服と環境負荷に関する調査を実施した。国内における供給数は増加する一方で，衣服一枚あたりの価格は年々安くなり，市場規模は下がっている。また，手放す枚数よりも購入枚数の方が多く，一年間一回も着られていない服が一人あたり25着あるといわれている。次のグラフをみて，服を手放す手段のうちAにあてはまるものはどれか。以下の1～5から一つ選べ。

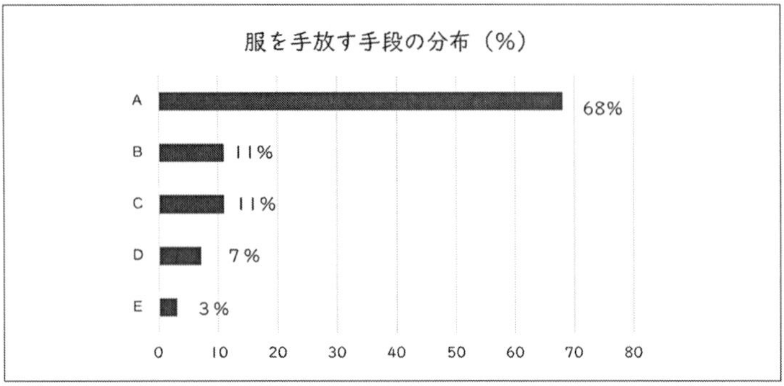

環境省「サステナブルファッション」より作成

1　古着として販売　　2　譲渡・寄付　　3　地域・店頭での回収
4　資源回収　　　　　5　可燃ごみ・不燃ごみとして廃棄

2024年度 ｜ 大阪府・大阪市・堺市・豊能地区 ｜ 難易度

【6】次の(1)～(5)の問いに答えよ。

(1)　被服の起源は諸説あるが，次の①～③は被服を着用するようになった理由を示したものである。それぞれの説の名称を記せ。

①　自然環境に順応して生命を維持するため

②　狩猟や採集の成功と無事を祈るため

③　狩猟や採集の収穫物や武器を下げる腰ひもが発達したため

(2)　被服を着ると，からだと被服の間に空気層ができ，外界の気候が大きく変化しても被服内の温度・湿度をほぼ一定に保つ役割をする。この空気の層を何というか，記せ。

(3)　体幹部の皮膚面において快適と感じる被服最内空気層の温度，湿度をそれぞれ記せ。

(4)　布地の性質と扱い方について，次の①，②の問いに答えよ。

①　布地を正しく裁断し，着用後の型崩れを防ぐために，裁断前に布のゆがみ・つれ・しわを正す，洗濯による収縮を防ぐなど布地を整えることを何というか，記せ。

②　防縮加工済の綿織物について①の作業を行う際，最も適切な方法を，次のア～エから選び，記号を記せ。

ア　1時間水につけ，軽く水気を切って布目がまっすぐになるように竿に干す。生乾きの状態で，裏側から布目にそってアイロンをかける(180～200℃)。

イ　裏からアイロンをかけて布目を整える。温度は低め(160～170℃)にする。

ウ　中表に二つに折り，両面に霧を吹いてから，ビニル袋などに入れてしばらく置き，裏側から布目にそってアイロンをかける(160℃内外)。

エ　布目を整え，折りじわを消す程度に裏側からドライアイロンをかける。

(5)　洗濯のための取り扱い絵表示(平成28年12月1日以降に表示する記号)について，次の①～③の意味を説明せよ。

①

②

③

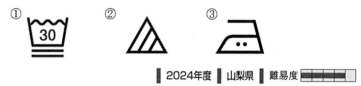

2024年度　山梨県　難易度

【7】衣生活について，次の問いに答えなさい。

1　持続可能な衣生活に関する以下の説明を読んで，あとの問いに答えなさい。

> 国内で供給されている衣服のうち，(　①　)により供給されている衣服の割合を【　　】率という。次の図1はその推移を示したグラフであるが，2015年には1990年の約2倍に増加し，(　①　)に依存していることがわかる。
>
> 布が手織りで生産されていた江戸時代は，繊維製品が大変貴重で，仕立て直しをくり返しながら大切に使われていた。大人が着古した着物は，子ども用の着物に直し，さらにおむつに縫い直され，最後には雑巾になった。使いきった布は燃やして，灰にし，その灰は洗剤や染料の(　②　)，綿花栽培の肥料として再利用された。

図１　衣服の【　　】率の推移

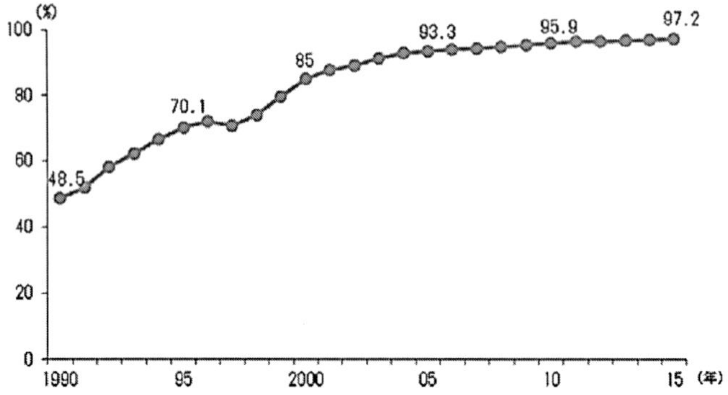

（日本化学繊維協会「繊維ハンドブック 2017」より作成）

(1)　文中の(　①　), (　②　)に入る語句として適切なものを，次のア～カからそれぞれ選んで，その符号を書きなさい。ただし，同じ記号には同じ語句が入る。

ア　輸出　　　イ　輸入　　ウ　国内生産　　エ　漂白剤

オ　色止め　　カ　発色剤

(2)　文中の【　　】に入る適切な語句を書きなさい。

(3)　下線部のことを何というか，ひらがな5字で書きなさい。

2　浴衣の着装に関する次の説明を読んで，以下の問いに答えなさい。

1．最初にえり先をそろえて，(　①　)が体の中心に，すそはくるぶしの高さに合わせる。

2．下前は，(　②　)前身ごろのえり先を左腰骨の位置に合わせる。

上前は，(　③　)前身ごろを重ねて腰ひもをしめる。

3．袖付け下のあき(身八つ口)から手をいれて，【　　】を整える。

4．えり元をあわせて，胸元にひもをしめる。

5．帯の「手」の長さを決め，胴に二巻する。帯の形を前側で整え，完成後，時計回りに後ろに回す。

(1) 文中の(①)～(③)に入る語句として適切なものを，次のア～カからそれぞれ選んで，その符号を書きなさい。

ア たれ　イ 背中心　ウ 前中心　エ 胸元　オ 右　カ 左

(2) 文中の【　】に入る適切な語句を書きなさい。

(3) 次の図2の帯A，帯Bについて，帯の結び方をそれぞれ書きなさい。また，帯の名称として適切なものを，以下のア～エからそれぞれ1つ選んで，その符号を書きなさい。

図2

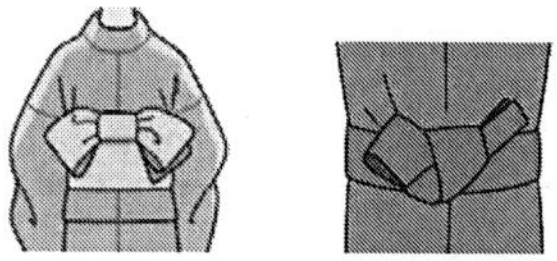

帯A（女性用）　帯B（男性用）

ア 袋帯　イ 角帯　ウ 伊達締め　エ 半幅帯

■2024年度 ■兵庫県 ■難易度

【8】衣生活について，次の(1)～(6)の問いに答えよ。

(1) 次の文は，和服について説明したものである。文中の(ア)，(イ)に当てはまる言葉の組合せとして最も適切なものを以下のA～Dから一つ選び，その記号を書け。

○ 和服と洋服は，形，着方，着心地など，様々な点で違いがある。和服は平面構成で，幅の余ったところを(ア)仕立てる。

○ 和服の模様の作り方には，伊予絣や結城紬のように糸を染めてから模様を織り出す先染織物と，紅型や加賀友禅のように布を織った後に染料や顔料で模様を付ける後染織物があり，先染織物は(イ)の布といわれる。

A ア 切り落として　イ 織り

B ア 切り落として　イ 染め

C ア 縫い込んで　イ 織り

D ア 縫い込んで　イ 染め

(2) 次の文中の(　ア　)，(　イ　)に当てはまる言葉の組合せとして最も適切なものを以下のA～Dから一つ選び，その記号を書け。

> 衣服を着用すると，皮膚と衣服の間や，更に重ねた衣服との間に静止空気層ができ，外気とは異なる温度や湿度をもつ局所的な気候ができる。これを衣服気候という。空気は，熱伝導率が(　ア　)熱を伝えにくいので，空気を保持することで保温性が(　イ　)。

A　ア　大きく　　イ　上がる　　B　ア　大きく　　イ　下がる
C　ア　小さく　　イ　上がる　　D　ア　小さく　　イ　下がる

(3) 次の文は，被服の表示について説明したものである。文中の(　ア　)，(　イ　)に当てはまる言葉の組合せとして最も適切なものを以下のA～Dから一つ選び，その記号を書け。

> 被服には，(　ア　)に基づく組成表示，取扱い表示などがある。組成表示のうち，下の図のような表示を(　イ　)という。
>
> COTTON　50%
> ポリエステル　30%
> 再生繊維（セルロース）20%
>
> ○○××株式会社
> 東京都千代田区○○町××番地
> TEL 03-9999-9999

A　ア　家庭用品品質表示法　　イ　全体表示
B　ア　家庭用品品質表示法　　イ　分離表示
C　ア　日本産業規格　　イ　全体表示
D　ア　日本産業規格　　イ　分離表示

(4) 次の写真は，改質したポリエステルの繊維の断面を写したものである。この繊維は，どのような性能を向上させるために改質したものか，最も適切なものを以下のA～Dから一つ選び，その記号を書け。

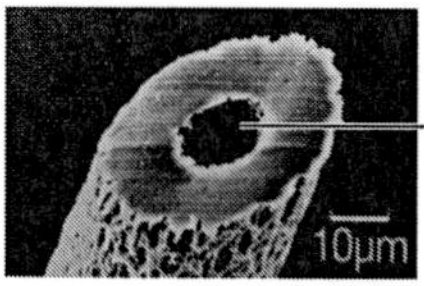

ポリエステル

A　防虫性　　B　吸水性　　C　防水性　　D　難燃性

(5)　次の文は，汚れの落とし方について説明したものである。文中の(　ア　)，(　イ　)に当てはまる言葉の組合せとして最も適切なものを以下のA～Dから一つ選び，その記号を書け。

> ○　血液が衣服に付いた場合は，高温の湯で洗うと血液中の(　ア　)が固まり落ちにくくなるので，水洗いをする。
> ○　しみ抜きをするときは，衣服をこすらないように(　イ　)からたたく。時間が経つと落ちにくくなるので早めに落とす。

A　ア　たんぱく質　　イ　汚れの周辺
B　ア　たんぱく質　　イ　汚れの中心
C　ア　脂質　　イ　汚れの周辺
D　ア　脂質　　イ　汚れの中心

(6)　次の表は，「サステナブルファッション」に関する消費者意識調査(令和3年7月消費者庁)の結果の一部である。表中の(　ア　)～(　ウ　)に当てはまる言葉の組合せとして最も適切なもの以下のA～Fから一つ選び，その記号を書け。

衣服の購入時に重視する点	割合（%）
価格	79.1
（　ア　）	70.0
着回しのしやすさ	49.9
（　イ　）	15.4
耐久性	13.3
流行・トレンド	11.4
（　ウ　）	1.7
ＳＮＳ映えがよいかどうか	1.0
リサイクルやリメイクがしやすいかどうか	0.5

(答え最大3つまでの複数回答)

	ア	イ	ウ
A	デザイン	環境や人・社会に配慮した製法や素材を使っているかどうか	ブランド・メーカー名
B	デザイン	ブランド・メーカー名	環境や人・社会に配慮した製法や素材を使っているかどうか
C	環境や人・社会に配慮した製法や素材を使っているかどうか	デザイン	ブランド・メーカー名
D	環境や人・社会に配慮した製法や素材を使っているかどうか	ブランド・メーカー名	デザイン
E	ブランド・メーカー名	環境や人・社会に配慮した製法や素材を使っているかどうか	デザイン
F	ブランド・メーカー名	デザイン	環境や人・社会に配慮した製法や素材を使っているかどうか

2024年度 | 愛媛県 | 難易度

【9】衣生活について，次の問に答えよ。

問1　図1のブラウスについて，各問に答えよ。

図1

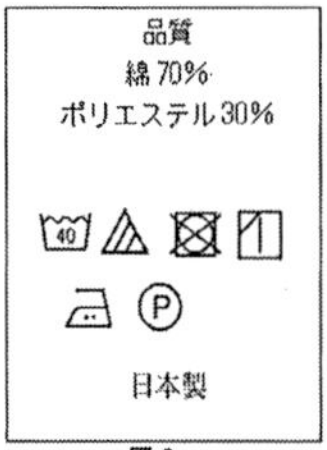

図2

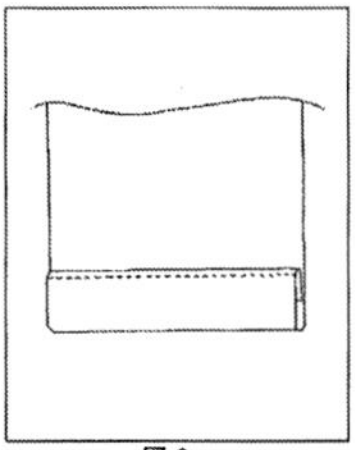
図3

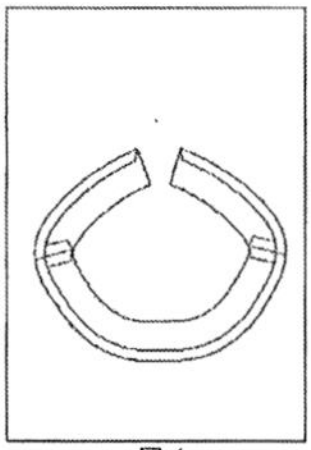
図4

(1)　ブラウスに，図2の表示がされていた。表示を定めている法律の名称を答えよ。

(2)　ブラウスのすそは，図3のように始末されていた。縫い方の名称を答えよ。

(3)　ブラウスのえりぐりは，図4の別布を用いて始末されていた。別布の名称を答えよ。

問2　異なる種類の短い繊維を均一に混ぜて，それぞれの性質を補い合った紡績糸を何というか答えよ。

問3　衣服の再資源化の方法の一つで，使用済みの衣類を細かく粉砕した後，化学的に分解し，繊維の原料として利用する方法を何というか答えよ。

問4　炊事中など火を使用する状況で，着用している衣服のそで口やすそなどに火がつき，やけどや死亡につながる事故を何というか答えよ。

問5　図5は「寸法列記表示」の一部である。aとbの違いについて説明せよ。

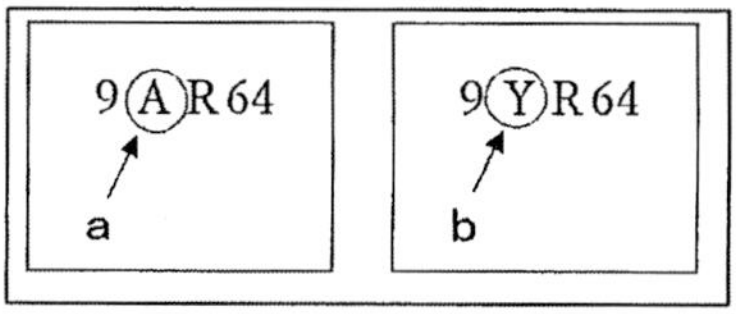

図5

問6　絹で出来た衣料品を洗濯して干す際，日陰に干した方がよい理由を答えよ。

問7　図6のスカートをデニム生地で製作する。各問に答えよ。

前　　　　　　後

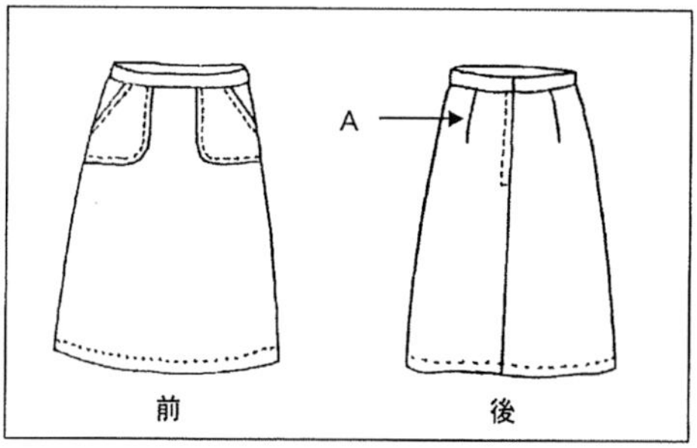

図6

(1)　A部の名称を答えよ。

(2)　ポケットの角を，なめらかな丸みに形作る方法を簡潔に説明せよ。

■ 2024年度 ■ 鹿児島県 ■ 難易度 ■■■■

【10】衣生活について，以下の問に答えよ。

《 材料 》
①　布：赤，綿100%
②　布：青緑，綿100%
③　接着芯（薄手）
　　ミシン糸

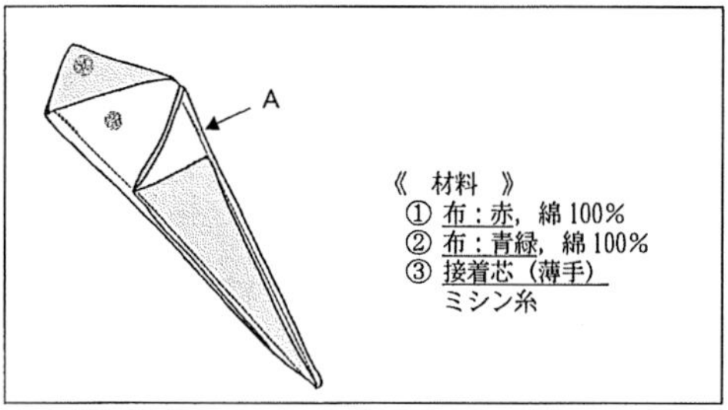

図1

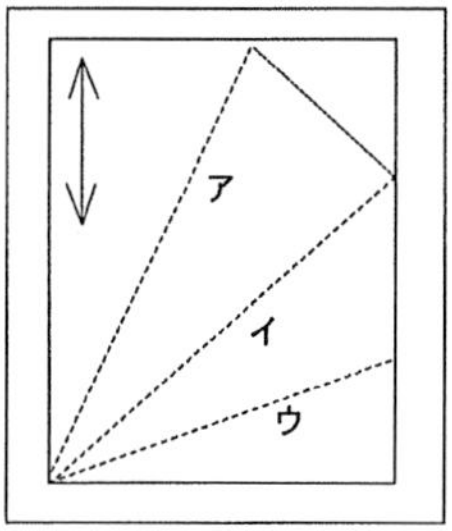

図2

問1　図1のハサミケースを図2の型紙を用いて製作する。各問に答えよ。

(1) 図1について，A部は図2のア～ウのどの部分になるか，記号で答えよ。

(2) 下線部①，②について，色相環で向かい合う位置にある色同士の関係を何というか，答えよ。

(3) 下線部①，②について，中表に縫い合わせて表に返し，両面とも表地として使用できるようにした。このような布を何というか答えよ。

(4) 下線部③について，使用する目的を述べよ。

(5) 下線部③を接着する際のアイロンの温度(JIS L0001)を図示せよ。また，接着芯を接着する時と同じアイロンの温度設定の天然繊維を二つ答えよ。

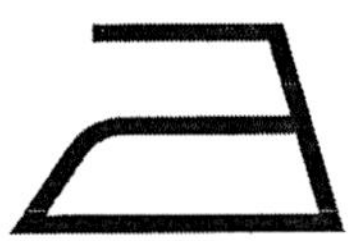

問2 次の各問に答えよ。

(1) 傷んだり不要になった布を，細かく裂いて横糸にして織った織物または衣服を何というか，答えよ。

(2) ポリウレタンはスポーツウェアなどに用いられるが，その理由と取り扱い上の留意点を，簡潔に述べよ。

(3) ファッションデザイナーが作成したデザインを基に，型紙を製作する職業を何というか，答えよ。

▌2024年度 ▌鹿児島県 ▌難易度 ■■■■□

解答・解説

【1】(1) ① (2) ③ (3) ① (4) ③ (5) ① (6) ②

○解説○ (1) 赤いちゃんちゃんこの赤い色には魔除けの力があるといわれており，かつては新生児に赤い産着を着せる習慣があった。還暦とは，生まれた年の暦に還ることであり，新生児に戻るとも捉えられることから，還暦の祝いに赤いちゃんちゃんこや頭巾をかぶる風習が生まれた。　(2)　誤りのある選択肢について，(ア)の左右がある場合は左右の寸法を足して半分にした平均値をとると良い。(ウ)のバストは女性の採寸箇所であり，男性の場合はチェストで両脇の下で1番長さのある部分を1周水平に測る。　(3)　三角は漂白剤の使い方について表す表示であり，斜線があれば酸素系のみを表す。四角は乾燥方法について表す表示であり，中の縦棒はつり干し，横棒は平干しを表す。斜線は陰干しを表す。アイロンの形はアイロンの使い方を表す表示である。中の点の数は温度の高さを表し，3つは200℃まで，2つは150℃まで，1つは110℃までを表す。丸は商業クリーニングについて表す表示である。中のFは，石油系溶剤使用可能，Pはパークロロエチレン及び石油系溶剤使用可能，Wはウェットクリーニング可能を表す。取扱い表示は洗濯，漂白，乾燥，アイロン，商業クリーニングの5つの基本記号で整理して覚えること。　(4)　洗濯用洗剤は，大きく分けると3種類あり，弱アルカリ性の合成洗剤，中性の合成洗剤，弱アルカリ性のせっけんである。合成洗剤は石油または天然油脂から作られ，せっけんは天然油脂から作られる。せっけんが最も汚れ落ちがよく，弱アルカリ性の合成洗剤は汚れ落ちがやや劣る。中性の合成洗剤は汚れ落ちがやや劣るが衣服を傷めにくい。弱アルカリ性の合成洗剤，せっけんは綿，化学繊維等の洗濯に適し，中性の合成洗剤は羊毛の洗濯に適している。　(5)　正答以外の加工の性能と用途について，②はプリーツの保持や型崩れのしにくさなどがある。用途はプリーツスカートなどがある。③は衣服内の湿気を外に逃がし，外からの水は通しにくくすることがあげられる。用途はスキーウェアなどがある。④は静電気の起こりにくさがあげられる。用途は作業服などがある。⑤は乾きの早さ，しわのできにくさなどがあげられる。用途はカッターシャツなどがある。　(6)　利用例について，下着(トリコット)はたてメリヤス，トレーニングウェア(ジャージ)はよこメリヤス，コート(ドスキン)は織物の朱子織，ユニフォーム(サージ)は織物の平織，Tシャツはよこメリヤス，ジーンズ(デニム)は織物の斜文織である。織物の三原組織についての問題も頻出なので学習しておきたい。

● 衣生活

【2】(1) ①　(2) ②　(3) ⑤

○**解説**○ (1) 人の体に合わせて被服を成型するために，ブラウスやスーツなどのように，平面の布を立体的に構成したものを立体構成という。和服は平面構成で，直線で裁断した細長い布をほとんど直線で仕上げ，着装の仕方で人体の形に合わせる。すそよけとは，着物を着用する際の和装下着の一つで着物が傷むのを防ぐ，すそさばきを良くする，着崩れ防止などの働きがある。いしき当てとは，着物や長襦袢の後ろ身頃・腰辺りに付ける白い当て布のことで，ひとえ・絽・浴衣などの夏物にだけ使用する。いしき当ては補強になり，お尻部分の表地に力が直接かからなくなるため，縫い目が裂けるのを防ぐ。ひとえの着物は裏地がついていない着物，あわせは裏地がついている着物を指す。和服の各部の名称と着装の仕方は学習しておくこと。　(2) アパレル需要と供給のバランスは1990年から1998年までは供給量より需要が多かったが，1999年に平衡になり，その後は供給過多になっている。供給数が増加する一方で，衣服一枚あたりの価格は年々安くなり，市場規模は下がっており，大量生産・大量消費が拡大し，大量廃棄への流れが懸念されている。ファストファッションのデメリットをまとめておくこと。　(3) 洗濯表示に関する問題は頻出である。洗濯・漂白・乾燥・アイロン・クリーニングの5種類の基本記号に分類し，整理して覚えること。

【3】(1) ① ア 60　イ 栄養素　ウ 老廃物　エ 体温
② 加齢とともに体内の水分量は少なくなる。男性と女性では，女性の方が脂肪が多いため，水分量が少ない。　(2) (栄養素／食品の順) ① たんぱく質／卵，肉，魚，豆腐　② 食物繊維／さつまいも，玄米，ごぼう，寒天　③ 脂質／油，肉，バター　(3) 一汁三菜　(4) ① 朝食は，寝ている間に下がった体温を上げたり，1日の始まりに必要なエネルギーを補給したりする重要な役割があるので，体内でぶどう糖などに分解されてエネルギー源となる炭水化物(糖質)を多く含むごはんやパンなどを食べるようにする。　② 骨量は，20歳代で最大となり，その後，男女ともに減少する。中学生・高校生の時期(思春期)に，骨をつくるカルシウムや，カルシウムの吸

収促進をする働きがあるビタミンDを食事でしっかり摂り，最大骨量(ピーク・ボーン・マス)をなるべく多くしておくことが大切である。とくに女性は閉経後，急激に骨量が減少するので，注意が必要である。(5) ① 料理を作る音で食欲が増したり，そしゃく音，BGM等によっておいしく感じたりする。 ② テクスチャー ③ ・食卓の雰囲気・環境 ・体調や心理状態 (6) 京料理 (7) ローリングストック(法)

○解説○ (1) ① 水の性質として溶解力に優れるという性質があるため，栄養素を運搬したり，老廃物を排出したりするのにも重要な役割を担っている。また，汗をかくことで身体の表面から水分が蒸発する時に水の気化熱の大きさを利用し，上がった体温を下げるはたらきをしている。 ② 体内の水分については，子どもは約70%，成人は約60%，高齢者が約50%と年齢を重ねるにつれて減っていく。 (2) たんぱく質はアミノ酸が多数結合した高分子化合物で，体を構成する要素として重要な栄養素である。炭水化物は糖質と食物繊維からなっており，食物繊維は小腸で消化，吸収されずに大腸まで達する成分である。たんぱく質は1gあたり4kcal，炭水化物は1gあたり4kcalのエネルギーを発生するのに対して，脂質は1gあたり9kcalのエネルギーを発生する。この3つの栄養素は三大栄養素と呼ばれる。その摂取バランス(FTCバランス)についても学習しておくこと。 (3) 一汁三菜を基本とする和食の食事スタイルは理想的な栄養バランスといわれる。 (4) 朝食を抜くと，脳の唯一のエネルギー源であるぶどう糖が不足し，集中力や記憶力の低下に繋がるといわれている。骨粗しょう症とは，骨量が減って骨が弱くなり，骨折しやすくなる病気である。骨量は20歳以降に増やすことは難しいため，中学生，高校生の時期に増やすことが重要である。 (5) ① 聴覚だけでなく，視覚，嗅覚と食欲の関係について理解しておきたい。 ② テクスチャーとは物の質感や表面を表す言葉である。食品の他，音楽や化粧品などの分野でも使用される言葉である。 ③ 食卓の雰囲気，環境について，同じ食事内容でもテーブルコーディネートをしたり，外でピクニックをして食べたりするとおいしく感じることがある。体調や心理状態について，体調が悪い時や心配事がある時は食事がのどを通らない，おいしく感じられないことがある。　(6)　京都は平安時代以降，政治及び文化の中心地の一角を占めることで，日本の食文化の発展に大きく寄与してきた。そこで，調理・しつらい・接遇を一体化する中で，食を通じた「京都らしさ」の表現をおこなう，京料理のわざが育まれた。　(7)　ローリングストック法は，補充する→非常食や日常食品として蓄える→食べる→補充することを繰り返し，常に一定量の食品が家庭で備蓄されている状態を保つための方法である。備蓄の目安としては，家族の人数×最低3日分である。頻出問題なので正しく説明できるように準備しておくこと。

【4】問1　3　　問2　2　　問3　3

○**解説**○　問1　三原組織の問題は頻出である。組織図は必ず理解しておくこと。また，それぞれの織りがどの衣類に使用されるかも覚えておくこと。平織は，たて糸とよこ糸が交互に1本ずつ交差し，単純な組織で堅牢であるためシャツ，シーツなどに用いられる。斜文織は，たて糸やよこ糸が2本またはそれ以上連続して織られジーンズ，コートなどに用いられる。朱子織は，たて・よこ5本以上の糸から構成され，どちらかの糸を表面に浮かせた織りで，ネクタイ，ドレス，スカーフなどに用いられる。　問2　ミシンの調整について，実習の授業で必ず必要となる知識なので，理解しておくこと。糸のかけ方，ボビンの入れ方，針が折れるなどのトラブルについてもよく出題されるので確認しておくこと。　問3　JISによる既製服のサイズ表示は最初の数字がバスト，次のアルファベットが体型，最後のアルファベットが身長を表している。バストは数字が大きいほど大きなサイズを示す。体型を示すアルファベット「A」が日本人の標準的な体型を表し，「Y」は「A」より小さく，「B」は大きいこと，「AB」は「A」と「B」の間を表している。身長を表すアルファベットは「R」は158cm，Regular(普通)の略，「P」は150cm，Petite(小さい)の略，「PP」は142cm，Pより小さい，「T」は166cm，Tall(長身)の略である。成人女性だけでなく，成人男性のサイズ表示も学習しておくこと。

【5】(1)　ア　4　　イ　2　　(2)　1　　(3)　4　　(4)　3　　(5)　5
(6)　3　　(7)　1　　(8)　3　　(9)　5

〇**解説**〇 (1)　ア　Aは，よじれがあるので綿，Bは，表面に鱗片があることから毛である。繊維の断面図と側面図は確認しておくこと。

イ　綿は洗濯機で洗え，漂白可，つり干しがよく，アイロン温度は高温である。毛については，手洗い，漂白は不可，日陰での平干し，アイロン温度は中温である。洗濯表示は，洗濯，漂白，アイロン，クリーニング，乾燥の5つの基本表示をもとに覚えておくこと。　(2)　伸び率が高いのはポリウレタン，公定水分率が最も高いのは，選択肢の中では毛である。繊維の種類ごとに特徴と手入れ方法を整理して覚えておくこと。　(3)　誤りのある選択肢アについて，原産国表示はアパレル協会による取り決めである。原産国は縫製した国を表示する。イについて，レース生地の場合，繊維の組成と表示者の「氏名又は名称」及び「住所又は電話番号」である。ウについてカタカナ表示は一般的にされている。　(4)　選択肢イについて，空気よりも重いので，衣類の一番上に置く。エの樟脳が併用できるのはピレスロイド系のみである。防虫剤の特徴に関する問題は頻出なので覚えておくこと。

(5)　アは未来永劫へと続く幸せへの願い，イは健やかな成長，邪気を祓う，ウは魚や蛇の鱗に見立てて名づけられ，脱皮するイメージから再生や厄除け，エは長寿を願う意味を持つ。　(6)　和服は平面構成，洋服は立体構成である。衽下りは 肩山から剣先までの間の寸法，袂(たもと)は袖の部分全体のことである。　(7)　ブロードは普通の厚みの生地，デニムは厚地の生地。針は号数が大きくなるほど太い針である。糸は番手が大きくなるほど細くなる。それぞれの生地にあった針と糸を理解しておくこと。　(8)　日本の衣料品の大部分は海外からの輸入に頼っている。その輸入先は中国やベトナム，インドネシア，バングラデシュなどの国々からである。日本は，これらの国々に，糸や生機，染品や後加工生地を輸出して縫製工場を構え，完成した衣料品を輸入する仕組みである。　(9)　世代別にみると，若い世代の方が服の購入量は多い。ファストファッションの弊害について記述できるように学習しておきたい。

● 衣生活

【6】(1) ① 身体保護説 ② 呪術説 ③ 紐衣説 (2) 衣(被)服気候 (3) 温度…32±1℃ 湿度…50±10% (4) ① 地直し ② イ (5) ① 30℃を限度とし，洗濯機で非常に弱い洗濯可 ② 酸素系漂白剤だけ可 ③ 温度150℃までアイロン可

○**解説**○ (1) 被服の起源には，様々な説があり，解答以外にも羞恥心から裸体を覆い隠す羞恥心設，体を美しく見せるために装飾品として被服を身につけるようになったという身体装飾説，見方と敵を区別してわかりやすくし，集団の団結力を高めるためという集団性説，社会生活の中で地位を区別するためという特殊性(象徴)説などがある。被服の機能について，保健衛生的機能と社会的機能にわけて，働きとその内容を理解しておくこと。 (2) 衣服気候についての問いは頻出である。説明できる程度に理解しておくこと。人は平均皮膚温度が34.5℃以上に上がるか，30℃以下に下がると不快を感じる。夏は通気性があり，汗を吸い取って蒸発を促す生地や間口部の大きい仕立てが適している。冬は吸水性，発散性が高い素材の上に吸湿性の高い素材を重ねて着るとよい。 (3) 衣服内気候が快適であると感じる温度・湿度は必ず覚えること。気流の範囲は，25±15cm/secである。

(4) ① 地直しの基本は，生地を水通しし，生乾き程度まで乾かし，アイロンをかけ，地の目を通す。布地によって方法が違うので確認しておくこと。 ② 防縮加工されている布は水通し不要である。正答以外の選択肢について，アは防縮加工されていない綿，ウは毛織物，エは化繊やシルクの地直しの方法である。 (5) 洗濯表示の基本は5つの記号で，家庭洗濯は「洗濯おけ」，漂白は「三角」，乾燥は「四角」，アイロンは「アイロン」，クリーニングは「円」で示されている。さらに，基本記号にあわせて表示する付加記号があり，どのくらいの強度・温度で扱えばよいかなどを示している。5つの基本記号をもとに整理して正しく覚えること。

【7】1 (1) ① イ ② オ (2) 輸入浸透 (3) くりまわし
2 (1) ① イ ② オ ③ カ (2) おはしょり
(3) (結び方／名称の順) A 文庫結び／エ B 貝の口／イ

○**解説**○ 1 日本国内で供給される衣類は，ほとんどを輸入に頼ってい

る。繊維製品の輸入相手国は，6割近くが中国，続いてベトナム，インドネシア，バングラデシュなど，アジアが占めている。ファストファッションの問題点を記述できるように学習しておくこと。着物は平面構成で，着回しがしやすく，ほどいて再利用できるのが利点である。
2 (1) 和服の着装は男女とも，左前身ごろが上前となる。着物の着装は，実際着付けの練習をして覚えること。各部の名称は男女の着物の違いを理解した上で覚えること。 (2) おはしょりがあるのは，女性用のみである。 (3) 浴衣の女性の帯は半幅帯で結ぶ文庫結びが多い。袋帯や名古屋帯は標準的な幅が8寸，半幅帯は4寸(約15cm)程度である。男性は角帯で結ぶ貝の口が一般的である。角帯は幅9cmほどの細い固い帯のことで，子どもの浴衣の帯は男女とも，兵児帯(へこおび)が一般的である。

【8】(1) D(※公式解答ではDだが，正しくはCであると思われる)
(2) C (3) A (4) B (5) A (6) B

○**解説**○ (1) 和服は平面構成で，布の唯一切れ目を入れるのは襟肩あき部分だけで，他の箇所は縫い込んで仕立てるので，何度でも縫い直しができ，体格に関わらず着られる。先染織物は，糸一本を組み合わせて紋様や柄を作り出すため，事前に精密な設計や，高度な技術を持った職人が必要で，手間のかかる着物だが，着物の格としてはカジュアルな扱いである。1枚の布にした段階で染める後染織物には京友禅や加賀友禅がある。 (2) 冬場は，何枚も重ね着をし，首回りや袖口をぴったりさせ保温性を高める。夏場は逆に首回りや腕周りを解放させて空気の流れが下から上へ抜ける状態にする。快適であると感じる衣服気候は，温度32±1℃，湿度50±10％である。 (3) 分離表示とは製品の部分ごとに，それぞれ繊維の百分率を表示する方法で，「本体綿50％，えり ポリエステル50％」のように表示する。 (4) 多孔質中空繊維は，繊維内部への吸水性能を高めることができる。さまざまな繊維の断面図，側面図は確認しておくこと。 (5) しみ抜きの方法は，水溶性と油溶性に分けて覚えておくこと。頻出問題である。
(6) 現状を正しく理解し伝えることにより，サステナブルファッションの重要性を指導していきたい。

● 衣生活

【9】問1　(1)　家庭用品品質表示(法)　　(2)　三つ折り縫い　　(3)　見返し　　問2　混紡(糸)　　問3　ケミカルリサイクル　　問4　着衣着火(事故)　　問5　ヒップ寸法の違い　　問6　絹は紫外線に当たると黄変するから。(日光で劣化するから)　　問7　(1)　ダーツ
(2)　丸みの部分の厚紙を用意し，ぐし縫いを縮めながら型紙を当ててアイロンをかける。

○**解説**○ 問1　(1)　組成表示とお手入れに関する取扱い表示の問題は頻出である。表示方法を詳細に学習しておくこと。　(2)　縫い代の始末には端ミシン，ジグザグミシン，ロックミシン，三つ折り縫いなどがある。三つ折り縫いは布端のほつれ部分が内側に隠れるように折って始末するものである。　(3)　見返しとは，衿ぐり，前端，袖口など，端の始末に用いる裏側につけるパーツのことで，多くは表布と同じ布を用い，接着芯を貼ってしっかりさせて使用する事が多い。　問2　混紡とは種類の異なる短繊維同士を混ぜ合わせて紡績することで，これによって繊維同士の欠点を補完，繊維同士の長所を活かす，機能性向上などの効果が得られる。　問3　繊維製品のリサイクルには原料に戻すケミカルリサイクル，材料のままで利用するマテリアルリサイクル，熱源として利用するサーマルリサイクルの3つがある。　問4　表面フラッシュ現象についても確認しておくこと。　問5　Aは普通の体型，YはA体型よりヒップが4cm小さい人の体型，ABはA体型よりヒップが4cm大きい人の体型，BはA体型よりヒップが8cm大きい人の体型を表す。　問6　他の繊維についても，取扱いの注意と特徴を理解しておくこと。　問7　(1)　布をつまんで縫うダーツはバストやヒップなどに使われ，基本的にその先は体の立体的な部分，高いほうへ向かう。　(2)　作りたい大きさに近いサイズの丸い角の形の厚紙を用意し，ポケットの角にあて，しつけ糸でぐし縫いをする。しつけ糸のどちらかの端をゆっくりと引っ張ると角丸の厚紙の形に沿って縮んでいくので，ほどよいところで厚紙の上からアイロンをかける。

【10】問1　(1)　イ　　(2)　補色　　(3)　リバーシブル　　(4)　型崩れを防ぎ，布を補強する

(5)

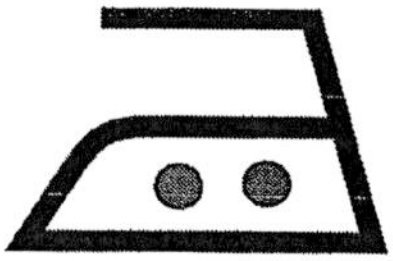

天然繊維…毛，絹　　問2 (1) 裂き織　　(2) 理由…伸縮性に優れている　　取り扱い上の留意点…塩素に弱いので，水着などは使用後すぐによく洗う。(アイロンは低温でかける。)　　(3) パターンナー

○解説○ 問1 (1) アの上にイを折り，イの上にウを折って製作しているのでAの部分はイである。 (2) 色相環とは，色相を環状に配置したもので，色を体系化する時に用いる方法の一つで，マンセル表色系，オストワルト表色系，PCCSなどいくつかの種類がある。赤と緑は補色の関係にあり，補色どうしは混ぜ合わせると無彩色になる。
(3) リバーシブルは英語のreversibleが語源となっており，主に衣類に使われる。 (4) 接着芯とは接着剤が付いた芯地のことで，布にハリを出す，型崩れを防ぐ，薄手の生地を補強する，伸縮性のある生地の伸びを防ぐなどの目的で使われる。 (5) 接着芯の適切なアイロンの温度は140～150℃である。取扱い表示は，洗濯，アイロン，漂白，乾燥，クリーニングの5つの基本表示により整理し覚えること。また，繊維ごとに特徴と取扱いの方法を理解しておくこと。 問2 (1) 裂き織りは，着古された着物や使い込まれた布を細かく裂き，これを横糸にし，縦糸は普通の糸を織り込んだ平織りの織物のことである。
(2) ポリウレタンは，伸縮性があり，ストレッチが効き強度もあるので，レオタードや水着などのスポーツウェア，ガードルや靴下などにも多く使われている。湿気，温度変化，紫外線，塩素，塩分に弱いので取扱いには注意が必要である。 (3) 平面で描かれたデザインを立体にするための型紙を製作するので，高い技術が必要になる。

食生活

要点整理

栄養

五大栄養素の種類と基本的性質，五大栄養素の体内での働きは特に大切なので理解しておきたい。

□炭水化物　単糖類(ぶどう糖・果糖)，少糖類(しょ糖・麦芽糖・乳糖)，多糖類(でんぷん・グリコーゲン，セルロース・ペクチン)の種類があり，消化吸収してエネルギーになるものと，消化吸収しないでエネルギーにならないものがある。でんぷんの糊化，および老化の変化は出題されやすい。

□たんぱく質　アミノ酸，必須アミノ酸の種類と違いは理解しておくこと。体内で合成することのできない必須アミノ酸(ロイシン，イソロイシン，リジン，スレオニン，トリプトファン，メチオニン，フェニルアラニン，バリン，ヒスチジンの9種類)は覚えること。

□脂肪　必須脂肪酸(リノール酸，リノレン酸)，コレステロールの働き，脂肪の酸化について理解しておくこと。

□無機質　カルシウム，りん，ナトリウム，カリウム，鉄，ヨウ素の働きを理解しておくこと。

□ビタミン　脂溶性ビタミン(A，D，E，K)，水溶性ビタミン(B_1，B_2，ナイアシン，C)の種類に大別され，それぞれの性質・生理作用を理解すること。

各栄養素の過剰症(肥満症・心臓病・動脈硬化・高血圧)，不足症(夜盲症・くる病・皮フ炎・かっ気・口内炎・壊血病・骨歯の発育不良・貧血)など栄養素の働きとあわせて理解しておくこと。

食品

□穀類の種類　とう精(玄米・半つき米，七分つき米，精白米)と成分変化，水の割合(新米・古米)

□油脂　調理上の特性，扱い方

□肉類　ひき肉の性質，加熱による変化

□**調理法**　揚げ物の種類，材料にあった揚げ温度，油温度の見分け方，ハンバーグステーキの作り方，副材料の役割，野菜の下ごしらえ(アク抜き，皮むき)

□**加工食品**　種類と特徴，食品の保存，食中毒，細菌性食中毒・化学性食中毒

献立

中学校では食品の栄養的特質を知って，中学生に必要な栄養を満たす1日分の献立を考えさせる。従って，日本食品標準成分表の見方や，「食品群別摂取量のめやす」を用いて，栄養，嗜好，調理法，季節，費用などを考えて献立を考えることができるようにする。

高等学校の科目「家庭総合」などでは栄養所要量や食品群別摂取量のめやすと献立との関係も理解し，栄養的な理解が一層深まるようにする。

調理

中学校では簡単な日常食の調理を取り上げ，魚や肉，野菜の「切り方」，「煮る」「焼く」「炒める」など加熱の仕方がわかり，食品の変化について理解しておく。高等学校では食品の調理上の性質を生かした調理の技術，マナー，資源・エネルギーに配慮した調理などについても理解しておく。食品の衛生的な扱い方や食中毒も取り上げられることが多い。

実施問題

調理・献立

【1】次の(1)，(2)があらわしている調理用語を書きなさい。

(1)　きゅうりなどに塩をまぶして，まな板の上で前後にころがすこと。

(2)　煮崩れを防ぐため，野菜の切り口の角を薄くそぎ取ること。

2024年度　青森県　難易度

【2】次の図は，包丁の部位について示したものの一部である。空欄 ア ～ オ に当てはまるものの組合せとして最も適切なものを，以下の①～⑥のうちから選びなさい。

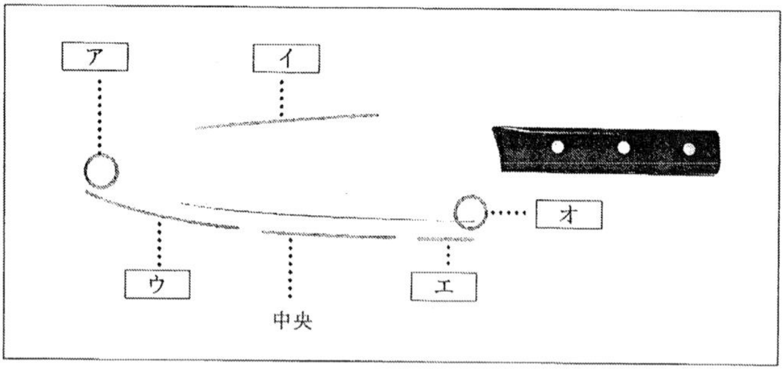

①　ア　刃先　　イ　みね　　ウ　腹　　エ　刃元
　　オ　あご

②　ア　刃先　　イ　腹　　ウ　切っ先　　エ　あご
　　オ　刃元

③　ア　刃先　　イ　みね　　ウ　腹　　エ　あご
　　オ　刃元

④　ア　切っ先　　イ　みね　　ウ　腹　　エ　刃元
　　オ　あご

⑤　ア　切っ先　　イ　みね　　ウ　刃先　　エ　刃元
　　オ　あご

⑥　ア　切っ先　　イ　腹　　ウ　刃先　　エ　あご

オ　刃元

2024年度 ｜ 神奈川県・横浜市・川崎市・相模原市 ｜ 難易度

【3】次のア～エは，粟米湯の作り方についての記述の一部である。作り方の順番として最も適切なものを，以下の①～⑥のうちから選びなさい。

ア　鍋に水とスープの素を入れて火にかけて煮立て，スープを作る。
イ　スイートコーン(クリーム状)を入れる。
ウ　溶き卵を流し入れる。
エ　水溶き片栗粉を入れてとろみをつける。

①　ア　→　イ　→　ウ　→　エ
②　ア　→　イ　→　エ　→　ウ
③　ア　→　ウ　→　イ　→　エ
④　ア　→　ウ　→　エ　→　イ
⑤　ア　→　エ　→　イ　→　ウ
⑥　ア　→　エ　→　ウ　→　イ

2024年度 ｜ 神奈川県・横浜市・川崎市・相模原市 ｜ 難易度

【4】「日常食の調理」に関する学習において，次の【調理実習の手順】に沿って，肉料理と付け合わせの蒸し野菜の調理実習を行う。以下の(1)～(4)の問いに答えなさい。

【調理実習の手順】

1. 計画　→　2. 準備　(ア)　→　3. 調理　(イ)　→ 4. 盛り付け，配膳　→　5. 試食　→ 6. 片付け　(ウ)　→　7. 振り返り　(エ)

(1)　(ア)において，生徒が手をよく洗い，身支度を整える際に，生徒の手指の傷を確認し，傷のある生徒には調理用手袋を着用するように促した。このように促した教師の意図を書きなさい。

(2)　(イ)について，次の①～⑦の問いに答えなさい。

①　肉料理の調理では，中心部までしっかりと火を通す調理方法を，生徒に身に付けさせたい。どのような肉料理を扱うとよいか，料理名を書きなさい。

② 生徒に理解させたい肉の調理上の性質について，肉に含まれる主な栄養素と関連付け，大きさや硬さがどのように変化するか，書きなさい。

③ 家庭の事情により肉を食べない生徒がいる場合，事前に教師がしておく必要があることを，具体的に書きなさい。

④ じゃがいも，にんじん，ブロッコリーを付け合わせの蒸し野菜として調理する。蒸し器の下段に入れる水の量は7分目程度が適量であるが，多すぎても少なすぎてもよくない理由をそれぞれ書きなさい。

⑤ 生徒に理解させたい「蒸す調理」の特徴を2つ書きなさい。

⑥ 生徒から「家でも蒸す調理をやってみたいけれど，家には蒸し器がない。普通の鍋ではできないのか。」という質問があった。深めの鍋を代用する蒸し方について，生徒への説明を書きなさい。

⑦ この調理実習では，生肉と野菜を扱う。生肉と他の材料を一緒に扱う上で，生徒に気を付けさせることを書きなさい。

(3) (ウ)において，肉の調理では，用具や食器に油が付いてしまう。環境へ配慮した片付け方について，生徒に気を付けさせることを書きなさい。

(4) (エ)において，次のような記述が複数見られた。

小学校では，ゆでる調理といためる調理を学習した。中学生になって，焼く調理と蒸す調理も学習してできるようになった。<u>他の調理</u>もできるようにしたい。

そこで，次の調理実習では他の調理として，「煮る調理」を取り入れたい。「煮る調理」と，小学校で学習した「ゆでる調理」との違いを書きなさい。

▌2024年度 ▌群馬県 ▌難易度 ■■■■□□

【5】次の材料表は，「ご飯」，「野菜の豚肉巻き」，「チーズ入り卵焼き」，「チンゲン菜の塩こんぶあえ」，「かぼちゃの茶きんサラダ」，「煮豆」，「果物」の弁当1人分の材料をそれぞれ示したものである。以下の各問いに答えよ。

材料表

《ご飯》		《チンゲン菜の塩こんぶあえ》	
精白米	80g	チンゲン菜	75g
水	(A)mL	塩こんぶ	3g
		ごま油	1g
《野菜の豚肉巻き》			
にんじん	20g	《かぼちゃの茶きんサラダ》	
さやいんげん	20g	かぼちゃ	60g
豚ロース(薄切り)	80g	マヨネーズ	6g
しょうゆ	5mL		
みりん	10mL	《煮豆》	
サラダ油	2g	大豆	20g
		砂糖	5g
《チーズ入り卵焼き》		こんぶ	2g
鶏卵	40g	だし汁	適量
チーズ	10g		
砂糖	2g	《果物》	
サラダ油	2g	うさぎりんご	40g

問1　次図のような，にんじんの切り方の名称を答えよ。

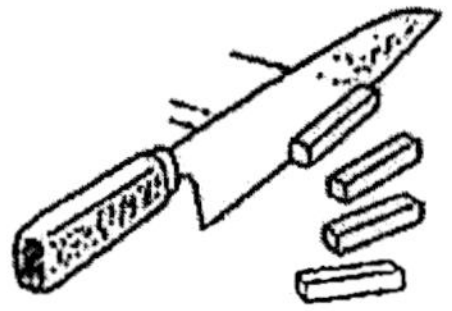

問2　豚肉のロースの部位として正しい箇所を，次図の中から1つ選び，記号で答えよ。

問3　次図のかぼちゃをゆでる時の水加減について，ひたひたの水とは具材に対してどれくらいの量のことか，次図の中から1つ選び，記号で答えよ。

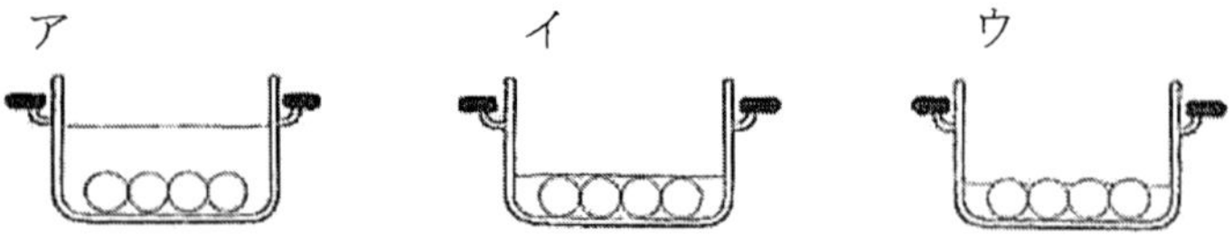

問4 「チンゲン菜の塩こんぶあえ」のチンゲン菜のゆで方について次の中から適するものを1つ選び，記号で答えよ。

ア　水から入れ，沸騰後1～2分ゆでて，水にさらし，水気を切る。

イ　水から入れ，沸騰後5～6分ゆでて，ざるにあげ，冷めたら水気を切る。

ウ　熱湯に入れ，1～2分ゆでて，水にさらし，水気を切る。

エ　熱湯に入れ，5～6分ゆでて，ざるにあげ，冷めたら水気を切る。

問5 「かぼちゃの茶きんサラダ」にマヨネーズを入れることにより，効率的にビタミンを吸収できる。その理由を説明せよ。

問6　こんぶに多く含まれるうまみ成分を答えよ。

問7　普通の硬さでご飯を炊くとき，材料表中の(　A　)を答えよ。なお，無洗米ではないこととする。

問8　精白米を胚芽米に変えることによって増えるビタミンを次の中から1つ選び，記号で答えよ。

ア　ビタミンA　　イ　ビタミンB_1　　ウ　ビタミンC

エ　ビタミンD

問9　チーズ入り卵焼きに使う，次図の調理道具の名称を答えよ。

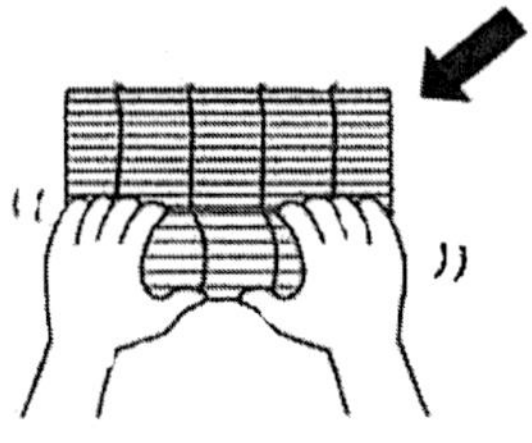

問10　次の文は，弁当箱に食材を詰める際に気をつけることについて述べている。(　ア　)・(　イ　)に入る留意点を答えよ。

・弁当箱の容量の2分の1に主食を入れ，残りのスペースに主菜と副菜を詰める。

・主菜と副菜の量は1：2の割合になるようにつめると分量のバランスがよい。

・衛生面を考え，(　　ア　　)。
・持ち運びを考え，(　　イ　　)。

問11　外食産業や宅配サービスの発達とともに家庭内で調理して食べる比率が減少し，その一方で持ち帰り弁当，総菜や宅配など，家庭外で調理された食品を購入して持ち帰って家庭で食べるなどの食事形態が増加している。この下線部のような食事形態を何というか答えよ。

2024年度 | 長崎県 | 難易度

【6】調理について，次の(1)，(2)の各問いに答えよ。

(1)　調理実習で，次に示す【つくり方】により，肉じゃがをつくる。以下のア～キの各問いに答えよ。

【つくり方】

① 牛薄切り肉は，長さ4cmに切る。
② じゃがいもは，皮をむい8等分にし，面取りをする。
③ にんじんは，皮をむいて乱切りにする。
④ たまねぎは，1cm幅のくし形切りにする。
⑤ しらたきは，長さ6cmに切る。
⑥ さやえんどうは，筋を取り，沸騰した湯で約1分間ゆでる。
⑦ 鍋にサラダ油を入れて熱し，肉を入れて強火でさっと炒める。肉の色が変わったら，②～⑤を加えてさらに炒める。
⑧ だし汁としょうゆ，砂糖，みりんを加え，落としぶたをして，弱火で約20分間煮る。
⑨ さやえんどうを入れ，約2分間煮てから火を止め，器に盛りつける。

材料(1人分)

牛薄切り肉	50g
じゃがいも	80g
にんじん	50g
たまねぎ	60g
しらたき	30g
さやえんどう	3枚
サラダ油	8g
だし汁	60mL
しょうゆ	12g
砂糖	5g
みりん	9g

ア 【つくり方】①に関連して，次の(ア)，(イ)の各問いに答えよ。

(ア) 肉は「と殺」後，低温でしばらく貯蔵するとやわらかくなり，うま味が増す。このことを何というか，答えよ。

(イ) 日本では，米と牛に義務付けられており，食品事故等の問題があったときに，食品の移動ルートを書類等で特定し，過去にさかのぼって追跡して原因究明や商品回収等を円滑に行えるようにする仕組みを何というか，答えよ。

イ 【つくり方】②について，次の(ア)，(イ)の各問いに答えよ。

(ア) じゃがいもの面取りをするのはなぜか，簡潔に述べよ。

(イ) じゃがいもの芽に含まれる食中毒の原因となる物質は何か，答えよ。

ウ 【つくり方】③について，次の(ア)，(イ)の各問いに答えよ。

(ア) にんじんは，四つの食品群別摂取量の目安において，何群に分類されるか，答えよ。

(イ) にんじんと同様，水からゆでるとよい食材を，次の語群からすべて選び，記号で答えよ。

語群

A 白菜　B れんこん　C さつまいも　D キャベツ
E かぶ

エ 【つくり方】④について，肉じゃがを4人分つくる場合，たまねぎは何g購入すればよいか，求めよ。ただし，調理する際のたまねぎの廃棄率は6%とし，計算結果は小数第一位を切り上げ，整数で答えよ。

オ 【つくり方】⑤について，しらたきに含まれる食物繊維の名称を答えよ。

カ 【つくり方】⑥について，ゆでた「さやえんどう」を冷水に入れて急速に冷ますことにより，美しい緑色に保つことを何というか，答えよ。

キ 【つくり方】⑧について，次の(ア)～(エ)の各問いに答えよ。

(ア) かつお節と昆布を使った混合だしの取り方を説明せよ。

(イ) 昆布の表面についている白い粉の成分について，次の語群から適する語句を一つ選び，記号で答えよ。

語群

A　タンニン　　B　マンニット　　C　オレイン酸

D　ポリフェノール

(ウ)　4人分の肉じゃがをつくる。みりんの量は，15mLの計量スプーンで何杯になるか，求めよ。

(エ)　みりんを沸騰させて，アルコール分をとばすことを何というか，答えよ。

(2)　次のア～ウの説明に適する肉の加工品をそれぞれ答えよ。

ア　牛肉の塊を塩漬したあと蒸し，ほぐすかそのままの状態のものを調味料，香辛料などで調味したもの

イ　豚のばら肉を塩漬し，くん煙したもの。ばら肉以外にも，ロース，肩肉を使用する場合もある

ウ　牛肉，豚肉を原材料とし，ひき肉にして調味料及び香辛料で調味したのち，羊の腸などに詰めてくん煙や水煮等をしたもの

2024年度　山口県　難易度

【7】次の表は，中学生のAさんのある平日における朝食の献立の材料と分量(1人分)である。以下の(1)～(5)の問いに答えなさい。

(単位：g)

献立	材料	分量	1群	2群	3群	4群	5群	6群	その他
みそ汁	(A) だし汁(mL)	240							240
	じゃがいも	30					30		
	だいこん	36				36			
	にんじん	10			10				
	(B) ごぼう	24				24			
	ねぎ	12				12			
	みそ	20	20						
A	米飯	180					180		
	塩	2							2
	だいこん葉	20			20				
卵焼きと大根おろし	卵	50	50						
	しらす干し	5		5					
	油	4						4	
	だいこん	30				30			

(1)　塩分について，次の①，②の問いに答えなさい。

①　「日本人の食事摂取基準(2020年版)」では，高血圧及び慢性腎臓病の重症化予防のため，男女1人1日当たりの摂取量(食塩相当量として)を何g未満としているか。数字を書きなさい。

② ナトリウムを身体の外に出しやすくする作用があるため，塩分の摂り過ぎを調節するのに最も役立つミネラルの一種は何か。次のa～dから1つ選び，その記号を書きなさい。

a ヨウ素　b マグネシウム　c カリウム　d マンガン

(2) 下線部(A)について，次の文中の[ア]，[イ]に当てはまることばの組み合わせとして正しいものを以下のa～dから1つ選び，その記号を書きなさい。

> 東京帝国大学(現東京大学)の池田菊苗教授が，明治41(1908)年に，こんぶだしの成分が[ア]であることをつきとめ，「[イ]」と名づけた。

a ア グルタミン酸 — イ だし
b ア グルタミン酸 — イ うま味
c ア イノシン酸 — イ うま味
d ア イノシン酸 — イ だし

(3) 下線部(B)は図1のような切り方をした。この切り方を何というか。切り方の名称を書きなさい。

図1

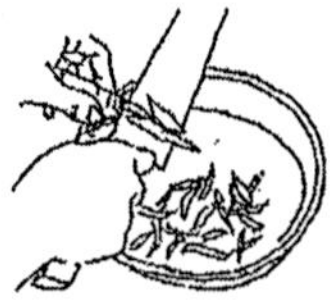

(4) 1回の食事では，1日分の食品群別摂取量のめやすの3分の1の量をとるようにする。この食事で不足している食品群別摂取量を補うためにもう一品加えるとしたらどれか。次のa～dから1つ選び，その記号を書きなさい。

a ほうれん草のごまあえ (ほうれん草75g，ごま5g，しょうゆ6g，砂糖1.5g)
b ポテトサラダ (じゃがいも70g，きゅうり20g，ハム10g，マヨネーズ12g，塩少々)
c ひじきの煮物 (ひじき(生)30g，にんじん10g，油揚げ10g，砂糖5g，しょうゆ7g，油2g)
d きんぴらごぼう (ごぼう35g，にんじん25g，砂糖3g，しょうゆ

6g，ごま油1g)

(5) 表中の[A]は，炊きたての飯にゆでた青菜を刻んでまぜた飯のことである。名称を書きなさい。

2024年度 福島県 難易度

【8】「食生活」について，各問いに答えなさい。

【図1】

【献立に使われている食品】
(主食) ごはん
・米
(主菜) ハムエッグ
・たまご
・サラダ油
・ハム
(汁物) みそ汁
・しめじ
・にら
・みそ

(1) 【図1】は，14歳のたけしさんの朝食の献立である。次の問いに答えなさい。

① 【献立に使われている食品】を6つの食品群に分類したとき，不足している食品群を書きなさい。

② 【図1】を，栄養のバランスがよい献立にしたい。【図1】の献立に加えるとよい副菜を次のア～エから1つ選び，記号で書きなさい。

ア 納豆(納豆，長ねぎ)

イ 海藻サラダ(キャベツ，ミニトマト，わかめ，しらす，きゅうり)

ウ きんぴら(ごぼう，にんじん，れんこん，白ごま)

エ ポテトサラダ(じゃがいも，玉ねぎ，きゅうり，にんじん，ソーセージ)

(2) 【表2】は，主な栄養素の働きについて示したものである。次の(あ)～(く)に当てはまる最も適切な語句を書きなさい。

【表２】

	主な栄養素の働き
たんぱく質	消化管でアミノ酸に分解されて吸収され，筋肉や臓器，血液や皮膚，髪の毛など体を構成する成分となる。一般的に，動物性たんぱく質は植物性たんぱく質と比較すると，体内でつくることができない必須アミノ酸がバランスよく含まれている。アミノ酸価の低い食品も，不足するアミノ酸を多く含む食品と組み合わせて食べることにより，食事全体のアミノ酸価を高めることができる。これを（　あ　）という。
無機質	食品に含まれる量は少ないが，体の組織をつくる，体の調子を整えるなどの重要な働きをしている。カルシウムやリンは骨や歯の成分になり，不足すると骨が弱くなって骨折しやすくなる。また，（　い　）は血液（赤血球）の成分になる。
ビタミン	体の調子を整える働きがある。ビタミンはビタミンA・ビタミンDなどの（　う　）とビタミンB_1・ビタミンB_2・ビタミンCなどの（　え　）に分かれ，（　う　）は体内に蓄えられるが，（　え　）は余分に摂取しても必要量以外は体外へ排出される。
炭水化物	糖類と（　お　）があり，糖質である砂糖やでんぷんは体内で（　か　）に分解されて，１ｇあたり約４kcalのエネルギー源となる。（　お　）は，消化されにくく，腸の調子を整えて排便を促すほか，生活習慣病を予防する働きがある。
脂質	１ｇあたり約９kcalのエネルギー源となり細胞膜の重要な成分でもある。過剰に摂取したエネルギーは，脂肪組織に（　き　）として蓄えられる。脂肪酸には多くの種類があるが，魚油や植物油には（　く　）脂肪酸が多く含まれ動脈硬化や心疾患を防ぐ。

(3)　地域で生産された食材をその地域で消費する(地産地消)よさを簡潔に書きなさい。

▌2024年度 ▌長野県 ▌難易度 ■■■■□□

【９】次の献立表を見て，以下の各問いに答えなさい。

献立表

料理名	材料	分量（１人分）
米飯	米	80ｇ
筑前煮	鶏肉（もも）	40ｇ
	ごぼう	20ｇ
	にんじん	20ｇ
	れんこん	20ｇ
	こんにゃく	20ｇ
	干ししいたけ	2ｇ
	さやえんどう	5ｇ
	油	5mL
	干ししいたけの戻し汁	60mL
	砂糖	5ｇ
	酒	8mL
	塩	0.6ｇ
	しょうゆ	9mL
かきたま汁	だし汁	150mL
	塩	0.6ｇ
	しょうゆ	
	水溶き片栗粉	
	卵	1/4個
	みつば	適量

(1) 4人ずつの班で調理実習をおこなう場合，各班の炊飯に必要な水の量(米を炊く時の加水量)は何mLになるか，答えなさい。ただし，炊きあがりの米飯のかたさは普通とする。

(2) にんじんは次の図のような切り方をする。この切り方の名称を答えなさい。

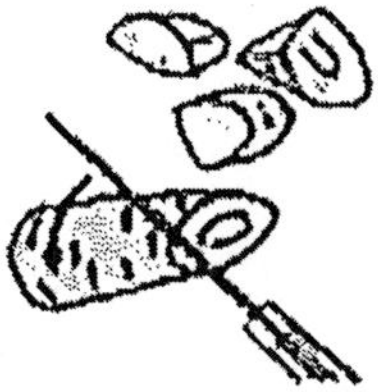

(3) ごぼうとれんこんは，切った後すぐに水につけておく。その理由を答えなさい。

(4) 干ししいたけの戻し汁に含まれるうま味成分は何か，答えなさい。

(5) だし汁は，昆布とかつおぶしの混合だし(一番だし)を用いる。混合だしの取り方についての説明として正しいものを，次のア～オから1つ選び，記号で答えなさい。

ア　鍋に水と昆布とかつおぶしを入れてから火にかけ，沸騰したら火を止める。

イ　水を入れた鍋を火にかけ，沸騰直前に昆布を入れ，沸騰後かつおぶしを入れ，再沸騰後すぐに火を止める。

ウ　鍋の水に昆布をしばらくつけてから鍋を火にかけ，沸騰直前にかつおぶしを入れ，沸騰後すぐに火を止める。

エ　鍋の水に昆布をしばらくつけてから鍋を火にかけ，沸騰直前に昆布を取り出し，かつおぶしを入れ，沸騰後すぐに火を止める。

オ　鍋の水に昆布をしばらくつけてから鍋を火にかけ，沸騰直前に昆布を取り出し，かつおぶしを入れ，沸騰後3分間煮てから火を止める。

(6) かきたま汁の塩分濃度を0.8%とする場合，表のかきたま汁の材料の分量を見ながら，4人分のだし汁に加えるしょうゆの量(mL)を計算して答えなさい。ただし，しょうゆの塩分濃度は16%とする。

(7) かきたま汁に入れる水溶き片栗粉には，おもに3つのはたらきがあり，そのうち1つは「汁の実(卵)が均等に散らばるようにする」ことである。それ以外の2つを答えなさい。

▌2024年度 ▌京都府 ▌難易度 ■■■■□□

【10】図のようなからあげ弁当を昼食用として購入した。以下の問いに答えなさい。

図　購入したからあげ弁当

からあげ弁当の材料	
献立	食品の概量
ご飯	米…120g
からあげ（4個）	とり肉…120g かたくり粉…5g 油…7g
たくあん	だいこん…5g

※使われている調味料は除きます。

(1)　図のからあげ弁当に使われている食品の栄養バランスを，6つの食品群に分類したとき，一日の食食品群別摂取量の目安を基本として考えた場合，どの食品群が不足しているか。ア～カの中からすべて選び，記号で書きなさい。

ア　1群　　イ　2群　　ウ　3群

エ　4群　　オ　5群　　カ　6群

(2)　(1)の不足を補うため，図のからあげ弁当に合う献立名と使用する食材を書きなさい。

(3)　食品には，「見える油脂」と「見えない油脂」がある。それぞれどのような油脂か例を挙げて説明しなさい。

(4)　弁当をつくる際，料理が動かないように常備菜を利用する。ア～オの中から常備菜をすべて選び，記号で書きなさい。

ア　つくだ煮　　イ　ハンバーグ　　ウ　きんぴらごぼう

エ　いわしのかば焼き　　オ　りんご

(5)　弁当をつくる際，十分冷めてからふたをする。ふたを開けやすくする以外の理由を説明しなさい。

▌2024年度 ▌静岡県・静岡市・浜松市 ▌難易度 ■■■■□□

【11】和食の調理実習を次の材料で行いたい。以下の(1)～(8)の各問いに答えよ。(材料は1人分)

飯		豆腐としめじ、三つ葉のすまし汁	
米	100g	豆腐	30g
水	(①) g	ぶなしめじ	20g
		三つ葉	4g
		かつおだし	150ml
		塩	塩分濃度
		うす口しょうゆ	0.8%
ぶりの照り焼き		**青菜のごま和え**	
ぶり	80g	ほうれん草	80g
片栗粉	4g	しょうゆ	4ml
油	2.5ml	砂糖	3g
酒	5ml	ごま	8g
しょうゆ	5ml		
みりん	5ml		

(1) 炊飯時に必要な水の分量(①)を答えよ。

(2) すまし汁の塩分濃度を0.8%とした場合，5人分の汁物の味つけを1/3がうす口しょうゆ，2/3を塩でつける場合，うす口しょうゆは何g必要か。ただし，うす口しょうゆの塩分濃度は同量の塩の1/6とする。また，うす口しょうゆは5人分で大さじ何杯か答えよ。

(3) 青菜のゆで方について，色をきれいに仕上げるために留意することを4つ答えよ。

(4) ごまは食物アレルギーの原因物質として表示が推奨される食品の1つである。2023年3月に食物アレルギーの義務表示対象品目(特定原材料)が7品目から8品目に増えた。新しく加わった食品を答えよ。

(5) さば，さんま，さけ，いかなどの魚介類が原因食品となる食中毒で，昨年事件数が最も多い食中毒の病因物質を答えよ。

(6) ぶりの照り焼きを調理実習で作る際，農林水産省が提唱する食中毒の予防3原則(つけない，ふやさない，やっつける)のうち，「つけない」の観点で調理中に生徒が気を付けなければならないことを答えよ。

(7) 青菜のごま和えを作るのに，ほうれん草1人分80g(可食部重量＝純使用量)必要です。5人分では，ほうれん草(根つき)を何g準備しなければならないか計算しなさい。ただし，ほうれん草の廃棄率は10%である。小数第1位は切り上げ，整数で答えよ。

(8) 正月の行事食であるおせち料理は重箱に詰められることが多い。次の①～③は，重箱への詰め方である。詰め方の名称を答えよ。

①
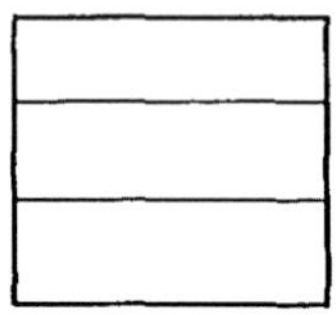
②
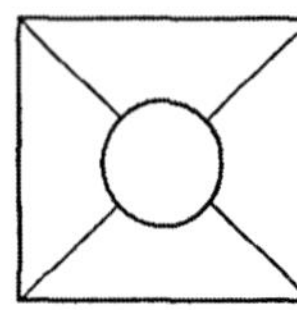
③
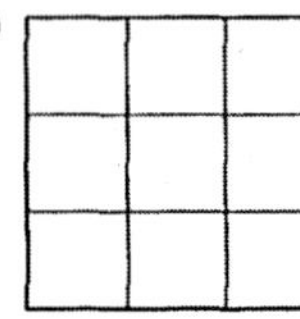

2024年度 奈良県 難易度

【12】調理実習に関する各問いに答えよ。

表 親子どんぶりの材料と分量（一人分）

材料	分量	材料	分量	材料	分量
卵	60g	長ねぎ	40g	だし汁	40mL
鶏肉	40g	三つ葉	5g	しょうゆ	（ ① ）g … 大さじ1杯
しょうゆ	2.5g	白飯	150g	砂糖	9g … 大さじ（ ② ）杯
酒	2.5g			酒	15g

1 表中の(①)，(②)に当てはまる数値を答えよ。

2 図1は，材料「鶏肉」の切り方を示しており，材料に対して包丁を斜めに寝かせて切っている。この切り方の名称を答えよ。

図1

3 だし汁は，こんぶとかつおぶしで取った。それぞれの主なうまみ成分を答えよ。

4 「親子どんぶり」の調理実習前に行った食中毒予防に関する次の問いに答えよ。

(1) 図2は，細菌性食中毒予防の三原則を生徒に指導する際のスライドである。(③)～(⑤)に，当てはまる言葉を答えよ。

食中毒予防の三原則 ・細菌を(　③　) ・細菌を(　④　) ・細菌を(　⑤　)

図2

(2)　次の(ア)～(ウ)のうち，「親子どんぶり」の材料の「卵」に関係した食中毒の原因となる細菌として最も適当なものを一つ選び，記号で答えよ。

(ア)　黄色ぶどう球菌　　(イ)　腸炎ビブリオ

(ウ)　サルモネラ属菌

(3)　食品等事業者は，食中毒菌汚染や異物混入等の危害要因を把握した上で，原材料の入荷から製品の出荷に至る全工程の中で，それらの危害要因を除去又は低減させるために特に重要な工程を管理し，製品の安全性を確保しようとする衛生管理の手法を導入している。この手法をカタカナで答えよ。

▌2024年度 ▌岡山県 ▌難易度 ■■■□□

【13】調理実習・献立の指導等に関する次の問いに答えよ。

(1)　さけのムニエルを作るときの手順において，生徒への助言として適切な組合せを①～⑥から選び，番号で答えよ。

(ア)　脂肪が多い魚は味が入りやすいため，下味を付けずに調理したほうがよい。

(イ)　塩を振ることで，脱水して魚の臭みを取ることができる。

(ウ)　焼く直前に小麦粉をまぶし，余分な小麦粉をはたいて落としたらすぐに焼く。

(エ)　盛りつけたときに表になる方を先に焼き，裏は中に火が通るまで焼く。

(オ)　味に深みを持たせるため，焼いたときに出る脂と一緒にバターを溶かす。その際，バターは焦げやすいので火加減に気を付ける。

①　(ア)・(イ)・(オ)　　②　(ア)・(ウ)・(エ)

③　(ア)・(エ)・(オ)　　④　(イ)・(ウ)・(エ)

⑤　(イ)・(ウ)・(オ)　　⑥　(ウ)・(エ)・(オ)

(2)　調理実習で肉じゃがを調理するものとする。次の問いに答えよ。

【肉じゃが(1人分)】		煮汁	
じゃがいも	70g	だし	75mL
にんじん	30g	砂糖	4g (小1　1/3)
たまねぎ	30g	みりん	5mL (小1)
牛ばら(うす切り)	50g	酒	5mL (小1)
さやえんどう	5g (3枚)	塩	0.5g
しらたき	30g	しょうゆ	15mL (大1)
		サラダ油	4mL (小1弱)

(i)　肉じゃがを34人分作るときに準備するたまねぎの量として適切なものを①～⑤から選び，番号で答えよ。ただし，たまねぎの廃棄率は6%として小数第一位まで求め，単位はkgとすること。

①　0.8kg　　②　0.9kg　　③　1.0kg　　④　1.1kg

⑤　1.2kg

(ii)　生の肉を使用する際の取り扱い方や調理器具の衛生的な扱い方について適切でない指導の組合せを①～⑤から選び，番号で答えよ。

(ア)　生の肉は，使用する前に室温に戻しておくと，調理時間を短縮することができる。

(イ)　生の肉を触った後には，必ず手を洗う。

(ウ)　生の肉と他の食品は接触させないようにする。

(エ)　加熱する食材であれば，生の肉を切った後のまな板を使用しても安全であり，調理の効率も上がる。

(オ)　ぶた肉や鶏肉は，加熱すると硬くなりやすいので中心部はレアに仕上げる。

①　(ア)・(イ)・(ウ)　　②　(イ)・(ウ)

③　(ウ)・(エ)・(オ)　　④　(ウ)・(オ)

⑤　(ア)・(エ)・(オ)

(3)　生徒に，1日に必要な栄養素を満たす献立として，朝食と昼食の献立を次の表のように設定したときの夕食の献立を考えさせるため，夕食の目標量を求めさせたい。表中の太枠の中を完成させたときの2群・4群・5群の夕食の目標量として適切な組合せを①～⑥から選び，番号で答えよ。ただし，献立の対象者は12から14歳の女性とする。

	献立	材料（食品）	分量	1群 目安量 300g	2群 目安量 400g	3群 目安量 100g	4群 目安量 400g	5群 目安量 650g	6群 目安量 20g
朝食	米飯	米（米飯）	260					260	
	さけの塩焼き	さけ	80	80					
	きゅうりとわかめの酢の物	きゅうり	50				50		
		カットわかめ（水戻し）	6						
		しょうが	1.3				1.3		
		砂糖	2.3					2.3	
	みそ汁	キャベツ	30				30		
		油揚げ	10	10					
		みそ	15	15					
		白ごま	4						4
昼食	チキンソテーサンドイッチ	食パン２枚	120						
		とり肉	80						
		油	4						
		トマト	30						
		レタス	50						
	コーンスープ	たまねぎ	20						
		バター	4						
		クリームコーン	70						
		牛乳	100						
	フルーツヨーグルト	ヨーグルト	100						
		バナナ	50						
		キウイフルーツ	50						
		ジャム	10						
夕食の目標量									

	2群	4群	5群
①	194	78.7	257.7
②	200	72.7	257.7
③	194	68.7	267.7
④	194	148.7	187.7
⑤	200	142.7	187.7
⑥	194	138.7	197.7

（単位：g）

2024年度 神戸市 難易度

【14】「牛奶豆腐」について次の(1)～(4)の各問いに答えなさい。

(1) 次の表(①)～(⑤)に適する語句を答えよ。また，「牛奶豆腐」は調理例A～Dのどこにあてはまるか，1つ選び，その記号で答えよ。

性　質	特　　徴	調理例
たんぱく質の（ ① ）を強める	牛乳、卵、砂糖などを加えた卵液を加熱すると牛乳中の（ ② ）の作用で凝固力が強まる。	A
（ ③ ）によって凝固する	ＰＨの変化で牛乳中の（ ④ ）が凝固する。トマトを入れる時はあらかじめ煮ておく。	B
乳白色になる	美しい滑らかな乳白色の調理ができる。 とろみがつき、焦げやすいため注意が必要。	C
（ ⑤ ）を吸着する	レバーや魚を調理するとき、牛乳に浸してから焼くとおいしく焼ける。	D

(2)　寒天とゼラチンの調理上の違いについて次の表の(①)～(④)に語群より適する語句や数字を選び，正しい組み合わせのものをa～eから1つ選び，その記号で答えよ。

	成分	ゼリー使用濃度（%）	凝固温度	溶解温度
寒天	（ ① ）	―	―	（ ④ ）
ゼラチン	―	（ ② ）	（ ③ ）	―

語群

ア　100℃　　イ　3～10℃　　ウ　28～35℃

エ　40～50℃　　オ　2～4%　　カ　0.4～2%

キ　コラーゲン　　ク　ガラクタン

	①	②	③	④
a	ク	カ	ウ	エ
b	ク	オ	イ	ア
c	キ	カ	イ	ウ
d	キ	オ	イ	ア
e	ク	オ	ウ	ウ

(3)　「牛奶豆腐」の作り方について(①)～(③)に適する数値をア～キから1つ選び，その記号で答えよ。

・　角寒天は煮溶かす前に(①)分以上水に浸す。

・　粉寒天を使用する時は角寒天の重量の(②)量を加える。

・　角寒天は溶けにくいのではじめは濃度を(③)%くらいになるように水を加えて，よく煮溶かしてから煮詰めるとよい。

ア　$\frac{1}{3}$　　イ　$\frac{1}{2}$　　ウ　1　　エ　3　　オ　30　　カ　60

キ　75

(4)　「牛奶豆腐」にシロップを加えて浮かせるための砂糖の濃度についてア～エから正しいものを1つ選び，その記号で答えよ。

ア　シロップの砂糖濃度を豆腐の砂糖濃度より低くする。

イ　シロップの砂糖濃度を豆腐の砂糖濃度より高くする。

ウ　シロップより豆腐の砂糖の量を多くし，比重を重くする。

エ　シロップと豆腐の砂糖濃度を同じにする。

2024年度 佐賀県 難易度■■■■□□

【15】汁物の作り方について次の(1)～(4)の各問いに答えなさい。ただし，1人分は150gとし，塩分濃度は0.8%とする。

(1)　水1,000gでかつおだしをとる場合，かつお節の分量は何gか。次のア～エから1つ選び，その記号で答えよ。

ア　5g　　イ　20g　　ウ　70g　　エ　120g

(2)　5人分のすまし汁を塩としょうゆで調理する場合，塩の半量をしょうゆで味つけをしたい。しょうゆは大さじ何杯必要か。ただし，しょうゆは塩の6倍で同じ塩分濃度になるものとする。計算式と答えを記入せよ。

(3)　かつお節に含まれるうまみ成分の名称を答えよ。

(4)　次の①～④の調理に合うだしの種類を以下のア～エから1つ選び，その記号で答えよ。ただし，同じ記号は2度選べないものとする。

①　親子どんぶり　　②　みそ汁　　③　吉野どりの吸い物

④　精進料理

ア　混合だし(1番)　　イ　混合だし(2番)　　ウ　昆布だし

エ　いりこだし

2024年度 佐賀県 難易度■■■■□□

【16】次に示す弁当について，栄養バランスを整えるためには，何を付け加えたらよいか，最も適切な料理名を一つ選び，番号で答えよ。

【弁当】	おにぎり	鮭の焼き物	卵焼き

1　鶏のからあげ　　2　やきそば　　3　ぶりの照り焼き

4　ほうれん草のおひたし　　5　プリン

2024年度 愛知県 難易度■■■■□□

【17】次の(1)～(4)は四大中国料理のいずれかを説明したものです。広東料理について述べた文章を，1つ選びなさい。

(1) 温暖な気候で古くから魚米之郷と呼ばれ，淡水魚や海産物を用いた料理や米を材料とした料理が多い。醤油・砂糖・酸味をきかせた味付けが特徴的である。

(2) 宮廷料理や満州料理の影響を受けており独特の料理文化を持つ。寒冷な気候で，油を用いた濃厚な料理が発達した。

(3) 亜熱帯地域で多彩な水陸の産物に恵まれ，海鮮料理も多くみられる。早くから貿易港として栄えた土地で発達してきた料理で，欧風化した料理が多い。

(4) 山岳地帯で，温暖湿潤な気候で曇りの日が多いことから，新陳代謝を促す唐辛子や山椒などの香辛料を使った料理が発達した。

▌2024年度 ▌埼玉県・さいたま市 ▌難易度 ■■■■□□

【18】ポークソテーとつけあわせの粉ふきいもの調理について，次の(1)～(3)に答えなさい。

(1) 豚肉が変形しないように加熱前に切り込みを入れる処理のことを何というか。また，次の豚肉の図に4か所切り込みを書き入れなさい。

(2) じゃがいもの加熱による煮崩れが起きやすい理由について，次の語句を使って書きなさい。

でんぷん　ペクチン質

(3) じゃがいもをゆでる際の水加減として適切なものを次のア～ウから1つ選び，記号を書きなさい。

ア　ひたひたの水　　イ　たっぷりの水　　ウ　かぶるくらいの水

▌2024年度 ▌新潟県・新潟市 ▌難易度 ■■■■■□

【19】正月料理について，次の各問いに答えなさい。

(1)　正月の祝い肴のなかでも特に「黒豆」「かずのこ」「田づくり」の3つの肴の総称を答えなさい。

(2)「田づくり」に使用される魚は，何の稚魚の乾燥品か名称を答えなさい。

(3)「かずのこ」の調理法について，空欄に適する語句を答えなさい。

① 塩かずのこは，うすい(　ア　)につけて一晩おき塩味が少し残るぐらいに(　イ　)する。

② (　ウ　)をとって，食べやすい大きさに切る。

③ 鍋に煮だし汁・(　エ　)・酒・みりんを加え，ひと煮立ちさせてから冷ます。

④ ②を③に半日以上浸す。汁気を切って盛りつける。

(4)「黒豆」に含まれる色素成分の名称を答えなさい。

(5)「伊達巻き」は卵のどのような調理性を利用したものか1つ答えなさい。

(6)　次の食品に含まれるうま味成分を答えなさい。

① こんぶ　　② 干ししいたけ

(7)　こんぶ2gを水戻しした場合，何グラムになるか答えなさい。

(8)　次の例に含まれる味の相互作用を答えなさい。

① おしる粉に塩を入れ，甘味を強める

② こんぶのうま味は，かつおぶしのうま味により強まる

(9)　次の調味料の小さじ1杯の重量を答えなさい。(単位はグラムとする)

① みりん　　② 上白糖

2024年度 長野県 難易度■■■■□

【20】 次の表は調理実習の献立の一部である。以下の問に答えよ。

表

料理名	材料
牛丼	①牛肉 玉ねぎ ②みりん しょうゆ 飯 ③紅ショウガ
けんちん汁	（ A ） だいこん にんじん ④ごぼう ねぎ だし汁 ⑤ごま油 ⑥しょうゆ
蒸しパン	小麦粉 ベーキングパウダー 卵 砂糖 ⑦スキムミルク 塩

問1 下線部①について，牛肉(バラ)100gあたりの正しい食品成分量をア～ウから選び，記号で答えよ。

	エネルギー Kcal	水分 g	たんぱく質 g	脂質 g	鉄 mg	ビタミンB_1 mg
ア	470	41.4	12.2	44.4	1.4	0.05
イ	395	49.4	14.4	35.4	0.6	0.51
ウ	145	72.6	21.3	5.9	0.3	0.09

問2 下線部②について，次の文の空欄B，Cに適する語句を答えよ。

> 蒸した(B)に米麹を混ぜ，焼酎等を加えて熟成させてつくる調味料。
> (C)度数は14％程度である。

問3 下線部③について，添加物としてソルビン酸が含まれていた。使用目的を答えよ。また，2015年より施行された食品の表示に関する法律の名称を答えよ。

問4 牛丼を佐賀県の伝統的な陶磁器に盛り付けた。陶磁器の名称を答えよ。

問5　煮物などを調理する際，あくを取る理由を簡潔に説明せよ。

問6　けんちん汁について，空欄Aに適する材料を答えよ。

問7　下線部④について，図のように切った。切り方の名称を答えよ。

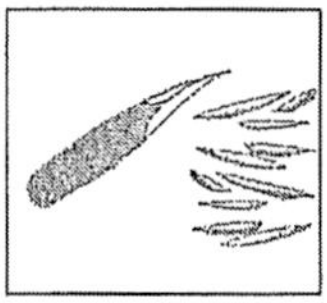

図

問8　下線部⑤について，含まれる不飽和脂肪酸の名称を答えよ。

問9　下線部⑥について，けんちん汁の塩分濃度を0.8%にしたい。4人分を調理する際に使用する薄口しょうゆの分量の正しい組み合わせをエ～キから選び，記号で答えよ。ただし，薄口しょうゆの塩分濃度は13%，一人分の汁の分量を150mLとする。

	エ	オ	カ	キ
分　量（g）	18	24	36	48
大さじ（杯）	1	2	2	3

問10　下線部⑦について，牛乳から精製される過程で除去される成分を答え，栄養面における特徴について簡潔に説明せよ。

▌2024年度 ▌鹿児島県 ▌難易度■■■■□

解答・解説

【1】(1)　板ずり　　(2)　面取り

○**解説**○ (1)　板ずりは材料がしんなりとして青くささが取れ，色が鮮やかになる。また，表面の組織が適度にこわれるので，調味料がしみこみやすくなる，皮がむきやすくなるなどの効果もある。きゅうりのほかオクラにも行う。　(2)　面取りの効果について問われることは多いので説明できるようにしておくこと。他にも，あく抜き，油抜きなど調理の下処理の方法を確認しておくこと。

● 食生活

【2】⑤

○**解説**○ 調理実習でも必要になる知識なので，包丁の各部の名称は必ず覚えること。また，包丁の種類についても学習しておきたい。

【3】②

○**解説**○ 粟米湯(スーミータン)は中華風のコーンスープである。かき玉汁のように，片栗粉でとろみをつけてから，溶き卵を入れる。

【4】(1) 傷口には，黄色ブドウ球菌が存在しており，食中毒の可能性があるため　(2) ① ハンバーグステーキ　② たんぱく質が加熱によって変性し，身が縮んでかたくなる。　③ 保護者と配慮事項について確認をとり，本人とその情報を共有し，代替の材料を用意する。　④ 多すぎる…沸騰した水が中敷きに上がり，材料が水っぽくなってしまうから　少なすぎる…空だきになって危ないから
⑤ ・全体が水蒸気に覆われるので，加熱むらが少ない。　・水の中で加熱しないので，うまみや栄養素の流失・損失が少ない。
⑥ 深めの鍋に水を入れ，小さめのざるを台座にして，その上に材料を並べた耐熱皿を置くことで，蒸し器がない場合でも蒸す調理ができる。　⑦ 生肉を他の材料と接触させない。　(3) 油で汚れた用具や食器は重ねず，古布や古紙でふき取ってから洗う。　(4) ゆでるは，お湯で加熱し，やわらかくする。煮るは，調味液で味を付けながら加熱する。

○**解説**○ (1) 黄色ブドウ球菌は，食品中で増殖し，エンテロトキシン毒素を産生する。この毒素は熱に強く，食品の加熱によりブドウ球菌そのものが死滅しても，毒素は耐熱性のためそのまま残る。食中毒の原因について，細菌，ウイルス，動物性自然毒，植物性自然毒，化学物質，寄生虫などに分類し，症状，予防方法もあわせて覚えること。
(2) ① 中学校の実習は合い挽肉を使ったハンバーグ，豚肉の生姜焼き，牛丼などを取り扱うことが多い。生姜焼きや牛丼の牛肉は薄切りで十分に火を通すことが可能である。ハンバーグは煮込みハンバーグにすると加熱不足を防げる。　② 加熱により，表面のたんぱく質が固まり，うま味を封じ込める。最初の加熱が弱すぎると，肉汁が必要

以上に出てしまい，うま味成分も流出する。 ③ 解答以外では，他の生徒たちにもアレルギーについて理解させ，情報共有することが大切である。 ④ 多すぎて中敷きの上に水が上がると，ゆでる調理法と同じようになってしまう。 ⑤ 蒸す途中で調味ができない，水溶性成分の流出が少ない，蒸気の上昇により熱が隅々まで行き渡るなど。 ⑥ 深い鍋に椀を逆さに置き，皿を置いて，その上に食材を置くのもよい。 ⑦ まな板の面を変える，生肉は最後に切るなど。 (3) 水をためて食器を洗う，洗剤を使いすぎないことなども個人で気をつけられることである。家庭からでる生活排水の環境への影響についても指導したい。 (4) ゆでる調理は食材が柔らかくなればよいが，煮る調理法は，食品が柔らかくなるだけでなく，調味も必要である。火力や加熱時間により味が異なる仕上がりになる。蒸す調理の特徴，メリットとデメリットをまとめておきたい。

【5】問1 拍子木切り 問2 ア 問3 ウ 問4 ウ 問5 かぼちゃに多く含まれるビタミンは脂溶性ビタミンであるため，油脂を多く含むマヨネーズと混ぜることで，ビタミンの吸収をよくすることができる。 問6 グルタミン酸 問7 120 問8 イ
問9 巻きす 問10 ア ごはんやおかずは，冷ましてから弁当に詰める。 イ 隙間なくしっかり詰める。 問11 中食

○**解説**○ 問1 家庭科教科書の「切り方基本図」に多く掲載されているものは，せん切り，みじん切り，そぎ切り，いちょう切り，乱切り，小口切り，ささがきの7種類であるが拍子木切り，短冊切り，面取りも確認しておきたい。 問2 アのロースは肉のきめが細かく柔らかい部位で，適度な脂肪がある。イはヒレできめ細かく柔らかい部位で，脂肪分が少なくビタミンB1が豊富である。ウはバラで肉質は柔らかく，赤身と脂肪が層になっている。エはももで全体的に脂肪が少なく，肉質はきめ細やかで柔らかい。 問3 ひたひたの水加減は，鍋に入れた食材が水面からほんの少し出ている，やや少なめの水加減のことをいう。かぼちゃなど煮崩れしやすいものを煮る時に適している。アはたっぷりで，食材全体が完全に水に浸り，さらに十分な水分量がある水加減のことをいう。葉野菜や麺類などをゆでる時に適している。イ

はかぶるくらいで鍋に入れた食材が水面から出ない程度の水加減のことをいう。じゃがいもをまるごとゆでるときや根菜などゆで時間が長くかかるもの，じっくり火を通したいものに適している。　問4　葉菜は熱湯，根菜は水からゆでる。特にチンゲン菜はアク抜きと色が悪くなるのを防ぐため，短時間でゆで，水にさらす。　問5　かぼちゃには脂溶性ビタミンのβ-カロテン(体内でビタミンAに変わる)が含まれるので油脂と摂取することで吸収がよくなる。脂溶性ビタミンは胆汁酸などによって乳化され混合ミセルを形成し，体内に吸収され，脂質輸送タンパク質のカイロミクロンによってリンパ管で輸送される。かぼちゃは，ビタミンC，ビタミンE，カリウムも多く含んでいる。問6　こんぶのうま味はアミノ酸の一種のグルタミン酸である。干ししいたけのうま味は核酸系のグアニル酸，かつお節，煮干しのうま味は核酸系のイノシン酸である。うまみの相乗効果について説明できる程度に理解しておくこと。　問7　炊飯の水加減は，米の体積か重量で計算できる。体積の場合，米の量mL×1.2＝水の量mL，重量の場合，米の量g×1.5＝水の量gである。問題では米80gなので80×1.5＝120gである。　問8　玄米を精米し，ぬかと胚芽を除き，精白米にするが，胚芽が8割以上残るように精米した米のことを胚芽米と定義している。胚芽米はビタミンB_1，ビタミンE，鉄，マグネシウム，食物繊維も多く含んでいる。　問9　巻きすは，和食の調理器具で，竹製のものは適度な弾力があるため力加減を調整しやすく，食材の手応えを感じながら巻くことができる。巻きすの品質が良いものほど竹同士の間隔が狭く，使い心地も良い。　問10　水分が多いと細菌が増えやすくなり，傷みやすい。食品からの水漏れを防いだり，他の食品に細菌が移るのを防いだりするために，仕切りや盛りつけカップを活用する，生野菜や果物など水分の多いものは別の容器に入れるなどの工夫が大切である。ごはんやおかずが温かいうちに盛りつけてしまうと，蒸気がこもって水分となり，ふたに水滴がつき傷みの原因となるため，冷ましてから詰める。　問11　中食の利用は共働き家庭，一人暮らしの若者，高齢者世帯が増えたことにより伸びている。厚生労働省の令和1年(2019)「国民健康・栄養調査」の調査結果では，持ち帰りの弁当・惣菜を週1回以上利用している人の割合は，男性47.2%，女性44.3%であり，20～50歳代でその割合が高い。中食のメリットは，食べたいものを必要な分だけ少量ずつでも購入ができること，種類も豊富で手軽に利用でき，家事の負担を軽減することができる点である。デメリットは，購入されているものが，味の濃い料理や脂肪を多く含む料理が多く，食塩や脂肪の摂取量の増加につながりやすい点である。

【6】(1) ア (ア) 肉の熟成 (イ) 食品トレーサビリティ
イ (ア) 煮崩れを防ぐため。 (イ) ソラニン ウ (ア) 3群
(イ) B，C，E エ 256g オ グルコマンナン カ 色止め
キ (ア) 鍋に昆布と分量の水を入れ30分程度置いた後，火にかける。沸騰直前に昆布を取り出し，かつお節を入れ，再び沸騰したら火を消し，かつお節が沈んだらザルでこす。 (イ) B (ウ) 2杯
(エ) 煮切り (2) ア コンビーフ イ ベーコン
ウ ソーセージ

○解説○ (1) ア (ア) 「と殺」後，死後硬直が起こるが，適切な衛生状態や環境で保存すると死後硬直が解除され，肉のたんぱく質分解酵素の働きでたんぱく質がアミノ酸に分解される。これにより肉質はやわらかくなり，アミノ酸は増加するのでうま味が強くなる。
(イ) 食品トレーサビリティに関する問題は頻出である。各事業者が記録を残し保存しておくことで，生産段階，製造加工段階，流通段階，小売段階，消費者へと移動する，どの段階で問題が起きても，原因を遡及でき，問題の起きた食品のルートを追跡できる。 イ (ア) 面取りをせずにそのまま煮込むと角から火が通るため，芯まで火が通る前に柔らかくなり，角から煮崩れを起こしてしまう。また，角を滑らかにすることで，鍋の中で野菜がぶつかりあって崩れることも防ぐ。
(イ) じゃがいもの芽や光が当たって緑色になった皮の部分には天然毒素であるソラニンが含まれている。 ウ (ア) 四つの食品群別摂取量の目安では，1群は乳・乳製品，卵，2群は魚介・肉，豆・豆製品，3群は野菜，いも類，くだもの，4群は穀類，砂糖，油脂に分類されている。にんじんは野菜なので3群に分類される。 (イ) 根菜類は水から，葉物野菜は沸騰したお湯に入れてゆでる。 エ 総使用量＝純使用量÷可食部率×食数で計算する。60÷(1－6％)×4≒255.319149で，

小数第一位を切り上げ256gである。　オ　しらたきの原材料はこんにゃくいもである。グルコマンナンはこんにゃくいもに含まれる食物繊維である。　カ　りんごなどの褐変を防ぐには塩水につける。アボカド，もも，バナナの変色にはレモン汁をかける。　キ　(ア)　昆布は，水から入れて沸騰直前に取り出し，かつお節は，沸騰したところに入れる。基本的なだしの取り方は実践して必ず覚えること。　(イ)　昆布にはグルタミン酸の他にも，甘みを作り出すマンニットが含まれている。正答以外の選択肢について，Aは，ポリフェノールの一種で，柿やお茶の葉などに含まれている。Cは，一価不飽和脂肪酸であり，オリーブオイルなどに含まれている。Dは，抗酸化物質であり，植物に含まれる苦味や渋味，色素の成分である。　(ウ)　4人分の肉じゃがに必要なみりんの量は9×4＝36gである。みりんは大さじ1杯が18gであるため，36÷18＝2杯となる。主な調味料の小さじの重量を覚えておくこと。　(エ)　みりんや酒に含まれるアルコールのにおいは，料理の風味を損なうため，煮切りをすることでアルコール分をとばす。
(2)　ア　コンビーフは英語で「corned beef」，cornedは「塩漬けの」という意味で，コンビーフは塩漬けの牛肉である。　イ　豚肉の加工品の代表的なものとしてベーコンとハムがあるが，ハムは，豚肉を整形後に，食塩，砂糖，香辛料，発色剤などを合わせた塩漬剤とともに漬け込み，熟成し，加熱処理した食品である。　ウ　羊の腸などに詰めるということから，ソーセージである。日本ではソーセージの原材料は豚肉が多いが，世界ではさまざまな肉で作られている。

【7】(1)　①　6.0(6)　　②　c　　(2)　b　　(3)　ささがき　　(4)　c
(5)　菜飯

○**解説**○ (1)　①　活力ある健康長寿社会の実現に向けて，若いうちから生活習慣病予防を推進するため，ナトリウム(食塩相当量)について，成人の目標量を0.5g/日引き下げるとともに，高血圧及び慢性腎臓病の重症化予防を目的とした量として，新たに6g/日未満と設定された。頻出問題なので覚えておくこと。　②　カリウムはナトリウムとともに，細胞の浸透圧を維持している他，神経刺激の伝達，心臓機能や筋肉機能の調節などの働きをしている。また，カリウムは腎臓でのナトリウムの再吸収を抑制して，尿中への排泄を促進するため，血圧を下げる効果がある。　(2)　グルタミン酸は，昆布や野菜などに多く含まれるうま味成分である。昆布の他に，トマトなどの野菜，チーズ，しょうゆやみそにも含まれている。イノシン酸は，魚や肉類に多く含まれるうま味成分である。かつおぶし，煮干しの他に，牛肉，豚肉，鶏肉などにも含まれている。うま味は，甘味，酸味，塩味，苦味とともに基本五味の1つである。　(3)　棒状の細長い野菜を削るように薄く小さく切る方法をささがきという。漢字で「笹掻き」と書き，笹の葉の形のように切る切り方である。包丁の切り方は飾り切りも含めて主なものは覚えておきたい。　(4)　12～14歳の1日の食品群別摂取量のめやすは，1群の魚，肉，卵，大豆・大豆製品は男330g，女300g，2群の牛乳・乳製品，海藻，小魚は400g，3群の緑黄色野菜は100g，4群の淡色野菜，果物は400g，5群の穀類，いも類，砂糖類は男700g，女650g，6群の油脂，脂質の多い食品は男25g，女20gである。よって，不足分を補う一品は特に不足している2群の無機質を補うことのできるcである。　(5)　多くの献立について，材料と調理法を理解しておきたい。郷土料理についても知識を増やしておきたい。

【8】(1)　①　2群　　②　イ　　(2)　あ　たんぱく質の補足効果　い　鉄　　う　脂溶性ビタミン　　え　水溶性ビタミン　　お　食物繊維　　か　ぶどう糖　　き　中性脂肪　　く　不飽和　　(3)　・食品の輸送が環境に与える負荷の大きさを表す指標(フードマイレージ)の値が少なく環境によい。　　・生産者と消費者の距離が近いため，より新鮮なものを食べることができる。

○解説○　(1)　6つの食品群は指導の際に必要になるので必ず覚え，分類できるようにしておくこと。第1群は魚，肉，卵，大豆，第2群は牛乳・乳製品，骨ごと食べられる魚，第3群は緑黄色野菜，第4群はその他の野菜，果物，第5群は米，パン，めん類，いも，第6群は油脂類である。わかめとしらすが使われている海藻サラダで補うことができる。(2)　主な栄養素の基礎知識である。問題としても頻出なので働きは必ず覚えること。必須アミノ酸はバリン・イソロイシン・ロイシン・メチオニン・リシン・フェニルアラニン・トリプトファン・スレオニン・ヒスチジンの9種類は覚えておきたい。アミノ酸価の計算についても確認しておきたい。ビタミンの種類と特徴，欠乏症状は整理して覚えること。炭水化物の摂取目安量は「日本人の食事摂取基準」で，一日の総エネルギー量の50～65％相当が理想的だとされている。たんぱく質，脂質，炭水化物のPFCバランスについても学習しておくこと。脂肪酸の種類と含まれている食物を確認し，覚えておきたい。
(3) 地産地消の取り組みは，食の安全・安心，食育，食文化の継承，地域活性化などに大きな役割を果たしている。食の国内生産の拡大や食料自給率の向上にもつながる。

【9】(1) 480mL (2) 乱切り (3) 空気にふれると褐変するので，それを防ぐために水につけておく (4) グアニル酸 (5) エ (6) 15〔mL〕 (7) ・口あたりをなめらかにする ・汁を冷めにくくする

○**解説**○ (1) 炊飯に必要な水の量は米の重さの1.5倍である。4人分の米の量は80×4＝320gであるため，炊飯に必要な水の量は，320×1.5＝480mLとなる。 (2) 野菜を回しながら，野菜に対して斜めに不規則に包丁を入る切り方を乱切りという。こうすることで表面積が大きく広がり，調味料などと接する面が多くなるため，味の染み込みが良くなる。飾り切りを含め，野菜などの切り方は数多く覚えておくこと。(3) ごぼうやれんこんの褐変の原因は，ポリフェノールの褐変反応である。これは，ごぼうやれんこんに含まれるポリフェノール化合物が空気に触れ，酸化されることでメラニンが発生することにより起こるため，褐変を防ぐには切り口を空気に触れさせないようにする必要がある。 (4) うま味成分について，グアニル酸はきのこ類に多く含まれるうま味成分である。イノシン酸は，魚や肉類に多く含まれるうま味成分であり，かつおぶし，煮干しの他に，牛肉，豚肉，鶏肉などにも含まれている。昆布や野菜などに多く含まれるうま味成分はグルタミン酸である。 (5) だしの取り方について，昆布は水から，かつおぶしは沸騰直前に入れる。また，昆布は沸騰直前に取り出し，かつおぶしは入れて沸騰後にすぐに火をとめる。だしの取り方は必ず説明できるようにしておくこと。 (6) 4人分のだし汁の量は150×4＝

600mLである。かきたま汁の塩分濃度は0.8％であるから，600×0.008＝4.8gの塩分が必要である。0.6×4＝2.4gの塩を使用するため，4.8－2.4＝2.4gの塩分をしょうゆで補う必要がある。しょうゆの塩分濃度は16％であることから，塩1に対してしょうゆは約6.25倍必要となる。必要なしょうゆの量は2.4×6.25＝15gである。問題はmLでの解答を求めているが，しょうゆ15gはmLでいうと18mLである。　(7)　水溶き片栗粉とは，片栗粉を水で溶かしたものである。片栗粉は時間が経つと水と分離するため，使用直前に混ぜてから加える。火を止めるか弱火にして加え，混ぜながらゆっくりと加えることでダマになることを防ぐことができる。

【10】(1)　イ，ウ，エ　(2)　キャベツやニンジンを使ったコールスローサラダと，キュウリやワカメを使った酢の物。　(3)　見える油脂…サラダ油やバター等，調理で使用する油脂。　見えない油脂…肉類や卵類等，食品そのものに含まれる油脂。または，揚げたり焼いたりしたときに，吸収した油脂。　(4)　ア，ウ　(5)　熱いうちにふたをすると蒸気が水滴となって落ちるので料理が傷みやすくなるから。

○解説○　(1)　2群(牛乳・乳製品・小魚・海藻)，3群(緑黄色野菜)，4群(その他の野菜・果物)が不足している。6つの食品群について理解しておくこと。　(2)　野菜，乳製品，魚，海藻などを使った料理を解答する。　(3)　食品群で「見える油脂」(植物油，マヨネースなど)と「見えない油脂」(肉類，乳類，卵類，菓子類など)の脂質量を比べると「見える油脂」が2割，「見えない油脂」8割である。　(4)　常備菜は調理段階で水分を抜き，塩気を多くすることによって，食中毒菌などの増殖を抑えることができる。　(5)　ふたについた水滴で料理がべちゃべちゃしてしまう。

【11】(1)　150　(2)　12g，大さじ2/3杯　(3)　・たっぷりの沸騰した湯でゆでる　・短時間でゆでる　・素早く水にとって冷やす　・蓋はしない　(4)　くるみ　(5)　アニサキス　(6)　・食材，調理器具，手指をよく洗う　・魚は生で食べるものから離す

(7) 445g (8) ① 段詰め(段取り) ② 末広 ③ 市松

○**解説**○ (1) 炊飯の水の量＝(米の分量)×1.5，又は(米の体積)×1.2で求められる。 (2) 150×5＝750CC。塩分濃度0.8％であるから，750×0.008＝6g。2/3を塩で調味することは塩の使用量4g，2gを薄口しょう油で調味することになる。薄口しょうゆの塩分濃度は塩の1/6なので，使用量を求めるには6倍する。2×6＝12gで，しょうゆ大さじ1＝18gであることから大さじ2/3杯となる。 (3) 青菜に含まれるクロロフィルは加熱によって変化し，褐色の「フェオフィチン」となり，緑色が退色する。これを防ぐために冷水で冷やす。 (4) くるみの追加により，義務表示食品は8品目，表示推奨食品20品目を含めて28品目となった。すべて覚えておきたい。 (5) アニサキスは，激しい腹痛・嘔吐・じんましんの症状を起こす。 (6) 解答の他に，魚と調理済み食品の接触を避ける。魚専用のまな板，包丁を使うなどもある。

(7) 可食部分量は5人分で400gである。総使用量は純使用量÷可食部率(1－廃棄率)で求められる。400÷(1－10％)＝444.444…で，少数第1位切り上げで445gとなる。 (8) 重箱の詰め方にも縁起をかつぐ盛り付けを行う。「市松文様」は，上下左右に途切れることがないことから，「永遠」や「発展」「繁栄」を連想する。おせち料理には縁起のよい品目が詰められる。それぞれの品目と意味を覚えておきたい。

【12】1 ① 18 ② 1 2 そぎ切り 3 こんぶ…グルタミン酸 かつおぶし…イノシン酸 4 (1) ③ つけない ④ 増やさない ⑤ やっつける (2) (ウ) (3) ハサップ

○**解説**○ 1 主な調味料の容量と重量を覚えておくこと。 2 「そぎ切り」は，「ぶつ切り」よりも表面積が広くなり，火の通りが早くなる。包丁での切り方は飾り切りも含め学習しておきたい。 3 昆布のグルタミン酸とかつおぶしのイノシン酸を両方使用することによって，味の「相乗効果」が生まれる。味の相互作用と，和風だしの取り方は問題としても頻出なので必ず理解しておくこと。 4 (1) 「つけない」ためには，肉と野菜等食品同士をくっつけない。用途別のまな板を使用する，不十分な手洗いの状態で食品に触れない。「増やさない」ためには，購入したら，放置せず，冷蔵庫などに保管する。「やっつける」ためには，十分な加熱をする。　(2)　いずれも細菌の食中毒である。正答以外の選択肢について，(ア)は手指の化膿菌による感染，(イ)は生の魚による食中毒である。食中毒の原因は，細菌，ウイルス，動物性自然毒，植物性自然毒，化学物質，寄生虫に分類し，種類と症状，予防法を学習しておくこと。　(3)　HACCPの導入前は，完成した食品の一部を抜き取り検査していた。製造や流通のどの工程に問題があったのか原因究明が困難である。

【13】(1)　④　　(2)　(i)　④　　(ii)　⑤　　(3)　①

○解説○ (1)　誤りのある選択肢について，(ア)は，脂肪が多い魚は味が入りにくいため，下味をしっかり付けてから調理すると良い。(オ)は，魚を焼いたときに出る脂は拭き取ってからバターを加えると良い。(2)　(i)　総使用量＝純使用量÷可食部率×食数なので，30÷(1－6%)×34＝1085.10638gである。　(ii)　誤りのある選択肢について，(ア)生の肉は使用する直前まで冷蔵庫に入れておく方が衛生的である。(エ)加熱する食材であっても生の肉を切った後のまな板を使用しない。(オ-*　*-)ぶた肉や鶏肉は中心部までしっかり火を通す。　(3)　1群は魚，肉，卵，豆・豆製品，2群は牛乳・乳製品，小魚，海藻，3群は緑黄色野菜，4群はその他の野菜，果物，5群は穀類，いも類，6群は脂質を多く含む食品群である。それぞれ間違いなく分類できるようにしておきたい。2群にはカットわかめも含まれるため，夕食の目標量は400－6－100－100＝194gとなる。4群にはレタス，たまねぎ，クリームコーン，バナナ，キウイフルーツが含まれるため，夕食の目標量は78.7gとなる。5群には，食パン，ジャムが含まれるため，夕食の目標量は257.7gとなる。

【14】(1)　①　熱凝固　　②　カルシウム　　③　酸　　④　カゼイン　⑤　臭み　　調理例…C　　(2)　b　　(3)　①　オ　　②　イ　③　ウ　　(4)　イ

○解説○ (1)　牛乳の調理性についてまとめた表である。カゼインはたんぱく質の一種である。　(2)　成分について寒天はガラクタン，ゼラチンはコラーゲンである。使用濃度について寒天は0.4～2%，ゼラチンは2～4％である。凝固温度について寒天は28～35℃，ゼラチンは3～10℃である。溶解温度について寒天は100℃，ゼラチンは40～50℃である。　(3)　角寒天は粉寒天や糸寒天に比べ棒状で大きいため，30分以上水に浸してから，絞り，小さくちぎって使う。粉寒天は寒天の固まる成分を精製して作られているため，角寒天の$\frac{1}{2}$量で良い。寒天は濃度が0.4～2％になるように使用するが，角寒天を使用する場合，はじめは1％くらいになるように水を加え，煮詰めて2％に近づけると良い。　(4)　シロップよりも豆腐の比重が大きければ沈み，小さければ浮かぶ。牛乳は水よりも比重が大きいため，砂糖濃度が同じ場合には豆腐の方がシロップよりも比重が大きくなる。豆腐を浮かせるためには，シロップの砂糖濃度を豆腐の砂糖濃度より高くする必要がある。

【15】(1)　イ　　(2)　式…150×5＝750　750×0.008＝6　6×0.5＝3　3×6＝18　　答え…1杯　　(3)　イノシン酸　　(4)　①　イ　②　エ　　③　ア　　④　ウ

○**解説**○ (1)　かつおぶしだしをとる場合のかつお節の分量は水の量の2％程度である。　(2)　5人分のすまし汁の量は750gである。塩分濃度は0.8％であるから，6gの塩分が必要である。6gの半分をしょうゆで味付けするため，3gの塩分を含むしょうゆの量を計算する。しょうゆは塩の6倍で同じ塩分濃度になるため，18gのしょうゆが必要である。しょうゆは大さじ1杯18gであるから，答えは大さじ1杯となる。

(3)　イノシン酸は，魚や肉類に多く含まれるうま味成分である。かつおぶし，煮干しの他に，牛肉，豚肉，鶏肉などにも含まれている。昆布や野菜などに多く含まれるうま味成分はグルタミン酸である。

(4)　1番だしの特徴は上品で味わいや香りが優れていることである。2番だしは色や香りは薄いが，うま味が凝縮されている。よってだしの味わいや香りを生かす吸い物には1番だし，比較的味付けの濃い親子どんぶりなどには，2番だしを使用する。いりこだしは魚の味と香りが強いため，みそとの相性が良い。精進料理には動物性食品を使用しないため，昆布だしを使用する。

【16】4

○**解説**○ 6つの食品群で分類すると，おにぎりは5群(穀類・いも類・砂糖)，鮭の焼き物は1群(肉・魚・卵・大豆製品)，卵焼きは1群である。不足している2群(小魚・海藻・乳製品)，3群(緑黄色野菜)，4群(淡色野菜・果物)，6群(脂肪を多く含む食品)で，選択肢のうちで適当なのは4である。

【17】(3)

○**解説**○ 正答以外の選択肢について，(1)は上海料理，(2)は北京料理，(4)は四川料理の説明である。

【18】(1) 処理の名前…筋切り

切り込み…

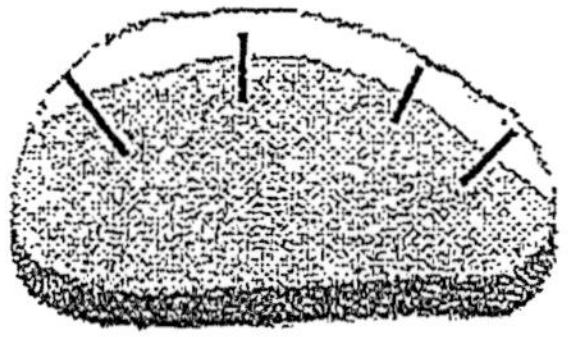

(2) でんぷんが糊化するとともに，細胞間をつなぐペクチン質の粘着性が弱まるから。　(3) ウ

○**解説**○ (1) 豚ロース肉など厚めの切り身は，調理前に赤身と脂身の境に4～5カ所切り目を入れて，筋切りをすることで加熱したときに肉が縮んで形がゆがんでしまうのを防ぐ。包丁を立て，刃先を筋部分に刺すようにして幅1cmくらいの切り込みを入れる。 (2) じゃがいもでんぷんが糊化して膨張すると，細胞が球形化し，細胞同士が離れることでじゃがいもは崩れる。また，じゃがいもを高温で煮るとペクチンが分解され，細胞の粘着作用が弱まり，デンプンの糊化と相まってじゃがいもは煮崩れる。 (3) アは材料の重量の70％くらいの水の量で，材料の頭が少し出るくらいの深さのことである。イは材料の重量の200％くらいの水の量で，材料の倍の高さくらいの深さのことである。ウは材料の重量と同じくらいで，材料がちょうど浸かるくらいの深さの水のことである。

● 食生活

【19】(1)　三つ肴　　(2)　カタクチイワシ　　(3)　ア　塩水　　イ　塩抜き　　ウ　薄皮　　エ　しょうゆ　　(4)　アントシアニン

(5)　熱凝固性または希釈性　　(6)　①　グルタミン酸　　②　グアニル酸　　(7)　6g　　(8)　①　対比効果　　②　相乗効果

(9)　①　6g　　②　3g

○**解説**○ (1)　これらは関東と関西で異なり，関東では設問の3つで，関西では，黒豆，かずのこ，たたきごぼうである。　(2)　カタクチイワシの肥料で米が5万俵も収穫できたことに由来し，「五万米」と書いて「ごまめ」と呼ぶこともある。　(3)　かずのこはニシンが親であることから，「二親健在」という意味と，たくさんの粒がある事から「子沢山」という意味があり，子孫繁栄の想いが込められている。浸透圧を使って均等に塩分を抜く「呼び塩」と呼ばれる手法で，塩抜きをする。これは塩分濃度が高く塩辛い食べ物の味を調節するときに使われる。食材を真水に浸けたほうが塩分は早く抜けるが，表面の塩が先に抜けて中の塩分は残ってしまうため，味に偏りが出て，舌ざわりや食感も損なわれる。　(4)　アントシアニン色素は，鉄と結合し安定的な紫紺色になるので黒豆を鉄なべで煮る，なすの漬物に古くぎを入れるなどして色を良くすることがある。アントシアニンはポリフェノールの一種で，ぶどう，ブルーベリー，カシス，なす，赤ワインなどにも多く含まれている。　(5)　卵には4つの調理特性がある。「乳化性」「熱凝固性」「起泡性」「希釈性」のそれぞれを説明できる程度に理解しておくこと。　(6)　かつお節のうま味成分はイノシン酸である。(7)　乾物の戻し率はこんぶ3倍，干ししいたけ4倍，塩蔵わかめ1.5倍，カットわかめ12倍である。こんぶ2gは2×3＝6gとなる。　(8)　味の相互作用は，相乗効果，対比効果，抑制効果，変調効果の4つがある。相乗効果は，同質の味覚成分が合わさることで，その味覚が数倍に高まることである。対比効果は異なる味覚が合わさることで一方の味覚が強められることである。抑制効果は異なる味覚が合わさることで一方の味覚が弱められることである。変調効果は続けて2つの違うものを味わった場合に一方の味が変化する現象のことである。味の相互作用に関する問題は頻出なので必ず覚えること。　(9)　水は，計量スプーン小さじ1杯5mL，大さじ1杯は15mLである。主な食品の小さじの重量と容量を覚えておくこと。

【20】問1　ア　　問2　B　もち米　　C　アルコール　　問3　使用目的…保存性を高める　　法律…食品表示法　　問4　有田焼　　問5　汁のにごりを防いだり，独特のにおい成分を取り除くため(食材に含まれる不快で不要な成分を取り除くため)　　問6　豆腐　　問7　ささがき　問8　リノール酸(αーリノレン酸)　　問9　カ　　問10　成分…脂肪分　　特徴…栄養価は牛乳と同等でカロリーは半分である。

○**解説**○ 問1　牛肉(バラ)の特徴は脂質が多いことである。また，牛肉は豚，鶏肉と比較して鉄分が多いのが特徴なので答えはアである。イは豚バラ肉，ウは鶏胸肉である。肉の種類では，鶏→豚→牛の順で，部位では，もも→ロース→サーロイン→ばらの順で脂質が多くなる。　問2　みりんは独特の甘みやコクがあり，料理に使うと味に深みがでて，照り，つやがでる。また，素材の臭み消し，味が染みやすくなる，食材の煮くずれを防ぎ，うま味成分をとじこめる働きもある。アルコールを飛ばす煮切りをしたほうが良い。　問3　ソルビン酸は，食品の腐敗や変敗の原因となる微生物の増殖を抑制し，保存性を高める添加物である。他にも食品添加物の種類と用途を覚えておくこと。食品添加物の表示はそれまでの食品衛生法，JAS法，健康増進法に基づく表示基準の策定を消費者庁が一元的に所管し，食品表示法による表示に変更された。表示の仕方について詳細に学習しておくこと。また，アレルギー表示義務の8品目は覚えておくこと。　問4　有田焼は薄く軽いが，強度は高く，日常的に使用する食器などには最適である。他にも陶器の産地は名称と地域をあわせて覚えておきたい。　問5　あくの成分は，えぐ味はシュウ酸，渋味はタンニンなどである。動物性食品に含まれるあくの中には，うまみ成分や様々な栄養素も含まれているので，取りすぎない方が良いものもある。　問6　けんちん汁は具材を油で炒めてから，だし汁で煮込んで仕上げる汁物のことである。味付けは塩やしょうゆで，一部地域ではみそ味に仕立てることもある。問7　ささがきは，ごぼうやにんじんなどの細長いものを切るときの方法で，薄く，面を大きく切れるので，味や火が通りやすくなる。問8　ごま油の主成分は多価不飽和脂肪酸のリノール酸と一価不飽和脂肪酸のオレイン酸である。　問9　しょうゆ大さじ1杯は18gなのでオは該当しない。4人分の塩分量は$150 \times 4 \times \frac{0.8}{100} = 4.8$gである。薄口しょうゆの塩分濃度は13％なので$4.8 \div \frac{13}{100} = 36.9$gである。
問10　スキムミルクは，牛乳から脂肪分と水分を取り除き粉末状にした脱脂粉乳のことである。たんぱく質やカルシウムなどは牛乳とほぼ同量摂れるが，脂肪分を含まない。

食品・食材

【1】次の図は，米のでんぷんの変化を表したものです。次の(1)・(2)の各問いに答えなさい。

(1)　図の(　①　)・(　②　)に適する語句を，以下のア～カの中から選び，記号を書きなさい。

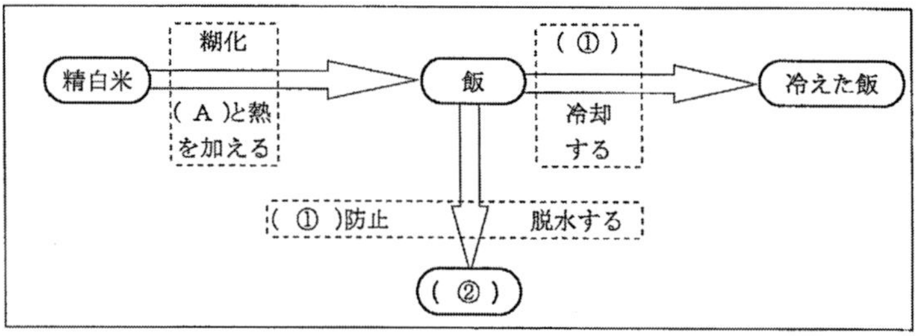

ア　老化　　イ　玄米　　ウ　もち米　　エ　アルファ化米
オ　酸化　　カ　米粉

(2)　図の(　A　)に適する語句を漢字1文字で書きなさい。

2024年度　名古屋市　難易度

【2】食品につけられているマークについて，誤っているものを一つ選び，番号で答えよ。

2024年度　愛知県　難易度

【3】次の文は，食べ物のおいしさについて述べたものである。以下の(1)，(2)に答えなさい。

食べ物のおいしさは多様な要素で構成されている。目に見える色や形だけではなく，味や香り，舌触り，かみごたえ，粘着性や喉越しにも左右される。その中でも味は，A食品の味と調味料が混ざって味が変化したり，複数の味が組み合わさって感じ方に影響を与えたりすることで，おいしさにつながっていく。

また，食品や料理にはそれぞれ適した切り方があり，適切に切ることによっておいしさが増す。また，消化機能の未発達な幼児期や，B生理機能の低下が始まる高齢期には，食品の切り方や加熱の方法に留意することが大切である。

(1) 下線部Aについて，次の表は味の相互作用の効果をまとめたものである。(①)，(②)に適する効果を書きなさい。

味の組み合わせ	例	効果
甘味 ＋ 塩味	しるこに少量の食塩を加える	甘味を強める
うま味 ＋ うま味	こんぶとかつお節の混合だし	（ ① ）
苦味 ＋ 甘味	コーヒーに砂糖を加える	（ ② ）

表

(2) 下線部Bに対応した食品に表示される，次のマークの名称と，意味を書きなさい。

2024年度 青森県 難易度

【4】次の表は，「日本食品標準成分表2020年版(八訂)」の一部である。空欄 ア ～ ウ に当てはまるものの組合せとして最も適切なものを，以下の①～⑥のうちから選びなさい。

可食部100g当たり			
食品名	炭水化物 (g)	食物繊維総量 (g)	ビタミンC (mg)
〈いも類〉 じゃがいも 塊茎 皮つき 生	15.9	イ	28
〈いも類〉（さつまいも類） さつまいも 塊根 皮つき 生	ア	2.8	25
〈いも類〉（さといも類） さといも 球茎 生	13.1	2.3	ウ
〈いも類〉（やまのいも類） ながいも ながいも 塊根 生	13.9	1.0	6

①	ア	14.8	イ	1.5	ウ	6
②	ア	14.8	イ	1.5	ウ	26
③	ア	33.1	イ	1.5	ウ	6
④	ア	14.8	イ	9.8	ウ	26
⑤	ア	33.1	イ	9.8	ウ	6
⑥	ア	33.1	イ	9.8	ウ	26

2024年度 神奈川県・横浜市・川崎市・相模原市 難易度

【5】食生活と健康について，次の問1，問2に答えなさい。

問1　発酵に関する説明として，適当でないものを選びなさい。

ア　発酵食品とは，麹カビや酵母などによって，人間に有用なものに変化した食品である。

イ　発酵食品は，カビ・酵母・ウイルスなどの微生物を利用している。

ウ　発酵食品の主な原材料には，大豆や穀物，魚介類，乳，ココナッツウォーターなどがある。

エ　発酵食品の匂いや味が，世界各国それぞれの固有の食文化を特徴付けてきた。

問2　食品表示基準で表示を義務付けるもの(特定原材料)の組合せとして，正しいものを選びなさい。

ア　卵／アーモンド／小麦／さけ

イ　卵／アーモンド／大豆／かに

ウ　卵／落花生／大豆／さけ

エ　乳／落花生／小麦／かに

オ　乳／アーモンド／小麦／かに

2024年度 北海道・札幌市 難易度

● 食生活

【6】食生活について，次の問1，問2に答えなさい。

問1　中学生のAさんとBさんの会話文を読み，以下の各問いに答えなさい。

Aさん：最近，食料品の価格が高騰しているよね。
Bさん：そうそう，卵も急に高くなったよね。
Aさん：私の母は，卵は(a)<u>たんぱく質</u>が豊富で栄養豊かな食品だと言って，よく食卓に出してくれるよ。
Bさん：(b)<u>目玉焼きや茶わん蒸し，スポンジケーキなど</u>，いろいろな料理に使われているよね。
Aさん：生・焼く・ゆでるなど，様々な調理法で食べられるから，重宝するよね。
Bさん：家庭科の授業で習った(c)<u>食品群別摂取量のめやす</u>でも，血や筋肉をつくる食品として分けられているね。
Aさん：使いやすくて，栄養価も高いなんて，卵ってすごいね。

(1)　下線部(a)に関する記述として正しいものを，次の1～5のうちから1つ選びなさい。

1　たんぱく質は，1gあたり9kcalのエネルギーを発生する。

2　精白米の制限アミノ酸は，リシンである。

3　たんぱく質は，約30種類のアミノ酸が多数結合したものである。

4　必須アミノ酸は，全部で7種類である。

5　小麦粉に水を加えてこねると，たんぱく質が絡み合ってグルテニンを形成する。

(2)　下線部(b)は卵を使った調理の例である。卵の調理性に関する記述として正しいものを，次の1～4のうちから1つ選びなさい。

1　卵白のたんぱく質は，攪拌すると泡立つ。

2　卵黄は約73℃，卵白は約68℃で凝固する。

3　卵黄に含まれるシスチンが油を乳化させる。

4　卵液は牛乳と混ざりにくい。

(3)　下線部(c)について，12～17歳の1日あたりの牛乳・乳製品・小魚・海藻の摂取量として最も適切なものを，次の1～5のうちから

1つ選びなさい。ただし，ヨーグルト90gは牛乳100g，スライスチーズ17gは牛乳100g，しらす干し10gは牛乳50g，煮干し3gは牛乳50gに置き換えて計算することとする。

1　牛乳200g，しらす干し10g，煮干し3g

2　牛乳200g，ヨーグルト90g，スライスチーズ17g

3　牛乳300g，ヨーグルト90g，しらす干し10g，煮干し3g

4　牛乳400g，ヨーグルト90g，しらす干し10g，煮干し3g

5　牛乳400g，ヨーグルト90g，スライスチーズ17g，しらす干し10g，煮干し3g

問2　食品ロスを減らすための行動として誤りを含むものを，次の1～5のうちから1つ選びなさい。

1　食品は買い過ぎず，使い切る，食べ切る。

2　残った食品は，ほかの料理に活用する。

3　消費期限と賞味期限の違いを理解する。

4　外食時に，食べ残しがないようにする。

5　すぐに使用する食材であっても，消費期限や賞味期限の長いものを買う。

2024年度　宮城県・仙台市　難易度

【7】図1の表示について，以下の(1)～(4)の問いに答えなさい。

図1

加熱食肉製品

名　称	ベーコンスライス		
原材料名	(A) 豚肉，還元水あめ，卵たん白，食塩，大豆たん白，たん白加水分解物（豚肉を含む），ぶどう糖，酵母エキス		
食品添加物	リン酸塩（Na），増粘多糖類，調味料（アミノ酸等），くん液，［ア］（ビタミンC），発色剤（亜硝酸Na），コチニール色素，酵素（乳成分含む）		
内容量	73g	保存方法	要冷蔵（10℃以下）
賞味期限	2022.07.04		
製造者	株式会社○○ △△県××市○－○－○		

栄養成分表示（73gあたり）
エネルギー……［イ］kcal
たんぱく質……10.2g
脂質……………10.2g
炭水化物………2.9g
ナトリウム……679mg
食塩相当量……1.7g

●本品の原材料で使用されている(B) アレルギー物質を○印で表しています。

乳	卵	
○	○	

(1)　下線部(A)で使われている部位はどれか。図2のa～dから1つ選び，その記号を書きなさい。

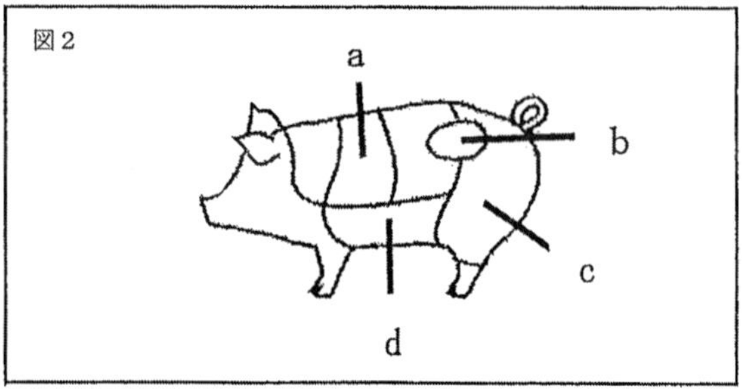

(2) 保存性の向上を目的として[ア]が添加されている。食品には[ア]として，ビタミンCの他に，エリソルビン酸やビタミンEなどが使用されている。[ア]は何か。名称を書きなさい。

(3) 下線部(B)については，特定原材料7品目がある。乳，卵以外に7品目に含まれる原材料は何か。1つ書きなさい。

(4) [イ]にあてはまるエネルギー量を3大栄養素のエネルギー量をもとに計算し，次のa～dから1つ選び，その記号を書きなさい。ただし，小数点以下は切り捨てとする。

a 23　　b 144　　c 195　　d 233

2024年度 ┃ 福島県 ┃ 難易度 ■■■□□

【8】食事の役割と食習慣について，次の図を見て答えなさい。

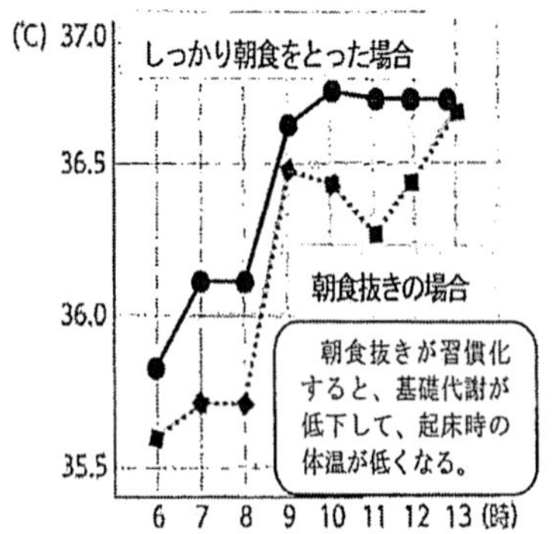

図1　体温の変化

開隆堂　家庭分野
鈴木　正成
「実践的スポーツ栄養学」より作成

(1) 図1のように朝食を食べないと，睡眠中に下がった体温を十分に上げることができない。体温を上げる以外に，朝食にはどのような役割があるか，一つ書きなさい。

(2) 一人で食事をすること，家族や友人とともに食事をすることを何というか。ア～オの中から選び，それぞれ記号で書きなさい。

ア 個食　イ 孤食　ウ 共食　エ 家食　オ 外食

(3) 健康によい食習慣について，次の問いに答えなさい。

① 次の文章中の(　ア　)と(　イ　)にあてはまる語句を書きなさい。

健康的な生活を送るためには，栄養的にバランスの良い食事，適度な(　ア　)，十分な(　イ　)が必要である。

② ①の内容を生徒が理解するために，どのような授業を構想するか，具体的に説明しなさい。

(4) 食事には，身体的側面・心理的側面以外にどのような役割があるか，書きなさい。

▌2024年度 ▌静岡県・静岡市・浜松市 ▌難易度

【9】持続可能な食生活について，以下の(1)～(4)の問いに答えなさい。

日本は外国からたくさんの食料を輸入している。日本の食料自給率は1965年度には73％だったが，年々低下し，2010年度からは毎年40％を下回っている。これは，先進国の中で最も低いものである。自給率が下がった理由としては，(A)食生活が洋風化し，自給率の低い畜産物や油脂の消費量が増え，自給率の高い[　ア　]の消費量が減ったことなどが考えられる。(B)農林水産省では2025年までに食料自給率を[　イ　]％まで引き上げることを目標としている。

(1) 文中の[　ア　]，[　イ　]に当てはまることばや数字を書きなさい。

(2) 食品の輸送が環境に与える負荷の大きさを表す指標を何というか。書きなさい。

(3) 下線部(A)について，次の①，②の問いに答えなさい。

① 下線部(A)により日本のPFCバランスが変化している。2000年代の日本のPFCバランスとして正しいものを次のa～cから1つ選び，その記号を書きなさい。

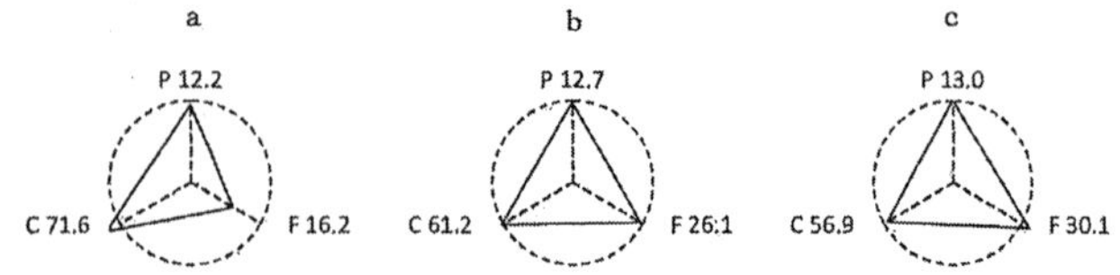

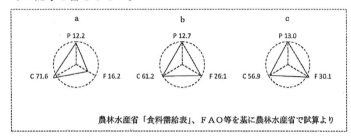

農林水産省「食料需給表」、ＦＡＯ等を基に農林水産省で試算より

② 下線部(A)に加え，生活も便利になった現代では，食べ過ぎや運動不足による肥満が増加している。不適切な食習慣，運動不足，睡眠不足などが発症や進行に関わる病気を何というか。名称を書きなさい。

(4) 下線部(B)に関連する取組として，地域で生産された食材をその地域で消費することを何というか。漢字4文字で書きなさい。

2024年度 ▌福島県 ▌難易度 ■■■□□

【10】次のア～オのうち，日本においてトレーサビリティが義務付けられているもののみの組合せとして最も適切なものを，以下の①～⑤のうちから選びなさい。

ア　牛
イ　豚
ウ　とり
エ　卵
オ　米および米加工品

① ア　イ　ウ　オ
② ア　エ　オ
③ ア　オ
④ イ　ウ
⑤ エ　オ

2024年度 ▌神奈川県・横浜市・川崎市・相模原市 ▌難易度 ■■■□□

【11】食の安全性について次の(1)～(4)の各問いに答えなさい。

(1) 次の①～④の説明は何を表したものか。適する食中毒の名称を答えよ。

① 塩水中でよく繁殖する好塩菌であるので魚介類での発生が多い食中毒。

② 近年，多く発生している食中毒。食肉の中でも特に鶏肉によるものが多い。

③ ウイルス性の食中毒で冬場でも確認されている。カキや貝の生食の場合，少量の菌でも食中毒を起こす可能性がある。

④ 寄生虫による食中毒で近年多く発生している。加熱処理が不十分なアジやサバからの感染が確認されている。

(2) 国際的な食品安全管理システムのことで，日本では「危害分析重要管理点方式」という。2021年6月に食品を扱う全事業者に対して，導入・運用が完全義務化となった。この管理システムの名称を答えよ。

(3) 佐賀県では令和4年度，鳥インフルエンザが確認され多くの養鶏が殺処分された出来事があった。鳥インフルエンザについての説明として適当なものをア～エから2つ選び，その記号で答えよ。

ア 国内の鳥インフルエンザは，人への感染は確認されていないが予防の観点から殺処分の対応を図る。

イ 排泄物や鶏肉からのみ菌が確認されているため，鶏卵には影響がなく市場へ流通している。

ウ 鳥インフルエンザが確認されると鶏肉及び鶏卵の流通や価格に影響が出る。

エ 鳥インフルエンザは熱や酸にも強いため，加熱・殺菌しても死滅しない。

(4) 表示が義務化されているアレルギー食材の8品目の「特定原材料」のうち2023年3月に追加された義務表示対象品目を1つ答えよ。

2024年度 佐賀県 難易度

【12】次の文章を読み，以下の(1)～(3)の問いに答えなさい。

> 食品の安全性確保のために，飲食による衛生上の危害発生防止を目的とした法律が(　ア　)である。食品中の放射性物質についても，(　ア　)で基準値が設定されている。食品製造企業では，原材料から生産・消費までの全過程を通して，危害の原因そのものを排除する(　イ　)という徹底した衛生管理システムが導入されている。
>
> 病原性の微生物や有毒な動植物，化学物質などを食べたときに起こる急性の健康障害を$_{a}$食中毒という。日本では，梅雨から夏や初秋にかけて高温多湿になるため，(　ウ　)性食中毒が発生しやすく，家庭での発生件数も多い。$_{b}$食中毒を防ぐには，原因菌を「つけない，増やさない，殺菌する」ことが重要である。

(1)　文章中の(　ア　)～(　ウ　)の語句の組合せとして，最も適当なものを次の解答群から一つ選びなさい。

【解答群】

	ア	イ	ウ
①	健康増進法	ＩＳＯ１４００１	細菌
②	健康増進法	ＩＳＯ１４００１	ウイルス
③	健康増進法	ＨＡＣＣＰ	ウイルス
④	食品衛生法	ＩＳＯ１４００１	細菌
⑤	食品衛生法	ＨＡＣＣＰ	細菌
⑥	食品衛生法	ＨＡＣＣＰ	ウイルス

(2)　下線部aについて，原因となる細菌やウイルスとその特徴の組合せとして，最も適当なものを次の解答群から一つ選びなさい。

【解答群】

	原因となる細菌やウイルス	特徴
①	サルモネラ菌	生の魚や貝などの魚介類が原因となる。塩分のあるところで増える。
②	黄色ブドウ球菌	人の皮膚、鼻や口の中にいる。この菌が作る毒素は熱に強い。
③	腸炎ビブリオ菌	十分に加熱されていない肉や生野菜などが原因となる。
④	カンピロバクター	ウイルスの蓄積した、加熱不十分な二枚貝などから感染する。
⑤	ノロウイルス	鶏や牛などの腸管内にいる細菌で、少量の菌数でも発生する。

(3)　下線部bについて，適当でないものを次の①～⑤のうちから一つ選びなさい。

① 加熱して調理する食品は十分に加熱する。中心部の温度が75℃で1分間以上の加熱をめやすとする。

② 鮮魚を丸ごと一尾で購入したらよく冷やして持ち帰り，すぐに内臓を取り除く。

③ 包丁やまな板を使うときは，先に生野菜などの加熱しない食品を切り，生の肉や魚介類はあとで切る。

④ 冷蔵室は，食品を詰め込むことで，食品そのものが保冷剤のような役割を果たして，お互いを冷やすことができる。

⑤ 肉や魚等は，ビニール袋や容器に入れ，冷蔵庫の中の他の食品に肉汁等がかからないようにする。

┃ 2024年度 ┃ 千葉県・千葉市 ┃ 難易度 ┃■■■□□

【13】魚とその卵について，誤っている組合せを一つ選び，番号で答えよ。

1 にしん－かずのこ　　2 さけ－いくら
3 すずき－からすみ　　4 ちょうざめ－キャビア

┃ 2024年度 ┃ 愛知県 ┃ 難易度 ┃■■■□□

【14】食品の表示・安全・環境について，次の各問いに答えなさい。

(1) 食品表示法により加工食品にはアレルギー表示が義務づけられている。必ず表示する8品目の食品を何というか答えなさい。

(2) (1)で表示する8品目のうち，令和5年3月9日に追加された食品を答えなさい。

(3) 食物アレルギーの症状の例を1つ答えなさい。

(4) 次の表は，食物アレルギー症状の新規発症原因となる食物上位5位までをまとめたものである。空欄①，②に適する語句を答えなさい。

	0歳	3〜6歳	7〜17歳
1	（ ① ）	（ ② ）	甲殻類
2	牛乳	魚卵	（ ② ）
3	小麦	落花生	果実類
4			魚卵
5			小麦

（消費者庁「令和3年度食物アレルギーに関連する食品表示に関する調査研究事業報告書」より）

(5) 次の食品に含まれる自然毒の名前を答えなさい。
① 青梅　② ふぐの卵巣，肝臓
(6) 食中毒予防の三原則を答えなさい。
(7) 食料や畜産物を輸入する消費国が，自国でそれらを生産すると仮定したときに必要となる水の量を推定したものを何というか答えなさい。
(8) 国連世界食糧計画(WFP)が国連食糧農業機関(FAO)の統計に基づき，各国の飢餓状況を表した世界地図の名称を答えなさい。
(9) 食品製造企業では，原材料から生産・消費までの全過程を通して，危害の原因そのものを排除する徹底した衛生管理システムを導入している。このシステムの名称を答えなさい。

2024年度 長野県 難易度 ■■■■□

【15】食品の表示について，次の(1)〜(4)の各問いに答えよ。
(1) 「食品表示法」は，食品を摂取する際の安全性及び一般消費者の自主的かつ合理的な食品選択の機会を確保するため，三つの法律の食品の表示に関する規定を統合して施行された。この三つの法律とは何か，答えよ。
(2) 容器包装された加工食品に表示が義務付けられている「特定原材料」を次の語群からすべて選び，記号で答えよ。
語群
A いくら　B 卵　C 落花生　D アーモンド
E りんご　F えび　G ゼラチン
(3) 賞味期限について，次の文中の(　　)に入る適切な数字を答えよ。
製造又は加工の日から賞味期限までの期間が(　　)カ月を超える場合は，年月だけの表示でも認められている。
(4) 次のア，イの説明に適するマークを以下のA〜Eから一つずつ選び，それぞれ記号で答えよ。
ア 地域の特産品を対象に，都道府県が基準を定め，それに適合するものにつけられる。
イ 農林水産省によって定められ，原材料や生産方法に明確な特色がある商品につけられる。

A　B　C　D　E

2024年度　山口県　難易度

解答・解説

【１】(1)　①　ア　　②　エ　　(2)　水

○**解説**○ (1)　でんぷんのアルファ化の問題は頻出なので理解しておくこと。　(2)　糊化には水と熱が必要である。

【２】6

○**解説**○ 1は地域特産品認証マーク，2は冷凍食品の認定証マーク，3はマリンエコラベル，4は飲用乳の公正マーク，5は有機JASマークである。6は再生紙使用マーク(Rマーク)で食品とは関係ない。それぞれのマークの認証内容を確認しておくこと。

【３】(1)　①　うま味を強める　　②　苦味を抑える　　(2)　名称…ユニバーサルデザインフード　　意味…・日常の食事から介護食まで幅広く使える，食べやすさに配慮した食品　　・かむ力や飲み込む力が低下してきた高齢者の食事に対応した加工食品

○**解説**○ (1)　味の相互作用の主なものに相乗効果・対比効果・抑制効果・変調効果の4つがある。問題として頻出なので，味の基本の五味とあわせて覚えること。問題の表の上から対比効果，相乗効果，抑制効果である。変調効果は塩味の強いものを食べた後に水を飲むと水が甘く感じられたりするように続けて2つの違うものを味わった場合に一方の味が変化する現象のことである。　(2)　ユニバーサルデザインフードマークは，日本介護食品協議会が制定した規格に適合する商品につけられている。調理の手間が省ける調理加工食品(レトルト食品・冷凍食品)や，料理に加えることでとろみが増し，飲み込みやすくなる

とろみ調整食品などがある。調理加工食品(レトルト食品・冷凍食品)のパッケージには，ロゴマークとともに「容易にかめる」「歯ぐきでつぶせる」「舌でつぶせる」「かまなくてよい」の4つの区分形状が表示されている。とろみ調整食品はとろみの状態についてメーカー間の表示を統一し，とろみのつき方を4段階のイメージで表現している。

【4】⑤

○**解説**○ それぞれのいもの成分の特性を知っておきたい。じゃがいもは食物繊維とビタミンCが多い。さつまいもはエネルギー量と炭水化物が多い。この4種の中で，ながいもはたんぱく質量が，さといもは水分量が1番多い。

【5】問1　イ　　問2　エ

○**解説**○ 問1　イ　発酵に関わるのは，カビ・酵母・細菌の3種類である。カビは日本酒や味噌，チーズなどの加工に使用，酵母はパンやワイン，ビール，日本酒に使用，細菌は，ヨーグルトやキムチの乳酸菌や納豆の納豆菌，食酢の酢酸菌などである。　問2　さけ，大豆，アーモンドは，いずれも推奨表示食品である。義務の8品目と推奨の20品目は覚えておくこと。

【6】問1　(1)　2　　(2)　1　　(3)　2　　問2　5

○**解説**○ 問1　(1)　誤りのある選択肢について，1は4kcalが正しい。9kcalのエネルギーを発生するのは脂質である。炭水化物は4kcalである。3は30種類ではなく20種類である。4は9種類である。必須アミノ酸はすべて覚えておきたい。5はグルテニンとグリアジンが結合してグルテンを形成する。　(2)　誤りのある選択肢について，2は卵黄の方が凝固温度は低い。3はシスチンでなくレシチンである。4の卵液は牛乳と混ざりやすい。　(3)　6群分類で「牛乳・乳製品・小魚・海藻」は2群にあたり，摂取量のめやすは400gと示されている。中高生の年代の摂取量のめやすは覚えておきたい。　問2　すぐに消費するのであれば，賞味期限や消費期限の近いものを買う。販売店でも手前どりを推奨している。

【7】(1) d　(2) 酸化防止剤　(3) 小麦，そば，らっかせい，えび，かに　から1つ　(4) b

○解説○ (1) ベーコンに使用する豚肉の部位はバラ肉である。豚バラは，あばら骨の周辺にある部位を指し，赤身と脂肪が重なり層になっているのが特徴である。脂肪が多いため，やわらかく，うま味が強い。正答以外の選択肢について，aは肩ロース，cはモモ，bはヒレである。それぞれの部位の特徴を覚えておきたい。牛肉や鶏肉についても同様である。 (2) 酸化防止剤とは，食品の酸化を防止する食品添加物の一つである。食品は空気に触れると酸化し，酸化することで，色や風味の変化や栄養価値が下がるなどの品質低下が起こるため，それを事前に防ぐために酸化防止剤を使用する。食品添加物について問われることは多いので，種類を覚えておきたい。 (3) 特定原材料はくるみが追加されたことにより，「えび，かに，くるみ，小麦，そば，卵，乳，落花生」の8品目になっている。くるみを含む食品のアレルギー表示は，2025年3月31日までは猶予期間とされている。 (4) たんぱく質のエネルギー量は4kcal/g，脂質のエネルギー量は9kcal/g，炭水化物のエネルギー量は4kcal/gである。4×10.2＋9×10.2＋4×2.9＝40.8＋91.8＋11.6＝144.2で，小数点以下を切り捨てると144kcalである。

【8】(1) 午前中の活動に必要なエネルギーを補給する。　(2) 一人で食事…イ　家族や友人とともに食事…ウ　(3) ① ア 運動　イ 休養(睡眠)　② 1日の食事場面がイメージできる視聴覚教材などを活用して，健康によい食習慣について話し合う活動。　(4) 食の伝承・文化の継承の役割がある。

○解説○ (1) 他にも，排便を促す，脳のエネルギー源となる糖質を摂り集中力があがる，決まった時刻に食事をすることで生活のリズムが整うなどがある。 (2) 「こ食」には9つある。「個食」は家族と一緒に食事をしていても，個人が別メニューを食べること。他にも「固食」「粉食」「小食」「濃食」「子食」「戸食」「虚食」について確認しておきたい。 (3) 食事と運動，睡眠のどれかが偏ると他に影響する。バランスの良い食事を，規則正しい時間に摂取することで，1日のリズムができ，よく動け，よい睡眠が得られる。食の大切さについて生徒に理解させたい。　(4)　和食がユネスコに登録され，その特徴や行事食，地域の伝統的な食べ物についての問題は近年頻出している。理解を深めておくこと。

【9】(1)　ア　米　　イ　45　　(2)　フード・マイレージ(フードマイレージ)　　(3)　①　c　　②　生活習慣病　　(4)　地産地消(地域生産，地域消費)

○**解説**○ (1)　米の食料自給率は2021年度では98％である。食品別の自給率を確認し覚えておきたい。2021年度の食料自給率はカロリーベースで38％であるが，2025年度までに45％まで引き上げることが目標である。　(2)　フード・マイレージとは，食料の輸送量と輸送距離をかけあわせた指標であり，食料が消費者の手元に届くまでにどのくらいの環境負荷をかけているかを測ることができる。地産地消を心掛け，フード・マイレージの数値を低くし，食料自給率を向上させることが求められている。　(3)　PFCバランスのPはたんぱく質(Protein)，Fは脂質(Fat)，Cは炭水化物(Carbohydrate)を表す。aが1960年以前，bが1980年頃と考えられる。1960年以前は炭水化物の割合が多く，1980年頃は最もバランスの取れた食生活であった。　(4)　地産地消を心がけることで，食料自給率の引き上げ以外にもメリットがある。消費者にとっては，消費者自らが生産状況等を確認でき，安心感が得られること。生産者にとっては，地域の消費者ニーズを的確にとらえた効率的な生産を行うことができることなどがあげられる。

【10】③

○**解説**○ 米については，古米になった政府備蓄米を転売していた，事故米不正転売事件を受けて，牛肉についてはBSE問題をきっかけに，トレーサビリティ制度が義務付けられた。

【11】(1)　①　腸炎ビブリオ　　②　カンピロバクター　　③　ノロウイルス　　④　アニサキス　　(2)　HACCP　　(3)　ア，ウ

(4)　くるみ

○**解説**○ (1) 細菌性食中毒である腸炎ビブリオは生魚が原因となる。カンピロバクターはとり肉，特に鶏の刺身やタタキ，レバーなど生や加熱不十分で摂取する料理が原因食品となる食中毒の原因菌である。ノロウイルスに汚染された二枚貝による食中毒は生や加熱不足のもので発生しやすい。アニサキスはさば，あじ，サンマ，かつおなどの魚介類に寄生する。 (2) HACCPは，Hazard(危害)，Analysis(分析)，Critical(重要)，Control(管理)，Point(点)の頭文字をとっている。疾病や傷害を起こす可能性がある危害要因の把握をし，危害要因を除去又は低減させるために重点工程を管理し記録するシステムである。頻出事項なので理解を深めておくこと。 (3) イについて，鶏肉や鶏卵を食べて鳥インフルエンザに感染する可能性はない。エについて，鳥インフルエンザウイルスは通常の加熱調理(75℃で1分以上)で死滅する。(4) 特定原材料はくるみが追加されたことにより，「えび，かに，くるみ，小麦，そば，卵，乳，落花生」の8品目になった。表示義務8品目と表示推奨20品目は覚えておきたい。

【12】(1) ⑤ (2) ② (3) ④

○**解説**○ (1) HACCPについての問題は頻出である。食品等事業者自らが食中毒菌汚染や異物混入等の危害要因(ハザード)を把握した上で，原材料の入荷から製品の出荷に至る全工程の中で，それらの危害要因を除去又は低減させるために特に重要な工程を管理し，製品の安全性を確保しようとする衛生管理の手法である。ISO14001は環境への負荷を最小限に抑えた商品などに与える認証である。 (2) 食中毒の原因は，細菌・ウイルス・動物性自然毒・植物性自然毒・化学物質・寄生虫に分類される。それぞれの原因となる物質と予防方法を整理して覚えておくこと。誤りのある選択肢について，①と③，④と⑤の説明がそれぞれ逆になっている。 (3) 冷蔵庫内に冷気が充分にいきわたるように，庫内に空間が必要である。

【13】3

○**解説**○ からすみは，ぼらの卵巣である。

● 食生活

【14】(1) 特定原材料　(2) くるみ　(3) 目の充血，皮膚のかゆみ，皮膚にじんましんがでる　から1つ　(4) ① 鶏卵　② 木の実類　(5) ① アミグダリン　② テトロドトキシン　(6) 菌をつけない，菌を増やさない，菌を殺す　(7) バーチャルウォーター(仮想水)　(8) ハンガーマップ　(9) HACCP(ハサップ)

○**解説**○ (1) 特定原材料8品目は，えび，かに，くるみ，小麦，そば，卵，乳，落花生である。特定原材料に準ずる，表示推奨品目の20品目も確認しておくこと。　(2) 2023年から2025年まで約2年間の経過措置を設け，くるみが特定原材料に加えられた。現在，カシューナッツは木の実類の中でくるみに次いで症例数の増加等が認められることから，アレルギー表示をしていない食品関連事業者等に可能な限り表示するように求めている。　(3) 食物アレルギーで認められる主な症状の多くは皮膚症状，次いで呼吸器症状や粘膜症状である。かゆみ，じんましん，くしゃみ，息苦しさ，目の充血や腫れ，口の中や唇，舌の違和感，腫れ，下痢，吐き気，嘔吐，アナフィラキシーショックなどがある。　(4) 年齢とともに新規発症原因は変化する。　(5) ①はビワ・アンズ・梅・桃などのバラ科の植物に多く含まれている成分で，体内で有毒のシアン化水素に変換され，嘔吐や頭痛などの中毒症状を引き起こすことがある。種子や未熟な実に多く含まれているため，種子は食べない，実は熟してから食べることが予防になる。②の毒の強さは，青酸カリの千倍以上といわれる。ふぐの種類によっては皮や筋肉にも含まれる。この毒は加熱に大変強く，調理程度の加熱では壊れない。　(6) 細菌などを食べ物に「つけない」，食べ物に付着した細菌などを「増やさない」，加熱などで「やっつける」という3つが重要である。食中毒の原因となるものの種類とその予防法を整理して覚えておきたい。　(7) 日本のバーチャルウォーター量は約800億立方メートルで，国内で使用される年間水使用量と同等である。　(8) ハンガーマップは，世界の農林水産業の発展に取り組む国連の機関「国際連合食糧農業機関(FAO)」が毎年作成しており，5段階に色分けされている。最新のものを確認しておくこと。　(9) HACCPはNASAが宇宙飛行士たちの「食の安全」に万全を期すため開発されたのが始まりである。O-157の食中毒事件などをきっかけに見直された。

【15】(1) JAS法，食品衛生法，健康増進法　(2) B，C，F　(3) 3
(4) ア D　イ E

○**解説**○ (1) 食品表示法は，品質に関する適正な表示について定められたJAS法，衛生上の危害発生防止について定められた食品衛生法，国民の健康の増進について定められた健康増進法の3つの法律を統合して平成27年に施行された。 (2) 特定原材料は，えび，かに，くるみ，小麦，そば，卵，乳，落花生の8品目である。推奨品目の20品目も覚えておきたい。 (3) 賞味期限の年月表示化により，商品の日付管理から月管理になることで，保管スペース，荷役業務，品出し業務等の効率化が期待されている。また，賞味期限の日付け逆転により商品の転送ができなかった在庫が，転送可能となることで食品廃棄を削減できる。賞味期限と消費期限について正しく理解しておくこと。
(4) Aは飲用乳の表示に関する公正競争規約により正しい表示がされている牛乳類に付けられる公正マーク，BはJIS規格に認証された製品に対して表示が認められているJISマーク，Cは厚生労働大臣により承認された総合衛生管理製造過程を経て製造された食品につけられるHACCPの承認マークである。DはEマーク，Eは特色JASマークで，特色のある規格のJASマークのうち有機JASマークを除く3つのマークを統一したものである。

栄養・ビタミン

【1】栄養素に関する文として最も適切なものを，①～④の中から一つ選びなさい。

① たんぱく質をつくるアミノ酸のうち，体内で合成できない20種類のアミノ酸を必須アミノ酸という。

② ビタミンCは水に溶ける水溶性ビタミンである。

③ 日本人の食生活で不足しやすいミネラルは，カルシウムとナトリウムである。

④ 体内で消化・吸収されない炭水化物を糖質といい，便秘を予防したり，血液中のコレステロール濃度を低下させるなど，からだの調子を整える役割がある。

2024年度 **三重県** **難易度**

【2】次の文は，無機質(ミネラル)について述べたものである。以下の(1)，(2)に答えなさい。

> 無機質(ミネラル)にはいろいろな種類があり，それぞれが体にとって重要な働きをしている。「日本人の食事摂取基準」では13種類の無機質の必要量が示されている。
>
> (①)は，食塩の成分であり，しょうゆなどの調味料にも多く含まれている。細胞外液に多く含まれており，体液の浸透圧の維持など，生きていくためには不可欠の栄養素である。<u>日本人は食塩の摂取量が多い。</u>食塩のとり過ぎは高血圧の発症と関連しており，若い時期から薄味に慣れておくことも大切である。
>
> (②)は，野菜や果物に多く含まれている。細胞内液に多く含まれており，体液の浸透圧の維持など，生きていくためには不可欠の栄養素である。(①)と反対に高血圧の予防効果があることから，摂取量を増やすことが勧められる。
>
> カルシウムは，牛乳・乳製品，骨まで食べることのできる小魚類，こまつななどの野菜に多く含まれている。体内のカルシウムのほとんどは骨に含まれている。成長期は骨が大きくなり，中身

も充実してくる重要な時期である。この時期に十分に骨を形成しておく必要があるが，実際は摂取量が不足している。また，高齢者にとっても不足しがちで，骨粗鬆症になりやすい。骨以外のカルシウムは体内のさまざまな働きを調節するために重要である。

(③)は，骨にも多く含まれているが，筋肉や脳，神経，血液などに分布し，数多くの酵素の働きを助けることで健康を支えている。

鉄は，レバーや赤身の肉，魚，あさりなどの貝類に多く含まれている。赤血球中のヘモグロビンの成分であり，酸素の運搬に重要な働きをしている。欠乏すると貧血になる。女性は十分な摂取が必要である。

(④)は，多くの酵素に含まれている。細胞分裂に不可欠であるほか，ホルモンの合成や分泌にもかかわっている。欠乏すると味覚障害を起こすことがある。

(1) 文中の(①)～(④)に適する語句を書きなさい。

(2) 下線部について，食塩のとり過ぎを防ぐためにできる調理上の工夫を説明しなさい。

2024年度 青森県 難易度

【3】おいしさの構成要素や味覚に与える影響について，次の(1)，(2)の各問いに答えよ。

(1) 味の相互作用について，次のア，イの各問いに答えよ。

ア 次の(ア)，(イ)の説明に適する語句をそれぞれ答えよ。

(ア) スイカに少量の塩をかけると甘味を強く感じる効果のこと

(イ) ブラックコーヒーに砂糖を加えると苦味が弱まる効果のこと

イ 味の相乗効果について，昆布とかつお節の混合だしを例に説明せよ。

(2) 摂取不足により味覚障害を引き起こすことがある無機質は何か，答えよ。

2024年度 山口県 難易度

● 食生活

【4】次の(1)，(2)に答えよ。

(1) 表はビタミンの種類と特徴をまとめたものである。以下の①～⑤に答えよ。

表

種 類	主なはたらき	多く含む食品
ビタミンA	X	a
ビタミンB_1	エネルギー発生，代謝に必要，神経の調節	b
ビタミンB_2	発育促進，代謝に必要	レバー，卵黄，牛乳
ビタミンC	細胞間組織の強化，抵抗力の向上	c
ビタミンD	Y	d
ビタミンE	細胞膜の機能維持，抗酸化作用	e

① 表のX，Yにあてはまる主なはたらきをそれぞれ記せ。

② 表のa～eにあてはまる食品の組合せを次のア～カからそれぞれ一つ選び，記号で記せ。

ア 野菜，くだもの，いも

イ 海藻，野菜，種実類

ウ レバー，うなぎ，野菜，卵黄

エ 卵黄，青魚，干ししいたけ

オ 植物油，野菜

カ 豚肉，玄米，豆

③ 表のビタミンのうち，脂溶性ビタミンを，すべて記せ。

④ 次のア～エの欠乏症は，表のどのビタミンが欠乏したときに起こるか，それぞれ記せ。

ア 口内炎，口角炎　　イ 夜盲症

ウ 壊血病　　エ 脚気

⑤ 胎児の神経管障害の低減のため，妊婦が積極的に摂取するとよいビタミンを記せ。ただし，表にあるビタミン以外で答えよ。

(2) 食物アレルギー症状を引き起こすことが明らかになった原因物質について，特に発症数や重篤度から勘案し，表示が義務付けられているものを「特定原材料」といい，8品目ある。このうち，落花生(ピーナッツ)，くるみ，乳，えび，かに以外の品目を，3つ記せ。

▌2024年度 ▌山梨県 ▌難易度 ■■■■□□

【5】次の図は，「食事バランスガイド」である。以下の(1)～(4)の各問いに答えなさい。

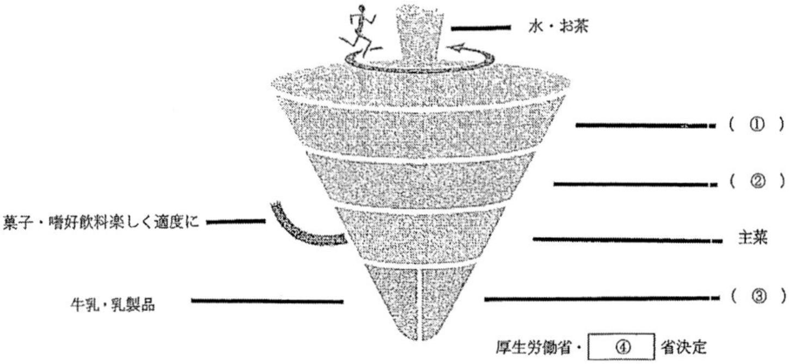

(1) 上の図の(①)～(④)にあてはまる語句を答えよ。

(2) 次の文は「食事バランスガイド」について説明したものである。語句の組み合わせとして適するものを以下のア～オから1つ選び，その記号で答えよ。

> 「食事バランスガイド」とは1日に「何を」「どれだけ」食べたらよいのかを一般の生活者に分かりやすくイラストで示したもので，回転することを(①)に例え，回転することにより初めてバランスが保たれる「こま」の形を採用した。
> (②)年に策定された(③)の「主食・主菜・副菜を基本に食事のバランスを」という項目を行動に結びつけるため具体的な料理例と概量が示された。なお，単位は(④)を用いる。

	①	②	③	④
ア	運動	2010	食生活指針	ポイント（PT）
イ	運動	2000	食生活指針	つ（SV）
ウ	運動	2000	食育基本法	つ（SV）
エ	食事	2010	食育基本法	ポイント（PT）
オ	食事	2010	食生活指針	ポイント（PT）

(3) 身長170cm，体重80kgの人のBMI値を求める式と値を答えよ。ただし，値は小数点第一位を四捨五入し，整数で答えよ。

(4) (3)の人はどの判定になるか，ア～ウから1つ選び，その記号で答えよ。

　ア　やせ　　イ　普通　　ウ　肥満

┃ 2024年度 ┃ 佐賀県 ┃ 難易度 ┃■■■□□┃

【6】日本人の食事摂取基準について，次の各問いに答えなさい。

(1)　「栄養素の指標」の目的と指標の組合せとして正しいものをア〜オよりすべて選び，記号で答えなさい。

記号	目　的	指　標
ア	摂取不足の回避	耐容上限量
イ	過剰摂取による健康障害の回避	目標量
ウ	生活習慣病の発症予防	推定平均必要量、推奨量
エ	過剰摂取による健康障害の回避	耐容上限量
オ	生活習慣病の発症予防	目標量

(2)　18歳から49歳の目標とするBMIの範囲として最も適したものをア〜エより選び，記号で答えなさい。

　ア　18.5〜24.9　　イ　18.5〜29.4　　ウ　17.5〜24.9

　エ　24.9〜29.5

(3)　身長160cm，体重56kgの人のBMIの値を答えなさい。小数点第2位を四捨五入して，小数点第1位まで答えなさい。また，途中の計算式も記入しなさい。

(4)　身体機能は，加齢とともに徐々に低下する。高齢者において「健康な状態」と「日常生活でサポートが必要な介護状態」の中間の状態を何というか答えなさい。

(5)　生後3か月から5歳の乳幼児に対して，発育の程度や栄養状態を評価する方法の名称を答えなさい。

┃ 2024年度 ┃ 長野県 ┃ 難易度 ┃■■■□□┃

【7】ビタミンについて次の(1)〜(4)の各問いに答えなさい。

(1)　次の①〜③のビタミンの欠乏症をア〜カから1つ選び，その記号で答えよ。

　①　ビタミンC　　②　ビタミンA　　③　ビタミンD

　ア　夜盲症　　イ　脚気　　ウ　骨軟化症　　エ　口内炎

　オ　ペラグラ　　カ　壊血病

(2) 食品とその食品に多く含まれるビタミンを示したものである。組み合わせで正しいものをア～オから3つ選び，その記号で答えよ。

ア イチゴ－ビタミンC　　イ 牛肝臓－ビタミンB_2

ウ 小麦－ビタミンC　　エ ひじき－ビタミンD

オ 枝豆－ビタミンB_1

(3) キノコなどに含まれる，体内でビタミンDに変わる「プロビタミンD」は何というか答えよ。

(4) 次の①・②の吸収を促すビタミンを答えよ。

① 鉄　② カルシウム

▌2024年度▌佐賀県▌難易度■■■□□

【8】次の文章の(　A　)と(　B　)にあてはまる語句の組み合わせとして正しいものを，以下の1～4の中から1つ選びなさい。

「(　A　)」は，望ましい食生活についてのメッセージを示した「(　B　)」を具体的な行動に結びつけるものとして，1日に「何を」「どれだけ」食べたらよいかの目安を分かりやすくイラストで示したものです。厚生労働省と農林水産省の共同により平成17年6月に策定されました。

	A	B
1	食生活指針	日本人の食事摂取基準
2	食生活指針	食事バランスガイド
3	食事バランスガイド	食生活指針
4	食事バランスガイド	日本人の食事摂取基準

▌2024年度▌埼玉県・さいたま市▌難易度■■■□□

【9】次の文章を読み，以下の(1)～(3)の問いに答えなさい。

たんぱく質は，(　ア　)種類のアミノ酸が多数結合したものである。食品中のたんぱく質は a 消化酵素で分解されてアミノ酸として(　イ　)から吸収され，筋肉，血液，皮膚などの体組織，体内反応に必要な酵素，生体防御に必要な抗体などの合成に利用される。アミノ酸には体内で合成できないものが9種類あり，これらを必須アミノ酸といい，食事から摂取する必要がある。たんぱく質の栄養価は，この必須アミノ酸の含有量をもとにした b アミノ酸価(アミノ酸スコア)によってあらわされる。一般に，植物性たんぱく質は，動物性のものよりも栄養価が低い。しかし，栄養価の低い植物性のたんぱく質でも，不足している必須アミノ酸を多く含む別のたんぱく質と組み合わせることによって，栄養価を高めることができる。これをたんぱく質の(　ウ　)という。

(1)　文章中の(　ア　)～(　ウ　)に適する語句の組合せとして，最も適当なものを次の解答群から一つ選びなさい。

【解答群】

	ア	イ	ウ
①	２０	食道	補足効果
②	２０	小腸	補足効果
③	２０	胃	対比効果
④	１１	食道	対比効果
⑤	１１	小腸	抑制効果

(2)　下線部aについて，たんぱく質の消化酵素として，適当なものを次の①～⑤のうちから三つ選びなさい。

①　ペプシン　　②　リパーゼ　　③　ペプチダーゼ

④　トリプシン　　⑤　アミラーゼ

(3)　下線部bについて，普通牛乳と食パンのアミノ酸価の組合せとして，表Aを参考に最も適当なものを次の解答群から一つ選びなさい。

【表A】　アミノ酸成分表　(単位＝mg)

	アミノ酸組成によるたんぱく質１ｇ当たり								
	イソロイシン	ロイシン	リシン	含硫アミノ酸	芳香族アミノ酸	トレオニン	トリプトファン	バリン	ヒスチジン
アミノ酸評点パターン（成人）	30	59	45	22	38	23	6.0	39	15
普通牛乳	58	110	91	36	110	51	16	71	31
食パン	42	81	23	42	96	33	12	48	27

【解答群】

	普通牛乳	食パン
①	３１	１２
②	３１	５１
③	１００	５１
④	１００	２５３
⑤	２８９	１２
⑥	２８９	２５３

▌2024年度▌千葉県・千葉市▌難易度

【10】ミネラルについて述べた文として誤っているものを，次の(1)～(4)の中から1つ選びなさい。

(1)　リンは，骨や歯の構成成分であり，体液のpH調節も行っている。

(2)　食品中の鉄には，食肉類に含まれるヘム鉄と，野菜などに多く含まれる非ヘム鉄がある。

(3)　体内のカルシウムは99％が骨と歯に含まれ，残りの1％は血液や筋肉内に存在し，血液の凝固作用や筋肉の収縮作用を担う。

(4)　銅は，甲状腺ホルモンの構成成分で，海藻類に多く含まれており，欠乏すると甲状腺腫になる。

▌2024年度▌埼玉県・さいたま市▌難易度

【11】食生活の科学と文化について，次の1～6の問いに答えなさい。

1　次の図は栄養素の消化・吸収を示している。図中の①～④に当てはまる語句の組み合わせとして最も適切なものを，下のa～eの中から一つ選びなさい。ただし，同じ番号には同じ語句が入るものとする。

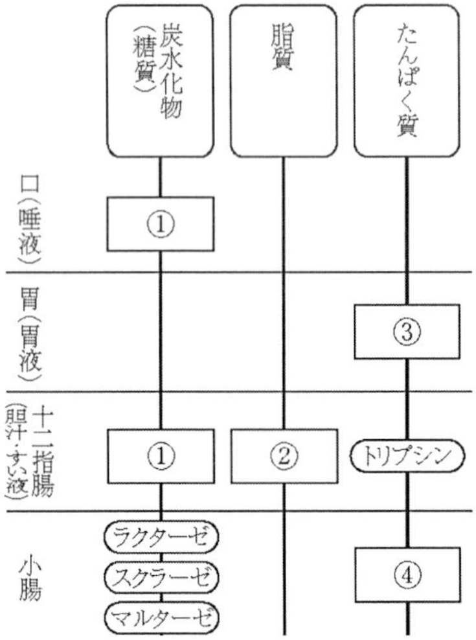

選択肢	①	②	③	④
a	リパーゼ	アミラーゼ	アミノペプチターゼ	ペプシン
b	アミノペプチターゼ	リパーゼ	ペプシン	アミラーゼ
c	アミラーゼ	リパーゼ	ペプシン	アミノペプチターゼ
d	アミノペプチターゼ	アミラーゼ	リパーゼ	ペプシン
e	アミラーゼ	リパーゼ	アミノペプチターゼ	ペプシン

2　4つの食品群別摂取量のめやすについて述べた文として，適切でないものを，次のa～eの中から一つ選びなさい。

a　卵・乳・乳製品は第1群である。

b　たんぱく質の多い食品を摂ると，油脂・脂溶性ビタミン，ビタミンB群，鉄も摂れる。

c　脂質の多い食品を摂ると，脂溶性ビタミンも摂れる。

d　4つの食品群別摂取量のめやすでは，野菜の1/3以上は緑黄色野菜で摂ることとしている。

e　4つの食品群別摂取量のめやすでは，野菜には，きのこ，海藻は含まれない。

3　次の文の①～⑤のうち，無機質について述べた文として正しいものを○，誤っているものを×としたとき，最も適切な組み合わせを，以下のa～eの中から一つ選びなさい。

① 鉄は，食肉の肝臓や魚介，野菜に多く含まれ，血液の成分として働くが，過剰に摂取すると肝線維症になる。

② カルシウムは，牛乳，乳製品，小魚に多く含まれ，骨や歯の形成，筋肉の収縮作用，血液の凝固作用の働きをする。

③ ナトリウムは，食塩，みそ，しょうゆに多く含まれ，欠乏すると疲労感を引き起こす。

④ カリウムは，卵黄，食肉，大豆に多く含まれ，筋肉の弾力性を保ったり，細胞の浸透圧を調節する働きをする。

⑤ 鉄，亜鉛，ヨウ素は，微量ミネラルに分類される。

選択肢	①	②	③	④	⑤
a	×	○	×	×	○
b	○	○	○	×	○
c	○	×	×	○	×
d	○	○	×	○	×
e	×	×	○	○	○

4 アレルギー表示が義務づけられている食品として，適切でないものを，次のa～eの中から一つ選びなさい。

a 卵　b そば　c 落花生　d ごま　e 小麦

5 次の文は中華調味料について述べたものである。説明文と語句の組み合わせとして最も適切なものを，以下のa～eの中から一つ選びなさい。

① 赤みそに油，砂糖などを加えた甘味噌。

② そら豆を主材料に，種麹，赤とうがらし，塩などを加えて発酵させたもの。

③ 炒った白ごまをなめらかにすり，油でのばしたもの。

④ 蒸した大豆を塩漬けにし，発酵させたもの。

選択肢	①	②	③	④
a	甜麺醤	豆板醤	芝麻醤	豆豉
b	甜麺醤	辣油	芝麻醤	豆豉
c	豆豉	辣油	芝麻醤	甜麺醤
d	豆豉	豆板醤	辣油	甜麺醤
e	甜麺醤	豆豉	辣油	芝麻醤

6 次の□の文中の(　　)に当てはまる語句として最も適切なものを，以下のa～eの中から一つ選びなさい。

> 食品の遺伝子の一部のはたらきを止めたり，新しいはたらきをする遺伝子を入れたりして，品種改良を効率よく行ってつくられた食品を(　　　)という。

a　保健機能食品　　b　遺伝子組換え食品
c　3Dフードプリンタ　　d　放射線照射食品
e　ゲノム編集食品

2024年度 茨城県 難易度

【12】次の表は，脂肪酸の種類について示したものの一部である。空欄［ア］～［エ］に当てはまるものの組合せとして最も適切なものを，以下の①～④のうちから選びなさい。

分類			例	多く含む食品
飽和脂肪酸			［ア］	バター 肉
不飽和脂肪酸	一価不飽和脂肪酸		［イ］	オリーブ油 なたね油
	多価不飽和脂肪酸	［ウ］脂肪酸	リノール酸 アラキドン酸	だいず油 コーン油
		［エ］脂肪酸	α−リノレン酸 IPA（EPA） DHA	アマニ油 青背魚

①　ア　オレイン酸
　　イ　パルミチン酸，ステアリン酸
　　ウ　n−3系
　　エ　n−6系
②　ア　オレイン酸
　　イ　パルミチン酸，ステアリン酸
　　ウ　n−6系
　　エ　n−3系
③　ア　パルミチン酸，ステアリン酸
　　イ　オレイン酸

ウ　n－3系

エ　n－6系

④　ア　パルミチン酸，ステアリン酸

イ　オレイン酸

ウ　n－6系

エ　n－3系

▌2024年度 ▌神奈川県・横浜市・川崎市・相模原市 ▌難易度

【13】次の表は，食品表示制度における栄養成分表示について示したものである。空欄［ア］～［カ］に当てはまるものの組合せとして最も適切なものを，以下の①～⑤のうちから選びなさい。

義務表示	熱量、［ア］、脂質、［イ］、［ウ］
推奨表示	［エ］、［オ］
任意表示	n-3系脂肪酸、n-6系脂肪酸、［カ］、糖質、糖類、ミネラル、ビタミン

①　ア　炭水化物　　イ　食物繊維

ウ　コレステロール　　エ　食塩相当量

オ　たんぱく質　　カ　飽和脂肪酸

②　ア　たんぱく質　　イ　炭水化物

ウ　食塩相当量　　エ　コレステロール

オ　食物繊維　　カ　飽和脂肪酸

③　ア　炭水化物　　イ　食物繊維

ウ　食塩相当量　　エ　コレステロール

オ　飽和脂肪酸　　カ　たんぱく質

④　ア　たんぱく質　　イ　炭水化物

ウ　食物繊維　　エ　食塩相当量

オ　コレステロール　　カ　飽和脂肪酸

⑤　ア　たんぱく質　　イ　炭水化物

ウ　食塩相当量　　エ　飽和脂肪酸

オ　食物繊維　　カ　コレステロール

▌2024年度 ▌神奈川県・横浜市・川崎市・相模原市 ▌難易度

● 食生活

【14】次の文章を読み，以下の1から10の問いに答えよ。

穀類は米・麦・とうもろこし・そばなどの総称で，水分が少ないため保存性が高く，A エネルギー源になる栄養素を多く含むことから，主食として食べられることが多い。米は稲の種実の部分で，稲穂から脱穀したものをもみといい，もみからもみ殻を除いたものが(　①　)である。(　①　)はそのままでは消化性や食味が劣るため，ぬか層と胚芽を取り除いて(　②　)にする。この操作をとう精という。とう精の際に除かれるぬかや胚芽などにはB ビタミンや食物繊維が多く含まれている。胚芽の約80％以上を残してとう精したものを(　③　)という。米のたんぱく質を必須アミノ酸組成でみるとC (　④　)の含有量が少ないが，魚や肉・大豆などの(　④　)を多く含む食品と一緒に食べることで，食事全体のアミノ酸価を高めることができる。米の主成分はD でんぷんである。生でんぷんは消化が悪いが，E 水を加えて加熱すると粘りがでて味や消化がよくなる。しかし冷蔵庫などで冷却されると粘りがなくなり硬くなってくる。この状態変化をF 老化という。

1　文章中の(　①　)から(　④　)に適する語句を，次のアからクのうちから一つずつ選び，記号で答えよ。

ア　精白米　　イ　古米　　ウ　玄米　　エ　無洗米
オ　胚芽精米　　カ　発芽玄米　　キ　バリン　　ク　リシン

2　下線部Aについて，五大栄養素のうち米に最も多く含まれている栄養素を答えよ。

3　下線部Bについて，ぬか層に多く含まれる次の(1)，(2)の特徴をもつビタミンを，以下のアからエのうちから，それぞれ一つずつ選び，記号で答えよ。

(1)　化学物質名はチアミンで，糖質代謝の補酵素として働き，不足すると脚気や疲労などの原因になる。

(2)　化学物質名はリボフラビンで，発育促進に関与する。糖質・脂質・たんぱく質の代謝に関与し，なかでも脂質の代謝を促進する。不足すると発育障害や口角炎・皮膚炎などの原因になる。

ア　ビタミンA　　イ　ビタミンB_1　　ウ　ビタミンB_2
エ　ビタミンE

4　下線部Cについて，栄養価の低い植物性のたんぱく質でも，不足している必須アミノ酸を多く含む別のたんぱく質と組み合わせることで栄養価を高めることができる。これを何というか。

5　下線部Dについて，次の(1)，(2)の問いに答えよ。

(1)　唾液に含まれるでんぷんを消化する消化酵素を答えよ。

(2)　もち米とうるち米のでんぷんについて，次の文章中の(　①　)，(　②　)，(　③　)に適する語句を答えよ。

でんぷんは多数の(　①　)が結合しており，(　①　)がまっすぐ鎖状に結合したものが(　②　)，枝分かれして鎖状に結合したものが(　③　)である。米にはもち米とうるち米があるが，もち米の粘りが強いのは，もち米のでんぷんのほぼ100%が(　③　)であるからである。一方うるち米は，(　②　)と(　③　)の比率がおよそ2：8であり，もち米に比べると粘りが少ない。

6　下線部Eについて，生でんぷんに水を加えて加熱すると粘りがでて味や消化がよくなることを何というか。

7　下線部Fについて，でんぷんの老化の抑制として効果的な方法を三つ答えよ。

8　次の(1)，(2)，(3)の米粉の説明として最も適するものを，以下のアからカのうちから一つずつ選び，記号で答えよ。

(1)　上新粉　　(2)　白玉粉　　(3)　道明寺粉

ア　もち米を水洗いして乾燥した後，焙煎して製粉したもの。

イ　もち米を一晩水に浸けて水切りした後，水を加えながら挽き，沈殿したものを圧搾，脱水して乾燥したもの。

ウ　もち米を蒸して乾燥した後，粗砕したもの。

エ　うるち米またはもち米を蒸して乾燥した後，焙煎，製粉したもの。

オ　もち米を洗って水切りした後，製粉，乾燥したもの。

カ　うるち米を洗って水切りした後，製粉，乾燥したもの。

9　しょうゆ味飯(桜飯)を塩としょうゆで調味して作ることにした。うるち米160gを炊き水(水としょうゆを合わせたもの)240gと塩1.3gで炊くとき，しょうゆは何g必要か。計算の過程が分かるように式と答えを書くこと。(塩分濃度は0.7%とする。しょうゆは塩の6倍使用すれば同じ塩分濃度になるものとする。)

10　次の(1), (2), (3)の問いに答えよ。

(1)　次の文章を読み, (　　)に適する語句を答えよ。

強飯はもち米を洗米したあとたっぷりの水に浸漬する。もち米はうるち米より吸水率が高いが, このまま蒸すと非常にかたい強飯になる場合もあるので, 一般的に蒸している途中で(　　)を行う。

(2)　端午の節句の供物や行事食で, うるち米やもち米などを茅(ちがや)や笹の葉などで三角に包み, 蒸したりゆでたりして調理した食べ物を何というか。

(3)　米穀事業者に米穀等を取引したときの入荷・出荷記録を作成・保存することや, 業者間及び一般消費者への米穀の産地, 米加工食品の原料米の産地伝達を義務付けることにより, 米の生産から流通の過程を追跡可能にしたシステムを何というか。

2024年度 | 栃木県 | 難易度

【15】たんぱく質について, 次の各問いに答えなさい。

(1)　アミノ酸を構成する元素(側鎖を除く)をすべて答えなさい。

(2)　構造上特徴のあるバリン, ロイシン, イソロイシンをまとめた総称を答えなさい。

(3)　(2)の構造上の特徴を側鎖の部分について答えなさい。

(4)　胃液, すい液に含まれるたんぱく質を分解する消化酵素の名称をそれぞれ1つずつ答えなさい。

2024年度 | 長野県 | 難易度

解答・解説

【1】②

○解説○　間違いのある選択肢について, ①のたんぱく質は, 約20種類のアミノ酸からなる。そのうち, 必須アミノ酸は9種類である。③のナトリウムは摂取過多傾向で, 不足気味なのは, カルシウムと鉄である。

④は，糖質ではなく，正しくは食物繊維である。ビタミンの種類と特徴，欠乏症状を整理して覚えておくこと。

【2】(1) ① ナトリウム ② カリウム ③ マグネシウム ④ 亜鉛 (2) ・かつおぶし，こんぶ，煮干しなどでとっただしを用いて料理を作ると，食塩濃度を低く抑えることができる。 ・香辛料，香味野菜や果物の酸味を利用して料理を作ると，塩分を低く抑えることができる。

○**解説**○ (1) 「日本人の食事摂取基準」で，13種類の無機質(ミネラル)の推奨量や目安量を確認しておくこと。とくにナトリウムの摂取量についての問題は頻出なので覚えておくこと。また，それぞれのミネラルの働きと欠乏症状は整理して覚えておきたい。 (2) 素材の味を活かすためのだしの活用と，塩以外の調味料を有効に使って料理する方法を，実践しておきたい。だしの取り方は説明できるようにしておくこと。

【3】(1) ア (ア) 対比効果 (イ) 抑制効果 イ 昆布に含まれるうまみ成分とかつおぶしに含まれるうまみ成分を組み合わせると，単独のときよりもうまみを強く得られること。 (2) 亜鉛

○**解説**○ (1) ア (ア) 対比効果とは異なる味を合わせることで，一方の味が強められることである。甘味と塩味，塩味とうまみの場合でこの効果が発揮される。 (イ) 抑制効果とは異なる味を合わせることで，一方の味が弱められることである。甘味と苦味，甘味と酸味，塩味と酸味の場合でこの効果が発揮される。 イ 相乗効果とは，同質の味を合わせることで，その味が高まることである。味の相互作用は整理して覚えておくこと。 (2) 味覚障害では，味を感じない，薄味に感じる，何を食べても甘い，または苦い，何も食べていないのに口の中が渋い，苦いなどの症状が出る。原因として亜鉛不足や唾液の減少などが考えられる。亜鉛を多く含む食品には，牡蠣や煮干しなどの魚介，牛肉，海藻などがある。

【4】(1) ① X 発育促進，皮膚・粘膜の健康維持 Y 骨の成長促進，リン・カルシウムの吸収調節 ② a ウ b カ c ア d エ e オ ③ ビタミンA，ビタミンD，ビタミンE
④ ア ビタミンB_2 イ ビタミンA ウ ビタミンC
エ ビタミンB_1 ⑤ 葉酸 (2) 小麦，そば，卵

○**解説**○ (1) ビタミンAは動物性食品に多く含まれ，ビタミンAの前駆体であるプロビタミンAとしてニンジン，ほうれん草などの緑黄色野菜にも含まれている。ビタミンAは，人体内のほぼすべての細胞の成長と分化を制御することに関与し，解答以外にも眼の発達および視覚において重要な役割を果たしている。ビタミンCは水溶性で調理による損失が多い。いもは他の野菜に比べ，加熱や貯蔵による損失が少ない。ビタミンDはカルシウムと関わりがある。食品から摂取するほか，日光に当たることでも合成される。ビタミンは脂溶性と水溶性に分けられ，ビタミンA，D，E，Kが脂溶性，B，Cが水溶性である。脂溶性ビタミンは体内に蓄積されるので，食事以外で摂取すると過剰症を起こしやすい。水溶性ビタミンは多く摂取しても排泄され過剰症にはなりにくいが，不足しやすいので毎日適量摂取することが望ましい。ビタミンの種類とはたらき，多く含む食品，欠乏症状は脂溶性と水溶性に分けて表に整理して覚えておくこと。葉酸はビタミンB群に属し，ビタミンB12とともに赤血球の生産を助け，細胞の分裂や成熟も大きく左右するため，特に胎児にとっては重要な栄養成分である。葉酸は，野菜類(ほうれん草，ブロッコリー)・藻類・肉類(レバー)・緑茶・卵類・乳類・豆類などに多く含まれている。 (2) アレルゲンを含む食品の表示は，消費者庁管轄のもと食品表示法により規定されている。特定原材料8品目は，すべて覚えること。特定原材料に準ずるものとして20品目に表示の推奨がなされているものも確認しておくこと。

【5】(1) ① 主食 ② 副菜 ③ 果物 ④ 農林水産
(2) イ (3) 式…80÷(1.7×1.7)＝27.6… 値…28 (4) ウ

○**解説**○ (1) 食事バランスガイドでは，主食(ごはん，パン，麺)を5～7つ(SV)，副菜(野菜，きのこ，いも，海藻料理)を5～6つ(SV)，主菜(肉，魚，卵，大豆料理)を3～5つ(SV)，牛乳・乳製品を2つ(SV)，果物を2つ

(SV)を目安としており，何をどれだけ食べたらよいかをわかりやすく示している。　(2)　食事バランスガイドのこまが回転する様子は運動を表す。食生活指針は2000年，食育基本法は2005年に策定された。食事バランスガイドの単位は「つ(SV)」であり，SVはサービングである。(3)　BMIとは，Body Mass Indexの略であり，体重kgを身長mの2乗で割った値である。疾病率が最も少ない，理想的なBMI値は22である。(4)　BMIの計算式は世界共通だが，肥満の判定基準は国によって異なる。日本肥満学会の判定基準によると，18.5未満はやせ，18.5～25未満が普通，25以上は肥満である。肥満の基準もさらに細かく区分され1～4度の肥満がある。

【6】(1)　エ，オ　(2)　ア　(3)　式…56÷(1.6×1.6)＝56÷2.56＝21.875　答え…21.9　(4)　フレイル　(5)　カウプ指数

○**解説**○ (1)　間違いのある選択肢について，アは推奨量，イは耐容上限量，ウは目標量である。　(2)　BMIの範囲は確認しておくこと。日本肥満学会の定めた基準では18.5未満が「低体重(やせ)」，18.5以上25未満が「普通体重」，25以上が「肥満」とし，BMIが22になるときの体重が標準体重で，最も病気になりにくい状態としている。　(3)　BMIは体重kg÷(身長m)^{2}で求められる。計算方法は世界共通であるが，肥満の判定基準は国によって異なる。　(4)　判定基準は体重減少，疲れやすい，歩行速度の低下，握力の低下，身体活動量の低下の5項目のうち3項目以上該当するとフレイル，1～2項目の場合にはフレイルの前段階であるプレフレイルと判断する。　(5)　肥満度を表す体格指数は幼児にはカウプ指数，学童にはローレル指数が用いられる。カウプ指数の計算式は体重kg÷(身長m)^{2}で，ローレル指数の計算式は体重kg÷(身長m)^3×10で計算する。

【7】(1)　①　カ　②　ア　③　ウ　(2)　ア，イ，オ　(3)　エルゴステロール　(4)　①　ビタミンC　②　ビタミンD

○**解説**○ (1)　正答以外の選択肢について，イはビタミンB_1，エはビタミンB_2，オはナイアシンの欠乏症である。　(2)　正答以外の選択肢のウは，ビタミンB_1，ビタミンB_6，ビタミンEなど，エはヨウ素やカルシ

ウム，ナトリウム，カリウムなどが多く含まれている。 (3) エルゴステロールはビタミンD_2の前駆体である。主な働きは，ビタミンDとなって体内のカルシウム量などを調整し，骨粗鬆症を予防する。
(4) ①について，鉄には動物性食品に含まれるヘム鉄と，植物性食品に含まれる非ヘム鉄の2種類がある。非ヘム鉄の体内への吸収率は2～5%ほどであるが，ビタミンCにより吸収が促進される。②について，カルシウムは小腸で吸収されるが，その際ビタミンDが吸収を促進する。さらに，ビタミンDは血中のカルシウムイオン濃度の調整に関わったり，骨や歯へのカルシウムの沈着を助けたりする働きがある。

【8】3
○**解説**○ 食事バランスガイドはコマのような形をしており，果物，牛乳・乳製品，主菜，副菜，主食をどれだけ食べたらよいのか示されている。1つ(SV)は，主食なら主材料に由来する炭水化物約40g，副菜なら，主材料の重量約70gの単位が設定されている。

【9】(1) ② (2) ①，③，④ (3) ③
○**解説**○ (1) アミノ酸に関する問題は頻出である。必須アミノ酸が9種類は覚えておきたい。ウの選択肢にある対比効果，抑制効果は味の相互作用である。 (2) リパーゼは脂質の消化酵素，アミラーゼは炭水化物の消化酵素である。 (3) 普通牛乳はアミノ酸評点パターンに対して，制限アミノ酸はないので，アミノ酸価は100である。食パンはリシンが第一制限アミノ酸となる。アミノ酸評点パターン45に対し，23なので，23÷45×100で，アミノ酸価は51である。

【10】(4)
○**解説**○ 誤りのある選択肢(4)について，銅ではなく「ヨウ素」が正しい。ミネラルの働きと欠乏症状を整理して覚えておくこと。

【11】1 c 2 e 3 b 4 d 5 a 6 e
○**解説**○ 1 炭水化物，脂質，たんぱく質の消化について，消化酵素の種類と場所を必ず覚えておくこと。炭水化物は唾液や十二指腸でアミ

ラーゼ，腸液でラクターゼ・スクラーゼ・マルターゼによって．ぶどう糖にまで分解される。脂質はリパーゼによって脂肪酸とモノグリセリドに分解される。たんぱく質は，胃でペプシン，十二指腸でトリプシン，小腸でアミノペプチターゼによってアミノ酸に分解される。
2　4つの食品群ではきのこ，海藻類も野菜類である。中学校で学ぶ「6つの基礎食品群」では，海藻類は体をつくるもとになる，牛乳・乳製品・小魚とともに第2群に分けられる。　3　④について，カリウムを多く含む食品は，海藻，ドライいちじく，干しぶどう，アボカド，バナナなどである。　4　ごまは表示推奨食品である。表示義務食品は選択肢の他に乳，えび，かに，くるみがある。表示義務の8種と，推奨の20品目を覚えておくこと。　5　日本の調味料だけでなく，様々な食文化の調味料について学習しておきたい。　6　遺伝子組換え食品との違いを理解しておくこと。ゲノム編集食品は，機能性成分ギャバの多いトマト，可食部増量の真鯛，高成長のトラフグが届出されている。他にも食品表示については詳細に学習しておきたい。

【12】④

○**解説**○ 脂肪酸について，この表のように整理して覚えておくこと。オレイン酸は，血液中の悪玉コレステロールを下げる働きがある。IPA，DHAは背の青い魚の魚油に含まれ，α－リノレン酸と共に，血中コレステロール濃度を低下させ，高血圧や動脈硬化を防ぐ。多価不飽和脂肪酸は体内で合成することができず，食物から摂取する必要のある，必須脂肪酸である。

【13】⑤

○**解説**○ 食品表示の問題は頻出である。加工食品，生鮮食品，添加物それぞれについて，必ず表示しなければならない基本5項目と，推奨，任意表示の項目について整理して覚えておきたい。また，添加物，アレルギー表示についても学習しておくこと。

【14】1　①　ウ　②　ア　③　オ　④　ク　2　炭水化物
3　(1)　イ　(2)　ウ　4　たんぱく質の補足効果　5　(1)　アミ

ラーゼ　(2)　①　ぶどう糖　②　アミロース　③　アミロペクチン　6　糊化(α化)　7　・60℃以上または0℃以下に保つ。・水分を15%以下にする。　・砂糖を加える。

8　(1)　カ　(2)　イ　(3)　ウ

9　160〔g〕＋240〔g〕＝400〔g〕…米と水の重量

400〔g〕×0.007＝2.8…塩だけで調味する時の塩の重量

2.8〔g〕－1.3〔g〕＝1.5〔g〕…残りの塩の重量

1.5〔g〕×6＝9〔g〕

答え　9〔g〕

10　(1)　振り水　(2)　ちまき　(3)　米トレーサビリティー

○**解説**○ 1　正答に当てはまらなかった選択肢について，イは一般的に「収穫から1年経った米」や「収穫翌年の梅雨を超えた米」と定義される。エは肌ぬかをほぼ完全に除去し，研ぎ洗いをしなくてもよい米。カは玄米をわずかに発芽させたもので，発芽により酵素が活性化し，出芽のために必要な栄養を玄米の内部に増やすため，玄米よりも栄養価が高く，硬いぬかもやわらかくなるため，白米と同様に炊飯できる。キは分岐鎖アミノ酸で必須アミノ酸である。　2　五大栄養素とは「炭水化物(糖質)」「脂質」「たんぱく質」「ビタミン」「無機質」で，五大栄養素のうち炭水化物(糖質)・脂質・たんぱく質は，以前は，三大栄養素といわれていたが，現在は「エネルギー産生栄養素」と呼ばれている。　3　ビタミンは脂溶性ビタミン(A，D，E，K)と水溶性ビタミン(B群，C)に大別される。アのビタミンAの化学物質名はレチノールで，皮膚や粘膜の正常保持・視覚の正常化・成長および分化に関与している。エのビタミンEの化学物質名はα－トコフェロールで，活性酸素による過酸化脂質の過剰産生を防ぎ，細胞の老化を抑制する働きがある。　4　ヒトの必須アミノ酸はバリン・イソロイシン・ロイシン・メチオニン・リシン・フェニルアラニン・トリプトファン・スレニオン・ヒスチジンの9種類である。必須アミノ酸のどれかひとつでも不足すると，その少ないアミノ酸量に応じたたんぱく質しか利用できないが，他の食品で補うことができ，栄養価の改善が行われる。

5　(1)　でんぷんは唾液のアミラーゼよって分解されマルトースになり，小腸壁のマルターゼによりぶどう糖に分解され吸収される。

(2) アミロースは保水性が低いため，アミロースの多い米は炊いたときパサパサしており，保水性が高いアミロペクチンの多い米は粘り気が強い。 6 糊化したでんぷんの消化が良くなるのは，糊化するとでんぷんの鎖が離れた状態になり，消化酵素で分解できるようになるためである。糊化する温度はでんぷんの種類によって異なり，米のでんぷんは65℃前後と低く，小麦のでんぷんは87℃前後と高い。

7 でんぷんの老化とは糊化したでんぷんから水分が抜けることである。老化はでんぷんがエネルギー的に，より安定な状態に戻るため，でんぷんの鎖どうしが水素結合し，結晶構造を作ることである。一般に水分量が30～60%，温度が2～10℃以下で最も老化速度が速くなるといわれている。アミロースはアミロペクチンと比べ粘性や保水性が低いため，アミロースの方が，老化が進みやすい。糊化したでんぷんの水分を保持することや水分を保持しやすい砂糖などを加えることで，でんぷんから水が抜けるのを防ぐことができ，老化を抑制できる。また，0℃以下60℃以上では老化しにくいため，糊化したデンプンの温度管理によっても老化を抑制できる。即席麺，アルファ化米などはデンプンの糊化と老化を利用した食品で，急速に水分を取り除き乾燥させ，デンプンの糊化を固定したものである。 8 上新粉は団子や柏餅，白玉粉は白玉団子や求肥，道明寺粉は桜餅などの材料である。正答に当てはまらなかった選択肢について，アは落雁粉，エはみじん粉，オはもち粉の説明である。 9 炊飯時の水の量は，重量では米の1.5倍，体積では1.2倍が適量である。味をつける場合は米と水を合計した重さで考えていく。問題では水の量，塩分濃度，しょうゆの塩分換算も示されているので，丁寧に計算していけば容易な計算問題である。 10 (1) でんぷんの糊化は30%以上の水分で加熱により糊化するが，浸漬だけの水では，硬い強飯になるので，蒸している途中で1～3回のふり水をする。最初から水量を多くすると水分が多すぎ柔らかい仕上がりになってしまう。 (2) 平安時代に中国から端午の節句が伝来したときにちまきが伝えられ，全国に広がった。江戸時代に端午の節句が五節句のひとつになってからは縁起のいい柏餅が江戸の主流となって広がり，関東では柏餅，関西ではちまきを食べる傾向が定着した。 (3) 食品トレーサビリティーは各事業者が食品を取扱った際の記録を作成し保存しておくことで，食中毒など健康に影響を与える事故等が発生した際に，問題のある食品がどこから来たのかを調べ(遡及)，どこに行ったかを調べ(追跡)ることができる仕組みである。米穀等の取引等に係る情報の記録及び産地情報の伝達に関する法律(米トレーサビリティ法)では，2010年に米穀事業者に対して米穀等の譲受け，譲渡し等に係る情報の記録，2011年に産地情報の伝達を義務付けた。

【15】(1)　C(炭素)，H(水素)，O(酸素)，N(窒素)　(2)　BCAA(分岐鎖アミノ酸)　(3)　構造が枝分かれ状である　(4)　胃液…ペプシン　すい液…トリプシンまたはペプチダーゼ

○**解説**○ (1)　炭水化物(糖質)と脂質はC(炭素)，H(水素)，O(酸素)からなり，たんぱく質だけに，N(窒素)が加わっている。　(2)　バリン，ロイシン，イソロイシンは，枝わかれする分子構造をしているためBCAAと呼ばれる。BCAAは運動時の筋肉でエネルギー源となる必須アミノ酸である。　(3)　側鎖の部分の構造が枝分かれし，任意の炭素原子に2個以上の別の炭素原子が結合すると分岐鎖アミノ酸，フェニルアラニン，トリプトファン，チロシン，ヒスチジンなどベンゼン環などの芳香族が結合すると芳香族アミノ酸，システイン，メチオニンなど硫黄原子が結合すると含硫アミノ酸と呼ばれる。　(4)　たんぱく質，糖質，脂質それぞれの消化酵素について，整理して覚えておきたい。

食文化・語句・説明

【1】次の文章を読み，以下の(1)～(3)の問いに答えなさい。

a2013年12月，ユネスコ無形文化遺産に「和食；日本人の伝統的な食文化－正月を例として－」が登録された。日本は，周囲を海に囲まれ，国土の75％を山地が占め，春夏秋冬の変化に富んだ気候風土に恵まれている。豊かな自然は，海から，里から，山から，川からさまざまな恵みを私たちにもたらしている。こうした特徴のある環境の中で，日本人は自然を敬い，その恵みに感謝する心を育み，その心が日本独自の食文化である「和食」の基になっている。自然を敬う心は，b節目の行事に伴うc食事の作法やしきたりを生み，恵みに感謝する心が食材を無駄なく大切に使う加工技術や調理法を生み出している。また，海外からの作物や食具も上手に取り入れ，日本独自の食文化を発展させてきた。「和食」とは，自然を敬う日本人の心が育んだ食の知恵，工夫，慣習のすべてを含んだものだといえる。「和食」は，日本特有の気候・風土の中で育まれてきた「自然の尊重」を土台とした日本人の伝統的な「食文化」である。

子どもと育む和食の時間(農林水産省)より抜粋

(1) 下線部aについて，ユネスコ無形文化遺産に登録された「和食」の特徴として適当でないものを次の①～⑤のうちから一つ選びなさい。

① 正月などの年中行事との密接な関わり
② 多様で新鮮な食材とその持ち味の尊重
③ 材料や調理法にふさわしいソースの発達
④ 健康的な食生活を支える栄養バランス
⑤ 自然の美しさや季節の移ろいの表現

(2) 下線部bについて，年中行事と説明の組合せとして最も適当なものを次の解答群から一つ選びなさい。

【解答群】

	年中行事	説明
①	人日の節句	春の七草から自然の芽吹きをいただいて、一年の無病息災を願う。
②	冬至	歳神様に供えてあった鏡餅を食べて、家族の一年の幸せを願う。
③	上巳の節句	菖蒲湯に入って厄を払い、ちまきや柏餅を食べて男の子の成長を願う。
④	端午の節句	桃の花や雛人形を飾り、願いを込めた料理や菓子を食べて厄を払い、女の子の成長と幸せを願う。
⑤	鏡開き	小豆や南瓜を食べて邪気を払い、香りの強いゆず湯に入って身を清める。

(3) 下線部cについて，日本料理の正しい作法として最も適当なものを次の①～⑤のうちから一つ選びなさい。

① 箸を2本揃えて，スプーンのようにすくう

② 箸で一口に食べられるように切って食べる

③ どれを食べようか迷い，箸を料理の上で動かす

④ 食事の途中に，食器の上に箸を渡して置く

⑤ 箸を持ったまま，ご飯のおかわりをする

▌2024年度 ▌千葉県・千葉市 ▌難易度 ■■□□□

【2】次のa～dの文が説明しているものとして最も適切な語句を，語群①～⑧の中からそれぞれ一つ選びなさい。

a 製造後劣化が速い食品に付けられ，年月日で表示される。

b 食料の輸送量(t)×輸送の距離(km)で計算され，数値が大きいほど環境への負荷が大きいことを示す。

c 「食料需給表(農林水産省)」による日本の2020年度の食料自給率(カロリーベース)。

d 乳児，高齢者，病者など特別な状態にある人の利用を目的とした食品。

＜語群＞

① 特別用途食品	② フード・マイレージ
③ 消費期限	④ 67%
⑤ 賞味期限	⑥ 特定保健用食品
⑦ 37%	⑧ バーチャルウォーター

▌2024年度 ▌三重県 ▌難易度 ■■□□□

【3】世界の食文化について，次の(1)，(2)の各問いに答えよ。

(1) 次のア～エの説明に適する語句を以下の語群から一つずつ選び，それぞれ記号で答えよ。

ア　ロシア料理のボルシチなどに使われる，生クリームを乳酸発酵
　　させたもの
　イ　そら豆で作ったみそに赤とうがらしを加えた辛みの強い中国の
　　調味料
　ウ　魚を塩漬けにし，上澄み液を熟成させたタイの調味料
　エ　インドで古くから作られている食用乳脂肪で，水牛の乳を加熱
　　殺菌させた後，乳酸発酵により凝固，攪拌してできたバター状の
　　ものをさらに加熱ろ過し，ホエーを除去してつくる調味料
　　語群
　　A　コチュジャン　　B　スメタナ　　C　ギー　　D　豆板醤
　　E　ビーツ　　　　　F　ナンプラー

(2)　次のア～ウの説明に適する食品名を以下の語群から一つずつ選
　　び，それぞれ記号で答えよ。
　ア　熱帯地域で蒸すなどして食べられる，タピオカの原料となるい
　　も
　イ　メキシコ等で食べられる，すりつぶしたトウモロコシから作る
　　薄焼きのパン
　ウ　インド，アフガニスタン，イラン等で食べられる，小麦粉を発
　　酵させて，タンドールという窯で焼くパン
　　語群
　　A　ナン　　　　　B　タロイモ　　　C　フォー
　　D　キャッサバ　　E　トルティーヤ　F　スタムポット

▌2024年度 ▌山口県 ▌難易度■■■□□

【4】食文化や食事のマナーについて次の(1)～(3)の各問いに答えなさい。
　(1)　次の箸づかいのタブーの名称を答えよ。

①

②

(2) 次の郷土料理の組み合わせで正しいものをア～クから3つ選び，その記号で答えよ。

ア 岐阜県－朴葉みそ　　イ 宮城県－芋煮
ウ 栃木県－しもつかれ　　エ 高知県－皿鉢料理
オ 青森県－きりたんぽ　　カ 長崎県－太平燕
キ 滋賀県－柿の葉寿司　　ク 千葉県－深川飯

(3) 次の①～③と関係の深い食品をア～キから1つ選び，その記号で答えよ。

① 信州　② 丹波　③ 土佐

ア ごま　イ こんにゃく　ウ 栗　エ のり
オ 昆布　カ かつお節　キ そば

2024年度 | 佐賀県 | 難易度

【5】食品に関する説明について，正しく説明しているものの組み合わせを，以下の1～4の中から1つ選びなさい。

	名称	説明
ア	特別用途食品	乳児、幼児，妊産婦，えん下困難者，病人など，特別な状態にある人の利用を目的とした食品であり，消費者庁長官から許可されたものにはマークが表示されている。
イ	機能性表示食品	科学的根拠にもとづいて，消費者庁長官の責任において機能性を表示している食品。
ウ	特定保健用食品	血圧やコレステロールが高めの人に適するなど，からだの生理学的機能に影響を与える保健機能成分を含み，摂取により，その保健の目的が期待される食品。消費者庁長官から許可されたものには，マークが表示されている。
エ	栄養機能食品	高齢化などにより，通常の食生活が困難で，1日に必要な栄養成分が摂取できない場合に，栄養成分の補給・補完の目的で摂取する食品。国への届け出や審査が必要である。

1 アとイ　2 アとウ　3 イとウ　4 ウとエ

2024年度 | 埼玉県・さいたま市 | 難易度

【6】砂糖類について説明している文として適切でないものを，次の1～4の中から1つ選びなさい。

1 砂糖類は，砂糖濃度が高くなるほど水分含有量が少なくなるので，防腐効果が高まる。
2 砂糖類の主成分は，ぶどう糖である。
3 砂糖類の甘味は，コーヒーの苦味を弱める。

4　砂糖類の原料は，主にさとうきびや甜菜（てんさい）である。

▌2024年度 ▌埼玉県・さいたま市 ▌難易度

【7】米やでんぷんについて説明している文として適切でないものを，次の1～4の中から1つ選びなさい。

1　日本で多く栽培される米のほとんどはインディカ米である。

2　βでんぷんに水を加えて加熱するとαでんぷんになる。

3　αでんぷんが冷えて，βでんぷんに近い状態になることを老化という。

4　でんぷんには，粘りの弱いアミロースと粘りの強いアミロペクチンがある。

▌2024年度 ▌埼玉県・さいたま市 ▌難易度

【8】食品表示法について，正しいものを一つ選び，番号で答えよ。

1　JAS法，食品衛生法及び健康増進法の3法で定められていた食品の表示に関する規定を統合して2015年に施行された。

2　JAS法，食品衛生法及び食育基本法の3法で定められていた食品の表示に関する規定を統合して2015年に施行された。

3　JAS法，食品安全基本法及び健康増進法の3法で定められていた食品の表示に関する規定を統合して2015年に施行された。

4　消費者基本法，食品衛生法及び健康増進法の3法で定められていた食品の表示に関する規定を統合して2015年に施行された。

▌2024年度 ▌愛知県 ▌難易度

【9】食品添加物について述べた文として正しいものを，次の(1)～(4)の中から1つ選びなさい。

(1)　安息香酸ナトリウムは，酸化による品質の低下を防ぐために酸化防止剤として使われている。

(2)　亜硝酸ナトリウムは，発色剤として用いる指定添加物で，食肉製品，ハム，ソーセージ，イクラなどに用いられている。

(3)　L－アスコルビン酸は，人工甘味料の一つで，比較的砂糖に近い甘味をもつ。清涼飲料水や菓子，漬物などに使われている。

(4)　アスパルテームは，微生物による加工食品の腐敗，変敗を防止し，食中毒の予防をするとともに，食品の保存性を高めるために使用する。

2024年度　埼玉県・さいたま市　難易度■■■■□□

【10】食品添加物について説明している文章として適切でないものを，次の1～4の中から1つ選びなさい。

1　既存添加物とは，従来から天然添加物として利用されていたものである。

2　指定添加物とは，厚生労働大臣が安全性と有効性を確認して指定したものである。

3　キャリーオーバーとは，原料に使用された食品添加物が製品に移行するが，製品ではその効果を示さないことである。

4　一般飲食物添加物とは，一般に食品として飲食に用いられるものであって添加物として使用されるものである。使用目的が着色料になる果汁の場合は，添加物とみなさない。

2024年度　埼玉県・さいたま市　難易度■■■■■□

解答・解説

【1】(1)　③　　(2)　①　　(3)　②

○**解説**○ (1)　和食の4つの特徴は覚えておくこと。選択肢③は，フランス料理の特徴である。　(2)　節句についてすべて覚えておきたい。間違いのある選択肢について，②と⑤，③と④の説明が逆になっている。(3)　正答以外の選択肢の①は「横箸」，③は「迷い箸」，④は「渡し箸」，⑤は「受け箸」で，いずれもマナー違反である。他にも様々なマナーがあるので確認しておきたい。

【2】a　③　　b　②　　c　⑦　　d　①

○**解説**○ a　安全に食べられる期間が示されている。賞味期限はおいしく食べられる期限を示すもので，スナック菓子，即席めん，缶詰などに表示される。　b　日本のフード・マイレージは，他国に比べ非常に高く，食料の輸入依存率が高い事を表している。　c　食料自給率は，品目ごとの調査についても確認し，理解しておくこと。　d　特別用途食品には乳児用調製粉乳や病者用食品，えん下困難者用食品等がある。内容を確認しておくこと。「特定保健用食品」はからだの生理学的機能などに影響を与える保健効能成分を含み，その摂取により，特定の保健の目的が期待できる旨の表示をする食品で，食品ごとに国の審査を受け，許可が必要である。機能性表示食品，栄養機能食品，特定保健用食品の区別ができるよう理解しておくこと。

【3】(1)　ア　B　イ　D　ウ　F　エ　C　(2)　ア　D　イ　E　ウ　A

○**解説**○ (1)　スメタナはロシアのサワークリームである。世界の調味料について，製造方法も含め理解しておきたい。正答以外の選択肢のAは米やもち米を麹で糖化させ，唐辛子を加えて熟成させた韓国の発酵調味料，Eはサトウダイコンの一種で，皮をむくと真っ赤な色をした根菜で，ロシア料理のボルシチには欠かせないものである。　(2)　世界の料理について理解しておくこと。正答以外の選択肢について，Bはオセアニアの熱帯から温帯にかけて広く栽培され，主要な食料となっている。Cは，ベトナム料理であり，米粉と水を練って作られる平たい麺である。Fは，オランダの料理であり，マッシュポテトにゆでたキャベツや豆，ソーセージなどを混ぜたものである。

【4】(1)　①　寄せ箸　②　涙箸　(2)　ア，ウ，エ　(3)　①　キ　②　ウ　③　カ

○**解説**○ (1)　寄せ箸は箸で食器を手元に引き寄せることである。涙箸は箸先から汁物などの汁をポタポタと落とすことである。箸づかいについて，他にも，迷い箸，探り箸，刺し箸，渡し箸など数多くあるため，確認しておきたい。　(2)　正答以外の選択肢の郷土料理について，イは山形県，オは秋田県，カは熊本県，キは奈良県，クは東京都が正しい。　(3)　アは鹿児島の喜界島で，産地としては日本一である。イ

は群馬県で，こんにゃく芋の産地として日本一である。エは佐賀県で，のりの養殖生産量の日本一である。オは北海道で，国内生産量のほとんどが北海道から採取されている。

【5】2

○**解説**○ 誤りのある選択肢のイについて，消費者庁長官の責任ではなく，事業者の責任で，科学的根拠に基づいて機能性を表示する。消費者庁に届け出られた食品である。エについて，栄養機能食品は，国への届け出や審査は必要ない。

【6】2

○**解説**○ 砂糖の主成分は，しょ糖である。

【7】1

○**解説**○ 日本の米はジャポニカ米である。インディカ米は主に，インド，東南アジア，中国などで栽培される。形状は細長く，粘りがなくパラパラした食感である。でんぷんの糊化について詳細に学習しておくこと。

【8】1

○**解説**○ 食品表示法に関する問題は頻出である。概要を理解するとともに，表示の内容についても詳細に学習しておくこと。アレルギー表示の品目も覚えること。

【9】(2)

○**解説**○ 誤りのある選択肢(1)について，酸化防止剤ではなく，保存料である。保存料は他にソルビン酸などがある。選択肢(3)と(4)は種類と説明が逆になっている。食品添加物について種類と用途を整理して覚えておきたい。

【10】4

○**解説**○ 添加物には，クチナシやシソの葉など昔から使用されていた既存添加物(天然添加物)，指定添加物，そして一般飲食物添加物の3種類がある。一般飲食物添加物は通常では食品として食べられるものを，食品添加物と同じような働きを期待して食品の製造などに使用する場合には，食品添加物として扱う。使用目的が着色料の果汁も添加物とみなす。添加物の種類と目的を学習しておくこと。

総合問題

【 1 】食生活について次の(1)~(6)の問いに答えなさい。

(1) 次の図は環境省が令和4年3月に公表した食品廃棄物等の発生抑制及び再生利用の促進の取組に係る実態調査の一部である。グラフから読み取れる食品ロスの発生量の傾向を答えよ。また，その理由について考察し，根拠を踏まえて書け。

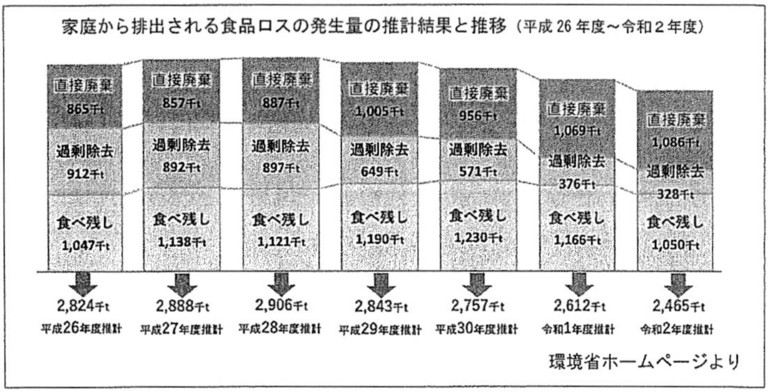

(2) 生産・流通・消費などの過程で発生する，まだ食べられるにも関わらず廃棄されようとしている食品を寄付し，必要としている人や施設等に提供する取組を何というか書け。

(3) 調理実習で肉じゃがを作りたい。1人分に使用するじゃがいもの重量は不可食分を除き70gである。じゃがいもの廃棄率を10%とし，4人分の材料として用意するじゃがいもの重量を計算し，小数点以下を切り上げて整数で書け。

(4) 肉じゃがに使う調味料は酒・しょうゆ・砂糖(上白糖)各大さじ1ずつである。各調味料の重量を書け。

(5) 炭水化物の種類に関する次の表中(a)~(h)に当てはまる語句を書け。

分類			種類		食品等所在
エネルギー源になる	(a)	単糖類	(d)		果物、はちみつ
		(c)	ショ糖		砂糖
		多糖類	(e)		穀類、いも類
エネルギー源にならない	(b)	多糖類	水溶性	(f)	果物
				グルコマンナン	(g)
				ガラクタン	(h)
			不溶性	キチン	甲殻類

(6) 上の表中(a)の代謝に関わり，不足すると「かっけ」を引き起こすビタミンの名称と，それを多く含む食品の例を1つ書け。

2024年度 群馬県 難易度 ■■■■■

【2】次の文は，災害食についての生徒と教員の会話である。以下の(1)～(7)の問いに答えよ。

生徒A：	先生，暑かったですね，防災訓練。
教　員：	今日の運動場は，特に暑かったですね。
生徒B：	この学校も災害時は，地域の方が避難してきますね。
教　員：	そうです。毛布や食料等の物品は，事務室横の倉庫に備蓄してありますよ。
生徒A：	へえ～，あの倉庫に。防災訓練は暑かったけれど，知らないことが分かったので，参加できて良かったです。
生徒B：	私も。それに，万一の時に適切な行動ができるようになりたいと思いました。
教　員：	それでは，災害時に生命や健康を守るためにどうすればいいか，一緒に考えていきましょう。
生徒A：	私，大きな鍋で炊き出しをする映像を見たことがあります。でも先生，災害直後，火がないと汁物は無理ですよね。
教　員：	確かに，汁物は体も心も満たしますが，必ず火が使えるとは限らないですよね。みなさん，これまでの調理実習を思い出して，何かいい方法を見つけてみませんか？
生徒B：	そういえば煮干しのだし汁を作った時に，火にかける前に煮干しを水につけていました。その水に塩分を加えると，a<u>うま味</u>のあるだし汁を作ることはできそうだと思います。
教　員：	いいアイディアですね。煮干し以外にも，昆布やかつおぶしはだしになりますし，乾物で長期保存ができます。また，乾燥した湯葉は，具として加えることもできますよ。

生徒A：湯葉って何ですか。
教　員：湯葉は，大豆を(　　)。さらに，それを乾燥させると長期保存できますよ。
生徒A：長期保存できる乾物にするまでに手間がかかるのですね。
生徒B：長期保存といえば，b<u>さば</u>の缶詰や缶に入ったパンもスーパーで見たことがあります。
生徒A：私は，小学校の時に災害食のパンを食べたことがあります。
生徒B：私は，家で災害食のお米に湯を注いで食べました。
教　員：よく思い出しましたね。ご飯のままだと長期保存はできないですが，c<u>α化米</u>は，災害食として適していますね。
生徒B：おにぎりにもできますね。
教　員：前回の調理実習で，みなさんは上手におにぎりを握っていましたね。おにぎりを握る時には，d<u>衛生的に調理</u>する必要がありましたね。
生徒A：あっ，水と一緒に粉末のe<u>お茶</u>を配ると，避難してきた方も，ほっとするかもしれませんね。それに，お茶にはいろいろな効果があると聞いたことがあります。倉庫のf<u>備蓄</u>の一つとして提案したいです。
教　員：みなさんは発想が豊かですね。これからも災害食に関する学習をしていきましょう。
生　徒：は～い。みんなで考えると災害時に備えていろいろな準備ができそうな気がしてきました。

(1)　次の文は，下線部aの成分とだし文化について説明しようとしたものである。文中のア～エの(　　)にあてはまる語句は何か。それぞれ書け。

日本料理では，かつおぶし・煮干し・干しこんぶ・干ししいたけなどからだしをとる。いずれも乾物のため短時間でだしがとれる。かつおぶし・煮干しに含まれる主なうま味成分である(　ア　)と，干しこんぶに含まれる主なうま味成分である(　イ　)のだしを組み合わせるとうま味が増す。
　中国料理では，スープを(　ウ　)という。主に鶏ガラ・豚骨・干しエビ・ネギ・白菜など，乾物だけでなく生鮮食品からも(　ウ　)をとるため，日本料理に比べて(　ウ　)をとるのに時間がかかる。
　西洋料理では，牛すね・鶏ガラ・魚アラ・たまねぎ・にんじんなど生鮮食品からスープをとるため長時間かかる。食材の臭み取りや風味付けのために香草類を数種類束ねた(　エ　)を用いる。

(2)　会話文中の(　　)について，生徒に湯葉の作り方の過程が伝わるように説明をしたい。以下に説明文を書け。

　大豆を

(3)　下線部bに関して，一尾を調理した場合，廃棄する部分が生じる。サバを三枚におろした図を用いて廃棄率の求め方を示し，食品ロスを少なくする調理の工夫について生徒に説明するための板書例を書け。
(4)　下線部cは米の加工品である。その作り方をでんぷんの特徴に触れながら，書け。
(5)　次の文は，下線部dについて述べようとしたものである。文中の(　ア　)，(　イ　)にあてはまる語句は何か。それぞれ書け。

　「食中毒予防の三原則」とは，菌を付けない，菌を増やさない，菌を(　ア　)である。さば，いか，さんまなどの魚介類に寄生する寄生虫であるアニサキスを食べると，胃や腸の激しい痛みや嘔吐などが起こる。また，おにぎりを握る時は手指に傷がある時に調理しないようにし，細菌性毒素型食中毒の原因となる(　イ　)に気を付けたい。

(6) 次の文は，下線部eについて述べようとしたものである。文中のア～ウの(　　)にあてはまる語句は何か。それぞれ書け。

緑茶の渋み成分の(　ア　)は，抗酸化作用や体脂肪抑制効果も期待されている。緑茶は，加熱処理により酸化酵素の働きを止めた不発酵茶である。また，(　イ　)は，酸化酵素の働きを途中で止めた半発酵茶で，(　ウ　)は，十分に発酵させた完全発酵茶である。

(7) 次の文は，下線部fのある方法について説明したものである。その方法は何か。書け。

非常時のために，普段の食品を少し多めに買い置きし，賞味期限の古いものから消費し，消費分を買い足しながら常に一定量の食品を家庭に備蓄しておく方法。

2024年度 香川県 難易度

【3】食生活に関する次の問いに答えよ。

(1) 体の中における水とその働きについて述べた文として適切でないものを①～⑤から選び，番号で答えよ。

① 体の成分は，性，年齢，体型などにより個人差があるが，水は体重の約60%前後を占める。

② 五大栄養素の一つである。

③ 1日およそ2.5Lの水が，体内を出入りしている。

④ 生命維持のために不可欠なものである。

⑤ 栄養素の運搬や老廃物の運搬・排出，体温の調節などの役割を果たす。

(2) 次の表は，脂肪酸の種類と特徴である。表中の(　ア　)～(　ケ　)にあてはまる語句の適切な組合せを①～⑥から選び，番号で答えよ。

種　類				多く含む食品	主な働き
飽和脂肪酸			パルミチン酸など	牛・豚・鶏の肉	（　ア　）
不飽和脂肪酸	一価不飽和脂肪酸		（　イ　）	（　ウ　）	（　エ　）
	多価不飽和脂肪酸	リノール酸系 （n-（　オ　）系）	リノール酸 （　カ　）など	（　キ　）	成長・発育に必要
		α-リノレン酸系 （n-（　ク　）系）	α-リノレン酸 （　ケ　）など	なたね油 魚	神経細胞の働きに必要

	ア	イ	ウ	エ	オ	カ	キ	ク	ケ
①	エネルギー源貯蔵脂肪	オレイン酸	オリーブ油	血中コレステロールを減少	6	アラキドン酸	コーン油	3	ドコサヘキサエン酸
②	エネルギー源貯蔵脂肪	アラキドン酸	コーン油	血中コレステロールを減少	3	ドコサヘキサエン酸	バター	9	オレイン酸
③	エネルギー源貯蔵脂肪	ドコサヘキサエン酸	コーン油	血中コレステロールを減少	9	オレイン酸	なたね油	6	オレイン酸
④	血中コレステロールを減少	オレイン酸	オリーブ油	成長発育に必要	6	ドコサヘキサエン酸	コーン油	9	アラキドン酸
⑤	血中コレステロールを減少	アラキドン酸	オリーブ油	成長発育に必要	3	オレイン酸	バター	6	ドコサヘキサエン酸
⑥	血中コレステロールを減少	アラキドン酸	コーン油	成長発育に必要	9	オレイン酸	なたね油	3	ドコサヘキサエン酸

(3)　次の文は，アミノ酸について述べたものである。(　ア　)，(　イ　)にあてはまる語句の適切な組合せを①～⑥から選び，番号で答えよ。

> たんぱく質をつくるアミノ酸は約20種類あり，そのうち体内で合成できない9種類を必須アミノ酸という。必須アミノ酸には，イソロイシン，ロイシン，リシン，メチオニン，フェニルアラニン，トレオニン，トリプトファン，(　ア　)，(　イ　)がある。

①　ア　グリシン　　イ　アラニン
②　ア　バリン　　イ　ヒスチジン
③　ア　セリン　　イ　チロシン
④　ア　セリン　　イ　ヒスチジン
⑤　ア　バリン　　イ　チロシン
⑥　ア　アラニン　　イ　セリン

(4)　ビタミンの種類と働きについて述べた文として適切なものを①～⑤から選び，番号で答えよ。

① ビタミンは体の調子を整える三大栄養素の一つである。

② ビタミンDは水溶性ビタミンであり，血管を丈夫にし，傷の回復を早める。

③ ビタミンCは水溶性ビタミンであり，目の働きを助け，皮膚や喉，鼻の粘膜を健康に保つ。

④ ビタミンAは脂溶性ビタミンであり，カルシウムの吸収をよくし，骨を強くする。

⑤ ビタミンB_1，B_2は水溶性ビタミンであり，炭水化物や脂質が体内でエネルギーに変わるときに必要となる。

(5) 次の表は，食中毒の原因菌とその食品の例である。(　ア　)～(　カ　)にあてはまる語句の適切な組合せを①～⑥から選び，番号で答えよ。

食中毒の種類	病因菌	原因食品
細菌性	(　ア　)	鶏卵
	(　イ　)	おにぎり
	カンピロバクター	(　ウ　)
	(　エ　)	大量調理されたカレー
ウイルス	ノロウイルス	(　オ　)
寄生虫	アニサキス	(　カ　)

	ア	イ	ウ	エ	オ	カ
①	サルモネラ属菌	ウェルシュ菌	とり肉	ボツリヌス菌	漬物	豚肉
②	ウェルシュ菌	病原性大腸菌	漬物	ボツリヌス菌	二枚貝	豚肉
③	サルモネラ属菌	ウェルシュ菌	じゃがいも	ぶどう球菌	豚肉	さば
④	サルモネラ属菌	ぶどう球菌	とり肉	ウェルシュ菌	二枚貝	さば
⑤	ウェルシュ菌	病原性大腸菌	じゃがいも	ぶどう球菌	漬物	豚肉
⑥	ウェルシュ菌	ぶどう球菌	漬物	サルモネラ属菌	豚肉	さば

(6) 食品表示について述べた文として適切でないものを①～⑤から選び，番号で答えよ。

① JAS法に示された食品表示基準に基づき，全ての食品に食品表示が義務付けられている。

② 生鮮食品の中には，食品のトレーサビリティ制度に基づく表示が義務付けられている食品がある。

③ 加工食品には，名称，原材料名，内容量，期限，保存方法，エネルギー及び栄養成分量，製造者の名称と住所の表示が義務付けられている。

④　遺伝子組み換え食品として安全が確認された農産物は，だいず，とうもろこし，ばれいしょ，なたね，綿実，アルファルファ，てん菜，パパイヤの8種であり，これを原材料とする加工食品は表示が義務付けられている。

⑤　賞味期限は，おいしさなどの品質が保証される期限のことで，比較的長く保存が可能なものに示される。

(7)　「日本人の食事摂取基準」について述べた文として適切なものを①～⑤から選び，番号で答えよ。

①　栄養状態や体位などに応じて10年ごとに改定され，栄養素の4つの指標と目標量がある。

②　傷病者を対象としたものである。

③　健康の維持・増進や，生活習慣病の発症および重症化した際の治療を目的としたものである。

④　年齢，性，各ライフステージ別に，エネルギーと各栄養素の摂取量の基準を示したものである。

⑤　20歳以上の食塩相当量の目標量は，2020年版では男性7.5g未満，女性6.5g未満である。

(8)　次の食料自給率について説明した文の(　ア　)～(　ク　)にあてはまる数値の適切な組合せを①～⑥から選び，番号で答えよ。

食料自給率とは，国内の食料消費が，国内の食料生産でどれくらいまかなえているかを示す値のことである。食料自給率をカロリーベースでみると，1965年度には(　ア　)%を超えていたが，2010年度からは毎年(　イ　)%を下回っている。2020年度の日本の食料自給率は(　ウ　)%である。農林水産省では，2025年度までに食料自給率をカロリーベースで(　エ　)%まで引き上げることを目標にしている。

品目別自給率を重量ベースで見ると，米の食料自給率は(　オ　)%，小麦の食料自給率は(　カ　)%，大豆の食料自給率は(　キ　)%，魚介類の食料自給率は(　ク　)%である。

	ア	イ	ウ	エ	オ	カ	キ	ク
①	70	30	27	50	77	15	6	67
②	70	40	27	55	87	5	46	77
③	70	40	37	45	97	15	6	57
④	80	30	37	50	97	5	26	57
⑤	80	30	27	55	87	25	46	67
⑥	80	40	37	45	77	25	6	77

(9)　次の(ア)～(カ)は，寒天ゼリーとゼラチンゼリーの性質について述べた文である。ゼラチンの性質として適切な組合せを①～⑥から選び，番号で答えよ。

(ア)　0.5～1.5％の濃度で用いる。

(イ)　凝固温度は5～12℃，融解温度は20～35℃である。

(ウ)　酸を加えて加熱すると凝固しない。

(エ)　弾力性に富み，口どけが良い。

(オ)　原料は，てんぐさやおごのりなどの海藻である。

(カ)　たんぱく質分解酵素を含む食品を加えると凝固しない。

①　(ア)・(イ)・(ウ)　　②　(ア)・(ウ)・(カ)

③　(ウ)・(エ)・(オ)　　④　(イ)・(エ)・(カ)

⑤　(イ)・(ウ)・(エ)　　⑥　(イ)・(オ)・(カ)

(10)　生鮮食品とその食品の旬を表したものである。適切な組合せを①～⑥から選び，番号で答えよ。

(ア)　春－あゆ　　(イ)　春－アスパラガス

(ウ)　夏－れんこん　　(エ)　夏－あさり

(オ)　秋－ほうれんそう　　(カ)　秋－さけ

(キ)　冬－ねぎ　　(ク)　冬－ぶり

①　(ア)・(ウ)・(エ)・(カ)　　②　(イ)・(エ)・(オ)・(キ)

③　(イ)・(カ)・(キ)・(ク)　　④　(イ)・(ウ)・(オ)・(ク)

⑤　(ア)・(ウ)・(カ)・(キ)　　⑥　(ア)・(エ)・(オ)・(ク)

(11)　次の文章A～Fの(　ア　)～(　キ　)にあてはまる適切な語句をそれぞれ①～⑤から選び，番号で答えよ。

A：アミノ酸価が低い食品でも，不足するアミノ酸を多く含む食品と組み合わせて食べることにより，食事全体のアミノ酸価を高くすることができる。これを(　ア　)という。

①　必須アミノ酸　　②　第一制限アミノ酸

③　アミノ酸評点パターン　　④　たんぱく質の補足効果

⑤　たんぱく質の代謝

B：異なる味の物質が一緒に存在する場合，一方の味が他方の味を強めたり，弱めたりすることがある。この現象を味の相互作用という。たとえば，しるこやあんこに少量の食塩を加えると甘味が強くなる。これを(　イ　)効果という。こんぶのうま味はかつお節やしいたけのうま味により著しく強まる。これを(　ウ　)効果という。

①　イ　相乗　　ウ　抑制　　②　イ　対比　　ウ　変調

③　イ　相乗　　ウ　対比　　④　イ　変調　　ウ　相乗

⑤　イ　対比　　ウ　相乗

C：緑黄色野菜とは，可食部100gあたりカロテンを(　エ　)以上含む野菜のことである。トマトやピーマンなどは，可食部100gあたりカロテン含量が(　エ　)未満だが，食べる回数や量が多いため，緑黄色野菜に分類される。

①　60mg　　②　600mg　　③　6,000mg　　④　60μg

⑤　600μg

D：(　オ　)とは，乳児・幼児・妊産婦・えん下困難者・病者など，特別な状態にある人に適すると認可された食品である。

①　有機農産物加工食品　　②　特定保健用食品

③　特別用途食品　　④　健康食品

⑤　栄養機能食品

E：無機質(ミネラル)は人体組織を構成し，生理的機能を調整する。無機質には欠乏症または過剰摂取により健康障害を起こすものもある。体内で合成できないため食事から摂取する必要がある。たとえば，亜鉛が欠乏すると(　カ　)を引き起こす。

①　貧血　　②　味覚障害　　③　甲状腺肥大　　④　骨粗鬆症

⑤　筋力低下

F：(　キ　)とは，商品の原材料の調達，生産，流通，廃棄・リサイクル等の全過程で排出された温室効果ガスの排出量を合計して二酸化炭素排出量に換算し，可視化する取り組みである。

①　バーチャルウォーター　　②　スローフード運動

③　フードバンク　　　④　カーボンフットプリント
⑤　フードマイレージ

▌2024年度 ▌神戸市 ▌難易度 ■■■□□

【4】食物について，次の問に答えよ。

問1　回鍋肉を調理実習で作ることにした。各問に答えよ。

表 1

材料	分量（1人分）
①豚バラ肉	75 g
（ A ）	70 g
②たまねぎ	40 g
③にんじん	20 g
ピーマン	20 g
豆板醤	2 g
④甜麺醤	5 g
しょうゆ	5 mℓ
砂糖	2 g
油	7 mℓ

(1)　表1は回鍋肉の材料である。空欄Aに適する材料を答えよ。

(2)　下線部①の部位はどこか，図1のア～カから一つ選び，記号で答えよ。

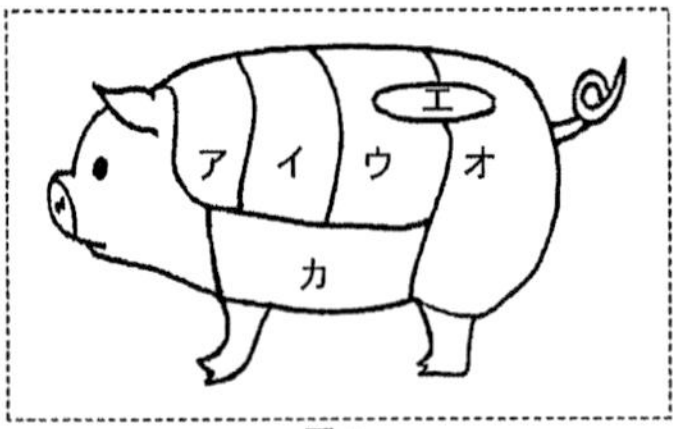

図 1

(3)　下線部②などに含まれる炭水化物の成分は，食物繊維とともに腸内の善玉菌を増やす働きがある。この成分の名称を答えよ。

(4)　下線部③などに含まれるβ－カロテンが，体内で変化する栄養素名を答えよ。

(5)　下線部④を，他の調理実習でもよく使用する調味料で代用することにした。これに最も適する調味料名を答えよ。

(6)　次の文は炒め物について説明したものである。空欄B～Dに適する語句を答えよ。

少量の油により食品を加熱する調理法で，(　B　)と焼き物の特徴を兼ね合わせる。その特徴としては，高温で(　C　)加熱のため，食品の色が美しく保たれ，(　D　)の損失も少ない。

(7)　野菜や果物などに含まれる，生命維持に直接関係なくても健康の維持に役立つ，植物性の食品成分の総称を何というかカタカナで答えよ。

問2　表2は，弁当の献立である。各問に答えよ。

表2　（調味料は除く）

献立名	飯	アジフライ	ブロッコリーのオムレツ	ほうれん草の胡麻和え	さつまいもの甘煮	果物
材料	⑤米	⑥あじ 大葉 小麦粉 卵 パン粉 揚げ油	卵 ⑦ブロッコリー チーズ 牛乳 バター	⑧ほうれん草 いりごま	さつまいも ⑨くちなしの実	オレンジ

(1)　下線部⑤など，農畜産物の生産，流通の履歴を確認できることを何というか，答えよ。

(2)　下線部⑥を生食する際に留意する，好塩性の細菌性感染型食中毒の原因菌を答えよ。

(3)　下線部⑦を色鮮やかにゆでる要点を述べよ。

(4)　図2は，下線部⑧の100g中のビタミンC含有量の違いを収穫時期別に示したものである。E，Fの季節をそれぞれ答え，Fの時期の名称を答えよ。

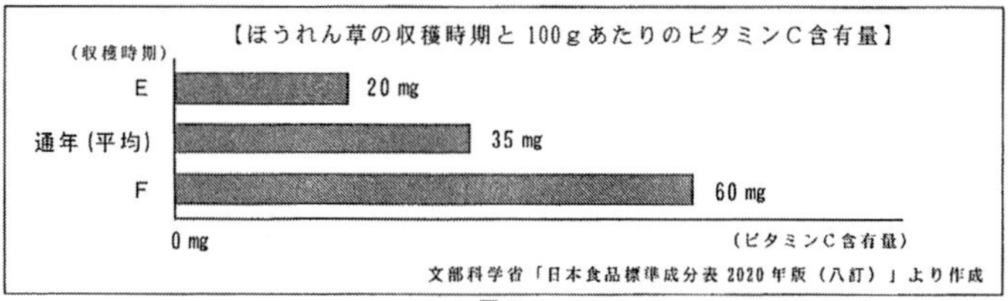

図2

(5)　下線部⑨を入れる理由を簡潔に答えよ。

(6)　弁当を作る際，汁気の多いおかずを避け，中身をよく冷ましてから詰めるのはなぜか，衛生面から理由を説明せよ。

2024年度 | 鹿児島県 | 難易度

【5】食生活について，次の問に答えよ。

問1　高校生の食生活について，以下の(1)～(3)に答えよ。

> 高校生になると，勉強や部活動などにより，家族との生活にずれが生じ，自ら食を選択する機会が増加する。その際，ダイエットを理由に①ノンカロリーの食品を選択したり，欠食したりする者もいる。こうした痩せ願望は10～20代で顕著となる。欠食は，栄養バランスの崩れを招き，低栄養となり，②さまざまな問題となる恐れもある。

(1)　下線部①について，ノンカロリーと表示できる食品について，説明せよ。

(2)　下線部②について，拒食症や過食症など，食事量がコントロールできない状態のことを何というか，答えよ。

(3)　肥満度を表す指数の一つにBMIがある。標準体重のBMIの数値を答えよ。

問2　日本の食料事情について，(1)～(4)に答えよ。

(1)　図1は主要先進国の食料自給率(カロリーベース)を表したものである。日本の食料自給率はA～Eのいずれか，記号で答えよ。

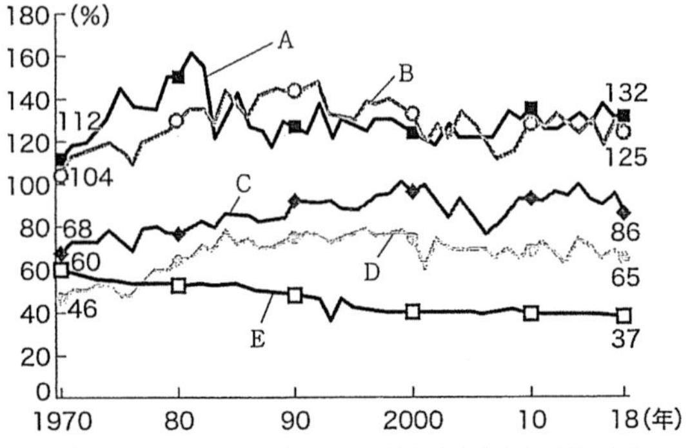

[注]日本は年度。それ以外は暦年。(農林水産省「食料需給表」)

図1

(2)　まだ食べられるのに廃棄される食品を何というか，答えよ。

(3) 宮崎県西都市産のピーマン3kgを千葉県まで運んだ場合のフードマイレージを単位をつけて答えよ。宮崎県西都市から千葉県までの距離は900kmとする。

(4) エコクッキングについて，食品の購入時に，気をつけるべきことを一つ記せ。

問3 和食について，次の(1)，(2)に答えよ。

(1) 図2は和食の献立形式における一汁三菜(ご飯，汁物，主菜，副菜，副菜)の配膳を表したものである。正しい配膳になるように，ア～エに適するものをご飯，汁物，主菜，副業から選び，答えよ。

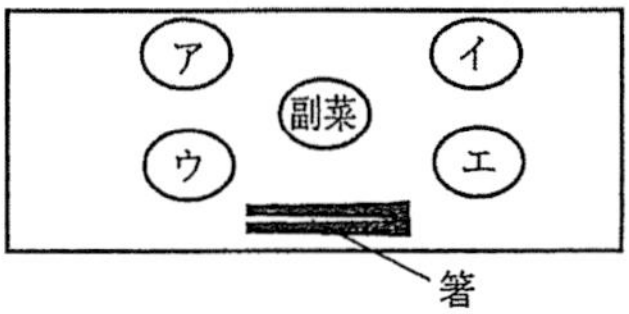

図2

(2) 汁物のだし汁を昆布とかつお節の混合だしで取る場合の取り方を説明せよ。

問4 「鶏の唐揚げ」について，次の(1)～(5)に答えよ。

(1) 揚げ物の特徴について，次の[　オ　]～[　キ　]にあてはまる語を答えよ。

高温で短時間の調理のため，食品の[　オ　]，[　カ　]の損失が少ない。食材の水分が抜けて，油が吸収されるので，油の[　キ　]が加わる。

(2) 鶏肉を使って，唐揚げを作る場合，吸油量は約何％か，答えよ。

(3) 図3は，揚げ温度を唐揚げの衣で見る方法を示している。鶏の唐揚げを170～180℃で揚げる場合の温度を示している図をA～Dから一つ選び，記号で答えよ。

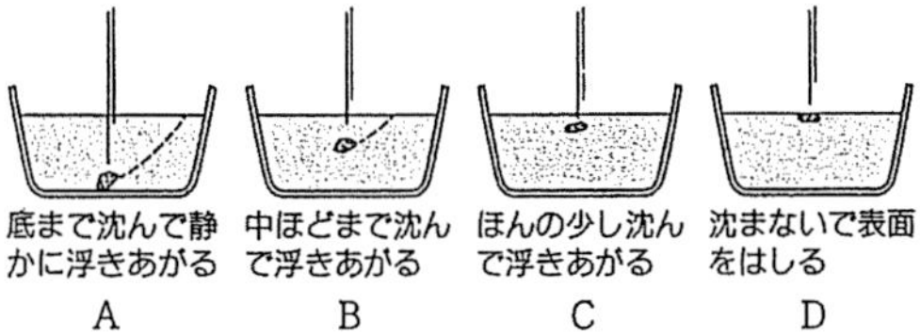

図3

(4) 鶏肉が原因で起こる, 嘔吐・下痢・発熱などの症状を引き起こす食中毒を一つ答えよ。

(5) 「米飯, 豆腐とわかめの味噌汁, 鶏の唐揚げ, 付け合わせキャベツのせん切り, トマトのくし形切り」のメニューで調理実習を行う場合, (4)の食中毒を予防するために注意すべきことについて, 細菌性食中毒予防の三原則である「つけない」「増やさない」「やっつける」の三つの視点で, それぞれ簡潔に記せ。

▌ 2024年度 ▌ 島根県 ▌ 難易度 ▨▨▨□□

【6】食生活に関する次の各問に答えよ。

〔問1〕 次の図は, 食料自給率(カロリーベース)の推移を示したものであり, 図中のア〜エには, 日本, アメリカ, ドイツ, イギリスのいずれかの国が当てはまる。このうち, 日本に当てはまるものとして適切なものは, 以下の1〜4のうちのどれか。

図

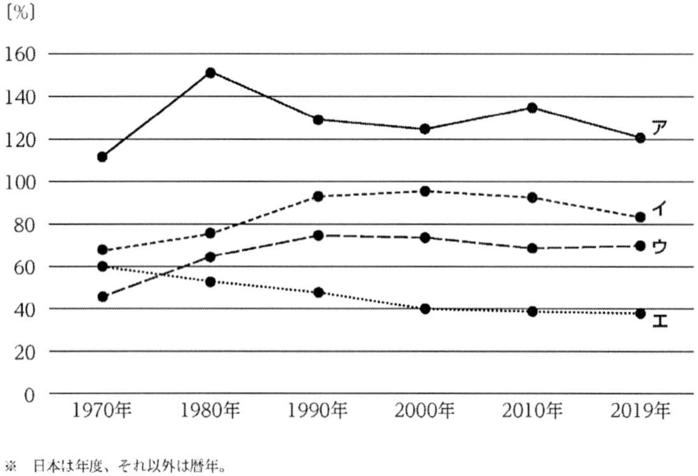

※ 日本は年度、それ以外は暦年。
※ ドイツについては、統合前の東西ドイツを合わせた形で遡及している。

（農林水産省「食料需給表 令和3年度」（令和4年8月）から作成）

1 ア　　2 イ　　3 ウ　　4 エ

〔問2〕 食品表示法に基づいた加工食品の表示に関する記述として適切なものは, 次の1〜4のうちのどれか。

1 原材料名は，使用した原材料に占める重量の割合の低いものから順に表示する。

2 アレルゲンの表示として義務付けられているのは，特定原材料のえび，かに，さば，小麦，そば，卵，乳及び落花生(ピーナッツ)である。

3 栄養成分の量及び熱量については，熱量，たんぱく質，脂質，炭水化物及びナトリウムの量の表示が必要である。

4 機能性表示食品とは，健康の維持増進に役立つことが科学的根拠に基づいて認められ，「コレステロールの吸収をおだやかにする」等の表示が許可されている食品である。

〔問3〕次の表は，炊き込みご飯の栄養成分の量をまとめたものである。この表に基づいて算出した総熱量として最も適切なものは，以下の1〜4のうちではどれか。ただし，炭水化物は全て糖質として算出するものとする。

表

〔g〕

たんぱく質	脂質	炭水化物
8.6	3.1	75.2

1　363kcal　　2　348kcal　　3　724kcal　　4　767kcal

‖ 2024年度 ‖ 東京都 ‖ 難易度 ‖■■■□□

【7】食生活について，次の各問いに答えなさい。

(1) 栄養について，次の(①)〜(⑥)にあてはまる最も適切な語句を答えなさい。

・たんぱく質は主に，(①)や血液，内臓，皮膚や髪の毛などの体の組織をつくり，消化されて(②)となる。

・ビタミンAは，不足すると細菌に対する(③)が低下し，カゼなどの症状がでやすくなる。

・ビタミンCは，(④)の回復を助ける。

・脂質は体内で消化され，(⑤)とモノグリセリドになる。

・食事摂取基準は，年齢，性別，(⑥)レベルによって定められている。

(2)　次の表は，「とうふのすまし汁」の材料と分量を示したものである。以下の各問いに答えなさい。

＜とうふのすまし汁　一人分＞
○　A混合だし…150mL(一人分)
水………………200mL
こんぶ…………2～4g
かつおぶし……2～4g
○　とうふ……30g
○　みつば……3g
○　塩…………1g
○　しょうゆ…2.5mL

①　だし汁は，食品のうま味成分をしみ出させたものである。こんぶとかつおぶしのうま味成分をそれぞれ答えなさい。

②　表中のA混合だしの作り方を答えなさい。

③　塩少々と，塩ひとつまみを指先で計量する方法を答えなさい。

(3)　加工食品には，アレルギーを引き起こす原因物質として，必ず表示される8品目がある。「くるみ」以外の7品目をすべて答えなさい。

(4)　食中毒について，次の各問いに答えなさい。

①　食中毒の原因となる細菌やウイルスが増殖する主な理由は3つある。温度，水分のほかに考えられる理由を一つ答えなさい。

②　食中毒の原因となるほとんどの菌は，(　ア　)℃以下になると活動がゆっくりになり，(　イ　)℃以下で停止する。(　ア　)と(　イ　)にあてはまる最も適切な数字を答えなさい。

(5)　持続可能な食生活について，次の各問いに答えなさい。

①　次の図1は，食料自給率の国際比較を表したものである。図1中の(ア)～(エ)は，スイス，オーストラリア，ドイツ，日本のいずれかを表している。オーストラリアと日本を表しているものを図1中の(ア)～(エ)からそれぞれ選び，記号で答えなさい。

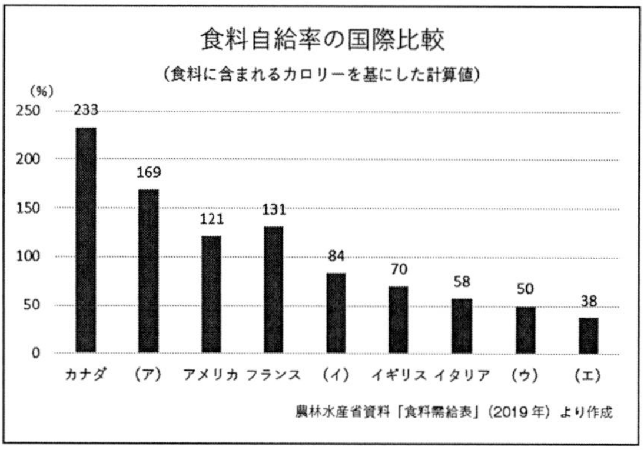

図1

② 次の文は日本の食料自給率について説明したものである。(A)～(E)にあてはまる最も適切な語句を答えなさい。

> わたしたちが毎日食べている食品の多くは，国内で生産される畜産物や水産物だけでなく，外国からの(A)に頼っている。日本では，(B)の担い手が(C)化しており，(B)従事者は年々減少をしている。また，耕地放棄者も増えて(D)の減少もすすんでいる。日本では食料自給率を上げることを目標としつつ，日本の農林水産業の推進のため，食料を海外に向けて(E)する取り組みが広がっている。

(6) 地域の食文化について，次の各問いに答えなさい。

① 次の文章は，和食の特徴について説明したものである。(ア)～(オ)にあてはまる最も適切な語句を答えなさい。

> 和食は，(ア)の美しさや(イ)の移ろいを表現し，(ウ)に優れているため，健康的な食生活を送ることができる。多様で新鮮な(エ)とその(エ)の持ち味を尊重した調理をしていることも特徴である。正月など(オ)と密接なかかわりもある。

② 次の文章は，鳥取県の郷土料理を説明したものである。該当す

る郷土料理の名称を以下の[ ]の中から一つ選び，答えなさい。

何か特別な行事があった時に各家庭で作られ，近所に振る舞われるほど，古くから鳥取県西部を中心に親しまれてきた料理。大きな油揚げの中に，米，野菜などを詰め，じっくり炊き上げたもの。その名称は秀峰「大山」に由来するという説もある。

かに寿し	いぎす	いただき	こも豆腐
らっきょう漬け			

‖ 2024年度 ‖ 鳥取県 ‖ 難易度 ■■■■■

【8】食生活について，次の(1)・(2)の各問いに答えなさい。

(1) 次の[ ]の文を読んで，文中の(①)～(④)に適する語句を以下のア～コの中から選び，記号を書きなさい。

> 日本人の(①)は，健康な人を対象として，健康の維持・増進や生活習慣病の発症および重症化の予防を目的として，年齢，性，妊婦，授乳婦の別に，エネルギーと各栄養素の摂取量の基準を示したものである。エネルギー収支バランスの指標には(②)が用いられ，目標とする範囲が定められている。
>
> (①)を満たした栄養バランスのよい食事を計画したり，食事のエネルギーや栄養素の過不足を知るために，(③)計算を行う。(④)には，日本人が日常摂取している食品の成分値が，可食部100gあたりで示されている。

ア　6つの基礎食品群　　イ　アミノ酸価
ウ　栄養成分表示　　エ　食事摂取基準
オ　BMI　　カ　栄養価
キ　JAS　　ク　日本食品標準成分表
ケ　ADI　　コ　食事バランスガイド

(2) 次の表に書かれた値を利用し，「肉(A)120gの脂質」と「肉(B)120gのエネルギー」の計算をそれぞれ行い，式と答えを書きなさい。ただし，小数点以下を四捨五入する。

食品名（可食部100gあたり）	エネルギー	水分	たんぱく質	脂質	炭水化物		食塩相当量	廃棄率
	kcal	g	g	g	g		g	%
肉(A)にわとり もも 皮つき 生	190	68.5	16.6	14.2	0		0.2	0
肉(B)にわとり ささみ 生	98	75.0	23.9	0.8	0.1		0.1	5

2024年度 名古屋市 難易度

【9】食生活について，次の(1)～(3)の問いに答えよ。

(1) 次の文章は「大阪府子ども(子育て世帯)に対する食費支援事業(令和5年2月22日施行)」に関するものである。次のア～ウの問いに答えよ。

ア (A)～(D)にあてはまる語句の組合せとして最も適切なものはどれか。以下の1～5から一つ選べ。

本事業における対象者は，次のいずれにも該当する者とする。

・申請日において，大阪府内の市町村に居所を有する者。ただし，令和(A)年4月1日以後に転入した者を除く。

・次のいずれかに該当する者

① 平成(B)年4月2日以後に生まれた者

② 令和5年3月31日までに妊娠しており，かつ，申請日においても妊娠している者

ただし，令和5年3月31日までに妊娠している証明として(C)等が必要

給付物品は，米又はその他の食料品

給付物品は，対象者1人につき，(D)給付する。

	A	B	C	D
1	4	14	マイナンバーカード	3回に分けて
2	4	16	マイナンバーカード	1回限り
3	5	16	母子健康手帳	1回限り
4	5	16	マイナンバーカード	3回に分けて
5	5	14	母子健康手帳	1回限り

イ　給付物品は20カテゴリー(139品目)あり，その中にはアレルギー対応食品も含まれている。アレルギーの原因となる特定原材料(食品表示基準別表第14)7種類の食材の組合せとして最も適切なものはどれか。次の1～5から一つ選べ。

	特定原材料
1	卵・乳・大豆・ごま・アーモンド・バナナ・ゼラチン
2	卵・乳・小麦・そば・アーモンド・バナナ・ゼラチン
3	卵・乳・小麦・ごま・落花生・バナナ・ゼラチン
4	卵・乳・大豆・そば・落花生・えび・かに
5	卵・乳・小麦・そば・落花生・えび・かに

ウ　アレルギー症例数の増加等を踏まえ，令和5年3月9日に食品表示基準の一部が改正された。特定原材料として新たに追加された品目は何か。次の1～5から一つ選べ。

1　カシューナッツ　　2　くるみ　　3　りんご　　4　キウイ
5　やまいも

(2)　遺伝子組換え食品の表示の説明として，誤っているものはどれか。次の1～5から一つ選べ。

1　義務表示制度について，遺伝子組換え農作物を原材料とする場合は，「遺伝子組換え」であるまたは，「遺伝子組換えのものを不分別」と表示する義務がある。

2　義務表示の対象となるのは大豆，菜種，綿実，アルファルファ，てん菜，パパイヤ及び，からしなの7種類の農産物である。

3　任意表示制度について，油やしょうゆなどの加工食品で，組み換えられたDNA及びこれによって生じたたんぱく質が加工工程で除去・分解され，最新の検出技術によって検出が不可能とされている加工食品について表示義務はない。

4　分別生産流通管理が適切に行われていれば，一定の「意図せざる混入」がある場合でも分別生産流通管理を行っている旨の表示ができる。

5　遺伝子組換え農産物が主な原材料(原材料の上位3位以内で，かつ，全体重量の5%以上を占める)でない場合は表示義務はない。

(3)　次の表は献立「米飯，ハンバーグ，みそ汁」の材料を示したものである。以下のア～オの問いに答えよ。

<米飯> 精白米 水 <みそ汁> 出汁 かつお、こんぶ だいこん 油あげ，ねぎ みそ	<ハンバーグ> 合い挽き肉 卵 玉ねぎ 牛乳 パン粉 塩・こしょう 香辛料（ナツメグ） 油・バター	<つけあわせ> じゃがいも にんじん さやいんげん 塩・こしょう <ソース> ホールトマト 水 赤ワイン

ア　米飯について，精白米2合に適した水量(mL・cc)はどれか。次の1～5から一つ選べ。

1　396　　2　400　　3　432　　4　540　　5　684

イ　米に関する説明文のうち正しいものはどれか。次の1～5から一つ選べ。

1　日本型の稲は長粒種であり，インド(インディア)型の短粒種はでんぷんのアミロースの割合が日本型と異なる。そのため日本型の米は炊飯したものに粘り気があり，インド(インディア)型はパサつきがある。

2　米の成分は，炭水化物が主成分であるが，たんぱく質も含んでおり，特にリジンの割合が高く，アミノ酸価も高い。また，ビタミンAやCは含まない。玄米や胚芽米はビタミンB群を多く含むが，精白米は少ない。

3　うるち米の加工品として，糊化でんぷん型には団子などに使用される上新粉，生でんぷん型には和菓子に使用されるみじん粉などがある。

4　米を使用した発酵食品は，清酒，みりん，米酢，米みそ，なれずしなどがある。

5　生の米は水と熱を加えると生でんぷん(βでんぷん)から糊化(α化)され，消化性の良いαでんぷんとなるが，低温で放置するとミセル構造が崩壊し，消化性が低下し老化する。

ウ　じゃがいもの芽を取り除くために，包丁のどの部分を使用するか。次の1～5から一つ選べ。

1　あご　　2　切っ先　　3　刃先　　4　腹　　5　みね

エ　かつおとこんぶの合わせ出汁の取り方の説明のうち，最も適切なものはどれか。次の1～5から一つ選べ。

1　こんぶは水から浸し，火にかけ，沸騰直前にこんぶを取り出し，かつお節を入れ，ひと煮立ちしたら火を止めこす。

2　こんぶは水から浸し，火にかけ，沸騰直前にこんぶを取り出し，かつお節を入れ，弱火で10分以上煮込み，火を止めこす。

3　こんぶは水から浸し，火にかけ，沸騰直前にこんぶを取り出し，一度水を加え，温度を下げてからかつお節を入れ，すぐに火を止めこす。

4　こんぶは水から浸し，火にかけ，沸騰直後にこんぶを取り出し，かつお節を入れ，ひと煮立ちしたら火を止めこす。

5　こんぶは水から浸し，火にかけ，沸騰直後にこんぶを取り出し，一度水を加え，温度を下げてからかつお節を入れ，すぐに火を止めこす。

オ　献立について，文化的・宗教的に禁忌事項となる場合の対応として，豚肉とアルコールを用いない食材(加工品やアルコール発酵が製造過程にある食品も含む)に変更する場合について，次のA・Bの問いに答えよ。

A　ハンバーグとソースの材料を変更する場合，正しい対応を組合せたものはどれか。以下の1～5から一つ選べ。

①　合い挽き肉を遺伝子組換えでない大豆加工品に変更する

②　合い挽き肉をベーコンに変更する

③　赤ワインをトマトケチャップに変更する

④　赤ワインをみりんに変更する

⑤　パン粉を米粉に変更する

1　①と④　　2　②と③　　3　②と④　　4　①と④と⑤

5　①と③と⑤

B　デザートを加える場合，最も適切なものはどれか。次の1～5から一つ選べ。

1　フルーツのゼラチン寄せ

2　生クリームのババロア

3　牛乳寒天

4　オレンジキュラソーのフルーツコンポート

5　ラムレーズンアイス

2024年度　大阪府・大阪市・堺市・豊能地区　難易度■■■■■

【10】「食生活の科学と文化」について，各問いに答えよ。

(1)　次のアからエの説明文にあてはまる調味料について，正しい組み合わせとして最も適当なものを以下の①から⑥までの中から一つ選び，記号で答えよ。

ア　塩分濃度12～16%，成分は大豆のたんぱく質と小麦のでんぷんに由来し，うま味成分はグルタミン酸などのアミノ酸が主体で，香気成分を含む。

イ　塩分濃度5～13%，主な成分はたんぱく質，炭水化物，脂質やこれらの分解物からなり，独特のうま味や風味をもつ。

ウ　アルコール分約14%，糖分のほか，うま味，こく，香りを与える役割をもつ。

エ　酢酸を主な成分とする酸性調味料。でんぷんや糖をアルコール発酵させ，さらに酢酸発酵させて製造する。

	ア	イ	ウ	エ
①	みそ	しょうゆ	みりん風調味料	みりん
②	しょうゆ	みそ	みりん風調味料	みりん
③	みそ	しょうゆ	食酢	みりん風調味料
④	しょうゆ	みそ	食酢	みりん風調味料
⑤	みそ	しょうゆ	みりん	食酢
⑥	しょうゆ	みそ	みりん	食酢

(2)　次の調理の要点にあてはまる野菜の性質として，最も適当なものを以下の①から⑥までの中から一つ選び，記号で答えよ。

調理の要点：酸性で白色，アルカリ性で黄色になる。アルミニウムや鉄の金属イオンと錯塩をつくり，黄色や青，緑色になる。

①　褐変　　②　クロロフィル　　③　カロテノイド

④　アントシアン　　⑤　フラボノイド　　⑥　あく

(3)　栄養の特徴の説明文について，最も適当なものを次の①から④までの中から一つ選び，記号で答えよ。

①　幼児期はからだづくりや生活習慣を確立するために最も重要な

時期であり，間食等は摂取させずに3食で十分な量の栄養が摂れるようにする。

② 児童期は骨や歯の成長に必要な鉄，血をつくるためのカルシウムの補給などが重要である。

③ 青年期は一生のうちで最も栄養を必要とすることから，エネルギー代謝に必要なビタミンC，細胞をつくるときに必要なビタミンB_1，B_2の摂取に注意しなければならない。

④ 高齢期はカルシウムやたんぱく質の不足に注意する必要がある。

(4) キャベツ(廃棄率15%)を1人あたり純使用量170gとした場合，10名分のキャベツの購入重量として最も適当なものを次の①から④までの中から一つ選び，記号で答えよ。

① 2000g　② 1445g　③ 1700g　④ 1500 g

(5) 次のアからエの切り方の名称として，最も適当なものを以下の①から④までの中から一つ選び，記号で答えよ。

ア

イ

ウ

エ

	ア	イ	ウ	エ
①	松葉切り	筒切り	桜人参	松かさ切り
②	松葉切り	シャトー切り	桜人参	茶筅切り
③	末広切り	シャトー切り	ねじり梅	茶筅切り
④	末広切り	筒切り	ねじり梅	松かさ切り

(6) 次のアからエにあてはまる調理用語の正しい組み合わせとして，最も適当なものを以下の①から⑤までの中から一つ選び，記号で答えよ。

ア 汁が沸騰するまさにそのときのこと

イ 油を使った加工品を調理するとき表面の油を取り除くこと

ウ 調味に使う酒や味醂をさっと煮立てアルコール分を飛ばすこと

エ 材料のうま味を閉じ込め色を鮮やかにするため材料を油にくぐらせること

	ア	イ	ウ	エ
①	煮えばな	油抜き	煮きる	油通し
②	煮きる	油通し	煮えばな	油抜き
③	煮きる	煮えばな	油抜き	油通し
④	油抜き	煮きる	煮えばな	油通し
⑤	煮えばな	油通し	煮きる	油抜き

(7) 日本における食品ロスについて，次の(　ア　)(　イ　)にあてはまる数字の組み合わせとして最も適当なものを以下の①から④までの中から選び，記号で答えよ。

> 消費者庁令和2年度推計値によると，日本における「食品ロス」の量は年間522万トン，このうち食品関連事業から発生する事業系食品ロス量は(　ア　)，一般家庭から発生する家庭系食品ロス量は(　イ　)となった。

	ア	イ
①	247万トン	275万トン
②	360万トン	162万トン
③	275万トン	247万トン
④	400万トン	122万トン

(8) 放射性セシウムの基準値について，次の空欄にあてはまる語句として最も適当なものを以下の①から⑥までの中から一つ選び，記号で答えよ。

> 2012年4月から，食品衛生法に基づく規格として，食品群ごとに放射性セシウムの上限が定められた。1kgあたりの基準値が50ベクレルとされているのは[　　]である。

① 一般食品・牛乳　② 乳児用食品・水
③ 一般食品・乳児用食品　④ 水・牛乳
⑤ 一般食品・水　⑥ 乳児用食品・牛乳

2024年度 沖縄県 難易度

解答・解説

【1】(1) 傾向…家庭から排出される食品ロスは減少傾向にあり，特に過剰除去が減っている。　理由…平成27年に国連で定められた「持続可能な開発目標」(SDGs)の1つに，世界全体の一人当たりの食品廃棄物を2030年までに半減させることが盛り込まれたことや，令和元年に食品ロス削減推進法が施行され食品ロス削減の機運が高まっているからと考えられる。　(2) フードバンク活動(フードドライブ)　(3) 312〔g〕　(4) 酒…15〔g〕　しょうゆ…18〔g〕　砂糖…9〔g〕　(5) a 糖質　b 食物繊維　c 二糖類　d 果糖(フルクトース)　e でんぷん　f ペクチン　g こんにゃく　h 海藻類(寒天・里芋)　(6) 名称…ビタミンB_1　多く含む食品…豚肉，玄米(胚芽米)，豆類　から1つ

○**解説**○ (1) 過剰除去は，野菜や果物の皮を厚くむきすぎるなど，可食部も廃棄してしまうことである。第四次循環型社会形成推進基本計画においても，家庭から発生する食品ロスを2000年度比2030年度までに半減させる目標を設定している。　(2) フードバンクについての問題は頻出なので最新の状況を確認しておくこと。フードバンク団体数は増えているが，フードバンク全体の食品取扱量は，横ばい状態である。理由として，フードバンク運営費の不足や，人手不足，食品寄贈する際の法的リスクなどがあげられている。　(3) 使用量＝純使用量÷可食部率×食数である。70÷(1－10%)×4＝311.11…　小数点以下を切り上げて312gである。　(4) 砂糖は上白糖とグラニュー糖では重量が異なり，グラニュー糖は大さじ1＝13gである。主な調味料の小さじの重量は覚えておくこと。　(5) 炭水化物の分類と種類についての問題は頻出である。この表は必ず覚えること　(6) ビタミンについての問題も頻出である。ビタミンの種類と欠乏症状，多く含まれる食品を整理して覚えておくこと。

【2】(1) ア イノシン酸　イ グルタミン酸　ウ 湯(タン)　エ ブーケガルニ　(2) (大豆を)水につけて粉砕・加熱し，こして

できた豆乳を加熱したとき，表面にできる膜のことです。

(3)

～食品ロスを減らすような調理の工夫～

食品ロス・・食べられるのに廃棄される食品。
切り方や調理のしかたで廃棄率は変化する。
廃 棄 率・・食品の重さに対して，調理で廃棄される食べられない部分が占める割合。
廃棄率（%） ＝ 廃棄部（全量 － 可食部）÷ 全量 × １００

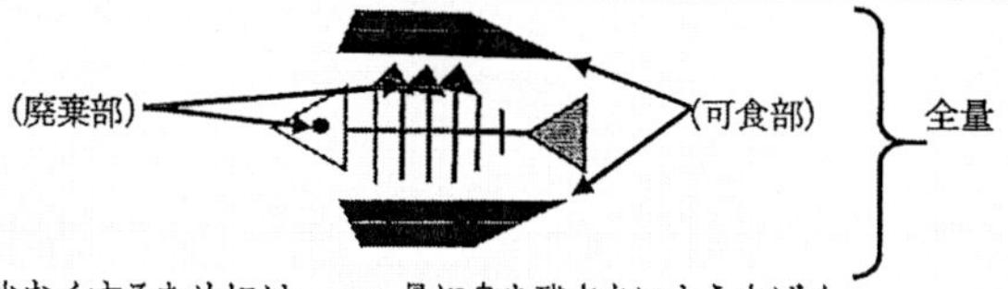

廃棄率を少なくするためには
・骨に身を残さないようさばく。
・残った身を集めてつみれにする。

(4)　米に水と熱を加え糊化させたのち，急速乾燥させて作る。
(5)　ア　やっつける　　イ　黄色ブドウ球菌　　(6)　ア　カテキン　イ　烏龍茶　　ウ　紅茶　　(7)　ローリングストック法

○解説○ (1)　イノシン酸は，魚や肉類に多く含まれるうま味成分，グルタミン酸は，昆布や野菜などに多く含まれるうま味成分である。この2つを組み合わせてうま味が増すことを相乗効果という。味の相互作用について，相乗効果，対比効果，抑制効果などを説明できるように学習しておくこと。中国料理の湯，西洋料理のスープについて，調理の仕方も含めて理解しておくこと。　(2)　豆乳の中に含まれる脂肪球が浮き上がり，加熱によって固まったたんぱく質と絡まりあい，液の表面から水分が蒸発することで膜状に固まったものであるため，湯葉は豆乳の栄養素が凝縮している。　(3)　板書例では，廃棄率の計算式を示し，サバの三枚おろしの図でどの部分が廃棄部で，どの部分が可食部なのか矢印などで示す。サバの廃棄率は約50%であることからも，できるだけ身を捨てることなく食べる工夫など，食品ロスを少なくする方法を示すとよい。　(4)　でんぷんを糊化させることをα化という。α化米は，お湯や水をそそぐだけでご飯になり，非常食に適している。α化したでんぷんを水分のある状態で放置すると，硬くなり消化吸収も悪い状態となる。これをβ化という。　(5)　食中毒の三原則だけでなく，食中毒の原因の種類と予防法を理解しておくこと。細菌，ウイルス，動物性自然毒，植物性自然毒，化学物質，寄生虫に整理して覚えたい。黄色ブドウ球菌は，人間の鼻腔，咽頭，腸管，傷口などに生息している。食品の上で繁殖すると通常の加熱では分解されない。また，比較的高い食塩濃度でも増殖し，毒素を産生するため，注意が必要である。　(6)　カテキンはポリフェノールの一種であり，緑茶やココアなどに含まれている。抗酸化作用や体脂肪抑制効果があることから，生活習慣病や肥満の予防効果が期待されている。烏龍茶は発酵度30～80％の半発酵茶で，発酵度の低いものは緑茶に似た味わい，発酵度の高いものは紅茶に似た味わいである。紅茶は酸化発酵によって発酵した発酵茶である。また，茶葉に含まれるカテキンは酸化によってタンニンへと変化する。タンニンは渋み成分であるため，緑茶は苦みが強いものであるのに対して，紅茶は渋みの強いものになる。

(7)　ローリングストック法についての問は頻出である。必ず説明を記述できる程度に理解しておくこと。備蓄の目安としては，家族の人数×最低3日分である。

【3】(1)　②　(2)　①　(3)　②　(4)　⑤　(5)　④　(6)　①　(7)　⑤　(8)　③　(9)　④　(10)　③　(11)　A　④　B　⑤　C　⑤　D　③　E　②　F　④

○**解説**○ (1)　五大栄養素は，炭水化物，たんぱく質，脂質，ビタミン，無機質の5つであり，水は含まれない。　(2)　飽和脂肪酸はおもに動物性の脂肪に含まれ，不飽和脂肪酸はおもに植物や魚の脂に多く含まれる。多価不飽和脂肪酸はn－3系とn－6系に分けられ，n－3系にはα－リノレン酸，DHA，IPAがある。n－6系のリノール酸は体内でアラキドン酸を作り出す。　(3)　グリシン，アラニン，セリン，チロシンは非必須アミノ酸である。この他に，システイン，アスパラギン酸，アスパラギン，グルタミン酸，グルタミン，プロリン，アルギニンなどもある。必須アミノ酸は体内で合成できないため，食事から摂取する必要がある。　(4)　誤りのある選択肢について，①の三大栄養素は，炭水化物，たんぱく質，脂質である。②ビタミンDは脂溶性ビタミンである。③は，ビタミンCではなく，ビタミンAの説明である。④は，ビタミンAではなく，ビタミンDの説明である。　(5)　食中毒の原因は細菌，ウイルス，動物性自然毒，植物性自然毒・化学物質・寄生虫に分類して予防方法もあわせて覚えておきたい。サルモネラ属菌は鶏卵やとり肉が原因食品となる。ぶどう球菌は人の皮膚や鼻，口にいるのでおにぎり，寿司などの調理加工品が原因となる。カンピロバクターはとり肉，特にとりの刺身やタタキ，レバーなど生や加熱不十分で摂取する料理が原因食品となる。ウェルシュ菌は，カレー，シチューなど食肉，魚介類及び野菜類を使用した大量調理食品が原因食品となる。ノロウイルスに汚染された二枚貝による食中毒は生や加熱不足のもので発生しやすい。アニサキスは，さば，あじ，サンマ，かつおなどの魚介類に寄生する。　(6)　JAS法に示された食品表示基準ではなく，食品表示法によって，食品表示が義務づけられている。以前は，食品衛生法，JAS法，健康増進法によって定められていたものを統一・拡大した。食品表示についての出題は頻出なので，表示方法など詳細を学習しておくこと。　(7)　①　食事摂取基準の改訂は10年ではなく，5年ごとである。　②　主に健康な個人，ならびに，健康人を中心として構成されている集団を対象としている。　③　重症化した際の治療を目的としたものではなく，重症化予防を目的としている。④　エネルギーは年齢，性，各ライフステージに加えて，身体活動レベル別に示されている。　(8)　日本の食料自給率は，米の消費が減少し，畜産物や油脂類の消費が増加するなどの食生活の変化によって，長期的には低下傾向が続いていたが，2000年代に入ってからは37%前後であり横ばい傾向である。食料自給率の目標は，食料・農業・農村基本計画で定められている。品目別自給率については，米は100%近く自給できていることや，大豆の自給率が低いことなどをおさえておくと良い。　(9)　寒天とゼラチンの違いを整理して覚えておくこと。(ア)は寒天の濃度である。ゼラチンは，2～4%の濃度で用いる。(ウ)について，酸ではなくたんぱく質分解酵素を含む果物などを加えると凝固しない。(オ)について，これは寒天の説明である。ゼラチンの原料は牛の骨，牛，豚の皮などである。　(10)　誤りのある選択肢について，(ア)のあゆは夏，(ウ)のれんこんは，秋から冬，(エ)のあさりは春，秋の2回，(オ)のほうれんそうは冬である。　(11)　A　アミノ酸価は，たんぱく質を評価する指標であり，不足するアミノ酸を多く含む他の食品でその不足するアミノ酸を補足できることから，たんぱく質の補足効果という。 B 異なる味を合わせることにより，一方の味が強まる効果を対比効果，同じような味が2つ合わさることで，その味がより一層強まることを相乗効果という。味の相互作用の4種類「対比効果」「抑制効果」「相乗効果」「変調効果」は説明できる程度に理解しておくこと。 C 緑黄色野菜の定義についての問題は頻出である。トマト・ピーマンなどが緑黄色野菜に分類されることは必ず覚えておくこと。 D 特別用途食品の他に，保健機能食品について，栄養機能食品，機能性表示食品，特定保健用食品の違いを理解し，マークも確認しておくこと。 E それぞれの無機質の欠乏症状を覚えておくこと。正答以外の選択肢について，①は鉄，③はヨウ素，④はカルシウム，⑤はビタミンDの欠乏症である。 F 選択肢の用語はいずれも頻出事項である。①は食料を輸入している国が，それを生産するとしたらどの程度の水が必要か推定したものである。日本は世界で第6位である。②はファストフードに対して唱えられた考え方で，地域の伝統的な食文化や食材を見直す運動である。③は食品製造の過程で，包装の破損や過剰在庫，印字ミスなどの理由で，流通に出すことができない食品を企業などから提供してもらい，必要としている施設や団体，困窮世帯に無償で提供する活動である。⑤は食料の輸送量×輸送距離をかけあわせた指標で環境負荷の試算が表される。日本は世界の中でフードマイレージはかなり高い。

【4】問1 (1) キャベツ (2) カ (3) オリゴ糖 (4) ビタミンA (5) 味噌(みそ) (6) B 揚げ物 C 短時間 D 栄養素 (7) ファイトケミカル(フィトケミカル) 問2 (1) トレーサビリティ (2) 腸炎ビブリオ (3) 熱湯でゆで，すばやく冷やす (4) E 夏 F 冬 名称…旬 (5) 黄色に着色をするため (6) 細菌は，温度と水分，栄養分の3つの要因がそろうと，食品の中で増殖するから。

○**解説**○ 問1 (1) 回鍋肉とは四川料理の一つで，豚肉，キャベツ，ネギ，ピーマンなどを一緒に炒め，甜麺醤や豆板醤などで味付けしたものである。 (2) カのバラ肉は肉質が柔らかく，赤身と脂肪が層になっている部位である。アは肩肉で運動する部位のため脂肪が少なく，固めであるが，旨味があるので，煮込み料理に適切な部位である。イは肩ロースで赤身の中に脂肪が霜降り状に入り，きめはやや粗いが旨味とコクがある部位である。ウのロースは肉のきめが細かく柔らかい部位で，適度な脂肪がある。エはヒレできめ細かく柔らかい部位で，脂肪分が少なくビタミンB_1が豊富である。オはももで全体的に脂肪が少なく，肉質はきめ細やかでやわらかい。牛肉の部位についても確認しておきたい。　(3)　オリゴ糖は単糖が2～10個ほど結びついたもので，低消化性(低エネルギー)で，整腸作用や腸内細菌を増やす作用などが知られている。たまねぎは，野菜の中でもオリゴ糖が特に豊富である。　(4)　β－カロテンはトマトやにんじんなどに含まれる赤色や黄色の色素成分で，体内で不足している分だけビタミンAに変化する特徴があり，プロビタミンAと呼ばれている。ビタミンAは目の働きを助け，夜盲症や視力低下の予防が期待でき，皮膚や粘膜の健康状態を維持する効果もある。　(5)　甜麺醤とは中国北部発祥の中華甘みそで，回鍋肉や麻婆豆腐の味つけに使われる調味料である。日本の大豆で作られる味噌とは違い，小麦粉に塩と麹を加えて発酵させ，砂糖や香辛料などを加えて作られる。甜麺醤の「甜」という字は甘い，「麺」は小麦粉，「醤」は味噌を指している。　(6)　調理方法は焼く・炒める・揚げる・茹でる・煮る・和える・蒸すの大きく7つに分類される。焼く・炒める・揚げるは水を使わない乾式加熱で栄養素やうま味の損失が少なく，高温調理のため短時間での調理が可能である。　(7)　ファイトケミカルの効果には抗酸化があり，ポリフェノールやカロテノイドが代表的なものである。赤ワインやブルーベリーなどに含まれるアントシアニン，お茶などに含まれるカテキン類，コーヒーに含まれるクロロゲン酸などがポリフェノールである。カロテノイドにはニンジンやカボチャなどに含まれるβ－カロテン，トマトに含まれるリコピン，ホウレンソウやブロッコリーに含まれるルテインなどがある。

問2　(1)　日本ではBSE問題から牛肉に，事故米穀問題から米・米加工品にトレーサビリティが義務化された。　(2)　食中毒の原因は細菌，ウイルス，自然毒，化学物質，寄生虫などさまざまある。それぞれ整理して種類と症状，予防方法を覚えておきたい。腸炎ビブリオはビブリオ菌による感染症で，夏に多い食中毒で，魚介類から感染することが多く，主な症状は発熱，腹痛，下痢，嘔吐である。 (3) 葉菜は熱湯，根菜は水からゆでる。青物はアク抜きと色が悪くなるのを防ぐため，短時間でゆで，水にさらす。 (4) 他の野菜の旬も確認し覚えておきたい。 (5) クチナシ黄色素の主成分であるクロシンは水溶性で，煮たり，ゆでたりするときに加えると一緒に調理するものを黄色に着色するので，さつまいもの甘煮に加えると，きれいな黄色に仕上がる。(6) ごはんやおかずが温かいうちに詰めてしまうと，蒸気がこもって水分となり，傷みの原因となるため冷ましてから詰めたほうがよい。

【5】問1 (1) 100gあたり5kcal未満の食品 (2) 摂食障がい (3) 22 問2 (1) E (2) 食品ロス (3) 2.7t・km (4) 必要なものだけを購入する。 問3 (1) ア 副菜 イ 主菜 ウ ご飯 エ 汁物 (2) 鍋に水と昆布を入れて，火にかけ，沸騰直前に昆布を取り出す。沸騰したらかつお節を入れ，再び沸騰したら火を消し，かつお節が沈むまで待ち，静かにこす。

問4 (1) オ 変色 カ ビタミン キ 風味 (2) 約10% (3) B (4) カンピロバクター食中毒 (5) つけない…生の鶏肉を扱うまな板と野菜を扱うまな板を使い分ける。 増やさない…調理前の食品を室内に長く放置しない。 やっつける…鶏肉をしっかり加熱する。

○解説○ 問1 (1) 健康増進法に基き，食品表示基準では，「無」「ゼロ」「ノン」「レス」など含まないという表示，「低」「ひかえめ」「少」「ライト」など低いという表示，「オフ」「ハーフ」など他の食品と比べて栄養成分等の量が低減されているという表示が定められている。「ノンカロリー」は食品100gあたり5kcal未満，飲用の液体では100mLあたり5kcal未満，「カロリーオフ」は食品100gあたり40kcal以下，一般に飲用の液体では100mLあたり20kcal以下と定められている。 (2) 摂食障がいには，神経性無食欲症(拒食症)と神経性過食症(過食症)がある。標準体重の85%以下の状態が続くと拒食症への注意が必要である。過食症では体重は標準くらいのことが多く拒食症に比べ気づきにくい。(3) BMI(Body Mass Index)はボディマス指数と呼ばれ，体重kg÷(身長

m)^{2}で求められる。計算方法は世界共通であるが，肥満の判定基準は国によって異なる。日本肥満学会の定めた基準では18.5未満が「低体重(やせ)」，18.5～25未満が「普通体重」，25以上が「肥満」で，BMIが22になるときの体重が標準体重で，最も病気になりにくい状態としている。肥満度を表す体格指数は幼児にはカウプ指数，学童にはローレル指数が用いられる。　問2　(1)　日本の食料自給率は38％で世界的にみてもかなり低い。これは国土が狭いこと，食生活の洋風化，外食の頻度の増加，冷凍食品の使用率が高まったなど，食生活の変化によるところが大きい。アメリカは国土面積が広く，大規模な生産農業大国なので食料自給率は100％を超えている。フランスの農業生産額はEU最大で，農地面積は国土全体の52.5％を占めている(日本は12％)。イギリスとドイツは，耕地面積や人口は日本よりも少ないが，食料生産ではイギリスは日本の3倍，ドイツは5.5倍である。Aはアメリカ，Bはフランス，Cはドイツ，Dはイギリスである。　(2)　2021年度の日本の食品ロスは523万トンで，世界の食料支援量の1.2倍に相当する。食品ロスは事業活動に伴って発生する食品ロスの「事業系食品ロス」(279万トン)と各家庭から発生する食品ロスの「家庭系食品ロス」(244万トン)の2つに分けられる。　(3)　フードマイレージは，食料の輸送量(t)×輸送距離(km)で計算され，単位はt･kmである。ピーマン3kg＝0.003tなので0.003×900＝2.7 t･kmとなる。フードマイレージの大きい食料は輸送や輸送までの保管などに石油などの多くのエネルギーが使われており，多くのCO_2(二酸化炭素)やNOx(窒素酸化物)が排出されていることになる。食料自給率が低ければフードマイレージは大きくなり，環境に負荷をかけることになる。フードマイレージを下げるには，地産地消の意識，輸入品に頼らないなどの対策が必要である。

(4)　エコクッキングとは，買い物，調理，食事，片づけの場面で環境に配慮した工夫をすることである。食品の購入時に気をつけることは，必要量を買う以外に栽培時に必要なエネルギーが少ない旬の食材を選ぶ，フードマイレージの低い地産地消を心がけるなどである。

問3　(1)　一汁三菜の配膳は，手前から向かって左にご飯，右に汁物，左奥に副菜1，右奥に主菜，中央に副菜2を置く。日本では古くから左上位という考え方があり，自分から見て左側に重要なものを置くとされてきたので，主食となるご飯を左，汁物を右に置くようになったと言われている。箸は持つ部分が右側にくるように横一文字にして手前に置き，お茶を出す場合は右側に置く。魚の盛り付け，箸の使い方などについても学習しておきたい。　(2)　昆布はヌメリや雑味が出て風味が悪くなるので，沸騰直前に取り出す。かつお節を入れ再び沸騰させるのは，生臭さを防ぐためである。だし汁をこす時は濁り，風味が落ちるので押さえたり，しぼったりしないようにする。うま味の相乗効果についても説明できるようにしておくこと。味の相互効果はすべて確認しておきたい。　問4　(1)　揚げ物は，高温の多量の油の中で食材を加熱調理するので，調理温度は150℃から200℃近くになり，煮るや茹でると異なり，短時間で調理ができる。これにより，水溶性ビタミンなどの栄養の損失が防げること，変色を防げること，表面でのタンパク質の固化により，食したときにサクサク感が残り，食材の内部は水分が保たれ柔らかさや風味などが残るなどの利点がある。蒸し料理の利点についてもよく問われるので確認しておきたい。　(2)　揚げ物は大きく，素揚げ，唐揚げ，天ぷら，フライの4つに分けられ，天ぷらやフライなどは衣が油を吸い吸油量が多くなる。唐揚げの吸油率は一般的には6～13%といわれているが，食品表示法に基づく 栄養成分表示のためのガイドライン第4版では素揚げ10% ，唐揚げ10%，天ぷら10% ，フライ15%と示されている。　(3)　正答以外の選択肢について，Aは160℃，Cは190℃，Dは200℃以上である。　(4)　日本では一般的に，夏にカンピロバクター，サルモネラ，黄色ブドウ球菌などの細菌性食中毒，冬にノロウイルスなどのウイルス性食中毒が多く発生する。カンピロバクター食中毒の主な原因食品は，生や加熱不足の鶏肉料理である。カンピロバクターは低温に強く，熱に弱いので肉の中心部を75℃以上，1分間以上加熱すると死滅する。食中毒について，原因となるものとその予防法を整理して覚えること。　(5)　細菌の場合は，細菌を食品・調理器具・食器などに「つけない」，食べ物や調理器具に付着した細菌を「増やさない」，食べ物に付着した細菌を「やっつける」という3つのことが原則となる。「つけない」ためには，こまめな手洗いや生物を扱う調理器具は分けること，「増やさない」ためには， 細菌の多くは10℃以下では増殖が遅くなるので食材の温度管理を徹底すること，「やっつける」ためには，食材の加熱，特に肉料理は中心部を75℃で1分以上加熱し，調理器具の殺菌も必要である。

【6】問1　4　　問2　3　　問3　1

○解説○　問1　正答以外の選択肢，アはアメリカ，イはドイツ，ウはイギリスである。日本の食料自給率は38%で世界的にみてかなり低い。これは国土が狭いこと，食生活の洋風化，外食の頻度の増加，冷凍食品の使用率が高まったなど，食生活の変化によるところが大きい。農業大国のカナダ，オーストラリア，アメリカなどは食料自給率が100%を超えている。イギリスとドイツは，耕地面積や人口が日本よりも少ないが，昔から食文化が大きく変わっておらず，気候にあった穀物や畜産物を自国で生産できている。　問2　誤りのある選択肢について，1は重量の割合の低いものではなく，高いものからが正しい。2の「さば」は表示推奨品目である。「くるみ」が2025年4月より表示義務化となる(2025年3月31日まで猶予期間)。4は機能性表示食品ではなく特定保健用食品の説明である。　問3　炭水化物，たんぱく質，脂質，それぞれ1gあたりのエネルギー量は4kcal，4kcal，9kcalである。食べ物のエネルギー量は，これらの栄養素の重量にエネルギーを掛けて算出し，合計して出されるので4×8.6＋9×3.1＋4×75.2＝363.1kcalとなる。

【7】(1)　①　筋肉　　②　アミノ酸　　③　抵抗力　　④　傷　　⑤　脂肪酸　　⑥　身体活動　　(2)　①　こんぶ…グルタミン酸　かつおぶし…イノシン酸　　②　1　昆布はぬれ布巾で拭く。鍋に水と昆布を入れて，30分以上つける。　　2　そのまま中火にかけ，沸騰直前に昆布全体に気泡が付いたら取り出す。　　3　沸騰したらかつお節を入れ，再び沸騰したら火を消す，かつお節が沈むまで待つ。4　ボウルにざるをセットし，ざるにペーパータオルを敷いて静かにこす。　　③　塩少々…親指と人差し指でつまむ　　塩ひとつまみ…親指，人差し指，中指の3本でつまむ　　(3)　えび，かに，卵，乳，そば，らっかせい　　(4)　①　栄養分　　②　ア　10　　イ　−15

(5) ① オーストラリア…(ア)　日本…(エ)　② A 輸入 B 農業　C 高齢　D 農業面積　E 輸出

(6) ① ア 自然　イ 季節　ウ 栄養バランス　エ 食材 オ 年中行事　② いただき

○解説○ (1) いずれも基本的で重要な内容なので，完答できるようにしておきたい。たんぱく質，脂質，炭水化物について，詳細に学習しておくこと。ビタミンなど無機質については，種類と欠乏症状について覚えること。食事摂取基準は，中高生の年代の基準の数値も理解しておきたい。 (2) うま味成分として知られているものには，グルタミン酸，イノシン酸，グアニル酸などがあるが，グルタミン酸は昆布や野菜など，イノシン酸は魚や肉類，グアニル酸は干しきのこ類に多く含まれる。和風だしの取り方は調理実習でも必要な知識なので，必ず理解しておくこと。計量スプーンの重量と容量も，主な調味料について覚えておきたい。 (3) 表示義務のある8品目と，表示推奨の20品目は必ず覚えること。 (4) 細菌は温度・水分・栄養分の3条件が生育に最適な状況となると増殖する。この3条件をコントロールすることで細菌の増殖を抑え，食中毒を防ぐことができる。食中毒の原因について，細菌，ウイルス，動物性自然毒，植物性自然毒，化学物質，寄生虫に分類し，症状と予防法を確認すること。 (5) ① (イ)はドイツ，(ウ)はスイスを表している。 ② 食料を生産する農業の担い手は高齢化しており，2014年のデータでは平均年齢が66.8歳であった。農地面積も減少傾向で，令和3年は435万haと平成17年に比べると7%減少している。令和2年には「農林水産物及び食品の輸出の促進に関する法律」が施行された。 (6) ① 和食は平成25年にユネスコ無形文化遺産に登録されている。和食の特徴としては，「多様で新鮮な食材とその持ち味の尊重」「健康的な食生活を支える栄養バランス」「自然の美しさや季節の移ろいの表現」「正月などの年中行事との密接な関わり」の4つが挙げられる。 ② 正答以外の選択肢の料理について，かに寿司は酢飯に錦糸卵やかにを乗せた寿司である。いぎすはえごのりとも呼ばれるいぎす草を使用した料理である。こも豆腐はこもにくるまれた豆腐料理で，こもとは，粗く織ったわらのむしろである。らっきょう漬けは，水洗いしたらっきょうを2週間以上塩漬けした後，塩抜きしてから漬け込んだものである。鳥取県の郷土料理なので確認しておくこと。

【8】(1)　①　エ　②　オ　③　カ　④　ク　(2)　A　式…14.2×120÷100＝17.04　答え…17〔g〕　B　式…98×(120×0.95)÷100＝111.7　答え…112〔kcal〕
2

○**解説**○　(1)　日本人の食事摂取基準は5年ごとに改定されている。2020年版では，さらなる高齢化の進展を踏まえ，健康の保持・増進，生活習慣病の発症および重症化予防の他，高齢者の低栄養予防，フレイル予防も視野に入れ策定されている。BMIの計算式は確認すること。日本食品標準成分表は授業でも使用することが多い。　(2)　解答参照。

【9】(1)　ア　3　イ　5　ウ　2　(2)　2　(3)　ア　3　イ　4　ウ　1　エ　1　オ　A　5　B　3

○**解説**○　(1)　ア　子育て世帯に対する食費支援事業第1弾の対象は18歳以下の子どもである。米またはその他食料品を給付する(1人5000円程度)第2弾も実施されており，平成17年以降に生まれた者を対象にしている。妊娠の証明には母子健康手帳を使用する。　イ　バナナ，ゼラチン，大豆は特定原材料ではない。特定原材料に準ずるものである。
ウ　令和5年3月に新たに追加されたのはくるみである。特定原材料と特定原材料に準ずるもの(推奨表示食品)を合わせた28品目を覚えておくこと。　(2)　誤りのある選択肢2について，遺伝子組み換え食品は9種類で，とうもろこし，ばれいしょが抜けている。　(3)　ア　1合は180ccである。水加減は米の体積の1.2倍なので，2×180×1.2＝432ccである。　イ　誤りのある選択肢について，1は日本型の米は短粒種で，アミロースの含有量は17～20％，インド(インディア)型の米は長粒種でアミロース含有量は20～30％である。2は，米に含まれるたんぱく質はリジンが少ない。3は，みじん粉の原料はもち米で落雁などの原料になる。5について，生の米はアミロースとアミロペクチンが規則正しく並んだミセル構造になっている。水と熱を加えることによってミセル構造が崩壊し，糊化され消化の良いαでんぷんになる。
ウ　包丁の腹は，にんにくやしょうがをつぶしたりするときに使用する。あごは，刃元部のハンドル側の刃の終点の部分である。包丁の各部の名称は覚えること。　エ　混合出汁の取り方は必ず覚えておくこと。かつお節を10分以上煮出すと，魚臭さが出るし，汁が濁る。昆布の出汁の取り方は，出汁がよく出るように切れ目を入れるが，細かく切り過ぎると昆布の切れ端から出るアルギン酸という雑味の元となるヌメリが溶け出す。沸騰後に取り出すと雑味が出るので，沸騰直前に取り出す。　オ　A　誤りのある対応の選択肢②のベーコンは，豚肉の加工品のため使用不可，④のみりんは，米を発酵させたもので使用不可である。　B　適切でない選択肢1，2のゼラチンの原料は動物の骨や皮であるため使用不可，4，5は酒を含むので使用不可である。

【10】(1)　⑥　(2)　⑤　(3)　④　(4)　①　(5)　③　(6)　①　(7)　③　(8)　⑥

○**解説**○ (1)　調味料の製造の工程は理解しておきたい。世界のさまざまな調味料についても同様である。　(2)　①はりんごやごぼうの皮をむいたあと茶色に変色すること。②は光合成で光エネルギーを吸収する役割をもつ，葉緑素。③は動植物に広く存在する黄色または赤色の色素成分で，脂溶性である。④は植物が紫外線など有害な光から実を守るために蓄えられる青紫色の天然色素で水溶性である。⑥は食材に含まれる苦みやえぐ味，渋味のこと。　(3)　誤りのある選択肢について，①は3回の食事では栄養摂取が不十分なので，間食で補う必要がある。②カルシウムと鉄の説明が逆になっている。③ビタミンB_1，B_2，とビタミンCの説明が逆になっている。　(4)　総使用量＝純使用量÷可食部率(1－廃棄率)×食数で計算できる。170÷0.85×10＝2000gである。　(5)　さまざまな切り方，飾り切りの方法を覚えておくこと。　(6)　調理実習でも必要となる知識である。他にも調理で使う用語は幅広く理解しておきたい。　(7)　食品ロスに関する問題は頻出である。調査結果のグラフや国や自治体の取組などについても学習しておくこと。(8)　放射性セシウムの現行基準値は飲料水10，牛乳50，一般食品100，乳児用食品50と定められている。

家庭生活・消費生活

要点整理

家族と家庭

家族とは，夫婦や兄弟姉妹，祖父母など愛情で結ばれたり血縁関係のある人たちがともに生活している集団である。

家庭のはたらきには，①健康の維持・増進，②子どもや老人などの世話，③休息と憩い，④経済的な安定，⑤交際，⑥文化の伝承，⑦教養と娯楽などがある。

家族の形態には核家族と拡大家族がある。核家族は夫婦およびその子ども(未婚)からなる家族で，拡大家族は核家族に別の血縁関係の家族が加わった家族をいう。

最近の家族の特徴として，核家族が増加して子どもの出生数が少なくなり，家族の構成人数も減少するという小家族化をあげることができる。また，家族1人ひとりの考え方も多様化し，結婚しない人や子どもをもたない夫婦，1人暮らしの人々の増加など，家族構成が多様化してきている。

消費生活

消費者を守る代表的な制度・法律として，クーリング・オフ制度，およびPL法(製造物責任法)についての内容を理解する。

現代の消費生活の特徴として支払方法や販売方法の多様化がある。種類とその長所・短所について知っておくこと。支払方法としてカードの種類(デビットカードを含む)とその特徴について理解しておくとよい。

環境問題としてゴミを減らし，環境への負担を少しでも減らすために，3Rについて理解しておく。3Rとは，Reduse＝減量，Reuse＝再使用，Recycle＝再利用の3つの行動方法のことである。環境への影響を考えて商品につけられたマーク，また，容器・包装の識別表示などについては押さえておくこと。

家庭科　家庭生活・消費生活

実施問題

消費・経済・家計

【1】消費生活と経済について，次の各問いに答えなさい。

問1　暮らしの中のマークに関する説明として誤っているものを，次の1～5のうちから1つ選びなさい。

	マーク	マーク名	内容
1	責任ある森林管理のマーク	ＦＳＣ認証	適切に管理された森林から木材を使っていると保証された木材や木材製品（紙製品を含む）に付けられる。
2		特別用途食品マーク	乳児用、幼児用、妊産婦用、病者用など特別の用途に適すると認可された食品に付けられる。
3		レインフォレスト・アライアンス認証	野生生物の保護、環境保全等に関する認証を受けた農園や森林でつくられた生産品に付けられる。
4		ＪＩＳマーク	衣料品から文房具まで、日本工業規格に適合した生活用品に付けられる。
5		ＳＴマーク	安全性や衛生管理などの基準に適合した食品トレイに付けられる。

問2　悪質商法の種類とその説明として誤りを含むものを，次の1～5のうちから1つ選びなさい。

	悪質商法	説　　明
1	アポイントメントセールス	「当選しました。店頭まで来てください。」などとメールや電話、郵便などで約束を取りつけて店舗や営業所等に呼び出し、高額な商品を売りつける。
2	マルチ商法	誰でも簡単に高収入が得られるなどと勧誘し、高額な商品やサービスを契約して販売組織に加入させ、次の販売員を勧誘させることで、ピラミッド型に組織を拡大させる。
3	キャッチセールス	路上や街頭でアンケートなどと称して呼び止めて接近し、店舗や営業所に招き入れ、高額な商品やサービスの勧誘を行う。
4	ネガティブオプション	勝手に商品を送りつけて、代金を一方的に請求したり、代金引換郵便にしたりして支払わせる。
5	サクラサイト商法	利用した覚えのない有料サイトから「登録しました。代金をお支払いください。」と突然高額な請求のメールがくる。

問3　クーリング・オフ制度に関する記述として誤りを含むものを，次の1～6のうちから1つ選びなさい。

1　店舗に出向いて契約した場合は，クーリング・オフができない。

2　税込み2,980円の商品を現金取引で購入した場合は，クーリング・オフができる。

3　未使用の消耗品は，クーリング・オフができる。

4　通信販売で購入した商品は，基本的にクーリング・オフができない。

5　マルチ商法で購入した商品の解約期間は，契約日を含めて20日以内である。

6　キャッチセールスで購入した商品の解約期間は，契約日を含めて8日以内である。

問4　消費者を支える法律とその説明として正しいものを，次の1～4のうちから1つ選びなさい。

	法　律	説　　明
1	消費者契約法	クーリング・オフ制度など消費者を守るためのルールを定めた法律。
2	製造物責任法	製品に対して、消費者が批判的意識を持つ責任を定めた法律。
3	特定商取引法	消費者と事業者との間に結ばれるすべての契約に適用される。不当な契約条項が無効になるなどが定められている。
4	消費者基本法	消費者政策として国や地方自治体や事業者等のしなければならないことについて述べた法律。

▌2024年度 ▌宮城県・仙台市 ▌難易度

【2】消費生活について，次の(1)，(2)の問いに答えなさい。

(1) 契約に関する記述として，適当でないものを次の①～⑤のうちから一つ選びなさい。

① 食料品や文房具の購入，電車やバスを利用することは契約である。

② 契約とは，法律で保護された約束事である。

③ 契約は，原則として契約を結ぼうとする当事者間の自由な意思によって行われる。

④ 契約書のない契約は，成立しない。

⑤ 契約が守られない場合には，契約の解除や損害賠償，強制執行を求めることができる。

(2) 未成年者の契約に関する記述として，適当なものを次の①～④のうちから二つ選びなさい。

① 保護者など法定代理人の同意のない契約は，取り消すことができない。

② 小遣いの範囲内の契約は，取り消すことができる。

③ 成年であると年齢を偽った場合は，契約を取り消すことができない。

④ 成年に達してから商品やサービスを受けたり，代金を支払ったりした場合は，契約を取り消すことができない。

2024年度 | 千葉県・千葉市 | 難易度

【3】家計の支出について，誤っているものを一つ選び，番号で答えよ。

1 消費支出は，日常生活に必要なモノやサービスを購入するために支払った金額である。

2 非消費支出は，税金や社会保険料のために支払った金額である。

3 繰越金は，当月末における世帯の手持ちの金額のことである。

4 実支出以外の支出は，預貯金の引き出しや，保険掛け金，借金返済のために支払った金額である。

2024年度 | 愛知県 | 難易度

【4】次の(1)～(4)に答えよ。

(1) 2022年4月から成年年齢が18歳に引き下げられた。次の①～⑤について，18歳でできるようになったことをすべて選び，記号で記せ。

① 大型・中型自動車運転免許を取得する

② クレジットカードをつくる

③ 医師免許，薬剤師免許などの国家資格を取る

④ 競馬などの公営競技の投票券を買う

⑤ 一人暮らしの部屋を借りる

(2) クレジットカードとは異なり，商品・サービスの提供を受けると同時に，銀行口座から代金が引き落としされるカードの名称を記せ。

(3) 次の①，②の販売方法においては，契約した日から何日間であればクーリング・オフができるか，それぞれ記せ。

① 連鎖販売取引　② 訪問販売

(4) クーリング・オフができない販売方法の名称を記せ。また，その理由を簡潔に記せ。

2024年度 山梨県 難易度

【5】消費者の契約と権利について，次の(1)，(2)に答えなさい。

(1) 次の文は，契約について述べたものである。文中の(　ア　)，(　イ　)に当てはまる語句を，それぞれ書きなさい。

> 契約には，私たちが商品を購入する場合に適用される(　ア　)契約，アパートを借りる場合に適用される賃貸借契約，アルバイトをする場合に適用される(　イ　)契約などがある。

(2) 未成年者取消権とは何か説明しなさい。

2024年度 新潟県・新潟市 難易度

【6】次の文は，高等学校学習指導要領(平成30年告示)第2章第9節家庭第2款各科目第1家庭基礎　2内容「C　持続可能な消費生活・環境」の一部である。以下の(1)～(4)の問いに答えなさい。

> (2) 消費行動と意思決定
>
> ア　消費者の権利と(　a　)を自覚して行動できるよう消費生活の現状と課題，<u>消費行動における意思決定や契約の重要性</u>，(　b　)の仕組みについて理解するとともに，生活情報

を適切に収集・整理できること。

イ　(c)した消費者として，生活情報を活用し，適切な意思決定に基づいて行動することや(a)ある消費について考察し，工夫すること。

(1)　(a)～(c)に適する語句を書け。

(2)　下線部について，2022年4月より成年年齢が18歳に引き下げになり，親の同意がなくても可能となった契約の具体例を2つ書け。

(3)　クーリング・オフ制度に関する次の記述①～③のうち，正しいものを1つ選び記号で答えよ。

①　訪問販売で代金が3000円未満の現金取引の場合はクーリング・オフができない。

②　特定継続的役務提供のクーリング・オフの期間は20日間である。

③　電話勧誘販売と通信販売はクーリング・オフ制度の対象外である。

(4)　個人が多重債務に陥った場合の債務の整理方法のうち，裁判所が決定し，財産を債権者に分配して債務を清算する方法を何というか書け。

▌2024年度 ▌群馬県 ▌難易度 ■■■□□

【7】消費生活について，次の問いに答えよ。

問1　都道府県や市町村に設置され，消費者が消費者問題について相談できる機関を答えよ。

問2　クーリング・オフができる取引と行使期間について正しいものを次の中から1つ選び，記号で答えよ。

ア　訪問販売で契約(行使期間は8日間)

イ　成人であると年齢を偽り契約

ウ　インターネット上での通信販売

エ　内職・モニター商法(行使期間8日間)

問3　投資信託の説明として，正しいものを次の中から1つ選び，記号で答えよ。

ア　国や企業などがお金を借りる際に発行するもので，保有している間は，利率にもとづいた利息を定期的に受け取れる。また，満期になれば貸したお金は戻ってくる。

イ　加入者がお金を支払い，必要な人に支払われるという相互扶助のしくみである。

ウ　株式会社が資金の出資者に対して発行するもので，株式を保有している間は配当金が受け取れる。

エ　多くの人からお金を集め，その資金を専門家が効率的に株式や債券などに運用してくれるしくみ。少ない資金からでも始められる。

問4　クレジットカードのリボルビング払いは，どのような支払方法か説明せよ。また，リボルビング払いのデメリットを答えよ。

問5　デビットカードの説明として正しいものを次の中から1つ選び，記号で答えよ。

ア　金額分のカードや券をあらかじめ購入する。

イ　ICカードや専用アプリなどにあらかじめ入金する。

ウ　指定口座から支払いと同時に利用金額が引き落とされる。

エ　利用者の信用を元にクレジットカード会社が立て替え，クレジットカード会社に利用金額を支払う。

オ　利用金額が後日銀行口座やクレジットカードから引き落とされる。

問6　次のグラフは，消費支出について示したものである。(1)・(2)の各問いに答えよ。

家計における費目別構成比の推移

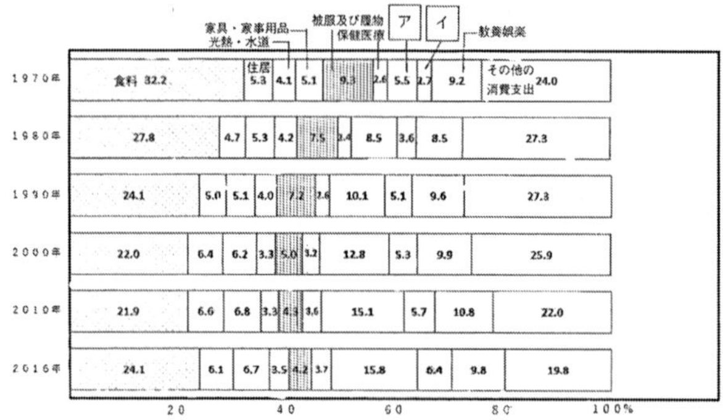

注：二人以上世帯・勤労者世帯（農林漁家世帯を除く）

（総務省統計局「家計調査年報」による）

(1) グラフ中の[ア]には，交通・通信が入る。増加している要因として考えられることを答えよ。

(2) グラフ中の[イ]にあてはまる消費支出の費目を答えよ。

■2024年度 ■長崎県 ■難易度

【8】各問いに答えよ。

1 次の文章を読み，(①)，(②)に当てはまる語句をそれぞれ漢字二字で答えよ。

> クレジットカードのように，消費者の信用をもとに商品代金を後払いすることを(①)信用という。また，キャッシングやローンのように，金融機関や金融業者から金銭を借りる取引を消費者(②)といい，(①)信用と消費者(②)をあわせて消費者信用という。

2 家庭の収入と支出に関する次の(ア)～(エ)の文について，下線部に誤りがあるものを一つ選び，記号で答えよ。また，下線部の誤りについては，正しい語句を(A)～(C)から一つ選び，記号で答えよ。

(ア) 勤め先収入は，実収入のうち<u>経常収入</u>である。

(イ) 預貯金の引き出しは，<u>実収入以外の受取</u>である。

(ウ) 保険料の支払いは，<u>実支出以外の支払</u>である。

(エ) 食料費の支払は，実支出のうち<u>非消費支出</u>である。

(A) 特別収入

(B) 繰越金

(C) 消費支出

■2024年度 ■岡山県 ■難易度

【9】次の文は，高校1年生の「家庭基礎」の授業における，生徒と教師の対話の一部である。以下の(1)，(2)に答えなさい。

> 生徒A：クーリング・オフ制度とは，訪問販売などの取引で契約した場合，一方的に契約の解除ができる制度であると，中学校の技術・家庭科で学習しました。
> 生徒B：クーリング・オフとは，(①)という意味からできた言

葉で，訪問販売や電話勧誘の場合，契約書面を受け取った日を含めて(　②　)以内に書面で郵送することを知りました。

教　師：皆さんクーリング・オフ制度について，よく学んでいますね。この制度は，(　③　)年6月1日に，書面以外でもクーリング・オフが可能になりましたので，これから一緒に確認していきましょう。

(1)　(　①　)～(　③　)に適する語句を書きなさい。

(2)　下線部の例を2つ書きなさい。

2024年度　青森県　難易度

【10】消費生活について，以下の(1)，(2)の問いに答えなさい。

図1

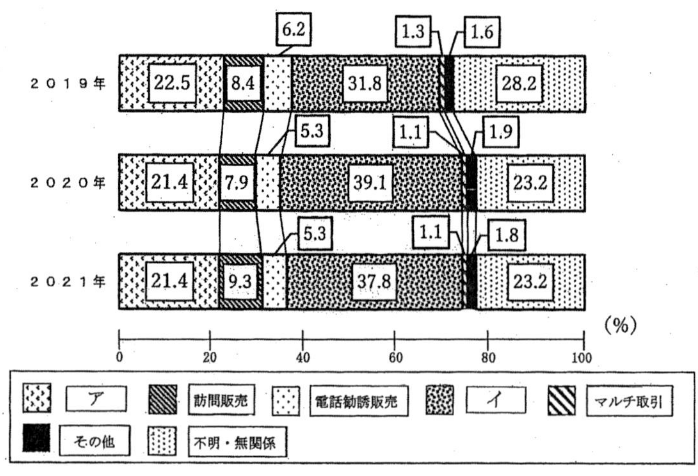

(1)　図1は，消費者庁が公表した令和4年版消費者白書の中の「消費生活相談の販売購入形態別割合の変化」である。図中の［　ア　］，［　イ　］に当てはまることばを次のa～eの中からそれぞれ1つ選び，その記号を書きなさい。

a　自動販売機による販売　　b　移動販売　　c　店舗購入

d　生活協同組合の共同購入　　e　通信販売

(2)　次の表は，クレジットカードの返済方法をまとめたものである。表中の[ウ]～[オ]に当てはまることばを書きなさい。ただし，同じ記号には，同じことばが入る。

返済方法	一括払い	[ウ]払い	[エ]払い
特　徴	商品を購入した翌月，または，次のボーナス月に一括して支払う。 [オ]はかからない。	商品の金額を考慮して，支払い回数を決める。利用金額，支払い回数に応じた[オ]がかかる。	あらかじめ月々の支払い額を決めておく。定額方式と定率方式がある。 [オ]がかかる。

2024年度　福島県　難易度

【11】消費生活について，次の(1)～(5)の各問いに答えよ。

(1)　ネットワーク上でやりとりできる通貨の機能を持った電子データのことを何というか，答えよ。

(2)　金融商品について，次のア～ウの各問いに答えよ。

ア　国・地方自治体，民間企業などが必要な資金を借り入れるために発行する有価証券のことを何というか，答えよ。

イ　多くの人からお金を集め，その資金を専門家が株式などで運用するしくみのことを何というか，答えよ。

ウ　金融商品を判断する三つの基準のうち，「安全性」以外の基準を二つ答えよ。

(3)　民法の定める成年年齢の引き下げに伴い，18歳でできるようになったものを，次のA～Fから二つ選び，記号で答えよ。

A　ローンを組んで自動車を購入する。

B　飲酒をする。

C　馬券を購入する。

D　一人暮らしをするための部屋を借りる。

E　国民年金保険料を納付する。

F　大型，中型免許を取得する。

(4)　消費者ホットラインの電話番号を次の語群から一つ選び，記号で答えよ。

語群

ア　113　　イ　118　　ウ　171　　エ　188　　オ　189

(5) リボルビング払いを利用する際の注意点を「支払い回数」,「手数料」という語句を用いて述べよ。

‖ 2024年度 ‖ 山口県 ‖ 難易度 ■■■□□

【12】消費生活について, 次の問いに答えなさい。

(1) 次の文はクレジットカードの仕組みについて, 中学3年生の静子さんと母との会話内容である。文章中の(①)～(④)にあてはまる語句を, ア～コの中から選び, 記号で書きなさい。

> 〔静子〕　ねえ, どうして中学生はクレジットカードが使えないの。
> 〔 母 〕　クレジットカードの「クレジット」はもともと「(①)」という意味なの。
> 　　　　だから(①)のある人しか使えないのよ。
> 〔静子〕　えっ！私は(①)がないってこと。
> 〔 母 〕　違うわよ。後でしっかり支払ってくれる「支払い能力がある人」を指しているのよ。
> 〔静子〕　なるほど。中学生はまだ収入がないからね。
> 〔 母 〕　クレジットカードでの買物が契約だってことにも気付いてほしいな。「(②)」,「販売店」,「クレジット会社」が関わるから, これを(③)というのよ。
> 〔静子〕　お母さんは, よくクレジットカード使っているよね。私はいつから持てるの。
> 〔 母 〕　あなたは(A)歳からよ。でも気を付けないと使い過ぎてしまうから, (④)に考えて利用するようにし

ア　信頼　　イ　消費者　　ウ　三者間契約　　エ　慎重・計画的
オ　契約　　カ　信用　　　キ　二者間契約　　ク　定期的
ケ　安心　　コ　金銭

(2) 文中Aにあるように, 自分名義のクレジットカードは何歳からつくることができるか, 書きなさい。

(3) インターネットショッピングなどの通信販売には, クーリング・

オフ制度は適用されないが，自主的に返品条件を既定している業者がある。信頼できる業者を選択する目安となる次図のマーク名を，カタカナで書きなさい。

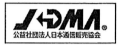

公益社団法人日本通信販売協会

(4)　クーリング・オフ制度等消費者を守るルール等を定めている法律名(昭和51年)を，ア～オの中から選び，記号で書きなさい。

ア　消費者契約法　　イ　製造物責任法　　ウ　特定商取引法

エ　消費者基本法　　オ　消費生活用製品安全法

(5)　クーリング・オフ制度は，2022年6月に一部改訂が行われた。何がどのように変わったのか，説明しなさい。

(6)　消費者の8つの権利と5つの責任を示した消費者団体の正式名称を，ア～オの中から選び，記号で書きなさい。

ア　国際消費者機構(CI)　　イ　国際労働機関(ILO)

ウ　世界保健機関(WHO)　　エ　国際金融公社(IFC)

オ　国際通貨基金(IMF)

2024年度 ｜ 静岡県・静岡市・浜松市 ｜ 難易度

【13】次の表は，1982年に国際消費者機構が提唱した消費者の8つの権利と5つの責任について示したものである。空欄[　ア　]～[　オ　]に当てはまるものの組合せとして最も適切なものを，以下の①～⑤のうちから選びなさい。

8つの権利
生活のニーズが保証される権利
[　ア　]への権利
情報を与えられる権利
[　イ　]をする権利
意見を聴かれる権利
[　ウ　]を受ける権利
消費者教育を受ける権利
健全な環境の中で働き生活する権利

5つの責任
批判的意識を持つ責任
主張し[　エ　]する責任
社会的弱者への配慮責任
[　オ　]への配慮責任
連帯する責任

①	ア	安全	イ	選択	ウ	補償	エ	行動	オ	環境
②	ア	環境	イ	連帯	ウ	支援	エ	選択	オ	安全
③	ア	安全	イ	補償	ウ	支援	エ	選択	オ	環境
④	ア	環境	イ	選択	ウ	補償	エ	行動	オ	安全
⑤	ア	安全	イ	連帯	ウ	支援	エ	行動	オ	環境

┃ 2024年度 ┃ 神奈川県・横浜市・川崎市・相模原市 ┃ 難易度 ▨▨▨□□

【14】家計について，次の(1)，(2)の各問いに答えよ。

(1) 次の□□□は，公的年金制度について述べたものである。(①)〜
(⑤)に当てはまる数字や語句を書け。

> 公的年金制度には，日本に住所を持つ(①)歳以上
> (②)歳未満の者が全員加入する(③)と，一定の条件を
> 満たすサラリーマン等が加入する(④)がある。加入期間が
> (⑤)年以上になると原則65歳から死ぬまで老齢年金を受け
> 取れる。また，65歳未満でも一定の条件下で障害年金や遺族
> 年金が受給できる。

(2) 新入社員の給与明細を示した次の表を見て，以下の①〜④の各問
いに答えよ。

(円)

基本給	役職手当	住宅手当	家族手当	通勤手当	時間外勤務手当
182,000	0	19,000	0	16,070	15,560

健康保険料	厚生年金保険料	雇用保険料	介護保険料	所得税	住民税
8,802	16,470	546	0	3,200	0

① 可処分所得を答えよ。

② 社会保険料の合計金額を答えよ。

③ 住民税の金額が「0」になっている。その理由を答えよ。

④ 介護保険料は金額が「0」になっている。給与から引かれるの
は何歳からか。また，介護保険制度は何のためにつくられたか，
制度が始まった年を含めて説明せよ。

┃ 2024年度 ┃ 奈良県 ┃ 難易度 ▨▨▨□□

【15】消費生活について，次の問いに答えなさい。

1　資料1，2は，家計に関する資料である。あとの問いに答えなさい。

資料1：年代別の支出金額と消費支出の費目別構成比

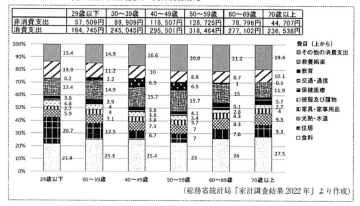

	29歳以下	30～39歳	40～49歳	50～59歳	60～69歳	70歳以上
非消費支出	57,509円	89,909円	118,507円	128,725円	78,796円	44,707円
消費支出	164,745円	245,045円	295,501円	318,464円	277,102円	236,538円

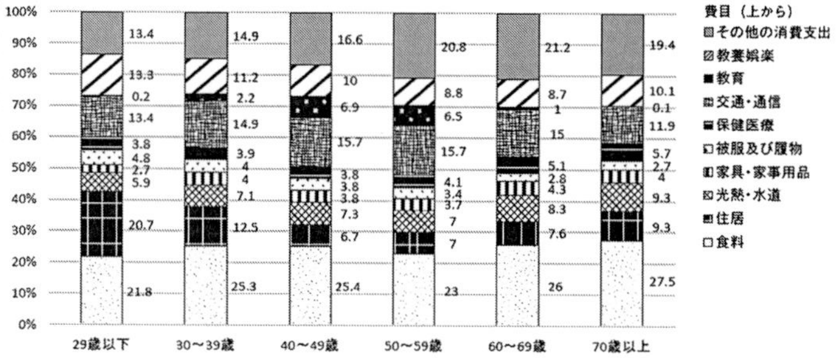

（総務省統計局「家計調査結果 2022 年」より作成）

資料2：Aさん（23歳）の給与明細票と1か月の消費支出

給与明細票（円）

基本給	150,000
職能給	20,000
扶養手当	0
住居手当	15,000
通勤手当	7,000
残業手当	8,000
支給額計	200,000
社会保険料	
健康保険	10,040
介護保険	0
厚生年金	17,830
雇用保険	1,000
税金	
所得税	4,370
住民税	12,200
控除額計	45,440

1か月の消費支出（円）

食料費	39,000
住居費	24,000
光熱・水道費	6,000
家具・家事用品費	2,000
被服及び履物費	8,000
保健医療費	2,000
交通・通信費	22,000
教養娯楽費	21,000

※教育費、その他の消費支出はなし

(1) 商品やサービスを購入するときに使うクレジット(販売信用)には，三者間での契約による支払い方法がある。消費者以外の二者を示す語句を，それぞれ書きなさい。

(2) 住宅ローンなどで債務者が金銭を返済しない場合に，債務者に代わって借金の返済を約束した人のうち，催告や検索の抗弁権を排除された人を何というか書きなさい。

(3) 貯蓄の1つで，事業者が，雇用者の賃金から一定額を天引きして，金融機関に預けることを何というか書きなさい。

(4) 資料1から読み取れることとして，次の①～④の下線部が正しいものには○を，誤っているものには正しい語句を，それぞれ書きなさい。

① 29歳以下は，他の年代に比べて住居費の支出割合が<u>高い</u>。

② 30代から40代は，年代が上がるにつれて，食料費や教育費の支出額が<u>減る</u>。

③ 50代から70代は，年代が上がるにつれて，保険医療費の支出割合が<u>高く</u>なる。

④ 30代の実支出額は，70歳以上の実支出額より<u>低い</u>。

(5) 資料1の「非消費支出」の1つとして，地方税として徴収される税金は何か，資料2の項目から該当するものを，1つ抜き出して書きなさい。

(6) 資料2の可処分所得はいくらになるか，式と金額をそれぞれ書きなさい。ただし，実収入は，給与のみで，非消費支出は給与からあらかじめ差し引かれる社会保険料と税金のみとする。

(7) 資料2にある1か月の収支はどのようになるか, 収支の計算をし，式と金額と結果(「赤字」又は「黒字」)を，それぞれ書きなさい。

2 学習指導要領の改訂に関する次の説明を読んで，文中の(①)，(②)に入る語句として適切なものを，以下のア～カからそれぞれ1つ選んで，その符号を書きなさい。ただし，同じ記号には同じ語句が入る。

> 学習指導要領の改訂では，キャッシュレス化の進行に伴い，小・中・高等学校の（ ① ）を図り，中学校に金銭の管理に関する内容を新設している。また，（ ② ）の低年齢化に伴い，（ ② ）の回避や適切な対応が一層重視されることから，売買契約の仕組みと関連させて（ ② ）について取り扱うこととしている。

ア　見方・考え方　　イ　内容の系統性　　ウ　時間軸・空間軸
エ　消費者保護　　　オ　成年年齢　　　　カ　消費者被害

┃ 2024年度 ┃ 兵庫県 ┃ 難易度 ■■■□□

【16】次の文章を読み，以下の(1)，(2)の問いに答えなさい。

> 収入は，勤め先収入や事業・内職収入などの「実収入」，（　ア　）などの「実収入以外の受取(繰入金を除く)」及び「前月からの繰入金」に分類される。
>
> 支出は，いわゆる生活費である「a消費支出」，税金，社会保険料などの「非消費支出」，（　イ　）などの「実支出以外の支払(繰越金を除く)」及び「翌月への繰越金」に分類される。
>
> 実収入から非消費支出を引いた残金を可処分所得という。可処分所得と（　ウ　）の差がプラスであれば黒字，マイナスであれば赤字という。

(1) 文章中の（　ア　）～（　ウ　）に適する語句の組合せとして，最も適当なものを次の解答群から一つ選びなさい。

【解答群】

	ア	イ	ウ
①	預貯金引出	預貯金預け入れ	消費支出
②	預貯金引出	借入金返済	非消費支出
③	クレジット購入	預貯金引出	消費支出
④	クレジット購入	預貯金預け入れ	実支出
⑤	預貯金預け入れ	借入金返済	非消費支出
⑥	預貯金預け入れ	預貯金引出	実支出

(2) 下線部aについて，次の図Aのア～エに適する語句の組合せとして，最も適当なものを以下の解答群から一つ選びなさい。

【図A】　世帯主の年齢階級別消費支出の費目構成（総世帯）

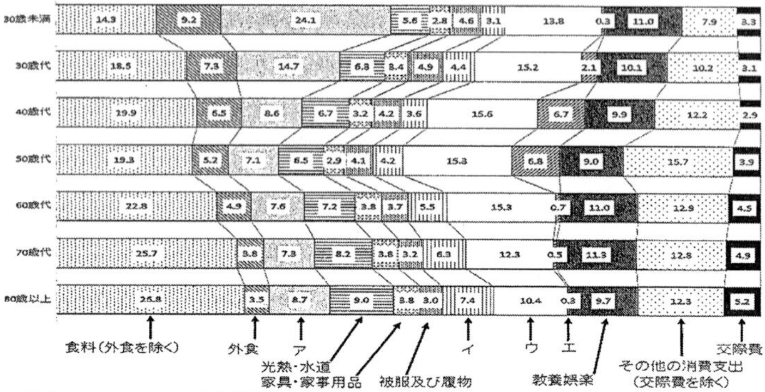

総務省「２０１９年全国家計構造調査」より

【解答群】

	ア	イ	ウ	エ
①	教育	住居	交通・通信	保健医療
②	教育	保健医療	住居	交通・通信
③	交通・通信	住居	保健医療	教育
④	交通・通信	教育	住居	保健医療
⑤	住居	保健医療	交通・通信	教育
⑥	住居	教育	保健医療	交通・通信

2024年度 ｜ 千葉県・千葉市 ｜ 難易度

【17】次の家計収支の内訳のうち，空欄[　ア　]～[　ウ　]に当てはまるものの組合せとして最も適切なものを，後の①～⑥のうちから選びなさい。

家計収支の内訳

【収入】

世帯主収入	250,000円
世帯主の配偶者収入	225,000円
受贈金	55,000円

【支出】

消費支出	283,000円
非消費支出	95,000円
黒字	152,000円

実収入　[　ア　]円
実支出　[　イ　]円
可処分所得　[　ウ　]円

① ア 475,000 イ 283,000 ウ 247,000
② ア 530,000 イ 378,000 ウ 435,000
③ ア 475,000 イ 530,000 ウ 378,000
④ ア 530,000 イ 283,000 ウ 378,000
⑤ ア 475,000 イ 378,000 ウ 435,000
⑥ ア 530,000 イ 530,000 ウ 247,000

┃2024年度┃ 神奈川県・横浜市・川崎市・相模原市 ┃ 難易度 ┃■■■□□

【18】これからの社会と消費生活について，次の(1)～(5)の問いに答えよ。

(1) 日本の社会保障制度の一つである社会保険に当てはまらないものを次のA～Dから一つ選び，その記号を書け。

A 生活保護制度　　B 医療保険　　C 年金制度

D 介護保険

(2) 次の文は，クレジットカード利用について述べたものである。文中の(ア)～(オ)に当てはまる言葉として最も適切なものを以下のA～Fからそれぞれ一つずつ選び，その記号を書け。

> クレジットカードでの支払いは(ア)である。不正使用防止対策の一例として，クレジットカードの表面には(イ)が，裏面には署名欄があり，そこには(ウ)がある。クレジットカードは，自分の身分や支払い能力を証明することで発行されるため，身分証明の性質もあるが，紛失や盗難等，悪用される危険性もある。悪用例としては，実存する銀行などを装って電子メールを送り，架空のウェブサイトに誘導してクレジットカード情報を盗む(エ)や，特殊な機械でクレジットカードの磁気情報を読み取り，カードを偽造する(オ)等がある。

A スキミング　　B 三者間契約　　C セキュリティコード

D ICチップ　　E フィッシング　　F 二者間契約

(3) 次の給与明細の可処分所得を算出し，その値を書け。

給与明細表

単位：円

差引支給額 164,083

基本給	職能給	扶養手当	調整手当	住居手当	通勤手当	残業手当	その他手当	支給合計
161,000	0	0	0	5,000	12,100	21,110	0	199,210
健康保険料	厚生年金保険料	雇用保険料	介護保険料	所得税	住民税	組合費	社内預金	控除額計
7,650	16,470	597	0	3,410	0	2,000	5,000	35,127

(4) 次のア～ウは，家計の資産の説明である。説明が正しい場合に○，誤っている場合に×としたときの組合せとして最も適切なものを以下のA～Dから一つ選び，その記号を書け。

ア 金融資産とは，預貯金，有価証券などであり，現金は除かれる。

イ 実物資産とは，土地や建物などである。

ウ 資産を持つ世帯の平均貯蓄額は増加している。

A ア ○ イ ○ ウ ×

B ア × イ ○ ウ ○

C ア ○ イ × ウ ×

D ア × イ × ウ ○

(5) 次の文は，地球温暖化について述べたものである。文中の(ア)～(エ)に当てはまる言葉や数字として適切なものを以下のA～Eからそれぞれ一つずつ選び，その記号を書け。

> 大気中へのCO_2排出量は増加し続けており，CO_2の増加は地球温暖化をもたらしている。(ア)年からの温暖化対策の国際ルールを示したパリ協定では，(イ)前からの気温上昇を(ウ)℃未満に抑えるため，2015年に締結された。
>
> CO_2排出量の削減には企業の取組がカギを握るが，現在は環境規格であるISO(エ)を取得する企業も増えている。

ア A 2016 B 2018 C 2020 D 2022 E 2024

イ A 第一次世界大戦 B 産業革命 C パリ革命 D 日清戦争 E 日露戦争

ウ A 1 B 2 C 3 D 4 E 5

エ A 68 B 7010 C 7810 D 9401 E 14000

▌2024年度 ▌愛媛県 ▌難易度 ■■■■■

【19】次の(1)～(3)の問いに答えよ。

(1) 次の表中のア～オに当てはまる語句を，記せ。

	株式	債券
特徴	株式会社が（　ア　）に対して発行する。株式を保有している間は（　イ　）を受け取れる。	国や地方公共団体，企業などがお金を借りる際に発行する。保有している間は（　ウ　）を受け取れる。
安全性	購入時より価値が低くなる可能性がある。	満期まで保有すれば，元本は戻ってくる。
収益性	購入した時よりも価値が上がった際に売却した場合，値上がり益が得られる。	利率にもとづく利息のため，安定した収益が得られる。
（　エ　）性	いつでも換金可能なものとそうでないものがある。	中途換金には（　オ　）がかかる。

(2)　消費者の権利と責任について，次の①～③の問いに答えよ。

①　消費者行政を一元化する目的で発足した省庁の名称を，記せ。

②　1995年に施行され，欠陥商品による被害に対して消費者が製造者に損害賠償を求めることができる法律の名称を，記せ。

③　2001年に施行され，事業者側からの情報提供の在り方や勧誘行為について不適切な場合の消費者の取消権を定めている法律の名称を，記せ。

(3)　お金を借りた際に起きる問題について，次の①，②の問いに答えよ。

①　借金の返済計画が不十分で，複数の業者からお金を借りて，返済不能になる状況を何というか，記せ。

②　①の状況を整理する方法の一つである「個人再生手続き」を，簡潔に説明せよ。

2024年度 山梨県 難易度■■■■□

【20】次の1，2，3の問いに答えよ。

1　文章中の(　①　)，(　②　)，(　③　)に適する語句を，以下のアからカのうちからそれぞれ一つずつ選び，記号で答えよ。

クレジットカードの支払方法の一つである(　①　)払いは，月々の支払を一定額又は(　②　)に対する一定の割合に抑えられるが，支払期間が長くなりがちなので，(　③　)がかさみ，その結果支払総額も増える。また，(　①　)払いは定期的な支払が続き，(　②　)が分かりにくくなる。

ア　分割　　　イ　債権　　ウ　手数料　　エ　残高

オ　リボルビング　　カ　利息

2　次の(1)，(2)，(3)の問いに答えよ。

(1)　事業者が高額な商品を販売しその商品を預かり，さらに事業者が運用するのでお金がもうかるなどと称する商法を何というか。

(2)　実在する銀行や事業者を装って電子メールを送り，架空のウェブサイトに誘導してカード番号やパスワードなどのカード情報を盗み悪用する詐欺を何というか。

(3)　文章中の(　①　)，(　②　)，(　③　)に適する語句を答えよ。

いったん契約の申し込みや契約の締結をした場合でも，契約を再考できるようにし，一定の期間であれば無条件で契約の申し込みを撤回したり，契約を解除したりできる制度を(　①　)という。令和4年6月より(　②　)によるほか，(　③　)でも(　①　)の通知を行うことが可能となった。

3　次の(1)，(2)の問いに答えよ。

(1)　全国の世帯が購入する家計に係る財及びサービスの価格等を総合した物価の変動を時系列的に測定するものを何というか。

(2)　(1)に含まれる支出を，次のアからエのうちから一つ選び，記号で答えよ。

ア　預貯金　　イ　社会保険料　　ウ　寄付金　　エ　消費税

2024年度　栃木県　難易度 ■■■■□

解答・解説

【1】問1　5　　問2　5　　問3　2　　問4　4

○解説○　問1　STマークは，おもちゃの安全基準の検査に合格した製品につけられる。　問2　選択肢5の説明文に該当するのは有料サイト登録詐欺やワンクリック詐欺である。サクラサイト商法は，サイト業者に頼まれた者が，芸能人や異性になりすましてサイトに誘導して有料サービスを利用させる商法である。　問3　3000円以下の取引はクーリング・オフが適用されない。適用されるものとされない契約，期間を覚えておくこと。　問4　誤りのある選択肢について，1と3は法律と説明が逆になっている。2は，製造物の欠陥により人の生命，身体又は財産に係る被害が生じた場合における製造業者等の損害賠償の責任について定められた法律である。

【2】(1)　④　　(2)　③，④

○**解説**○ (1)　契約は，当事者双方の意思表示が合致することで成立する。口頭の約束でもよいとされている。契約の成立した時点や，それで生じる権利と義務についても問われることがある。また契約の種類についても学習しておくこと。　(2)　①について，保護者の同意がない契約は取り消すことができる。②について，小遣い程度(およそ3000円程度)の契約は親の同意がなくても取り消すことはできない。未成年取消しが適用される場合とされない場合を整理して覚えておくこと。また，クーリング・オフについても，同様に学習しておくこと。

【3】4

○**解説**○ 選択肢4の実支出以外の支出のうち，「預貯金の引き出し」が間違いで，正しくは「預貯金の預け入れ」である。支出には実支出と実支出以外の支出があり，実支出には消費支出と税金や保険料などの非消費支出がある。家計の収支の項目は覚えておくこと。

【4】(1)　②，③，⑤　　(2)　デビットカード　　(3)　①　20日間　②　8日間　　(4)　販売方法…通信販売(ネットショッピング，TVショッピング，カタログ通販)　　理由…消費者が前もって広告や画面等を確認し，自発的に申込みをする不意打ち性のない取引のため。

○**解説**○ (1)　①について，2022年5月13日以降，大型免許・中型免許のいずれも19歳以上，普通免許等(普通免許・準中型免許)の保有歴1年以上で取得可能となった。これまでと変わらず20歳にならないとできないことは，飲酒・喫煙，④の競馬，競輪，オートレース，競艇の投票券(馬券など)を買う，養子を迎えるなどである。　(2)　キャッシュレス決済は，支払いが発生するタイミングによって「前払い」「即時払い」「後払い」の3タイプに分けられ，前払いのことをプリペイド方式といい，あらかじめ金額をチャージする電子マネーがある。即時払いは，デビットカードのように支払いと同時に銀行口座から代金が引き落とされるもので，後払いは，クレジットカードのように後日請求される支払い方法である。それぞれの支払いのメリットとデメリットをまとめておきたい。　(3)　①　連鎖販売取引とは個人を販売員として勧誘し，更にその個人に次の販売員の勧誘をさせるという形で，販売組織を連鎖的に拡大して行う商品(権利)・役務の取引のことでマルチ商法の正式名称である。連鎖販売取引，業務提供誘引販売取引(内職商法やモニター商法)は20日間である。2022年6月1日より書面のほか，電磁的記録(電子メールなど)でもクーリング・オフの通知を行うことが可能になった。　②　訪問販売は，店舗販売に比べ不意打ち性や密室性の高い販売方法であることから，特定商取引法で一定の規制を設けている。訪問販売，電話勧誘販売，特定継続的役務提供の期間は8日間である。　(4)　通信販売は，訪問販売等と比べて，消費者が自発的な購入意思で申込みをする取引であるため，広告の適正を確保するための規制が中心で，クーリング・オフの対象外である。

【5】(1)　ア　売買　　イ　雇用　　(2)　未成年者が保護者の同意を得ずに契約した場合には，契約を取り消すことができること

○**解説**○ (1)　契約の種類について詳細に学習しておくこと。民法には売買契約，贈与契約など財産権を譲渡する契約，賃貸借契約など貸し借りの契約，雇用契約，請負契約など労務を提供する契約，和解契約などその他の契約が規定されている。　(2)　未成年者は，成年者に比べて取引に関する知識や経験が不足していることから，未成年者を悪徳商法などから保護するための規定が未成年者取消権である。未成年者が自分を成年者であると偽った場合，親の同意を得ていると偽って契約をした場合，未成年者が婚姻をしている場合には，未成年者取消権を行使することはできない。契約の取消しや無効ができる場合とそうでない場合を分けられるように学習しておくこと。

【6】(1)　a　責任　　b　消費者保護　　c　自立　　(2)　・クレジットカードをつくる　　・ローンを組む　　・消費者金融から借金する

・一人暮らしの賃貸物件を借りる　・携帯電話を契約する　から2つ　(3)　①　(4)　自己破産

○**解説**○ (1)　(2)消費行動と意思決定は，成年年齢の引き下げに伴い，新成人による契約にまつわるトラブルも多くなると考えられ，消費者の権利と責任，消費行動の意思決定や契約の重要性，被害を受けた時の対処方法としての消費者保護の仕組みなどについて，今回の改定で重要視されている内容である。　(2)　成人になっても20歳にならないとできないことも確認し覚えておくこと。　(3)　誤りのある選択肢について，②は20日間ではなく，正しくは8日間である。それぞれの契約の期間を覚えておくこと。③の通信販売はクーリング・オフの対象ではない。　(4)　債務の整理には，任意整理，自己破産，個人再生，特定調停がある。任意整理は利息の負担を無しにして借金の減額ができる。弁護士が代理人となって債務者と交渉するので裁判所に申し立てはしない。個人再生は家などの財産を所有しつつ大幅免除ができる。特定調停は財産を所持しながら利息の免除ができる。弁護士に頼まず調停委員に間に入ってもらい交渉する。

【7】問1　消費生活センター　問2　ア　問3　エ　問4　支払方法…リボルビング払いとは，毎月一定額を支払う方法である。　デメリット…リボルビング払いは，支払う回数が明確でなく，長期化しやすい。そのため，手数料や利息を多く払うことになる場合が多い。問5　ウ　問6　(1)　インターネットや携帯電話の普及により増加したと考えられる。　(2)　教育

○**解説**○ 問1　消費者保護のために国民生活センター，地方には消費生活センターが設立された。　問2　クーリング・オフとは，契約後消費者に冷静に考え直す時間を与え，一定期間であれば無条件で契約解除ができる制度である。店舗での物品販売や通信販売は対象外である。クーリング・オフが適用されるものとされないもの，行使期間は整理して覚えること。また，2022年より書面によるほか，電磁的記録でもクーリング・オフの通知を行うことが可能になった。これについての問題も頻出しているので確認しておきたい。　問3　正答以外の選択肢のアは債権，イは保険，ウは株式の説明である。債権，株式，投資

信託は高い収益を上げる可能性は高いが，安全性は高くない。金融商品について，「収益性」「安全性」「流動性」の3つの特性をあわせて理解しておくこと。　問4　リボ払いは，毎月の支払額を一定の金額に固定し，金利とともに返済していくというものである。高額商品を購入した場合でも，毎月の返済額は一定になるため，手もとにまとまったお金がなくても支払いができるが利息が発生するため，リボ払いを利用しすぎると支払総額が高額になるケースがある。　問5　キャッシュレス決済は，支払いが発生するタイミングによって「前払い」「即時払い」「後払い」の3タイプに分けられる。前払いのことをプリペイド方式といい，あらかじめ金額をチャージする電子マネーなどがある。即時払いは，デビットカードのように支払いと同時に銀行口座から代金が引き落とされるものである。後払いは，クレジットカードのように後日請求される支払い方法である。アはプリペイドカード，イは電子マネープリペイド型，エはクレジットカード，オは電子マネーポストペイ型の説明である。　問6　消費支出は支出の目的により，食料，住居，光熱・水道，家具・家事用品，被服及び履物，保健医療，交通・通信，教育，教養娯楽，その他の消費支出の10大費目に分類される。このグラフは確認しておくこと。通信費の割合は大幅に増加している。携帯電話，インターネットの普及によるものと考えられる。教育費の割合も年々増加している。

【8】1　①　販売　　②　金融　　2　(エ)，(C)

○**解説**○　1　三者間契約について詳細に学習しておくこと。キャッシュレス化についての問題は頻出である。クレジットカード以外にも，電子マネーやプリペイトカード，キャッシュカードなどの支払方法を説明できるようにしておきたい。ローンの種類，メリットとデメリットを記述できるようにしておくこと。　2　家計の収入と支出の項目についての問題は頻出なので覚えること。

【9】(1)　①　頭を冷やして考える　　②　8日　　③　2022(令和4)

(2)　電子メール，USBメモリ等の記録媒体，FAX，事業者が自社のウェブサイトに設けるクーリング・オフ専用フォーム　から2つ

○**解説**○ (1) クーリング・オフが適用される契約と，その期間を覚えておくこと。訪問や電話勧誘などは8日間であるが，販売連鎖販売取引(マルチ商法)や業務提供誘因販売取引(内職，モニター商法)は20日間である。2022年より書面のほか，電磁的記録でもクーリング・オフの通知を行うことが可能になった。 (2) 電磁的記録でクーリング・オフの通知を行った場合には，クーリング・オフを行った証拠を保存するために，電子メールであれば送信メールを保存しておく，ウェブサイトのクーリング・オフ専用フォーム等であれば画面のスクリーンショットを残しておくといった対応を行うことが望ましい。

【10】(1) ア c イ e (2) ウ 分割 エ リボルビング オ 手数料

○**解説**○ (1) 相談の中で1番多いのは通信販売である。消費者センターの相談件数の内訳について詳細に学習しておきたい。 (2) リボルビング払いは，毎月の支払額が自分であらかじめ設定した金額に固定されるため，毎月の支払額に変動がないが，高額の買い物をした際に，支払いが長期化する恐れがある。分割払いは，支払い回数を何回払いにするかによって支払い額が変わるが，あらかじめ支払い回数が設定できるため，比較的短期間で払い終えることができる。それぞれのメリットとデメリットを記述できるようにしておきたい。

【11】(1) 暗号資産 (2) ア 債券 イ 投資信託 ウ 収益性，流動性 (3) A，D (4) エ (5) 毎月の返済額が一定であるため，支払い回数が分かりにくく，長期化しやすい。そのため，手数料を多く払うことになりやすい。

○**解説**○ (1) 仮想通貨ともいう。インターネット上で暗号化されたデータを使って，決済や送金を行うものである。日本円などの法定通貨と異なり，国が価値を保証するものではない。暗号資産の価格は大きく変動することがあるため，価格変動のリスクが大きい。 (2) ア 公共のものには国債，公募地方債など，民間のものでは社債，転換社債，金融債などがある。債券は購入後一定の利息を受け取り，満期日に額面全額が払い戻されるため，発行から満期まで保有すると元本割れしない。　イ　投資信託によって集まった資金は，有価証券や不動産などに分散投資され，その成果は投資額の割合に応じて投資家に還元される。ただし，運用成果がマイナスになった場合でも，販売会社や投資信託委託会社が元本を保証するものではない。　ウ　安全性とは，その金融商品で運用した結果，元本が減らないことである。収益性とは，その金融商品で運用することによって利益が出やすいことである。流動性とは，必要になったときに現金に換えやすいことである。
(3)　成年年齢の引き下げで，できるようになったことと，できないことを整理して覚えておくこと。頻出事項である。10年有効のパスポートの取得，公認会計士や司法書士などの資格の取得も可能になった。
(4)　正答以外の選択肢について，アは電話サービスの故障等に関する相談の受付，イは海上保安庁への海上における事件・事故の緊急通報ダイヤル，ウは災害用伝言ダイヤル，オは児童相談所の虐待対応ダイヤルである。　(5)　リボルビング払いとは，クレジットカードなどにより利用代金を支払う方法の一つで，毎月定額または，残高の定率を支払う方法である。特に毎月の返済額を低めにした場合，借金をしているという意識が薄れ，借入れ額が増えがちである。三者間契約について，基本的な知識を学習しておくことと，支払い方法のメリットとデメリットを整理して覚えておくこと。

【12】(1)　①　カ　　②　イ　　③　ウ　　④　エ　　(2)　18歳
(3)　ジャドママーク　　(4)　ウ　　(5)　以前は，書面による解約手続きのみ有効であったが，2022年6月1日より，書面による他，電子的記録でもクーリング・オフの通知を行うことが可能となった。
(6)　ア

○**解説**○ (1)　①　三者間契約と二者間契約について仕組みを理解しておくこと。クレジットカードだけでなく，キャッシュレス決済の方法と内容を確認しておくこと。　(2)　クレジットカードの申し込み条件では18歳以下は不可とされている。成年年齢引き下げにより，18歳以上であれば，保護者の同意を得ずにクレジットカードを作成できるようになった。　(3)　ジャドママークは頻出なので，必ず覚えておくこと。
(4)　特定商取引法は，不意打ち的な訪問販売や電話勧誘販売，マルチ商法，特定継続的役務提供，内職，モニター商法，通信販売などについて定めている法律である。クーリング・オフは，冷静によく考えるための期間として設けられている。クーリング・オフが適用されるものとされない契約，期間を整理して覚えること。未成年者の契約取り消しについての問題も頻出である。取り消しや無効ができるものとできないものについて，確認しておくこと。　(5)　電子メールのほか，USBメモリ等の記録媒体や事業者が自社のウェブサイトに設ける専用フォーム等により通知を行ってもよい。　(6)　国消費者の8つの権利と5つの責任についての問題は頻出なので，確認し，覚えておくこと。

【13】①

○解説○ 1962年に，「安全への権利」，「情報を与えられる権利」，「選択をする権利」，「意見を聴かれる権利」がケネディ大統領によって提唱にされ，1975年にフォード大統領が5つめの権利として「消費者教育を受ける権利」を加えた。その後消費者運動機関である国際消費者機構(CI)により8つの権利と5つの責任にまとめられた。頻出事項なので経緯も含めて覚えておきたい。

【14】(1)　①　20　②　60　③　国民年金　④　厚生年金　⑤　10　(2)　①　203,612円　②　25,818円　③　前年度の所得に応じて支払うもので，支給額が一定以下だと，課税されないから。　④　年齢…40歳　説明…加齢にともなう疾病等によって介護が必要になっても，国民の共同連帯の理念の下で住み慣れた地域でその人らしく主体的に生活できるよう，必要な保険医療や福祉サービスの給付を行うために，2000年に作られた。

○解説○ (1)　公的年金制度の概要である。年金は高齢者のための「老齢年金」の他に「障害年金」「遺族年金」などがあり，将来のリスクに備えた制度である。年金を受け取るには，最低10年間の保険料納付が義務付けられている。平成29年までは25年であった。支給年金の額は，納付した期間に応じて決まる。　(2)　①　可処分所得は手取り収入のことで，基本給に諸手当を加えた「総合計」の232,630円から税金や保険料を差し引く。232,630－29,018＝203.612円である。　②　健康保険料，厚生年金保険料，雇用保険料，介護保険料の合計である。

③ 住民税は前年度の所得によって算定されるため，新入社員の前年度所得は0になる。所得税はその年の所得によって決まる。当面その月の所得によって算定し，年度末に収入金額が定まるため，年末調整によって過不足を補う。 ④ 介護保険制度の被保険者は，65歳以上の者(第1号被保険者)と40～64歳の医療保険加入者(第2号被保険者)である。介護保険法は自立支援や保健医療サービス・福祉サービスを総合的に受けられる制度である。サービスは，65歳以上の者は原因を問わず要支援・要介護状態となったときに，40～64歳の者は末期がんや関節リウマチ等の老化による病気が原因で要支援・要介護状態になった場合に受けることができる。

【15】1 (1) 加盟店(販売業者)，クレジットカード会社 (2) 連帯保証人 (3) 財形貯蓄 (4) ① ○ ② 増える ③ ○ ④ 高い (5) 住民税 (6) 式…200,000－45,440＝154,560 答…154,560円 (7) 式…200,000－(45,440＋124,000)＝30,560 答…30,560円 収支の結果…黒字 2 ① イ ② カ

○**解説**○ 1 (1) 消費者とクレジット会社では「立て替え払い契約」を結び，販売店(加盟店)とは「売買契約」を結ぶ。加盟店とクレジット会社では「加盟店契約」を結ぶ。三者間契約についての問題は頻出なので，この関係を覚えておくこと。 (2) 債務者が金銭を返済しない場合に，債権者から「貸した金を返してほしい」等の請求を受けた時，自分よりまず債務者に請求して欲しいと主張できるのが「保証人」である。「催告・検索の抗弁権」とは「自分よりまず債務者に請求して欲しいと主張し，支払いを拒否できる権利」である。保証人に与えられる「催告・検索の抗弁権」がないのが「連帯保証人」である。支払い拒否はほぼ不可能で，債務者に代わって支払わなければいけない。
(3) 財形貯蓄には3種類あり，年金型と一般財形貯蓄，財形住宅貯蓄がある。 (4) 30～49歳は食料費の割合が高い。教育費については40～59歳の割合が高い。実支出＝非消費支出＋消費支出である。

(5) 非消費支出は，社会保険料と税金のことで，地方税として徴収されるのは住民税である。家計の収支の項目について，学習しておくこ

と。　(6)　可処分所得とは手取り収入のことで，支給額から非消費支出を差し引いたものである。　(7)　可処分所得は154,560円である。消費支出は，支出の項目を全部足して124,000円なので，30,560円の黒字である。　2　今回の改訂では小中高の「系統性・連続性」を重視している。これは「消費生活・環境」に関わらず，すべての分野においても同様である。成年年齢の引き下げにより，成年になりたての若者に消費者被害が増加することが予想され，被害を未然に防ぐため，また，被害を最小限に抑えるためにも，消費者教育を重要視するよう述べている。高校においては，「消費生活・環境」内容について，入学年次またはその次までに履修させることと示されている。

【16】(1)　①　(2)　⑤

○解説○ (1)　家計の消費と支出の内訳は必ず覚えること。項目ごとに分類できるようにしておくこと。　(2)　年齢階級別の消費支出の費用構成の調査結果のグラフは確認しておきたい。それぞれのライフステージの特徴を理解しておくこと。他にも世帯についての調査に関するデータやグラフを数多く確認し理解しておきたい。

【17】②

○解説○ 実収入は税込み収入で世帯員全員の現金収入を合計したもので，250,000＋225,000＋55,000＝530,000円。実支出は「消費支出」と「非消費支出」を合わせたものなので，283,000＋95,000＝378,000円。可処分所得は「実収入」－「非消費支出」なので，530,000－95,000＝435,000円である。家計の内訳の内容は覚えておくこと。

【18】(1)　A　(2)　ア　B　イ　D　ウ　C　エ　E　オ　A
(3)　171,083　(4)　B　(5)　ア　C　イ　B　ウ　B
エ　E

○解説○ (1)　社会保障制度には社会保険，高齢者や障害者のための社会福祉，貧困・低所得者のための公的扶助，全日本国民にための保健医療・公衆衛生の4つの柱がある。社会保険には年金保険，医療保険，雇用保険，介護保険，労災保険がある。選択肢B，C，Dは社会保険の分類である。Aの生活保護制度は公的扶助である。　(2)　クレジットカードは後払い，キャリア決済は商品の代金を携帯電話料金や通信料金と一緒にまとめて支払うもので，後払いに該当する。デビットカードは，即時払い，プリペイドカードは前払いにあたる。三者関契約について学習しておくこと。　(3)　可処分所得は支給合計から保険料と税金を差し引いた金額。199,210－(7,650＋16,470＋597＋3,410)＝171,083円である。　(4)　間違いのある選択肢アについて，現金も含む。(5)　2015年のパリ協定は，2020年以降の気候変動抑制による多国間の国際的な協定である。「産業革命以前と比べて平均気温上昇を2℃以内(努力目標1.5度以内)とする」としている。1997年に発効された京都議定書は先進諸国だけを対象に，温室効果ガス削減目標が掲げられていたが，パリ協定は全ての国々が責任を負って温室効果ガス削減に取り組むことになった。

【19】(1)　ア　株主　　イ　配当金　　ウ　利息　　エ　流動　　オ　手数料　　(2)　①　消費者庁　　②　製造物責任法(PL法)　　③　消費者契約法　　(3)　①　多重債務　　②　将来の継続的な収入から借金の一部を3年間で返済する計画を立て，その計画を裁判所が認めれば，計画通りに返済することによって，残りの債務を免除してもらうこと。

○**解説**○ (1)　金融商品については，3つの特性をあわせて種類と特徴を理解しておくこと。　(2)　①　消費者庁は，法令や規則の遵守・教育や危険の防止・事故の防止などの消費者行政を担当する内閣府の外局で，2009年(平成21年)5月に関連法が成立し，9月1日に発足した。
②　製造物責任法は，被害者保護の観点から一般的に無過失責任と言われ，製造業者に故意・過失が無くとも欠陥があれば責任を負う必要があるというものである。一般消費者にとって企業を相手取り，製造上の過失を立証することは極めて困難なため制定された法律である。
③　第1条の目的は「この法律は，消費者と事業者との間の情報の質及び量並びに交渉力の格差に鑑み，事業者の一定の行為により消費者が誤認し，又は困惑した場合等について契約の申込み又はその承諾の意思表示を取り消すことができることとするとともに，事業者の損害

賠償の責任を免除する条項その他の消費者の利益を不当に害することとなる条項の全部又は一部を無効とするほか，消費者の被害の発生又は拡大を防止するため適格消費者団体が事業者等に対し差止請求をすることができることとすることにより，消費者の利益の擁護を図り，もって国民生活の安定向上と国民経済の健全な発展に寄与することを目的とする。」である。　(3)　債務整理には個人再生の他に任意整理や自己破産がある。任意整理は，裁判所を通さずに弁護士などを通じて，それ以降の借金の返済方法について貸金業者，金融機関など債権者と直接交渉することで借金の減額を図るものである。自己破産は，裁判所を通して支払い不能と認めてもらい，財産を処分する代わりに借金を帳消しにしてもらうという制度である。自己破産すると家や車など一定以上の価値ある財産が回収，処分され，クレジットカードやローンが一定年数利用できなくなる。個人再生は自己破産と違い住宅や家や車などを残せるという大きな特徴がある。それぞれの手続きについて詳細を理解しておきたい。

【20】1　①　オ　②　エ　③　ウ　2　(1)　販売預託商法　(2)　フィッシング(詐欺)　(3)　①　クーリング・オフ　②　書面　③　電磁的記録　3　(1)　消費者物価指数　(2)　エ

○**解説**○　1　リボ払いや分割払いは毎月の支払い金額の負担が減る便利な方法であるが，分割内容に応じた手数料が発生する。　2　(1)　販売預託商法は巨額の消費者被害が繰り返されてきたため，その商法を原則禁止する改正預託法が2022年6月に施行され，預託等取引に関する法律に名称変更された。　(2)　悪徳商法と詐欺の種類と内容を他にも確認しておくこと。　(3)　クーリング・オフの行使期間は，訪問や電話勧誘などは8日間であるが，連鎖販売取引(マルチ商法)や業務提供誘因販売取引(内職・モニター商法)は20日間である。適用される取引とそうでないもの，期間を整理して覚えておくこと。　3　(1)　消費者物価指数は，家計の消費構造を一定のものに固定し，これに要する費用が物価の変動によって，どう変化するかを指数値で示したもので毎月作成されている。指数計算に採用している各品目のウエイトは総務省統計局実施の家計調査の結果等に基づき，品目の価格は総務省統計局実施の小売物価統計調査によって調査された小売価格を用いている。その結果は各種経済施策や年金の改定などに利用される。

(2) 指数品目の範囲は，消費支出といわれる家計で消費する財やサービスなどの商品に対する支出を対象としているので，非消費支出といわれる所得税・住民税などの直接税や社会保険料などの世帯の自由にならない支出は指数品目に含めない。また，貯蓄及び財産購入のための支出である預貯金・保険料・有価証券購入・土地や住宅購入などの支出も含めない。消費税などの間接税は，消費支出に含まれているので，商品の価格の一部として消費者物価指数に含まれる。

家庭・家族・医療・健康

【1】家庭の機能が社会化(外部化)された具体的な内容について，誤っているものを一つ選び，番号で答えよ。

1　外食や料理の宅配の利用
2　デイサービスやショートステイを利用した高齢者介護
3　保育所・学校・塾を利用した子どもの養育
4　世帯内で行う，家事労働の合理化
5　上下水道の整備やごみ処理の委託

2024年度 愛知県 難易度 ■■■□□□

【2】家族・家庭生活について，次の問に答えよ。

問1　次の文は，家族に関する法律について述べたものである。以下の(1)～(3)に答えよ。

日本国憲法には，家族に関する法律の理念が定められている。具体的には「個人の[ア]と両性の本質的[イ]の上に制定されなければならない」とあり，現行の民法でもその理念が重視されている。旧民法(明治民法)の理念は「[ウ]」制度にもとづいていた。この制度の特徴は，日本国憲法の定める「個人の[ア]と両性の本質的[イ]」の理念と両立しないため，1947年の民法改正において家族法が全面的に改定されたことにより，「[ウ]」制度は廃止された。

民法は1947年の改正後もこんにちにいたるまで，改正が重ねられてきている。たとえば，2016年に改正された女性の再婚禁止期間の短縮※1により，①無戸籍児問題への対応などがなされた。一方，②夫婦の姓については，1996年および2010年にそれぞれ改正法案が準備されたが，さまざまな意見があることなどから，いずれも国会に提出するにはいたらなかった。

※1再婚禁止期間を廃止する民法の改正案が2022年12月10日の国会で成立。2024年4月1日から施行。

(1)　[ア]～[ウ]にあてはまる語を答えよ。

(2) 下線部①について，どのような問題があるか，一つ記せ。

(3) 下線部②について，導入が検討されている制度を何というか，答えよ。

問2 図1は家族類型別一般世帯数の割合の変化と予測を表したものである。以下の(1)〜(3)に答えよ。

(年)	エ 世帯	夫婦のみ	夫婦と子ども	ひとり親と子ども	その他	世帯総数(万世帯)	平均世帯人員(人)
1990	23.1	15.5	37.3	6.8	17.4	4,390	2.82
2000	27.6	18.9	31.9	7.6	14.1	4,678	2.67
2010	32.4	19.8	27.9	8.7	11.1	5,184	2.42
2015	34.6	20.1	26.9	8.9	9.4	5,333	2.33
2040(予測)	39.3	21.1	23.3	9.7	6.6	5,075	2.08

(国立社会保障・人口問題研究所「日本の世帯数の将来推計(全国推計)」)

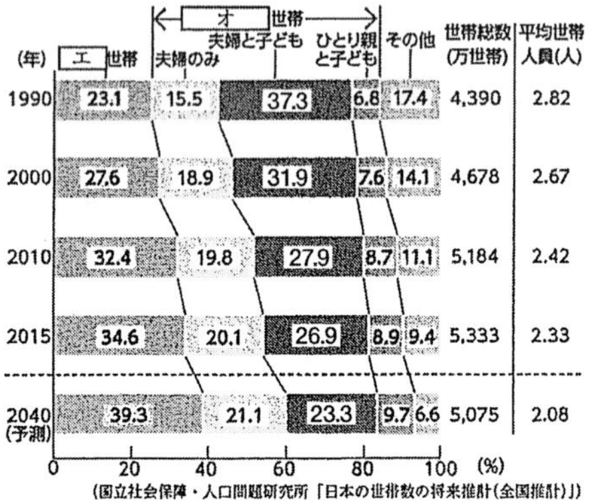

図1

(1) 日本に居住しているすべての人と世帯を対象として，国が5年に1回実施する国内の人口，世帯等についての調査を何というか，答えよ。

(2) ┌ エ ┐, ┌ オ ┐にあてはまる語を答えよ。

(3) ┌ エ ┐世帯が増加する理由を一つ説明せよ。

‖ 2024年度 ‖ 島根県 ‖ 難易度 ‖▮▮▮▮☐☐

【3】家族・家庭生活について，次の問いに答えなさい。

(1) 次の文章は，「中学校学習指導要領解説 技術・家庭編(平成29年7月)第2章 第3節 家庭分野の目標及び内容」に示されているものである。(①)〜(③)にあてはまる語句を書きなさい。

> 「家族・家庭生活」の内容は，全ての生徒に履修させる(1)「自分の成長と家族・家庭生活」，(2)「幼児の生活と家族」，(3)「(①)や地域との関わり」と，生徒の興味・関心や学校，(②)の実態等に応じて選択して履修させる(4)「家族・家庭生活についての課題と実践」の4項目で構成されている。

> (3) 家庭分野の内容の「A家族・家庭生活」の(1)については，小学校家庭科の学習を踏まえ，中学校における学習の見通しを立てさせるために，(　③　)に履修させること。

(2) 次の文章は，「中学校学習指導要領解説　技術・家庭編(平成29年7月)第2章　第3節　家庭分野の目標及び内容」に示されているものである。(　①　)～(　④　)にあてはまる語句を，ア～クの中から選び，記号で書きなさい。

> 幼児の発達の特徴については，身体の発育や運動機能，言語，認知，情緒，(　①　)などの発達の概要について理解できるようにする。また，これらの発達の(　②　)や順序性とともに，(　③　)があることを理解できるようにする。その際，認知については，ものの捉え方について扱い，幼児は(　④　)に物事を考えたり，生命のないものにも命や意識があると捉えたりするなどの特徴があることを理解できるようにする。

ア　社会性　　イ　個人差　　ウ　男女差　　エ　自己中心的
オ　複雑　　カ　協調性　　キ　方向性　　ク　反射

(3) 幼児は3回の食事以外にも間食(おやつ)を必要とする。その理由を説明しなさい。また，間食(おやつ)を与えるときに配慮すべきことを一つ書きなさい。

(4) 次の文章の(　①　)～(　④　)にあてはまる語句を，ア～クの中から選び，記号で書きなさい。

> 男女共同参画社会とは，「男女が，社会の(　①　)な構成員として，自らの(　②　)によって社会のあらゆる分野における活動に参画する機会が確保され，もって男女が均等に政治的，(　③　)，社会的及び文化的利益を享受することができ，かつ，共に(　④　)を担うべき社会」であることをいう。
>
> (男女共同参画社会基本法第2条)

ア　能動的　　イ　経済的　　ウ　法律　　エ　対等
オ　学歴　　カ　意思　　キ　責任　　ク　受容

(5) NHK放送文化研究所が作成した一日における「国民生活時間調査」のグラフから，以下の問いに答えなさい。

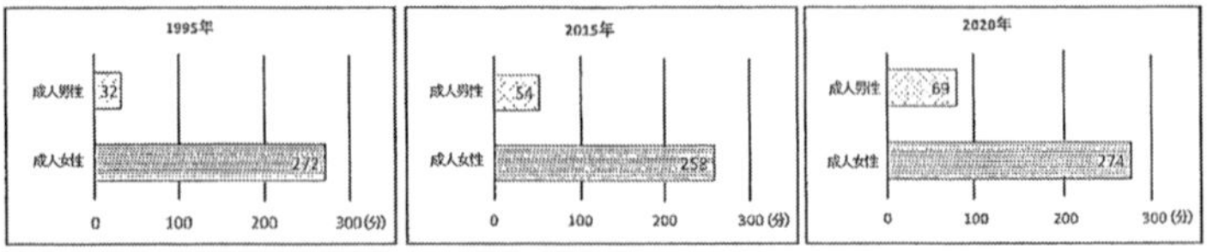

① 何について調査した結果なのか，ア～オの中から選び，記号で書きなさい。

ア 趣味にかける時間　　イ 家庭の仕事にかける時間
ウ 地域活動にかける時間　　エ 勉強にかける時間
オ 運動にかける時間

② 2015年は，①に関して中学生の時間についても調査している。ア～オの中から該当する時間を選び，記号で書きなさい。

ア 7分　イ 28分　ウ 49分　エ 70分　オ 112分

▌2024年度 ▌静岡県・静岡市・浜松市 ▌難易度

【4】家族・家庭について，次の(1)～(4)の各問いに答えなさい。

(1) 次の①～⑤の文は，人の一生に関わる主な法律の一部を抜粋したものである。それぞれ法律名を答えよ。

① 婚姻は，18歳にならなければ，することができない。

② 事業主は，労働者の募集及び採用について，その性別にかかわりなく均等な機会を与えなければならない。

③ 何人も，児童に対し，虐待をしてはならない。

④ すべて児童は，ひとしくその生活を保障され，愛護されなければならない。

⑤ 市町村は妊娠の届出をした者に対して，母子健康手帳を交付しなければならない。

(2) 相続人が次のパターンA・Bの場合，900万円の法定相続を計算し，次の①～④にあてはまる数字を答えよ。

パターンA	パターンB
配偶者　（ ① ）万円	配偶者　（ ③ ）万円
子２人　（ ② ）万円 （ ② ）万円	亡くなった人の兄弟姉妹３人　（ ④ ）万円 （ ④ ）万円 （ ④ ）万円

(3) 平成20年1月，内閣府に「仕事と生活の調和推進室」が設置された。それ以降に社会全体で仕事と生活の調和の実現を目指し，仕事のやり方や働き方を何か1つでも変えると表明し，取り組んでいるキャンペーンの名称を，ア～エから1つ選び，その記号で答えよ。

ア　カエル！ジャパンキャンペーン

イ　カワル！ジャパンキャンペーン

ウ　チェンジ！ジャパンキャンペーン

エ　チャレンジ！ジャパンキャンペーン

(4) 家族・家庭に関する文として最も適するものを，①～⑤から1つ選び，その番号で答えよ。

① 出生の届出は，10日以内(国外での出生は3か月以内)にこれをしなければならない。

② 世帯の規模は1960年代の高度経済成長期以降，急速に小さくなってきている。2020年の平均世帯人員は，4.37人である。

③ 国勢調査とは，日本に居住している全ての人及び世帯を対象として，国が3年ごとに実施する最も重要かつ基本的な統計調査のことである。

④ 女は，前婚の解消または取消しの日から100日を経過した後でなければ，再婚することができない。

⑤ 合計特殊出生率とは，ある年において15～45歳の一人の女性が一生の間に生むと想定される子どもの数のことである。

2024年度 佐賀県 難易度

【5】家族・家庭生活に関する文として最も適切なものを，①～④の中から一つ選びなさい。

① 日本において，1970年以降は，一般世帯の数とその1世帯あたりの人員はともに減少している。

② 家事労働はペイドワークともいわれ，報酬を伴わない仕事である。

③ 児童相談所虐待対応ダイヤルは「189」である。

④ 国は少子化対策として，2014年から幼児教育・保育の無償化をスタートした。

2024年度 三重県 難易度

【6】家族・家庭と社会のかかわりについて，次の(1)～(6)の問いに答えなさい。

(1) 次の図1と図2から読み取れる夫婦の仕事と家事に費やす時間の課題について，「ペイドワーク」と「アンペイドワーク」という言葉を使いながら説明せよ。

「共働き夫婦が仕事と家事に費やす時間の比較」（週全体の平均時間）

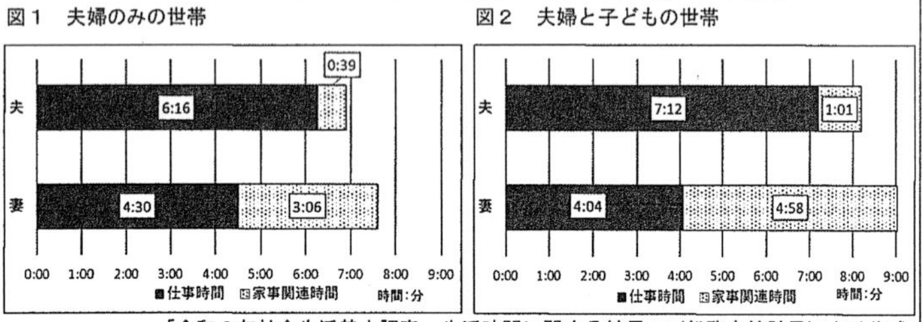

「令和３年社会生活基本調査　生活時間に関する結果」（総務省統計局）より作成

(2) 高度経済成長を背景に，1960年代以降に一般化し，強まっていった「男は仕事，女は家事・育児」という考え方を何というか書け。

(3) 合計特殊出生率とは何か，説明せよ。

(4) (1)～(3)の内容を「家庭基礎」の授業で扱う場合，あなたならばどのようなことを生徒に考えさせたいか，具体的に書け。

(5) 1994年の国際人口開発会議において提唱された概念で，全てのカップルと個人が，子どもを産むかどうか，人数，出産間隔や時期などについて責任を持って自由に決定でき，そのための情報と手段を得ることができる権利を何というか書け。

(6) 子どもの発達について，乳児に見られる愛着行動とはどのようなものか，具体例を挙げて説明せよ。

2024年度　群馬県　難易度■■■■■

【7】次の〈表〉は，日本の定期予防接種の時期を示したものです。表中の(ア)～(エ)にあてはまるものの組み合わせとして最も適切なものを，以下の1～4の中から1つ選びなさい。

〈表〉国立感染症研究所「日本の定期予防接種スケジュール」より2023年4月1日現在

		（ア）	（イ）	（ウ）	（エ）
1		ＢＣＧ	水痘	Ｈｉｂ (インフルエンザ菌b型)	ＤＰＴ－ＩＰＶ （4種混合）
2		水痘	Ｈｉｂ (インフルエンザ菌b型)	ＤＰＴ－ＩＰＶ （4種混合）	ＢＣＧ
3		Ｈｉｂ (インフルエンザ菌b型)	ＤＰＴ－ＩＰＶ （4種混合）	ＢＣＧ	水痘
4		ＤＰＴ－ＩＰＶ （4種混合）	ＢＣＧ	水痘	Ｈｉｂ (インフルエンザ菌b型)

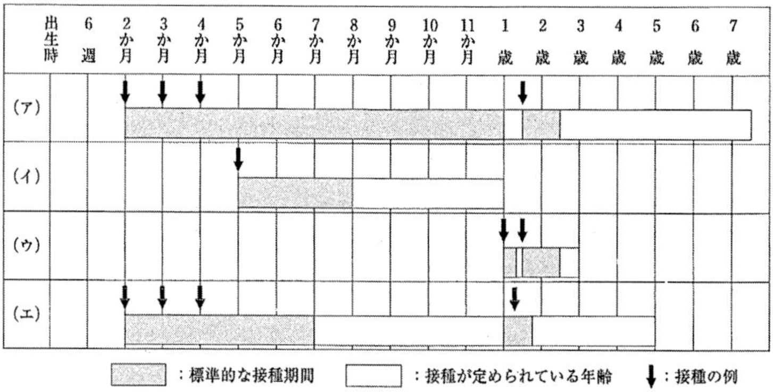

┃ 2024年度 ┃ 埼玉県・さいたま市 ┃ 難易度 ┃■■■□□

【8】家族・家庭生活について，次の問いに答えなさい。

1 日本の人口変動に関する次の文章を読んで，以下の問いに答えなさい。

> 日本の総人口は，明治時代より増加を続け，2000年代後半にピークに達した後，減少へと向かっている。日本の出生率と死亡率は，明治時代以降，段階的に低水準となり，1970年代半ば以降には，a合計特殊出生率が，b人口維持に必要な水準を下回ってさらに低下した。加えて，長寿化も進んだことから，日本は少子化・高齢化・人口減少という世界の国々が経験したことのない社会へ移行している。

(1) 下線部aについて，「年齢別出生率」という言葉を用いて簡潔に説明しなさい。

(2) 下線部bを何というか，漢字6字で書きなさい。

(3) 次の図は，出生数と合計特殊出生率の推移を表したグラフである。グラフから読み取れることや，関連する施策の説明として適切なものを，以下のア～カからすべて選んで，その符号を書きなさい。

図

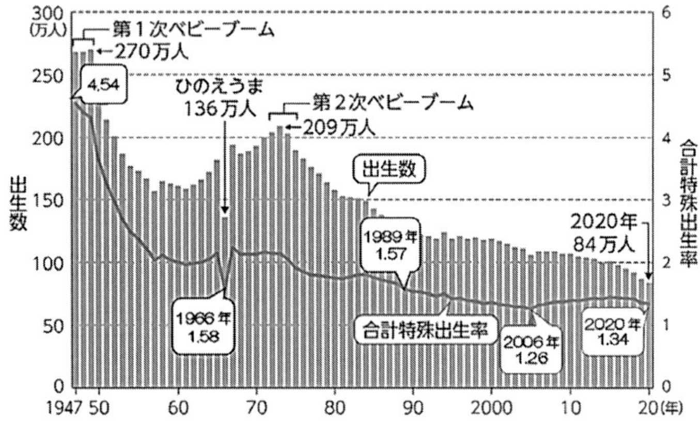

（厚生労働省「2020年人口動態調査結果」より作成）

ア 2020年における合計特殊出生率は，第1次ベビーブーム期の3分の1以下になった。

イ 第2次ベビーブーム期の合計特殊出生率は，第1次ベビーブーム期の約4分の3になった。

ウ 1966年のひのえうまの年は，出生数が増えた。

エ 合計特殊出生率は，第1次ベビーブームをピークに下がり続けている。

オ 日本では，1989年に1966年の合計特殊出生率を下回ったことを機に子育て支援策が展開されるようになり，その後，育児休業法が制定された。

カ 合計特殊出生率が最も低かった翌年に，ワーク・ライフ・バランス憲章が制定された。

2 少子化・男女共同参画について，次の問いに答えなさい。

(1) 内閣府や厚生労働省で担っていた子どもを取り巻く行政分野の

一元化を目的として，令和5年4月に設立された行政機関を何というか書きなさい。

(2) こども施策を社会全体で総合的かつ強力に推進していくための包括的な基本法として，こども基本法が令和5年4月1日に施行された。

次の文章は，こども基本法の基本理念である。文中の【 A 】に入る適切な語句を書きなさい。また，文中の(①)～(⑤)に入る語句として適切なものを，以下のア～コからそれぞれ1つ選んで，その符号を書きなさい。ただし，同じ記号には同じ語句が入る。

一 全てのこどもについて，個人として尊重され，その【 A 】が保障されるとともに，差別的取扱いを受けることがないようにすること。 二 全てのこどもについて，適切に養育されること，その生活を保障されること，愛され保護されること，その健やかな成長及び発達並びにその自立が図られることその他の(①)に係る権利が等しく保障されるとともに，(②)の精神にのっとり教育を受ける機会が等しく与えられること。 三 全てのこどもについて，その年齢及び発達の程度に応じて，自己に直接関係する全ての事項に関して(③)を表明する機会及び多様な社会的活動に参画する機会が確保されること。 四 全てのこどもについて，その年齢及び発達の程度に応じて，その(③)が尊重され，その最善の利益が優先して考慮されること。 五 こどもの養育については，(④)を基本として行われ，父母その他の保護者が第一義的責任を有するとの認識の下，これらの者に対してこどもの養育に関し十分な支援を行うとともに，(④)での養育が困難なこどもにはできる限り(④)と同様の養育環境を確保することにより，こどもが心身ともに健やかに育成されるようにす

> ること。
> 六 (④)や子育てに夢を持ち，子育てに伴う喜びを実感できる(⑤)環境を整備すること。

ア 日本国憲法　イ 社会　ウ 家族　エ 理想
オ 福祉　カ 教育基本法　キ 意見　ク 経済
ケ 国民　コ 家庭

(3) 先進国の少子化対策の1つとして，フランスでは1999年に簡略な手続きで，事実婚であっても法律婚とほぼ同程度の法的保護を受けられる法律が可決された。この法律名を書きなさい。

(4) 日本の男女共同参画をめぐる法律や制度の歩みについて，次の①～⑤を年代順に並べたものを，以下のア～オから1つ選んで，その符号を書きなさい。

① 男女共同参画社会基本法
② 中学校技術・家庭科男女共修化
③ 男女雇用機会均等法
④ 配偶者からの暴力の防止及び被害者の保護に関する法律(DV防止法)
⑤ 高等学校家庭科男女共修化

ア ③→②→①→⑤→④　イ ①→③→②→④→⑤
ウ ③→②→⑤→①→④　エ ①→③→④→②→⑤
オ ③→①→②→⑤→④

(5) 家族の形態や支援制度に関する次の説明①～④について，下線部の誤りを正して，それぞれ適切な語句を書きなさい。

① 夫，妻の一方または両方が，子どもづれで結婚した家族を<u>ダブルファミリー</u>という。
② <u>出産届</u>を出さないでともに暮らすことを事実婚という。
③ 血縁関係にない者が法的な親子関係を作る制度を<u>里親制度</u>という。
④ 2016年に<u>児童虐待防止法</u>が改正され，多様な親子関係の支援の充実も求められるようになった。

2024年度 兵庫県 難易度

【9】家族・家庭生活に関する次の各問に答えよ。

〔問1〕 次の図1は，2020年における結婚に対する考え方を示したものであり，図2は，2020年における小学校入学前の子供の育児における夫・妻の役割を示したものである。図1中のア～エ及び図2中のオ～クには，それぞれ，ドイツ，スウェーデン，フランス，日本のいずれかの国が当てはまる。このうち，スウェーデンに当てはまるものとして適切なものは，以下の1～4のうちのどれか。

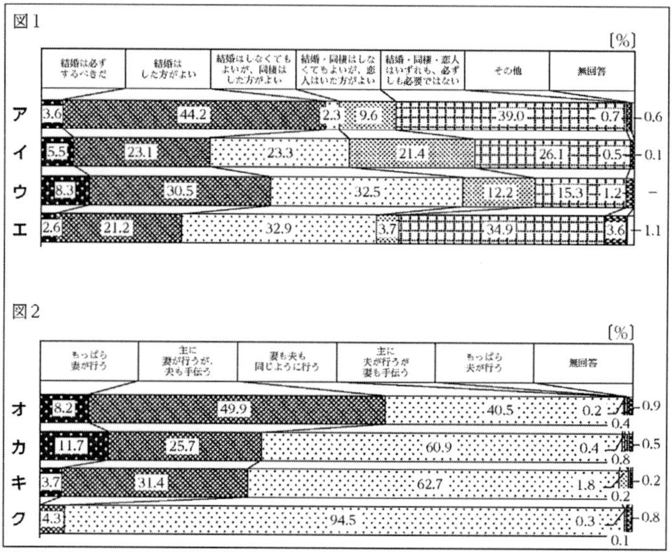

（内閣府「令和２年度　少子化社会に関する国際意識調査報告書」（令和３年３月）から作成）

1　ア・オ　　2　イ・カ　　3　ウ・キ　　4　エ・ク

〔問2〕「仕事と生活の調和推進のための行動指針」(仕事と生活の調和推進官民トップ会議　平成19年策定，平成28年一部改正)には，「仕事と生活の調和が実現した社会の姿」として，「就労による経済的自立が可能な社会」，「健康で豊かな生活のための時間が確保できる社会」，「多様な働き方・生き方が選択できる社会」が示されている。そのうち「健康で豊かな生活のための時間が確保できる社会」を実現するために必要な条件に関する記述として適切なものは，次の1～4のうちのどれか。

1　労働時間関係法令が遵守されていること。

2　意欲と能力に応じ，非正規雇用から正規雇用へ移行できること。
3　多様な働き方に対応した育児，介護，地域活動，職業能力の形成等を支える社会的基盤が整備されていること。
4　就業形態に関わらず，公正な処遇や能力開発機会が確保されること。

2024年度　東京都　難易度

【10】ライフスタイルや家族・家庭生活について，次の(1)～(4)の問いに答えよ。

(1)　次の図は，スイスの非営利財団「世界経済フォーラム」が公表したジェンダー・ギャップ指数(2022年)を示したものである。以下の①，②の各問いに答えよ。

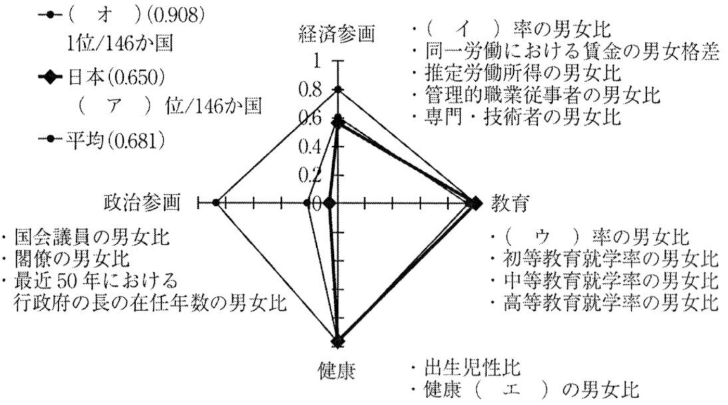

①　図中の(　ア　)～(　エ　)に当てはまる言葉の組合せとして最も適切なものを次のA～Eから一つ選び，その記号を書け。

A	ア　116	イ　労働参加	ウ　識字	エ　寿命
B	ア　91	イ　労働参加	ウ　進学	エ　年齢
C	ア　116	イ　第三次産業就業	ウ　進学	エ　寿命
D	ア　91	イ　第三次産業就業	ウ　識字	エ　年齢
E	ア　116	イ　第三次産業就業	ウ　識字	エ　寿命

②　ジェンダー・ギャップ指数1位である(　オ　)に当てはまる国名を次のA～Dから一つ選び，その記号を書け。

A　アイスランド　　B　カナダ　　C　ノルウェー

D　スウェーデン

(2) 次の①，②の問いに答えよ。

① 「リプロダクティブ・ヘルス/ライツ」について示した次の文中の(　ア　)～(　ウ　)に当てはまる言葉として最も適切なものを以下のA～Dからそれぞれ一つずつ選び，その記号を書け。

リプロダクティブ・ヘルス／ライツの中心課題には，いつ何人子どもを産むか産まないかを選ぶ自由，安全で満足のいく性生活，安全な(　ア　)，子どもが健康に生まれ育つことなどが含まれており，また，思春期や更年期における健康上の問題等生涯を通じての性と(　イ　)に関する課題が幅広く議論されている。女性(　ウ　)会議においては，HIV/エイズその他の疾病を含む健康上の問題への政策の実施についても提案されており，女性の生涯を通じた健康を支援するための対策の推進が重要である。

ア　A　住まい　　B　妊娠・出産　　C　結婚生活
　　D　睡眠

イ　A　生活　　B　健康　　C　生殖
　　D　成長

ウ　A　2000年　　B　ダボス　　C　カイロ
　　D　京都

② 配偶者からの暴力の防止及び被害者の保護等に関する法律の説明として正しいものを次のA～Eから一つ選び，その記号を書け。

A　保護命令の申立ては，配偶者からの身体に対する暴力又は生命等に対する脅迫のみが対象となる。

B　婦人相談所は，市町村に必ず一つ設置されている。

C　配偶者から逃れたい場合，警察は一時預かりの業務を行うこととなる。

D　自立して生活をしたい場合，福祉事務所は自立生活の申請を行うこととなる。

E　被害者の申立てにより，配偶者に対して，被害者と共に住む住居から退去する命令が出された際，その期間は6か月となる。

(3) 次の①，②の問いに答えよ。

① 男女雇用機会均等法の説明として誤っているものを次のA～Dから一つ選び，その記号を書け。

A 1997年の改正で差別禁止の範囲が拡大し，女性の保護規定は廃止された。

B 2006年の改正で男性に対する差別禁止が追加された。

C 正式名称は，「雇用・就職の分野における男女の均等な機会及び待遇の確保等に関する法律」である。

D 男女雇用機会均等法違反に対する勧告と企業名の公表等を規定している。

② 女子差別撤廃条約の説明として誤っているものを次のA～Dから一つ選び，その記号を書け。

A 1979年に第34回国連総会で採択された。

B 「国連婦人の10年世界会議」で，諸外国とともに日本も署名した。

C 「すべての人間の奪い得ない権利としての労働の権利」の確保等が定められている。

D 女性の全面的社会参加の確保，性別役割分業の見直し等が盛り込まれている。

(4) 次の①，②の問いに答えよ。

① 被相続人の法定相続人が配偶者と被相続人の姉，兄の場合，被相続人の配偶者の法定相続分として最も適切なものを以下のA～Dから一つ選び，その記号を書け。

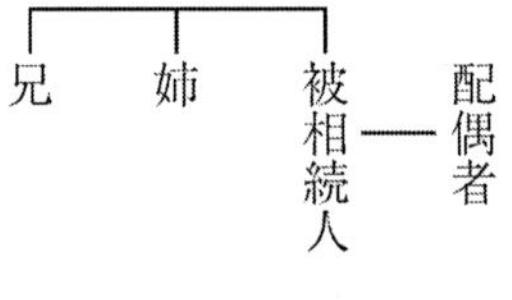

A $\frac{1}{2}$　B $\frac{2}{3}$　C $\frac{3}{4}$　D 1

② 自分からみて，配偶者のおばに該当する親等数として最も適切なものを次のA～Dから一つ選び，その記号を書け。

A 傍系2親等　B 直系2親等　C 傍系3親等

D　直系3親等

┃ 2024年度 ┃ 愛媛県 ┃ 難易度 ■■■■□ ┃

【11】家族や家庭に関する次の各問いに答えなさい。

(1)　成年年齢を20歳から18歳に引き下げることなどを含めた改正民法が2018年6月に成立し，2022年4月から施行された。これによりいくつかの法律も改正され，18歳から可能なことが増えた。次の①〜⑥のうち，18歳(成年)になったらできることをすべて選び，記号で答えなさい。

① 親の同意がなくても携帯電話の契約ができる

② 競馬，競輪，オートレース，競艇の投票権(馬券など)を買う

③ 公認会計士や司法書士，医師免許，薬剤師免許などの国家資格を取る

④ 性同一性障害の人が性別の取扱いの変更審判を受けられる

⑤ 大型・中型自動車運転免許の取得

⑥ 飲酒をする

(2)　多数派と少数派に区別することなく，すべての人がそれぞれの性的指向と性自認を持つという，社会的包摂に基づいた考え方で，個人の性的指向と性自認を総称した呼称を何というかアルファベット4字で答えなさい。

(3)　少子高齢化が進み，有権者に占める高齢者(シルバー)の割合が多くなると，高齢者層の政治への影響力が大きくなりやすい。こうした傾向を何というか答えなさい。

(4)　働き方が悪化するなか，1999年のILO(国際労働機関)総会で働きがいのある人間らしい仕事が21世紀の目標として定められた。この仕事のことを何というかカタカナで答えなさい。

(5)　職業労働について，憲法第28条により，労働三権が保障されている。この労働三権をはじめ，労働者を守る具体的な法律が労働三法であり，職業労働を支えているしくみの一つでもある。労働三法とは，労働基準法，労働組合法，もう一つは何か答えなさい。

(6)　近年，生活のさまざまな場面で「ハラスメント」が問題となっている。男性に対して育児休業や育児時短制度利用などを理由に不利

益な扱いをすることを何というか答えなさい。

(7) 男女共同参画社会への動きに関する，次の①～⑤を年代の古い順に並べ，記号で答えなさい。

① 女性活躍推進法制定

② 国連「世界人権宣言」

③ 男女共同参画社会基本法制定

④ 女子差別撤廃条約が国連で採択

⑤ 男女雇用機会均等法成立

2024年度 鳥取県 難易度

【12】社会保険の種類とその特徴の組み合わせとして適切でないものを，次の(1)～(4)の中から1つ選びなさい。

	社会保険の種類	特徴
(1)	医療保険	全ての国民に医療サービスを提供するためのものである。一部負担金は，原則的にかかった医療費の３割となっている。
(2)	年金保険	現役世代が保険料を支払い，その保険料を財源として高齢者世代に年金を給付するという積立方式による世代間扶養の仕組みである。
(3)	介護保険	介護が必要になった場合に，要介護度に応じて定められた給付額の範囲内なら，１～３割の費用を負担することでサービスを利用できる。
(4)	雇用保険	解雇等により，失業するリスクに対する保険である。失業等給付に充てるための保険料は，事業主と労働者本人の折半で負担している。

2024年度 埼玉県・さいたま市 難易度

解答・解説

【１】4

○解説○ 洗濯をクリーニングに出す，掃除をハウスクリーニングに依頼するなども当てはまる。

【２】問1 (1) ア 尊厳 イ 平等 ウ 家 (2) 住民票が作成されない (3) 選択的夫婦別姓制度 問2 (1) 国勢調査 (2) エ 単独 オ 核家族 (3) 晩婚化などの影響で一人暮らし期間が長くなっているため

○解説○ 問1　(1)　現行民法と旧民法の理念からの出題である。現行民法と旧民法については理念・結婚・夫婦・親子・相続について比較して覚えておくと良い。　(2)　子どもが生まれて14日以内に，出生届を市区町村に提出し，市区町村が受理・戸籍への記載を行うことで，子どもは戸籍に登録されるが，何らかの理由により出生届が提出されず戸籍がない子どもが無戸籍児である。原因の多くは「嫡出推定」(通称「離婚後300日問題」)であり，これの対策として改正民法が2024年4月1日から施行される。また，女性の離婚後100日間の再婚禁止期間の撤廃も盛り込まれている。無戸籍で住民票が作成されていないと就学通知が来ないので，義務教育を受けることが困難，健康保険証を持てない，選挙権が持てない，銀行口座の開設や携帯電話の契約ができない，運転免許やパスポートを取得できない，身分証明書がないため就職が困難，結婚や出産に支障があるなど多くの問題が生じる。　(3)　現行民法により，婚姻の際に夫または妻の氏を名乗ることと夫婦同姓が規定されているが， 選択的夫婦別姓制度(選択的夫婦別氏制度)とは，夫婦のどちらも姓を変えずに，結婚する前の姓を名乗ることを選べる制度のことである。女性の社会進出等に伴い，改姓による職業生活上や日常生活上の不便・不利益，アイデンティティの喪失などが指摘されてきたことなどを背景に，導入が求められている。　問2　(1)　国勢調査は統計法に基づき，西暦が5の倍数の年の10月1日現在の状況について実施される。西暦の末尾が0の年には調査項目の比較的多い「大規模調査」，末尾が5の年には調査項目の比較的少ない「簡易調査」が行われる。　(2)　世帯とは，住居及び生計を共にする者の集まり又は単身者をいう。「単独世帯」，「夫婦のみの世帯」，「ひとり親と子供から成る世帯」が増加し，かつては世帯全体の40％以上を占めていた「夫婦と子供から成る世帯」，「3世代等」が減少する傾向にある。核家族とは，夫婦とその未婚の子どもからなる家族のことである。

(3)　単独世帯の増加原因は，未婚化・晩婚化により単身者が増加し，さらに，彼らが家族と同居しないケースが増加していることや，高齢化の進行に伴い高齢者の単身者が増加していることである。

【3】(1) ① 家族・家庭 ② 地域 ③ 第1学年の最初
(2) ① ア ② キ ③ イ ④ エ (3) 理由…胃が小さく，1回の食事でとる量が少ないため，十分な摂取量(栄養)を摂取できないから。 配慮すべきこと…・栄養補給 ・アレルギー ・食べやすさ ・消化のよいもの から一つ (4) ① エ ② カ ③ イ ④ キ (5) ① イ ② ア

○**解説**○ (1) 中学校学習指導要領のA家族・家庭生活の内容から出題された。A家族・家庭生活は4項目，B衣食住の生活は7項目，C消費生活・環境は3項目あげられているので，内容を理解し文言は覚えること。 (2) 幼児の他者との関係性の問題で，アタッチメントや人見知り，第1次反抗期などの用語は頻出なので学習しておくこと。発達について，方向性と順序性がある。方向性は頭部から下方へ，中心から末端へであり，頻出問題なので必ず覚えておくこと。認知については，自己中心性の他，アニミズムについても問われることが多いので覚えておくこと。 (3) 甘みの強いお菓子は避け，おにぎり，いも，果物などを組み合わせるとよい。食事に響かない量にすること。 (4) 男女共同参画社会基本法は全文を確認しておくこと。第1条は目的，第2条では定義が示されている。また，男女共同参画基本計画の概要も確認しておきたい。 (5) 成人男性が家庭の仕事にかける時間は年々増えてはいるが，女性とでは極端な差がある。この調査は5年ごとに行われているので確認しておきたい。

【4】(1) ① 民法 ② 男女雇用機会均等法 ③ 児童虐待防止法 ④ 児童福祉法 ⑤ 母子保健法 (2) ① 450 ② 225 ③ 675 ④ 75 (3) ア (4) ④

○**解説**○ (1) ①は民法第731条であり，2022年4月1日に改正され，男女とも18歳に統一された。②は男女雇用機会均等法第5条である。③は児童虐待防止法第3条である。④は児童福祉法第1条の一部である。2016年の改正で第1条は「全て児童は，児童の権利に関する条約の精神にのっとり，適切に養育されること，その生活を保障されること，愛され，保護されること，その心身の健やかな成長及び発達並びにその自立が図られることその他の福祉を等しく保障される権利を有する。」となっ

た。⑤は母子保健法第16条の一部である。 (2) パターンAのように相続人が配偶者と子の場合，相続割合は配偶者が$\frac{1}{2}$，子が$\frac{1}{2}$である。よって，配偶者が900÷2＝450(万円)，子が2人のため，1人につき450÷2＝225(万円)となる。パターンBのように相続人が配偶者と亡くなった人の兄弟姉妹3人の場合，相続割合は配偶者が$\frac{3}{4}$，兄弟姉妹が$\frac{1}{4}$である。よって，配偶者が900×$\frac{3}{4}$＝675(万円)，兄弟姉妹が3人のため，1人につき(900－675)÷3＝75(万円)となる。 (3) 内閣府の進める，仕事と生活の調和(ワーク・ライフ・バランス)推進のための運動の一つである。概要を確認しておくこと。 (4) 誤りのある選択肢について，①は10日ではなく正しくは14日以内，②の2020年の平均世帯人員は2.49人，③は3年ではなく，5年ごと，⑤は，15～45歳ではなく，15～49歳までが正しい。

【5】③

○**解説**○ 間違いのある選択肢について，①の，世帯数は単独世帯の増加に伴い，人口減少にもかかわらず増加している。②はペイドワークではなく，正しくはアンペイドワークである。④は2014年ではなく2019年からである。

【6】(1) 子どもの有無にかかわらず仕事時間，つまり有償労働であるペイドワークの時間は妻より夫の方が長く，妻が家事関連時間，つまり無償労働であるアンペイドワークを担っているという傾向があり，総労働時間は子どもの有無にかかわらず，夫より妻の方が長い。また子どものいる世帯の夫は，いない世帯の夫に比べ家事関連時間が20分増なのに対し，子どものいる世帯の妻は，いない世帯の妻に比べ家事関連時間が約1時間半増加している。仕事時間と家事関連時間を合わせた総労働時間が最も長いのは子どものいる世帯の妻であり，子育てに関連して増加するアンペイドワークが妻に偏っていることが課題としてあげられる。 (2) 性別役割分業意識 (3) 一人の女性が一生の間に生む平均の子どもの数のこと。 (4) ・共働き世帯が増加する一方で合計特殊出生率は低下傾向にあり，令和4年は過去最低の

1.26にまで落ちこんでいる。その背景には性別役割分業意識が依然として根強く，女性に家事負担が偏っているという現状がある。一方で男性は生活時間の配分が職業労働時間に集中し，家事労働や家族と過ごす時間が削られていることにも気づかせたい。家庭基礎の学習を通して生活に必要な知識と技能を身につけ，高校生のうちから家事を積極的に手伝うことで，性別にかかわらず家族全員が協力して家事を分担することが重要であるという意識を高めさせたい。　・家族が小規模化，多様化し共働き世帯が増加している。少子高齢化が進む中，保育や介護の公的支援やファミリーサポートセンターなど相互援助の一層の充実など，これまで家庭が担ってきた機能や家事労働を，社会や地域が支えていくことの重要性に気付かせたい。仕事と家庭生活の両立のためにリモートワークやワークシェアリングなど柔軟な働き方を取り入れたり，男性の育児休業取得を推進したりと，労働環境の改善や意識改革が急務であり，社会全体が積極的にワーク・ライフ・バランスの実現のために取り組む必要があることについても考えさせたい。　(5)　リプロダクティブ・ライツ　(6)　特定の相手に抱かれるとすぐに泣き止む，はいはいで特定の相手の後追いをする等，乳児が特定の相手に対して示す行動を愛着行動という。

○解説○　(1)(2)　アンペイドワークが子どもの有無に関わらず，妻(女性)に偏っていることは，性別役割分担が根強く残っていることのあらわれでもあり，ジェンダーギャップ指数や男女の労働力(M字型カーブ)の調査結果を見ても読み取れる。その他の調査も確認しておくこと。(3)　合計特殊出生率も，出生数も7年連続で低下している。グラフで確認しておきたい。　(4)　男女共同参画社会推進計画の内容や男性の育児休暇取得率の上昇などについても取り入れたい。　(5)　問題は権利に関しての問いなのでリプロダクティブ・ライツである。リプロダクティブ・ヘルスは，性や妊娠・出産など生殖に関わるすべてにおいて，単に病気がないだけではなく，身体的，精神的，社会的に完全に良好な状態(ウェルビーイング)であることを指す。　(6)　特定のものに対する愛着行動(アタッチメント)は，月齢が進むに従い人見知り等の現象として現れる。更に月齢が高くなると自我が芽生え第1反抗期の現象が現れる。いずれ子どもは信頼できる人(親)をよりどころとして(安全地帯として)，外の世界に向け興味を示し，安定した愛着関係が築かれる。

【7】4

○解説○ 予防接種に関する問題は頻出である。定期接種と任意接種の区別，種類と内容を学習しておくこと。

【8】1 (1) 15歳から49歳までの女性の年齢別出生率の合計 (2) 人口置換水準 (3) ア，オ，カ 2 (1) こども家庭庁
(2) A 基本的人権 ① オ ② カ ③ キ ④ コ
⑤ イ (3) パックス(法) (4) ウ (5) ① ステップファミリー ② 婚姻届 ③ 養子縁組制度 ④ 児童福祉法

○解説○ 1 (1) 合計特殊出生率の単位は「人」である。2022年の合計特殊出生率は1.26人で過去最低である。「普通出生率」は，その年に生まれた人口1000人あたりの出生数で，パーセントで表される。 (2) 長期的に人口が増加も減少もしない合計特殊出生率で，先進諸国の人口置換水準率は2.1と推計されている。日本では，2.07である。 (3) ひのえうまの1966年の合計特殊出生率を下回った1989年の数値から「1.57ショック」と言われ，1994年に「エンゼルプラン」という子育て支援制度が展開された。また最も数値の低かった2006年の翌年の2007年にワーク・ライフ・バランス憲章が制定された。誤りのある選択肢について，イは3分の1ではなく，2分の1，ウは増えたではなく減った，エは下がり続けているではなく，1990年以降は横ばいである。

2 (1) こども家庭庁設置法の概要を確認しておきたい。内閣府の外局として設置された。(2) 目的と基本理念は覚えておきたい。目的は，日本国憲法及び児童の権利に関する条約の精神にのっとり，次代の社会を担う全てのこどもが，生涯にわたる人格形成の基礎を築き，自立した個人としてひとしく健やかに成長することができ，こどもの心身の状況，置かれている環境等にかかわらず，その権利の擁護が図られ，将来にわたって幸福な生活を送ることができる社会の実現を目指して，こども施策を総合的に推進することである。 (3) フランスのパックス制度は異性，同性の性別に関係なく，共同生活を営むために交

わされる契約である。税制や社会保障の点で法律婚と同じような保護を受けられる。詳細を学習しておきたい。 (4) 選択肢の年代は，①1999年，②1993年，③1985年，④2001年，⑤1994年である。

(5) ① 家族の形態について他にも確認しておくこと。 ② 民法では戸籍法の規定に沿った「婚姻届」を市区町村役場の戸籍係に提出することで，法律上の婚姻の効力が生じる(＝法律婚)。婚姻届けを出さない夫婦関係を事実婚という。 ③ 実親子関係が存続する「普通養子縁組制度」と実親子関係が終了する「特別養子縁組制度」がある。里親制度は，児童福祉法に基づき，保護者のいない児童や，保護者に監護させることが不適当であると認められる児童などを一定期間養育する制度である。 ④ 児童福祉法の概要を理解しておくこと。

【9】問1 4 問2 1

○**解説**○ 問1 それぞれ，ア・オは日本，イ・カはフランス，ウ・キはドイツである。いずれの図も，令和2年度少子化社会に関する国際意識調査報告書に掲載されているので確認しておくこと。図1について，日本では「結婚はした方がよい」が最も高い一方で，「結婚・同棲・恋人はいずれも，必ずしも必要ではない」が次に高くなっている。各国の結果を比較すると，日本では「結婚はしなくてもよいが，同棲はした方がよい」が2.3％と極めて低い割合であるのに対して，欧州3か国では高い割合となっている。同じ報告書に，日本のデータを過去のものと比較したグラフもあるので確認しておきたい。図2について，日本では，「主に妻が行うが，夫も手伝う」が約半数を占めており，「妻も夫も同じように行う」が続く。欧州3か国では「妻も夫も同じように行う」と回答した人の割合が6割を超えており，スウェーデンで9割台と特に高くなっている。 問2 「就労による経済的自立が可能な社会」に関するものは4項目で，選択肢2と4が含まれる。「健康で豊かな生活のための時間が確保できる社会」に関する項目は5項目，「多様な働き方・生き方が選択できる社会」に関する項目は3項目で選択肢3が含まれる。すべての項目を確認しておくこと。労働時間関係法令とは主に5つあり，所定労働時間に関する法規制，時間外労働・休日労働に関する「36協定」の制度，残業時間についての上限規制，長時間労働従業員に対しての安全配慮義務，労働時間の把握義務である。

【10】(1) ① A ② A (2) ① ア B イ C ウ A ② A (3) ① C ② B (4) ① C ② C

○解説○ (1) ジェンダーギャップ指数の図に表示されている数字は1に近いほど男女格差が小さいことを示している。ジェンダーギャップ指数の問題は頻出なので，必ず大まかな内容は覚えておくこと。

(2) ① 1994年にエジプト，カイロで開催された国際人口開発会議で提唱された。リプロダクティブ・ヘルスは，人間の生殖システムおよびその機能と活動過程の全ての側面において，単に疾病，障害がないだけでなく，身体的，精神的，社会的に完全に良好な状態にあること。また，リプロダクティブ・ライツは，全てのカップルと個人が，自分たちの子どもの数，出産間隔，出産する時期を自由にかつ責任をもって決定でき，そのための情報と手段を得ることができるという基本的権利である。 ② 誤りのある選択肢について，Bは市町村ではなく，正しくは各都道府県に1つ。Cは警察ではなく，正しくは民間のシェルターや婦人相談所である。Dは福祉事務所でなく，配偶者暴力相談支援センターで職業紹介，職業訓練，公営住宅，生活保護の情報提供をする。Eは6か月ではなく2か月である。 (3) ① 正しくは雇用の分野における男女の均等な機会及び待遇の確保等に関する法律である。 ② 1975年の国際婦人世界会議でその後10年にわたって指針を与える世界行動計画が採択された。その中間の1980年の中間年世界会議で署名した。 (4) ① 配偶者は$\frac{3}{4}$，被相続人の兄妹は$\frac{1}{4}$。兄と姉が2人いるのでそれぞれ$\frac{1}{8}$ずつもらえる。 ② 自分の直接の血のつながりはないので傍系になる。

【11】(1) ①，③，④ (2) SOGI (3) シルバーデモクラシー(シルバー民主主義) (4) ディーセント・ワーク (5) 労働関係調整法 (6) パタニティハラスメント(パタハラ) (7) ②→④→⑤→③→①

○解説○ (1) ②と⑥は20歳以上，⑤は19歳以上である。成人年齢の引き下げで変わったことと変わらないことの区別ができるよう理解しておくこと。 (2) SOGI(ソジ)とは，性的指向(Sexual Orientation) と性自認(Gender Identity)の頭文字を取った言葉である。SOGIは，特定の性的指向や性自認の人のみが持つものではなく，すべての人が持つものである。 (3) 日本では，1950年には全有権者のうち若者世代(20～30代)の割合は50%を超えたが，2015年には30%弱まで低下した。反対に，高齢者世代(60歳以上)の割合は14%から40%に上昇し，2050年には有権者の半分以上が高齢者世代になると予想されている。 (4) ディーセント・ワークについては，SDGsのゴール8「働きがいも経済成長も」に掲げられており，世界共通の目標となっている。具体的には，権利が保障される，十分な収入を生み出す，適切な社会的保護があたえられる，十分な仕事があることがディーセント・ワークを実現することとなる。 (5) 労働関係調整法は，労働組合と企業との間に起きた紛争を労働委員会が中立・公正に解決するための手続きを定めた法律である。 (6) パタニティハラスメントとは，父性(Paternity)と嫌がらせ(Harassment)を組み合わせた言葉である。具体的には，男性が育児休業の取得を申請しても認めない，復職後にわざと仕事を与えないなどが挙げられる。 (7) ①は2015年，②は1948年，③は1999年，④は1979年，⑤は1985年である。

【12】(2)

○**解説**○ 公的年金制度は，世代間扶養の考え方で，年金給付に必要な費用を，その都度被保険者の保険料でまかなっていく賦課方式である。

環境・法律

【1】次の文章を読み，以下の(1)～(3)の問いに答えなさい。

> エシカルは「(　ア　)」という意味で，人や社会，環境，地域などに配慮した消費行動をa「エシカル消費」といいます。例えば，「国際フェアトレード認証マーク」のついた(　イ　)やチョコレートを買うことで開発途上国の生産者や労働者の生活改善と自立を支援することができます。このように，人や社会，環境，地域に配慮した商品を買うことは，資源問題，(　ウ　)などの問題解決につながり持続可能な社会の実現に寄与します。
>
> 様々な社会的課題に気付き，考えて商品を選ぶことは「消費者の役割」であり，私たち消費者は「買物」で社会を変える力を持っているのです。
>
> また，「エシカル消費」の実践は，主にSDGsの目標12の「(　エ　)」と深く関連し，消費者市民社会の考え方を理解し「エシカル消費」を暮らしの中に取り入れることはSDGsの達成にもつながります。環境のことを考えて，より環境に対する負荷の少ない買い物をする人のことをb「グリーンコンシューマー」といいます。

(1)　文章中の(　ア　)～(　エ　)に適する語句の組合せとして，最も適当なものを次の解答群から一つ選びなさい。

【解答群】

	ア	イ	ウ	エ
①	倫理的	鶏卵	少子高齢化	つくる責任　つかう責任
②	倫理的	コーヒー	児童労働	つくる責任　つかう責任
③	倫理的	パン	少子高齢化	平和と公正をすべての人に
④	情緒的	鶏卵	児童労働	平和と公正をすべての人に
⑤	情緒的	コーヒー	少子高齢化	ジェンダー平等を実現しよう
⑥	情緒的	パン	児童労働	ジェンダー平等を実現しよう

(2)　下線部aにつながるマークとして，適当でないものを次の①～⑤のうちから一つ選びなさい。

①	②	③	④	⑤
FSC	RAINFOREST ALLIANCE PEOPLE & NATURE	海のエコラベル MSC認証 www.msc.org/jp	FAIRTRADE	ST

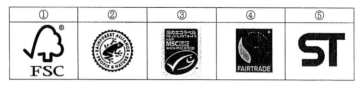

(3)　下線部bの10原則として適当でないものを，次の①～⑤のうちから一つ選びなさい。

①　必要なものは必要な量だけ買う

②　リサイクルされたもの，リサイクルシステムのあるものを選ぶ

③　事故や病気などの人生のリスクに備える

④　つくる人に公正な分配が保証されるものを選ぶ

⑤　自然と生物多様性をそこなわないものを選ぶ

2024年度　千葉県・千葉市　難易度

【2】環境について，次の各問いに答えよ。

問1　次図のマークは，どのようなものにつけられているか，その説明として正しいものを以下の中から1つ選び，記号で答えよ。

FAIRTRADE

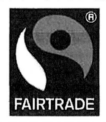

ア　適切に管理された森林資源を使用した商品。

イ　開発途上国で作られた作物や製品を適正な価格で継続的に取り引きすることによって，生産者の持続的な生活向上を支える基準を満たしている商品。

ウ　海の環境と水産資源に配慮した漁業で獲られた天然の水産物。

エ　持続可能な農業に取り組む認証農園産の製品。

問2　海洋プラスチックごみの汚染実態の正しい理解と「プラスチックとの賢いつきあい方」を進め，国内外に発信し，広げていくことを目的とした取り組みを何というか，答えよ。

問3　CO_2の排出を抑制するために，石油・石炭などのすべての化石燃

料の利用に対して二酸化炭素排出量に応じて上乗せされる税のことを何というか，答えよ。

問4　次の内容は，ある行動を起こしている人の買い物に関する原則である。このような買い物をする消費者のことを何と呼ぶか，答えよ。

①必要なものを必要な量だけ買う ②使い捨て商品ではなく，長く使えるものを選ぶ ③容器や包装はないものを優先し，次に最小限のもの，容器は再使用できるものを選ぶ ④つくるとき，買うとき，捨てるときに，資源とエネルギー消費の少ないものを選ぶ ⑤化学物質による環境汚染と健康への影響の少ないものを選ぶ ⑥自然と生物多様性をそこなわないものを選ぶ ⑦近くで生産・製造されたものを選ぶ ⑧つくる人に公正な分配が保証されるものを選ぶ ⑨リサイクルされたもの，リサイクルシステムのあるものを選ぶ ⑩環境問題に熱心に取り組み，環境情報を公開しているメーカーや店を選ぶ

2024年度　長崎県　難易度

【3】次の表は，循環型社会に向けての取り組み「5R」について示したものの一部である。空欄［ア］～［エ］に当てはまるものの組合せとして最も適切なものを，以下の①～⑥のうちから選びなさい。

リデュース（Reduce）	［ア］
リユース（Reuse）	［イ］
リサイクル（Recycle）	資源として再利用する
リフューズ（Refuse）	［ウ］
リペア（Repair）	［エ］

① ア　不要なものを買わない　　イ　作りかえる
　 ウ　ごみの発生を減らす　　　エ　修理して使う
② ア　不要なものを買わない　　イ　作りかえる
　 ウ　ごみの発生を減らす　　　エ　くり返し使う
③ ア　不要なものを買わない　　イ　くり返し使う
　 ウ　ごみの発生を減らす　　　エ　作りかえる
④ ア　ごみの発生を減らす　　　イ　くり返し使う
　 ウ　不要なものを買わない　　エ　作りかえる
⑤ ア　ごみの発生を減らす　　　イ　作りかえる
　 ウ　不要なものを買わない　　エ　くり返し使う
⑥ ア　ごみの発生を減らす　　　イ　くり返し使う
　 ウ　不要なものを買わない　　エ　修理して使う

2024年度 | 神奈川県・横浜市・川崎市・相模原市 | 難易度

【4】次の文章は，持続可能な社会の実現について説明しています。以下の(1)，(2)に答えなさい。

> 持続可能な社会を実現するために，私たちができることは，「Think Globally, Act Locally」である。毎日の生活が，地球全体に影響を与えている。①大量消費を改め，物を大切にする「もったいない」の意識と行動で，一人ひとりのライフスタイルを持続可能にすることが，世界の問題を解決することにつながる。
> 具体的には，暮らしの中で資源利用を削減すること，消費者市民として②エシカル消費を実践すること，そして地域や社会で連携して社会的活動を実践し，支援することである。

(1) 下線部①の解決策の1つとして，持続可能な食生活を目指すことが挙げられます。持続可能な食生活に関連する内容を説明している文章として適切でないものを，次の1～4の中から1つ選びなさい。

1 フード・マイレージとは，「食料の輸送距離」の意味で，「相手国別の食料輸入量」に「輸送距離」を乗じた数値(t・km)で表される。食料輸入が多く，島国である日本は数値が高い。

2 日本の食料自給率は先進国のなかでもきわめて低い。食料自給率向上のための5つのアクションとして，経済産業省が提唱する「フード・アクション・ニッポン」は，日本の食を次の世代に残し，創るために，民間企業・団体・行政等が一体となって推進する国産農林水産物の消費拡大の取組である。

3　地産地消とは，地元で生産された農林水産物をその地域で消費しようとする取組をいう。食料自給率の向上に加え，直売所や加工の取組などを通じて農林水産業の6次産業化につながるものである。

4　フードバンク活動とは，生産・流通・消費などの過程で発生する未利用食品を，食品企業や農家などからの寄付を受けて，必要としている人や施設などに提供する取組のことである。

(2)　次の1～4は，下線部②について説明している文です。内容として適切でないものを，1つ選びなさい。

1　エシカル消費とは，持続可能な開発目標17のゴールのうち，特にゴール5に関連する取組である。

2　障がい者施設で作られた商品を購入することは，障がい者の支援につながる。

3　MSCラベルの付いた水産物を選ぶことで，世界の海洋保全を応援できる。

4　被災地で作られたものを購入することで，その地域への配慮につながる。

2024年度 ▌埼玉県・さいたま市 ▌難易度

【5】家族・家庭生活に関する文として最も適切なものを，①～④の中から一つ選びなさい。

①　2016年の民法改正で，非嫡出子(嫡出でない子)の法定相続分は嫡出子と同等となった。

②　民法の法定相続分では，配偶者と子一人が相続人のとき，配偶者は3分の2，子は3分の1を相続する。

③　戸籍法では，出生の届出は，30日以内(国外で出生があったときは，3箇月以内)にしなければならないとされている。

④　民法では，親族の範囲を6親等内の血族，配偶者，3親等内の姻族

としている。

2024年度 三重県 難易度

【6】持続可能な消費生活・環境について，次の問1～問3に答えなさい。

問1　消費生活に関する説明について，適当でないものを選びなさい。

ア　ステルスマーケティングとは，インターネットなどで影響力を持つ人が消費者に気付かれないように宣伝する方法である。

イ　円高とは，円の他通貨に対する相対的価値が高い状態を指す。

ウ　特定継続的役務のひとつに，家事代行業がある。

エ　当事者間で自由な契約をすることを契約自由の原則といい，それを守ることが民法によって定められている。

問2　次の(1)～(3)は，持続可能な社会の実現に向けた取組を示す認証ラベルです。認証ラベルと説明文の組合せとして，正しいものを選びなさい。

【認証ラベル】

(1)

(2)

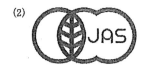

(3)

【説明文】

①　適切に管理された森林資源を使用した商品に付けられる。

②　農薬や化学肥料などの使用を極力避け，自然循環機能を活用し，有機生産基準で生産，加工された食品に付けられる。

③　生物由来の資源を活用して，品質及び安全性が関連法規，基準，規格等に適合する商品に付けられる。

	(1)	(2)	(3)
ア	①	②	③
イ	①	③	②
ウ	②	①	③
エ	③	①	②
オ	③	②	①

問3　次の①～③は，消費行動と意思決定に係る用語について述べたものです。正誤の組合せとして，正しいものを選びなさい。

① 自分で考えて判断できる自立した消費者として情報を読み解く力を，メディアリテラシーという。

② 情報機器を使いこなせるか使いこなせないかで起こる，待遇や機会の格差，貧富の格差をデジタイゼーションという。

③ ものごとや表現内容について，そのまま受け入れず，事実と意見を区別したり，根拠を確信したりするなど，評価，判断することをクリティカル・シンキングという。

	①	②	③
ア	正	正	誤
イ	正	誤	正
ウ	正	誤	誤
エ	誤	正	誤
オ	誤	誤	正

2024年度　北海道・札幌市　難易度

【7】人の一生と家族・家庭について，次の問1～問3に答えなさい。

問1　次の文は，1999年6月に施行された，男女共同参画社会基本法の一部です。空欄1～3に当てはまる語句の組合せとして，正しいものを選びなさい。

> 第1条
>
> 　この法律は，男女の[　1　]が尊重され，かつ，社会経済情勢の変化に対応できる豊かで活力ある社会を実現することの緊要性にかんがみ，男女共同参画社会の形成に関し，基本理念を定め，並びに国，[　2　]及び国民の責務を明らかにするとともに男女共同参画社会の形成の促進に関する施策の基本となる事項を定めることにより，男女共同参画社会の形成を総合的かつ[　3　]的に推進することを目的とする。

	1	2	3
ア	平等	企業	発展
イ	平等	地方公共団体	計画
ウ	平等	地方公共団体	発展
エ	人権	企業	発展
オ	人権	地方公共団体	計画

問2　これまでに実現した民法における家族法の改正内容について，施行が早い順に並んでいるものを選びなさい。

ア　配偶者の法定相続分の引上げ／特別養子制度の創設／女性の再婚禁止期間の短縮

イ　配偶者の法定相続分の引上げ／婚姻適齢の男女統一／女性の再婚禁止期間の短縮

ウ　非嫡出子の相続分差別の撤廃／婚姻適齢の男女統一／配偶者の法定相続分の引上げ

エ　婚姻適齢の男女統一／非嫡出子の相続分差別の撤廃／特別養子制度の創設

オ　女性の再婚禁止期間の短縮／非嫡出子の相続分差別の撤廃／特別養子制度の創設

問3　被相続人による遺言がなく，配偶者と，被相続人の母親が法定相続で相続人となる場合，相続分の割合として，正しいものを選びなさい。

ア　配偶者$\frac{1}{2}$，被相続人の母親$\frac{1}{2}$

イ　配偶者$\frac{1}{3}$，被相続人の母親$\frac{2}{3}$

ウ　配偶者$\frac{2}{3}$，被相続人の母親$\frac{1}{3}$

エ　配偶者$\frac{1}{4}$，被相続人の母親$\frac{3}{4}$

オ　配偶者$\frac{3}{4}$，被相続人の母親$\frac{1}{4}$

2024年度　北海道・札幌市　難易度

【8】労働時間について述べた次の文の空欄に適する数字を答えなさい。

労働基準法では，労働時間は原則として，休憩時間を除き1週間について40時間以内とされ，これを法定労働時間という。時間外労働については原則月(　①　)時間，年(　②　)時間までと告示している。法定労働時間を超えて労働者に時間外労働(残業)をさせるには，労働基準法第36条に基づく労使協定(36協定)の締結と，所轄労働基準監督署長への届出が必要である。

2018(平成30)年6月に労働基準法が改正され，36協定で定める時間外労働に罰則付きの上限が設けられることとなり，時間外労働の上限(「限度時間」)は，臨時的な特別の事情がなければ超えることはできなくなった。また臨時的な特別の事情があっても年間「720時間」を上限とし，その枠内で，複数月平均(　③　)時間以内(休日労働も含む)，月(　④　)時間未満(休日労働を含む)を超えることはできない。また月(　①　)時間を超えることができるのは，年間(　⑤　)か月までである。

2024年度 ▌長野県 ▌難易度 ■■■■□

【9】「生涯の生活設計」「青年期の自立と家族・家庭及び社会」について，各問いに答えよ。

(1) 社会保障制度は，国民の「安心」や生活の「安定」を支えるセーフティネットであり，4つの柱からなる。その中の「公的扶助」として最も適当なものを次の①から④までの中から一つ選び，記号で答えよ。

①　医療保険　　②　高齢者福祉　　③　生活保護

④　年金保険

(2) 法定相続による配分(民法第900条)について，次の(　ア　)(　イ　)にあてはまるものの組み合わせとして最も適当なものを以下の①から⑥までに中から一つ選び，記号で答えよ。

相続人が配偶者と兄弟姉妹の場合の配分は配偶者が(　ア　)で，兄弟姉妹が(　イ　)となる。

	ア	イ
①	全部	なし
②	$\frac{1}{2}$	$\frac{1}{2}$
③	$\frac{2}{3}$	$\frac{1}{3}$
④	$\frac{3}{4}$	$\frac{1}{4}$
⑤	$\frac{1}{3}$	$\frac{2}{3}$
⑥	$\frac{1}{4}$	$\frac{3}{4}$

(3) 民法に関する次のアからオの記述内容のうち，正しいものの組み合わせとして最も適当なものを以下の①から⑥までの中から一つ選び，記号で答えよ。

ア　戦前の民法(明治民法)では，婚姻には戸主の同意が必要である。
イ　戦前の民法(明治民法)では，男17歳，女15歳で婚姻できる。
ウ　現行民法(2022年4月1日改正)では，未成年者の婚姻には親の同意が必要である。
エ　現行民法(1947年改正)では，夫婦は平等で，夫または妻の氏を称する。
オ　現行民法(2022年4月1日改正)では，男18歳，女16歳で婚姻できる。

① ア・イ・エ　② イ・ウ　③ ウ・エ・オ
④ ア・ウ・オ　⑤ エ・オ　⑥ ア・イ・ウ・エ・オ

(4) 2022年4月1日に成年年齢が18歳に引き下げられたが，18歳からできることの組み合わせとして最も適当なものを以下の①から⑧までの中から一つ選び，記号で答えよ。

ア　喫煙することができる　イ　10年間有効な旅券の取得
ウ　性別の取扱の変更の審判　エ　分籍
オ　養子をとることができる　カ　国民年金の被保険者資格
キ　帰化をすることができる

① ア・イ・ウ　　② ア・イ・オ・カ
③ イ・オ・キ　　④ イ・ウ・エ・キ
⑤ イ・ウ・エ・カ　　⑥ ウ・エ・カ
⑦ ウ・カ・キ　　⑧ ウ・エ・オ・キ

(5) 日本の男女共同参画をめぐる法律と制度のあゆみについて，実施年度と実施内容の組み合わせとして最も適当なものを次の①から⑤までの中から一つ選び，記号で答えよ。

	1945年	1947年	1985年	1993年	1999年
①	改正選挙法公布、婦人参政権を認める	日本国憲法施行、男女の平等が明文化	中学校家庭科男女必修実施	女子差別撤廃条約への批准	男女共同参画社会基本法施行
②	日本国憲法施行、男女の平等が明文化	改正選挙法公布、婦人参政権を認める	男女共同参画社会基本法施行	中学校家庭科男女必修実施	女子差別撤廃条約への批准
③	改正選挙法公布、婦人参政権を認める	日本国憲法施行、男女の平等が明文化	中学校家庭科男女必修実施	男女共同参画社会基本法施行	女子差別撤廃条約への批准
④	日本国憲法施行、男女の平等が明文化	改正選挙法公布、婦人参政権を認める	女子差別撤廃条約への批准	中学校家庭科男女必修実施	男女共同参画社会基本法施行
⑤	改正選挙法公布、婦人参政権を認める	日本国憲法施行、男女の平等が明文化	女子差別撤廃条約への批准	中学校家庭科男女必修実施	男女共同参画社会基本法施行

2024年度 沖縄県 難易度

【10】次の枠内の記述は，障害者雇用率制度について説明したものの一部である。空欄[ア]～[ウ]に当てはまるものの組合せとして最も適切なものを，以下の①～⑥のうちから選びなさい。

・従業員が一定数以上の規模の事業主は，従業員に占める[ア]の割合を「法定雇用率」以上にする義務があります。(障害者雇用促進法43条第1項)
・民間企業の法定雇用率は[イ]%です。従業員を[ウ]人以上雇用している事業主は障害者を1人以上雇用しなければなりません。

① ア 身体障害者　　イ 2.2
ウ 45

② ア　身体障害者　　　　　　　　　　　　　　　イ　2.3
　　ウ　43.5

③ ア　身体障害者・知的障害者　　　　　　　　　イ　2.2
　　ウ　45

④ ア　身体障害者・知的障害者　　　　　　　　　イ　2.3
　　ウ　43.5

⑤ ア　身体障害者・知的障害者・精神障害者　　　イ　2.2
　　ウ　45

⑥ ア　身体障害者・知的障害者・精神障害者　　　イ　2.3
　　ウ　43.5

┃ 2024年度 ┃ 神奈川県・横浜市・川崎市・相模原市 ┃ 難易度 ┃■■■■□┃

解答・解説

【 1 】 (1)　②　　　(2)　⑤　　　(3)　③

○**解説**○ (1)　エシカル消費，SDGsについての問題は頻出である。SDGs
の17の目標は覚えておきたい。フェアトレード認定されている商品に
ついて確認しておくこと。　　(2)　①は「FSCマーク」で森林の生物多
様性を守り，地域社会や先住民族，労働者の権利を守りながら適切に
生産された製品として認証されたものにつけられる。②はレインフォ
レスト・アライアンス認証のマークで，森林の保護，労働者の人権尊
重や生活向上，気候危機への緩和と適応など，厳しい基準要件を満た
す認証農園で生産された作物が製品に使用されていることを示す。③
はMSC認証の「海のエコラベル」で，持続可能で適切に管理されてい
る漁業であることを認証する「漁業認証」と，流通・加工過程で，認
証水産物と非認証水産物が混じることを防ぐCoC(Chain of Custody)認
証の2種類の認証を受けているマーク。④は「国際フェアトレード認
証ラベル」である。⑤は「STマーク」で安全な玩具であることを表す。
(3)　10の原則は他に，「使い捨て商品ではなく，長く使えるものを選
ぶ」「容器や包装はないものを優先し，次に最小限のもの，容器は再

使用できるものを選ぶ」「つくるとき，買うとき，捨てるときに，資源とエネルギー消費の少ないものを選ぶ」「化学物質による環境汚染と健康への影響の少ないものを選ぶ」「近くで生産・製造されたものを選ぶ」「環境問題に熱心に取り組み，環境情報を公開しているメーカーや店を選ぶ」がある。

【2】問1　イ　　問2　プラスチック・スマートキャンペーン
問3　地球温暖化対策税　　問4　グリーンコンシューマー

○**解説**○ 問1　国際フェアトレード基準を満たしているものにつけられるマークである。フェアトレードされているものには，コーヒーやチョコレートの原料となるカカオ，コットン製品，バナナ，スパイスなどがある。正答以外の選択肢について，アはFSC森林認証，ウはMSC認証，エはレインフォレスト・アライアンス認証の説明である。
問2　2018年に環境省は世界的なプラスチック問題の解決アクションとして，「プラスチックとの賢い付き合い方」を主軸にした取り組みを進めると発表し，プラスチック・スマートキャンペーンはそのひとつである。キャンペーンに参加しているのは，個人，自治体，NGO，企業，研究機関など幅広く，プラスチックごみのポイ捨て撲滅を徹底し，分別回，排出抑制，リサイクル・リユースなどを推進している。プラスチックごみは，特に海の生態系に影響を及ぼしている。
問3　低炭素社会の実現に向け，再生可能エネルギーの導入や省エネ対策など地球温暖化対策(エネルギー起源CO_2排出抑制対策)を強化するため，2012(平成24)年から「地球温暖化対策のための税」が段階的に施行され，2016(平成28)年に最終税率への引上げが完了した。
問4　環境を大切にする消費者の意味である。日常の買い物を少し変えることで，経済全体に影響を与えることのできる取り組みである。エシカル消費についても確認しておきたい。

【3】⑥

○**解説**○ 5Rについての問題は頻出なので理解しておくこと。ごみを再利用するのにもエネルギーを必要とするため，そもそもごみを出さないという点で，リフューズやリデュースは3Rより重要視されている。循環型社会形成推進基本法と，第4次循環型社会形成推進基本計画を確認しておくこと。

【4】(1)　2　　(2)　1

○**解説**○ (1)　経済産業省ではなく，農林水産省が提唱した。5つのアクションは，「旬を味わう」「地元のものを食べる」「バランスよく食べる」「残さず食べる」「さまざまな取組を応援する」である。　(2)　持続可能な開発目標5は「ジェンダー平等」である。エシカル消費に関係する開発目標は，目標12の「つくる責任，つかう責任」である。

【5】④

○**解説**○ 間違いのある選択肢について，①は2016年ではなく正しくは2013年である。②について，正しくは配偶者2分の1，子2分の1である。③は30日以内ではなく，14日以内が正しい。

【6】問1　ウ　　問2　ア　　問3　イ

○**解説**○ 問1　特定商取引法では，特定継続的役務を，エステティックサロン，結婚相手紹介サービス，美容医療，学習塾，パソコン教室，語学教室，家庭教師と規定している。契約時に前払いで契約金額の全額を支払うことも多く，万が一，店舗が閉店した時に，返金もサービスも受けられないというトラブルに繋がる可能性も多い。　問2　(1)は森林認証マーク，(2)は有機JASマーク，(3)はバイオマスマークである。環境に関連するマークについては整理して覚えておくこと。
問3　②の説明に該当するのは，情報格差(デジタルデバイド)である。デジタイゼーションはアナログで行っていた業務の一部をデジタル化することを指す。

【7】問1　オ　　問2　ア　　問3　ウ

○**解説**○ 問1「男女共同参画社会基本法」の施行から20年以上経過しているが，2022年の日本のジェンダー・ギャップ指数の総合スコアは0.650，順位は146か国中116位である。男女共同参画社会基本計画についても概要を理解しておくこと。　問2　選択肢の項目について，配偶者の法定相続分の引上げは昭和56年，特別養子制度の創設は昭和62年，女性の再婚禁止期間の短縮は平成28年，婚姻適齢の男女統一は令和4年，非摘出子の相続分差別の撤廃は平成25年である。　問3　配偶者と子の場合は，$\frac{1}{2}$ずつである。配偶者と兄弟姉妹の場合が，配偶者が$\frac{3}{4}$，兄弟姉妹が$\frac{1}{4}$である。

【8】①　45　　②　360　　③　80　　④　100　　⑤　6

○解説○ 労働基準法は概要を確認しておくこと。労働基準法には労働条件の明示，解雇の予告，解雇予告手当，賃金，労働時間，休憩，休日，時間外労働等，年次有給休暇などの定めが示されている。

【9】(1)　③　　(2)　④　　(3)　①　　(4)　④　　(5)　⑤

○解説○ (1)　社会保障は社会保険，社会福祉，公的扶助，保健医療・公衆衛生の4つの柱から成り立っている。選択肢①と④は社会保険で，他に介護保険，雇用保険，労災保険がある。②は社会福祉で他に障害者福祉，児童福祉，母子及び父子並びに寡婦福祉がある。③は公的扶助に該当する。　(2)　相続人が配偶者と親の場合は，配偶者が$\frac{2}{3}$，親は$\frac{1}{3}$である。　(3)　現行民法では男女とも18歳で婚姻できる。成年年令引き下げにより18歳から成人とみなされるため，未成年ではないため，婚姻の際に親の同意は必要ない。　(4)　分籍は，今の戸籍から抜けて，届出人を筆頭者とした新戸籍を作る手続きの事をいう。自分の戸籍を持ちたいというのは，親からのネグレクト・過干渉・暴力など，子供に悪影響を及ぼす両親を持っているケースなどが考えられる。国籍法では20歳以上とされていたが，成年年齢引き下げによる改正により18歳以上となった。国民年金の被保険者資格は変わらず20歳以上60歳未満である。18歳でできるようになったことと，変わらずできないことを整理して覚えること。　(5)　設問にあげられている法律や制度について，成立した年代と詳細を学習しておくこと。

【10】⑥

○解説○ 厚生労働省は「令和5年度から障害者雇用率は2.7％とする。ただし，雇入れに係る計画的な対応が可能となるよう，令和5年度においては2.3％で据え置き，令和6年度から2.5％，令和8年度から2.7％と段階的に引き上げることとする。国及び地方公共団体等については，3.0％(教育委員会は2.9％)とする。段階的な引上げに係る対応は民間事業主と同様とする。」としている。最新の情報を確認しておくこと。

総合問題

【1】家族と家庭生活について，次の各問いに答えなさい。

問1　世帯に関する説明として誤りを含むものを，次の1～5のうちから1つ選びなさい。

1　日本の平均世帯人員は，高度経済成長期には増加したが，近年は減少している。

2　住居と生計を共にしている人の集まり，または一戸を構えて住んでいる単身者などを世帯という。

3　夫婦のみ，夫婦と子，男親と子，女親と子の世帯を核家族世帯という。

4　単身赴任をしている父親や進学で別居している未婚の子供の一人暮らしは，単独世帯である。

5　寄宿舎の学生や社会施設の入居者を一般世帯という。

問2　次の家系図の「私」にとって3親等となる人の組合せとして正しいものを，以下の1～5のうちから1つ選びなさい。

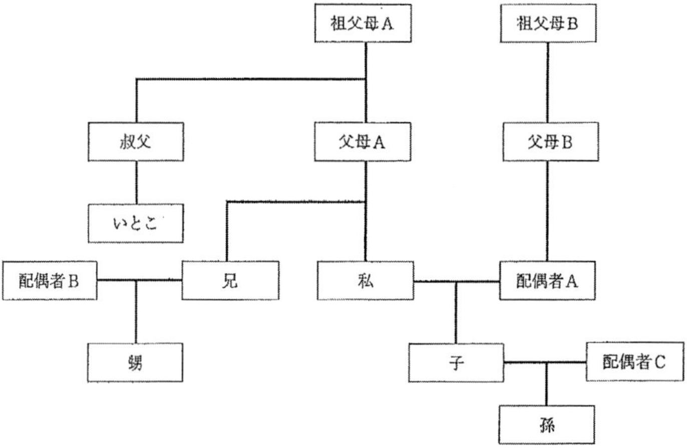

家系図

1　祖父母A，祖父母B　　2　配偶者B，配偶者C

3　いとこ，孫　　4　叔父，甥

5　甥，孫

問3　家族と家庭生活に関する用語とその定義・説明として正しいものを，次の1～5のうちから1つ選びなさい。

	用　語	定義・説明
1	合計特殊出生率	1人の女性が一生の間に生む平均子供数のことで、その年次の15～50歳の女性の年齢別出生率を合計したものである。
2	国勢調査	日本に居住しているすべての人および世帯を対象として、国が3年ごとに実施する最も重要かつ基本的な統計調査である。
3	男女共同参画社会基本法	社会のあらゆる分野の活動に男女が対等に参画することを目指し1986年に制定された。
4	平均寿命	0歳児の平均余命のことで、その年に生まれた0歳児が何歳まで生きるかを表す。
5	嫡出子	法律上婚姻関係にない男女から生まれた子のことである。

▌2024年度 ▌宮城県・仙台市 ▌難易度 ■■■□□

【2】消費生活や環境について，次の各問いに答えよ。

1　2015年に国連で採択された「SDGs(持続可能な開発目標)」に関連する次の各問いに答えよ。

(1)　西暦何年までに達成することを目指しているか書け。

(2)　SDGsの目標2は，「飢餓を終わらせ，食料安全保障及び栄養改善を実現し，持続可能な農業を促進する」である。食料自給率を国際比較した，次のグラフ中の(　①　)～(　③　)に当てはまる国名を以下の(ア)～(オ)からそれぞれ一つずつ選び，記号で答えよ。

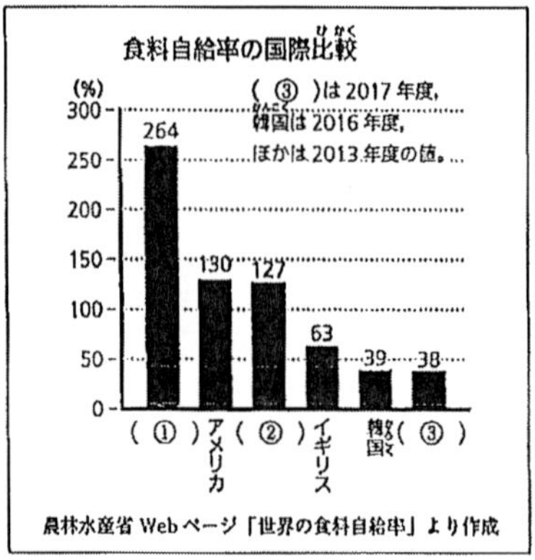

(ア)　フランス　　(イ)　カナダ　　(ウ)　イタリア
(エ)　オーストラリア　　(オ)　日本

(3)　SDGsの目標12は，「持続可能な生産消費形態を確保する」である。次のマークは，どのような商品に付けられるか書け。

(4)　SDGsの目標13は，「気候変動及びその影響を軽減するための緊急対策を講じる」である。次の文中の(　①　)(　②　)に当てはまる語句を書け。

> 食品の輸送が環境に与える負荷の大きさを表す指標として，フード・マイレージという値がある。これは，相手国別の食料(　①　)×(　②　)で表される。日本は食品の多くを輸入に頼っているため，フード・マイレージが大きい国である。

2　環境省「令和4年版環境白書・循環型社会白書・生物多様性白書」によると，ごみの排出量は国民一人1日あたり約何kgか。また，国土交通省「平成30年版日本の水資源の現況」による水の使用量は国民一人1日あたり約何Lか。組合せとして正しいものを次の(ア)～(ウ)から一つ選べ。

(ア)　ごみの排出量　約3kg　　水の使用量　約500L
(イ)　ごみの排出量　約2kg　　水の使用量　約400L
(ウ)　ごみの排出量　約1kg　　水の使用量　約300L

3　クーリング・オフができる条件として正しいものを(ア)～(エ)から全て選べ。

(ア)　通信販売で購入した場合
(イ)　3000円以上の商品を購入した場合
(ウ)　購入した化粧品や健康食品などの消耗品を使用した場合
(エ)　路上で勧誘されて，商品を購入した場合

2024年度　岡山市　難易度

【3】「家族・家庭生活」について，各問いに答えなさい。

(1)　1951(昭和26)年5月5日に制定された児童憲章の前文に即して，次の文の(　あ　)～(　う　)に当てはまる語句を書きなさい。

> 児童は，(　あ　)として尊ばれる。
> 児童は，(　い　)の一員として重んぜられる。
> 児童は，よい(　う　)の中で育てられる。

(2)　次の文の(　ア　)～(　エ　)に当てはまる言葉や数字を書きなさい。

①　夫婦のみ，夫婦(ひとり親を含む)と未婚の子どもで構成される最小の基本的家族形態を，(　ア　)という。

②　合計特殊出生率とは，15～(　イ　)歳までの女性の年齢別出生率を合計したもので，一人の女性が一生の間に生むと推定される平均子ども数に相当する。

③　胎児期から乳児期にかけて，外界からの刺激を受けると，特定のパターン化された動作が無意識に起こる反応のことを(　ウ　)という。

④　喜び，悲しみ，恐れ，怒り，嫉妬などの感情や心の動きを(　エ　)という。

(3)　「介護など高齢者との関わり方」の学習について，「中学校学習指導要領解説　技術・家庭編」(平成29年7月　文部科学省)には，「介護については，(略)　立ち上がりや歩行などの介助の方法について扱い，理解できるようにする。」とある。生徒が実感を伴って理解できるようにするために，授業でどのような指導の工夫が考えられるか，具体的に書きなさい。なお，校舎内での授業を想定する。

▌2024年度 ▌長野県 ▌難易度 ■■■□□

【4】消費生活について，次の(1)～(4)の各問いに答えなさい。

(1)　人，社会，環境，地域などの側面にも配慮した倫理的な消費のことを[A消費]という。[　A　]に適する4文字を書きなさい。

(2)　当事者以外の第三者に関わってもらいながら，裁判を起こす以外の方法で消費者問題の解決を図ることを[　B　]という。[　B　]に適するアルファベット3文字を書きなさい。

(3) 情報通信の高度化に対応し，氾濫する情報の中から必要な情報を理解・選択・発信できる能力のことを[情報(メディア)C]という。[　C　]に適する5文字を書きなさい。

(4) 金融商品について，次の□の文を読んで，文中の(　①　)～(　④　)に適する語句を以下のア～サの中から選び，記号を書きなさい。

(　①　)は，いつでも出し入れできる(　②　)性があり，金融機関の破たんなどの特別なことがない限り，元本が保証されて，(　③　)性は高いが(　④　)性は低い。

ア　株式投資	イ　投資信託	ウ　保険
エ　普通預(貯)金	オ　定期預(貯)金	カ　流動
キ　将来	ク　安全	ケ　信頼
コ　投資	サ　収益	

▌2024年度▐ 名古屋市▐ 難易度■■■□□

【5】家庭経済・消費・環境に関する次の問いに答えよ。

(1) 未成年者の契約について，取り消すことができる場合を①～⑤から選び，番号で答えよ。

① 婚姻している場合。

② 法定代理人の同意を得ないで行った小遣いの範囲内での契約だった場合。

③ 契約書の法定代理人の承認欄に無断で記入するなど，偽って契約した場合。

④ 法定代理人の同意を得ないで行った契約だった場合。

⑤ 18歳だと年齢を偽っていた場合(ただし，契約日は2023年4月1日)。

(2) 次の文は，消費者のための法律や制度に関するものである。(　ア　)にあてはまる語句として適切なものを①～⑤から選び，番号で答えよ。

> 販売者の意思で始まった契約の場合，一定期間内に書面で通知すれば契約を解除することを認めるクーリング・オフ制度がある。クーリング・オフ制度が適用される期間は契約した商品やサービスより異なる。(　ア　)の場合にはその期間は20日間である。

① キャッチセールス
② 訪問販売
③ インターネットショッピング
④ 特定継続的役務提供(学習塾など継続して受けるサービス)
⑤ モニターでお金を得ることを目的にした商品の販売

(3) エシカル消費の一つとして適切に管理された森林資源を使用した商品に付けられるFSC認証ラベル付きの商品を買うことがあげられる。FSC認証ラベルとして適切なものを①～⑤から選び，番号で答えよ。

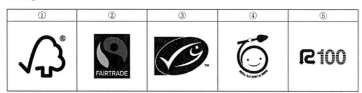

①	②	③	④	⑤
®	FAIRTRADE	™		R100

(4) 消費者の次の行動は，循環型社会を推進する取組みの一つである3Rのどの方法にあてはまるか。適切なものを①～⑤から選び，番号で答えよ。

> 過剰な包装を断ったり，必要な分だけ買ったり，長く使える物を選んで大切に使ったりする。

① リサイクル　② リユース　③ リデュース
④ リフューズ　⑤ リペア

(5) 1962年に提唱された消費者の4つの権利として適切でないものを①～⑤から選び，番号で答えよ。

① 安全を求める権利　② 補償を受ける権利
③ 知らされる権利　④ 選択する権利

⑤　意見が反映される権利

(6)　家計の収入と支出の構成についての説明として適切なものを①～⑤から選び，番号で答えよ。

①　保険金は実収入である
②　有価証券売却は実収入である
③　社会保険料は実支出である
④　保険料は実支出である
⑤　教養娯楽費は非消費支出である

(7)　次のエシカル消費の実践の説明文の(　ア　)にあてはまる語句として適切なものを①～⑤から選び，番号で答えよ。

> エシカル消費を実践するためには，事業者の原料調達や製造過程，社会全体に対してどのような配慮を行っているかについての情報を得て判断することが重要である。
> 企業には，人権や環境などに配慮して活動し，社会や企業に関わる労働者，投資家などに対して責任ある行動をとることが求められている。これを(　ア　)という。

①　CSR　　②　ISO　　③　CSV　　④　ESG投資　　⑤　PDCA

2024年度　神戸市　難易度

【6】消費生活・環境について，次の1～4に答えなさい。

1　次の図Ⅰ・Ⅱは，容器包装の識別マークです。各図中の［　A　］・［　B　］に当てはまる語句はそれぞれ何ですか。書きなさい。

図Ⅰ

図Ⅱ

2　次の表は，日本の現在の社会保障制度をまとめたものです。表中の空欄(　A　)・(　B　)に当てはまる語句はそれぞれ何ですか。漢字で書きなさい。

<table>
<tr><td rowspan="5">（ A ）</td><td>公的医療保険</td><td>病気やけがをしたときに一定の自己負担で医療を受けることができる制度。国民健康保険や健康保険など。</td></tr>
<tr><td>公的年金</td><td>老後生活者・障害者・遺族の生活費を保障する制度。国民年金や厚生年金など。</td></tr>
<tr><td>公的介護保険</td><td>40 歳以上の人が加入。介護が必要になったときに所定の介護サービスが受けられる制度。</td></tr>
<tr><td>労働者災害補償保険</td><td>労働者が仕事中の事故などによってけがや病気，障害を負ったり，死亡した場合に，本人やその遺族を守るための手当をおこなう制度。</td></tr>
<tr><td>雇用保険</td><td>労働者の生活を安定させるための制度。失業手当や就職活動支援など。</td></tr>
<tr><td>（ B ）</td><td colspan="2">児童・母子・父子・障害者・高齢者などに対して公的な支援をおこなう制度。</td></tr>
<tr><td>公的扶助</td><td colspan="2">生活に困窮する国民に対して，最低限度の生活を保障し，自立を助けようとする制度。生活保護制度など。</td></tr>
<tr><td>公衆衛生・医療</td><td colspan="2">国民が健康に生活できるよう様々な事項についての予防，衛生のための制度。疾病予防・健康づくりなどの保健事業，母子保健，食費や衣料品の安全性を確保する公衆衛生など。</td></tr>
</table>

3　民間保険のメリット・デメジットにはそれぞれどのようなものがありますか。貯蓄と比較するとともに，「損失」という語句を用いて，簡潔に書きなさい。

4　次の表は，日本での消費者問題に関する歴史の一部を示したものです。表中の空欄(　A　)~(　D　)に当てはまるものの組合せとして最も適切なものはどれですか。以下のア～エの中から選び，その記号を書きなさい。

1960 年	ニセ牛缶事件
1962 年	（ A ）
1976 年	サラ金被害が社会問題化
1983 年	貸金業の規制等に関する法律（貸金業規制法）公布
1990 年	カラーテレビの発煙・発火事故相次ぐ
1994 年	（ B ）
2000 年	消費者契約法公布
2001 年	国内で初めて牛海綿状脳症にり患した牛を確認
2003 年	（ C ）
2005 年	耐震偽装問題
2006 年	ガス瞬間湯沸器の一酸化炭素中毒死亡事故問題の顕在化
2008 年	中国冷凍ギョウザ問題
2009 年	（ D ）

（消費者庁「消費者問題年表」により作成。）

ア　A　消費者庁及び消費者委員会設置
　　B　不当景品類及び不当表示防止法(景品表示法)公布
　　C　製造物責任法(PL法)公布
　　D　食品安全基本法公布

イ　A　製造物責任法(PL法)公布
　　B　食品安全基本法公布

C　消費者庁及び消費者委員会設置
D　不当景品類及び不当表示防止法(景品表示法)公布

ウ　A　食品安全基本法公布
B　消費者庁及び消費者委員会設置
C　不当景品類及び不当表示防止法(景品表示法)公布
D　製造物責任法(PL法)公布

エ　A　不当景品類及び不当表示防止法(景品表示法)公布
B　製造物責任法(PL法)公布
C　食品安全基本法公布
D　消費者庁及び消費者委員会設置

2024年度 ▌広島県・広島市 ▌難易度

【7】家庭経済，消費生活・環境に関する各問いに答えなさい。

1　家庭経済に関する(1)～(3)の問いに答えなさい。

(1)　次の図は，家計貯蓄率の国際比較を示したものである。対象国は，日本，ドイツ，アメリカ，フランス，イギリスである。日本に該当するものを，図中のa～eから一つ選びなさい。

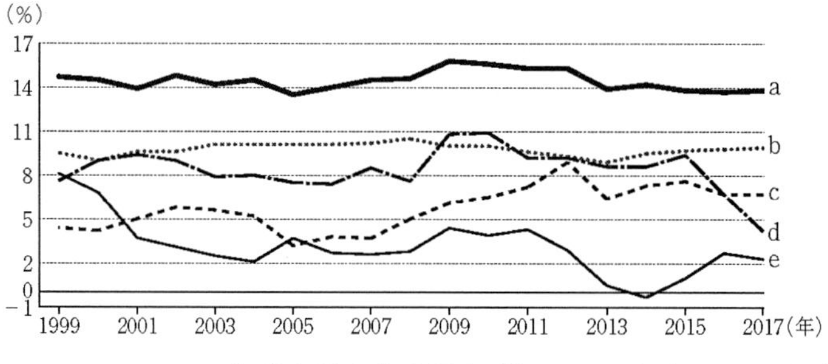

(金融広報中央委員会「知るぽると」HPより作成)

(2)　クーリング・オフ制度の説明として適切ではないものを，次のa～eから一つ選びなさい。

a　クーリング・オフ制度には適用される商品やサービスに制限はない。

b　クーリング・オフの通知は，書面のほか，電子メール，USBメモリ等の記録媒体，事業者が自社のウェブサイトに設けるクーリング・オフ専用フォーム，FAX等でも行うことができる。

c　クレジット契約の場合は，販売会社とクレジット会社に同時にクーリング・オフの通知を行う。

d　クーリング・オフをはがきで行う場合は，送付する前に，はがきの両面をコピーし，特定記録郵便または簡易書留など発信の記録が残る方法で代表者あてに送付し，コピーや送付の記録は保管する。

e　送付の記録や関係書類は，少なくとも5年間保管しておく。

(3)　自己破産の手続き開始決定を受けた場合の影響として適切なものを，次のa～eから一つ選びなさい。

a　自分の土地やそのほかの財産のほとんどは処分され，借金の返済にあてられるが，自分の家は処分されない。

b　免責が決定されるまでは，弁護士・税理士・公認会計士などの資格や会社の役員などの立場は失われる。

c　自己破産してから免責されると，その後10年間は再び自己破産することはできない。

d　借金の保証人や連帯保証人になった人が，本人に代わって借金の返済を求められることはない。

e　銀行やクレジット会社からの信用がなくなり，クレジットカードが利用できなくなるが，融資を受けることはできる。

2　消費生活・環境に関する(1)～(3)の問いに答えなさい。

(1)　再生可能エネルギーの説明として適切なものを，次のa～eから一つ選びなさい。

a　石油，石炭，天然ガスから作られる。

b　化石燃料から作られた電気やガスなどのエネルギーよりも，環境への負荷が大きい。

c　太陽光，風力，地熱，バイオマスなどから作られる。

d　日本の電源構成に占める再生可能エネルギー比率(2017年)は，ドイツやイギリスなどの諸外国と比べて高い水準にある。

e　温室効果ガスを排出せず，国内で生産可能であり，重要な高炭素の国産エネルギー源である。

(2)　次の説明文に該当する語句として適切なものを，以下のa～eから一つ選びなさい。

環境だけでなく，地域の活性化や雇用なども含む，人や社会に配慮した消費行動。

a　SDGs　　　　　　　　　　　　b　拡大生産者責任
c　シェアリング・エコノミー　　d　CSR
e　エシカル消費

(3)　次のマークの説明として適切なものを，以下のa～eから一つ選びなさい。

a　古紙を規定の割合以上，原料に利用した製品に付ける。
b　持続可能性の達成を目的とした環境・社会・経済面の厳格な基準に則って管理されている農園や森林に付く。
c　印刷物などで再生紙を使用している商品に付ける。
d　森林管理協議会の基準に基づき，認証を受けた製品に付ける。環境や地域社会に配慮し，管理された森林に由来する。
e　森林を健全に育てるために行う間伐によって，伐採された木材を用いた商品であることを示す。

2024年度　高知県　難易度

【8】消費生活について，次の(1)～(4)の問いに答えよ。

(1)　インターネット取引による決済方法のうち，即時払いとして最も適切なものを次のA～Dから一つ選び，その記号を書け。

A　デビットカード　　B　クレジットカード　　C　キャリア決済
D　プリペイドカード

(2)　次の文中の(　　)に当てはまる言葉として最も適切なものを以下のA～Dから一つ選び，その記号を書け。

令和4年5月，(　　)の改正により，「勧誘をすることを告げずに，退去困難な場所へ同行し勧誘」など3つの取消権が新たに追加され，事業者に対しては，解約料の説明の努力義務規定などが新設された。

A　特定商取引法　　B　製造物責任法　　C　消費者基本法

D　消費者契約法

(3)　消費者のための制度や機関について，次の①，②の問いに答えよ。

①　次の文が説明している制度として最も適切なものを以下のA～Dから一つ選び，その記号を書け。

消費者に代わって，事業者の不当な行為に対して，不特定多数の消費者の利益を擁護するために差止めを求めたり，不当な事業者に対して，消費者に代わって被害の集団的な回復を求めたりすることができる制度。

A　消費者団体訴訟制度　　B　公益通報者保護制度

C　リコール制度　　D　クーリング・オフ制度

②　地方公共団体が設置している身近な消費生活センター等の消費生活相談窓口を案内する「消費者ホットライン」の全国共通の3桁の電話番号を答えよ。

(4)　マークについて，次の①，②の問いに答えよ。

①　次のマークの説明として最も適切なものを以下のA～Dから一つ選び，その記号を書け。ただし，図中の文字は削除してある。

A　飲料，特定調味料用ペットボトルを除くプラスチック製容器包装の商品に付けられているマーク

B　飲料，特定調味料用ペットボトルの商品本体やラベルに付けられているマーク

C　プラスチック日用品，器具に関する品質の安全性を確保するための規格に合格したものに付けられているマーク

D　使用済みペットボトルのリサイクル品を使用した商品に付けられているマーク

②　次のマークの説明として最も適切なものを以下のA～Dから一つ選び，その記号を書け。ただし，図中の文字は削除してある。

A　日本環境協会が，生産から廃棄にわたるライフサイクル全体を通して環境への負荷が少なく，環境保全に役立つ商品を取り扱う事業者に交付する。

B　シルバーマーク振興会が，社会の要請に応えシルバーサービスの種類ごとに基準を設け，基準を満たした事業者(事業所)に対して交付する。

C　日本通信販売協会の正会員であることを表し，協会の定めた基準を全て満たした通信販売業者に交付する。

D　日本情報処理開発協会が，個人情報について適切な保護措置を講ずる体制を整備している事業者等に対して交付する。

2024年度 ｜ 愛媛県 ｜ 難易度

【9】消費生活・環境に関する次の各問に答えよ。

〔問1〕 家計の収入と支出に関する記述として適切なものは，次の1～4のうちのどれか。

1　実収入のうち，経常収入には勤め先収入が含まれる。

2　実収入以外の収入には預貯金預け入れが含まれる。

3　実支出のうち，消費支出には社会保険料が含まれる。

4　実支出以外の支出には財産売却が含まれる。

〔問2〕 金融商品及びサービスに関する記述として適切なものは，次の1～4のうちのどれか。

1　国の政策の一つである「少額投資非課税制度」(NISA)は，収益が発生すると非課税になり，損失が発生した場合，損益通算や損失の繰越控除ができる。

2　休眠預金等活用法の施行により，10年以上その後の取引がない休眠預金は，民間公益活動に活用されることになったが，普通預金に加え，定期預金，定期積金，財形貯蓄も対象になる。

3　フィンテックとは，ITを活用した金融サービスの総称で，スマートフォンで利用できる身近なサービスが多いことも特徴の一つである。

4　債券は，国や地方自治体のみが発行するもので，定期的に決められた利息が支払われるのが特徴である。

〔問3〕 クーリング・オフに関する記述として，特定商取引に関する法律(令和3年6月16日一部改正　公布)に照らして適切なものは，次の1～4のうちのどれか。

1　クーリング・オフは，通信販売を対象としている。

2　クーリング・オフは，商品の引渡しが既にされているときは，その引取り又は返還に要する費用を申込者の負担としている。

3　クーリング・オフは，訪問販売又は電話勧誘販売の取引において，5,000円未満の現金取引の場合には適用されない。

4　クーリング・オフの手続は，書面又は電磁的記録で行う。

〔問4〕 次の図は，ある環境ラベルである。この環境ラベルに関する記述として適切なものは，以下の1～4のうちのどれか。

図

1　木材による二酸化炭素の吸収，閉じ込めによる地球温暖化防止，土砂流出の防止・土壌保全・水質浄化による水土保全に着目している。

2　製品等の製造等に環境負荷の少ないグリーン電力が一定割合以上使用されていることに着目している。

3　適切な森林管理が行われているか，そういった森林からの資源で製品がつくられているかどうかに着目している。

4　資源採取から製造，流通，使用，廃棄・リユース・リサイクルまでのライフサイクル全体にわたっての環境影響に着目している。

〔問5〕 次の表は，2019年における燃料燃焼による二酸化炭素排出量の多い国上位10か国を表したものである。表中のア〜エには，日本，アメリカ，中国，韓国のいずれかが当てはまる。このうち，日本に当てはまるものとして適切なものは，以下の1〜4のうちのどれか。

表

順位	国名	排出量〔100万トン〕(2019年)
1	ア	9,809.2
2	イ	4,766.4
3	インド	2,309.1
4	ロシア	1,587.0(2018年)
5	ウ	1,066.2
6	ドイツ	659.1
7	エ	586.2
8	カナダ	571.8
9	メキシコ	455.0
10	ブラジル	406.5

（総務省統計局「世界の統計2022」から作成）

1　ア　　2　イ　　3　ウ　　4　エ

| 2024年度 | 東京都 | 難易度 ■■■■□ |

【10】「持続可能な消費生活・環境」について，各問いに答えよ。

(1) ライフステージと家計について，「2019年全国家計構造調査」における結果に関して，誤っているものを次の①から⑤までの中から一つ選び，記号で答えよ。

① 収入は，一般的に世帯主が50代前半の頃に最も多い。

② 単身世帯について，消費支出に占める費目別割合をみると，男女とも全ての年代で「食料(外食を除く)」及び「外食」の割合が4分の1を占めている。

③ 二人以上の世帯のうち「夫婦のみの世帯(世帯主が65歳〜74歳，有業者のいる世帯)」では，消費支出に占める費目別割合をみると「教養娯楽費」の割合が他の世帯類型と比較すると高くなって

いる。

④　二人以上の世帯のうち「夫婦と子どもが2人の世帯(長子が未就学児，勤労世帯)」では，消費支出に占める費目別割合をみると「被服及び履物」が他の世帯類型と比較して高くなっている。

⑤　二人以上の世帯のうち「夫婦のみの世帯(夫が30歳代，勤労世帯)」では，消費支出に占める費目別割合をみると，「住居」が他の世帯類型と比較して高くなっている。

(2)　税金について，直接税(国税，地方税)，間接税の組み合わせとして最も適当なものを次の①から⑤までの中から一つ選び，記号で答えよ。

	直接税		間接税
	国　税	地方税	
①	消費税	法人税	所得税
②	所得税	住民税	酒　税
③	法人税	たばこ税	消費税
④	住民税	所得税	たばこ税
⑤	消費税	住民税	法人税

(3)　金融商品に関する次の説明文について最も適当なものを以下の①から④までの中から一つ選び，記号で答えよ。

国や会社にお金を貸すこと。定期的に利子が支払われ，満期が来れば額面金額を受け取ることができる。発行した会社等が倒産すると，返済されない可能性がある(元本は保証されていない)。

①　預金・貯金　　②　投資信託　　③　株式　　④　債権

(4)　消費者の5つの責任(批判的思考を持つ責任，自ら主張し行動する責任，社会的弱者に配慮する責任，環境に配慮する責任，連帯する責任)について，それぞれの責任とつながりの深い事例の組み合わせとして，最も適当なものを次の①から⑤までの中から一つ選び，記号で答えよ。

【事例】

ア　渋滞解消のため，通勤を自家用車ではなくモノレールとバスを利用することにした。

イ　コーヒーを買うときには，「フェアトレード」商品を選ぶように心がけている。

ウ　スーパーで購入したお惣菜に卵の殻が混じっていたので，製造メーカーに抗議の手紙を書いた。

エ　スポーツメーカー商品があまりにも安く売られていたので，偽物ではないかと疑問に思った。

オ　トラブル防止のために，利用者同士で交換・情報を共有するコミュニティを立ち上げることにした。

	批判的思考を持つ責任	自ら主張し行動する責任	社会的弱者に配慮する責任	環境に配慮する責任	連帯する責任
①	イ	エ	オ	ウ	ア
②	ウ	ア	オ	イ	エ
③	エ	オ	ア	ウ	イ
④	オ	ウ	イ	ア	エ
⑤	エ	ウ	イ	ア	オ

(5)　次の表は消費者問題及び消費者支援や保護に関する法律や制度について年代順にまとめた略年表である。次のアからエにあてはまる法律や制定の組み合わせとして，最も適当なものを以下の①から⑤までの中から一つ選び，記号で答えよ。

年代	消費者問題及び消費者支援や保護に関する法律や制度
1960年	ニセ牛缶事件
1962年	ア
1968年	消費者保護基本法制定
1973年	第１次オイルショック
1994年	イ
2000年	ウ
2012年	エ

①　ア　消費者基本法制定
　　イ　製造物責任法(PL法)制定
　　ウ　消費者契約法制定
　　エ　消費者教育の推進に関する法律制定

②　ア　製造物責任法(PL法)制定
　　イ　消費者契約法制定
　　ウ　消費者教育の推進に関する法律制定

エ　不当景品類及び不当表示防止法制定

③　ア　製造物責任法(PL法)制定
　イ　不当景品類及び不当表示防止法制定
　ウ　消費者教育の推進に関する法律制定
　エ　消費者契約法制定

④　ア　不当景品類及び不当表示防止法制定
　イ　製造物責任法(PL法)制定
　ウ　消費者契約法制定
　エ　消費者教育の推進に関する法律制定

⑤　ア　不当景品類及び不当表示防止法制定
　イ　消費者契約法制定
　ウ　製造物責任法(PL法)制定
　エ　消費者基本法制定

(6)　次のマークの名称として最も適当なものを以下の①から⑤までの中から一つ選び，記号で答えよ。

①　グリーンプラ・シンボルマーク　②　MSCエコラベル
③　FSCラベル　④　グリーンシール
⑤　GOTS

(7)　「環境」「社会」「企業統治」の3つの指標を評価して行う投資に関係する語句として，最も適当なものを次の①から⑤までの中から一つ選び，記号で答えよ。

①　社会的責任投資　②　サーキュラー・エコノミー
③　ESG投資　④　RESAS
⑤　iDeCo(イデコ)

(8)　2000年に循環型社会形成推進基本法が制定され，この法律において3Rの考え方が明文化された。その中で，3R，熱回収，適正処分の優先順位が定められたが，優先順位として1番目に設定されているものを次の①から⑦までの中から一つ選び，記号で答えよ。

① リデュース　　② 適切処分　　③ リペア

④ リサイクル　　⑤ リフューズ　　⑥ 熱回収

⑦ リユース

(9) 次の文章の(ア)(イ)にあてはまる数値の組み合わせとして，最も適当なものを以下の①から⑥までの中から一つ選び，記号で答えよ。

> 　国連気候変動枠組条約締約国会議(COP21)においてパリ協定が採択され，2016年に発効された。ここでは，世界共通の長期削減目標として，産業革命以前に比べて気温上昇を(ア)℃より十分低く保つとともに，(イ)℃に抑える努力を追求することとしている。

① ア 1.5　　イ 1　　　② ア 2　　　イ 1.5

③ ア 2　　　イ 1　　　④ ア 2.5　　イ 2

⑤ ア 3　　　イ 2.5　　⑥ ア 4　　　イ 3

2024年度｜沖縄県｜難易度 ■■■■□

解答・解説

【1】問1 5　　問2 4　　問3 4

○**解説**○ 問1　世帯についての問題は頻出なので，定義はもちろん，近年の国勢調査などの調査結果について幅広く学習しておきたい。世帯の定義は，過去何回か変更され，昭和60年以降は，寄宿舎の学生，社会施設の入居者，病院・療養所の入院者，自衛隊営舎内居住者は「施設などの世帯」に分類される。　問2　家系図での親等の見方は学習しておくこと。自分と配偶者は0で，縦の線が1つ増えると1親等ずつ数が増えていく。選択肢1は2親等，2の配偶者Bは2親等，配偶者Cは1親等，3のいとこは4親等，孫は2親等，5の甥は3親等，孫は2親等である。　問3　誤りのある選択肢について，1は，15〜50歳ではなく，正しくは15〜49歳である。2の国税調査は3年ごとでなはく，5年ごとに実施される。3は1986年ではなく1999年の制定である。5は法律上婚姻関係にある男女から生まれた子である。

【2】1 (1) 2023(年) (2) ① (イ) ② (ア) ③ (オ)
(3) 環境への負担が少ない。 (4) ① 輸入量 ② 輸送距離
2 (ウ) 3 (イ), (エ)

○**解説**○ 1 (1) SDGsの目標達成率について，日本の2022年度の達成状況は，165か国のうち18位である。17の目標はすべて覚えておきたい。
(2) 日本の食料自給率(カロリーベース)は38％。畜産物や油脂類の消費が増大する等の食生活の変化により，自給率の低下傾向が続いていたが，2000年代に入ってからは概ね横ばい傾向である。畜産物の飼料輸入や油脂原料の輸入が多い。 (3) エコマークは，生産から廃棄にわたるライフサイクル全体を通して環境への負荷が少なく，環境保全に役立つと認められた商品につけられる環境ラベルである。
(4) フード・マイレージを下げる意味でも，地産地消の推進は有効である。 2 ごみの排出量は1kgを下回っており，減少傾向である。家庭内で使用する水の1人当たりの水量は約230L，家庭外では約70Lである。 3 クーリング・オフ制度が適用される場合とそうでない場合，また適用される期間を正確に覚えておくこと。クーリング・オフ制度は，特定商取引法に基づいた制度である。

【3】(1) あ 人 い 社会 う 環境 (2) ア 核家族
イ 49 ウ 原始反射 エ 情緒 (3) ・生徒がペアを組み，立ち上がりや歩行などの介助を体験し，介助する側とされる側の気持ちや必要な配慮について話し合う活動を設ける。 ・高齢者の介護の専門家などから介助の方法について話を聞く活動を取り入れる。

○**解説**○ (1) 児童憲章のこの3つの前文は覚えること。これに続く12条の本文も確認しておきたい。1951年に制定された。 (2) ア 世帯の定義を確認しておくこと。親族世帯，非親族世帯，単独世帯があり，親族世帯には核家族世帯とその他の親族世帯に分かれる。単独世帯が増加しているが，その概要を国勢調査のグラフなどで確認しておくこと。 イ 2022年の合計特殊出生率は過去最低の1.26であった。人口

維持には2.06〜2.07が必要とされている。 ウ 原始反射には，モロー反射，バビンスキー反射，吸てつ反射，歩行反射などがある。それぞれの内容と，現れる時期も理解しておきたい。 エ 出生時は基本的に「快」と「不快」だったものが，発達とともに様々な情緒を持つようになる。この2つの感情を基に生後6か月頃までに「喜び」「驚き」「悲しみ」「嫌悪」「怒り」「怖れ」という感情が形成され，これらの感情は「基本的情緒」と呼ばれる。 (3) 高齢者の身体の特徴を理解させるために，おもりやゴーグルなどをつけて日常生活を体験してみるなどの体験をさせるのもよい。

【4】(1) エシカル (2) ADR (3) リテラシー (4) ① エ ② カ ③ ク ④ サ

○**解説**○ (1) 消費者それぞれが各自にとっての社会的課題の解決を考慮したり，そうした課題に取り組む事業者を応援しながら消費活動を行うことであり，SDGsの12番の目標「つくる責任 つかう責任」に関連するものである。 (2) 裁判外紛争解決手続(ADR)は，民事上のトラブルについて，当事者と利害関係のない公正中立な第三者が，当事者双方の言い分をよく聴きながら専門家としての知見を活かして，当事者同士の話し合いを支援し，合意による紛争解決を図るものである。国民生活センターなどの行政型ADRの他に，民間のADR事業者もある。 (3) 生徒たちがこれから生きていく上で必要な能力であるので，指導できるようにしておきたい。また，情報弱者についても確認しておくこと。 (4) 金融商品には，流動性，収益性，安全性の3つの側面がある。この3つが同時に揃った金融商品はない。

【5】(1) ④ (2) ⑤ (3) ① (4) ③ (5) ② (6) ③ (7) ①

○**解説**○ (1) 未成年取り消しができる場合とできる場合を整理して覚えておくこと。頻出事項である。 (2) ①，②，④の契約についてクーリング・オフが適用される期間は8日間である。③は，クーリング・オフが適用されない。 (3) ①は，FSC認証ラベルである。②はフェアトレード認証ラベルで，途上国の経済的社会的に弱い立場にある生産者と経済的社会的に強い立場にある先進国の消費者が対等な立場で行った貿易により生産された商品につけられる。③はMSC認証ラベルで，水産資源や環境に配慮した漁業であることを認証したマーク。④は間伐材マークで，間伐材を用いた製品につけられる。⑤は再生紙使用マークで，古紙パルプ配合率を表す。　(4)　3Rはリユース，リデュース，リサイクルの3つ，それにリフューズとリペアを加えたのが5Rである。それぞれ内容を理解しておくこと。　(5)　ケネディが掲げた4つの権利は選択肢①，③，④，⑤である。1975年にフォードにより，消費者教育を受ける権利が追加された。1980年国際消費者機構が，被害の救済を受けられる権利，基本的な需要が満たされる権利，健全な環境が確保される権利を追加して8つの権利とした。消費者の5つの責任，批判的意識をもつ責任，社会的弱者への配慮責任，主張し行動する責任，環境への配慮責任，連帯する責任も覚えておくこと。
(6)　家計の構成についての問題は頻出である。整理して覚えておくこと。正答以外の選択肢について，①と②は実収入以外の収入，④は非消費支出，⑤は消費支出である。　(7)　CSRとは，Corporate Social Responsibilityの頭文字を取ったもので，直訳すると企業が社会に対して持つべき責任である。

【6】1　A　プラ　　B　アルミ　　2　A　社会保険　　B　社会福祉
3　メリット…損失が発生した場合，貯蓄は，損失をカバーできるだけの金額が貯まっているとは限らないが，民間保険は最初から損失をカバーできる金額を確保できる。　　デメリット…貯蓄はどのような損失にも使えるが，民間保険は，保険料を払った対象となる損失でなければ，保険金が支払われない。　　4　エ
○**解説**○ 1　環境に関するマークはできるだけ多く覚えておくこと。リサイクルについても種類と内容を学習しておくこと。　2　社会保険は，病気，けが，出産，死亡，老齢，障害，失業など生活の困難をもたらすことに遭遇した場合に一定の給付を行い生活の安定を図ることを目的とした強制加入の保険制度である。社会福祉は，障害者，母子家庭など社会生活をする上でハンディキャップを負っている国民が安心して社会生活を営めるように支援を行う制度である。　3　人生に

は予期せぬリスクもあり，個人のリスクマネジメント(例えば貯蓄)には限界がある。万が一のことに備え保険料を支払い，被害にあったときはその資金の中から保険金を受け取れる相互扶助のシステムである。　4　それぞれの法律ができたきっかけとなる出来事と制定された年，内容は覚えておきたい。

【7】1　(1)　e　(2)　a　(3)　b　2　(1)　c　(2)　e　(3)　d

○解説○ 1　(1)　日本の家計貯蓄率は，世界の主要国と比較すると低い。日本では2000年頃から家計貯蓄率が下降し始め，2014年には消費税増税に伴いマイナスとなった。aはフランス，bはドイツ，cはアメリカ，dはイギリスが該当する。　(2)　クーリング・オフ制度に適用される商品やサービスには，一定の条件がある。　(3)　a　家も処分の対象になる。　c　10年間ではなく，7年間は再度の自己破産は困難となる。

d　保証人や連帯保証人になった人も，借金の返済を求められる。

e　自己破産すると，約5～10年間信用情報に事故情報が登録されるので，原則として新たに融資を受けることが困難になる。

2　(1)　a　再生可能エネルギーは，太陽光・風力・水力・地熱・太陽熱・大気中の熱・その他の自然界に存在する熱・バイオマスから作られる。　b　再生可能エネルギーは，化石燃料から作られた電気やガスなどのエネルギーよりも，環境への負荷は小さい。　d　2017年度現在，ドイツは約34%，イギリスは約30%，日本は約16%なので，諸外国と比べて低い水準にある。　e　再生可能エネルギーは，高炭素ではなく低炭素である。　(2)　a　SDGsとは，持続可能な開発目標で貧困，不平等・格差，気候変動による影響など，世界のさまざまな問題を根本的に解決し，すべての人たちにとってより良い世界をつくるために設定された，世界共通の17の目標である。　b　拡大生産者責任とは，生産者が製品の生産・使用段階だけでなく，廃棄・リサイクル段階まで責任を負うという考え方である。　c　シェアリング・エコノミーとは，個人等が保有する活用可能な資産等(スキルや時間等の無形のものを含む)をインターネット上のマッチングプラットフォームを介して，他の個人等も利用可能とする経済活性化活動のことである。

d　CSRとは，企業活動において，社会的公正や環境などへの配慮を組み込み，従業員，投資家，地域社会などの利害関係者に対して責任ある行動をとるとともに，説明責任を果たしていくことを求めるという考え方である。　(3)　aはグリーンマーク，bはレインフォレストアライアンス認証，cは再生紙使用マーク(Rマーク)，eは間伐材マークの説明である。

【8】(1)　A　　(2)　D　　(3)　①　A　　②　188　　(4)　①　D　②　C

○**解説**○ (1)　キャリア決済は商品の代金を携帯電話料金や通信料金と一緒にまとめて支払うもので，後払いに該当する。支払いの方法はメリット・デメリットをあわせて覚えておくこと。　(2)　消費者契約法は，不適当な勧誘で契約した場合，不当・不利益な契約は消費者が一方的に取り消せること，消費者に不当な契約を無効とすることなどを定めている。契約の種類，未成年取消，クーリング・オフ制度について学習しておきたい。　(3)　①　選択肢の公益通報者保護制度は，内部告発を行った通報者保護を規定した法律である　②　消費者ホットラインの問題は頻出である。消費生活センター，国民生活センターの業務内容を理解しておくこと。　(4)　①　環境に関するマークはできるだけ多く覚えておくこと。　②　ジャドママークは問題として頻出である。

【9】問1　1　　問2　3　　問3　4　　問4　2　　問5　3

○**解説**○ 問1　家計収入には，実収入と実収入以外の収入(純財産高は増加しない預貯金の引き出し金・借入金など)がある。実収入はさらに経常収入(給与・預貯金利子・株の配当など)と特別収入(祝い金・香典・当選金など)に分けられる。家計支出には，実支出と実支出以外の支出(純財産高が減少しない預貯金・借金の返済金など)がある。実支出はさらに消費支出(生活費)と非消費支出(税金・社会保険料など)に分けられる。誤りのある選択肢について，2は預貯金預け入れではなく引き出し，3の社会保険料は消費支出ではなく非消費支出である。4は財産売却ではなく購入であり，財産売却は実収入以外の収入である。
問2　1について，NISAの損失は，他の口座の利益との損益通算や損失の繰越控除はできない。2の休眠預金等になりうる「預金等」は預金保険法・貯金保険法の規定により，預金保険・貯金保険の対象となる預貯金で普通預金，定期預金，貯金，定期積金などが対象となる。財形住宅や財形年金，障がい者のためのマル優の適用となっている預貯金，外貨預金などの預金などは対象外である。4の債権は，国や地方自治体だけでなく，企業も発行できる。　問3　クーリング・オフとは，契約後消費者に冷静に考え直す時間を与え，一定期間であれば無条件で契約解除ができる制度である。誤りのある選択肢について，1の通信販売は対象外である。2の引取り又は返還に要する費用は申込者の負担ではなく事業者の負担になる。3は5,000円未満ではなく3,000円未満が正しい。　問4　図はグリーンマークである。環境マークについての問題は頻出である。環境省環境ラベルなど，データベースで確認しておくと良い。正答以外の選択肢のマークも確認しておくこと。1は間伐材マーク，3はFSC森林認証マーク，4はエコマークの説明である。　問5　二酸化炭素は地球温暖化の原因とされる物質で，二酸化炭素排出量削減は気候変動対策として国単位ではなく世界全体としての取り組みが求められている。2020年以降の気候変動問題への取り組みの基本方針を定めるルールとして，2016年に発効されたパリ協定により，世界各国が二酸化炭素排出量削減に向け，具体的な取り組みを始めている。アは中国，イはアメリカ，エは韓国である。

【10】(1)　②　　(2)　②　　(3)　④　　(4)　⑤　　(5)　④　　(6)　⑤
(7)　③　　(8)　①　　(9)　②

○**解説**○ (1)　家計における支出品目の割合のグラフは確認しておくこと。食費の割合は年代によっても収入によっても違い，若い年代では4分の1を占めていない。　(2)　直接税に，所得税，住民税の他に法人税，事業税，自動車税，相続税，固定資産税がある。　(3)　債権には国債，地方債がある。金融商品の問題は頻出なので，種類と特徴を理解しておくこと。　(4)　ケネディ大統領やフォード大統領の提唱による消費者の権利は，国際消費者機構(CI)によって消費者の8つの権利として提唱された。さらに権利と共に責任も伴うとして5つの責任も示された。頻出事項なので内容はすべて覚えること。　(5)　消費者問題を受けて法律や制度が整えられている。流れと年代を整理して覚えておくこと。 (6) オーガニックテキスタイル世界基準のマークである。オーガニック繊維の生産から製造と販売まで，すべての工程の取り扱いについての基準を定めた国際認証である。 (7) Environment(環境)・Social(社会)・Governance(ガバナンス)の頭文字を表す。二酸化炭素排出量削減や従業員の適切な労務管理，社外取締役の独立性といった環境，社会，企業統治への取り組み姿勢も投資の判断材料とすることである。 (8) 処理の優先順位を初めて法定化し，①発生抑制，②再使用，③再生利用，④熱回収，⑤適正処分とした。発生抑制以外は，その工程にも影響負荷がかかるためである。 (9) パリ協定の概要を必ず確認し，覚えておきたい。

児童・保育

要点整理

保育の問題は，被服分野・食物分野の次に多く出題されている。範囲も広く，細かく出されているが，特に乳幼児の心身の発達(新生児の生理的特徴，身長・体重の発育，生活習慣)や，乳幼児の栄養(離乳・間食)などは理解しておきたい。

□**乳幼児の食物**　乳幼児期の栄養の特徴，乳汁栄養(母乳，人工，混合栄養)，離乳期の栄養，幼児食の献立，調理上の留意点，幼児期の栄養の特徴，食生活の習慣(食事の回数，食事行動の発達)，間食の必要性および与え方，好ましいおやつの条件と適した食品，食習慣の問題(偏食の原因)

□**乳幼児の被服**　乳幼児の被服と寝具，被服の条件と乳幼児の身体の特徴

□**乳幼児の心身の発達**　頭囲と頭蓋(小泉門，大泉門，泉門)，乳児の胃の形(吐乳・溢乳)・新生児の運動(バビンスキー反射，モロー反射，把握反射，吸てつ反射)，乳幼児の運動機能の発達(歩行運動の完成まで，手先の運動の発達)，頭部と胸部，呼吸(腹式呼吸，胸腹式呼吸，胸式呼吸)，血液型不適合，アタッチメント

□**遊び**　乳幼児の心身の発達を助ける遊びの種類(感覚遊び，運動遊び，構成遊び，模倣遊び，受容遊び)，発達段階に応じた遊びの変化，おもちゃ，遊具の年齢に応じた与え方，おもちゃの条件および選び方，児童文化財(玩具，遊具，絵本，図書，漫画，紙芝居)

□**母性の健康**　思春期の特徴と健康，第2次性徴，女性の月経周期，低温期，高温期，排卵日，父性の重要性，家族計画，受胎調節，人工妊娠中絶，避妊，優生保護法，人工妊娠中絶に伴う健康障害，受精と着床，妊娠の成立，胎盤の役割，さい帯，妊娠期間，分娩予定日，妊娠前期，妊娠中期，妊娠後期，基礎体温，つわり，流産，胎動，骨盤，早産，妊娠中毒症，妊娠中の栄養と生活，母子健康手帳と定期健康診断，予防接種，分娩の経過，産褥期妊婦死亡率と勤労婦人の増加，働く女性のための法律(労働基準法，男女雇用機会均等法，母子保護法，児童福祉法，育児・介護休業法，健康保険法など)

□**乳幼児の生活習慣**　基本的生活習慣(食事，睡眠，排泄，着脱衣，清潔)，

社会的生活習慣

□**乳幼児の病気と家庭看護**　感染症，早期発見と予防，予防接種，家庭看護の基本と応急処置

□**子どもの成長と家庭**　環境のもつ意義，人格形成と家庭環境，親の役割，家庭教育の重要性，基本的要求(生理的要求，社会的要求)，望ましい適応力と親の養育態度(厳格型，支配型，干渉型，過保護的，溺愛的，服従的，放任的，拒否的)，適応と不適応，問題行動，現代社会と子どもの遊び，少子化

□**集団保育の意義と現状**　家庭保育・集団保育，保育所，幼稚園，集団保育の今日的課題

□**児童福祉の意義と必要性**　児童福祉法，子ども・子育て支援法，児童憲章，児童権利宣言，子どもの権利条約，子どもの人権，昔と現代の児童観，児童福祉のための施設，児童館，児童公園，母親の就労と乳児の保育所への入所数の増加，職種の多様化とベビーホテル等の増加からくる保育上の問題点，エンゼルプラン，少子化社会対策大綱

□**心身の発達**　生理的体重減少，胎便，児斑，新生児黄疸，母乳と人工栄養児の便，体重，身長の出生時との比較，運動機能の発達，ことばの発達，1語文，2語文，幼児の体型の特徴，自己中心性，自我意識，自我的要求，反抗期，けんかなど

□**乳幼児栄養**　母乳と人工栄養の違い，初乳と永久乳，離乳，調整粉乳，おやつの量，時間，回数など

□**乳幼児服**　必要な条件，体型との関連での衿ぐりその他の型の決め方，デザインなど

□**基本的生活習慣**　食事，睡眠，排泄，着脱衣，清潔，安全，事故防止などの習慣

□**幼児の遊び**　感覚遊び，運動遊び，模倣遊び－ごっこ遊び，構成遊び，受容遊びなどの種類と内容，玩具など

□**保育教育，施設**　自由保育，一斉保育，保育方法と原理，アニミズム，リトミック，レディネス，ホスピタリズム，ペープサート，幼稚園と保育所の共通点と違い，認定子ども園

□**児童福祉施設**　すべての児童が，心身ともに健やかに成長することを目的とする施設のこと。健全な遊びを通して児童の情操を育む施設や，家庭的

に恵まれない児童や精神・身体等に障害がある児童を通園又は入所させて，適切な保護指導を行う施設がある。

□**児童福祉法**　児童が心身ともに健やかに生まれ，かつ，育成されるよう，保育，母子保護，児童虐待防止対策を含む全ての児童の福祉を支援する法律。

□**児童憲章**　全ての児童の幸福をはかるために，児童の基本的人権を社会全体が自覚，確認し，その実現に努力する目的で作られた12か条の文章。

□**乳幼児の死亡原因**　周産期死亡，交通事故死，溺死など

□**家庭保育**　役割，親の態度と子どもの人格形成など

□**合計特殊出生率**　15歳から49歳までの女性(出産可能な年齢と考えた。)の年齢別出生率の合計。1人の女性が一生のうちに平均何人の子どもを産むかを表す。

□**児童虐待の防止等に関する法律**　平成12年に施行され，児童虐待を身体的な暴行，わいせつな行為，食事を与えない・世話をしないなどのネグレクト，心理的に傷つける言動の4つに定義し，早期発見による虐待児童の保護を目的とする。

実施問題

【1】保育について，次の問に答えよ。

問1　子どもの遊びについて，次の(1)，(2)に答えよ。

(1)　A～Dの子どもの遊びの種類について，遊びを始める年齢の低い順から並べ，記号で答えよ。

A　受容遊び　　B　ルール遊び(規則遊び)　　C　感覚遊び

D　構成遊び

(2)　模倣遊び(想像遊び)の例を一つ答えよ。

問2　図1は，新生児の頭部を示している。以下の(1)～(3)に答えよ。

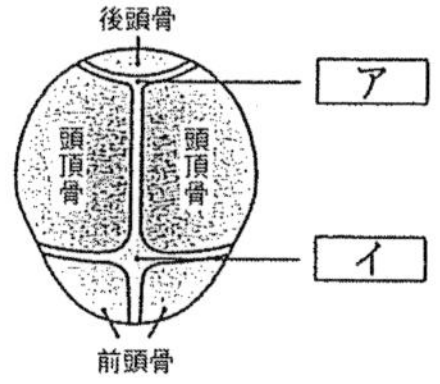

図1

(1)　［　ア　］の名称を答えよ。

(2)　［　イ　］は，いつ頃閉じるか，A～Dから一つ選び，記号で答えよ。

A　出生～生後1週間　　B　生後1週間～1か月

C　生後6か月～1年　　D　生後1年～1年6か月

(3)　頭蓋骨の［　ア　］，［　イ　］は何のためにあるか，説明せよ。

問3　図2は，児童虐待の種類と割合を示している。以下の(1)，(2)に答えよ。

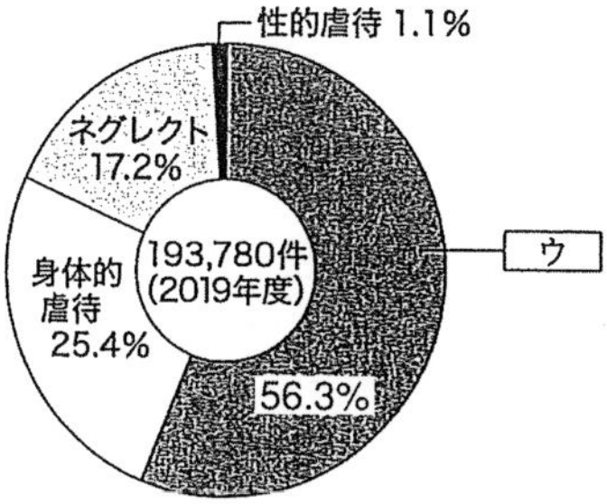

図2

(1) [ウ]にあてはまる語句を答えよ。

(2) ネグレクトとはどのような虐待か，簡潔に記せ。

2024年度 島根県 難易度

【2】乳幼児に関する文として最も適切なものを，①～④の中から一つ選びなさい。

① 特定の人との間に形成する，心理的に強い結びつきのことを愛着(アタッチメント)という。

② 食事，睡眠，排せつ，清潔，着脱衣といった日常生活の基本的な行動を社会的生活習慣という。

③ 1歳未満の乳児には，成長のために不可欠な栄養を摂取するためにはちみつを与えた方がよい。

④ 「令和元年人口動態統計(厚生労働省)」によると，1歳未満の乳児の死亡事故の原因は，交通事故が最も多い。

2024年度 三重県 難易度

【3】乳幼児期の特徴について，誤っているものを一つ選び，番号で答えよ。

1 乳児期とは生まれてから1歳頃までをいい，幼児期とは1歳頃から6歳頃の時期をいう。

2 乳幼児は，身長に対する頭の割合が大きく，バランスを取りにくいので，転びやすい。

3 乳幼児は，大人に比べて体温が高いため汗をかきやすく，こまめな着替えや水分補給が必要である。

4 乳幼児は，日々の生活の中で，自分を保護し守ってくれる特定の相手に対して，信頼感を形成する。

5 乳幼児は，幽門が未発達なため食べたものを吐きやすい。

2024年度 愛知県 難易度

【4】次のa～eの文が説明しているものとして最も適切な語句を，語群①～⓪の中からそれぞれ一つ選びなさい。

a 分娩後，母体が妊娠前の健康状態に回復するまでの6～8週間。

b　分娩後の数日間に分泌される母乳で，免疫物質が多く含まれている。

c　新生児の頭蓋骨にある隙間で，生後1年〜1年半で閉じる。

d　幼児が石ころなどの無生物にも自分と同じように心や命があると考えること。

e　乳児が発する「バーバー」「アーアー」「バブー」などの乳児期特有の言葉。

＜語群＞

① 大泉門　　　② 一語文　　　③ 初乳　　　④ 小泉門
⑤ 喃語　　　　⑥ アニミズム　⑦ 産褥期　　⑧ 化骨
⑨ 生理的早産　⓪ 乳汁

▎2024年度 ▎三重県 ▎難易度 ▇▇▇□□□

【5】次の(1)〜(4)に答えなさい。

(1)　次の①〜⑤は，遊びの種類について示したものである。発達順に並べたものとして適切なものを，以下のア〜エから1つ選び，その記号を書きなさい。

① 傍観遊び　　② 協同遊び　　③ 一人遊び　　④ 平行遊び
⑤ 合同遊び

ア　①→③→④→②→⑤　　　イ　①→③→⑤→④→②
ウ　③→①→④→⑤→②　　　エ　③→①→⑤→②→④

(2)　子どもの成長や豊かな遊びに欠かせない，玩具，絵本，マンガ，映画，童謡，ゲーム遊び，紙芝居，遊具などを何というか，書きなさい。

(3)　時代をこえて現代まで大切に伝えられ受け継がれてきた，あやとり，お手玉，コマ，羽根つきなどの遊びを何というか，書きなさい。

(4)　おもちゃの使用には，安全に遊ぶことへの注意が必要である。日本玩具協会の安全基準を満たすと確認された玩具に付けられるマークの名称を書きなさい。

▎2024年度 ▎青森県 ▎難易度 ▇▇□□□

【6】乳幼児の生活について，次の各問いに答えなさい。

(1) 乳幼児の体や運動機能の発達の方向性を，図に矢印で示しなさい。

(2) 2歳頃に多く見られる，「いや！」「だめ！」を繰り返したり，自分の思いが理解されないと泣いて叫んだりする時期を何というか，漢字6文字で答えなさい。

(3) 次の図は，子どもの安全対策のために活用するものである。その名称と使用目的を答えなさい。

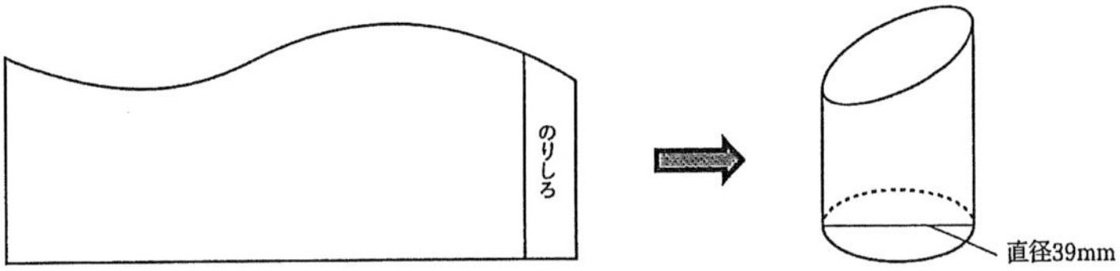

(4) 幼児に手作りの間食を与えたい。その「メニューを考える際」，「調理する際」，「与える際」の留意点を，それぞれ答えなさい。

(5) 育児・介護休業法の改正により，令和4年10月から施行となった2つの内容を答えなさい。

2024年度 | 京都府 | 難易度

【7】子どもの生活と保育について，次の問1～問3に答えなさい。

問1 子どもの生活習慣のうち，基本的生活習慣の組合せとして，最も適当なものを選びなさい。

ア 食事／挨拶／排泄

イ 食事／清潔／ルールを守る

ウ 清潔／挨拶／ルールを守る

エ 睡眠／挨拶／衣類を着脱する

オ 睡眠／清潔／衣類を着脱する

問2 次の①～③は，子どもの食生活について述べたものです。正誤の組合せとして，正しいものを選びなさい。

① 離乳とは，乳汁から幼児食へ移行する過程のことをいう。

② 幼児期は，運動量が多く新陳代謝が盛んで，胃の容量が小さいため，1日3回の食事以外に間食で栄養を補う必要がある。

③ 生後3か月頃から，乳汁だけでは必要な栄養素が満たせないため，離乳が必要となる。

	①	②	③
ア	正	正	誤
イ	正	誤	正
ウ	正	誤	誤
エ	誤	正	誤
オ	誤	誤	正

問3 子育てに関する社会通念や諸問題について正しく述べたものの組合せとして，最も適当なものを選びなさい。

① 3歳児神話とは，3歳までは母親の手で育てないと後々取り返しのつかないダメージを子どもに与えるという考え方のことである。

② 児童虐待の虐待者の内訳として，近年では実父による割合が最も多い。

③ 認定こども園は，少子化により園児の確保が困難になっている幼稚園と，待機児童の問題を抱えている保育所が一緒になることにより，両方の社会的問題を解決する一つの場となっている。

④ 女性は母性愛を本能として持っているという母性神話は，科学的根拠に基づいた考え方である。

ア ①②　　イ ①③　　ウ ②③　　エ ②④　　オ ③④

2024年度 ▌北海道・札幌市 ▌難易度

【8】子供の発達と保育について，次の各問いに答えなさい。

問1 次のア～カの粗大運動ができるようになる順番として正しいものを，以下の1～5のうちから1つ選びなさい。

ア 寝返り　　イ スキップ　　ウ 両足でジャンプ

エ はいはい　　オ 一人歩き　　カ 走る

1　ア　→　オ　→　エ　→　カ　→　ウ　→　イ
2　エ　→　ア　→　オ　→　ウ　→　イ　→　カ
3　ア　→　エ　→　カ　→　イ　→　ウ　→　オ
4　ア　→　エ　→　オ　→　カ　→　ウ　→　イ
5　エ　→　ア　→　イ　→　ウ　→　オ　→　カ

問2　育児介護休業法に関する記述として正しいものを，次の1～5のうちから1つ選びなさい。

1　育児休業は，原則1歳まで1年間だが，父母共に取得する場合は1歳6か月まで1年間取得可能である。
2　育児休業は，保育所に入れないなど一定の場合には最長3歳まで延長して取得可能である。
3　育児休業は，原則1歳までの期間内に2回まで分割して取得可能である。
4　出生時育児休業は，生後8週までの2週間，2回まで分割して取得可能である。
5　子の看護休暇は，子の数に関係なく，年10日取得可能である。

問3　子供と触れ合い活動をする前の生徒への指導内容として誤りを含むものを，次の1～5のうちから1つ選びなさい。

1　体調を整え，体調が少しでもすぐれない場合は先生に相談する。
2　長い髪は結ぶなど身だしなみを整え，学校名がわかるよう必ず制服で活動する。
3　子供は緊張や人見知りをしているかもしれないので，個々の子供に合わせて仲良くする。
4　見下ろされると子供は怖いと感じるかもしれないので，しゃがんで，子供の目線に合わせるようにする。
5　子供と話すときは，子供のペースに合わせて話し，子供の話はじっくり最後まで聞くようにする。

問4　文中の[　a　]～[　d　]にあてはまる語句の組合せとして正しいものを，以下の1～6のうちから1つ選びなさい。

児童福祉の理念は，1947年に制定された[　a　]や1951年に制定された[　b　]で明文化されている。[　b　]では，「児童は，人として，[　c　]の一員として，よい[　d　]の中で育てられる」という児童の基本的な権利を宣言し，子供の幸福な生活を保障する義務と責任が国民一人一人にあることをうたっている。

1　a：世界人権宣言　b：児童福祉法　c：社会　d：環境
2　a：世界人権宣言　b：児童憲章　c：国家　d：環境
3　a：児童福祉法　b：世界人権宣言　c：社会　d：家庭
4　a：児童福祉法　b：児童憲章　c：社会　d：環境
5　a：児童憲章　b：世界人権宣言　c：国家　d：社会
6　a：児童憲章　b：児童福祉法　c：国家　d：家庭

2024年度　宮城県・仙台市　難易度

【9】保育に関する次の各問に答えよ。

〔問1〕 次の図は，2021年における子どもの不慮の事故による死因をまとめたものである。図中のア～エには，窒息，溺死・溺水，転倒・転落・墜落，交通事故のいずれかが当てはまる。ア～エのうち，窒息に当てはまるものとして適切なものは，以下の1～4のうちのどれか。

図

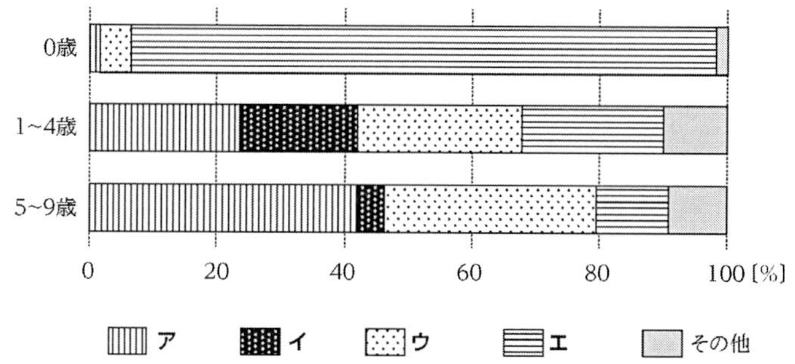

（厚生労働省「令和３年　人口動態統計」から作成）

1　ア　　2　イ　　3　ウ　　4　エ

〔問2〕 児童福祉法第7条に規定されている児童福祉施設として適切でないものは，次の1～4のうちのどれか。

1　保育所　　2　幼保連携型認定こども園　　3　幼稚園
4　乳児院

2024年度 東京都 難易度

【10】家族・家庭生活と共生社会について，次の(1)～(3)の問いに答えなさい。

(1) 文中の[　　]に当てはまる省庁名を書きなさい。

> 「こども基本法」を知っていますか？
> こどもや若者のみなさんは，一人ひとりがとても大切な存在です。
> みなさんが自分らしく幸せに成長でき，暮らせるように，
> 社会全体で支えていくことがとても重要です。
> こども基本法とは，こうした社会を目指して
> こどもや若者に関する取組を進めていく上で
> 基本になることを決めた法律です。
> 令和5年4月に，[　　]ができるのと同時に
> こども基本法も動き出します。
> 「こども基本法ってなに？やさしい版」より

(2) 子どもの成長と発達について述べた次の文を読み，①，②の問いに答えなさい。

> 生まれてから最初の4週間を$_{(A)}$<u>新生児期</u>，1歳までを乳児期，1歳から小学校就学前までを幼児期という。
> 乳児は，主に親など親密な人に生理的欲求を満たしてもらうことで満足感を得ることができ，やがて強い心理的な一体感が生まれる。この心のきずなを[　　]といい，生後6～7か月たってから形成される。この時期までに親と子のやりとりが十分に行われていることが大切であり，完成するまで3～4年かかる。

① 下線部(A)について，モロー反射や把握反射などのように，新生児期にみられ，脳の発達とともに自然に消失していく反射運動のことを何というか。その名称を書きなさい。

② 文中の[　　]に当てはまることばを，カタカナで書きなさい。

(3) 次の①，②の問いに答えなさい。

① 次の図の［ア］，［イ］に当てはまることばを，以下のa～dの中からそれぞれ1つ選び，その記号を書きなさい。

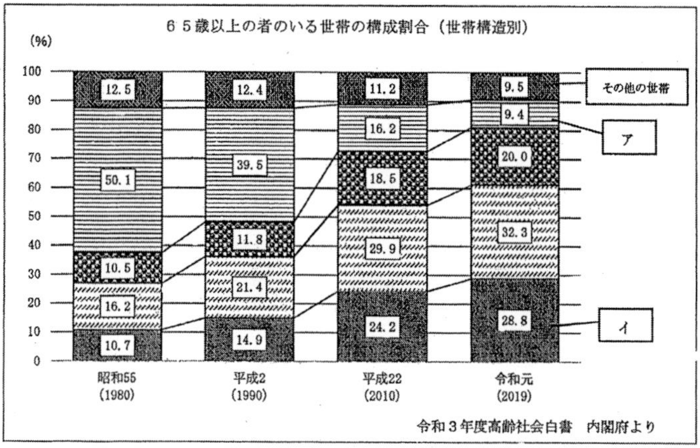

a　三世代世帯　　b　単独世帯　　c　夫婦のみの世帯

d　親と未婚の子のみの世帯

② 次の文の[　　]に当てはまることばを書きなさい。ただし，[　　]には同じことばが入る。

> 共生社会の基盤になるのが[　　]の考え方である。これは，障がいのある人もない人も区別なく，同じように生活を送ることがあたりまえであるという考えをいい，デンマークのN.E.バンクミケルセンが最初に提唱した。[　　]を具体的に推進するものとして，バリアフリーやユニバーサルデザインがある。

2024年度　福島県　難易度

【11】子供の発達と保育，福祉について，次の1～5の問いに答えなさい。

1　次の図は各臓器の発達曲線を示している。図中の①～④に当てはまる語句の組み合わせとして最も適切なものを，以下のa～eの中から一つ選びなさい。なお，一般系は身長・体重などの全身の外形計測値，呼吸器，消化器等を示す。

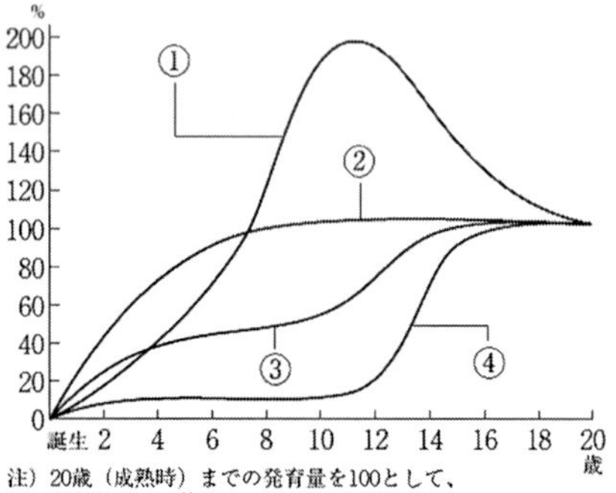

注）20歳（成熟時）までの発育量を100として，
各年齢までの値をその100分比で示してある。

選択肢	①	②	③	④
a	一般系	リンパ系	脳神経系	生殖器系
b	リンパ系	脳神経系	一般系	生殖器系
c	一般系	リンパ系	生殖器系	脳神経系
d	リンパ系	一般系	生殖器系	脳神経系
e	脳神経系	一般系	生殖器系	リンパ系

2　次の文の①～⑤のうち，子供の衣生活について述べた文として正しいものを○，誤っているものを×としたとき，最も適切な組み合わせを，以下のa～eの中から一つ選びなさい。

①　よく体を動かすため，適当なゆとりがあり，軽量の衣服がよい。

②　1歳頃になると自分で衣服の着脱ができるようになる。

③　子供は新陳代謝が悪いため，汗をかきにくく，体温調節機能が未発達である。

④　乳児の衣服は着脱させやすい，後ろあきの衣服が適している。

⑤　JISでは，子供の首回りにひもを付けないよう定めている。

選択肢	①	②	③	④	⑤
a	×	○	○	×	○
b	○	○	○	○	×
c	×	×	×	○	○
d	○	×	○	×	×
e	○	×	×	×	○

3　予防接種について，任意接種であるものを，次のa～eの中から一つ選びなさい。

a　おたふくかぜ　　b　はしか　　c　風疹　　d　水ぼうそう
e　BCG

4　次の□の中の文は，「こども基本法(令和5年4月施行)第3条　基本理念」の一部を抜粋したものである。文中の(　　)の①～④に当てはまる語句の組み合わせとして最も適切なものを，以下のa～eの中から一つ選びなさい。

> 一　全てのこどもについて，個人として尊重され，その(　①　)が保障されるとともに，差別的取扱いを受けることがないようにすること。
> <中略>
> 三　全てのこどもについて，その年齢及び発達の程度に応じて，自己に直接関係する全ての事項に関して意見を表明する機会及び多様な(　②　)機会が確保されること。
> <中略>
> 五　こどもの養育については，家庭を基本として行われ，父母その他の保護者が第一義的責任を有するとの認識の下，これらの者に対してこどもの養育に関し十分な支援を行うとともに，家庭での養育が困難なこどもにはできる限り家庭と同様の(　③　)を確保することにより，こどもが心身ともに健やかに育成されるようにすること。
> 六　家庭や子育てに夢を持ち，子育てに伴う喜びを実感できる(　④　)を整備すること。

選択肢	①	②	③	④
a	最善の利益	社会的活動に参画する	社会環境	家庭環境
b	基本的人権	教育を受ける	養育環境	社会環境
c	基本的人権	社会的活動に参画する	養育環境	社会環境
d	最善の利益	教育を受ける	社会環境	家庭環境
e	最善の利益	社会的活動に参画する	養育環境	家庭環境

5　従業員の子育て支援計画を策定・実施し，その成果が認定された企業の商品に付けるマークとして最も適切なものを，次のa～eの中

から一つ選びなさい。

a　　　　b　　　　c　　　　d　　　　e

KIDS DESIGN AWARD

‖ 2024年度 ‖ 茨城県 ‖ 難易度 ▨▨▨□□

【12】乳幼児の死亡事故について，次の(1)・(2)の各問いに答えなさい。

(1)　次のグラフを見て，乳幼児の死亡事故の原因であるAとBに適する語句を書きなさい。

乳幼児の死亡事故の原因

厚生労働省「平成22(2010)年人口動態統計」

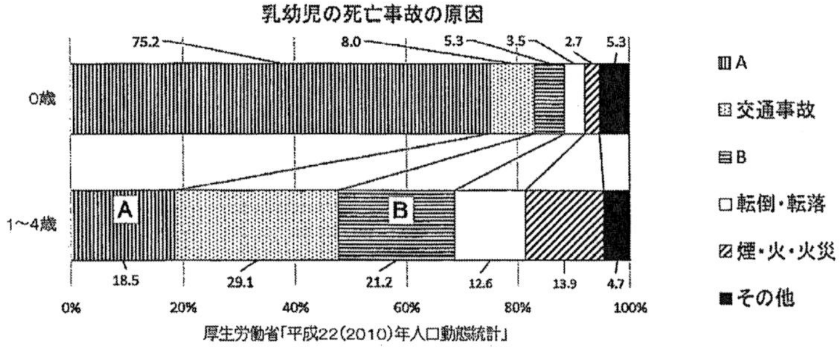

(2)　次の（　①　）・（　②　）に適する語句を書きなさい。

　　　厚生労働省によると，乳幼児突然死症候群で令和元年には78人の赤ちゃんが亡くなっている。原因は不明な点が多いが，（　①　）寝，両親の（　②　），人工乳の3つが発生に関係していると考えられている。

‖ 2024年度 ‖ 名古屋市 ‖ 難易度 ▨▨▨▨□

【13】乳幼児の保育や教育について，次の各問いに答えなさい。

(1)　令和5年4月に発足した内閣府の外局で，子どもに関することを一元的に取り扱う行政機関を答えなさい。

(2)　地域型保育のタイプを2つ答えなさい。

(3)　子どもの遊びの「3つの間(空間・仲間・時間)」が乏しくなることによって，子どもの発達にどのような影響を与えているか答えなさい。

(4)　「にらめっこ」や「かくれんぼ」など昔から受け継がれてきた遊びの総称を答えなさい。

(5) (4)の利点を答えなさい。

(6) 次の①～⑥の文は，子どもの感染症の種類と特徴を示している。最も適する感染症をア～クより選び，記号で答えなさい。

① 細菌が原因で発症し，のどの痛みや高熱，発疹があらわれる。かぜのような症状だが，舌に赤いブツブツができる(いちご舌)。

② 感染経路は飛沫・接触・空気である。せきや鼻水とともに高熱が出る。一度熱が下がってから発疹とともに再び熱が上がる。

③ 発熱と発疹が出る。発疹は全身に出るが，2～3日で消える。リンパ節の痛みもある。

④ 季節に関わらず発症し，主な発症年齢は0歳である。突然に高熱が出るが，かぜの症状はみられない。解熱時に発疹が出る。

⑤ 「プール熱」と呼ばれ，のどの痛みや目の充血，高熱などが続く。

⑥ けいれん性のせきが出る。乳児期早期から感染しやすく，生後6か月未満の乳児では死亡することもある。

ア ヘルパンギーナ　イ 麻疹　ウ 風疹
エ ロタウイルス　オ 百日ぜき　カ 咽頭結膜熱
キ 突発性発疹　ク 溶連菌感染症

2024年度 長野県 難易度■■■■■

【14】認知の発達段階についての文章を読み，以下の(1)～(3)の各問いに答えなさい。

> 1～2歳頃になると，子どもは，頭の中でイメージを使って考えることができるようになっていく。このように，イメージを使うので，a表象的知能の段階と呼ばれる。
>
> 4歳前までの子どもには，自分の立場でしか物事を考えられないという特徴がある。また，他人も自分と同じように考えると思ってしまう。これを(　①　)性という。しかし4歳頃になると，自分と他の人の考えていることが違うことを分かりはじめたり，他の子どもがさびしそうにしていると，「どうしたの」と共感して思いやることができるようになったりする。このようにしだいに(　①　)性は弱まっていく。

> 幼児は石や山などの無生物を含む全てのものが，自分と同じように魂を持っていると考え，たとえば太陽に当たっている石を見て「おひさまにあたっていい気持ちと言っているよ」と言ったり，ヘビの隣にある石を見て「ヘビさんが隣にいて，こわいと言っているよ」と言ったりする。このような幼児の原始的思考様式を(　②　)という。成長すると動くものだけに限られるようになり，さらに発達するとその対象は動物に限られるようになる。

(1) 下線部aについて，イメージをつくりあげる能力が増していくことで見られるようになる子どもの遊びとして，適するものをア〜カからすべて選び，その記号で答えよ。

　ア　積み木で家をつくる

　イ　ガラガラを振る

　ウ　ティッシュペーパーを箱から出す

　エ　お絵かきをする

　オ　2〜3名でままごとをする

　カ　ブロックを組み立てる

(2) 文中の(　①　)・(　②　)にあてはまる語句を答えよ。

(3) 子どもの発達段階を認知発達理論で分類したスイスの心理学者の名前を答えよ。

▎2024年度 ▎佐賀県 ▎難易度 ■■■□□

【15】家族や家庭生活について，次の各問いに答えよ。

1　次の文は，1951年5月5日に制定された児童憲章の前文の一部である。(　①　)〜(　③　)に当てはまる語句を書け。

> 児童は，(　①　)として尊ばれる。
>
> 児童は，(　②　)の一員として重んぜられる。
>
> 児童は，よい(　③　)の中で育てられる。

2　食事や排泄，睡眠，着脱衣，清潔など，生きていくうえで必要な，毎日繰り返し行われていることを何というか書け。

3　次の文中の(　①　)(　②　)に当てはまる数字を(ア)〜(オ)からそれ

ぞれ一つずつ選び，記号で答えよ。

6歳くらいの幼児の平均的な視野は，左右(　①　)度程度，上下(　②　)度程度とされている。

(ア)　150　　(イ)　120　　(ウ)　90　　(エ)　70　　(オ)　50

2024年度 岡山市 難易度

【16】次の文章を読み，各問いに答えよ。

共につくる家庭・社会の実現は，一人ひとりの家庭生活と職業生活の両立にかかわるものである。国は(a)仕事と生活の調和の実現を目指し，2007年には「仕事と生活の調和憲章」を策定したが，今後さらに，両立を支援する法律や制度，(b)育児支援などを充実させることなど解決すべき課題は多い。2015年から実施している「子ども・子育て支援新制度」では，(c)子どもを産み育てやすい社会の構築をめざし，子育て支援のさらなる充実を目指している。2020年に少子化社会対策大綱を策定し，目標として「希望出生率(　　)」の実現を掲げ，ライフステージに応じた少子化対策に取り組むこととしている。

1　文章中の(　　)に適する数値を次の(ア)～(ウ)から一つ選び，記号で答えよ。

(ア)　1.6　　(イ)　1.8　　(ウ)　2.0

2　下線部(a)の「仕事と生活の調和」と同じ内容を意味する言葉をカタカナで答えよ。

3　下線部(b)の一つとして，保育所に入所したくても入所できない児童がいるが，このような児童を何というか答えよ。

4　下線部(c)の一つとして，保育所と幼稚園の機能や特長をあわせもち，地域の子育て支援も行う施設を何というか答えよ。

5　下線部(c)に関して，次の(1)，(2)の取組を定めた法律の名称を答えよ。

(1)　産後8週間を経過しない女性を就業させてはならない

(2)　母子健康手帳の交付

2024年度 岡山県 難易度

【17】保育について，次の各問いに答えよ。

問1　乳児は，親などの特定の相手に対してほかの人とは違う特別な行動を示し始める。このように信頼感を基礎にした特定の相手への強い心の結びつきを何というか答えよ。

問2　次のグラフは，出生後の臓器別発育曲線である。グラフ中の①が示すものは何か，以下の中から1つ選び，記号で答えよ。

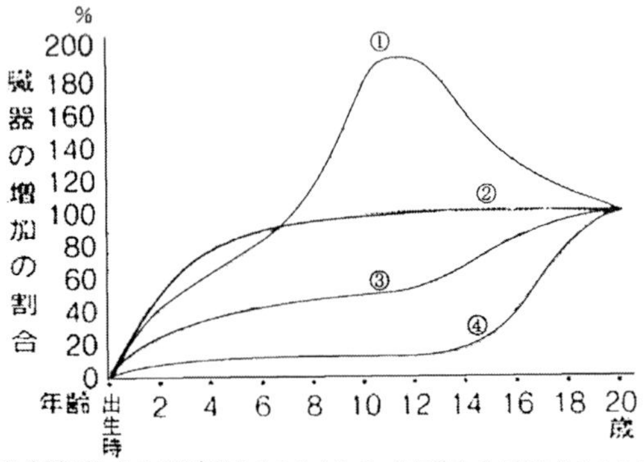

注：２０歳（成熟時）までの発育量を１００として、各年齢までの値をその１００分比で示してある。

（R．E．スキャモンによる）

ア　生殖臓器　　イ　一般的臓器　　ウ　リンパ系臓器

エ　神経系臓器

問3　2，3歳頃になると複雑な感情や行動の理由をまだ言葉でうまく説明できないために，かんしゃくを起こしたり，「いや」「だめ」を繰り返したりすることが多くなるが，この時期を何というか答えよ。

問4　次のグラフは乳幼児の死亡事故の原因の内訳を表している。A は何か，答えよ。

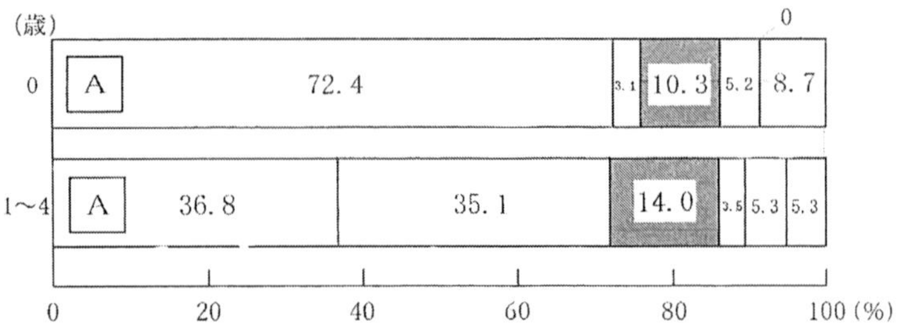

（厚生労働省「令和２（２０２０）年人口動態統計」）

問5　近年，子どもの遊びの3つの「間」が乏しくなっていることから，運動能力の低下や感情表現の減少，友だちと遊ぶことへの苦手意識の高まりなど，子どもの発達に影響を与えている。その3つの「間」とは，空間，仲間ともう1つは何か答えよ。

問6　児童福祉法の説明として最も適当なものを，次の中から1つ選び，記号で答えよ。

ア　児童虐待を発見した者に対して，福祉事務所や児童相談所への通告義務は定めていない。

イ　全ての児童の健全育成と福祉を保障するための総合的な法律。保護者，国，地方公共団体の児童の育成責任を明記している。

ウ　我が国の児童福祉の理念を表す。児童の基本的な権利を宣言し，日本国憲法の精神に基づいて，5月5日「子どもの日」に制定された。

エ　子どもが生存と発達を保障され，不当な取り扱いから保護され，自分らしく生きる基本的人権を実現するために，1989年の国連総会において採択された条約。

‖2024年度‖ 長崎県 ‖ 難易度■■■□□

【18】保育に関する次の問いに答えよ。

(1)　幼児の身長と体重の標準的な発達について説明した文の(ア)～(ウ)にあてはまる数値の適切な組合せを①～⑥から選び，番号で答えよ。

　　出生時の身長は約50cmであり，体重は約3kgである。1歳では身長は約(ア)倍となる。4歳では，出生時から身長は約(イ)倍，体重は約(ウ)倍となる。

	ア	イ	ウ
①	1.5	2	3
②	1.5	2	5
③	2	3	5
④	2	3	3
⑤	1.5	3	5
⑥	1.5	3	3

(2)　次の文は，市販の玩具に付いているマークの説明である。何のマークについて述べたものか。適切なものを①～⑤から選び，番号で答えよ。

> 形状や強度，燃えやすさ，有害物質などについて検査され，その基準を満たしたものに付けられている。日本で販売されている玩具のうち，約80%についている。

①	②	③	④	⑤
ST			SF	

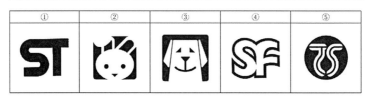

(3) 次の文にもっとも関係のあるものを①～⑤から選び，番号で答えよ。

> 児童は，人として尊ばれる。
> 児童は，社会の一員として重んぜられる。
> 児童は，よい環境の中で育てられる。

① 児童憲章　② 児童の権利に関する条約　③ 児童福祉法
④ ユニセフ　⑤ 子ども・子育て支援新制度

2024年度 | 神戸市 | 難易度

【19】次の文章を読み，以下の(1)～(4)の問いに答えなさい。

> ヤングケアラーの背景には，少子高齢化や核家族化の進展，共働き世帯の増加，家庭の経済状況の変化といったさまざまな要因がある。こうした中でヤングケアラーは，本当なら享受できたはずの「こどもとしての時間」を引き換えに，家事や家族の世話をして年齢や成長の度合いに見合わない重い責任や負担を負っている。ヤングケアラーが直面する問題として，学業や就職，友人関係への影響があげられる。
>
> 要保護児童対策地域協議会，子ども本人，学校を対象とした初めての全国規模の調査研究事業[a]「ヤングケアラーの実態に関する調査研究」において作成された報告書によると，世話をしている家族が「いる」と回答した子どもは，中学2年生で5.7%，

全日制高校2年生で4.1％という結果となった。
千葉県は，令和4年7月から8月にかけて，初めてヤングケアラーの県内実態調査を行った。調査結果では，世話をしている家族が「いる」と回答したのは，中学2年生で13.6％，高校2年生で10.5％という国の調査結果の2倍以上の高い数値だった。

(1) ヤングケアラーの説明として，適当でないものを次の①～⑤のうちから一つ選びなさい。

① 日常的に家族に代わり，幼いきょうだいの世話をしている18歳未満の子ども

② 日常的に目を離せない家族の見守りや声かけなどの気づかいをしている18歳未満の子ども

③ 日常的に日本語が第一言語でない家族や障がいのある家族のために通訳をしている18歳未満の子ども

④ 日常的に買い物・料理・掃除などの家事を，“手伝う”という程度を超えずに行っている18歳未満の子ども

⑤ 日常的に障がいや病気のある家族の入浴やトイレの介助をしている18歳未満の子ども

(2) 下線部aの調査結果として，最も適当なものを次の①～④のうちから一つ選びなさい。

① 世話をしていても自分のやりたいことへの影響は「特にない」と回答した子どもは約半数である。

② 世話をしている家族がいる子どものうち，「ヤングケアアラーだと自覚している」と回答した子どもは2割程度である。

③ ヤングケアラーについて「聞いたことはない」と回答した子どもは半数以下である。

④ 世話をしている家族がいる子どもが行う世話の頻度について，「ほぼ毎日」と回答した子どもは1割程度である。

(3) 子どもの権利条約のうち，ヤングケアラーと関係の深い子どもの権利として，適当でないものを次の①～⑤のうちから一つ選びなさい。

① 健康・医療への権利　　② 休み，遊ぶ権利

③　選択する権利　　　　　　　④　意見を表す権利

⑤　社会保障を受ける権利

(4)　千葉県教育委員会が作成したヤングケアラーの発見・把握に向けたチェックリストの項目として，適当でないものを次の①〜⑤のうちから一つ選びなさい。

①　学校に必要なものを用意してもらえない

②　不自然な外傷が見られる

③　学校を休みがちである

④　精神的な不安定さがある

⑤　部活を途中でやめてしまった

┃ 2024年度 ┃ 千葉県・千葉市 ┃ 難易度 ▨▨▨▨□□

【20】幼児期の身長や体重の標準的な発達について，(　　　)にあてはまる最も適切な組合せを一つ選び，番号で答えよ。

> 　身長は，1歳で生まれた時の約(　ア　)倍，体重は約(　イ　)倍になる。

1　ア−1.5　　イ−3　　　　2　ア−2　　イ−3

3　ア−1.5　　イ−2　　　　4　ア−2　　イ−2

5　ア−1.5　　イ−1.5　　　6　ア−2　　イ−1.5

┃ 2024年度 ┃ 愛知県 ┃ 難易度 ▨▨▨□□

【21】次の1から4の問いに答えよ。

1　次の文は，「児童福祉法」の一部である。(　①　)，(　②　)，(　③　)に適する語句を，以下のアからカのうちからそれぞれ一つずつ選び，記号で答えよ。

> 第1章　総則
> 　第1条　全て児童は，児童の(　①　)に関する条約の精神にのつとり，適切に養育されること，その生活を保障されること，愛され，保護されること，その心身の健やかな成長及び発達並びにその(　②　)が図られることその他の(　③　)を等しく保障される権利を有する。

ア　責任　　イ　権利　　ウ　育成　　エ　自立　　オ　福祉
カ　環境

2　文章中の(　①　)，(　②　)に適する語句を答えよ。

分娩後，妊娠や分娩によって変化したからだ，特に子宮が，妊娠していないときの状態に戻るまでの期間を(　①　)期という。これは，通常6～8週間くらいである。この時期は，ホルモンバランスの乱れや育児への不安，疲れから，心身が不安定になり，(　②　)や産後うつになりやすい。

3　次のマークの名称を答えよ。また，「電池を使うおもちゃ」にこのマークが表示されている場合，どのような工夫がされているか，簡潔に答えよ。

4　次の文章は，消費者庁から出ている「子どもを事故から守る！事故防止ハンドブック(令和4年3月)」の一部である。(　①　)，(　②　)，(　③　)に適する語句を答えよ。

遊具(すべり台，ジャングルジム，ブランコなど)からの転落(2歳以上)

[注意ポイント]

1. 施設や遊具の対象(　①　)を守って，遊ばせましょう。
2. 6歳以下の子どもは，大人が付き添い，(　②　)を離さないように注意しましょう。
3. ひもや(　③　)のない服装で遊ばせましょう。
4. かばんは置いて，水筒やマフラーなど引っかかる物は身に付けないで遊ばせましょう。
5. 遊具ごとの使い方を守らせ，ふざけてほかの子どもを突き飛ばさせないように教えましょう。

【22】子どもの福祉について，次の(1)～(3)に答えなさい。

(1) 子どもが生存と発達を保障され，不当な取り扱いから保護され，自分らしく生きる基本的人権を実現するために，1989年の国連総会にて採択された条約名を書きなさい。

(2) 次の図は，児童相談所での虐待相談の内容別件数の割合を示したものである。虐待相談の半数以上を占めているものを以下のア～エから1つ選び，その記号を書きなさい。

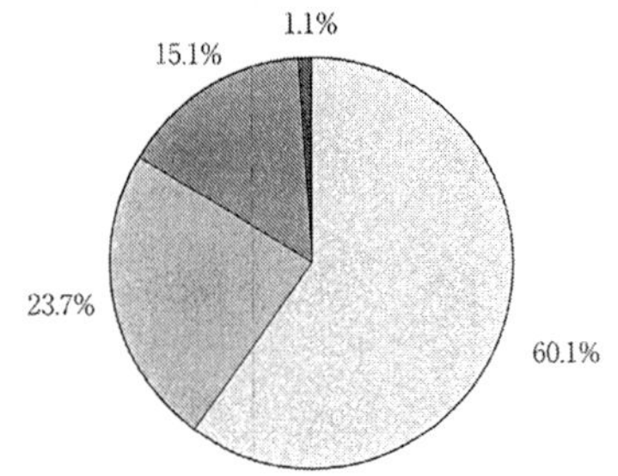

〔令和３年度　厚生労働省「児童相談所での虐待相談の内容別件数」より作成〕

図

ア　身体的虐待　　イ　性的虐待　　ウ　ネグレクト
エ　心理的虐待

(3) 全国共通の児童相談所虐待対応ダイヤルの番号を書きなさい。

■2024年度■青森県■難易度■■■□□

【23】次の文章を読み，以下の(1)～(5)の問いに答えなさい。

子どもの生活の中心は遊びである。子どもは遊びを通して学び，世界を広げながら心身共に成長していく。しかし，最近の子どもたちは，少子化，都市化，家庭用ゲーム機やインターネット，スマートフォンの普及によって，遊びづらい環境にあるといわれている。いわゆる$_{a}$<u>3つの間</u>の減少である。これにより，運動能力の低下や感情表現の減少，$_{b}$<u>友達と一緒に遊ぶ</u>のが苦手など，子どもの発達に影響を与えている。

(　ア　)は自然発生的に生まれ，年長児から年少児へ，大人から子どもへと受け継がれてきた遊びであり，遊びの面白さの秘密を持っている。(　ア　)の多くは既製の遊具を必要としない素朴な遊びであり，人間的な触れ合いがあり，集団で楽しむ遊びである。そこで，積極的に(　ア　)を残し，現代の子どもたちの遊びに取り入れていこうとする試みがなされている。

(1)　下線部aとして，適当なものを次の①～⑤のうちから三つ選びなさい。

①　仲間　　②　世間　　③　合間　　④　空間　　⑤　時間

(2)　下線部bについて，遊びを子どもの発達順に並び替えた組合せとして，最も適当なものを次の解答群から一つ選びなさい。

【解答群】

	おおよそ0－1歳から	おおよそ1－2歳から	おおよそ2－3歳から	おおよそ6歳から
①	ひとり遊び	平行遊び	傍観遊び	協同遊び
②	ひとり遊び	平行遊び	協同遊び	傍観遊び
③	ひとり遊び	傍観遊び	平行遊び	協同遊び
④	ひとり遊び	傍観遊び	協同遊び	平行遊び

(3)　文章中の(　ア　)について，最も適当なものを次の①～④のうちから一つ選びなさい。

①　感覚遊び　　②　運動遊び　　③　伝承遊び　　④　受容遊び

(4)　折り紙遊びについて，次の図Aの手順1～6までと同様の工程で作ることができるものとして，最も適当なものを以下の①～⑤のうちから一つ選びなさい。ただし，①～⑤の名称は「日本のおりがみ事典」(ナツメ社)に記載された名称とする。

【図A】　「やっこさん」の折り方

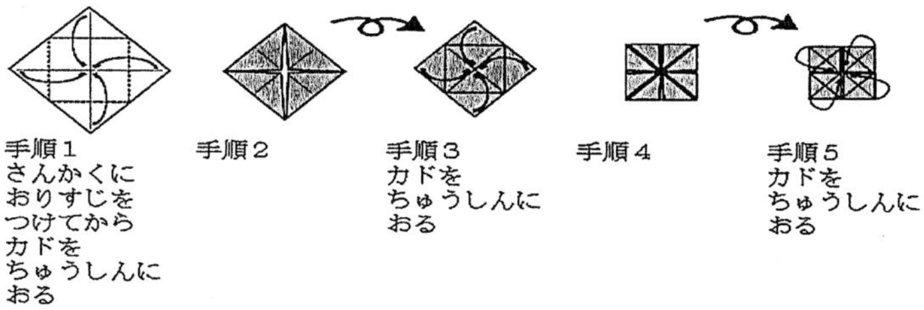
手順1
さんかくに
おりすじを
つけてから
カドを
ちゅうしんに
おる
手順2
手順3
カドを
ちゅうしんに
おる
手順4
手順5
カドを
ちゅうしんに
おる

手順６　　手順７ うちがわを ひろげて つぶすように おる　　手順８ ひとつのこして おなじにおる　　手順９

①　いす 　②　手裏剣 　③　つる 

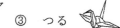

④　ピョンピョンがえる 　⑤　かめ 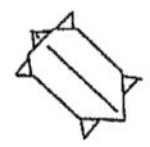

(5)　中学校・高等学校の家庭科では，幼児と触れ合い，かかわることを通して，保育への関心をもたせる学習を行っている。触れ合うときのポイントとして，適当でないものを次の①～⑤のうちから一つ選びなさい。

①　幼児と目の高さを同じにして，幼児に分かりやすく話し，幼児の話は遮らずに最後まで聞く。

②　年齢によっては，自分の気持ちをうまく表現できないことがあるので，幼児に寄り添い，何を伝えたいか理解する。

③　照れや緊張から，乱暴な態度をとる幼児や何も話さない幼児もいるので，その場合は幼児と距離を置くようにする。

④　ある程度は幼児の行為を受け入れることも必要だが，度が過ぎているようだったら，丁寧に話して聞かせる。

⑤　幼児の悪いお手本にならないよう，服装や身だしなみ，言葉遣いや行動には気をつける。

2024年度 ｜ 千葉県・千葉市 ｜ 難易度

【24】次のア～オは，乳幼児の身体の特徴についての記述である。その内容の正誤の組合せとして最も適切なものを，以下の①～⑥のうちから選びなさい。

ア　出生時の頭囲は，胸囲よりも小さい。

イ　乳歯は，生後6か月ころから生え始め，5歳ころまでには20本生えそろう。

ウ　大泉門は，生後1～1年半で閉じる。
エ　体重は，1歳で出生時の約3倍になる。
オ　胃の入り口(噴門部)は，しっかりと閉まらないため，食べた物を吐きやすい。

①　ア　正　イ　正　ウ　誤　エ　正　オ　誤
②　ア　正　イ　正　ウ　誤　エ　誤　オ　誤
③　ア　正　イ　誤　ウ　正　エ　誤　オ　誤
④　ア　誤　イ　正　ウ　誤　エ　正　オ　正
⑤　ア　誤　イ　誤　ウ　正　エ　正　オ　正
⑥　ア　誤　イ　誤　ウ　正　エ　誤　オ　正

▌2024年度 ▌神奈川県・横浜市・川崎市・相模原市 ▌難易度

【25】乳幼児について，次の(1)～(4)の各問いに答えよ。

(1)　次の□は，乳幼児期の運動機能及び情緒，言葉の平均的な発達の様子を述べたものである。ア～オの発達が表れる時期の早い順に並べよ。

ア　つかまり立ちをする。	イ　箸が使える。
ウ　あやすと声を出して笑う。	エ　支えなしに座る。
オ　「一語文」を話す。	

(2)　次の□は，ある3歳児の衣服についての説明である。以下の①，②の各問いに答えよ。

ア　上衣の前側に，幼児の大好きなアップリケがある。
イ　えりがない。
ウ　下衣は，サスペンダーのついた半ズボンである。
エ　しなやかさがあり，吸湿性・吸水性が高い繊維素材を用いている。

①　幼児の衣服は，心身の発達に合わせて選ばれる。ア～エについて，その衣服が適している理由を幼児期の発達の特徴と合わせて書け。

②　エに適した繊維名を1つ答えよ。また，その繊維の特徴(長所・短所)について書け。

(3) 世の中にあるすべてのものに命があるように思う，幼児期特有のものの捉え方がある。これを何というか答えよ。

(4) 集団保育のうち，児童福祉施設と学校教育機関の両方の性格を持ち，対象年齢が0歳～就学前の集団保育施設名を答えよ。また，令和5年4月1日段階で管轄している省庁をすべて答えよ。

▌2024年度 ▌奈良県 ▌難易度 ■■■■□

【26】次の(1)～(6)に答えよ。

(1) 表は，就学前の子どもの教育・保育の場の違いについてまとめたものである。(　①　)～(　③　)にあてはまることばを，それぞれ記せ。

表

教育・保育の場	内　容	管　轄	根拠法
保育所	就労等のため家庭で保育のできない保護者に代わって保育する施設	(　①　)	児童福祉法
幼稚園	小学校以降の教育の基礎をつくるための幼児期の教育を行う施設	文部科学省	(　②　)
認定こども園	教育・保育を一体的に行い，幼稚園と保育所の両方の機能を併せもつ施設	(　③　) ※	認定こども園法

※ 保育所と幼稚園の管轄省庁とも関わりがある。

(2) 認定こども園には，就学前の子どもに幼児教育・保育を提供する機能の他に，どのような機能があるか，簡潔に記せ。

(3) 表の教育・保育の場以外に，「子ども・子育て支援新制度」(平成27年4月スタート)で新たにできた，保育所(原則20人以上)より少人数の単位で0～2歳の子どもを保育する事業がある。この事業の名称を記せ。

(4)「子どもの権利条約」は，1989年に国際連合総会で採択された，子どもの人権に関する世界で最初の国際的な条約である。この条約では，大きく分けて4つの権利が示されているが，「参加する権利」以外の3つの権利を記せ。

(5) 次は1951年に制定された「児童憲章」の前文の一部である。文中の(　①　)～(　③　)にあてはまることばを，それぞれ記せ。

> 児童は，(　①　)として尊ばれる。
> 児童は，(　②　)の一員として重んぜられる。
> 児童は，よい(　③　)の中で育てられる。

(6) 子育てに関する「ネウボラ」という制度は，どこの国で発祥したか記せ。また，どのような制度か，簡潔に記せ。

2024年度 山梨県 難易度

【27】保育について，次の問いに答えなさい。

問1 1994年の国際人口会議において提唱された，「性と生殖に関する健康と権利」と訳される概念を何というか，カタカナで答えなさい。

問2 子どもを産んでから，産後の母体が回復するまでの6～8週間のことを何というか，答えなさい。

問3 「人見知り」が起こる理由について，簡潔に答えなさい。

問4 幼児期の間食の意義を答えなさい。

問5 子どもの健康と安全についての文章を読み，以下の問いに答えなさい。

子どもは生後5～6ヵ月を過ぎると，母親から受け継いだ(a)がなくなりはじめ，感染症にかかりやすくなる。子どもと病気は切り離せない関係にあるが，$_{b}$<u>病気の予防に努める</u>とともに重症化させないよう，$_{c}$<u>早期に異常を発見すること</u>が大切である。

(1) (a)に適する語句を答えなさい。

(2) 下線部bについて，法律で定められており，伝染病の予防やまん延防止のために養育者に課せられている努力義務は何か答えなさい。

(3) 下線部cについて，市町村が行っている乳幼児健康診査を定めている法律の名称を答えなさい。

(4) 乳幼児健康診査が義務化されている年齢は1歳6か月と何歳か，答えなさい。

(5) 乳児の死亡事故において，一番多い死因は何か，答えなさい。

問6 子どもの遊びについて，次の問いに答えなさい。

(1) おもちゃや遊具，絵本や紙芝居，歌や童話など，子どもの遊びを誘い出し，子どもの豊かな情操や想像力，健やかな発達を促すものの総称を何というか，答えなさい。

(2) 親から子，異年齢の子どもから子どもへと受け継がれてきた遊びの総称を何というか，答えなさい。

▌2024年度 ▌静岡県・静岡市・浜松市 ▌難易度 ■■■■□

【28】子どもの成長や発達，子育て支援などに関する次の各問いに答えなさい。

(1) 生まれたばかりの赤ちゃんは，寝ながらにっこり微笑むことがある。うれしいから笑うわけではなく，生まれながらに備わっている筋肉の動きだといわれる。このことを何というか答えなさい。

(2) 私たちがあたり前に感じている物事の現象を，子どもが同じように感じ，とらえているわけではない。3か月ころの乳児にみられるハンドリガードには，子ども特有の見方や感じ方が現れている。ハンドリガードとはどのような動作か答えなさい。

(3) 乳幼児の脊柱は，歩行が始まるにつれて，体重を支える必要からわん曲する。脊柱のわん曲は脳へどのような効果があるか答えなさい。

(4) 乳児は，胃の入り口の閉鎖が不完全なため吐きやすい。吐乳による窒息を防ぐために，授乳後どのように対応するとよいか答えなさい。

(5) 子どもの衣服の選び方について，適切でないものを次の①～⑤から一つ選び，記号で答えなさい。

① 洗濯にたえ，じょうぶで手入れがしやすいもの。

② 寒暖の変化に対応できるよう，フードやズボンのすそにひもがついているもの。

③ 吸湿性があるもの。夏は通気性，冬は保温性に富むもの。

④ 着脱が簡単で，時間がかからないもの。

⑤ 腹部を締め付けないもの。

(6) 子どもの遊びについて，最近の子どもは遊びづらい環境にあるといわれている。「五間」(仲間，空間，時間，手間，世間)の減少が引き金となり，遊ばない→運動経験が不足→運動嫌い→動かなくなる→動けなくなる，そして，遊ばない，に戻っていくという悪循環に陥っていく。このような状態を何というか答えなさい。

(7) オレンジリボン運動は，胸にオレンジリボンをつけることで，ある意思を示し，さらに多くの人々の関心と賛同を広げていく活動である。どのような意思を示すものか答えなさい。

(8) 配偶者の仕事が忙しいなど，何らかの理由のためひとりで家事・育児のほとんどをこなさなければならない状態のことを何というか答えなさい。

(9) 妊娠期から就学前まで子どもの成長・発達を切れ目なくサポートするのみならず，家族全体の心身のサポートも担うフィンランド発祥の子育て支援サービスを何というか答えなさい。

(10) アメリカやイギリスですでに導入されている，事故や虐待など，すべての子どもの死を専門家が検証し，どうすれば防げていたかを分析し，再発防止にいかす制度を何というか答えなさい。

2024年度 鳥取県 難易度

【29】発達と保育について，次の(1)～(4)の問いに答えよ。

(1) 次の文中の(　ア　)～(　ウ　)に当てはまる言葉の組合せとして最も適切なものを以下のA～Fから一つ選びその記号を書け。

> ブリッジスによる情緒の発達過程によると，恐れが見られるのは(　ア　)ごろ，興奮が見られるのは(　イ　)ごろ，快が見られるのは(　ウ　)ごろからである。

A	ア　6か月	イ　3か月	ウ　新生児
B	ア　6か月	イ　新生児	ウ　3か月
C	ア　3か月	イ　6か月	ウ　新生児
D	ア　3か月	イ　新生児	ウ　6か月
E	ア　新生児	イ　3か月	ウ　6か月
F	ア　新生児	イ　6か月	ウ　3か月

(2) 次の①，②の問いに答えよ。

① 次のア～エは，新生児期に見られる現象の説明である。説明が正しい場合に○，誤っている場合に×としたときの組合せとして最も適切なものを以下のA～Dから一つ選び，その記号を答えよ。

ア　新生児の体重は，出生後3～4日間で減少し，生後1週前後で出生時の体重に戻る。

イ　新生児の時期に，頭蓋骨にある大泉門にはすき間があるが，生後1か月で閉じる。

ウ　ビリルビン値が異常に高いと脳に障害が残る危険がある。

エ　生後2～3日経つと生理的黄疸が現れるが，1週間ほどで消える。

A　ア　○　　イ　×　　ウ　○　　エ　○

B　ア　○　　イ　×　　ウ　×　　エ　○

C　ア　×　　イ　○　　ウ　○　　エ　×

D　ア　×　　イ　×　　ウ　○　　エ　○

②　次のア～ウは，原始反射の説明である。説明が正しい場合に○，誤っている場合に×としたときの組合せとして最も適切なものを以下のA～Dから一つ選び，その記号を書け。

ア　吸啜反射は，口に乳首が触れると，唇と舌が協同して規則的に乳汁を吸う反射であり，生後1か月ごろに消失する。

イ　把握反射は，手のひらを，指等で圧迫すると強く握りしめる反射であり，生後3か月ごろに消失する。

ウ　バビンスキー反射は，あおむけで頭部を少し起こして，急に背屈させると，両腕・両手指をパッと広げる反射である。

A　ア　○　　イ　○　　ウ　○

B　ア　○　　イ　×　　ウ　×

C　ア　×　　イ　○　　ウ　×

D　ア　×　　イ　×　　ウ　○

(3)　次の①，②の問いに答えよ。

①　次の説明に当たる法律名として最も適切なものを以下のA～Dから一つ選び，その記号を書け。

18歳未満の子どもを育てるひとり親家庭などの家庭の養育者に手当を支給し，子どもの福祉増進を図る法律。2010年より父子家庭も受給可能になった。

A　児童扶養手当法

B　母子及び寡婦福祉法

C　特別児童扶養手当等の支給に関する法律

D　児童手当法

② 次の文中の(　ア　)，(　イ　)に当てはまる最も適切な言葉を以下のA～Dからそれぞれ一つずつ選び，その記号を書け。

> ○　2022年10月，(　ア　)が改正され，「産後パパ育休」制度が創設された。
>
> ○　(　イ　)は，平成24年8月に成立した「子ども・子育て支援法」，「認定こども園法の一部改正」，「子ども・子育て支援法及び認定こども園法の一部改正法の施行に伴う関係法律の整備等に関する法律」の子ども・子育て関連3法に基づくものである。

ア　A　児童福祉法

　　B　労働基準法

　　C　育児・介護休業法

　　D　男女共同参画社会基本法

イ　A　企業主導型保育事業

　　B　子ども・子育て支援新制度

　　C　仕事・子育て両立支援事業

　　D　新・放課後子ども総合プラン

(4)　次の図は，子どもの貧困率を示したものである。図中の(　ア　)～(　ウ　)に当てはまる国名の組合せとして最も適切なものを以下のA～Dから一つ選び，その記号を書け。

子どもの貧困率の国際比較

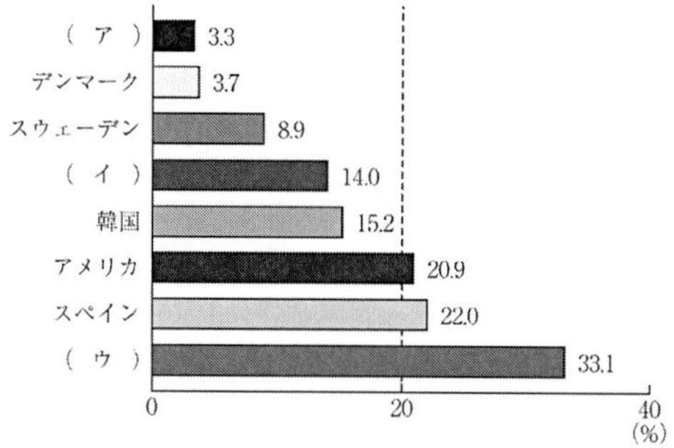

(注)　2016年の値(日本は2018年，中国は2011年)

OECD“Family Database”，厚生労働省「令和元(2019)年国民生活基礎調査」

A　ア　フィンランド　　イ　日本　　　　　ウ　中国
B　ア　中国　　　　　　イ　フィンランド　ウ　日本
C　ア　日本　　　　　　イ　フィンランド　ウ　中国
D　ア　フィンランド　　イ　中国　　　　　ウ　日本

■2024年度 ■愛媛県 ■難易度

【30】保育と共生社会について，次の問いに答えなさい。

1　(1)～(5)の教員と生徒の会話を読んで，文中の(　①　)～(　⑦　)に入る適切な語句や数字を，それぞれ書きなさい。ただし，同じ記号には同じ語句や数字が入る。

(1)
生徒A：子どもの児童虐待が疑われるときに，私たちは何かできることがありますか。
教　員：児童相談所全国共通ダイヤル(　①　)番が相談窓口なので，そこへ連絡しましょう。

(2)
生徒B：クラブ活動で(　②　)へ訪問したいのですが，そこは無償や低料金でご飯を提供するだけの施設ですか。
教　員：(　②　)は，食事を提供するだけでなく，子どもの居場所づくりにつながっています。兵庫県には「(　②　)」応援プロジェクトがあり，運営しようとする団体の支援も行っています。

(3)
生徒C：私は将来，(　③　)で働きたいと思っています。どのような資格が必要ですか。
教　員：幼保連携型(　③　)で働くには，保育士の資格と，(　④　)の資格を有していることが原則です。また，両方の資格を持っていると(　⑤　)教諭として勤務することができます。

(4)
生徒D：3歳の甥が次の図1のような絵を描いていて面白いなと思いました。
教　員：これは，幼児期に見られる特有の絵で，頭から直接手足が生えているので(　⑥　)と呼ばれています。

図1

(5)
生徒E：フィンランドの子育て支援について知りたいです。
教　員：フィンランドには，(　⑦　)という妊娠期から就学までの子どもの成長や発達を切れ目なく支援する拠点があります。

2　公的年金制度に関する以下の説明を読んで，文中の(　①　)～(　⑧　)に入る語句や数字として適切なものを，あとのア～スからそれぞれ選んで，その符号を書きなさい。

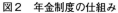

図2　年金制度の仕組み

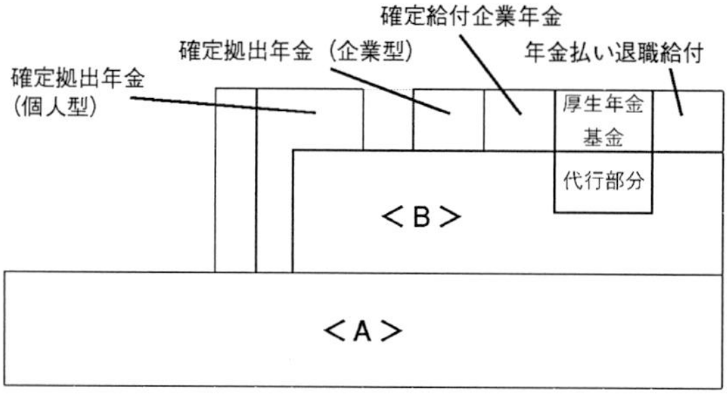

> 高齢期の生活費を支える制度として，公的年金制度が設けられている。
>
> 上の図2の＜ A ＞にあたる(　①　)は，日本に住んでいる(　②　)歳から(　③　)歳未満のすべての人が加入し，保険料を支払うことが義務付けられている。加入期間が(　④　)年以上になると老齢年金を受け取ることができる。また，＜ A ＞は障害年金や(　⑤　)としても受け取れる。上の図2の＜ B ＞は会社などに勤めている人が加入するもので(　⑥　)という。
>
> 被保険者の区分のうち，第3号被保険者は，「第(　⑦　)号被保険者の(　⑧　)」を指す。

ア	国民年金	イ	国民年金基金	ウ	遺族年金
エ	厚生年金	オ	1	カ	2
キ	10	ク	20	ケ	40
コ	60	サ	65	シ	扶養配偶者
ス	被扶養配偶者				

3　地域共生社会について，次の問いに答えなさい。

(1)　災害時の自助や互助に関する次の説明を読んで，文中の(　①　)～(　③　)に入る適切な語句を，それぞれ書きなさい。

> 自助としてできる災害用の食料の確保は，(　①　)法に基づいて行うことが推奨されている。乳児の主な食料は乳汁であるが，2018年8月に製造・販売が許可された乳児用

(②)は，水が不要なため，災害用の備蓄にすることもできる。
互助の1つにボランティア活動があるが，災害時にボランティア活動を希望する場合は，まず自治体に問い合わせてから活動するのがよい。被災地で求められている活動について情報を集められる公的機関は(③)である。

(2) 共生社会について，次の問いに答えなさい。
① 障害の有無，年齢，性別，人種等にかかわらず，多様な人々が使用しやすいような施設・設備・もの・しくみ・サービスを提供していこうとする考え方で製品をデザインすることを何というか書きなさい。
② 認知症に関する正しい知識を持って，認知症の人や家族に対する支援を行う人のうち，全国の自治体で実施する養成講座を受講することで認定された人のことを何というか書きなさい。
③ 東京2020オリンピックの競技種目を表すことで注目された，外国人や文字が読めない人にも情報を伝えられる絵文字・図記号を何というか書きなさい。

2024年度 兵庫県 難易度 ■■■■□

解答・解説

【1】問1 (1) C→A→D→B (2) ままごと 問2 (1) 小泉門 (2) D (3) 出産の際，この隙間を利用して骨を重ね合わせ，頭を小さくして狭い産道を通るため 問3 (1) 心理的虐待 (2) 著しい食事制限や長時間の放置

○**解説**○ 問1 (1) 受容遊びとは絵本を見たりお話を聞いたり，テレビを見たりという受身になって受け取る遊びで1歳ころから現れる。ルール遊び(規則遊び)とは役割分担を作ったりルールを持ってスポーツをしたり，ゲームなどで遊ぶもので4歳頃からみられる。感覚遊びと

はガラガラの音を聞いたり動きを見たりする，視覚や聴覚，触覚の感覚を働かせて遊ぶもので，生後1ヶ月頃から始まる。構成遊びとは積み木，絵をかく，ねんど細工，折り紙などいろいろなものを組み立てたり，作り出すことを楽しむもので2歳頃からみられる。ビューラー，ピアジェ，バーテンの遊びの分類と発達段階を理解しておくこと。

(2)　模倣遊び(想像遊び)とは子どもの周囲にある生活を真似ることによって楽しむもので，1歳半頃から見立て遊び，2歳頃で自分自身がお母さんやお父さんになったつもり遊び，3歳頃からままごと，お医者さんごっこ，お店やさんごっこなど，ごっこ遊びへと変化する。イメージ力の発達，言葉の発達，生活に必要な知識，知恵の体得，社会のルール，集団での役割について学び，社会性も身に付く。

問2　(1) 小泉門は後頭骨と左右の頭頂骨の隙間を指し，大きさは大泉門より小さく，生後2か月頃に閉じる。　(2)　イは大泉門で前頭骨と左右の頭頂骨の3cm程の隙間で，生後10カ月程経つと1.5cmから2cm程になり1歳から1歳半くらいで閉じる。　(3)　新生児の頭の骨同士の結合は緩く結びついている状態で，出産の際，この隙間を利用して狭い産道を通る。また，新生児の脳の重さは350～400g程度だが，生後8ヶ月頃には約2倍に成長するので頭蓋骨が脳の成長を妨げることがないよう大泉門がある。　問3　(1)　児童虐待とは，保護者がその監護する児童(18歳未満)に行うもので，殴る・蹴るなどの身体的虐待や，性的虐待，心理的虐待，ネグレクトも含まれる。児童虐待の防止等に関する法律(児童虐待防止法)が平成12年11月に施行された。児童虐待を発見した場合には児童相談所へ通告する努力義務がある。児童相談所虐待対応ダイヤル「189」(いち早く)や，虐待防止を訴える市民運動であるオレンジリボン運動などがある。　(2)　ネグレクトは保護の怠慢，拒否で具体的には家に閉じ込める，食事を与えない，ひどく不潔にする，自動車の中に放置する，重い病気になっても病院に連れて行かないなどである。

【2】①

○**解説**○　間違いのある選択肢について，②は「基本的生活習慣」の説明である。社会的生活習慣は，挨拶をする，公共の場のルールを守る，順番を守るなどである。③について，はちみつは1歳未満の乳児には与えてはいけない。はちみつは包装前に加熱処理をしないため，ボツリヌス菌が混入する恐れがある。④は，交通事故ではなく，窒息によるものが一番多い。年齢で事故の内容は変化するのでグラフを確認し理解しておくこと。1～4歳では「溺死・溺水」,「交通事故」,「窒息」などが多い。

【3】5

○**解説**○ 幽門ではなく，噴門が正しい。赤ちゃんの胃は，成人と比べて縦型で，胃の入り口(噴門部)の筋肉が弱く未発達のため吐乳，溢乳が起きやすい。授乳の後には背中を軽くたたいて空気を排泄させる。幽門は腸に続く胃の底部分の名称である。

【4】a ⑦　b ③　c ①　d ⑥　e ⑤

○**解説**○ いずれも乳幼児に関する基本的な語句なので，理解しておくこと。小泉門は生後2～3か月で閉じる。言語については，クーイング→喃語→一語文→二語文の段階を経て発達する。

【5】(1)　ウ　(2)　児童文化財　(3)　伝承遊び　(4)　STマーク

○**解説**○ (1)　③は，他の子どもと関わることはなく，自分の遊びに熱中し個々に遊ぶ状態で，0ヶ月～2歳ごろにみられる。①は，友だちが遊んでいる姿をただ眺めているだけの状態で，話しかけることはあるが，一緒に遊ぼうとすることはない状態で，2歳くらいから見られる。④は，皆で同じ遊びをするが，遊びが平行して展開するだけで子ども同士の関わりは見られないが，一緒に遊んでいるという感覚はある状態で，2～4歳くらいに見られる。⑤は，他の子どもと一緒に遊ぶが役割分担ははっきりしていないもので，3～4歳くらいに見られる。②は，役割分担が決まった遊びを友だちと一緒に楽しんでいる状態で，遊びの中にルールも存在し，4歳以上で見られる。遊びの分類はビューラー，ピアジェ，バーテンのものを学習しておくこと。　(2)　児童文化財は，無形のものと有形のものがある。　(3)　伝承遊びは素朴で人間的な触れ合いがあり，集団で楽しむこともできるものも多い。手先を細かく使うものもあるため脳の発達を促し，遊ぶ人数や場所などに応じて，臨機応変にルールを変えやすいものが多く創造力を育む。練習を重ねれば上達していくものが多く，楽しみながら集中力を伸ばす，身体全体を使う遊びも多く身体を鍛える，他人と接することで協調性やコミュニケーション能力の向上を育むなどの利点がある。
(4)　Safety Toyの頭文字である。STマークは玩具の安全基準で，機械的安全性，可燃安全性，化学的安全性からなっており，第三者検査機関によるST基準適合検査に合格したおもちゃに付けることができる。STマーク付の玩具が原因で発生した対人事故，対物事故には補償がある。うさぎマークと盲導犬マークも確認しておくこと。

【6】(1)

(2)　第一次反抗期　　(3)　名称…チャイルドマウス　　目的…チャイルドマウスは幼児の口から喉の奥までの大きさの目安となっており，身のまわりの物を入れて大きさを確認するために使う。これを通る大きさのものは誤飲する恐れがあるため，それを防ぐための確認に用いる。　　(4)　メニューを考える際の留意点…栄養面で3度の食事を補う働きがあるため，乳製品・野菜・いも・果物・ご飯などを使ったメニューにする。　　調理する際の留意点…過度な糖分や塩分を避け，濃い味付けにならないようにする。　　食べやすい大きさ・形にする。(手で持ちやすい，スプーンやフォークを使って自分で食べられるように)盛り付けも工夫し，飾り付けをするなど，見た目にも楽しめるものにする。　　与える際の留意点…温度に気を付ける。のどに詰まらせないよう水分と一緒に与える。　　(5)　・産後パパ育休(出生時育児休業)制度の創設　　・育児休業を分割で取得できるようになった
○解説○ (1)　乳幼児の体や運動機能の発達では，頭部から脚部への発達

の方向性と身体の中心部から周辺部への発達の方向性がみられる。発達の方向性についての問題は頻出である。順序性とともに学習しておくこと。　(2)　反抗期とは子どもが心身ともに成長し，自我が芽生えることでおこる発達のあらわれである。子どもは生涯を通して2回反抗期を迎えるとされており，2歳頃の第一次反抗期と，中学生頃の第二次反抗期がある。　(3)　3歳児の最大口径は39mm，乳児の最大口径は32mmである。この楕円に入るものは誤飲のおそれがある。トイレットペーパーの芯の大きさも目安となる。乳幼児の不慮の事故の原因の割合についてグラフなどで確認しておきたい。　(4)　幼児は，胃が小さく1度にたくさんの食べ物を摂取できないので，間食で栄養素を補う必要がある。1日のエネルギーの10～15％を目標にし，時間を決めて与える。量や時間に気をつけ，食事に響かないようにすること。幼児は運動量も多く，新陳代謝も盛んなので，水分補給のための飲み物も与えるようにする必要がある。　(5)　産後パパ育休制度は分割して2回の取得が可能である。産後パパ育休制度は最大で4週間取得することができる。

【7】問1　オ　　問2　ア　　問3　イ

○**解説**○ 問1　生活習慣には基本的生活習慣と社会的生活習慣がある。選択肢の「挨拶」「ルールを守る」は社会的生活習慣である。
問2　誤りのある③について，離乳食の開始は生後5～6か月頃である。首が座ってくる時期でもある。　問3　誤りのある項目について，②の虐待者で最も多いのは実母である。虐待の種類は，身体的虐待，ネグレクト，性的虐待，心理的虐待があり，1番多いのは心理的虐待である。④の母性神話は科学的根拠に基づいたものではない。

【8】問1　4　　問2　3　　問3　2　　問4　4

○**解説**○ 問1　粗大運動と微細運動について，発達の時期との関係を覚えておくこと。発達の方向性と順序性についての問題も頻出なので確認し，必ず覚えておくこと。　問2　誤りのある選択肢について，1は，1歳6か月ではなく，1歳2か月まで取得できる。2は最長3歳ではなく，2歳までである。4は育児休業制度とは別に，子の出生後8週間の期間内に4週間以内の休業を取得できる制度で，4週間を上限に，分割して2回まで取得できる。男性が使用する制度で「産後パパ休」と呼ばれている。5は，年10日ではなく，年5日(当該子が2人以上の場合は10日)が正しい。　問3　活動しやすい服装で参加するのがよい。
問4　児童福祉法の第一条にこの理念が明文化されている。児童憲章の児童の権利の宣言と，その後に続く12の項目は確認しておくこと。

【9】問1　4　　問2　3

○**解説**○ 問1　0歳児の死亡事故の原因1位は75％以上が窒息である。枕，やわらかい布団などは自分で体勢を変えたり払いのけることができないので注意が必要である。手に触れるものを口に入れようとするので，ボタン，ボタン電池などを飲み込んでしまい事故につながることがある。1～4歳になると活動が活発になり，交通事故と窒息が死亡原因の主なものになる。正答以外の選択肢について，アは交通事故，イは0歳児にはほとんどみられないので転倒・転落・墜落，ウは溺死・溺水である。　問2　児童福祉施設とは，子どものための保育・保護・養護を行う施設のことで，助産施設，乳児院，母子生活支援施設，保育所，幼保連携型認定こども園，児童厚生施設，児童養護施設，障害児入所施設，児童発達支援センター，児童心理治療施設，児童自立支援施設及び児童家庭支援センターがある。幼稚園は文部科学省管轄の学校教育施設である。

【10】(1)　こども家庭庁　　(2)　①　原始反射　　②　アタッチメント
(3)　①　ア　a　　イ　b　　②　ノーマライゼーション

○**解説**○ (1)　常にこどもの最善の利益を第一に考え，こどもに関する取組・政策を社会の真ん中に据えて(こどもまんなか社会)，こどもの視点で，こどもを取り巻くあらゆる環境を視野に入れ，こどもの権利を保障し，こどもを誰一人取り残さず，健やかな成長を社会全体で後押しするための司令塔として，こども家庭庁が創設された。こども基本法は，こども施策を社会全体で総合的かつ強力に推進していくための包括的な基本法として，令和4年6月に成立し，令和5年4月に施行された。概要を確認しておくこと。　(2)　①　原始反射は他にも，口唇への刺激により，吸てつ運動を行う吸てつ反射や，体を支えて足を床につけて前進させると両足を交互に屈曲伸展させる歩行反射などがある。確認しておくこと。 ② 精神科医のジョン・ボウルビィが提唱した理論である。 (3) ① このグラフは確認しておくこと。三世代世帯は激減している。その下はd，さらにその下は1番割合の多いcである。単独世帯は近年増加傾向である。 ② ノーマライゼーションは，障がい者や高齢者といった社会的な弱者を特別視せずに，誰もが社会の一員であるといった捉え方をするものである。

【11】1 b　2 e　3 a　4 c　5 d

○**解説**○ 1 図はスキャモンの発達曲線である。問題としても頻出で，また各器官の発達の特徴をよくあらわしたものなので，必ず理解しておくこと。パーセンタイル成長曲線についても学習しておきたい。

2 誤りのある選択肢について，②の1歳頃はようやく一人歩きができる頃で，衣服の着脱が自分でできるようになるのは2～3歳頃である。③について，子供は新陳代謝が活発で汗をかきやすい。体温調節機能が未発達なので，大人が服の調節をしてあげることが必要である。④について，着脱させやすい前あきの服が望ましい。また⑤にある子供服の安全基準JIS L4129について学習しておくこと。 3 子供の予防接種に関する問題は頻出である。定期接種と任意接種のものを整理して覚えておくこと。 4 令和4年に，こども家庭庁設置法によりこども家庭庁が設置された。概要と事業内容を確認しておくこと。こども基本法の目的と，基本理念は6項目あるので，設問であげられている1，3，5，6以外のものについても確認しておくこと。 5 問題文に該当するのは，「子育てサポート企業」として厚生労働大臣の認定を受けた証の「くるみんマーク」である。正答以外の選択肢aは「マタニティマーク」，bは聴覚障害者でも遊べる共遊玩具につけられる「うさぎマーク」，cは，子供や子供の産み育てに配慮したすべての製品・サービス・空間・活動・研究を対象とした，キッズデザイン賞を受賞した作品につけられる「キッズデザインマーク」，eは日本玩具協会の注意マークで，保護者が子供のそばにいて見守りながら遊ぶ必要のあるものにつける「おとなといっしょマーク」である。

【12】(1) A 窒息 B 溺死 (2) ① うつぶせ ② 喫煙

○解説○ (1) 乳幼児の死亡事故の原因についての問いは頻出である。グラフを確認しておくこと。生後すぐの赤ちゃんは寝具やうつぶせ寝による窒息死が多く，生後5ヵ月くらいになると「物をつかんで口に入れる」行動が見られるようになり，異物を口に入れた場合の窒息が多くなってくる。1歳以上になると，動くことができるようになり，さらに誤飲の種類も増えてくる。 (2) 突然死症候群(SIDS)は，何の予兆や既往歴もないまま睡眠中に死亡してしまう病気である。

【13】(1) こども家庭庁 (2) 居宅訪問型保育，事業所内保育 (3) 運動能力の低下 (4) 伝承遊び (5) 集団で楽しむことができる (6) ① ク ② イ ③ ウ ④ キ ⑤ カ ⑥ オ

○解説○ (1) 2022(令和4)年に「こども家庭庁設置法」と「こども基本法」が成立し，2023(令和5)年に「こども家庭庁」が発足した。子どもに関する政策や支援は内閣府，文部科学省，厚生労働省など複数の省庁にまたがり，担当部署や子どもの年齢で分断されがちであった。児童虐待，少子化，貧困など早急な政策支援，社会基盤の整備が求められる。 (2) 地域型保育事業は，解答の他に「小規模保育事業」「家庭的保育事業」がある。保育施設の種類と管轄，対象児など整理して覚えること。 (3) 運動能力の低下や体力低下だけでなく，仲間とのコミュニケーション不足による感情表現の減少，社会性を身につける機会の減少など心身の発達に影響がある。 (4) 伝承遊びにはままごと，わらべ歌，絵かき歌，けん玉，折り紙，ビー玉などがある。 (5) 他には，手先を細かく使う遊びでは脳の発達を促す。遊ぶ人数や場所などに応じて，臨機応変にルールを変えやすいものが多く創造力を育む。練習を重ねれば上達していくものが多く，楽しみながら集中力を伸ばせる。身体全体を使う遊びも多く身体が鍛えられる。多人数で遊べるものでは協調性やコミュニケーション能力の向上を育むなどがある。 (6) 正答以外の選択肢について，アは咽頭に小水疱，小潰瘍を伴うウイルス性の疾患で，夏場にかけて流行する。高熱や咽頭痛で発症し，乳児では哺乳力の低下やよだれが増え，幼児では嚥下困難，頭

痛などを伴う。エは，嘔吐下痢症をおこす感染症で，非常に感染力が強い。

【14】(1)　ア，エ，オ，カ　　(2)　①　自己中心　　②　アニミズム
(3)　ピアジェ

○**解説**○ (1)　目の前になくても頭の中でイメージを作ることができることでできる遊びである。イとウは実際にあるものを使って遊ぶので表象的知能を使った遊びとはいえない。　(2)　自己中心性とミニミズム的思考は，子どもの発達に関する問題で頻出事項なので，説明できるように学習しておきたい。　(3)　認知発達理論では，認知力の成長を，感覚運動期，前操作期，具体的操作期，形式的操作期の4つの段階に分けて考えている。詳細を確認し，理解を深めておくこと。

【15】1　①　人　　②　社会　　③　環境　　2　基本的生活習慣
3　①　(ウ)　　②　(エ)

○**解説**○ 1　児童憲章の制定日は，子どもの日として祝日になっている。児童憲章は前文と12の条文からなる。　2　生活習慣には，基本的生活習慣と，挨拶をする，交通ルールを守るなど，社会生活を営む上で必要な社会的生活習慣がある。　3　大人は左右150度，上下120度である。子どもは視野が大人に比べて狭いので，転びやすかったり，ものに衝突したりする危険が大きい。視力は大人と同じである。

【16】1　(イ)　　2　ワーク・ライフ・バランス　　3　待機児童
4　認定こども園　　5　(1)　労働基準法　　(2)　母子保健法

○**解説**○ 1「少子化社会対策大綱」制度発足の2020年度の合計特殊出生率は1.33である。現実の出生率は減少の一途をたどっており，2023年度は1.26である。　2「ワーク・ライフ・バランス」について，潜在的に性別役割分業意識があり，男性の家事労働への参加意識も低く，男性の家事・育児に関わる時間が短い。このことは「ジェンダーギャップ」指数が先進国の中でも低い位置にあることでもわかる。　3　令和4年の待機児童数は2944人で4年連続最少となっている。5年間で約9分の1になった。　4　保育施設の種類と内容，管轄と対象年齢を

整理して覚えること。頻出問題である。 5 (1) 労働基準法の産前6週間，産後8週間の休業。労働基準法では，妊婦に対して，有害業務の就業制限や深夜業，時間外労働，休日労働の制限。生後1歳未満の子育て中の女性には1日2回，30分の育児時間を保証している。 (2) 母子保健法は，母子健康手帳交付の他，妊娠中の女性と乳幼児の健康診査の実施，妊娠・出産・育児に関する保健指導の実施(母親と父親に対して)が定められている。

【17】問1 アタッチメント(愛着) 問2 ウ 問3 第一反抗期(第1反抗期) 問4 窒息 問5 時間 問6 イ

○**解説**○ 問1 愛着の形成は，子どもの人間に対する基本的信頼感をはぐくみ，その後の心の発達，人間関係に大きく影響する。乳幼児期に愛着に基づいた人間関係が存在することが，その後の子どもの社会性の発達に重要な役割を持つ。 問2 このグラフはスキャモンの発育曲線で，生まれてから成人(20歳)するまでのそれぞれの器官の成長時期をあらわしたものである。アは④，イは③，ウは①，エは②である。このグラフは問題として頻出なので必ず理解しておくこと。

問3 自我が芽生えて自立心が生まれ，自分一人でやってみたいという欲求が出てくる一方で，うまくできないイライラから，大人に反抗的な態度をとることが増えるのが第一反抗期の特徴とされている。個人差があるが，自己主張と自己抑制のバランスが取れるようになる3歳頃まで続くといわれている。 問4 0歳児の死亡事故の原因1位は窒息である。枕，やわらかい布団，ボタン，ボタン電池などが原因となる。手に触れるものを口に入れようとするので手の届く範囲に物を置かないことなどが対策の1つになる。1～4歳になると活動が活発になり，交通事故と窒息が死亡原因の主なものになる。 問5 遊ぶ「時間」を確保し，思い切って体を動かして遊べる「空間」で，「仲間」と遊べる環境を意識的に整えることができれば，子どもの心身の成長を助長するといわれている。 問6 児童福祉法とは，18歳未満の児童の福祉，権利を保障し，国民の責任を定めた法律である。児童の権利に関する条約(子どもの権利条約)の精神に基づき，子どもの権利を守るための義務を保護者だけでなく国民全体，国と地方自治体にも課している。全文を確認しておきたい。選択肢のウは児童憲章，エは児童の権利に関する条約(子どもの権利条約)の説明である。

【18】(1) ② (2) ① (3) ①

○**解説**○ (1) 乳幼児の発達について，成長曲線も確認し学習しておくこと。発達の方向性についても確認しておくこと。 (2) ①はSafety Toyマークである。②はうさぎマークで，耳の不自由な子どもも楽しめるよう配慮が施された玩具に表示されている。③は盲導犬マークで，目の不自由な子供も楽しめるよう配慮が施された玩具に表示されている。④はSFマークであり，日本煙火協会が行う検査に合格した国内を流通する国産・輸入品のおもちゃ花火に付けられる。⑤はTSマークであり，自転車安全整備士が点検した自転車に付けられる。 (3) 児童憲章は，日本国憲法の精神にしたがい，児童に対する正しい観念を確立し，すべての児童の幸福をはかるために定められている。この3つの基本綱領と12条の本文で構成されている。

【19】(1) ④ (2) ① (3) ③ (4) ②

○**解説**○ (1) こども家庭庁によりヤングケアラーについて10項目の説明がされているのでHPなどで確認しておくこと。 (2) この調査結果の概要は必ず確認し理解しておくこと。正答以外の選択肢について，②は2割でなく約2%，③は8割を超えており，④は3～6割である。 (3) 第1部第1条の条文の見出しでどのような権利があるのか確認しておくこと。①は第24条，②は第31条，④は第12条，⑤は第26条である。 (4) ②は児童虐待のチェック内容である。千葉県教育委員会の資料を確認しておくこと。

【20】1

○**解説**○ 出生時は身長約50cm，体重は約3kg。1歳になると身長は1.5倍の75cm，体重は約3倍の9kgとなる。

【21】1 ① イ ② エ ③ オ 2 ① 産じょく ② マタニティー・ブルーズ 3 名称…盲導犬マーク 工夫…スイッチ

の状態が触覚で分かるようにする工夫。　4　①　年齢　②　目
③　フード

○**解説**○ 1　児童福祉法とは，18歳未満の児童の福祉・権利を保障し，国民の責任を定めた法律であり，福祉六法のひとつである。児童の権利に関する条約(子どもの権利条約)の精神に基づき，子どもの権利を守るための義務を保護者だけでなく国民全体，国と地方自治体にも課している。児童福祉法は児童相談所や保育全般，障がい児支援，養子縁組(里親)についても定めている。　2　マタニティー・ブルーズは，産じょく期に見られる軽度の抑うつ症状や涙もろさを主な症状とする一過性の現象または症候群である。産後3～5日頃に症状が現れやすく，産後2週間が経過する頃には自然と改善していくのが一般的で，約3割の女性が経験するといわれている。症状が重症化すると産後うつ病に移行することがある。　3　盲導犬マークは共遊玩具マークの一つで視覚障害に配慮したおもちゃにつけられている。聴覚障害者に配慮したうさぎマークもある。共遊玩具は，障害の有無にかかわらず，楽しく遊べるよう配慮が施された玩具で，目の不自由な人たちは，手で触ったり耳で音を聞いたりして，確かめて遊ぶため，手触りや音等への工夫が「配慮点」になる。　4　消費者庁から出されている本資料には，窒息・誤飲事故，水まわりの事故，やけど事故，転落・転倒事故，自動車・自転車関連の事故，挟む・切る・その他の事故，もしもの時の「応急手当方法」の項目について，注意事項などが説明されている。子ども服のひもに起因する事故を防ぐため，2015年に，子ども服のひもの安全基準に関する「JIS　L4129（よいふく）」が制定された。強制力はないが，関連業者にとって指針となっている。

【22】(1)　児童の権利に関する条約(子どもの権利条約)　(2)　エ
(3)　189

○**解説**○ (1)　日本は1994年に批准し，差別の禁止・生命，生存及び発達に対する権利・子どもの最善の利益・子どもの意見の尊重の4つの原則は「こども基本法」(2023年4月施行)にも取り入れられている。子どもの権利条約は前文と54条からなり，1～40条に生きる権利や成長する権利，暴力から守られる権利，教育を受ける権利，遊ぶ権利，参加

する権利など，世界のどこで生まれても子どもたちがもっている様々な権利が定められている。また，難民や少数民族の子ども，障がいのある子どもなど，特に配慮が必要な子どもの権利についても書かれている。全文を確認しておきたい。　(2)　児童虐待で最も多いのは心理的虐待で，以下は身体的虐待，ネグレクト，性的虐待の順である。心理的虐待には，言葉による脅し，無視，きょうだい間での差別的扱い，子どもの目の前で家族に対して暴力をふるう，きょうだいに虐待行為を行うなどが該当する。　(3)　「児童虐待の防止等に関する法律」(児童虐待防止法)が2000年11月に施行され，児童虐待を発見した場合には児童相談所へ通告する義務がある。

【23】(1)　①，④，⑤　　(2)　③　　(3)　③　　(4)　①　　(5)　③

○**解説**○　(1)　3つの間は頻出事項である。空き地の減少や犯罪の多発で子どもたちがのびのびと遊べる空間が戸外に減った。習い事や塾などで子どもたちの自由な時間がないこと，また予定があわないので一緒に遊ぶ仲間が少ないことなど，子どもたちを取り巻く環境は変化している。　(2)　遊びの分類についての問題は頻出である。ビューラー，バーテンの分類を理解しておきたい。　(3)　伝承遊びには，おにごっこ，だるまさんがころんだ，ハンカチ落とし，あやとり，けん玉，おはじき，竹馬などがある。　(4)　それぞれの折り紙の折り方を確認しておきたい。　(5)　照れや緊張をほぐせるように工夫することが大切である。高齢者へのかかわり方の注意点もまとめておきたい。

【24】⑤

○**解説**○　出生時は頭囲が胸囲より少し大きく，33cmほどである。1歳くらいでほぼ同じになる。乳歯が生えそろうのは3歳半頃である。体重，身長，頭囲，胸囲の成長曲線を確認し変化や数値を理解しておくこと。

【25】(1)　ウ→エ→ア→オ→イ　　(2)　①　ア　衣服の着脱が一人で出来るようになる頃なので，幼児が衣服の前後をわかりやすくするとともに，自分で着ようとする意欲につながるから。　　イ　幼児は体に対しての頭の割合が大きいため，着脱がしやすいから。　　ウ　幼児

は腹式呼吸が中心のため，腹部を締め付けない方がよいから。
エ　幼児は新陳代謝が活発で汗をかきやすいので，衣服の繊維素材が汗を吸水・吸湿することで皮膚を清潔に保ちやすくなるから。
②　繊維名…綿　　長所…肌触りがよい，熱・アルカリに強い，ぬれても弱くならない　　短所…乾きにくい，しわになりやすい，ぬれると縮みやすい，伸びにくい　(3)　アニミズム　(4)　施設名…認定こども園　　管轄…こども家庭庁，文部科学省

○**解説**○ (1)　乳幼児の発達の特徴である「頭部から下部へ，中心部から末端へ」を考えるとよい。選択肢の中で「あやすと声を出して笑う」が最初，「箸が使える」が最後である。「支えなしに座る」は，首が座った証拠であり，背骨カーブ(S字カーブ)ができつつある証拠でもある。S字カーブができたことで「つかまり立ち」ができるようになる。一語文を話す時期は1歳頃である。喃語を発するようになってから言葉の発達の時期についても学習しておくこと。　(2)　①　アについて，2～3歳頃は，服の着脱の練習時期である。前・後ろの区別がつくような工夫が必要である。イは，幼児は新陳代謝が活発なので，汗の蒸発にえりの存在は邪魔である。また，えりが汗をかいたあごや首にあたりかゆくなったり，かぶれたりすることも多い。ウについて，幼児期の前半の体型はお腹が膨らんでいる。お腹を圧迫しないような服の工夫からサスペンダー付きの半ズボンが適している。エについて，吸湿性・吸水性の優れた天然繊維が適している。　②　綿の中でも柔らかいガーゼ素材は，特に新生児の肌着に適している。短所として，吸湿性・吸水性が高いためにそのまま放置していると体が冷えるので頻繁な衣類交換が必要である。　(3)　アニミズムは3～5歳にみられる。頻出事項なので覚えておくこと。　(4)　所管について，認定保育園は，「内閣府・文部科学省・厚生労働省」だったが，子ども家庭庁が令和5年(2023年)4月1日に創設されたことから，こども園の管轄は「子ども家庭庁・文部科学省」，保育園は「こども家庭庁」と変更された。

【26】(1)　①　厚生労働省　　②　　学校教育法　　③　内閣府
(2)　地域における子育て支援を行う機能(すべての子育て家庭を対象に，子育て不安に対応した相談活動や，親子の集いの場の提供などを

行う機能)　(3)　地域型保育　(4)　生きる権利，育つ権利，守られる権利　(5)　①　人　②　社会　③　環境　(6)　国名…フィンランド　説明…妊娠期から就学前まで，同じ担当者が継続的に子どもだけでなく，家族全体をサポートする制度。

○**解説**○ (1)　保育所・幼稚園・認定こども園では職員に必要な資格もそれぞれ異なり，保育所の職員は保育士資格・幼稚園の職員は幼稚園教諭免許・認定こども園では幼稚園教諭免許と保育士資格の両方を保有する保育教諭が必要となるが，経過措置として，幼稚園教諭も保育士も在籍できる状態が取られている。注意すべき点として，2023(令和5)年4月1日のこども家庭庁発足に伴い，保育所(保育園)と認定こども園等のみこども家庭庁に移管となり，幼稚園については引き続き文部科学省の管轄となっている。次年度は①と③の解答も変わってくるので気をつけたい。　(2)　認定こども園は，保護者が働いている，いないにかかわらず受け入れ，教育と保育両方の機能を備える施設であり，タイプ別に「幼保連携型」「幼稚園型」「保育所型」「地方裁量型」の4種に分類されている。　(3)　地域型保育事業は，2015(平成27)年子ども・子育て支援新制度が始まり，それにより市町村が取り組んでいる認可保育事業で「小規模保育事業」「家庭的保育事業」「事業所内保育事業」「居宅訪問型保育事業」の4つに分類される。　(4)　子どもの権利条約(児童の権利に関する条約)について，日本は1994年に批准し，差別の禁止・生命，生存及び発達に対する権利・子どもの最善の利益・子どもの意見の尊重の4つの原則は「こども基本法」(2023年4月施行)にも取り入れられている。子どもの権利条約は前文と54条からなり，第1条～第40条に生きる権利や成長する権利，暴力から守られる権利，教育を受ける権利，遊ぶ権利，参加する権利など，世界のどこで生まれても子どもたちがもっている様々な権利が定められている。また，難民や少数民族の子ども，障がいのある子どもなど，特に配慮が必要な子どもの権利についても示されている。　(5)　児童憲章は制定の趣旨を述べた前文，設問の基礎になる3原則を示した総則，12か条の本文からなっている。この憲章制定後，国連では1959年「児童の権利宣言」，1989年「子どもの権利に関する条約」が採択され，日本は1994年に批准した。　(6)　フィンランドのネウボラの事業を参考に，すべての妊産婦，子育て期の家族にワンストップで切れ目のないサポートを提供し，育児不安や虐待を予防することを目的として，2016年の母子保健法の改正により，2017年4月から「子育て世代包括支援センター」の設置が全国の市区町村の努力義務となった。山梨県では甲斐市版ネウボラ推進プロジェクト，北杜市にネウボラ推進課が開設されている。

【27】問1　リプロダクティブヘルス/ライツ　　問2　産褥(期)
問3　保育者と子の間にアタッチメント(愛着)が形成され，保育者との情緒的なつながりができたため。　　問4　1日3回の食事では摂取しきれない栄養を補給すること。　　問5　(1)　(先天性)免疫　　(2)　予防接種　　(3)　母子保健(法)　　(4)　3(歳)　　(5)　窒息
問6　(1)　児童文化財　　(2)　伝承(遊び)

○**解説**○ 問1　リプロダクティブヘルスは，健康に関して身体的，精神的，社会的に完全に良好な状態(＝ウェルビーイング)であることを求めている。リプロダクティブライツは，子どもを産むかどうか，人数，出産間隔や時期などについて，責任をもって自由に決定できる権利のこと。　問2　産褥期は，拡張していた骨盤が閉じ始め，ホルモンバランスがゆっくりと妊娠前の状態に戻りはじめる時期。この時期は，体調が不安定になりやすく，精神的にも負担がかかりやすい。易怒性，気分変動，不安，集中力の低下，睡眠障害(過眠または不眠)などマタニティーブルーといわれる状態にもなりやすい。　問3　自分への働きかけや応答が多い人には愛着を感じ，認知する能力ができたため，見知らぬ人に対しては警戒心や恐怖心を抱いて泣いてしまったりする。4～8ヵ月頃からみられる。　問4　甘みの強いものは避け，おにぎりやいも，乳製品，果物などをうまく組み合わせるとよい。
問5　(1)　生後6ヵ月から，幼児自身の免疫力が発達を始める1歳過ぎまでは，免疫力が一番低下する時期である。　(2)　公費で負担される定期予防接種と希望者が自費で行う任意予防接種がある。それぞれの種類を整理して覚えておきたい。　(3)　母子保健法は出産前の妊婦検診，母子手帳交付，新生児訪問事業，健康診査(1歳半・3歳児)などの事業を定めている。　(4)　1歳6ヵ月健診は，体の発達の診察に加えて，

知的発達，社会性・行動発達の観点でも確認する。3歳児検診では基本的な生活習慣や社会性が身についているかも確認する。 (5) 乳児の窒息は，寝具類による窒息や，吐乳による窒息など。1歳以上になると，誤飲・誤食による窒息によることが多い。 問6 (1) 児童文化財は有形のものと無形のものがある。 (2) 伝承遊びは，けん玉，コマ回し，鬼ごっこ，縄跳び，かくれんぼ，おはじき，お手玉などがある。年齢や人数に合わせて自分たちで工夫してアレンジできることや，練習することで上達していくなど，子どもの心と体の発達を促すものである。

【28】(1) 生理的微笑 (2) あお向けの状態で自分の握った手をじっと見つめる動作 (3) 脳への衝撃を弱める効果 (4) 空気を吐かせてから寝かせる (5) ② (6) 滞育症候群 (7) 児童虐待防止 (8) ワンオペ育児 (9) ネウボラ (10) チャイルドデスレビュー

○**解説**○ (1) 生理的微笑とは生まれながらに備わっている単なる筋肉の動きであるのに対して，社会的微笑は，赤ちゃんが意識して反応した微笑みのことである。 (2) ハンドリガードとは，ハンド(手)をリガード(regard)じっと見ることである。ハンドリガードは赤ちゃんが自分の手を道具として使う最初の行為であり，発達のサインと考えられている。 (3) 新生児の脊柱はS字カーブを描いておらず全体的に丸く後ろにカーブしており，これを一次わん曲という。首が座ると，首の前わんが現れ，これを二次わん曲という。さらに歩行ができるようになると腰の前湾が現れ，S字を描いたカーブになる。人の脳は重いため，S字に湾曲していることでバランスよく立ち上がることができ，脳を衝撃から守ることもできる。 (4) 授乳後には赤ちゃんを縦に抱えて，背中をやさしく叩くなどして乳と一緒に飲み込んでしまった空気を吐かせるとよい。 (5) フードやズボンのすそにひもがついていると，遊具で遊んでいる際に引っかかってしまい，転倒したり，窒息してしまったりする危険性があるため，子どもの衣服には不向きである。JIS L4129で子ども服の安全基準が設けられた。 (6) 滞育とは育まれることが滞ることである。五間の減少，つまり，少子化による仲間の減少，遊ぶ場所が限られ，遊ぶ空間の減少，塾や習い事などによる遊ぶ時間の減少などにより子どもの体力が低下し，運動能力の発達に停滞が生じている。　(7)　オレンジリボン運動は2005年から全国で始まった。子どもの虐待をなくすことを呼びかける市民運動であり，虐待のない社会を築くことを目指している。　(8)　ワンオペとは，ワンオペレーションの略であり，一人で作業することである。ブラック企業のワンオペ労働が，母親たちの家事育児などの労働とそっくりなことから，2015年ごろからワンオペ育児という言葉がネットを中心に広まり始めた。　(9)　ネウボラとは，助言の場という意味である。各家庭に専属の保健師が付き，妊娠期から就学前までの健康診断・相談支援を行う子育て支援の拠点である。日本では，妊産婦や乳幼児らの支援機関や制度は多いが，それぞれで対応することが多く，必要な支援が届いていない状況も見られることから，日本版ネウボラが導入された。　(10)　チャイルドデスレビュー(Child Death Review)とは英語で子どもの死因究明である。子どもが死亡した時に，複数の機関や専門家(医療機関，警察，消防，行政関係者等)が，子どもの既往歴や家族背景，死に至る直接の経緯等に関する様々な情報を基に死因調査を行うことにより，効果的な予防対策を導き出し予防可能な子どもの死亡を減らすことを目的としている。

【29】(1)　B　(2)　①　A　②　C　(3)　①　A　②　ア　C　イ　B　(4)　A

○**解説**○ (1)　ブリッジスは2歳頃までに，感情の分化がおこり，発達していくと考えた。興奮，快，不快，怒り，嫌悪，おそれ，愛情，得意，喜び，嫉妬，希望，羞恥などの分化の段階を確認しておきたい。

(2)　①　大泉門が閉じるのは1～1歳半くらいである。　②　誤りのある選択肢について，アは生後1か月ではなく，生後6か月頃。ウの説明に該当するのはモロー反射である。バビンスキー反射は，足の裏の外側を強くこすると足の親指が甲の方に反る脊髄反射で，生後3か月には消失する。原始反射は覚えておくこと。　(3)　①　児童扶養手当法と特別児童扶養手当等の支給に関する法律の違いを理解する。児童扶養手当は一人親のために設定されているもの，特別児童扶養手当等の支給に関する法律で定められているのは子どもが障害者の場合の扶養手当である。　②　2022年4月から育児・介護休業法の法改正が行われ，最も注目されるのは産後パパ育休(出生時育児休業)の新設である。父親が通常の育児休業とは別に，子どもの出生時に取得できる育児休業である。子ども・子育て支援に関する法律と，施設とその内容と対象者，管轄を整理して覚えること。　(4)　この統計は確認しておくこと。日本の場合は約7人に1人が貧困状態にある。ヤングケアラーについての問題も頻出なので学習しておくこと。

【30】1　①　189　②　こども食堂　③　認定こども園　④　幼稚園教諭　⑤　保育　⑥　頭足人　⑦　ネウボラ　2　①　ア　②　ク　③　コ　④　キ　⑤　ウ　⑥　エ　⑦　カ　⑧　ス　3　(1)　①　ローリングストック　②　液体ミルク　③　被災市町村　(2)　①　ユニバーサルデザイン　②　認知症サポーター　③　ピクトグラム

○**解説**○　1　189(いちはやく)にかけると近くの児童相談所につながる。子ども食堂はNPOの団体が行っていることが多い。日本でも，約7人に1人の子どもが貧困状態にあると言われており，子どもの貧困についての問題やヤングケアラーについての問題は頻出なので確認しておくこと。子どもに関わる施設については，管轄，保育者，対象年齢など整理して覚えておくこと。頭足人は3～4歳頃ないし5歳頃までのお絵描きに見られる，全世界に見られる子どもの絵の特徴である。ネウボラは子どもだけでなく家族全体の心身のサポートも担う。　2　年金制度についての問題は頻出である。この仕組みの図は覚えておくこと。国民年金は10年以上支払うことで，65歳以上になれば生涯年金を受け取ることができる。遺族年金とは国民年金または厚生年金保険の被保険者が死亡した場合に遺族が受け取ることができる年金である。国民年金を10年以上支払うことで生涯年金を受け取れることになったのは2017年8月以降で，それまでは25年間以上支払っていなければ生涯年金は受け取ることができなかった。　3　(1)　①　ローリングストックの利点は，普段食べ慣れている食品のため，調理や味付けもスムーズにでき，好みのものをストックするため，災害時もいつも食べているものを安心して食べることができることである。また，賞味期限が切れる心配が少ない。　②　液体ミルクは，食品衛生法の省令に液体ミルクの規格基準が定められていなかったため，日本での流通がなかった。常温保存(25℃以下)ができるが，粉ミルクと異なり，飲み残しは廃棄することが望ましい。　③　被災地のボランティア活動の窓口は市町村役所内の社会福祉協議会になることが多い。

(2)　①　他にも，共生社会に関する用語として，障害の有無に関わらず平等に生活する社会を実現する考え方であるノーマライゼーション，障害の有無や年齢，性別，人種などに関わらず多様な人々が暮らす社会を表すソーシャルインクルージョン，多様な人々の集まりであるダイバーシティ等の用語も覚えておくこと。　②　認知症サポーターは，認知症の応援者であることの意思表示としてオレンジリングのリストバンドを身につけている。　③　文字を使わなくても見て直感的に情報を伝えられる視覚記号で，どんな条件下で誰が見ても，一目で理解できる記号である。

高齢・福祉

要点整理

高齢化社会とサービス

我が国では，65歳以上の人口の比率が1994年には14％を超え高齢社会に，2007年には21％を超え超高齢社会となった。ノーマライゼーションとは，高齢者や障害を持つ人が出来る限り普通の社会生活を営むことができるという理念であり，今日の社会福祉のあり方は，これを目指している。そのために，在宅生活の継続，社会への参加と貢献などを実現しようとしている。在宅サービスには次のようなものがある。

・訪問サービス：訪問介護，訪問看護など
・日帰り通所サービス：デイサービスセンター，老人保健施設など
・短期入所サービス：特別養護老人ホーム，老人保健施設など
・その他のサービス：痴呆性老人のグループホーム，福祉用具の貸与・購入費の支給など

関連用語のまとめ

□**高齢社会**　65歳以上の人口比率が14％を超えた社会

□**ノーマライゼーション**　障害のある人や高齢者が，家庭や地域で，通常の社会生活を営むことができるという，福祉の理念

□**グループホーム**　自活はできるが住宅の確保が困難な障害者を対象にアパートなどを借り上げ，住宅を提供するとともに，食事の提供，相談その他の援助を行い，共同生活を通じて社会復帰を促進する施設で，精神障害者グループホームや高齢者グループホームなどもある。

□**バリアフリー**　建物の障壁，障害を取り除くこと。段差をなくした建物など，高齢者や障害者に配慮した構造にする。

□**バリアフリー新法**　正式には「高齢者，障害者等の移動等の円滑化の促進に関する法律」といい，2006年6月に公布された(12月施行)。これまでも，建築物や公共交通機関などにおいて着実にバリアフリー化が進められてきたが，施設ごとに基準が異なるため連続的なバリアフリー化が図られていなかったことや，ソフト面での対策(心のバリアフリー)が不十分などの課題があった。そこで，総合的・一体的なバリアフリ

ー化を推進するため，いわゆる「交通バリアフリー法」と「ハートビル法」を統合・拡充したバリアフリー新法が施行された。

□**ユニバーサルデザイン**　はじめからバリアがない社会を目指すデザイン。高齢者や障害者を対象にしたバリアフリーの考え方を一歩進め，誰にでも使いやすい製品をつくろうという考え方に基づく。

□**QOL**　Quality of Lifeの略。生活の質の意味。特に終末期医療についてはQOLの向上を目的とした医療が行われる。また，介護の利用者が自分自身の残存機能を活用し，その状況にあった生活動作の方法を身につけることによりQOLがはかれるようにする。

□**ADL**　Activities of Daily Livingの略。食事，排泄，着脱衣，移動動作など日常生活を送るための基本的動作のことをいう。退化する機能も，福祉用具を用いて補助できたり，訓練により回復する可能性もある。

□**ゴールドプラン**　高齢者保健福祉推進10か年戦略として1989年に策定され，1999年からスタートし，活力ある高齢者像の構築，高齢者の自立支援，介護家族の支援などを掲げたプラン。

□**新ゴールドプラン**　高齢化が当初の予想よりも進んだため，1994年に全面的改定がなされたものが新ゴールドプラン(新・高齢者保健福祉推進10か年戦略)である。2000年4月の介護保険制度の導入で生じる新たな需要に対応するため，新ゴールドプランの柱は在宅介護の充実に重点を置き，ヘルパー数17万人の確保，訪問看護ステーションを5,000か所設置するなどを目標とした。

□**ゴールドプラン21**　1999年の新ゴールドプランが終了後，新たに策定されたのがゴールドプラン21(今後5か年間の高齢者保健福祉施策の方向)である。ゴールドプラン21は，「活力ある高齢者像の構築」「高齢者の尊厳の確保と自立支援」「支え合う地域社会の形成」「利用者から信頼される介護サービスの確立」のように，介護サービスの基盤整備と生活支援対策などが位置付けられ，グループホームの整備を具体的な施策として掲げている。

□**介護保険制度**　要介護高齢者の増加や介護期間の長期化など介護ニーズが増大する一方，核家族化の進行や介護する家族の高齢化など家族をめぐる状況も変化したため，高齢者の介護を社会全体で支え合う仕組みとして介護保険が創設された。

実施問題

【1】高齢者の心身の特徴について述べた文として誤っているものを，次の(1)～(4)の中から1つ選びなさい。

(1) 結晶性知能とは，新しい環境に適応するために新しい情報を獲得し，問題を解決していく能力のことで，加齢とともに低下する。

(2) フレイルとは，要介護状態に至る前段階として位置づけられるが，身体的脆弱性のみならず精神的・社会的脆弱性などの多面的な問題を抱えやすく，健康障害を招きやすいハイリスク状態を意味する。

(3) エイジズムとは，高齢者を「頑固」，「虚弱」，「自己中心的」，「保守的」といったイメージだけでとらえる偏見や差別のことである。

(4) 認知症とは，単なる物忘れとは異なり，後天的な脳の病気により知的機能が全般的・持続的に低下し，日常生活に支障を生じる状態のことである。

2024年度 埼玉県・さいたま市 難易度

【2】次の文は，介助するときのポイントをまとめたものです。文中の(①)・(②)に適する語句を以下のア～キの中から選び，記号を書きなさい。

・ 介助者の負担を減らすには，足と足の間隔を前後左右に広げ，体重を支える(①)を広くする。

・ 車いすで下り坂を進むときは，介助者は進行方向の安全を確認して，(②)になってゆっくり下りる。

ア 重心　イ 面積　ウ 前向き　エ 横向き
オ グリップ　カ 水平　キ 後ろ向き

2024年度 名古屋市 難易度

【3】介護保険について，誤っているものを一つ選び，番号で答えよ。

1 日本に住所を持つ40歳以上の人は全て加入し，月々保険料を支払う。

2 介護サービスを利用したい場合は，住んでいる市区町村に申請し，要介護認定を受ける。

3　介護保険の自己負担は，対象者全員が0.5割である。
4　要介護度の判定は，「要支援1～2」「要介護1～5」の7段階である。

2024年度 愛知県 難易度

【4】次の文章は，生徒が文化祭の企画について進捗状況を報告した内容である。以下の問に答えよ。

先生：家庭科学習の実践報告テーマ「サツマ高校から発信する①SDGs」について，班ごとに進捗状況を報告してください。
X：私たちは高齢者居住施設の現状について調べたところ，社会福祉法人設立と(　A　)設立のものがあることが分かりました。施設内には様々な②絵表示があったので，さらに調べてみようと思います。
Y：私たちは，③男女共同参画社会について調べて，④ワーク・ライフ・バランスのとれた社会の実現を生徒目線で分析・提案してみようか，という話をしています。
Z：私たちは市内の⑤子育て支援に力を入れている企業を調べて，ポスターセッションをする予定です。
先生：引き続き，調査研究をがんばってくださいね。

問1　空欄Aは，営利を目的としない社会活動を行う組織のことである。名称を答えよ。
問2　下線部①について，空欄B，Cに適する数字を答えよ。

国連サミットで(　B　)年に採択された。持続可能な17の開発目標であり，(　C　)年に向けて，世界中の国々が協力して挑戦する大きな取組である。

問3　下線部②について，図1のように，ユニバーサルデザインの一つとして現在広く普及している絵表示の総称を答えよ。

図1

問4　下線部③について，2015年9月より施行された女性が個性と能力を十分に発揮できるようにするために，地方公共団体や民間事業主に基本方針の策定を義務付けた法律の名称を答えよ。

問5　下線部④に関連して，図2，3のグラフから読みとれる仕事と生活の両立における問題点について，簡潔に述べよ。

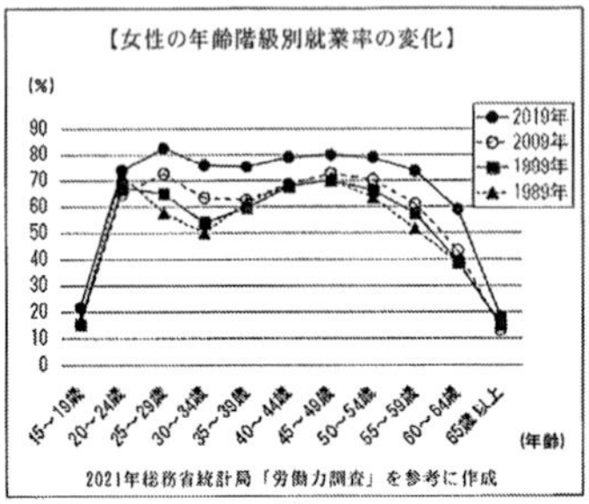

図2

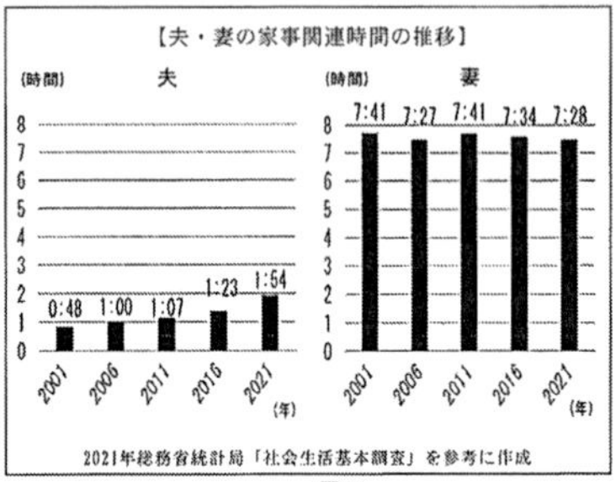

図3

問6　家事労働のような，報酬を伴わない労働のことを何というか，答えよ。

問7　下線部⑤について，各問に答えよ。

(1)　2005年4月より施行されている労働者の仕事と子育てに関する「一般事業主行動計画」を策定することを定めた法律をア～エから選び，記号で答えよ。

ア　児童福祉法　　　　　　　　イ　労働安全衛生法

ウ　次世代育成支援対策推進法　エ　男女雇用機会均等法

(2)　図4は子育てサポート企業として厚生労働大臣の認定を受けた証である。このマークの名称を答えよ。

図4

問8　育児休業，介護休業等育児又は家族介護を行う労働者の福祉に関する法律(育児・介護休業法)に新たに創設され，2022年10月より施行されている「出生時育児休業(産後パパ育休)」について，誤った説明をしているものをオ～クから二つ選び，記号で答えよ。

オ　休業の申出期限については，原則，休業の6週間前までとする。
カ　分割して取得できる回数は，2回とする。
キ　子の出生後8週間以内に4週間まで取得可能である。
ク　産後パパ育休を取得した場合，育児休業制度は取得できない。

2024年度 ｜ 鹿児島県 ｜ 難易度

【5】「家族・家庭や地域との関わり」に関する学習について，次の(1)～(3)の問いに答えなさい。

(1)　次の【学習用端末画面の一部】は，題材の導入において，地域の人との関わりや，地域の生活で気付いたことを共同編集ソフトで書き込んだものである。以下の①～④の問いに答えなさい。

【学習用端末画面の一部】

地域の人との関わり	地域の生活で気付いたこと
近所のおじいちゃんやおばあちゃんが交差点の旗振りをしてくれている。	元気にグラウンドゴルフをしている高齢者がたくさんいる。
道でおじいさんが転んでしまったとき、声をかけたけれど、立ち上がるときに、どのように体を支えたらよいか分からなかった。（ア）	いつもゴミステーションをきれいに掃除してくれている人がいる。
近所に引っ越してきた外国の方が、いつも明るくあいさつをしてくれる。	自分たちにとっては気にならない程度の段差でも、高齢者には大変そう。（イ）

①　題材の導入で，このように，地域の人との関わりや，地域の生活を想起する活動を設定した教師の意図を書きなさい。

②　(ア)のような記述が見られたことから，高齢者が立ち上がるときや歩くときに困っていることがあれば介助できるように，ペアで介助体験をする活動を取り入れたい。歩行介助の方法について，生徒への説明を書きなさい。

③　中学校における立ち上がりや歩行等の介助の方法の学習は，高等学校のどのような学習につながるか書きなさい。

④　(イ)のように，自分とは異なる高齢者の身体の特徴について，実感を伴って理解できるように，高齢者の疑似体験をする活動を設定する。自分とは異なる高齢者の身体的特徴を3点挙げ，生徒に疑似体験をさせる方法を書きなさい。

(2) 高齢者と交流する活動を設定したいが，学校の近くに高齢者施設がないため，地域の高齢者を学校に招くことにした。その際に安全面で配慮することを書きなさい。

(3) 高齢者との交流に向けて，高齢者との関わり方について調べ学習を行ったところ，ある生徒が次のマークを見付けた。生徒が見付けたこのマークの名称とその意味を書きなさい。

2024年度 群馬県 難易度

【6】高齢者の生活について，次の各問いに答えなさい。

(1) 次の表は，各国の人口に占める65歳以上の割合が7%，14%に達した年をそれぞれ示したものである。A～Cに当てはまる国を，以下のア～オからそれぞれ1つずつ選び，記号で答えなさい。

国	7%	14%
A	1864年	1979年
B	1942年	2014年
C	1970年	1994年

ア 日本　　イ アメリカ
ウ 韓国　　エ フランス
オ スウェーデン

(2) 令和3年3月現在の，京都府の高齢化率を，次のア～オから1つ選び，記号で答えなさい。

ア 18.5%　　イ 24.6%　　ウ 29.4%　　エ 35.1%
オ 40.2%

(3) 以下の図の車椅子を利用している方の介助を行う場面で，次の①，②の時，介助者としてどのように操作すればよいか，答えなさい。(必要に応じて，図中の車椅子の部位の名称を用いること。)

① 段差を越えるとき　　② 急な坂を下るとき

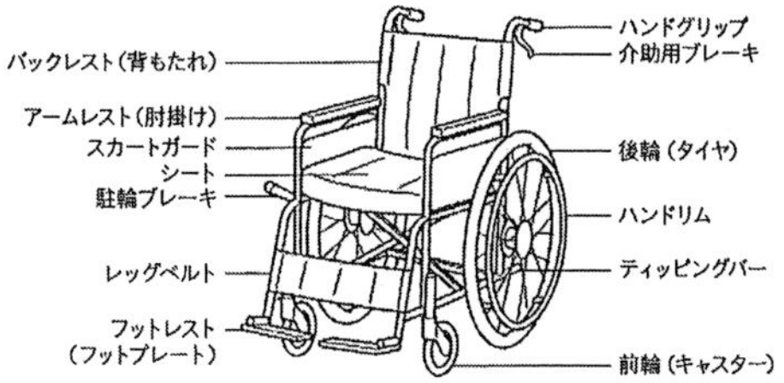

2024年度　京都府　難易度

【7】次の高齢者の健康及び介護についての文を読み，(1)～(6)の問いに答えなさい。

日本の社会は，急速に人口の高齢化が進んでいる。(A)総人口のうち65歳以上の人が占める割合は，世界の中で1980年代までは下位であったが，2007年には，世界でも類を見ない(B)超高齢社会となった。ライフステージとしての高齢期は長期化する傾向にあり，加齢とともに病気にかかり通院する人も増える。また，治療が長期化する傾向もみられるようになる。その保障をするのが医療保険であり，[　ア　]歳以上の人を対象に後期高齢者医療制度が適応される。

(C)高齢者の健康上の課題は，病気とその治療だけではなく，より長期的な介護の課題がある。介護を必要とする人の増加，介護の長期化という現象のなかで，(D)介護する側の負担が大きくなっている。介護疲れやストレスから(E)高齢者への虐待にいたらないように介護者を守ることも重要である。

グラフ　要介護者等との続柄別主な介護者の構成割合

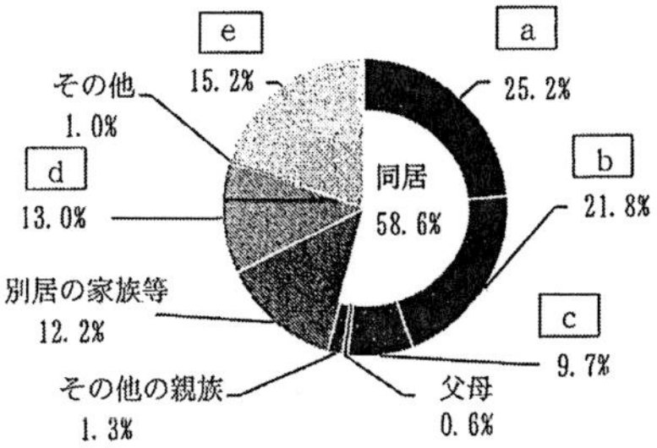

（厚生労働省「2016年国民生活基礎調査」）

(1) 下線部(A)を何というか，書きなさい。

(2) 下線部(B)は，総人口に占める65歳以上の割合が何％を超えた状態か。算用数字を書きなさい。

(3) 文中の[　ア　]に当てはまる算用数字を書きなさい。

(4) 下線部(C)について，平均寿命から寝たきりや認知症などの要介護状態の期間を差し引いた，健康上の問題で日常生活が制限されることなく生活できる期間のことを何というか。書きなさい。

(5) 下線部(D)について，グラフは要介護者等との続柄別主な介護者の構成割合を示している。グラフ中のa～eのうち，配偶者が当てはまるものを1つ選び，その記号を書きなさい。

(6) 下線部(E)について，令和3年度「高齢者虐待の防止，高齢者の養護者に対する支援等に関する法律」に基づく対応状況等に関する調査において，養護者による虐待件数が最も多いものはどれか。次のa～eから1つ選び，その記号を書きなさい。

a　心理的虐待　　b　性的虐待　　c　介護等放棄

d　身体的虐待　　e　経済的虐待

2024年度 ｜ 福島県 ｜ 難易度 ■■■□□

【8】高齢者の生活について，次の問1，問2に答えなさい。

問1　高校2年生のAさんと家庭科教諭であるB先生との会話文を読み，以下の各問いに答えなさい。

Aさん：私の父は，おじいちゃんの介護で毎日大変です。

B先生：それは大変ですね。おじいちゃんは介護サービスを受けているのかな。

Aさん：要介護認定を受けているので，(a)<u>介護保険制度</u>を活用した(b)<u>介護サービス</u>を利用しています。

B先生：そうなのですね。要支援と認定された場合は[　c　]と一緒に介護予防サービス計画を立て，要介護と認定された場合は[　d　]と居宅サービス計画を立てることになっていますね。

Aさん：そうです。今，祖父はいろいろなサービスを受けられるようになり，以前より良い環境の中で介護ができています。
B先生：これからの介護は，要介護者などへの包括的な支援を行う[　e　]への転換が進められていて，介護の環境が昔に比べるとだいぶ変わってきていますよ。
Aさん：これを機に，介護のことについてもっと調べたいと思います。

(1) 下線部(a)に関する記述として誤りを含むものを，次の1～6のうちから1つ選びなさい。

1 介護保険の財源は，税金と国民が40歳になると負担する介護保険料である。

2 介護保険制度は，2010年に導入された制度である。

3 保険者(実施主体)は，市区町村である。

4 介護保険を利用した際は，利用者の収入に応じて1～3割の費用を負担する。

5 要介護度の数字の小さい方が，介護の必要性が低い。

6 介護予防給付は，要支援と判定された人への給付である。

(2) 下線部(b)に関する記述として正しいものを，次の1～5のうちから1つ選びなさい。

1 介護老人保健施設とは，要介護者のための生活施設である。

2 短期入所生活介護とは，通所介護施設で入浴，食事，健康診査，日常生活訓練などを行う。

3 訪問介護とは，看護師等が訪問して，かかりつけ医の指示に基づき看護を行う。

4 認知症対応型共同生活介護とは，認知症の要介護者が住み慣れた地域で生活し続けられるよう，共同生活の中で介護や機能訓練を行う。

5 介護医療院とは，病院や診療所で，必要な医療等を提供する施設である。

(3) 文中の[　c　]～[　e　]にあてはまる語句の組合せとして正しいものを，次の1～6のうちから1つ選びなさい。

1 c：地域包括支援センター　　d：介護支援専門員

e：地域包括ケアシステム

　2　c：介護支援専門員　　　　　　d：地域包括支援センター

　　　e：地域包括ケアシステム

　3　c：地域包括支援センター　　　d：訪問介護員

　　　e：介護予防ケアプラン

　4　c：訪問介護員　　　　　　　　d：介護支援専門員

　　　e：地域包括支援センター

　5　c：訪問介護員　　　　　　　　d：地域包括支援センター

　　　e：介護予防ケアプラン

　6　c：介護支援専門員　　　　　　d：訪問介護員

　　　e：地域包括支援センター

問2　高齢者の生活に関する用語とその定義・説明として正しいもの
　　を，次の1〜5のうちから1つ選びなさい。

	用　語	定義・説明
1	認認介護	高齢者が認知症患者を介護することである。
2	ヤングケアラー	16歳未満で家族の介護や世話などを担う若者のことである。
3	デイサービス	介護施設で宿泊を伴う介護を行う。
4	地域包括支援センター	地域住民の保健・福祉・医療の向上，虐待防止，介護予防マネジメントなどを総合的に行う機関で，各市区町村に設置されている。
5	エイジズム	年を重ねることを否定的に捉えるのではなく，よりよく年を重ねようとする意識をもつことである。

┃ 2024年度 ┃ 宮城県・仙台市 ┃ 難易度 ▨▨▨□□

【9】高齢者・高齢社会について，次の問に答えよ。

問1　次の文は，介護保険制度について述べたものである。[　ア　]〜
　　[　オ　]にあてはまる語句または数字を答えよ。

　　　介護保険制度は，市区町村が保険者となり，日本に住所をも
　　つ[　ア　]歳以上の人は被保険者として月々保険料を支払う仕
　　組みである。サービスを受けるには，市区町村などに申請し要
　　介護認定を受ける。[　イ　]と認定された場合は，地域包括支
　　援センターとともに[　ウ　]プランを立て[　ウ　]サービスを利

用する。[　エ　]と認定された場合は，[　オ　]マネージャーと[　オ　]プランを立て介護サービスを利用する。

問2　筋肉，骨，関節，軟骨，椎間板といった運動器の障がいにより立ったり歩いたりする機能が低下している状態を何というか，答えよ。

問3　高齢者の介助について，上着の着脱の支援(右まひの場合)をする方法を述べよ。

問4　図1は，東京都が導入し全国に広まっている，外見では健康に見えても，周りの援助や配慮が必要な人に配布されるマークである。マークの名称を答えよ。

図1

▌2024年度 ▌島根県 ▌難易度 ■■■□□

【10】高齢者及び福祉に関する次の各問に答えよ。

〔問1〕　ロコモティブシンドロームに関する記述として適切なものは，次の1～4のうちのどれか。

1　食事，排泄，入浴，起居，移動，寝起き等の動作で，日常生活において，通常の暮らしをするのに欠かすことのできない基本動作のこと。

2　手段的日常生活動作のこと。バスに乗って買い物に行く，電話をかける，食事の準備をする，入浴の準備をする，掃除をするなどが含まれる。

3　「生活の質」「人生の質」「生命の質」などと訳される。一般的な考えは，生活者の満足感・安定感・幸福感を規定している諸要因の質のこと。

4　身体活動を担う筋・骨格・神経系である運動器の障害により，要介護となる危険性の高い状態のこと。

〔問2〕 公的年金に関する記述として適切なものは，次の1～4のうちのどれか。

1　受給資格期間は5年である。

2　老齢年金は，65歳になった時から受け取ることができる。これより早く受け取ることはできない。

3　20歳になった時から国民年金の被保険者となり，保険料の納付が義務付けられている。学生であっても在学中の保険料の納付が猶予される制度はない。

4　日本の公的年金制度は，20歳以上60歳未満の全ての人が加入する国民年金と，会社員や公務員が加入する厚生年金があり，会社員や公務員は，2つの年金制度に加入していることになる。

▌2024年度 ▌東京都 ▌難易度 ■■■■□□

【11】高齢者・共生社会について，次の問いに答えなさい。

問1　高齢者の心身の状態について，次の問いに答えなさい。

(1)　加齢により心身が老い衰えた状態のことであり，健康状態と要支援・要介護状態の中間の段階のことを何というか，答えなさい。

(2)　(1)の予防において大切なことは，①栄養，②身体活動，ともう一つ何か，答えなさい。

(3)　健康上の問題で日常生活が制限されることなく生活できる期間のことを何というか，答えなさい。

問2　高齢者の介助について，次の問いに答えなさい。

(1)　麻痺などによりからだの一部が動かしにくい場合，「着るときは動かしにくいほうから」「脱ぐときは動かせるほうから」の原則があるが，この原則を何というか，漢字4文字で答えなさい。

(2)　骨格・筋肉などを中心としたからだのメカニズムを活用する技術を何というか，答えなさい。

(3)　車椅子と食事の介助の方法として誤っているものを，次の選択肢ア～エから1つ選び，記号で答えなさい。

＜選択肢＞

ア　車椅子で段差を上がる時，介助者はティッピングレバーを踏んで前輪を上げて進み，次に後輪を上げる。

イ　車椅子で下り坂を移動する時，介助者は進行方向に対して前向きになってゆっくり進む。

ウ　食事の支援の際には，スプーンなどに一口分の量をのせ，要介護者にしっかりと目視で確認してもらってから口の中へ運ぶ。

エ　食事の支援の際には，要介護者のあごが上がらないように，要介護者の目線より下のほうから，スプーンなどを用いて口の中へ運ぶ。

問3　年齢差別，特に高齢者に対する差別や偏見を何というか，カタカナで答えなさい。

問4　「自分らしい充実した人生を送る」という意味でも使われる，生活を単に物質的な面から捉えるのではなく，個人の生きがいや精神的豊かさを重視して，質的な豊かさを示す概念のことを何というか，アルファベット3文字で答えなさい。

問5　すべての人を社会から排除せずにその社会の一員として受け止めていくという考え方を何というか，答えなさい。

問6　外見からは分からなくても，周りの援助や配慮が必要な人に配布される「ヘルプマーク」を，次の選択肢ア～エから1つ選び，記号で答えなさい。

＜選択肢＞

ア　　　　　　　イ　　　　　　　ウ　　　　　　　エ

┃ 2024年度 ┃ 静岡県・静岡市・浜松市 ┃ 難易度 ▉▉▉□□

【12】高齢者の生活，福祉，共生社会における家庭や地域について，次の1～5の問いに答えなさい。

1　フレイル予防のポイントとして，適切でないものを，次のa～eの中から一つ選びなさい。

a　バランスのとれた食事　　b　口腔ケア　　c　身体活動
d　社会参加　　　　　　　　e　レスパイトケア

2　ボディメカニクスの原理について述べた文として，適切でないものを，次のa～eの中から一つ選びなさい。

a　支持基底面を広くとる。
b　高齢者と介助者の重心が遠いほど移動がしやすくなる。
c　高齢者の腕や足を組むことでからだとベッドなどの摩擦面が少なくなり，移動の負担が軽減される。
d　背筋を伸ばしながら，ひざの屈伸を使うと腰を痛めない。
e　からだをねじらず，肩と腰を平行に保つ。

3　次の□の中の文は，介護保険制度について述べたものである。文中の(　　)の①～④に当てはまる語句や数字の組み合わせとして最も適切なものを，以下のa～eの中から一つ選びなさい。

> 在宅または施設での介護サービスの費用は，(　①　)から給付される。介護保険への加入，保険料の拠出は(　②　)歳から始まる。(　③　)歳から要介護の認定区分に応じて，介護予防，在宅や施設での介護サービスを，利用者の選択により受けることができる。サービスを利用する際には，費用の(　④　)を利用者が負担する。施設入所の場合，食費や居住費は自己負担となる。

選択肢	①	②	③	④
a	社会保険	40	65	1～3割
b	社会保険	20	70	1～3割
c	公的扶助	40	70	4～5割
d	公的扶助	20	70	1～3割
e	社会保険	20	65	4～5割

4　外見では健康に見えても，周りの援助や配慮が必要な人に配布され，東京都が導入して全国に広まっているマークとして最も適切なものを，次のa～eの中から一つ選びなさい。

a

b

c

d

e

5 次の □ の中の文は，共生社会について述べたものである。文中の(　)に当てはまる語句として最も適切なものを，以下のa～eの中から一つ選びなさい。

> 全ての人々を孤独や孤立，排除や摩擦から援護し，健康で文化的な生活の実現につなげるよう，社会の構成員として包み支え合うことを(　)という。

a　ノーマライゼーション
b　ダイバーシティ
c　社会的包摂
d　ユニバーサルデザイン
e　ボランティア活動

‖ 2024年度 ‖ 茨城県 ‖ 難易度 ‖■■■□□

【13】高齢者との関わり方について，次の問いに答えなさい。

同居している高齢者の祖母が安心して自分の部屋で過ごせるよう，あなた(中学生)にできる工夫は何か。高齢者の身体的特徴を踏まえて説明しなさい。

‖ 2024年度 ‖ 静岡県・静岡市・浜松市 ‖ 難易度 ‖■■■■□

【14】福祉に関する次の各問いに答えなさい。

(1)　次の文章を読み，文中の(　①　)～(　⑤　)にあてはまる最も適する語句を【語群】からそれぞれ一つずつ選び，記号で答えなさい。なお，同じ番号の(　)には，同じ語句が入るものとする。

私たちは一人一人異なる個性や価値観を持つ存在であり，その集まりである社会は，性別，国籍，人種など(　①　)に満ちている。社会の発展には，(　①　)を尊重して互いに認め合い，コミュニケーションを通して互いの強みを引き出すことが重要である。しかし実際には社会の中にある様々な障壁により社会参加が妨げられている場合がある。この障壁をなくす取り組みを(　②　)という。また，設計段階からすべての人が使いやすいことを目指す(　③　)という考え方もある。こうした取り組みにより，年齢や障がいなどの特性にかかわらず，誰もが普通に暮らせる(　④　)の社会を目指している。誰もが社会から孤立せずに，社会の構成員として包み支えあう(　⑤　)を実現することが共生社会には必要である。

【語群】

(a)　ソーシャル・インクルージョン　　(b)　ユニバーサルデザイン

(c)　ダイバーシティ　　(d)　ノーマライゼーション

(e)　バリアフリー

(2)　老化による「物忘れ」と認知症による「記憶障害」の違いを「昼食」を例に説明しなさい。

(3)　外見からわからなくても援助や配慮を必要としていることを知らせる次のマークの名称を答えなさい。

(4)　1991年に国連で採択された「高齢者のための国連原則」では5つの観点から高齢者の人権擁護が取り上げられた。この5つの観点として適当でないものを次の【語群】より二つ選び，答えなさい。

【語群】　自立　　孤立　　ケア　　ライフステージ

尊厳　　参加　　自己実現

(5)　(4)を受けて，2006年に日本で施行された法律を次の①～④から一つ選び，記号で答えなさい。

①　育児・介護休業法　　②　老人福祉法

③　高齢者虐待防止法　　④　高齢者雇用安定法

2024年度　鳥取県　難易度

【15】次の文章を読み，以下の(1)～(3)の問いに答えなさい。

人生100年時代といわれる現在，誰もが健康で安心して，生きがいのある生活を送ることができる<u>a 健康長寿社会</u>を築くことが重要です。高齢社会対策基本法に基づく「高齢社会対策大綱」では，高齢社会対策の基本的考え方として，次の3点が掲げられます。

● 年齢による(　ア　)化を見直し，全ての年代の人々が希望に

応じて意欲・能力をいかして活躍できるエイジレス社会を目指す

- 地域における生活基盤を整備し，人生のどの段階でも高齢期の暮らしを具体的に描ける地域コミュニティを作る
- 技術革新の成果が可能にする新しい高齢社会対策を志向する

また，令和元年5月，国民の誰もがより長く，元気に活躍できて，全ての世代が安心できる「全世代型社会保障」を実現するため，2040年までに b健康寿命を(　イ　)歳以上とするという目標「健康寿命延伸プラン」が掲げられました。

現在，増加する認知症高齢者の支援や介護予防，(　ウ　)の支援体制づくり等，地域での支え合いや医療・介護・福祉の連携促進により高齢者ができる限り住み慣れた地域で生活できるよう，(　エ　)システムの深化・推進に向けた取り組みが各地で進められています。

令和4年「老人の日・老人週間」キャンペーン要綱(内閣府)より引用

(1)　文章中の(　ア　)～(　エ　)に適する語句の組合せとして，最も適当なものを次の解答群から一つ選びなさい。

【解答群】

	ア	イ	ウ	エ
①	差別	70	災害時	高齢者緊急通報
②	差別	70	緊急時	地域包括ケア
③	画一	75	緊急時	高齢者緊急通報
④	画一	75	災害時	地域包括ケア

(2)　下線部aを築くにはフレイル予防が必要だが，予防として適当でないものを次の①～⑤のうちから一つ選びなさい。

①　バランスのとれた食事を3食しっかりとる

②　歯周病や口腔機能の低下を防ぐ

③　今より10分多く体を動かす

④　趣味やボランティアなどで外出する

⑤　なるべく柔らかい食品を食べるようにする

(3) 下線部bの説明として，最も適当なものを次の①～④のうちからから一つ選びなさい。

① 0歳における平均余命
② 健康上の問題で日常生活が制限されることなく生活できる期間
③ 日常生活に制限のある不健康な期間
④ 65歳における平均余命

2024年度 千葉県・千葉市 難易度

【16】高齢者と福祉について，以下の(1)～(6)の各問いに答えなさい。

健康上の問題で日常生活が制限されることなく生活できる期間を(　①　)という。(　①　)を延ばすには，若いころから毎日の食事や運動などの生活習慣に気をつけることが大切である。一方で(　①　)と平均寿命には差があり，多くの場合，老化による困難さと向き合いながら生活することになる。(　②　)やリハビリテーションなどで困難さを軽減し，長い高齢期をなるべく自立した状態で送れるようにしたい。

高齢者が健康で自立した生活を営めるようにするには，生活の中で老化の程度に応じた配慮や工夫をすることが必要である。日常生活においては，誰もが使いやすい配慮の見られる家電製品や容器などが登場している。また，a公共交通機関ではノンステップバスが普及し，公共の建物ではバリアフリー化が進んでいる。このようにb高齢者が普通の生活を送ることができ，安心して生活を送ることができる社会へと整備されつつある。高齢者の健康に関する国の対策は，これまでは「手厚い介護の提供」という考え方であったが，近年では介護の必要のない生活をめざした(　②　)の考え方が取り入れられるようになってきた。たとえ病気になっても，リハビリテーションや効果的な介助・補助によって自立した生活をおくることは可能である。大切なことは高齢者の生活の質を向上させることである。そのためには家族と社会の理解，そして協力が必要である。

高齢者の介護の担当者(c介護者)は配偶者，子，子の配偶者が大半を占めている。介護は突然はじまり，いつまで続くかわからない場合が多い。介護疲れや介護に対するストレスなどの課題も多く，介護に関する課題の解消に向けて，2006年には（　③　）法が施行された。介護される側もする側も，安心して生活できるような社会の仕組みづくりが急がれている。

(1) 文中の（　①　）～（　③　）にあてはまる語句を答えよ。

(2) 下線部aに関連するものとして，高齢者，障がい者等の移動及び施設の利用上の利便性と安全性の向上を図ることを目指した法律(平成18年12月施行)の名称を答えよ。

(3) 下線部bについて，年齢や障がいなどの特性にかかわらず，誰もが普通に暮らせる社会を目指す社会福祉の基本的な考え方を何というか答えよ。

(4) 下線部cについて，高齢者や病人，障がいのある人などに対して，介護，看護，世話などを無償で行う人のことを何と呼ぶか答えよ。

(5) 要介護者の増加に伴って80歳の夫が，82歳の妻の介護をしたり，70歳の子が94歳の親を介護したりするなどのケースが増えている。このように，高齢者が高齢者の介護をすることを何というか答えよ。

(6) 高齢者の生活を支えるものとして公的年金制度があるが，年金受給者のうち，第3号被保険者とは誰のことか答えよ。

┃ 2024年度 ┃ 佐賀県 ┃ 難易度 ┃▨▨▨□□

【17】「高齢者との関わりと福祉」「共生社会と福祉」について，各問いに答えよ。

(1) 次の説明文について，最も適当なものを以下の①から⑤までの中から一つ選び，記号で答えよ。

> 高齢期において生理的予備能が低下し，ストレスに対し弱くなり不健康を引き起こしやすい状態のこと。体重減少，筋力低下，疲労感，歩行速度の低下，身体活動の低下のうち，3つ以上に当てはまる場合に判定される。

① ロコモティブシンドローム　　② コグニサイズ
③ フレイル　　　　　　　　　　④ 見当識障害
⑤ サルコペニア

(2) ボディメカニクスの基本条件として，誤っているものを次の①から⑥までの中から一つ選び，記号で答えよ。

① 支持基底面積を小さくするほど身体は安定する。

② 重心の位置を低くする。

③ 対象者を水平に動かす。

④ 動作の方向に足先を向ける。

⑤ てこの原理を応用する。

⑥ 摩擦抵抗を少なくする。

(3) 共生社会に関する語句とその説明の組み合わせとして，最も適当なものを次の①から④までの中から一つ選び，記号で答えよ。

	語　句	説　明
①	ノーマライゼーション	同じ地域に住み利害をともにし，生活文化や生活産業などで結びついている人々の集まり。
②	ユニバーサルデザイン	障がいのある人にとっての物理，情報，制度，意識の障壁を取り除き，自由に生活できるようにすること。
③	ポジティブ・ウェルフェア	全ての人を孤独や孤立，排除や摩擦から援護し，健康で文化的な生活ができるよう，社会の構成員として支えあうという理念のこと。
④	ボランティア活動	他者や社会および環境のために基本的に無償で，自分の労力等を提供する自発的活動。

(4) 介護保険の利用について，要支援2の場合に受けることができるサービスとして最も適当なものを次の①から⑤までの中から一つ選び，記号で答えよ。

① 介護予防事業　② ショートステイ　③ デイサービス

④ 訪問介護　⑤ デイケア

(5) 1991年に国連で採択された高齢者のための国連原則で取り上げられた観点として，誤っているものを次の①から⑥の中から一つ選び，記号で答えよ。

① 自立　② 共助　③ ケア　④ 自己実現　⑤ 参加

⑥ 尊厳

2024年度 ┃ 沖縄県 ┃ 難易度

【18】高齢者に関する次の問いに答えよ。

(1) 高齢者の一般的な身体の特徴についての説明として適切でないものを①～⑤から選び，番号で答えよ。

① 視力が低下する，視野が狭くなる。

② 味を感じにくくなる。

③ 高音域より低音域が聞こえにくくなる。

④ 飲み込む力が低下し，誤嚥しやすくなる。

⑤ 筋力が低下し，関節が柔軟でなくなる。

(2) 高齢期の健康と自立に関連する説明として適切でないものを①～⑤から選び，番号で答えよ。

① 日本の高齢期は諸外国と比較しても長く，大衆長寿社会といえる。

② 後期高齢者は日常生活の障がい率がやや高まってくる年齢層である。

③ 高齢者は一様に機能が低下した存在であると固定的に捉えるのはエイジズムといえる。

④ 健康寿命の延伸には若いころからの食事や運動，学習などが関わる。

⑤ 平均寿命と健康寿命を比較すると，女性は男性に比して平均寿命が長く，健康寿命と平均寿命の差は小さい。

(3) 介護保険に関連する説明として適切でないものを①～⑤から選び，番号で答えよ。

① 2000年から介護保険制度が導入され，日本に住所をもつ40歳以上の者はすべて加入することになった。

② 介護サービスを利用したい場合は，介護保険被保険者証を添えて市区町村に申請する。

③ 介護保険でいうところの日常生活には，日常生活動作と手段的日常生活動作の両方を含む。

④ 2005年には介護予防給付が追加され，介護予防が重視されるようになった。

⑤ 要介護認定による要支援2とは，手段的日常生活動作に部分的介護が必要な状態をいう。

2024年度 神戸市 難易度

【19】各問いに答えよ。

1 次の高齢者に関する文章を読み，下線部(a)～(d)について，正しいものには○を記入し，誤っているものには正しい語句を答えよ。

> 日本では，1963年に(a)健康増進法が制定され，高齢期の生活の安定を社会全体でどのように支えるかについての基本方針が定められた。
>
> 厚生労働省「国民生活基礎調査」の2019年の結果によると，高齢者世帯の所得は約6割を公的年金・恩給で占められており，高齢期の生活を支える柱となっている。公的年金には，日本に住所を持つ20歳以上(b)65歳未満の全ての人が加入する国民年金と，サラリーマンなどが加入する(c)厚生年金とがある。
>
> 高齢者に関する課題の一つに長期的な介護がある。介護疲れやストレスから高齢者への虐待にいたるような状態から介護者を守ることも重要である。2006年には(d)DV防止法が施行され，虐待の早期発見，早期対応に向けての取組が進んでいる。

2　次の福祉サービスに関する(ア)～(エ)の文について，正しいものを二つ選び，記号で答えよ。

(ア)「介護老人保健施設」は，病気やけがの治療後，リハビリテーションが必要な高齢者が入所し，医学的管理のもとで，介護，看護，機能訓練を受ける。

(イ)「訪問介護」は，通報に応じて介護福祉士に来てもらったり，夜間の定期的な巡回訪問を受ける。

(ウ)「認知症対応型共同生活介護」は，介護の必要な高齢者が通所介護施設に通い，入浴，食事の提供，日常生活の世話，機能訓練を受ける。

(エ)「短期入所生活介護」は，介護の必要な高齢者が特別養護老人ホーム等に短期間入所し，入浴，排せつ，食事等の介護や日常生活の世話，機能訓練を受ける。

2024年度 | 岡山県 | 難易度

【20】高齢社会を支えるしくみについて，次の(1)～(3)の問いに答えなさい。

(1)　次の文の(　a　)～(　f　)に当てはまる語句や数字を書け。

> 　個人や家族による介護には限界がある。そこで2000年から，介護の(　a 　)化を目指して(　b 　)が導入された。(　b 　)は，高齢者の自立を支援し，介護を社会全体で支え合うことを理念として，日本に住所を持つ(　c 　)歳以上の者は全て加入し，月々保険料を支払う。
>
> 　介護サービスを利用したい場合は，介護保険被保険者証を添えて市区町村に申請する。認定調査員が訪問調査し，判定の結果，(　d 　)度や家族の希望などを基に(　e 　)が(　f 　)を立てる。

(2)　次の①～③の介護サービスを何というか書け。

①　ホームヘルパーが訪問して身体介護や生活支援を行う居宅サービス。

②　介護施設で宿泊を伴う介護を行う居宅サービス。

③　認知症の要介護者が住み慣れた地域で生活し続けられるよう，共同生活の中で介護や機能訓練を行う地域密着型サービス。

(3)　車椅子の介助を「家庭基礎」の授業で取り扱う場合，高齢者を乗せた車椅子の移動介助について，生徒にどのような安全面の注意事項を示すか，具体的に説明せよ。

| 2024年度 | 群馬県 | 難易度 ■■■□□

【21】次の各問いに答えよ。

問1　①～③のグラフや表を参考にして，あとの問いに答えよ。

①世界の高齢化

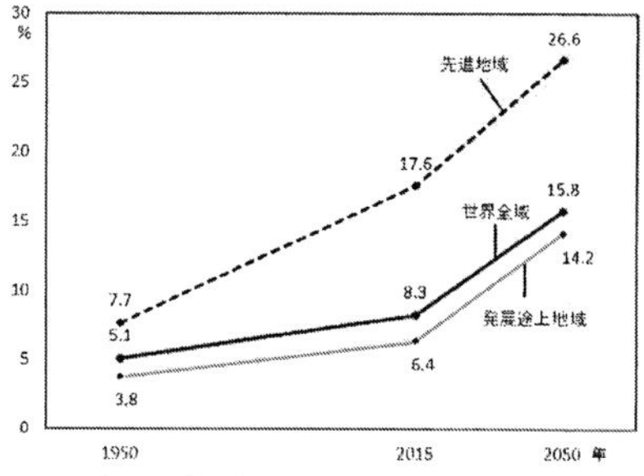

注：65歳以上の人口の割合。
UN, World Population Prospects : 2017 による

②日本の人口の推移と高齢化率

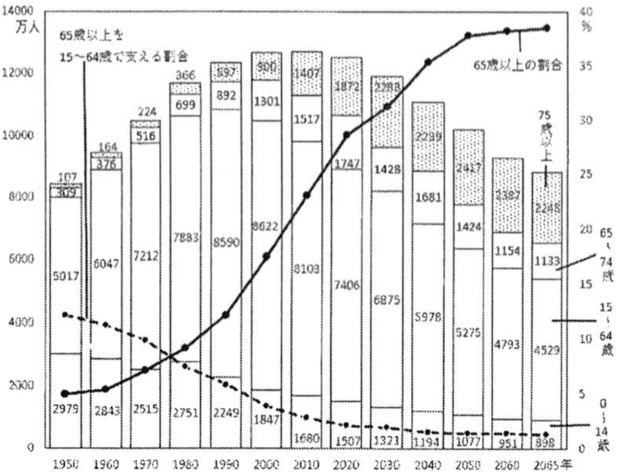

注：2010年までは総務省「国勢調査」，2020年以降は国立社会保障・人口問題研究所「日本の将来推計人口（平成29年推移）」の出生中位・死亡中位仮定による推計結果による

③６５歳以上の割合が７%から１４%に達する期間

国	7%	14%	7→14%
フランス	1864	1979	115年
スウェーデン	1887	1972	85年
ドイツ	1932	1972	40年
イタリア	1927	1988	61年
日　本	1970	1994	24年
アメリカ	1942	2014	72年

注：国立社会保障・人口問題研究所「人口統計資料集（2019）」による

(1)　①～③のグラフや表を読み取り，誤っているものを2つ選び，記号で答えよ。

ア　2000年には，日本の高齢化率は25%を超えた。

イ　2015年から2050年での高齢化の進み方は，先進地域よりも発展途上地域の方が急速に進むことが予想されている。

ウ　日本では，0歳から14歳人口は1980年以降減り続けるという予測である。

エ　65歳以上の割合が7%から14%に達する期間が長い国は，フランス・スウェーデン・アメリカの順である。

オ　日本の人口は2010年ごろまでは増加していた。

(2)　③の表から，日本の高齢化は他国と比較してどのような特徴があるか説明せよ。また，このような変化から生じる課題について，説明せよ。

問2　福祉は4つの網(セーフティネット)で生活を支えている。(　①　)・(　②　)に適する語句をそれぞれ答えよ。

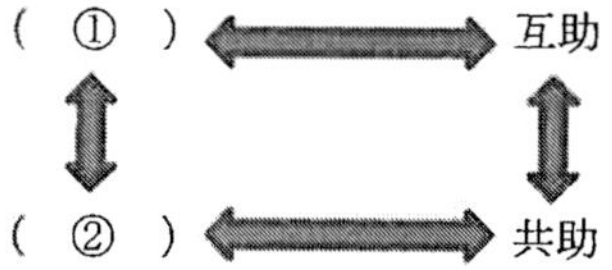

問3　高齢期において生理的予備機能が低下し，ストレスに対し弱くなり不健康を引き起こしやすい状態のことを何というか答えよ。

2024年度　長崎県　難易度

【22】共生社会と福祉について，次の(1)～(4)の各問いに答えよ。

(1)　次の文中の(　ア　)～(　ウ　)に適する語をそれぞれ答えよ。

長い人生では，病気や事故，失業など，生活上誰かの援助が必要になる可能性がある。命，体，健康，環境などに対して，望ましくない結果がもたらされる可能性をリスクといい，個人や家族が自らの責任と努力でリスクや問題に対応することを自助という。また，地域，友人，ボランティアなど周囲の人々と助け合うことを(　ア　)助，費用負担が制度的に保障された保険制度などによって支え合うことを(　イ　)助，さらに，自助・(　ア　)助・(　イ　)助では対応できない問題に対して，行政等が行う生活の保障を(　ウ　)助という。

(2)　次のア，イの説明に適する語句をそれぞれ答えよ。

ア　地域の住民の中から選ばれ，住民の立場で地域の困っている人の相談に乗ったり，必要な援助を行ったりする。都道府県知事の推薦により厚生労働大臣が委嘱し，任期は3年とされている。各市町村の区域に置かれ，児童委員を兼ねる。

イ　認知症，知的障害，精神障害等によって物事を判断する能力が十分でない者の権利を守る援助者のことで，財産に関するすべての法律行為について代理権を有する。

(3)　介護をめぐる問題について説明した次の文中の(　①　)～(　③　)に入る適する語句をそれぞれ答えよ。

ア　国民生活基礎調査によると，介護をする人は，配偶者，(　①　)，(　①　)の配偶者が大半を占める。

イ　高齢者が高齢者を介護する状態を(　②　)介護という。

ウ　(　③　)とは，本来大人が担うと想定されている家事や家族の世話などを日常的に行っている18歳未満の子どものことである。責任や負担の重さにより，学業や友人関係などに影響が出てしまうことがある。

(4)　骨や関節の病気，筋力の低下，バランス能力の低下によって転倒・骨折しやすくなることで，自立した生活ができなくなり，介護が必要となる危険性が高い状態を何というか，答えよ。

▌2024年度▌山口県▌難易度■■■■■

【23】次のア～エは，介護保険制度についての説明の一部である。その内容の正誤の組合せとして最も適切なものを，以下の①～⑥のうちから選びなさい。

ア　要介護認定の「要介護5」とは，手段的日常生活動作で部分的な介護が必要な状態である。

イ　ショートステイとは，通所介護施設で入浴，食事，健康診査，日常動作訓練などを行うことである。

ウ　介護老人福祉施設(特別養護老人ホーム)とは，要介護者のための生活施設である。

エ　介護保険の保険料について，被保険者として月々保険料を支払うのは，日本に住所をもつ20歳以上の人である。

①	ア　正	イ　正	ウ　正	エ　誤
②	ア　正	イ　正	ウ　誤	エ　正
③	ア　正	イ　誤	ウ　正	エ　誤
④	ア　誤	イ　誤	ウ　誤	エ　正
⑤	ア　誤	イ　正	ウ　誤	エ　正
⑥	ア　誤	イ　誤	ウ　正	エ　誤

▌2024年度▌神奈川県・横浜市・川崎市・相模原市▌難易度■■■■■

【24】高齢者を取り巻く社会について，次の(1)～(4)の各問いに答えよ。

(1)　認知症を，「自覚，進行，老化，病気」の4つの語句を用いて説明せよ。

(2) 次の［　　］は，ボディメカニクスについてまとめたものである。（ ① ）～（ ④ ）に当てはまる語句を答えよ。

> ボディメカニクスとは，日常の介護で高齢者と介護者の負担を減らし，介護者の（ ① ）予防のための力学の視点をふまえた介護技術のことである。次の文章は，例の一部である。
> 1 介護者の体を対象の人や物に近づける。
> 2 介護者の両足を（ ② ）程度に広げ，立位を安定させる。
> 3 高齢者を（ ③ ）に動かす。
> 4 介護者の，重心の位置を低くする。
> 5 動作するときは，介護者と高齢者の（ ④ ）を合わせる。

(3) 内閣府が紹介している，「年齢にとらわれずに自らの責任と能力において自由でいきいきした生活を送る」ことを実践している高齢者の生活のことを何というか答えよ。

(4) イギリスのリンダ・グラットンとアンドリュー・スコットが，「寿命の長期化によって先進国の2007年生まれの2人に1人が100歳まで生きる時代の到来を予測し，新しい人生設計が必要」と論じている。日本では，政府主導で2017年に［　　］構想会議が始動し，幼児教育の無償化や高齢者の雇用拡大などが改善された。［　　］に当てはまる語句を答えよ。

2024年度 ▌奈良県 ▌難易度 ■■■■□

【25】社会保障制度について，次の各問いに答えなさい。

(1) 以下は各国の福祉ニーズについて家族，市場，政府が担う割合を示したものである。①～③に最も適する国を次から選び答えなさい。

スウェーデン　　アメリカ　　日本

※F、M、Gはそれぞれ家族、市場、政府が提供する福祉サービスを示す

	①	②	③
福祉ニーズを担う割合	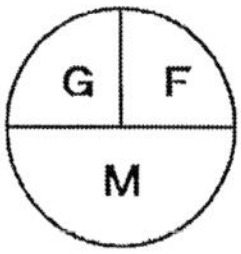	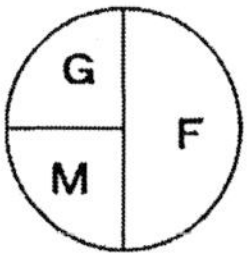	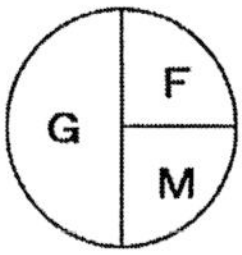

（厚生労働省「社会保障教育のワークシート」より）

(2) 次の文は(1)の図の①～③の特徴を説明した記述である。①～③を比較してそれぞれに該当するものをア～カよりすべて選び記号で答えなさい。ただし同じ記号は2回以上使わないこと。

ア 伝統的な家族主義的な考え方や職域を重視する社会

イ リスク管理に対する自己責任，市場中心の問題解決を志向する傾向にある社会

ウ 家庭内で子育てや介護といった福祉ニーズを満たすため女性の負担が大きい社会

エ 政府が福祉のニーズを満たしてくれるため，福祉サービスを誰もが比較的平等に利用できる社会

オ 福祉サービスを市場から購入することになるため，個人の所得に応じて福祉サービスの利用に大きな格差が生まれる社会

カ 生活上のリスクを社会的な制度でカバーする範囲が広いため，社会保障支出の水準が高く負担の水準も高い社会

(3) 次のア～ウの文は日本の社会保障制度について述べたものである。下線部が正しいものには○を，誤っているものは正しい語句を答えなさい。

ア 労働者が保険料を支払う見返りに病気や災害，失業時に金銭的な給付を受ける社会保障制度は<u>社会福祉</u>に含まれる。

イ 感染予防など国民が健康的な生活を送るための健康づくりをおこなう公衆衛生の財源は主に<u>社会保険料</u>である。

ウ 生活保護は<u>公的扶助</u>に含まれる。

(4) 所得格差の度合いを知るために計算され，可処分所得(等価可処分所得)の中央値の半分(貧困線)に満たない世帯員の割合を示した数値を何というか答えなさい。

(5) 生活状況を把握するために，ローレンツ曲線を使って所得の分配の平等の度合いを比較する指標を何というか答えなさい。

2024年度 ｜ 長野県 ｜ 難易度 ■■■■□

【26】共生社会と福祉について，次の問1～問3に答えなさい。

問1 デンマークで提唱され世界に広まった「高齢者福祉の三原則」の組合せとして，正しいものを選びなさい。

ア　生活の継続性の尊重／自己決定の尊重／自己能力の活用
イ　生活の継続性の尊重／自己決定の尊重／秘密保持の義務
ウ　生活の継続性の尊重／自己能力の活用／非批判の視野
エ　自己決定の尊重／自己能力の活用／秘密保持の義務
オ　自己能力の活用／秘密保持の義務／非批判の視野

問2　次の①～④の生活保護の扶助のうち，原則，現物給付の組合せとして，正しいものを選びなさい。

①　生活扶助　　②　医療扶助
③　生業扶助　　④　介護扶助

ア　①②　　イ　①③　　ウ　①④　　エ　②③　　オ　②④

問3　次の(1)～(3)は，認知症の主な種類です。認知症の種類と主な症状の組合せとして，最も適当なものを選びなさい。

【種類】
(1)　前頭側頭型認知症
(2)　アルツハイマー型認知症
(3)　レビー小体型認知症

【主な症状】
①　現実にはないものが見える幻視や，手足が震えたり筋肉が固くなったりといった症状が現れる。歩幅が小刻みになり，転びやすくなる。
②　昔のことはよく覚えているが，最近のことは忘れてしまう。軽度の物忘れから徐々に進行し，やがて時間や場所の感覚がなくなっていく。
③　感情の抑制がきかなくなったり，社会のルールを守れなくなったりすることが起こる。

	(1)	(2)	(3)
ア	①	②	③
イ	①	③	②
ウ	②	③	①
エ	③	①	②
オ	③	②	①

▌2024年度 ▌北海道・札幌市 ▌難易度■■■■□

【27】高齢社会と高齢者の福祉について，次の(1)〜(3)の問いに答えよ。

(1) 次の文は，少子化・高齢化の進行について述べたものである。文中の(　ア　)〜(　ウ　)に当てはまる数字の組合せとして最も適切なものを以下のA〜Fから一つ選び，その記号を書け。

> 総人口に占める65歳以上の割合を高齢者人口割合という。日本は(　ア　)年には高齢者人口が7％を超え，高齢化社会になり，2007年には高齢者人口割合が(　イ　)％を超え，超高齢社会となった。総務省の予測によると，今後，平均寿命が延びて，2060年には，高齢者の人口が15歳未満の人口の約(　ウ　)倍となる見込みである。

A　ア　1965　イ　21　ウ　6
B　ア　1970　イ　21　ウ　4
C　ア　1975　イ　21　ウ　6
D　ア　1980　イ　28　ウ　4
E　ア　1984　イ　28　ウ　6
F　ア　1990　イ　28　ウ　4

(2) 次の文①〜③の空欄に当てはまる言葉として最も適切なものをA〜Eからそれぞれ一つずつ選び，その記号を書け。

> ①　介護予防給付は，要介護認定で(　　　)と判定された人に対する給付である。これにより，生活機能の維持・向上を図り，重度化予防のための様々なサービスを介護保険で利用できる。

A　要介護1・2　B　要介護1〜4　C　要支援1・2
D　要支援3・4　E　要支援1〜4

> ②　日本介護食品協議会が制定した，「ユニバーサルデザインフード」の規格に適合する商品のうち，区分3は，(　　)という区分形状を表している。

A　かまなくてよい　B　歯ぐきでつぶせる　C　容易にかめる
D　舌でつぶせる　E　かまずに飲み込める

③　2018年に介護保険法が改正されたことにより，高齢者と障がい者が同一の事業所でサービスを受けられる「共生型サービス」の開始のほか，長期にわたり，医療・看護・生活上の世話を行う，(　　)の創設が決定された。

A　介護療養病床　　　B　介護医療院
C　居宅介護支援事業所　　D　介護老人保健施設
E　認知症対応型共同生活介護

(3)　次の①～③の問いに答えよ。

①　認知症サポーター制度の説明として誤っているものを次のA～Dから一つ選び，その記号を書け。

A　令和4年9月30日現在の認知症サポーター数は約1400万人である。

B　認知症サポーターは，認知症高齢者等にやさしい地域づくりの取組の一つである。

C　認知症サポーター養成講座は，小，中，高等学校の児童や生徒なども受講できる。

D　認知症サポーター養成講座は，社会福祉協議会が主体となって実施することとなっている。

②　1991年に国連で採択された高齢者のための国連原則の観点をすべて示すものとして最も適切なものを次のA～Eから一つ選び，その記号を書け。

A　自立，参加，ケア　　B　自立，ケア，自己実現
C　参加，ケア，尊厳　　D　ケア，参加，自己実現，尊厳
E　自立，参加，ケア，自己実現，尊厳

③　高齢者虐待防止法の説明として誤っているものを次のA～Dから一つ選び，その記号を書け。

A　国民全般に高齢者虐待に係る通報義務等を課している。

B　介助・介護を担う側の状況を理解し，支援することも重視されている。

C　都道府県は，地域包括支援センター等との連携支援体制を整備しなければならないとしている。

D　本人の合意なしに財産や金銭を使用し，本人の希望する金銭の使用を理由なく制限することも高齢者虐待となるとされている。

▌2024年度 ▌愛媛県 ▌難易度 ■■■■

【28】家族と福祉に関する次の問いに答えよ。

(1)　1991年に国連で採択された高齢者のための国連原則に示された観点として適切なものを①～⑤から選び，番号で答えよ。

①　自立，参加，ケア，自己実現，尊厳
②　健康，参加，ケア，自己実現，尊厳
③　自立，安全，参加，尊厳，教育
④　自立，参加，教育，自己実現
⑤　自立，健康，ケア，尊厳

(2)　次の説明文にもっとも関連する語句として適切なものを①～⑤から選び，番号で答えよ。

> ・「機会の平等」の保障のみならず，国民が自らの可能性を引き出し，発揮することを支援すること。
> ・働き方や，介護等の支援が必要になった場合の暮らし方について，本人の自己決定を支援すること。
> ・社会的包摂の考え方に立って，労働市場，地域社会，家庭への参加を保障すること。

①　公助　　②　共生社会
③　ユニバーサルデザイン　　④　ポジティブ・ウェルフェア
⑤　ダイバーシティ

(3)　次の文の(　ア　)にあてはまる語句として適切なものを①～⑤から選び，番号で答えよ。

> (　ア　)は2013年に制定された。ここでは，国や地方公共団体，事業者に対しては，不当な差別的取り扱いの禁止や合理的配慮の提供，国民に対しては差別解消を推進する努力義務を定めている。

①　障害者雇用促進法　　②　高齢者虐待防止法

③　障害者差別解消法　　④　ユニバーサルデザイン7原則
⑤　女子差別撤廃条約

2024年度　神戸市　難易度

【29】高齢社会について，次の□の文を読んで，以下の(1)・(2)の各問いに答えなさい。

> 個人や家族による介護には限界があることから，2000年から，介護の社会化を目指して介護保険制度が導入された。
> 介護保険制度は2005年に見直され，高齢者ができる限り介護を必要としない，あるいは重度にならないように，体力をつける，口と歯の健康を守るなどの(　A　)が重視されるようになった。また，(　B　)支援センターが設置され，専門的な職員が(　A　)のプランを立てたり，認知症や一人暮らしの高齢者が住み慣れた地域で自立した生活を営むことができるよう，地域に暮らす高齢者の相談・支援をおこなっている。

(1)　(　A　)・(　B　)に適する語句を，それぞれ漢字4文字で書きなさい。

(2)　次の図は，要介護と認定された人が受けられる介護サービスについてまとめたものである。(　①　)～(　④　)に適する語句を以下のア～シの中から選び，記号を書きなさい。

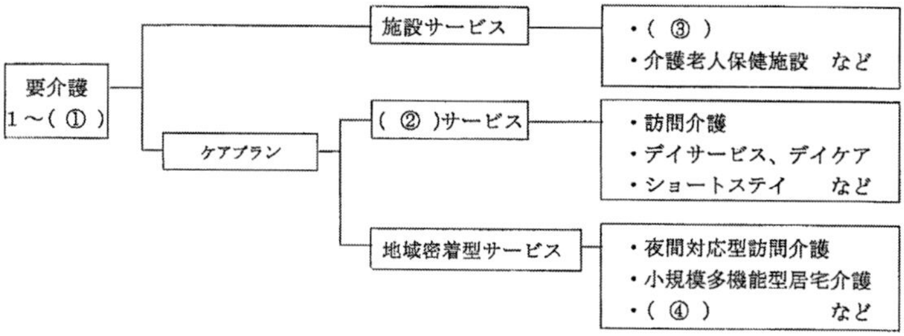

ア　10　　イ　財産管理
ウ　認知症対応型共同生活介護　　エ　シニア
オ　5　　カ　居宅
キ　NPO法人　　ク　配食

ケ　3　　コ　特別養護老人ホーム
サ　老人クラブ　　シ　見守り

▌2024年度 ▌名古屋市 ▌難易度

【30】次の1から4の問いに答えよ。

1　次の図の(　①　)，(　②　)，(　③　)が示す車いすの各部の名称を，以下のアからカのうちからそれぞれ一つずつ選び，記号で答えよ。

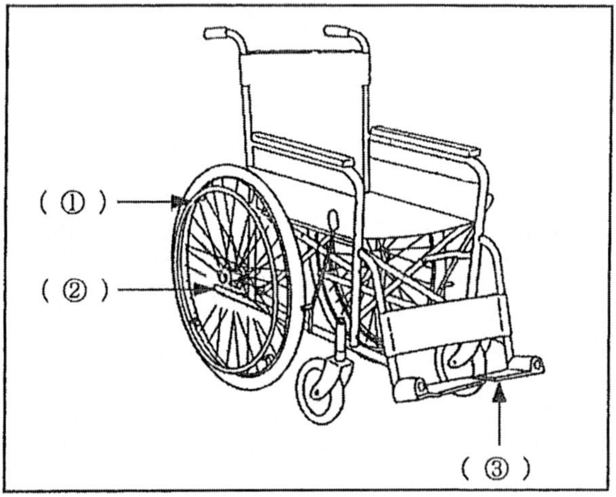

図

ア　フットサポート　　イ　ハンドリム　　ウ　グリップ
エ　ティッピングレバー　　オ　ブレーキ　　カ　レッグサポート

2　文章中の(　①　)，(　②　)に適する語句を，あとのアからオのうちから一つずつ選び，記号で答えよ。(順不同)

　ユニバーサルデザインフードとは，日常の食事から介護食まで幅広く使用できる，食べやすさに配慮した食品である。ユニバーサルデザインフードのパッケージには，必ず次の図のマークが記載されている。このマークは，日本介護食品協議会が制定した規格に適合する商品に付けられている。購入者が選びやすいよう，どの商品にも(　①　)や(　②　)の規格により分類された四つの区分を表示している。この区分を目安に利用に適した商品を安心して選ぶことができる。

図

ア　塩味　　イ　うま味　　ウ　かたさ　　エ　保存料
オ　粘度

3　次の文章を読み，以下の(1)，(2)の問いに答えよ。

介護予防は，高齢者が要介護状態等となることの予防や要介護状態等の軽減・悪化の防止を目的として行うものである。特に，生活機能の低下した高齢者に対しては，(　①　)の理念を踏まえて，体の働きや精神の働きである「心身機能」，ADL・<u>IADL</u>・職業能力といった生活行為全般である「活動」，家庭や社会生活で役割を果たすことである「参加」のそれぞれの要素にバランスよく働きかけることが重要である。単に高齢者の運動機能や栄養状態といった心身機能の改善だけを目指すものではなく，日常生活の活動を高め，家庭や社会への参加を促し，それによって一人一人の生きがいや自己実現のための取組を支援して，(　②　)の向上を目指すものである。

(1)　文章中の(　①　)，(　②　)に適する語句を答えよ。
(2)　文章中の下線部の動作について，具体例を用い，簡潔に説明せよ。

4　次の(1)，(2)とは何か，簡潔に説明せよ。
(1)　特別養護老人ホーム
(2)　訪問看護

2024年度 ｜ 栃木県 ｜ 難易度

解答・解説

【1】(1)

○解説○ 誤りのあった選択肢(1)について，この説明に該当するのは流動性知能である。結晶性知能とは，経験や学習などから獲得していく知能で，洞察力，理解力，批判や創造の能力などが当てはまる。結晶性知能は，経験や学習によって20歳以降も上昇し，高齢になってもあまり衰えない。

【2】① イ　② キ

○解説○ ボディメカニクスの原理を確認しておくこと。介助する者，介助される者の双方の体に負担をかけず，安心な介助動作である。「体を小さくまとめる」「てこの原理を利用する」「向こうに押すのではなく手前に引く」などある。車いすの各部の名称を覚えることと，車いすの介助だけでなく，歩行や移動の介助についても理解しておくこと。

【3】3

○解説○ 介護保険の自己負担率は，利用者の収入に応じ1～3割である。介護保険の財源については，全体の50％を税金で，50％を保険料で賄っている。

【4】問1　NPO(法人)　問2　B　2015　C　2030　問3　ピクトグラム　問4　女性活躍推進(法)　問5　女性の就業率は上昇したが，妻の家事関連時間は変化がなく，夫婦の家事労働負担の差は埋まっていない。　問6　無償労働(アンペイドワーク)　問7　(1)　ウ　(2)　くるみん(マーク)　問8　オ，ク

○解説○ 問1　NPOは様々な社会貢献活動を行い，団体の構成員に対し収益を分配することを目的としない団体の総称である。事業で得た収益は，様々な社会貢献活動に充てることになっている。　問2　SDGsは2015年の国連サミットで加盟国の全会一致で採択された「持続可能な開発のための2030アジェンダ」に記載された国際目標である。17の

目標は確認し覚えておきたい。　問3　ピクトグラムは，情報や指示，案内などを単純化された絵や図形で表したもので，言語によらず情報を伝達することができ，街頭や施設内での案内などに用いられている。問4　10年間の時限立法として2016年4月に施行された女性活躍推進法は，「働きたい女性が個性と能力を十分に発揮できる社会」の実現を目的として，事業主に「女性活躍推進法に基づく一般事業主行動計画の策定・届出」および「女性活躍推進に関する情報公表」を義務付けているものである。　問5　M字のカーブはなだらかになってきているが，女性の家事関連の時間は減っていないので，女性に負担がかかっていることがわかる。30歳代女性は結婚，出産，子育てとライフイベントが続くことが多く，仕事と家庭の両立が難しくなる時期である。問6　育児，介護，家事等の家事労働，ボランティア，農作業，自営業等の家族労働などで，女性によって担われていることが多い。アンペイドワークを社会的，経済的に評価するシステムの開発と，性別役割分業を超えた男女間及び社会の中での公平な分担が大きな課題となっている。　問7　(1)　次世代育成支援対策推進法は，2005年に施行され10年間を集中的・計画的取組期間とした時限立法で，2014年改正によりさらに10年延長された。　(2)　次世代育成支援対策推進法に基づき，一定の基準を満たした企業は，申請することにより厚生労働大臣の認定(くるみん認定)を受けることができ，くるみんマークを掲示できる。さらに，認定を受けた企業が，より高い水準の取組を行い，一定の基準を満たすと，特例認定(プラチナくるみん認定)を受けることができる。　問8　誤りのある選択肢について，オは6週間前ではなく2週間前が正しい。クは通常の育休と産後パパ育休は，併用することができる。そのため，父親は子どもが原則1歳になるまでに，最大で4回まで分割して育休を取得することが可能になった。

【5】(1)　①　自分の生活を支える家庭生活が地域との相互の関わりで成り立っていることに気付けるようにするため。　②　介助する人は，相手の動きをさまたげないように立ち，脇の下から支えるようにして，相手のペースに合わせて歩く。　③　高齢者の介護に関する学習　④　身体的特徴…・聴力が低下する。　・視力が低下する。

・関節を動かしにくくなる。　疑似体験の方法…耳栓やゴーグル，サポーターやおもりを付けて歩く体験をする。　(2)　段差のない(少ない)動線を事前に確認しておく。　(3)　名称…シルバーマーク　意味…安全性・倫理性・快適性の基準を満たした良質なサービスや商品を提供する事業者マーク

○**解説**○ (1)　①　生活の様々な場面で家族以外の地域の人びとの手助けによって，自分が成長してきたこと，現在の生活が成り立っていることを気付かせたい。その気付きがあった上で，自分が，地域の中で主体的な実践活動(行動)を通して，地域の一員として役割を担うことのできる存在であることを確認し，具体的な行動に移せるように指導していきたい。　②　歩行だけでなくさまざまな介助の方法を理解しておくこと。高齢者には，普通に歩くことができても，時に歩きが不安定になったり，ふらついたりすることがある。歩行の介助は歩行者が右利きならば左斜め後ろ，左利きならば右斜め後ろが適している。杖を使用しての歩行であれば，杖のない方の斜め後方である。
③　高等学校では，車いすでの移動介助や食事の介助，衣類の着脱介助などがある。　④　疑似体験の方法についての問いは頻出である。高齢者の身体の特徴とそれについての疑似体験の方法を答えられるように学習しておきたい。　(2)　高齢者の目線で，学校施設を見直すことが必要である。　(3)　シルバーサービスの種類ごとに基準を設け，基準を満たした事業所(営業所)や介護用具に対して交付される。利用者が事業者などを選択する上での目安となる。

【6】(1)　A　エ　B　イ　C　ア　(2)　ウ　(3)　①　グリップを後方に引くと同時にティッピングバーを踏んで前方に押し上げ，前輪を浮かせる。　②　利用者にはバックレストにしっかりと背中を付けて乗ってもらい，介助者はハンドグリップをしっかりと持ち，後ろ向きになって前方を確認しながら，一歩一歩ゆっくりと下りる。

○**解説**○ (1)　人口に占める65歳以上の割合を高齢化率という。高齢化率が7%を超えると高齢化社会，14%を超えると高齢社会，21%を超えると超高齢化社会とという。高齢化率が7%を超えてから14%に達するまでの所要年数を見ると，Aは115年，Bは72年，Cは24年であり，

最も高齢化のスピードが早いのは日本である。世界の高齢化の推移について必ずグラフで確認しておくこと。 (2) 日本の高齢化率は昭和25年には5%に満たなかったが，令和4年には29.0%となっている。総人口が減少する中で65歳以上の者が増加することにより高齢化率は上昇を続け，令和18年には33.3%となり，国民の3人に1人が65歳以上の者になると見込まれている。 (3) ① ティッピングレバーとは，段差などで介助者が前輪を上げる時に足を掛けて踏み込むためのレバーである。 ② 車椅子が前を向いたまま急な坂を下ると，乗っている人は前に転げ落ちそうに感じ，乗っている人に不安を与えてしまう。反対に坂を上る時には，前を向いた状態でゆっくりと押すようにする。車椅子の各部の名称と介助の方法は覚えておくこと。

【7】(1) 高齢化率(高齢者人口割合) (2) 21 (3) ア 75
(4) 健康寿命 (5) a (6) d

○**解説**○ (1) 日本の高齢化率は昭和25(1950)年には5%に満たなかったが，45(1970)年に7%を超えて高齢化社会，平成6(1994)年には14%を超えて高齢社会となった。令和4(2022)年には29.0%となっている。総人口が減少する中で65歳以上の者が増加することにより高齢化率は上昇を続け，令和19(2037)年には33.3%となり，国民の3人に1人が65歳以上の者になると見込まれている。 (2) 高齢化率が7%を超えた社会を高齢化社会，14%を超えた社会を高齢社会，21%を超えた社会を超高齢社会と呼ぶ。日本では，平成19(2007)年に超高齢社会となった。 (3) 老人保健法が高齢者医療確保法に全面改正され，75歳以上の高齢者を対象にした後期高齢者医療制度が平成20年度に導入された。高齢者の医療費が増え続けたため，75歳以上患者の一部負担と公費負担を増やし，世代間や被保険者間の公平を保つために生まれた制度である。 (4) 内閣府の令和4年版高齢社会白書によると，健康寿命について，令和元年時点で男性は72.68年，女性は75.38年である。 (5) aには配偶者，bには子，cには子の配偶者，dには事業者，eには不詳が当てはまる。介護者としては同居の配偶者が最も多いことが分かり，要介護者も介護者も高齢者である老々介護が多いことが分かる。 (6) 虐待件数が多いものから順に，身体的虐待(67.3%)，心理的虐待(39.5%)，介護等放棄(19.2%)，経済的虐待(14.3%)，性的虐待(0.5%)である。身体的虐待とは，高齢者の身体に外傷が生じ，又は生じるおそれのある暴力を加えることをさす。

【8】問1 (1) 2 (2) 4 (3) 1 問2 4

○**解説**○ 問1 (1) 2010年でなく2000年に導入された。介護保険制度についての問題は頻出である。制度の概要と，介護サービスを受けるまでの流れ，介護認定の種類と内容など学習しておくこと。 (2) 介護サービスの種類と内容は理解しておくこと。老人施設の種類についても覚えておきたい。誤りのある選択肢について，1は，「ロウケン」と呼ばれ，入院治療後に家庭・社会復帰のためのリハビリテーション，生活訓練等を行う施設である。2の短期入所生活介護(ショートステイ)は通所介護施設では行わない。3は看護師ではなく，ホームヘルパーが訪問し，食事や排泄の介助，家事の支援，通院の介助などを行う。5は病院や診療所ではなく，医師の配置が義務付けられている施設で，長期にわたる医療が必要な要介護者に対して医療と介護，機能訓練を行う。 (3) 地域包括ケアシステムは高齢者が要介護状態となっても住み慣れた地域で住み続けられるように，地域内で構築されるサポート体制のことで，その中核をなすのが地域包括支援センターである。介護支援専門員は「ケアマネジャー」と呼ばれる。 問2 誤りのある選択肢について，1は高齢者ではなく，認知症の方が認知症患者を介護することである。2は16歳ではなく，18歳未満である。3は宿泊を伴わない介護が正しい。5は年齢に対する偏見や固定観念，年齢差別などをいう。

【9】問1 ア 40 イ 要支援 ウ 介護予防 エ 要介護 オ ケア 問2 ロコモティブシンドローム 問3 まひのない側からそでを脱がし，次にまひのある側のそでを脱がせる。着るときは，まひのある側からそでを通し，次にまひのない側のそでを通す。 問4 ヘルプマーク

○**解説**○ 問1 介護保険制度は，2000年4月に始まり，原則として3年ごとに改正が行われ，介護予防への取り組みを重視し，地域資源で高齢

者をケアできる仕組みを導入している。保険料の支払い義務が発生するのは40歳から，介護保険サービスが利用可能となる年齢は原則65歳以上で，さまざまな介護サービスを1～3割の自己負担で受けられる。要介護度は要支援1・2，要介護1～5に分けられ要支援では介護予防サービス，要介護では介護サービスを受けられる。ケアマネジャー(介護支援専門員)は，介護を必要とする人が介護保険サービスを受けられるように，ケアプランの作成やサービス事業者との調整を行なっている。
問2　ロコモティブシンドロームは2007年に日本整形外科学会によって提唱された概念である。運動器の障害により，日常生活に支援や介護が必要となることが多くなり，国民が運動器の健康維持に対して関心を向け，ロコモティブシンドロームを予防するための運動習慣が推奨されている。　問3　片まひがある場合の更衣介助は「患側から着て，健側から脱ぐ」という着患脱健が基本である。片まひがある場合は健側の腕を通すとき・抜くときに介助が必要となることが多い。介助される人の足が床につく高さで座ったことを確認し，介助される人の患側に立って行う。ボディメカニクスについても学習しておきたい。
問4　ヘルプマークは2012年10月東京都で作成・配布を開始，2017年にはJIS Z8210(案内用図記号)に採用され全国共通のマークとなった。

【10】 問1　4　　問2　4

○解説○ 問1　正答以外の選択肢について，1はADL「Activities of Daily Living」で基本的日常生活動作，2はIADL「Instrumental Activities of Daily Living」で，モノや道具を使いこなす生活能力のことで家事動作や，財産管理・自らの服薬管理など広い生活圏での活動や複雑な生活活動のことを指す。3はQOL「Quality Of Life」のことである。
問2　誤りのある選択肢について，1は5年ではなく10年が正しい。受給資格期間とは年金を受けるために必要な加入期間で，以前は受給資格期間が25年以上必要であったが，2017年8月1日から10年に短縮された。2は早く受け取ることはできる。国民年金は希望により60歳から繰上げ受給ができる。受給の請求の時期に応じて年金は減額され，その減額率は一生変わらない。3は大学や専修学校等の在学期間中，保険料の納付を猶予する学生納付特例制度がある。この期間は年金の受給資格期間には算入され，未納扱いとはならないが，追納しないと老齢基礎年金額の計算に反映されない。

【11】問1　(1)　フレイル(虚弱)　(2)　社会参加　(3)　健康寿命
問2　(1)　脱健着患(着患脱健)　(2)　ボディメカニクス　(3)　イ
問3　エイジズム　問4　QOL　問5　社会的包摂(ソーシャルインクルージョン)　問6　ウ

○**解説**○ 問1　フレイル予防で掲げてられている柱は3つである。たんぱく質をとる，バランスよく食事をする，水分も十分に摂取するなどの栄養。歩いたり，筋トレをしたりするなどの身体活動(運動)。就労や余暇活動，ボランティアなどに取り組む社会参加である。平均寿命と健康寿命の差を縮めていくことが課題である。　問2　(1)　介助の方法について，ベッドの移動，歩行，車いすなどの方法をそれぞれ確認しておきたい。　(2)　8つの原則，支持基底面を広くとる，重心を低く保つ，重心を近づける，体を小さくまとめる，大きい筋群を使う，水平移動を行う，押さずに手前に引く，てこの原理を使うを覚えておきたい。　(3)　正しくは，介助者は後ろ向きになってゆっくり進む。問3　エイジズムは，年齢により，人の能力や価値を決めつけて人権や尊厳を侵害する考え方である。　問4　「QOL」は物質的な豊かさだけでなく，充実感，満足感を感じているかという観点から生活をとらえる考え方。　問5　性別や人種，民族や国籍，障害の有無などによって排除されることなく社会に参画する機会を持てること。　問6　正答以外の選択肢のマークも覚えておきたい。アは聴覚に障害があることを示し，コミュニケーションに配慮を求める場合などに使用される。イは聴覚障害の人が車を運転する場合に表示する。このマークを付けた車への幅寄せや割り込みは禁止されている。エはオストメイト(人工肛門や人工膀胱を造設した人)を示すマーク。オストメイト対応のトイレなどの設備があることを示す場合に使用される。

【12】1　e　2　b　3　a　4　d　5　c

○**解説**○ 1　レスパイトケア(respite care)とは介護する側の負担軽減のためのケアのこと。介護は家族の身体的・精神的負担が大きいため，様々な支援や休息の時間を作り，心身疲労や共倒れを防止するためのケアである。具体的には，デイサービスやショートステイなどのサービスを指すことが多い。　2　ボディメカニクスとは，介護の負担を軽減できる技術で，介護者の腰痛予防にも役立つ。8つの原理は確認しておくこと。　3　介護保険制度に関する問題は頻出である。出題されることが多い事項として，保険者は市町村，第1号保険者は65歳以上の者，第2号保険者は40歳から64歳までの者であること。介護認定は要介護1～5，要支援1～2があるのでその内容を確認しておくこと。介護サービスを利用する場合は，介護支援専門員(ケアマネジャー)にケアプランの作成を依頼する。ケアプランの種類など学習しておくこと。　4　dはヘルプマークで，義足や人工関節を使用している患者，内部障害や難病の患者などが利用する。正答以外について，aは「身体障害者標識」で，肢体不自由であることを理由に免許に条件を付されている方が運転する車に表示するマーク。bはオストメイトマークで人工肛門や人工膀胱を造設している人対応のトイレに表示される。cはハートプラスマークで，内臓に障害のある方を表している。eは耳マークで聞こえが不自由なことを表す，また聞こえない人・聞こえにくい人への配慮を表すマークである。　5　選択肢にあげられている言葉はいずれも問題として頻出である。社会的包摂(ソーシャルインクルージョン)以外についても説明できる程度に理解しておきたい。

【13】高齢者は，足があがりにくいのでつまずいて転ばないように，床に物を置かない。

○解説○ 床の敷物ですべったり引っかかったりして転倒する事故も多い。中学生ができること以外で対策できることは，段差をつくらない，ふらついたときにもつかまれる手すりをつけることなどがある。

【14】(1)　①　(c)　②　(e)　③　(b)　④　(d)　⑤　(a)

(2)　物忘れは昼食の内容を忘れる。認知症による記憶障害は，昼食を食べたことを忘れる。　(3)　ヘルプマーク　(4)　孤立，ライフステージ　(5)　③

○解説○ (1)　ダイバーシティとは多様性のことである。バリアフリーとは，障害となるものを取り除くことである。ユニバーサルデザインとは，あらゆる人が利用しやすいように物や環境をデザインすることである。ノーマライゼーションは，障害者の権利を尊重し，社会的な偏見や差別を排除し，障害者が一般の社会に参加できるようにすることである。ソーシャル・インクルージョンは，社会的な包摂や参加を意味する。いずれも重要で頻出用語なので理解しておくこと。 (2) 加齢による物忘れは，物忘れを自覚している，体験したことの一部を忘れる，判断力は低下しない，日常生活に支障はないという状態であるが，認知症による物忘れでは，物忘れの自覚がない，体験したこと自体を忘れる，判断力が低下する，日常生活に支障があるという状態である。 (3) 義足や人工関節を使用している人，内部障害や難病の人，または妊娠初期の人など，外見からは分からなくても援助や配慮を必要としている人が，周囲の人に配慮を必要としていることを知らせることで，援助を得やすくなるように作成されたマークである。
(4) 5つの観点は，以下の通り。1.自立(高齢者は，収入や家族・共同体の支援及び自助努力を通じて十分な食料，水，住居，衣服，医療へのアクセスを得るべきである。) 2.参加(高齢者は，社会の一員として，自己に直接影響を及ぼすような政策の決定に積極的に参加し，若年世代と自己の経験と知識を分かち合うべきである。) 3.ケア(高齢者は家族及び共同体の介護と保護を享受できるべきである。) 4.自己実現(高齢者は自己の可能性を発展させる機会を追求できるべきである。) 5.尊厳(高齢者は，尊厳及び保障をもって，肉体的・精神的虐待から解放された生活を送ることができる。) (5) 正答以外の選択肢について，①は1992年，②は1963年，④は2021年に施行された。

【15】(1) ④ (2) ⑤ (3) ②

○**解説**○ (1) 年齢に基づいた差別を「エイジズム」といい，年齢に対する偏見や固定概念など画一的な見方・考え方のことである。高齢社会対策大綱の概要は確認しておくこと。「地域包括ケアシステム」は問題として頻出なのでシステムと，その中心的機関である各市町村に設置された「地域包括支援センター」の機能について学習しておくこと。平均寿命と健康寿命の差を小さくしていくことが重要である。

(2) フレイル予防の3つのポイントを確認しておくこと。食べる力を維持するために根菜類など固いものを食べるよう勧めている。

(3) 日本は平均寿命と健康寿命には約10年の開きがあるといわれる。この時期のことが③である。平均寿命は①のことである。

【16】(1) ① 健康寿命 ② 介護予防 ③ 高齢者虐待防止
(2) バリアフリー法 (3) ノーマライゼーション (4) ケアラー (5) 老々介護 (6) 第2号被保険者の配偶者

○解説○ (1) 内閣府の2022年版高齢社会白書によると，健康寿命について，男性は72.68歳，女性は75.38歳である。高齢者虐待防止法では，高齢者虐待防止に関する国の責務や養護者への支援，医療・福祉従事者の早期発見の努力義務など定められている。 (2) ハートビル法と交通バリアフリー法が一体となり，施行された「高齢者，障害者等の移動等の円滑化の促進に関する法律」である。 (3) ノーマライゼーションは，高齢者や障害者の権利を尊重し，社会的な偏見や差別を排除し，高齢者や障害者が一般の社会に参加できるようにすることである。 (4) 無償で介護，看護，日常生活の世話を行う人をケアラーと呼ぶが，その中でも18歳未満の人はヤングケアラーと定義されている。ヤングケアラーは，令和2年度に行われた厚生労働省の調査によると中学2年生で5.7%，高校2年生で4.1%いるとされている。ヤングケアラーに関する問題は頻出なので確認しておくこと。 (5) 老々介護と認々介護は理解しておくこと。 (6) 第3号被保険者とは，第2号被保険者に扶養されている配偶者であり，原則として年収が130万円未満の20歳以上60歳未満の人である。第2号被保険者とは，厚生年金保険や共済組合等に加入している会社員や公務員である。

【17】(1) ③ (2) ① (3) ④ (4) ① (5) ②

○解説○ (1) フレイルは頻出用語なので必ず理解しておくこと。正答以外の選択肢について，①は運動器の障害によって移動機能が低下した状態。②は体を動かしながら，脳を鍛える認知症予防の簡単エクササイズ 。④は認知症症状の一つで時間や場所の認識能力が低下した状態。⑤は加齢によって起こる全身の筋肉量減少による筋力低下や身体機能が低下した状態。　(2)　支持基底面積を大きくするほど安定する。両足を大きく広げて踏ん張った状態で介助した方が安定する。ボディメカニクスについての問題は頻出なので基本は覚えておくこと。

(3)　正答以外の選択肢について，①は高齢者や障がい者などの社会的弱者を特別に扱わず，誰もが同等に生活できる社会を目指す考え方。②は年齢，性別，文化の違い，障がいの有無にかかわらず，誰にとってもわかりやすく，使いやすいデザイン，設計のこと。③は厚生労働省が掲げている新たな取組で，基本的な考え方を「・機会の平等の保障のみならず，国民が自らの可能性を引き出し，発揮することを支援すること。　・働き方や，介護等の支援が必要になった場合の暮らし方について，本人の自己決定(自律)を支援すること。　・社会的包摂の考え方に立って，労働市場，地域社会，家庭への参加を保障することを目指すものである。参加型社会保障(ポジティブ・ウェルフェア)は，経済成長の足を引っ張るものではなく，経済成長の基盤を作る未来への投資である。」としている。　(4)　介護保険の保険給付として使える介護予防サービスには，入浴介護，看護師による訪問介護サービス，訪問リハビリテーションなどがある。介護認定の段階と利用できるサービスを整理して覚えておくこと。　(5)　高齢者のための国連原則は5つの領域において設定されている。選択肢②以外がこれに当てはまる。

【18】(1)　③　　(2)　⑤　　(3)　⑤

○**解説**○ (1)　高齢者は，低音域より高音域が聞こえにくくなる。

(2)　厚生労働省の発表した令和3年簡易生命表によると，平均寿命について，男性は81.47年，女性は87.57年である。内閣府の2022年版高齢社会白書によると，健康寿命について，男性は72.68歳，女性は75.38歳である。女性は平均寿命も健康寿命も長いが，差は男性が8.79，女性は12.9で女性の方が大きい。　(3)　要支援1～2，要介護1～5の目安を理解しておくこと。

【19】1　(a)　老人福祉法　　(b)　60　　(c)　○　　(d)　高齢者虐待防止法　　2　(ア)，(エ)

○**解説**○ 1 (a)について，健康増進法は「国民健康・栄養調査」や食生活，運動，休養，喫煙，飲酒，歯の健康保持その他の生活習慣に関する正しい知識の普及に関する法律である。(b)について，年金と社会保障についての問題は頻出なので，十分に学習しておくこと。(d)のDVは，配偶者や恋人など親密な関係にある者からの暴力のこと。
2 誤りのある選択肢について，(イ)は正しくは夜間対応型訪問介護である。(ウ)の説明に該当するのは通所介護(デイサービス)である。

【20】(1) (a) 社会(外部) (b) 介護保険制度 (c) 40 (d) 要介護 (e) 介護支援専門員(ケアマネジャー) (f) 介護サービス計画(ケアプラン) (2) ① 訪問介護(ホームヘルプサービス) ② 短期入所生活介護(ショートステイ) ③ 認知症対応型共同生活介護(グループホーム) (3) ・車椅子を乗り降りする際や停止している際は，必ずブレーキをかけること。 ・声をかけてから車椅子を押し，急発進や急停止しないようにすること。 ・手がタイヤに巻き込まれないようにすること。
○**解説**○ (1) 介護サービスに関する基礎内容である。介護保険の仕組みと介護認定までの流れ，介護認定の要支援1・2，要介護1～5の7段階の内容について確認しておくこと。 (2) ①は，入浴，排せつ，食事等の介助などの身体介護や調理，洗濯，掃除等の生活援助を行うサービス。②は，利用者の心身の状況や病状が悪い場合や家族(介護者)の疾病，冠婚葬祭，出張，また，家族(介護者)の身体的・精神的負担の軽減などのため，利用される。③は，介護スタッフによる入浴，排せつ，食事等の介護その他の日常生活上の世話及び機能訓練を受けながら，残存能力に応じて自立した日常生活を営めるようにするための施設。 (3) 車椅子の各部の名称と扱い方を理解しておくこと。

【21】問1 (1) ア，イ (2) 特徴…日本は，高齢化社会から高齢社会になるのにわずか24年しかかかっておらず，ほかの国と比べて，高齢化が急激に進んだことがわかる。 課題…労働力の減少，年金や医療費の増大，医療や介護の従事する人の育成などの課題が生まれている。 問2 ① 自助 ② 公助 問3 フレイル

○**解説**○ 問1 (1) 高齢化率とは総人口に占める65歳以上人口の割合のことである。日本の2000年の高齢化率は17.4%である。高齢化は先進地域の方が急速に進む予想である。 (2) 65歳以上の割合が人口の7%以上を占めている社会を高齢化社会，14%以上を高齢社会，21%以上を超高齢化社会という。2022年の日本の高齢化率は29.0%である。
問2 自助は自ら取り組むこと，互助は家族，友人など個人的な関係性を持つもの同士で助け合うこと，共助は地域や身近にいる人同士で助け合うこと，公助は国や地方自治体が取り組むことである。
問3 フレイルは，健常から要介護へ移行する中間の段階ともいわれ，判定基準は体重減少，疲れやすい，歩行速度の低下，握力の低下，身体活動量の低下の5項目のうち3項目以上該当するとフレイルと判断される。1または2項目だけの場合にはフレイルの前段階であるプレフレイルと判断する。フレイルに早く気付き，適切な介入・支援により，生活機能の維持向上が可能と言われている。

【22】(1) ア 互 イ 共 ウ 公 (2) ア 民生委員
イ 成年後見人 (3) ① 子 ② 老老 ③ ヤングケアラー
(4) ロコモティブシンドローム

○**解説**○ (1) 自助・共助・公助について内容を整理して理解すること。共助は介護保険に代表される社会保険制度及びサービス，公助は税による公的負担であり，高齢者福祉事業や，生活保護，人権擁護，虐待対策などがある。 (2) ア 民生委員は，それぞれの地域において，常に住民の立場に立って相談に応じ，必要な援助を行い，社会福祉の増進に努める。児童委員を兼ねており，地域の子どもたちが元気に安心して暮らせるように，子どもたちを見守り，子育ての不安や妊娠中の心配ごとなどの相談，支援なども行う。 イ 成年後見人は本人にどのような保護・支援が必要かなどの事情に応じ，家庭裁判所が選任する。本人の親族以外にも，法律・福祉の専門家その他の第三者や，福祉関係の公益法人その他の法人が選ばれる場合もある。
(3) ① 介護に関する最新の調査を確認しておくこと。 ② 主に65歳以上の高齢の夫婦や親子，兄弟などのどちらかが介護者で，もう一方が介護される側であることを指す。認認介護についても確認しておくこと。　③　ヤングケアラーは，令和2年度に行われた厚生労働省の調査によると中学2年生で5.7％，高校2年生で4.1％いるとされている。問題が表面化しにくいので，対策が行き届かないなど課題が多い。(4)　ロコモティブシンドロームとは，英語のLocomotion(移動する)とLocomotive(移動するための能力がある)から作られた言葉で，移動するための能力が不足したり，衰えたりした状態のことである。要支援，要介護になる原因の一位は転倒，骨折や関節の病気など運動器の故障である。

【23】⑥

○**解説**○ 誤りのある選択肢について，アの要介護5は，介助なしに日常生活を送ることができない状態である。要支援1～2，要介護1～5の目安を理解しておくこと。イのショートステイは短期間の入所である。一時的に養育・介護をすることができない場合や，または家族の精神的・身体的な負担の軽減等を図るために，短期間の泊まりでの入所で，日常生活全般の支援や介護を受けることができるサービスである。ここで説明されているのは通所介護(デイサービス)である。他にも介護の種類と内容を確認しておくこと。エについて，20歳ではなく，正しくは40歳以上である。65歳になった月から第1号被保険者に切り替わる。老人福祉法では老人福祉施設とは，老人デイサービスセンター，老人短期入所施設，養護老人ホーム，特別養護老人ホーム，軽費老人ホーム，老人福祉センター及び老人介護支援センターとされている。サービスの種類と入所の条件などを確認し理解しておくこと。

【24】(1)　認知症は脳の神経細胞の機能低下や死滅によって認知機能が低下し，日常生活に6か月以上支障をきたす病気で，老化によるものではない。忘れたことの自覚がなく，症状は進行するものである。(2)　①　腰痛　②　肩幅　③　水平　④　息　(3)　エイジレス・ライフ　(4)　人生100年時代

○**解説**○ (1)　認知症には，アルツハイマー型，血管性，レビー小体型，前頭側頭型などがある。多くを占めるアルツハイマー型認知症や血管

性認知症は生活習慣病との関連があるとされている。 (2) ボディメカニクスの基本の原理は覚えておくこと。頻出事項である。 (3) 内閣府の発表しているエイジレス・ライフ実践事例を確認しておきたい。 (4) 幼児教育の無償化と高齢者の雇用拡大の他にも，介護人材の処遇改善やリカレント教育，待機児童の解消などの対策が進められた。

【25】(1) ① アメリカ ② 日本 ③ スウェーデン
(2) ① イ，オ ② ア，ウ ③ エ，カ (3) ア 社会保険 イ 税金 ウ ○ (4) 相対的貧困率 (5) ジニ係数

○**解説**○ (1)(2) ①は市場依存型，②は家族依存型，③は政府依存型である。 (3) 日本の社会保障制度は，社会保険料を主な財源とする「社会保険」と税金を財源とする「社会福祉」「公的扶助」「公衆衛生」などに大別できる。それぞれの内容を確認しておくこと。 (4) 貧困は大別すると，人間として最低限の生存を維持することが困難な状態の「絶対的貧困」とその国の文化水準，生活水準と比較して困窮した状態の「相対的貧困」に分けられる。「相対的貧困」は世帯の所得が，その国の等価可処分所得の中央値の半分に満たない状態のことで，厚生労働省が国民生活基礎調査をもとに3年ごとに公表している。2021年の日本の相対的貧困率は15.4％で，アメリカの15.1％，韓国の15.3％より高く，先進国では最下位である。 (5) ローレンツ曲線とは，世帯を所得の低い順番に並べ，横軸に世帯の累積比をとり，縦軸に所得の累積比をとって，世帯間の所得分布をグラフ化したものである。所得格差が存在しなければ，ローレンツ曲線は均等配分線と一致するが，所得や富の分布に偏りがあるとローレンツ曲線は下方に膨らんだ形になる。均等配分線とローレンツ曲線に取り囲まれた面積の割合をジニ係数といい，ジニ係数が大きいほど格差が大きい。

【26】問1 ア 問2 オ 問3 オ

○**解説**○ 問1 介護の三原則ともいえるので理解しておきたい。生活の継続性は，出来る限り在宅でそれまでと変わらない暮らしができるように配慮する。自己決定の尊重は，高齢者自身が生き方・暮らし方を

自分で決定しその選択を尊重する。自己能力の活用は，本人ができることまで手助けするのは残存能力の低下を招くのでしない。
問2　生活扶助には，金銭支給と現物支給がある。金銭でもらえるものには，選択肢では生活扶助，生業扶助。その他，教育扶助，出産扶助，住宅扶助などがある。　問3　認知症の中で最も多いのは，アルツハイマー型で，次いで，脳梗塞や脳出血などの脳血管障害による血管性認知症である。認知症の症状は理解しておくこと。

【27】(1)　B　　(2)　①　C　　②　D　　③　B　　(3)　①　D
②　E　　③　C

○**解説**○ (1)　日本の高齢化社会への流れはグラフで確認しておくこと。(2)　①　要支援は1・2，要介護は1～5の判定基準と利用できるサービスの内容を覚えておくこと。　②　ユニバーサルデザインフードの規格の内容を確認すること。容易にかめる，歯ぐきでつぶせる，舌でつぶせる，かまなくてよいの4区分である。　③　介護医療院は，特別養護老人ホーム(特養)や，介護老人保健施設(老健)と異なり，医療の必要度が高い人へ対応できるような施設である。それまでにあった介護療養型医療施設の廃止に伴う創設である。　(3)　①　社会福祉協議会ではなく，認知症サポーターキャラバンが行っている。　②　高齢者のための国連5原則は覚えておくこと。　③　都道府県ではなく，市町村が正しい。

【28】(1)　①　　(2)　④　　(3)　③

○**解説**○ (1)　高齢者の虐待についても学習しておきたい。　(2)　ポジティブ・ウェルフェア(参加型社会保障)とは，かつての社会保障(消費型・保護型社会保障)とは異なる新たな概念である。　(3)　障害者差別解消法は，全ての国民が，障害の有無によって分け隔てられることなく，相互に人格と個性を尊重し合いながら共生する社会の実現に向け，障害を理由とする差別の解消を推進することを目的として制定された。概要を確認しておくこと。

【29】(1)　A　介護予防　　B　地域包括　　(2)　①　オ　　②　カ

③ コ　④ ウ

○**解説**○ (1)　介護保険制度の，要支援1～2認定の方に対しては，介護予防として地域密着型の介護予防サービスがある。高齢者が，介護が必要となっても慣れ親しんだ地域で自分らしい暮らしを続けられるよう，地域が一体となり医療や介護，福祉などの支援・サービスを提供する体制を地域包括ケアシステムといい，システムの中心的役割を担うのは地域包括支援センターである。介護保険の相談の窓口にもなっている。　(2)　要介護1～5の判断の目安を確認しておくこと。施設サービス，居宅サービス，地域密着型サービスはそれぞれ内容を整理して覚えておくこと。サービスや施設の内容に関する問題は頻出である。

【30】1　①　イ　②　エ　③　ア　2　①　ウ　②　オ

3　(1)　①　リハビリテーション　②　生活の質(QOL)　(2)　買い物，電話，薬の管理等の日常生活上の複雑な動作のこと(手段的日常生活動作)。　4　(1)　常に介護が必要で，自宅では介護が困難な方が入所し，食事，入浴，排せつなどの介護を一体的に提供する施設。(2)　自宅で療養生活が送れるよう，看護師などが医師の指示のもとで，健康チェック，療養上の世話などを行うサービス。

○**解説**○ 1　車いすの各部の名称についての問題は頻出なので，必ず覚えること。車いすの介助についても基本的なことは理解しておくこと。2　ユニバーサルデザインフードは調理の手間が省ける「調理加工食品(レトルト食品・冷凍食品)」や，料理に加えることでとろみが増し，飲み込みやすくなる「とろみ調整食品」などがある。「調理加工食品(レトルト食品・冷凍食品)」のパッケージには，ロゴマークとともに「容易にかめる」「歯ぐきでつぶせる」「舌でつぶせる」「かまなくてよい」の4つの区分形状が表示されている。「とろみ調整食品」はとろみの状態についてメーカー間の表示を統一し，とろみのつき方を4段階のイメージで表現している。　3　(1)　①　病気やけがなどで障害を抱えた人が，再びその人らしい生活を取り戻し，豊かな人生を送ることができるように支援していくことをリハビリテーションという。リハビリテーションを実施する人のことをセラピスト(治療者)といい，セラピストは理学療法士・作業療法士・言語聴覚士の3つに大別される。理学療法士は物理的手段を使って関わり，作業療法士は作業活動を使ってリハビリを進め，言語聴覚士は話す・聞くなど口や耳に関わることを中心に関わっていく。 ② QOLはQuality Of Lifeの略である。頻出用語なので意味を説明できる程度に理解しておくこと。

(2) IADLはInstrumental Activities of Daily Livingの略である。ADLはActivities of Daily Livingの略で基本的日常生活動作という意味を持つ。

4 (1) 特別養護老人ホームは公的な施設の中で数も多く，比較的費用が安いのが特徴である。高齢者に関する施設の種類と内容を整理して覚えておくこと。頻出事項である。 (2) 訪問看護は小児から高齢者まで，年齢等を問わず訪問看護を必要とする人が対象であり，リハビリテーション専門職(理学療法士・作業療法士・言語聴覚士)が訪問看護の範囲で必要に応じて訪問する場合もある。要支援者または要介護者は，原則，介護保険が適用される。介護認定の基本について学習しておくこと。

住生活

要点整理

□**住居の役割**　生活様式(食寝分離，就寝分離)。

□**住居の種類**　木造住宅，鉄筋コンクリート造住宅の長所・短所および構造，木造住宅の構造の長押・根太の用語説明の問題もあり，どういう働きをする場所なのか理解しておくとよい。その他コンクリートブロック，プレハブ住宅などの特徴も覚えておきたい。

□**住空間**　個人生活・共同生活・家事生活・生理衛生のための空間の分類。

□**建築平面表示記号**　住居の平面・家具・設備の表示記号，畳の寸法。

□**室内の環境**　日照と採光の機能，冷暖房時の温度，室内の快適温度，室内の照度と照明器具との関係，室内空気の汚染(CO_2，CO濃度)，室内空気の浄化及び換気，結露現象，ストーブの置き方と気流の変化。特に，冷房時の最低温度および室外との温度差，生活上の快適温度，日照権の問題，結露現象の問題は出題頻度が高い。シックハウス症候群もおさえておくこと。

□**省エネルギーの工夫**　熱源の効果的な使い方および安全な取扱いについて(ソーラーハウス)。環境共生住宅。

□**清掃・手入れ**　住まいの汚れ・原因，壁面に使用する材料の適切な清掃や手入れの仕方，しみぬき。

※ユニバーサルデザイン，コーポラティブ住宅，住宅の品質確保の促進等に関する法律(2000年4月)についても理解しておく。

家庭科　住生活

実施問題

【1】安全で快適な住まいについて，次の各問いに答えよ。

1　消防法の改正により，2006年から全ての住宅に設置が義務付けられた機器を何というか書け。

2　次図のように，電源プラグとコンセントの隙間にほこりがたまり，そのほこりが空気中の湿気を吸い込むことで漏電し，発火する現象のことを何というか書け。

2024年度　岡山市　難易度

【2】次の会話は，授業の導入の一場面である。各問いに答えよ。

教　師：はじめに，住生活分野について中学校でどのようなことを習ったか思い出して，印象に残っていることを教えてください。

生徒A：私は，健康への影響が印象に残っています。(a)<u>室内環境の工夫の一つとして，家の押し入れに「すのこ」を置く実践</u>をしました。

生徒B：私は，伝統的な住まいについて学んだ時に，祖父の家の窓や出入り口などの開口部が大きいことや，ひさしがあることは，(b)<u>通風や日照</u>を確保する工夫だということに気付きました。

生徒C：私は，地震などの災害対策について学んだ時に，家から学校までの間の(c)<u>自然災害が起こった際に危険な場所や，安全な場所への避難経路などを示した防災対策用の地図</u>を作ったことを覚えています。

生徒D：私は，高齢の祖母と同居しているので，家庭内事故について学んだ時に，家族で家の安全対策を見直して，(d)お風呂場に手すりをつけました。

1　下線部(a)の効果と健康への影響について答えよ。

2　下線部(b)について，その確保のために建築基準法により建ぺい率等が決まっている。次の式の(　　)に当てはまる語句を答えよ。

$$\text{建ぺい率}(\%)=\frac{(\quad)\text{面積}}{\text{敷地面積}}\times 100$$

3　下線部(c)を何というか，カタカナで答えよ。

4　下線部(d)のように生活上の支障を取り除くことを何というか，カタカナで答えよ。

2024年度 ｜ 岡山県 ｜ 難易度

【3】住居におけるユニバーサルデザインについて，誤っているものを一つ選び，番号で答えよ。

1　階段には，手すりや足元を照らすフットライトを設置する。

2　浴室は，滑りにくい床で，出入り口は引き戸にし，手すりを設置する。

3　住居内では，つまずき防止のために段差をつくらない。

4　アプローチは，高低差がある場合，階段を設置する。

2024年度 ｜ 愛知県 ｜ 難易度

【4】次の文章は，健康で快適な暮らしについて述べたものである。以下の問に答えよ。

健康で快適な暮らしを送るためには，室内の通風や換気を行う必要がある。室内の空気を排出する排気口は(　A　)にあるとよい。また，住まいの中で，暮らしやすく，かつ，家庭内の事故を起こさないようにするためには，人やものが移動するときの軌跡である(　B　)を効率のよいものになるよう考える必要がある。

最近では，①アクティブデザインやパッシブデザインを取り入れ，環境に配慮した住宅が増えている。室内温度のコントロールは，自然エネルギーをうまく利用することが大切である。特に暑さや寒さの厳しい季節には，②人為的に室温をコントロールして健康を害さないようにすることが大切である。

問1　空欄Aに適する語句をア～エから選び，記号で答えよ。

ア　風上で部屋の下部　　イ　風上で部屋の上部

ウ　風下で部屋の下部　　エ　風下で部屋の上部

問2　空欄Bに適する語句を答えよ。

問3　下線部①のように，環境に配慮しつつ快適な住環境を目指した住宅のことを何というか答えよ。

問4　下線部②に関連して，「ヒートショック」とは何か，説明せよ。

2024年度　鹿児島県　難易度

【5】住生活と住環境について，次の(1)～(4)の問いに答えなさい。

(1)　耐震構造と免震構造について，それぞれどのようなものか説明せよ。

(2)　地震によるタンスや本棚の転倒を防ぐ方法を1つ書け。

(3)　次の写真は，岐阜県白川村で見られる伝統的な住居である。この建築様式の名称を答えよ。また，地域の気候や風土に合わせたこの住居の特徴を1つ書け。

(4)　次の①，②の平面表示記号が表すものを答えよ。

①

②

2024年度　群馬県　難易度

【6】次の各問いに答えよ。

(1) 日本の住まいについての説明ア～オと，図中の(A)～(E)の住まいのある地域の組合せとして最も適切なものを，以下の①～⑤の中から一つ選べ。

ア　漁業と生活が一体化し，船が直接出入りできる住宅形式。

イ　かやぶきの急こう配の屋根が特徴で，屋根裏部屋では養蚕が営まれていた。

ウ　三角屋根にして雪がすべり落ちやすいような工夫がされている。

エ　台風の暴風から家を守るため，サンゴの岩を積み上げた塀で家の周りを囲んでいる。

オ　冬の風から家屋を守る間垣をつくり，冬は暖かく，夏は日差しをさえぎり，涼しく過ごす工夫をしている。

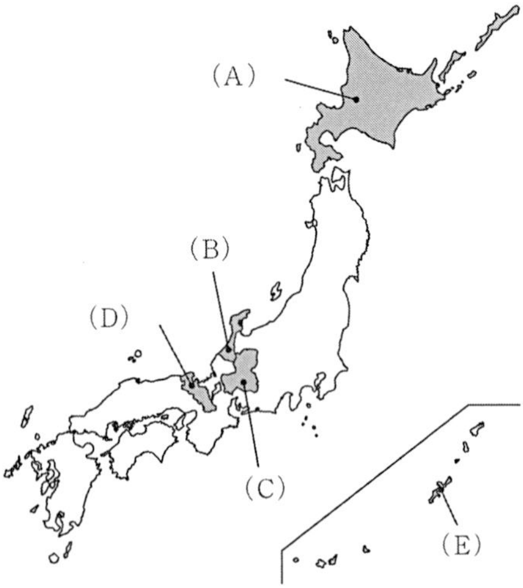

	(A)	(B)	(C)	(D)	(E)
①	ウ	エ	イ	ア	オ
②	ア	イ	ウ	エ	オ
③	ウ	オ	イ	ア	エ
④	イ	ア	ウ	オ	エ
⑤	ア	オ	イ	ウ	エ

(2) これからの住まい・まちづくりについて適切でないものを，次の①～⑤の中から一つ選べ。

① 環境共生住宅には，ネット・ゼロ・エネルギー・ハウスのような機械・設備的工夫によるアクティブデザインや，日本の伝統的な住まいの知恵をいかして自然エネルギーを最大限に活用・調整するパッシブデザインがある。

② 人と人とがかかわり合う集合住宅として，住み手が企画・設計段階から参加し，協同で建設・運営するコレクティブハウジングや，独立した専用住戸と共用空間を持ち，生活の一部を共同化するコーポラティブハウスがある。

③ 2017年に設立された住宅セーフティネット制度は，民間の空き家・空き室を活用して，高齢者，障がい者，子育て世帯等の住宅の確保に配慮が必要な住宅確保要配慮者の入居を拒まない賃貸住宅の供給の促進を目的としている。

④ 地震が多い日本では，家具の配置，物の置き方，地震の二次災害として発生する通電火災への対策など，日頃から災害に備えた住まい方をしておくことが大切である。

⑤ 住環境の評価指標の例として，安全性，保健性，利便性，快適性，持続可能性が挙げられ，誰もが安心して暮らせるまちづくりが求められる。

2024年度 岐阜県 難易度■■■□□

【7】住生活について，次の各問いに答えなさい。

(1) 次の(①)～(④)にあてはまる最も適切な語句を答えなさい。

> 日本は世界の中でも地震の多い国である。また，近年は気候変動によるさまざまな自然災害がおきており，日頃から災害に備えた住まい方をしておくことが大切である。家庭でできる防災の備えとしては，住居を(①)化するだけでなく，(②)の配置を見直して転倒防止を工夫したり，安全な(③)を確保したり，非常用持ち出し品を準備したりするなど，できることはたくさんある。また，自然災害の被害を予

測し，その被害範囲を地図化した(　④　)を確認して避難計画を立てておくことも重要である。

(2) 次の①～⑥のうち，和式の住まい方の特徴を説明している文をすべて選び，番号で答えなさい。
① 部屋の仕切りは主に引き戸で，開き具合で光，風，音を調節することができる。
② 寝具として使われる家具は，高齢者が起き上がりやすく，介護者の負担も少ない。
③ ふすまをはずすなどして部屋をつなげて広い空間にすることができる。
④ 戸を閉めたときの気密性や遮音性が優れている。
⑤ 部屋の使用目的に合わせて家具が必要である。
⑥ 空気中の湿度を調整するのに木や紙などの自然素材が多く使われている。

(3) 住まいの間取りを表す際に用いられるLDKとは，それぞれどんな空間の頭文字か。すべてカタカナで答えなさい。

(4) 家の中の段差を少なくしたり，手すりをつけたりするなど，障がいのある人や高齢な人などが社会参加するうえで支障となる障壁を取り除くことを何というか。

(5) 住宅建材に使われている化学物質などが原因となって，頭痛や目の痛み，鼻・のどの不調などの症状が出る健康被害や室内汚染等のことを何というか。

(6) 家庭内で消費するエネルギー量を少なくし，それを上回るエネルギーを創ったり貯めたりし，エネルギーの収支をゼロまたはプラスにする住まいのことを何というか。

2024年度 | 鳥取県 | 難易度 ■■■□□

【8】住生活に関する次の問いに答えよ。

(1) 次の図は，乳幼児と高齢者の家庭内事故死のおもな原因である。(　ア　)～(　エ　)にあてはまる語句の適切な組合せを①～⑥から選び，番号で答えよ。

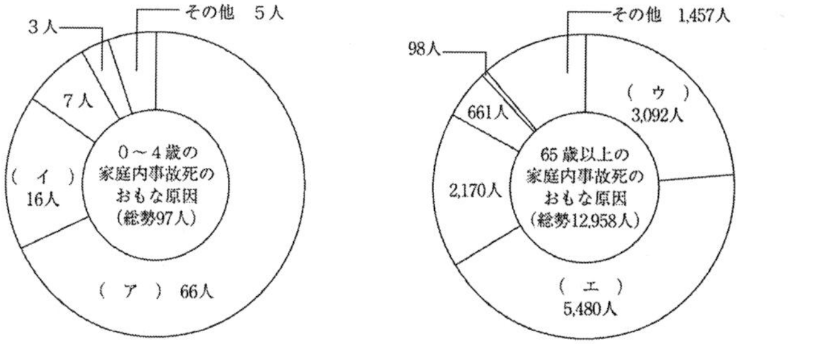

(厚生労働省「平成30年人口動態統計」より)

	ア	イ	ウ	エ
①	窒息	溺れる	窒息	溺れる
②	溺れる	窒息	窒息	溺れる
③	溺れる	転倒・転落・墜落	溺れる	窒息
④	窒息	転倒・転落・墜落	窒息	転倒・転落・墜落
⑤	窒息	溺れる	溺れる	窒息
⑥	溺れる	窒息	窒息	転倒・転落・墜落

(2)　次の図の適切な表記を①～⑤から選び，番号で答えよ。

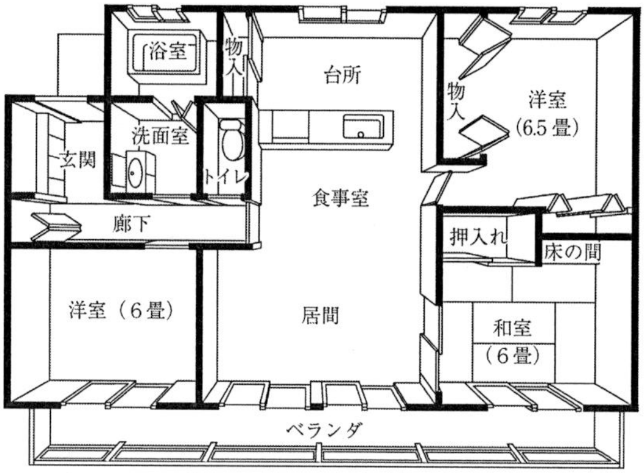

①　4DK　　②　2LDK　　③　3LDK　　④　5K　　⑤　4LDK

(3)　次の文章の(　ア　)にあてはまる適切なものを①～⑤から選び，番号で答えよ。

超高齢社会の課題としては，日常生活の場である地域が主体となり，実情に合わせて制度を整えていくこと，住みやすい社会基盤を整えること等が重要である。(　ア　)により，不特定多数の集まる建築物や公共交通機関やその間の経路も含めた，まち全体の多面的なバリアフリー化が進められている。

① 住生活基本法　　　② 住生活基本計画
③ ハートビル法　　　④ バリアフリー新法
⑤ 交通バリアフリー法

(4) スケルトン・インフィル方式について述べた文として適切なものを①～⑤から選び，番号で答えよ。

① 建て替えることなく，老朽化した建築物の機能や性能を向上させること。

② 用途変更により新たな利用価値を生み出し，建物の性能を向上させること。

③ エネルギー自給型住宅のこと。

④ 家庭内のエネルギーを，可視化や自動制御などにより管理する仕組みのこと。

⑤ 今まで一体化していた建物の骨格・構造体と内装・設備を分けてつくり，骨格・構造体に高度の耐用性をもたせること。

2024年度 ▌神戸市 ▌難易度 ■■■□□

【9】次の□は，住まいの安全について述べたものである。以下の(1)～(4)の各問いに答えよ。

> 住まいの中で起こる家庭内事故は，発達段階(ライフステージ)別に見ると(　①　)期や(　②　)期に多く発生している。2018年厚生労働省の人口動態統計のデータによると(　①　)期の家庭内死亡事故の原因は，70％近くが窒息で，(　②　)期の場合は，(　③　)，窒息，転倒・転落によるものが多い。
> 室内空気汚染が原因となる健康被害として，(　④　)や(　⑤　)中毒がある。(　④　)は，住宅の建材や家具などから発生する化学物質が原因と考えられている。また，住宅の(　⑥　)性の向上により換気不足になりがちであることも間接的に影響しており，汚染物質濃度を低くするためには計画的な換気が必要である。(　⑤　)中毒は，ストーブなどの燃焼器具使用時に換気不足となった場合に起きやすい。
> また，安全な住生活には，近隣地域の住環境も重要であり，地域住民のまちづくりに対する取組が不可欠である。

(1) (①)～(⑥)に当てはまる語句を書け。ただし，同じ記号には同じ語句が入る。

(2) (①)は，窒息による事故が多い。その理由と事故の具体例を書け。

(3) (②)期の転倒事故のうち，起きやすい事故の具体例を答えよ。また，その事故の防止策を答えよ。

(4) 下線部について，次のア～ウの各問いに答えよ。

ア 政府が2006年に，良質な住宅の供給，良好な居住環境の形成，居住の安定の確保などを目的として制定した法律を答えよ。

イ 近年，空き家が増加していることによる問題点を5つ書け。

ウ 都市部の気温は，地球規模の気候変動，道路の舗装や建物の密集化，冷暖房の使用による人工排熱の増加により上昇している。これを何というか。また，これを緩和するための都市部での対策の取組を答えよ。

▌2024年度 ▌奈良県 ▌難易度 ■■■■□□

【10】「住生活」について，各問いに答えなさい。

(1) 次の①～③の文を読み，(あ)～(う)に当てはまる語句を書きなさい。

① 空気中の水蒸気が，窓や壁など低温の場所で水滴になる現象を(あ)という。

② 高齢者や体の不自由な人にも使えるように，床の段差をなくしたり，必要なところに手すりをつけたりするなど，生活上の障壁を取り除くことを(い)という。

③ 塗料や接着剤などに含まれる化学物質，カビ・ダニなどによる室内空気汚染が原因となって起こる，頭痛，目や喉・鼻の痛み，吐き気，呼吸器障害などの体調不良を(う)という。

(2) 「家庭内の事故の防ぎ方など家族の安全を考えた住空間の整え方」について生徒が具体的に考えることができるようにするには，どのような指導の工夫が考えられるか，簡潔に書きなさい。

▌2024年度 ▌長野県 ▌難易度 ■■■■□□

● 住生活

【11】住生活について，次の各問いに答えなさい。

問1　次の説明文を読み，以下の各問いに答えなさい。

> 近年，家族の小規模化，少子高齢化などが進み，(a)全国的に空き家が増加している。管理が不十分な老朽空き家によって，景観の悪化が心配されるだけでなく，防災や防犯，衛生上など地域の住環境に深刻な影響が生じている。地方都市ではシャッター商店街ができ，中山間地では公共交通の維持が難しくなり，[　b　]になっていくことも指摘されている。
>
> そこで2014年に公布された[　c　]により，空き家の適正な管理と活用が促され，(d)住まいとしてだけではなくほかの用途に変えて再生させることなどで，地域の財産としても有効に活用していきたい。

(1)　下線部(a)の要因として誤りを含むものを，次の1～4のうちから1つ選びなさい。

1　高齢の親が亡くなった場合，別世帯をつくって別の所で暮らしている子供は，働き場所その他の理由で，Uターンできないから。

2　世帯数の増加を上回って新しい住宅が供給されているから。

3　空き家を解体して更地にすると所得税の負担額が増えるから。

4　家族の事情，少子化，国の住政策，税制，日本の職業労働のあり方など住まい以外の要因も重なるから。

(2)　文中の[　b　]と[　c　]にあてはまる語句の組合せとして正しいものを，次の1～9のうちから1つ選びなさい。

1　b：ストック型社会
　c：住宅セーフティネット法

2　b：ストック型社会
　c：景観法

3　b：ストック型社会
　c：空家等対策の推進に関する特別措置法

4　b：限界集落
　c：住宅セーフティネット法

5　b：限界集落
　c：景観法
6　b：限界集落
　c：空家等対策の推進に関する特別措置法
7　b：インフラストラクチャー
　c：住宅セーフティネット法
8　b：インフラストラクチャー
　c：景観法
9　b：インフラストラクチャー
　c：空家等対策の推進に関する特別措置法

(3)　下線部(d)を表す語句として正しいものを，次の1～4のうちから1つ選びなさい。

1　コンバージョン
2　リノベーション
3　ユニバーサルデザイン
4　スクラップ・アンド・ビルド

問2　日本の住まいの特徴について，文中の[　a　]～[　c　]にあてはまる語句の組合せとして正しいものを，以下の1～9のうちから1つ選びなさい。

日本の伝統的な住まいの多くは，気候風土に合わせた住まいの工夫をしている。[　a　]は屋根の端が外壁より出ている部分で日射や雨を防ぎ，[　b　]は防火性があり，湿度の調整に役立っている。また季節や行事に合わせて，[　c　]に掛け軸，置物，花などを飾り，自然を家の中に採り入れるなどして生活を豊かにする工夫をしている。

1　a：軒　　b：障子　　c：建具
2　a：軒　　b：土壁　　c：床の間
3　a：軒　　b：雁木　　c：違い棚
4　a：庇　　b：土壁　　c：違い棚
5　a：庇　　b：障子　　c：建具
6　a：庇　　b：雁木　　c：床の間

7　a：うだつ　　　b：雁木　　　c：建具

8　a：うだつ　　　b：障子　　　c：違い棚

9　a：うだつ　　　b：土壁　　　c：床の間

問3　次のa〜cは，日本の地域による住まいの特徴について説明した文である。a〜cにあてはまる地域の組合せとして正しいものを，以下の1〜6のうちから1つ選びなさい。

a：防風林によって日本海からの強い風を防いでいる。

b：1階が船のガレージで，2階が住まいになっている。

c：断熱効果がある茅を材料にして，雪が落ちやすい傾斜のある屋根の形をしている。

1　a：京都府伊根町　　　b：島根県出雲市　　　c：岐阜県白川村

2　a：島根県出雲市　　　b：岐阜県白川村　　　c：京都府伊根町

3　a：岐阜県白川村　　　b：京都府伊根町　　　c：島根県出雲市

4　a：京都府伊根町　　　b：岐阜県白川村　　　c：島根県出雲市

5　a：島根県出雲市　　　b：京都府伊根町　　　c：岐阜県白川村

6　a：岐阜県白川村　　　b：島根県出雲市　　　c：京都府伊根町

┃2024年度┃宮城県・仙台市┃難易度┃■■■□□┃

【12】住生活について，次の問に答えよ。

問1　日本の伝統的な住まい方について，次の(1)〜(4)に答えよ。

(1)　図は日本の伝統的な住まいである。[　ア　]，[　イ　]にあてはまる語を答えよ。

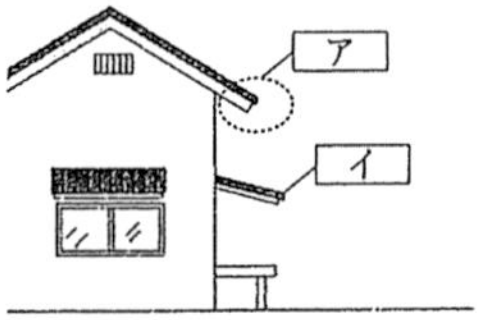

図

(2)　ふすま(引違い戸)の平面記号をA〜Dから一つ選び，記号で答えよ。

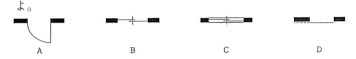

A　　　　　　　B　　　　　　　C　　　　　　　D

(3)　次の特徴を持つ障子の名称を答えよ。

特徴：障子の下半分が上下することで，居室で畳に座ったま
　　　　　　　ま庭の景色が楽しめる

　(4)　畳が日本の気候に適している理由について，簡潔に記せ。

問2　快適な住まいについて，次の(1)，(2)に答えよ。

　(1)　屋外が寒くなり，住まいの内側の表面温度が低くなると，室内
　　　空気中の水蒸気が水滴になり，押し入れの壁や窓ガラスなどにつ
　　　く。このことを何というか，答えよ。

　(2)　(1)やカビやダニの発生を防ぐための押し入れにおける対策に
　　　ついて，簡潔に記せ。

▌2024年度 ▌島根県 ▌難易度 ■■■□□

【13】住生活に関する次の各問に答えよ。

〔問1〕　次の図は，賃貸住宅の不動産物件広告であり，住宅の平面図は
　　　JIS規格に基づくものである。この広告が示している内容に関する記
　　　述として適切なものは，以下の1～4のうちのどれか。

図

種別	マンション			交通	最寄り駅	○○線△△駅 徒歩10分	
所在地	○○市○○町1丁目			家賃	60,000円	共益費	2,000円
間取り	1K	専有面積	約23㎡	敷金	1ヶ月	礼金	1ヶ月
階/階建	2階/3階建	築年月	H30年4月	損保	要	入居	即

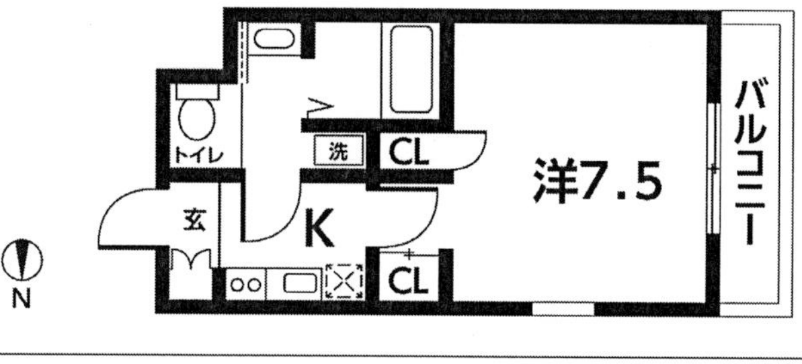

1　近隣建物など周囲の環境の影響を受けない場合，洋室は午前中
　に日差しがあり，午後になると日が入らない。

2　キッチンから洋室への出入り口には片開き扉が，トイレの出入
　り口は片引き戸がそれぞれ付いている。

3　敷金1ヶ月とは，毎月支払う家賃・共益費の合計62,000円を支払
　うという意味である。

4 最寄り駅○○線△△駅から徒歩10分とあるので，最寄り駅から
この物件までの道路距離は800mである。

〔問2〕 住居に関する記述として適切なものは，次の1〜4のうちのどれ
か。

1 認知症高齢者が専属のスタッフの介護を受けながら共同生活を
営むことができる小規模な住まいをケアハウスという。

2 低額な料金で高齢者を入居させ，日常生活上，必要な便宜を供
与することを目的とした福祉施設をグループホームという。

3 住まいを持ちたい人々が集まり，住み手が中心となって，共同
して集合住宅を建てようとする住まい作りの手法をコーポラティ
ブ住宅という。

4 独立した複数の住戸と，日常生活の一部を共同化するための共
用の空間や設備を備えた集住形態をシェアハウスという。

┃2024年度 ┃東京都 ┃難易度 ┃■■■□□

【14】住生活について，次の問いに答えなさい。

問1 住まいの安全についての文章を読み，以下の問いに答えなさい。

　日本は，地震・暴風・豪雨・洪水・豪雪・津波などの自然災
害が多く，それらによる火災やがけ崩れ，浸水，液状化などの
被害に遭うこともある。例えば地震への備えとして_a耐震，_b免
震，_c制震のような建物そのものへの対策をしても，_d想定を超
える災害時には建物を完全には守ることはできない。

(1) 下線部a，b，cについて説明する文章として正しいもの，次の
選択肢ア〜エからそれぞれ1つずつ選び，記号で答えなさい。

＜選択肢＞

ア 壁に専用装置を装着して，地震の揺れを吸収し，建物の変形
を抑える。

イ 基礎と建物の間に装置をつけ，地震の揺れを受け流して建物
に伝わりにくくする。

ウ 平面や立面など，住宅の形状のバランスを確認する。

エ 壁量を増やしたり，接合部を強固にしたりして，建物自体の

強度で地震に耐える。

(2) 下線部dについて，災害後の対応よりも事前の対応を重視し，できることから計画的に取り組んで，少しでも被害の軽減を図るようにすることを何というか，答えなさい。

問2 持続可能な住居についての文章を読み，以下の問いに答えなさい。

> 日本の住宅が短命である原因は，戦後の住宅難で住宅供給が「質より量」へ向かったことや，成長した住宅産業が新築住宅への購入へ誘導したことなどが挙げられる。また，(e)をして，住宅を長く使うという発想が欠落し中古市場が形成されなかったことも原因の一つとして挙げられる。しかしその一方で，法隆寺や正倉院などの日本の伝統的建築物は，1,000年を超える長命な建物である。それは，日本の土地で長い間成長してきた年輪数の多い檜・杉などの建材の使用や，伝統的な木造工法および(e)の継続などによるものである。最近では，一般住宅でも(e)を定期的に行い，住む人の変化に合わせてリフォームやリノベーションをして長く住む人も増えてきている。

(1) (e)に適する語句をカタカナで答えなさい。

(2) 商業地や行政サービスの機能を一定の範囲に集め，効率的に生活することを目的とした都市構造を何というか，答えなさい。

(3) 図は環境とエネルギーに配慮した住宅として資源エネルギー庁ホームページで紹介されている。以下の問いに答えなさい。

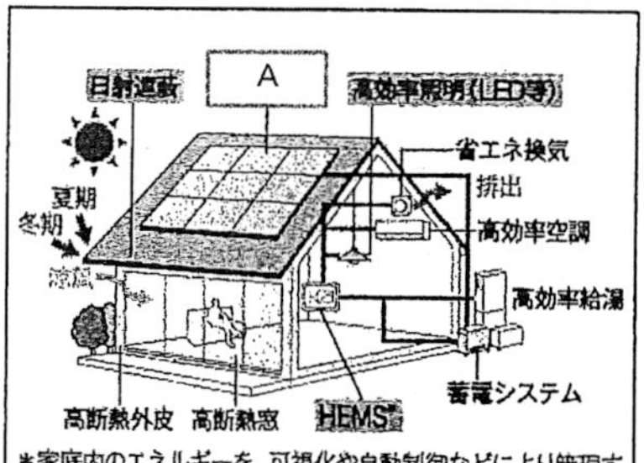

*家庭内のエネルギーを，可視化や自動制御などにより管理する仕組み。

(資源エネルギー庁HP)

図

① 図のような住宅のことをエネルギーに着目して何というか，答えなさい。

② 図のAの発電を何というか，答えなさい。

③ パッシブデザインの説明として正しいものを，次の選択肢ア～ウから1つ選び，記号で答えなさい。

＜選択肢＞

ア 用途や機能を変更し，性能を向上させたもの。

イ 機械・設備的工夫によってエネルギー収支ゼロを目指すもの。

ウ 軒や窓の配置など建物の構造や材料などの工夫により，自然エネルギーを最大限に活用・調整するもの。

問3 日本の住文化について，次の問いに答えなさい。

(1) 次の文章は何について説明しているか，答えなさい。

> 畳の部屋の外側にある板敷きの部分で，とくに南向きの部屋を正面の庭に広く解放するために設けられたもの。室内と屋外をつなぐ機能をもつ。

(2) イネ科の多年草(すすきやよしなど)を重ね合わせた屋根について，次の問いに答えなさい。

① この屋根の名称を答えなさい。

② ①の説明として誤っているものを，次の選択肢ア～エから1つ選び，記号で答えなさい。

＜選択肢＞

ア 比較的暖かい地域で多く使われた。

イ 保温性・断熱性に優れている。

ウ いろりを使って屋根をいぶし，屋根を防虫していた。

エ 吸音性に優れている。

‖ 2024年度 ‖ 静岡県・静岡市・浜松市 ‖ 難易度 ▨▨▨□□

【15】住生活について，次の各問いに答えよ。

問1 次表は，警戒レベルについて示したものである。高齢者とその支援者が避難を開始するレベルを，次の中から1つ選び，記号で答えよ。

	警戒レベル	避難情報等
ア	警戒レベル5	災害発生情報（市町村が発令）
イ	警戒レベル4	避難勧告・避難指示（市町村が発令）
ウ	警戒レベル3	避難準備（市町村が発令）
エ	警戒レベル2	洪水注意報・大雨注意報等（気象庁が発表）
オ	警戒レベル1	早期注意情報（気象庁が発表）

問2　冬に，水蒸気を含んだ暖かい空気がリビングや浴室，キッチンなどで発生し，それらの部屋が他の寒い部屋とつながっていると，暖かい空気が移動する。それが寒い部屋の窓ガラスや，押入れなどの，冷たい壁面に当たり，冷やされて水滴になることを何というか，答えよ。

問3　「うなぎの寝床」と称される京都や奈良に今も残る，道路に面した間口が狭く，奥に長い建物を何というか答えよ。

問4　通風について，自然に外気と室内の空気を入れ換えるために，最も適しているものを1つ選び，記号で答えよ。ただし，図は通風断面とする。

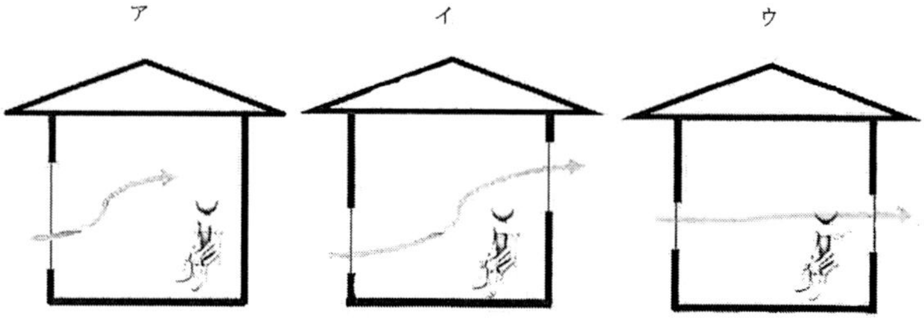

問5　空き家を住まいだけではなく他の用途に変えて再生させることを何というか。正しいものを次の中から1つ選び，記号で答えよ。

ア　コーポラティブハウス

イ　コレクティブハウス

ウ　シェアハウス

エ　コンバージョン

問6　消防法で，新築では2006年から，既存住宅では2011年から寝室等への設置が義務付けられたものは何か答えよ。

問7　次の平面表示記号は何を表しているか，答えよ。

ア

イ

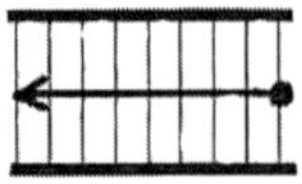

問8　食寝分離について説明し，その利点を答えよ。

▌2024年度 ▌長崎県 ▌難易度

【16】住生活について，次の各問いに答えなさい。

(1)　住まいの役割を3つ答えなさい。

(2)　日本の気候と伝統的な住まいの工夫についての説明として正しいものを，次のア～オからすべて選び，記号で答えなさい。

ア　夏の蒸し暑さに対応するため，開口部を大きくして風通しをよくしている。

イ　深い軒やひさしは，台風の多い地域の暴風対策としてつくられている。

ウ　豪雪地帯では，屋根の雪下ろしをしやすくするため，屋根の勾配をなるべく小さくしている。

エ　畳は，い草の細長い茎を織り込んでつくられており，遮音性・保温性・調湿性に優れている。

オ　町家は間口が狭く，奥に細長いため，中庭や坪庭を設け，通り庭を造り，採光と通風を確保している。

(3)　住生活分野の内容の指導における実践的・体験的な学習活動の実践例を1つあげ，それについて，家庭科における学習のねらいを明確にしながら説明しなさい。

▌2024年度 ▌京都府 ▌難易度

【17】住生活について次の文を読んで，文中の(　①　)～(　⑤　)に適する語句を書きなさい。

・　和風様式では，四季折々の自然を楽しむ年中行事も多く，季節や行事ごとに床の間の掛け軸や花を替えるなどの(　①　)の文化が豊かである。

・　エネルギー・資源・廃棄物などの面で十分な配慮がなされ，周辺の自然環境と調和した生活ができるよう工夫された住宅のことを

(②)住宅という。

・ 複数の居住者が1つの住居に入居し，個室とリビング，キッチン，浴室，トイレなどを共用する賃貸住宅のことを(③)ハウスという。

・ 自然災害は，いつどこで発生するかわからない。同じ災害でも，住まいが建っている地盤や高低差，傾斜などによって被害の内容や程度が変わる。(④)マップなどであらかじめ自分が住む地域の地盤や地形を調べ，日頃から対策を考えておくことが大切である。

・ 建築基準法では(⑤)や通風(風通し)を確保するために，建ぺい率や容積率，部屋の有効採光面積などを定めている。

2024年度 名古屋市 難易度

【18】住生活について，次の(1)～(3)の問いに答えよ。

(1) 次の文は，建築基準法に定められた内容について示したものである。文中の(ア)～(エ)に当てはまる言葉や数字として最も適切なものを以下のA～Eからそれぞれ一つずつ選び，その記号を書け。

> 建築基準法では，住居の通風や日照について，良好な状況を確保するため，建ぺい率や容積率，有効採光面積などを定めている。建ぺい率は$\frac{(\text{ ア })}{(\text{ イ })}$×100で，容積率は$\frac{(\text{ ウ })}{(\text{ イ })}$×100で算出され，有効採光面積は窓など開口部がその居室の床面積の(エ)以上であることなどが定められている。

A 敷地面積　B 建築面積　C 延べ面積　D $\frac{1}{20}$

E $\frac{1}{7}$

(2) 平面表示記号(JIS A 0150)のうち，「つきだし窓」に該当するものとして最も適切なものを次のA～Dから一つ選び，その記号を書け。

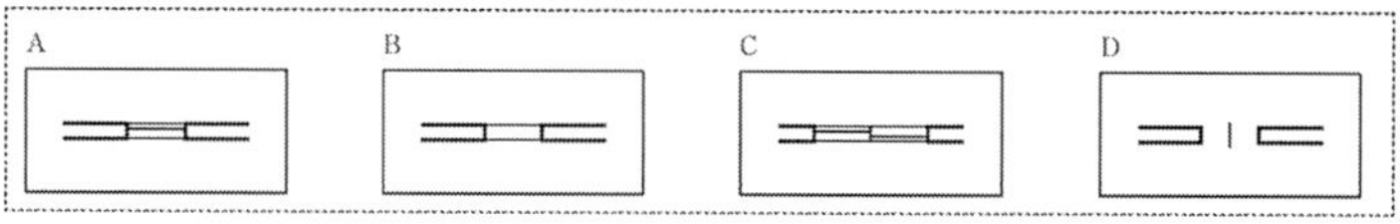

(3) 次の①～③の問いに答えよ。

① 次のア～エは，資源エネルギー庁が普及を目指し取り組んでいる，ネット・ゼロ・エネルギーハウスのメリットについての説明である。説明が正しい場合に○，誤っている場合に×としたときの組合せとして最も適切なものを以下のA～Dから一つ選び，その記号を書け。

> ア 高い断熱性能や高効率設備の利用により，月々の光熱費を安く抑えることができる。
> イ 太陽光発電等の創エネについて売電を行った場合は，収入を得ることができる。
> ウ 高断熱の家は，室温を一定に保ちやすいので，夏，冬ともに快適な生活が送れる。
> エ 台風や地震等，災害の発生に伴う停電時においても，太陽光発電や蓄電池を活用すれば電気を使うことができる。

A ア ○ イ ○ ウ ○ エ ○
B ア × イ ○ ウ ○ エ ×
C ア ○ イ × ウ × エ ○
D ア × イ × ウ ○ エ ○

② 家庭の省エネルギーを促進するツールとして期待されている，家電製品や給湯機器をネットワーク化し，表示機能と制御機能を持つシステムとして最も適切なものを次のA～Dから一つ選び，その記号を書け。

A HEMS B フラッシュオーバー C エコマテリアル
D インフィル

③ 次のア～エは，住宅ローンについての説明である。説明が正しい場合に○，誤っている場合に×としたときの組合せとして最も適切なものを以下のA～Dから一つ選び，その記号を書け。

> ア 住宅ローンは高額で，返済に長期間を要するため，わずかな金利の差でも返済総額に大きな差が出ることがある。

イ　元利均等返済では，徐々に毎月の支払額は減っていく。
ウ　元金均等返済では，利息を加えた支払額が徐々に増加する。
エ　住宅ローンの返済期間中に，毎回の返済とは別に，元金の一部または全額を前倒しで返済することを繰り上げ返済という。

A　ア　○　イ　×　ウ　○　エ　○
B　ア　×　イ　○　ウ　○　エ　×
C　ア　○　イ　×　ウ　×　エ　○
D　ア　×　イ　×　ウ　○　エ　○

2024年度　愛媛県　難易度

【19】住生活について，次の(1)～(3)の問いに答えなさい。

(1)　日本の住居は，戦後に公営住宅の間取りにダイニングキッチンが作られ，テーブルと椅子を用いる食事室が現れた。食事室と寝室を分け，衛生的で機能的な住生活を営むことができるようになったことを何というか。漢字4文字で書きなさい。

(2)　次の表は，「家庭内における不慮の事故死者数割合」についてまとめたものである。事故の原因について，表中の［ア］，［イ］に当てはまる死因は何か。書きなさい。

表　家庭内における不慮の事故死者数割合（%）

死因＼年齢（歳）	0～4	5～14	15～64	65～
窒息	71.2	9.4	21.9	23.5
ア	13.7	37.4	21.2	42.5
イ	6.8	18.8	18.2	17.6
煙・火・火災	4.1	31.3	10.3	4.5
中毒	0	3.1	12.0	0.7
その他	4.2	0	16.4	11.2
総数（人）	73	32	1,630	11,966

厚生労働省「令和2年（2020）年人口動態統計」より

(3) 化学物質過敏症の中に，新築や改築後の住宅で，建材や家具の接着剤や塗料などに含まれる揮発性の化学物質などにより，室内環境汚染が生じる場合がある。これにより，引き起こされる様々な健康障害の総称を何というか。書きなさい。

▌2024年度 ▌福島県 ▌難易度

【20】住生活について，次の(1)，(2)の各問いに答えよ。

(1) 住まいの環境や安全について，次のア～エの各問いに答えよ。

ア　調理や暖房などの燃焼器具を使用する際，換気が不十分であると酸素が不足し不完全燃焼が起こる。この時発生する無色，無臭で強い毒性がある気体を何というか，答えよ。

イ　災害に伴う停電が復旧する際に，電気機器又は電気配線から発火することが原因で発生する火災のことを何というか，答えよ。

ウ　建物の耐震構造に用いる部材で，柱と柱の間に斜めに入れて建物の構造を補強するものを何というか，答えよ。

エ　家庭における地震対策として，家具の転倒を防ぐための方法を具体的に二つ挙げよ。

(2) 日本の気候や風土に合わせた伝統的な住まいの工夫について，次のア～エの説明に適する語句をそれぞれ答えよ。

ア　障子の下半分に板ガラスをはめ込み，居室に座ったまま庭の風景を楽しむことができるよう工夫された建具

イ　採光や通風，装飾といった目的のために天井と鴨居の間に設けられる建具

ウ　消石灰を主成分とし，不燃性や調湿性があるため古くから商家や民家の内外壁の上塗りとして用いられてきた建築材料

エ　採光と通風を確保しつつ外部からの視線を制限する効果があるもので，竹や細い角材などを，やや隙間を空けて縦と横，もしくは斜めに組み合わせて作られているもの

▌2024年度 ▌山口県 ▌難易度

【21】日本の住文化について，次の(1)，(2)の問いに答えよ。

(1) 次の①～⑤の日本各地の伝統的な住まいについて，関係が最も深い都道府県名の組み合わせとして正しいものはどれか。以下のア～

カから一つ選び，記号で書け。

①　築地松	②　雁木	③　合掌造り
④　玄関フード(風除室)	⑤　舟屋	

ア　①－島根県　②－新潟県　③－岐阜県　④－北海道
　⑤－京都府

イ　①－鳥取県　②－京都府　③－長野県　④－岐阜県
　⑤－沖縄県

ウ　①－島根県　②－長野県　③－岐阜県　④－新潟県
　⑤－沖縄県

エ　①－鳥取県　②－長野県　③－岐阜県　④－北海道
　⑤－京都府

オ　①－島根県　②－岐阜県　③－長野県　④－新潟県
　⑤－京都府

カ　①－鳥取県　②－新潟県　③－京都府　④－北海道
　⑤－沖縄県

(2)　和室の特徴について，「イグサ」「拡散光」という語句を使って説明せよ。

■2024年度 ■香川県 ■難易度

【22】「住生活の科学と文化」について，各問いに答えよ。

(1)　住まい方について，説明が誤っているものを次の①から④までの中から一つ選び，記号で答えよ。

①　シェアハウス　－　友人など血縁関係にないどうしが同居する

②　環境共生住宅　－　自分たち専用の独立した住空間のほかに，団らん室，食事室など暮らしの一部を共同化した空間を持つ集合住宅

③　バリアフリー住宅　－　手すりや腰掛けを設けるなど，配慮している住宅

④　コーポラティブハウス　－　自ら居住する住宅を建設しようと

する者が組合いを結成し事業計画を定め，土地の取得，建物の設計，工事の発注など，住宅を取得し管理していく方式

(2) 日本各地の住まいについて，建築物の名称と地域の組み合わせとして誤っているものを次の①から⑥までの中から一つ選び，記号で答えよ。

① 合掌造り ─ 岐阜県
② 築地松 ─ 島根県
③ 曲り屋 ─ 岩手県
④ 間垣 ─ 石川県
⑤ トンバイ塀 ─ 高知県
⑥ 舟屋 ─ 京都府

(3) 健康的な住まいに関する次の空欄にあてはまる語句として最も適当なものを以下の①から④までの中から一つ選び，記号で答えよ。

住宅に使用されている建材や塗料，仕上げ材，また家具などから多種多様な化学物質が室内に放出され，住居内の空気を汚染している。接着剤の原料として使用される[　　]は水にとけやすい性質をもち，低濃度でも刺激臭を感じ，鼻に刺激を与え，くしゃみやせき，涙がでることがある。

① ホルムアルデヒド　② パラジクロロベンゼン
③ フェンチオン　④ フェニトロチオン

(4) 次の説明文について，最も適当なものを次の①から⑥の中から一つ選び，記号で答えよ。

① 住まいのなかで，人が移動する軌跡のことをゾーニングという。
② 建築の図面は，JAS(日本工業規格)による平面図記号を用いて，実寸の$\frac{1}{50}$または，$\frac{1}{100}$などの縮尺で描く。
③ 住宅内に部屋の配置を計画することを間取りという。
④ 間取りにおいて，Lは食事室，Dは居間，Kは台所を表す。
⑤ アパートやマンションなどの契約時にかかる費用として，家主への謝礼のことを敷金という。

⑥　食事空間と就寝空間とを分離し，兼用しないことを就寝分離という。

(5)　環境基準法第16条第1項の規定に基づく騒音に係る環境基準について，次の地域の類型にあてはまる時間の区分ごとの基準値の組み合わせとして，最も適当なものを以下の①から④までの中から一つ選び，記号で答えよ。

> 【地域の類型】　専ら住居用の地域及び主として住居用地域
> (2車線以上の車線を有する道路に面していない)

	昼間 (午前6時から午後10時までの間)	夜間 (午後10時から翌日の午前6時までの間)
①	50デシベル以下	40デシベル以下
②	55デシベル以下	45デシベル以下
③	60デシベル以下	50デシベル以下
④	60デシベル以下	55デシベル以下

| 2024年度 | 沖縄県 | 難易度 ■■■□□

【23】住生活について，次の問いに答えなさい。

(1)　西洋の住まい方を洋式といい，日本の伝統的な住まい方を和式という。和式の住まい方の特徴について書きなさい。

(2)　次のような場面で，家庭内事故を防ぐために，住まいにどのような対策ができるか具体的に書きなさい。

①　2歳の妹が，遊びに夢中になって家具の角に，頭をぶつけた。

②　慌てて階段を降りようとして，滑り落ちてけがをした。

③　祖母が玄関で靴を履くときに，バランスを崩して転んだ。

(3)　日本は世界の中でも地震が多い国であり，静岡県は東海地震などが懸念されている。地震への備えの視点から，室内を安全に整備する必要がある。どのような安全対策ができるか具体的に二つ書きなさい。

(4)　家庭内でできる防災対策を家族で話し合った静子さんは，家族のために次の図のような非常持ち出し袋を製作することにした。ア～クの作業を製作手順になるように並び替え，記号で書きなさい。ただし，イとエについては，以下に示した手順の通りとする。

デザイン：「ポケット・まち付きの巾着型リュック」
出来上がり：寸法：ポケット20×20cm，リュック40×45cm
材　　料：ソフトデニム105×70cm，1cm幅の丸ひも4m，ミシン糸
製作方法：ミシン縫い

ア　しるし付け・布と丸ひもの裁断
イ　まちを縫う
ウ　ひも通し口を縫う
エ　ポケットをリュックに縫い付ける
オ　袋口を三つ折りにして縫う
カ　布を中表に合わせ，両脇に丸ひもを挟んでわきを縫う
キ　ポケット口を三つ折りにして縫う
ク　袋口に通した丸ひもの端を，両脇の丸ひもにくぐらせて結ぶ

⇒　⇒ エ ⇒　⇒ イ ⇒　⇒　⇒

2024年度 静岡県・静岡市・浜松市 難易度

【24】次の物件情報について，以下の(1)～(5)の問いに答えなさい。

最寄駅からの距離	徒歩12分		
種別	マンション	賃料	68,000円
築年月	令和2年3月	管理費	2,000円
b広さ	約41m^2	a敷金	2ヵ月
階数	3階建の2階部分	礼金	1ヵ月
構造	RC構造	仲介手数料	1ヵ月
入居時期	即入居可	更新料	1ヵ月
損害保険	2年間25,000円	契約期間	2年

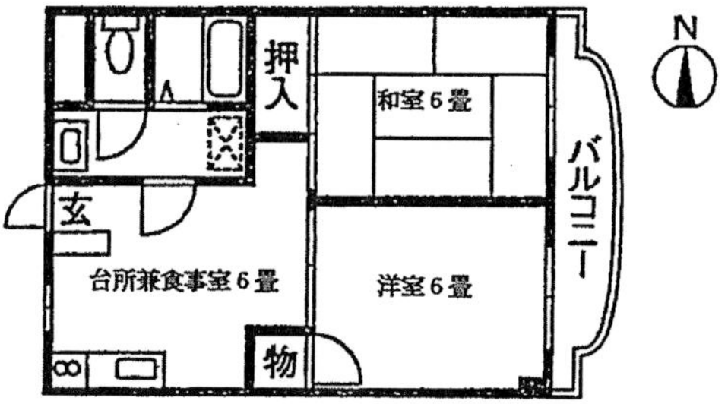

(1)　この物件の間取りとして，最も適当なものを次の①～⑤のうちから一つ選びなさい。

①　2DK　　②　3DK　　③　1LDK　　④　2LDK　　⑤　3LDK

(2)　下線部aに関する記述として，最も適当なものを次の①～⑤のうちから一つ選びなさい。

①　共用スペースの維持や保全に必要なお金のこと
②　家賃未払いや設備破損等に対する保証金のこと
③　不動産会社に支払う紹介料のこと
④　家主への謝礼金のこと
⑤　入居前に入居月分と翌月分を前納するお金のこと

(3)　この物件の最寄駅からの距離として，最も適当なものを次の①～⑤のうちから一つ選びなさい。

①　600m　　②　960m　　③　1,200m　　④　1,800m
⑤　2,400m

(4)　次の条件をふまえて，この物件の契約時に不動産会社に支払う金額として，最も適当なものを以下の解答群から一つ選びなさい。

条件
・契約は3月下旬。居住開始は4月1日。
・4月分の賃料と管理費は契約時に支払うものとする。
・契約日から居住開始までの日割り分の賃料と管理費は必要ないものとする。
・消費税は考えないものとする。
・損害保険は契約時に一括で支払うものとする。

【解答群】

①	２９７，０００円
②	２９９，０００円
③	３６５，０００円
④	３６７，０００円
⑤	３７５，０００円

(5) 下線部bに関する記述として，適当でないものを次の①～④のうちから一つ選びなさい。

① 約畳2枚分が1坪となり，一坪は約3.3m²となる。

② 畳1枚分の大きさは地域によって異なるが，大きい順に京間，中京間，江戸間，団地間となる。

③ 健康で文化的な住生活の基準として必要不可欠な住宅の面積に関する水準を最低居住面積水準という。

④ 最低居住面積水準は，単身者で35m²である。

2024年度 千葉県・千葉市 難易度

【25】次の表は，居住面積水準をまとめたものである。空欄［ア］～［エ］に当てはまるものの組合せとして最も適切なものを，以下の①～⑥のうちから選びなさい。

居住面積水準（住戸専用面積・壁芯）

名称		世帯人数	面積
最低居住面積水準		単身者	［ア］㎡
		２人以上の世帯	［イ］㎡×世帯人数＋10㎡
誘導居住面積水準	一般型	単身者	［ウ］㎡
		２人以上の世帯	25㎡×世帯人数＋25㎡
	都市居住型	単身者	［エ］㎡
		２人以上の世帯	20㎡×世帯人数＋15㎡

① ア 20 イ 10 ウ 50 エ 40

② ア 25 イ 10 ウ 55 エ 40

③ ア 20 イ 15 ウ 50 エ 45

④ ア 25 イ 10 ウ 55 エ 45

⑤　ア　20　　イ　15　　ウ　55　　エ　40
⑥　ア　25　　イ　15　　ウ　50　　エ　45

2024年度 ｜ 神奈川県・横浜市・川崎市・相模原市 ｜ 難易度

【26】災害への備えについて，次の(1)～(4)の各問いに答えなさい。

(1)　自然災害と安全対策について，次の文の(　①　)～(　⑤　)に適する語句を答えよ。

・災害は自然災害と(　①　)災害に大別される。自然災害は自然環境の急激な変動により生じる災害である。被災者生活再建支援法では，自然災害を「暴風，(　②　)，豪雪，洪水，高潮，地震，津波，(　③　)その他の異常な自然現象により生ずる災害」と定めている。(　①　)は人間の引き起こした事故や自然破壊，環境汚染が原因となっておこる災害であり，ガス爆発，(　④　)騒音公害，振動公害，大気汚染などがある。これらの二次災害として交通網や通信網の切断，水道・電気・ガスなどのライフラインの破壊，建物の倒壊，火災などが起こる。

・日本全国には活断層が多く存在し，それによる地震の発生に関心が集まっている。また，気候変動の影響により，集中豪雨や台風，土砂災害なども近年各地に大きな被害を及ぼしている。日頃の対策としては，(　⑤　)の準備やハザードマップ，家族の避難場所の確認など，避難計画を立てることが重要である。

(2)　次の図は地震対策が十分でない部屋を表している。地震に備えるためには，どのような対策をする必要があるか，2つ簡潔に答えよ。

出典：明治図書
「技術・家庭総合ノート家庭分野」

(3) 大規模な地震などにより停電が起きた後，電気が復旧する際に発生する火災のことを何というか答えよ。

(4) 災害時に出される①～⑤の警報等の種別について，関係の深いものを以下のア～オから1つ選び，その記号で答えよ。

① 警戒レベル1　② 警戒レベル2　③ 警戒レベル3
④ 警戒レベル4　⑤ 警戒レベル5

ア 大雨注意報，洪水注意報等　イ 避難指示
ウ 早期注意情報　エ 緊急安全確保
オ 高齢者等避難

2024年度 佐賀県 難易度

【27】住生活について，次の文はAさんの家づくりについて説明したものである。以下の(1)～(3)に答えなさい。

> Aさん一家(夫婦と子ども2人)は第一子の小学校入学を機に，新潟県内の昭和40年代に建てられた2階建て中古住宅を購入した。この中古住宅は，敷地が230m²であり，旗ざお型の敷地である。Aさん一家は，より快適な家づくりをするために防犯・防火・耐震などの安全機能，照明，空調などの管理機能を導入した。
>
> 子どもたちがそれぞれの家族をもつなど，子ども部屋が必要なくなる時期に減築することも考えている。

(1) 建築基準法に定められている，建築物の敷地の接道義務について，図1を参考に文中の(　ア　)，(　イ　)に当てはまる数字を書きなさい。

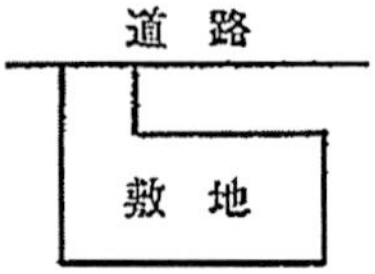

図1

建築物の敷地は，原則として，幅員(　ア　)m以上の道路に(　イ　)m以上接していなければならない。

(2)　次の式は，建ペイ率と容積率を求める式である。式中の(　ア　)～(　エ　)に当てはまる語句を書きなさい。

建ペイ率＝$\frac{(\quad ア \quad)}{(\quad イ \quad)}$×100　　容積率＝$\frac{(\quad ウ \quad)}{(\quad エ \quad)}$×100

(3)　次の図2は，Aさんが購入した2階建て中古住宅の1階平面図である。以下の①，②について，答えなさい。

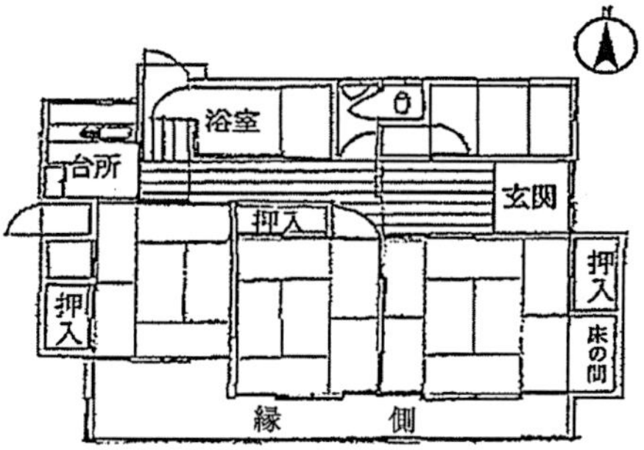

図2

①　図2のようなプライバシー尊重を中心とした間取りの住宅を何というか。

②　縁側に面した間仕切りには，雪見障子が設置されている。雪見障子とは，どのような作りのものか，書きなさい。

▌2024年度 ▌新潟県・新潟市 ▌難易度

【28】住生活と環境について，(1)～(10)の問いに答えよ。

(1)　改正建築基準法(令和5年4月1日施行)は，居室に採光上必要な開口部の割合を定めている。採光に有効な部分の面積は，居室の種類に応じその居室の床面積に対して，政令で定める割合以上としなければならない。次の(　ア　)・(　イ　)にあてはまる割合を分数で答えよ。

ただし，次の表に掲げる居室は国土交通大臣が定める基準に従い，照明設備の設置，有効な採光方法の確保その他これらに準ずる措置が講じられていないものとする。

居室の種類	割合
幼稚園、小学校、中学校、義務教育学校、高等学校、中等教育学校又は幼保連携型認定こども園の教室	（ ア ）
住宅の居住のための居室	（ イ ）

(2) 次のJIS安全色に関する文章を読み，空欄(ア)～(ウ)にあてはまる語句を答えよ。

平成30年4月20日，安全色及び安全標識の規格であるJIS Z 9103が改正された。2020年東京オリンピック・パラリンピック開催を控え，多様な色覚を持つ人に考慮し，だれもが識別できるような色度座標の範囲の安全色に改正したものである。

この規格は，人への危害および財物への損害を与える事故・災害を防止し，事故・災害の発生などの緊急時に，救急救護，避難誘導，防火活動などの速やかな対応ができるように，安全に関する注意警告，指示，情報等を視覚的に伝達表示するために，安全標識及び安全マーキング並びにその他の対象物に一般材料，蛍光材料，再帰性反射材，蓄光材料，内照式安全標識及び信号灯の安全色を使用する場合の一般的事項について規定している。今回の改正では，改めて安全色の見分けに関する系統的な実験を行い，特に一般材料における安全色に重点をおいて，より多様な色覚の人に識別しやすい参考色および色度座標の範囲を策定した。

JIS Z 9103に規定されている一般材料による安全色6色とは，赤，黄赤，黄，緑，(ア)，赤紫である。また，安全色を更に目立たせる対比色として(イ)及び(ウ)の2色がある。

(3) 次の各文は，日本の古代，中世，近世の住まいについて説明したものである。各文の貴族・武家の住まいの名称を漢字で答えよ。

ア 平安時代の貴族の住まい。内部には塗籠（ぬりごめ）が設けられ，几帳などで空間を仕切り，床には，円座などの調度類を使用していた。外部には蔀戸（しとみど）を用いた。

イ 大名の住宅では，接客・対面の機能を重視し，中心となる客間の座敷飾りとして，床の間，違い棚などが必要に応じて設けられた。角柱が用いられ，外部には明り障子などの建具が用いられ，畳が敷かれた。

ウ　茶室のもつ様式を取り入れた建築。内部は角柱ではなく面皮柱(丸太の四面を垂直に切り落とし，四隅に丸い部分が残った柱)の使用などに特色がみられる。

(4)　次のア～ウの平面表示記号(JIS A 0150)はそれぞれ何を表しているか答えよ。

ア	イ	ウ
		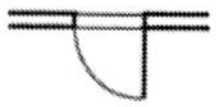

(5)　次の文は，戸建住宅のZEHの定義(資源エネルギー庁　平成31年2月改定)である。空欄(　ア　)～(　エ　)にあてはまる最も適切な語句を答えよ。

> ZEH(ゼッチ)(ネット・ゼロ・エネルギー・ハウス)とは外皮の(　ア　)性能等を大幅に向上させるとともに，高効率な設備システムの導入により，室内環境の質を維持しつつ大幅な(　イ　)を実現した上で，(　ウ　)エネルギー等を導入することにより，年間の一次エネルギー(　エ　)の収支がゼロとすることをめざした住宅である。

注：外皮とは，建物の外部と内部を隔てる境界をさし，窓・壁・屋根・床等をいう。

(6)　ヒートアイランド現象とはどのような現象か。環境省が策定した「ヒートアイランド対策大綱」(平成25年5月8日改定)に示されている内容に即して説明せよ。

(7)　気候変動問題は，国際社会が一体となって取り組むべき重要な課題である。

次の文章の(　A　)～(　E　)に当てはまる語句の組合せとして最も適切なものはどれか。以下の1～5から一つ選び，その記号を答えよ。

2015年12月，第21回国連気候変動枠組条約締約国会議において，2020年以降の温室効果ガス排出削減等のための新たな国際枠組みとして，(　A　)が採択された。この(　A　)の概要は，世界の努力目標として，世界全体の平均気温の上昇を工業化以前よりも摂氏(B)高い水準を十分に下回るものに抑えること及び世界全体の平均気温の上昇を工業化以前よりも摂氏(C)高い水準までのものに制限するための努力を継続すること，各締約国は5年ごとに削減目標を提出・更新すること等である。

日本では，2020年10月26日，菅内閣総理大臣所信表明演説において(D)年までに温室効果ガスの排出を全体としてゼロにする(E)，脱炭素社会の実現を目指すことを宣言した。

	A	B	C	D	E
1	パリ協定	3℃	1.5℃	2040	カーボンニュートラル
2	パリ協定	2℃	1.5℃	2050	カーボンニュートラル
3	京都議定書	2℃	1℃	2040	カーボンニュートラル
4	京都議定書	2℃	1℃	2050	カーボンプライシング
5	京都議定書	3℃	2℃	2030	カーボンプライシング

(8) 次図は，日本，ロシア，中国，ドイツ，フランス，アメリカの一次エネルギーについてのグラフである。図1と図2を読み取り，日本のグラフをア～カの記号で答えよ。

図1

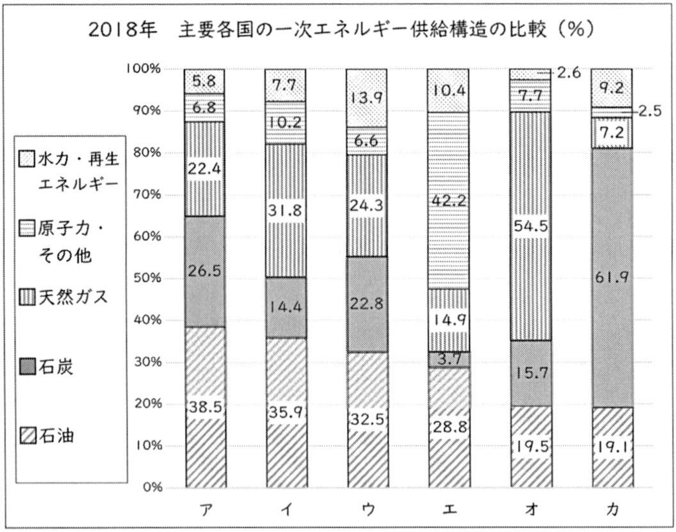

図2

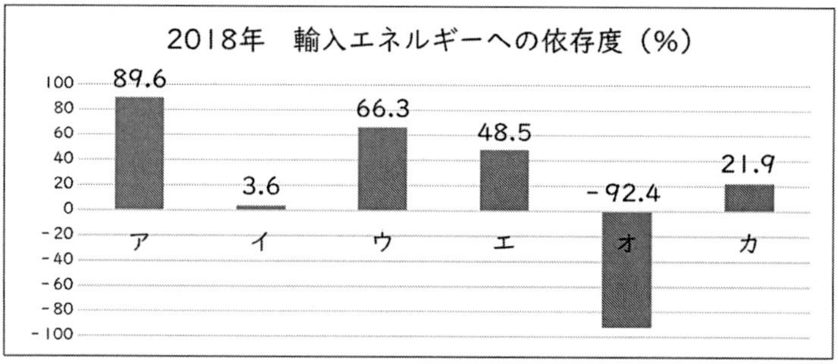

※　マイナスは輸出を表す

図1・図2　経済産業省　資源エネルギー庁編「電気事業便覧2020年版」を基に作成

(9)　次の文章は防災や災害，安全な住まい方に関する文章である。正しい文章を全て選び，ア～オの記号で答えよ。

ア　今年(2023年)は，関東大震災から100年の節目にあたる。その発生日である9月1日は「防災の日」と定められている。

イ　内閣府の避難情報に関するガイドライン(令和3年5月改定)では，「避難勧告」は廃止され，居住者等がとるべき行動として，警戒レベル4で「危険な場所にいる全員が避難する」と明記された。

ウ　免震構造は，免震層で集中的に地震動のエネルギーを吸収し，建物への地震動の入力を著しく低減できる構造のことである。

エ　阪神・淡路大震災で災害医療について多くの課題が浮き彫りになり，日本DMATが発足した。災害派遣医療チーム(DMAT)とは，災害の急性期に活動できる機動性を持った，トレーニングを受けた医療チームである。

オ　「指定緊急避難場所」は，津波，洪水等による危険が切迫した状況において，住民等の生命の安全の確保を目的として住民等が緊急に避難する施設又は場所である。

(10)　災害時に備えた食品ストックガイド(農林水産省　平成31年3月発行)には，普段の暮らしを少し工夫するだけで，無理なく災害時に備える方法が紹介されている。次の文章が説明している言葉をカタカナで答えよ。

普段の食品を少し多めに買い置きしておき，賞味期限を考えて古いものから消費し，消費した分を買い足すことで，常に一定量の食品が家庭で備蓄されている状況を保つための方法。

▌2024年度 ▌大阪府・大阪市・堺市・豊能地区 ▌難易度 ■■■■□

【29】次の(1)～(3)に答えよ。

(1) 次の①～④はどの府県で見られる住居か，以下のア～オからそれぞれ一つ選び，記号で記せ。

① 雁木造り　② くど造り

③ 舟屋　④ 南部曲り屋

ア 佐賀県　イ 岩手県　ウ 京都府　エ 新潟県

オ 岐阜県

(2) 経済産業省，国土交通省，環境省が連携して推進している「ZEH」とはどのような住宅か，簡潔に記せ。

(3) 夏に快適な住まいを作るポイントを簡潔に記せ。

▌2024年度 ▌山梨県 ▌難易度 ■■■■□

【30】住生活について，次の1～5の問いに答えなさい。

1 住まいの機能を第一次的機能(避難・保護の場)，第二次的機能(家庭生活の場)，第三次的機能(個人発達の場)とした場合の第二次的機能の内容として，適切でないものを，次のa～eの中から一つ選びなさい。

a 調理・食事　b 育児・子育て　c もてなし・接客

d 仕事・学習　e 家財管理

2 次の□の文中の(　　)に当てはまる語句として最も適切なものを，以下のa～eの中から一つ選びなさい。

自分たち専用の独立した住空間のほかに，団らん室，食事室など暮らしの一部を共同化した空間をもつ集合住宅を(　　)という。

a シェアハウス　b コーポラティブハウス

c コレクティブハウス　d バリアフリー住宅

e　二世帯住宅

3　トラッキング現象を説明している文として最も適切なものを，次のa～eの中から一つ選びなさい。

a　電源プラグの周囲にほこりや湿気が付着することにより，差込口から出火すること。

b　割れた窓の家のような状態を放っておくと，地域の風紀が悪くなり，犯罪につながることもあること。

c　急激な温度変化がからだに及ぼす影響のこと。

d　一酸化炭素などの有毒ガスによる中毒が発生すること。

e　建材や家具などから発生するVOCなどの化学物質などによる健康への影響のこと。

4　次の□の文中の(　　)に当てはまる語句として最も適切なものを，以下のa～eの中から一つ選びなさい。

良質な住宅の供給，良好な居住環境の形成，居住の安定の確保などを目的として，2006年に政府により定められたものを(　　)という。

a　住生活基本計画　　b　バリアフリー新法

c　住生活基本法　　d　住宅セーフティネット法

e　家賃補助制度

5　次の□の文中の(　　)に当てはまる語句として最も適切なものを，以下のa～eの中から一つ選びなさい。

高密度で近接した開発形態，公共交通機関でつながった市街地，地域のサービスや職場までの移動の容易さという特徴を有した都市構造を(　　)という。

a　ZEH　　b　エネマネハウス

c　地域包括ケアシステム　　d　SDGs未来都市

e　コンパクトシティ

■2024年度 ■茨城県 ■難易度■■■■□

解答・解説

【1】1　火災警報器　　2　トラッキング

○解説○ 1　2006年の消防法改正により，新築住宅の設置義務，中古住宅についても，2011年以降義務付けられている。義務設置場所は，寝室と寝室がある階の階段上部である。　2　コンセントを長期間差し込んだままにしている冷蔵庫や洗濯機，テレビの後ろ側は，ほこりもたまりやすく湿気も多いのでトラッキングがおきやすい。

【2】1　風の流れを良くし，結露によるダニやかびの発生を防ぎ，アレルギーやぜんそくを起こしにくくする。　　2　建築　　3　ハザードマップ　　4　バリアフリー

○解説○ 1　湿気の多い日本では，換気をよくし，空気の流れを作ることが大事である。天気の良い日は，押し入れの戸など，閉めないで開けた状態にして風通しを良くするとよい。　2　建築基準法では，建ぺい率や容積率，採光面積(1/7以上)，換気のための開口部面積(1/20以上)などを定めている。シックハウス症候群の原因の一つであるホルムアルデヒドの使用規制やシロアリ駆除剤の使用禁止なども建築基準法による規制である。　3　ハザードマップには危険区域だけでなく，避難場所も記載されている。　4　バリアフリーとユニバーサルデザインについて違いを理解した上で覚えておくこと。

【3】4

○解説○ ユニバーサルデザインは，障がいの有無に関係なく，すべての人が使いやすいように製品，建物，環境などをデザインすること。アプローチとは，道路，門から建物，玄関口までの通路のことで，階段ではなくスロープにすることによって誰でも楽に通ることができる。

【4】問1　エ　　問2　動線　　問3　環境共生(住宅)　　問4　急速な温度変化で，血圧が急変し，体調不良(心筋梗塞など)を引き起こす現象。

○解説○ 問1　開ける窓は，1か所でなく2か所開けることで空気の通り

道ができて効率的な換気ができる。2か所の窓は対角線上にあると効果が高い。風や空気は，小さい隙間から勢いよく入り，大きい隙間から出ていきやすいという性質があるため，外から空気が入る側の窓は小さく開け，外に空気が出る側の窓を大きく開けると効率がよい。窓を開けて換気する時は，1時間に5～10分程度が適当で，1時間に5分の換気を2回する方が換気の効果は高くなる。　問2　住宅における動線は，家の快適性，利便性を決める重要な要素となる。　問3　環境共生住宅は，環境問題を考え，資源，廃棄物処理などに配慮しながら，その地域特有の環境も大事にしていくことを重視した次世代の家づくりのことである。環境共生住宅には，ZEHのように先進のシステムや家電を用いることで室内環境を安定させる手法のアクティブデザインと日本の伝統的な家屋のように自然な要素を活用して快適な環境を作り出す手法のパッシブデザインがある。　問4　ヒートショックを起こしやすいのは，10℃以上の温度差がある場所で，特に冬場の冷え込んだトイレ，洗面室，浴室などである。11月～2月までの時期はヒートショックが起きやすく，室内の温度差を無くすように暖房を使うなど生活環境を改善することで未然に防ぐことができる。

【5】(1)　耐震構造…耐力壁(筋かいや構造用合板等)によって建物の強度を高め，建物全体で地震に耐える構造のこと。　免震構造…建物と地面の間にある免震装置が揺れのエネルギーを吸収し，地震自体を建物へ伝わりにくくする構造のこと。　(2)　・L字金具で固定する。・支え棒(突っ張り棒)で固定する。　・家具の前下部にくさびを挟み込み，家具を壁際に傾斜させる。　から1つ　(3)　名称…合掌造り　特徴…雪が落ちやすいように屋根の傾斜が急になっている。(4)　①　引違い戸　②　両開き扉

○**解説**○　(1)　耐震構造，免震構造，制振構造について，説明できるようにしておきたい。　(2)　転倒を防ぐ以外に，タンスや本棚に扉がついている場合は，扉が揺れによって開かないような金具を取り付けることや，ガラス戸の場合はガラスの破片が飛び散らないよう，飛散防止フィルムを貼ることも防災対策である。　(3)　合掌造り以外にも日本の伝統的な家屋について，地域とその特徴を確認しておくこと。

(4)　平面表示記号について，特に戸や扉について学習しておくこと。

【6】(1)　③　　(2)　②

○解説○ (1)　(A)は北海道，(B)は石川県輪島市，(C)は岐阜県白川村，(D)は京都府伊根町，Eは沖縄県である。アは京都府伊根町の舟屋の説明，イは岐阜県白川村合掌造りの説明，ウは北海道の説明だが，急速な市街化により都市部の人口が増えて敷地が狭くなり，隣家への落雪の問題が深刻になり，屋根を平らにして落雪を防ぐようになり三角屋根は少なくなっている。エは沖縄県竹富島の説明で，竹富島には屋敷の周囲の囲いはサンゴ石灰岩の野面積みとするという「竹富島憲章」がある。オは石川県輪島市のにが竹という細い竹で作られた間垣の説明である。　(2)　選択肢②はコレクティブハウジングとコーポラティブハウスの説明が逆である。コレクティブハウスジングと似たシェアハウスは，1つの住居を複数人で共有して暮らす賃貸物件で，一般的にはキッチン・リビング・バスルームなどを共有し，プライバシー空間として個室を利用する。

【7】(1)　①　耐震　　②　家具　　③　避難経路　　④　ハザードマップ　　(2)　①，③，⑥　　(3)　L…リビング　　D…ダイニング　K…キッチン　　(4)　バリアフリー　　(5)　シックハウス
(6)　ZEH(Net Zero Energy House)

○解説○ (1)　耐震・免震・制振の区別と方法を確認し，覚えておくこと。家具の配置について，家具が倒れて出入り口をふさぐような場所には配置しない，寝室に重く大きい家具を配置しない，避難経路になる場所に家具が倒れてこないようにするなどの工夫が必要である。ハザードマップとは，自然災害が発生した場合の被害を予測して，被災想定地域や被害の範囲，避難場所や避難経路などを地図上に表示したものである。　(2)　正答に当てはまらなかった選択肢について，②は，畳に布団を敷いて寝ることが一般的であり，高齢者や介護者の負担は多い。④は，ふすまや障子で間仕切りをするため，気密性や遮音性は劣る。⑤は，畳に布団を敷いて寝たり，座布団を敷いて座ったりするため，使用目的に合わせた家具は必要ない。　(3)　間取りに関する問題

は頻出なので，理解しておくこと。 (4) バリアフリーとは，生活の中で不便を感じること，様々な活動をしようとするときに障壁になっているバリアをなくすことである。ユニバーサルデザインについても確認しておくこと。 (5) 住宅の高気密化が進み，建材などから発生する化学物質による室内空気汚染と，それによる健康影響が指摘され，建築基準法で規制されることとなった。 (6) ZEH(ゼッチ)とは，高断熱でエネルギーを極力必要としない，高性能設備でエネルギーを上手に使用する，エネルギーを創る住宅である。政府は，「2030年において新築戸建住宅の6割に太陽光発電設備が設置されることを目指す」ことを目標にしている。

【8】(1) ① (2) ③ (3) ④ (4) ⑤

○**解説**○ (1) 乳幼児の家庭内事故では，ベッド内での不慮の窒息や胃内容物の誤嚥による窒息死が最も多く，浴槽内や自然水域での溺水が次いで多くなっている。高齢者の家庭内事故では，浴室内での浴槽への転落による溺死・溺水が最も多く，食べ物の誤嚥による窒息が次に多い。浴室でヒートショックをおこさないよう工夫することが必要である。 (2) Lはリビング(居間)，Dはダイニング(食事室)，Kはキッチン(台所)を表す。図を見ると，居間，食事室，台所があり，その他に3室あることから，3LDKであると分かる。 (3) バリアフリー新法(高齢者・障害者等の移動等の円滑化の促進に関する法律)は平成18年6月に公布，12月に施行された。一般的・総合的なバリアフリー施策を維持するために，ハートビル法と交通バリアフリー法を統合・拡充した法律である。 (4) 正答以外の選択肢について，①はリノベーション，②はコンバージョン，③はZEH住宅(Net Zero Energy House)，④はHEMS(Home Energy Management System)について述べたものである。

【9】(1) ① 乳幼児 ② 高齢 ③ 溺死 ④ シックハウス症候群 ⑤ 一酸化炭素 ⑥ 気密 (2) 理由…乳幼児は興味のあるものを何でも口に入れる特徴があり，誤飲による窒息を引き起こしてしまうから。 例…ビー玉を口に入れる (3) (具体例→防止策) ・滑りやすいもの(新聞や袋)を踏み転倒する→照明を明るく

して周囲や足もとを見分けやすくする　　・段差でつまずく→段差をなくす(手すりをつける)　(4)　ア　住生活基本法　　イ　防災性の低下，防犯性の低下，衛生の悪化，ごみの不法投棄，景観の悪化　ウ　現象…ヒートアイランド現象　　対策の取組…都市部の緑化(屋上緑化，壁面緑化)，水面維持

○**解説**○ (1)　家庭内事故は，乳幼児と高齢者に多い。家庭内の事故に関する調査のグラフなどを確認しておくこと。頻出問題である。

(2)　乳幼児は誤飲による窒息の他に，うつぶせ寝による窒息や，掛布団が口や鼻をふさぎ窒息する場合も多い。　(3)　高齢者は，床とじゅうたん，カーペットの僅かな差などの段差につまずき転倒することがある。できるだけ床に物を置かないようにする。　(4)　ア　住生活基本法に基づき，住生活基本計画が施行され，5年ごとに内容が見直される。令和3年～令和12年の住生活基本計画では，気候変動問題やテレワーク等を活用した地方・郊外での居住，二地域居住など複数地域での住まい等，多様な住まい方に対応した内容になっている。

イ　核家族化が常態化し，独立した子どもが他の地域に別所帯を構えていることや，更地にすると税金が高くなることなども空き家増加の一因となっている。　ウ　ヒートアイランド現象は，二酸化炭素の増加によるもの。対策について，解答の他に，ZEH住宅などの環境共生住宅をふやす，電気自動車の促進や，都市部でのマイカー自粛，車による輸送手段をできるだけ鉄道に切り替えるなどが考えられる。

【10】(1)　あ　結露　　い　バリアフリー　　う　シックハウス症候群

(2)　・幼児や高齢者などの疑似体験を通して，事故が起きる状況を想定し，具体的な対策について理解を深める活動を行う。

○**解説**○ (1)　結露は窓ガラスやサッシだけではなく，壁，床，押入れの中，家具の裏側などでも起こる可能性がある。気温差を小さくすること，余分な水蒸気を出さない，風通しをよくするなど，対策法についても覚えておくこと。2003年の建築基準法の改正により，ホルムアルデヒドを含有する建材，換気設備の規制，シロアリ駆除剤であるクロルピリホスの使用禁止など，シックハウス症候群の対策が図られている。　(2)　生徒たちには家庭内で起こりうる事故を想定することが難

しいので，幼児や高齢者の目線で住空間を再確認することが大切である。

【11】問1 (1) 3 (2) 6 (3) 1 問2 2 問3 5

○解説○ 問1 (1) 所得税ではなく，固定資産税の負担が増える。建物にかかる固定資産税はなくなるが，土地にかかる固定資産税が高くなる。 (2) 選択肢にあげられた語句で正答に当てはまらなかったものについて，ストック型社会とは，今ある住宅を活用すること(住宅ストックの活用)，インフラストラクチャーは社会的基盤施設，住宅セーフティネット法は，民間賃貸住宅を対象に，住宅確保要配慮者の入居を拒まない仕組みを決めた制度，景観法は良好な景観の形成のために景観計画の策定やその他の施策を講ずることについての法律である。(3) 他の選択肢の用語も問題として頻出なので確認しておくこと。問2 軒と庇の違いを理解しておくこと。日本の建築様式の各部の名称は覚えておくこと。 問3 aは築地松，bは舟屋，cは合掌造りである。

【12】問1 (1) ア 軒 イ ひさし (2) B (3) 雪見障子 (4) 畳は，保温性と吸湿性があり，冬は暖かく，夏はさらりとした感触が心地よい点 問2 (1) 結露 (2) すのこを敷く，戸を開けて風を通すなど通風や換気をよくする。

○解説○ 問1 (1) 軒は屋根の端の少し飛び出している部分を指す。ひさしは屋根とのつながりがなく，独立して窓や扉の上部壁面に取り付けられている。軒もひさしも雨や日差しから家を守る働きがある。(2) Aは片開き扉，Cは引き違い窓，Dは片引き戸である。 (3) 日本の家屋の各部の名称を覚えておくこと。 (4) 畳に使用されているい草は，空気中の水分を吸収，放出し，1本ずつ空気を含んでいる。フィトンチッドと呼ばれる芳香成分が多く含まれている。畳には吸湿性，断熱性，保温性，遮音性，リラックス効果がある。デメリットは湿気を好むカビやダニが発生しやすい，い草は柔らいのでへこみや傷がつきやすいことがなどがある。 問2 (1) 結露が発生するとカビ・ダニの発生，建物の建材の腐食やさびなどの原因になる。結露は窓ガラスやサッシだけではなく，壁・床・押入れの中・家具の裏側などでも起こる可能性がある。対策としては，気温差を小さくすること，余分な水蒸気を出さないことである。　(2)　通気性が悪く，湿気が高い押し入れはカビ，ダニが繁殖しやすい。湿気対策としてすのこ，新聞紙を敷いたり除湿剤を使用する。通気性が悪化しないように物を詰め込みすぎず押し入れの中の空気を循環させる。定期的な消毒も有効である。

【13】問1　4　　問2　3

○**解説**○　問1　不動産の表示は国の法律ではなく，不動産公正取引協議会連合会による自主規制のルールで「徒歩1分＝道路距離80メートル」で算出される。最寄り駅の着点は改札口ではなく駅舎の出入り口からとなり，建物の起点は敷地の端ではなく建物の出入口となる。誤りのある選択肢について，1は窓とバルコニーが西向きなので日差しは午前中ではなく午後に差し込む。2のトイレの出入り口は片引き戸ではなく引き込み戸である。3は敷金に共益費は含まれないので家賃1ヶ月分で60,000円である。　問2　誤りのある選択肢について，1はグループホーム，2はケアハウス，4はコレクティブハウジングの説明である。シェアハウスは，1つの住居を複数人で共有して暮らす賃貸物件で，一般的にはキッチン，リビング，バスルームなどを共有し，プライバシー空間として個室を利用する。

【14】問1　(1)　a　エ　　b　イ　　c　ア　　(2)　減災　　問2　(1)　メンテナンス　　(2)　コンパクトシティ　　(3)　①　エネルギー自給型住宅(ネットゼロエネルギーハウス，ZEH住宅)　　②　太陽光(発電)　③　ウ　　問3　(1)　縁側　　(2)　①　茅葺屋根(かやぶきやね)　　②　ア

○**解説**○　問1　(1)　耐震，免震，制振構造の違いと，それぞれの構造で用いられる工法を理解しておくこと。　(2)　具体的には，防災マップ(ハザードマップ)などで，地域の危険度を認識しておく，防災訓練に酸化する，防災道具や災害非常食の常備，ローリングストック法の日常活用などがある。　問2　(1)　木造建築の耐用年数の目安は約22年といわれるが，「メンテナンス(維持管理)」を定期的に行うことにより，

住宅寿命を延ばすことができる。　(2)　商業地や行政サービス機能を駅周辺に設定し，その周辺に住民が住むような集約型の都市構造のこと。限られた予算で，少子化・高齢社会に対応できる住宅政策である。(3)　ZEHについての問題は頻出である。高断熱窓や太陽光発電，HEMS，蓄電システム，パッシブデザインなどの用語は理解しておくこと。　問3　(1)　縁側は日本独自のものである。日本の建築様式について他にも学習しておくこと。　(2)　茅葺屋根の建物内では竈や囲炉裏を使用し，煙で屋根が燻され，虫の発生を防ぎ，耐久性が高まる。寒くて雪深い地方のもので，屋根の勾配が急なので積雪による荷重を防いでいる。

【15】問1　ウ　　問2　結露　　問3　町屋　　問4　イ　　問5　エ　問6　火災警報器　　問7　ア　引き違い窓　　イ　階段　　問8　説明…食事室と寝室を分けること。　　利点…衛生的で機能的な空間となった。

○**解説**○　問1　2021(令和3)年，災害対策基本法が，避難指示と避難勧告の一本化，避難行動要支援者の個別避難計画の法定化などの点で改正された。2019(令和元)年より，避難に関する情報や防災気象情報等の防災情報を5段階の「警戒レベル」を用いて伝えているが，今回の改正により警戒レベル3の段階で高齢者や体の不自由な方は避難を完了させることが想定され，高齢者以外でも警戒レベル3の段階で避難準備や自主避難を行うことが推奨されている。　問2　結露が発生するとカビ・ダニの発生，建物の建材の腐食やさびなどの原因になる。結露は窓ガラスやサッシだけではなく，壁，床，押入れの中，家具の裏側などでも起こる可能性がある。対策としては，気温差を小さくすること，余分な水蒸気を出さないこと，風通しを良くすることである。問3　町屋が特徴的な造りとなった理由は，京都が都であり人口密集地であったこと，京都が盆地であることからくる夏の蒸し暑さがあげられる。住宅も密集しているため，建物の側面を隣の家と接する京町屋にとって，自然を取り込む場所は，通りの表，裏，天空の3箇所しかないため，通りに面しては格子戸，奥には庭，通り庭には天窓や高窓を設置した。奥の庭には植栽が施され，奥行きのある京町屋では，中間に坪庭を配置することで夏の蒸し暑い表の通りとの温度差によって，風の流れを住まいに取り込むといった工夫が見られる空間になっている。　問4　開ける窓は，1か所でなく2カ所開けることで空気の通り道ができて効率的な換気ができる。2カ所の窓は対角線上にあると効果が高い。風や空気は，小さい隙間から勢いよく入り，大きい隙間から出ていきやすいという性質があるため，外から空気が入る側の窓は小さく開け，外に空気が出る側の窓を大きく開けると効率的である。窓を開けて換気する時は，1時間に5～10分程度が適当で，1時間に5分の換気を2回する方が換気の効果は高くなる。　問5　アは，入居希望の数世帯が集まり，建築家とともに共同でつくる集合住宅のことである。イは個々の住戸にトイレ，浴室，キッチンが完備され，それとは別に共有スペースを持つもので，シェアハウスより個々の住宅の独立度が高いものである。ウは，1つの住居を複数人で共有して暮らす賃貸物件で，一般的にはキッチン，リビング，バスルームなどを共有し，プライバシー空間として個室を利用するものである。エは，既存の建物を解体して新しい施設を建てるよりもコストが安く済み，環境への負担の少なさも注目されている。中古物件を修繕して利用することはリノベーションといわれるが，コンバージョンは用途の変更も含まれるのがリノベーションと異なる。　問6　火災警報器は改正消防法で，2006年から全ての新築住宅への設置が義務付けられ，既存住宅(中古住宅)は2011年以降義務になった。設置が必須なのは寝室や階段で，さらに自治体の条例によって台所や居間などへの設置を義務付けているところもある。　問7　平面表示記号とは，図面の平面図に書かれる開口部，建具，階段などを表示するための記号のことでJIS規格により表示方法が定められている。窓や扉について，問われることが多いので覚えておくこと。　問8　第二次大戦後，日本住宅公団(現都市再生機構)がこの考え方をとり入れ，「n＋DK」型の間取りに発展させた。就寝分離についても確認しておきたい。

【16】(1)　・自然災害や外の環境の変動から，生命や健康，財産を守る　・睡眠，入浴，食事，団らんなど休息とくつろぎを与える　・勉強や仕事，趣味や余暇の場として，個人のプライベートな時間を過ごす場

となる　(2)　ア，エ，オ　(3)　解答略

○**解説**○ (1)　住まいの役割を果たすため，住空間は，睡眠，勉強，趣味などの個人的行為を行う個人生活空間，排せつ，入浴，歯を磨くなどの生理的行為を行う生理衛生空間，食事，団らん，テレビを見るなどの共同的行為を行う共同生活空間，調理，洗濯，掃除などのサービス的行為を行う家事労働空間などに分けられる。　(2)　誤りのある選択肢について，イは，防風対策ではなく正しくは防雨対策である。ウは，屋根の勾配をなるべく小さくするのではなく，正しくは，なるべく大きくする。　(3)　家庭内の事故の防ぎ方など家族の安全を考えた住空間の整え方について理解することをねらいとし，幼児や高齢者などの疑似体験を通して，事故が起きる状況を想定し，具体的な対策について理解を深める活動などが考えられる。

【17】①　しつらい(室礼，設い)　②　環境共生　③　シェア　④　ハザード　⑤　日照

○**解説**○ ①　他にも，お正月の飾りつけ，節分の鰯の頭と柊，お盆の仏壇の整え方，雛人形や五月人形，七夕飾りなど季節を室内で感じられるものである。　②　環境共生住宅とは，地球温暖化防止等の地球環境保全を促進する観点から，地域の特性に応じ，エネルギー・資源・廃棄物等の面で適切な配慮がなされるとともに，周辺環境と調和し，健康で快適に生活できるよう工夫された住宅及び住環境のことをいう。日射，気温，風，地熱，雨水など自然のエネルギーを活かした設計手法であるパッシブデザイン手法を積極的に取り入れ，さらに地域の社会的な条件を組み合わせた住まいづくりである。　③　住まい方は多様化している。コレクティブハウジングについても確認しておくこと。　④　ハザートマップには，地震，風水害などのリスクが示されている。避難場所も示されているので，住んでいる地域のハザードマップは確認するよう指導したい。　⑤　建ぺい率や容積率，換気のための開口部面積(床面積の20分の1以上)，採光のための開口部面積(床面積の7分の1以上)などは問題としても頻出なので，内容を確認しておくこと。

● 住生活

【18】(1)　ア　B　　イ　A　　ウ　C　　エ　E　　(2)　A

(3)　①　A　　②　A　　③　C

○**解説**○ (1)　換気に関しては，床面積に対して窓やその他の開口部は20分の1以上と規定されている。　(2)　つきだし窓はガラス戸の上を軸に下側を外に押しだして開くタイプの窓。トイレやキッチンなどの小さなスペースに多く用いられる。突き出し窓は，窓が庇のようになるため，雨が降っても直接室内に雨が吹き込まない。さまざまな窓や戸の平面図は覚えておきたい。　(3)　①　ネット・ゼロ・エネルギーハウスは機械や設備的工夫によって家庭でのエネルギー収支0を目指している。このような手法をアクティブデザインという。アクティブデザインに対して，軒や窓の配置など建物の構造や材料等の空により自然エネルギーを最大限に活用，調整して環境に配慮した設計をパッシブデザインという。　②　HEMSは，Home Energy Management Service(ホーム・ エネルギー・マネジメント・システム)の略。家庭内で使用している電気機器の使用量や稼働状況をモニター画面などで見える化し，電気の使用状況を把握することで，消費者が自らエネルギーを管理するシステムである。　③　誤りのある選択肢について，イの元利均等返済は毎月の約定返済額を元金と利息で調整し一定にする返済方式である。毎月の返済額が一定のため　返済計画が立てやすくなる。ウの元金均等返済は，毎月の返済額のうち，元金部分を均等額とし，それに利息を合計して支払う返済方式で，返済が進むにつれて返済額は少なくなっていく。

【19】(1)　食寝分離　　(2)　ア　溺死，溺水　から1つ　　イ　転倒，転落，墜落　から1つ　　(3)　シックハウス症候群

○**解説**○ (1)　食事の場と就寝の場を分けることを食寝分離という。これは，食事の場と就寝の場を分けることは秩序ある生活にとって最低限の要求であるという考え方である。　(2)　家庭内における不慮の事故死の原因は年齢別で理解しておくこと。特に，子どもと高齢者について問われることが多い。65歳以上の死因として最も多い「不慮の溺死及び溺水」は，浴室内外の気温差が引き起こすヒートショックで溺死に至るケースが含まれる。　(3)　シックハウス症候群については，人

に与える影響の個人差が大きく，同じ部屋にいてもまったく影響を受けない人もいれば，敏感に反応してしまう人もいるという特徴もある。建築基準法の改正でクロルピリホスとホルムアルデヒドが規制の対象となった。

【20】(1)　ア　一酸化炭素　　イ　通電火災　　ウ　筋かい
エ　・天井と家具の隙間につっぱり棒を設置する。　　・L字金具などを用いて家具を柱や壁と固定する。　　(2)　ア　雪見障子
イ　欄間　　ウ　漆喰(しっくい)　　エ　格子

○**解説**○ (1)　ア　一酸化炭素の含有率については，令和4年4月に建築物における衛生的環境の確保に関する法律施行令が改正され，居室における一酸化炭素の含有率がおおむね10ppm以下に適合するように空気を浄化し，流量を調節して供給することとされていたものが，6ppm以下となった。　イ　通電した際に，住民は避難所におり不在にしていることで火災の発見が遅れることがある。避難所に行く前にブレーカーをおとしておくなどの対策ができる。　ウ　筋かいには大きく分けて2種類あり，部材を斜めに1本だけ入れる「片筋かい」と，交わるように2本入れる「たすき掛け」がある。筋かいを入れた壁は耐力壁と呼ばれ，耐力壁の強度は壁倍率という数値で表す。たすき掛けの壁倍率は，片筋かいの2倍であり，部材は厚くなるほど壁倍率が高くなる。エ　賃貸住宅などで固定することが難しい場合は，天井と家具の隙間につっぱり棒を設置したり，粘着マットを組み合わせて効果を高めたりすると良い。　(2)　ア　普通の障子だと外の様子を眺めることができないが，雪見障子の場合は，障子を開けなくても下半分のガラス部分から景色を眺めることができる。冬に庭の雪景色を室内から眺められるように作られたことから，雪見障子と呼ばれている。　イ　欄間は，日本の伝統的な建築様式の一つである。日本の建築の各部の名称は他のものも覚えておくこと。　ウ　漆喰の壁には調湿性があるため，冬場の乾燥や夏場の湿気を防ぐことができ，年間を通じて部屋の湿度を快適に調整することができる。古くからある蔵の内壁にも使用されており，収蔵品を湿気や乾燥から守っている。　エ　大名屋敷や城郭などでは，物見用の出窓に格子を付ける出格子もある。

● 住生活

【21】(1)　ア　　(2)　畳やふすま，障子はイグサや木材，紙などの自然素材で作られているため調湿性があり，また障子を通したやわらかい拡散光は室内を明るくする。

○**解説**○ (1)　伝統的な住まいについて，①は島根県の出雲地方で見られるものであり，屋敷の西側と北側に植えられた黒松である。景観が美しく，防風効果もある。②は，主に冬の季節の通路を確保するために家屋の一部や庇などを道路側に延長したものである。③は，木材を梁の上に山形に組み合わせて建築された，茅葺きの三角屋根が特徴的な建築様式で，岐阜県の白川郷の集落などで見られる。④は，玄関まわりを囲う風除室であり，風雪の吹込みを防ぎ，室内を暖かく保つことができる。⑤は，船を海から引き上げて，風雨や虫から守るために建てられたものである。一階に船を収納し，二階は網の干し場や漁具置き場として使用されていた。　(2)　イグサは畳の原料になる植物である。拡散光とは，光源から物体に一度ぶつかり，拡散した光である。和室の特徴について，説明できるように学習しておくこと。和室の各部の名称も覚えておきたい。

【22】(1)　②　　(2)　⑤　　(3)　①　　(4)　③　　(5)　②

○**解説**○ (1)　②はコレクティブハウスの説明である。　(2)　それぞれの住まいについて，①の急こう配の三角屋根(茅葺屋根)は雪を積もりにくくする。②は河川の洪水時の浸水を防ぐため，屋敷周りに土居を築き，そこに黒松を植えた屋敷林。柔らかい土地を安定させると共に強い季節風を防ぐ役割もある。③は母屋と馬屋が一体となったL字型の住宅。④は海からの強い季節風から家々を守るため，竹を組んで作られた間垣と呼ばれる垣根で集落を囲んでいる。⑤は登り窯を築くために用いた耐火煉瓦や使い捨ての窯道具を赤土で塗り固めた塀のこと。高知県ではなく佐賀県の住まいである。⑥京都伊根地方にみられる。1階が船揚げ場及び作業所，2階は生活の場或いは宿泊所になっている。　(3)　正答以外の選択肢について，②は洋服の乾燥剤・防虫剤として使用。③，④は稲作や農産物の殺中剤として使用される。　(4)　誤りのある選択肢について，①の説明に該当するのは動線，②はJASでなはく，正しくはJIS規格である。④は，Lが居間，Dが食事室である。　⑤は敷金ではなく正しくは礼金である。⑥は就寝分離ではなく，食寝分離である。　(5)　環境基準は主な項目の値を覚えておきたい。

【23】(1)　靴を脱いで床にあがる。床や畳に座る床座の生活。
(2)　①　角に緩衝材をつける。　②　・滑り止め用マットを貼る。・手すりをつける。　③　・手すりをつける。　・腰かけ用の椅子を置く。　(3)　・家具の転倒を防ぐため固定する。　・ガラス飛散防止フィルムをはる。　(4)　ア⇒キ⇒(エ)⇒カ⇒(イ)⇒ウ⇒オ⇒ク

○**解説**○ (1)　床座と椅子座，それぞれのメリットとデメリットを説明できるようにしておくこと。　(2)　家庭内事故は，乳幼児や高齢者に多い。乳幼児に対しては，ドラム式の洗濯機に入り込まないようにする，ふろ場の出入り口に鍵をかける，窓・ベランダからの転落を防ぐため，窓回りやベランダには足場になるものを配置しないなどの注意が必要である。高齢者への対応としては，敷物などつまずくようなものを床に置かない，階段やふろ場，トイレ，玄関などに手すりを設けるなどがある。　(3)　解答例の他に，部屋の出入り口付近には，転倒の可能性がある家具を置かない，高い位置に，割れるものを置かない，普段から室内の整理整頓に心がけて物を多く置かないなどがある。
(4)「ひも通し口を縫う」と「袋口を三つ折りにして縫う」の順序を間違えないこと。

【24】(1)　①　(2)　②　(3)　②　(4)　④　(5)　④

○**解説**○ (1)　部屋数は2つ。台所兼食事室が6畳なのでダイニング・キッチンである。キッチンの広さが4.5畳以上，8畳未満であればダイニング・キッチン(DK)，8畳以上10畳未満であればリビング・ダイニング・キッチン(LDK)，4.5畳未満の場合は「K」と表示する。　(2)　正答以外の選択肢について，①は管理費，③は仲介手数料，④は礼金，⑤は前家賃である。　(3)　物件情報は，徒歩1分＝道路距離80mとして計算するので，12×80＝960mである。　(4)　68,000(賃料)＋2,000(管理費)＋(68,000×2)(敷金)＋68,000(礼金)＋68,000(仲介手数料)＋25,000(損害保険料)＝367,000円。　(5)　最低居住面積は単身者の場合

25m², 誘導居住面積(都会の場合)は，40m²である。地域ごとの畳の大きさは確認しておくこと。

【25】②

○解説○ 住生活基本計画において「居住面積水準」が示されている。この表の数値は必ず覚えること。住生活基本計画についての問題も頻出なので，概要を確認しておくこと。

【26】(1) ① 人為 ② 豪雨 ③ 噴火 ④ 地盤沈下 ⑤ 非常用持ち出し袋 (2) ・窓ガラスにガラス飛散防止フィルムを貼る。 ・本棚や家具の上部と天井の間に突っ張り棒を付ける。 (3) 通電火災 (4) ① ウ ② ア ③ オ ④ イ ⑤ エ

○解説○ (1) 防災についての問題は頻出である。このような基本的な問題には対応できるようにしておくこと。ハザードマップ，ローリングストックについては頻出用語なので説明できるようにしておくこと。 (2) 地震対策としては，戸棚などの家具自体に対策することはもちろんのこと，倒れてきても避難経路をふさがない家具の配置にすることや，寝室に大きく重い家具を置かないことなども併せて対策していく必要がある。 (3) 避難で家を空けるときは，ブレーカーを落としておくことが対策になる。 (4) 警戒レベル1は心構えを高める段階，警戒レベル2は避難行動の確認を行う段階，警戒レベル3は避難に時間を要する人は避難する段階，警戒レベル4は安全な場所へ避難する段階，警戒レベル5はすでに災害が発生，切迫している状況である。

【27】(1) ア 4 イ 2 (2) ア 1階床面積 イ 敷地面積 ウ 延べ面積 エ 敷地面積 (3) ① 中廊下型住宅 ② 腰板上部にガラスを半分ほどはめたもの

○解説○ (1) 緊急車両や避難用の通路を確保すること，建築物の日照，採光，通風などの環境を確保するために設けられている基準である。 (2) 建築基準法によって建ペイ率，容積率は用途地域ごとに細かく制限が設けられている。用途地域は住宅用地域以外にも，商業地域や工

業地域など全部で13種類の用途に分けられている。建ペイ率は敷地に対する建築面積の割合のことで，用途地域ごとに30～80％の範囲で制限が設けられている。容積率は敷地面積に対する建物の立体的な容積比率のことで，用途地域ごとに50～500％の範囲で制限が設けられている。 (3) ① 中廊下型住宅は，南側に家族の居室，北側に台所や浴室，トイレなどを設ける間取りで，家族のプライバシーを守ることができる様式である。 ② 戸がしまったままでも外の景色を楽しむことができる。

【28】(1) ア $\frac{1}{5}$(五分の一) イ $\frac{1}{7}$(七分の一) (2) ア 青 イ 白(黒) ウ 黒(白) (3) ア 寝殿造り イ 書院造り ウ 数寄屋造り(数奇屋造り) (4) ア 両開きとびら(両開き戸) イ 引違い窓 ウ 片開き窓 (5) ア 断熱 イ 省エネルギー(省エネ) ウ 再生可能 エ 消費量 (6) 都市の中心部の気温が郊外に比べて島状に高くなる現象。 (7) 2 (8) ア (9) ア，イ，ウ，エ，オ (10) ローリングストック

○**解説**○ (1) 採光基準についての問題は頻出なので必ず覚えること。保育所等については，「一定の照明設備の設置をして照度を確保した場合には，床面積の$\frac{1}{7}$以上に緩和することができる」となっている。待機児童を解消するには，保育所の整備が重要だが，都市部の住居系地域等においては，敷地境界線との間に十分な距離を確保できず，保育所を設置できない事例がある。既存建築物を保育所に用途変更する際の建築基準法等の緩和として変更された。 (2) 改正JIS安全色（JIS Z 9103：2018）は，世界に先駆けてユニバーサルデザインカラーが採用され，一般の人だけでなく明度で色を識別している1型，2型色覚の人やロービジョン(社会的弱視)の人など，色覚多様性に配慮して改正を行った。現在は，障害を意味する「色覚異常」といわず「色覚多様性」と呼ぶ。 (3) 日本の伝統的な建築について学習しておくこと。和式の建築の各部の名称も覚えておくこと。 (4) アの「両開き戸(扉)」とウの「片開き窓」における戸と窓の表示の違いを理解しておこう。イとウは共に窓で，窓の下には壁などがある。平面表示記号について，特に窓と戸について学習しておくこと。 (5) 外皮を断熱

構造にする，省エネの活用，創出エネルギー(太陽光発電などの再生エネルギー)で，エネルギー消費量の収支をゼロにする。頻出問題なので説明できる程度に理解しておくこと。　(6)　屋上緑化，壁面緑化等の推進や省エネルギー性能の優れた建築物の普及促進により，人工排熱の低減を図るなどしてヒートアイランド現象の低減について対策が講じられている。　(7)　平均気温の上昇について，最初は「工業化以前＋2℃」を目標としたが，実現不可能であることが予測され，「1.5℃」に変更された。カーボンニュートラルの「ニュートラル」は中立の意味で，温室効果ガス排出量と吸収量を均衡させるための政策である。二酸化炭素の排出削減として，LED照明の採用やエネルギー効率の良い製品の利用，再生エネルギーの利用，火力発電の使用割合の削減などを推進している。　(8)　エネルギーの輸入割合が90%と各国の中で突出しているのは日本である。天然ガス，石炭，石油の3つの資源でエネルギーの大部分を賄っている。原子力によるエネルギー率は2022年度には5.9%と減少，再生エネルギーには太陽光，風力，地熱，水力，バイオマスがあり，このうち最も割合が高いのは，太陽光発電である。世界の一次エネルギー率のグラフを確認しておくこと。　(9)　避難情報について，警戒レベル3は，危険な場所から高齢者は避難する，警戒レベル4は全員避難，警戒レベル5はすでに災害が発生している状況を示す。建物の耐震構造，制振構造，免震構造を説明できるようにしておくこと。災害派遣医療チームは，医師，看護婦，業務調整員の3職種で構成される。　(10)　ローリングストックの良さは，災害用食品が賞味期限切れで廃棄することもない，普段使用している物なので，調理法もわかり，緊急時での対応も楽であり，好みの味のため，精神的な安心感をもたらす。頻出問題なので良い点を記述できるようにしておきたい。

【29】(1)　①　エ　②　ア　③　ウ　④　イ　(2)　外皮の断熱性能などを大幅に向上させるとともに，効率的な設備システムの導入により，室内空間の質を維持しつつ大幅な省エネルギーを実現した上で，再生可能エネルギーを導入することにより，年間の一次エネルギー消費量の収支がゼロとなることを目指した住宅。　(3)　昼間，家

全体の日射熱を遮り，室内の温度をできるだけ上げないこと。また，換気により室内の熱を屋外へ排出する排熱と，冷房を切っている時は通風により涼をとること。

〇解説〇 (1)　①は豪雪地帯で，住宅の庇を道路に長く突き出して，歩行機能を確保するものである。②は佐賀県と福岡県にまたがる筑紫平野に多く分布する住居形式で，茅葺きの屋根が上から見るとコの字型になっているのが特徴である。③は1階が船の収納庫，2階が住居スペースになっている独特の造りがある。④は盛岡市周辺や遠野盆地を中心に多く見られる，母屋と馬屋が一体となったL字型の茅葺き屋根の住居である。正答に当てはまらなかった選択肢オの岐阜県は，急勾配の茅葺き屋根を持つ合掌造りが有名である。　(2)　ZEHはネット・ゼロ・エネルギー・ハウスの略である。問題として頻出なので，詳細に学習しておくこと。　(3)　夏に家が暑くなる原因は，風通しの悪さや窓から入る太陽の熱，家電製品などの影響があげられる。適温を保つ方法として，熱を遮ることと，エアコンや扇風機，サーキュレーターなど併用しながら空気を循環させることが大切である。

【30】1　d　　2　c　　3　a　　4　c　　5　e

〇解説〇 1　選択肢dは第三次的機能(個人発達の場)である。　2　コレクティブハウスは，スウェーデンやデンマークで発祥したスタイルである。シェアハウスは個人の部屋以外は全て共同であり，一方コレクティブハウスはトイレやお風呂，キッチンは別々に備え付けられており，団らん室や食事室などが共同で使用できるように設計されている。シェアハウスに比べ，個々の独立度が高い。　3　トラッキング現象は，普段目に触れることも少なく，差し込んだままの洗濯機や冷蔵庫，テレビなどのコンセントで起きやすい。選択肢cに該当するのはヒートショックである。eはシックハウス症候群の説明であるが，「VOC」は揮発性有機化合物の略でトルエンやベンゼン，ジクロロメタン，フロン類を指す。　4　住生活基本法に基づき，具体的な実施内容を示したものが「住生活基本計画」である。頻出事項なので，概要は必ず確認しておくこと。　5　日本では急速な人口減少が起きており，地方都市では，人口の分散がおこり，市街地の低密度化現象が生じている。

●住生活

大都市では，高齢者の人口急増による医療・福祉サービスの提供や地域の活力維持の低下が問題視されている。そこで対策として注目されているのが「コンパクトシティ」である。選択肢aのZEHも頻出事項なので，説明できる程度に理解しておきたい。

学習指導要領

要点整理

学習指導要領改訂の要点

中央教育審議会の答申に示された改訂の基本的な方向性及び改訂の具体的な方向性を踏まえ，技術・家庭科については，家族・家庭生活の多様化や消費生活の変化等に加えて，グローバル化や少子高齢社会の進展，持続可能な社会の構築等，今後の社会の急激な変化に主体的に対応することや，技術の発達を主体的に支え，技術革新を牽引することができる資質・能力の育成を目指して，目標及び内容について，次のように改善を図っている。教科目標及び分野目標については，全体に関わる目標を柱書として示し，育成を目指す資質・能力を「知識及び技能」「思考力，判断力，表現力等」「学びに向かう力，人間性等」の三つの柱により明確にするともに，技術・家庭科の特質に応じた物事を捉える見方・考え方を働かせることを示した。

具体的には，次のように目標を改めた。

(技術・家庭科)生活の営みに係る見方・考え方や技術の見方・考え方を働かせ，生活や技術に関する実践的・体験的な活動を通して，よりよい生活の実現や持続可能な社会の構築に向けて，生活を工夫し創造する資質・能力を次のとおり育成することを目指す。

(1) 生活と技術についての基礎的な理解を図るとともに，それらに係る技能を身に付けるようにする。

(2) 生活や社会の中から問題を見いだして課題を設定し，解決策を構想し，実践を評価・改善し，表現するなど，課題を解決する力を養う。

(3) よりよい生活の実現や持続可能な社会の構築に向けて，生活を工夫し創造しようとする実践的な態度を養う。

具体的な改善事項としては，技術・家庭科家庭分野については，「小・中・高等学校の内容の系統性の明確化」「空間軸と時間軸という二つの視点からの学校段階に応じた学習対象の明確化」「学習過程を踏まえた改善」の3点から示し方を改善することが求められた。

家庭科 学習指導要領

実施問題

中学校

【1】次の文は，中学校学習指導要領(平成29年3月告示)「技術・家庭」に示されている〔家庭分野〕の目標の一部である。文中の(　　)に当てはまる言葉を書け。

○　家族・家庭や地域における生活の中から問題を見いだして課題を設定し，解決策を(　　)し，実践を評価・改善し，考察したことを論理的に表現するなど，これからの生活を展望して課題を解決する力を養う。

2024年度 愛媛県 難易度

【2】指導事項について，次の問いに答えなさい。

次の内容A～Cにおける指導事項について，中学校で扱うものをそれぞれア～エの中から二つずつ選び，記号で書きなさい。

A　ア　家族の互いの立場や役割が分かり，協力することによって家族関係をよりよくできることについて理解すること。
　イ　家族との触れ合いや団らんの大切さについて理解すること。
　ウ　幼児とのよりよい関わり方について考え，工夫すること。
　エ　家庭の仕事の計画を考え，工夫すること。

B　ア　体に必要な栄養素の種類と主な働きについて理解すること。
　イ　栄養素の種類と働きが分かり，食品の栄養的な特質について理解すること。
　ウ　材料に適したゆで方，いため方を理解し，適切にできること。
　エ　材料に適した加熱調理の仕方について理解し，基礎的な日常食の調理が適切にできること。

C　ア　身近なものの選び方，買い物を理解し，購入するために必要な情報の収集・整理が適切にできること。
　イ　身近な消費生活について，自立した消費者としての責任ある消費行動を考え，工夫すること。

ウ　売買契約の仕組み，消費者被害の背景とその対応について理解し，物資・サービスの選択に必要な情報の収集・整理が適切にできること。

エ　自分の生活と身近な環境との関わりや環境に配慮した物の使い方などについて理解すること。

▌2024年度 ▌静岡県・静岡市・浜松市 ▌難易度 ■■■□□□

【3】次の文は，中学校学習指導要領(平成29年告示)「第2章　第8節　技術・家庭」の「第2　各分野の目標及び内容」の「家庭分野」の「2　内容」の一部について示そうとしたものである。文中のa～eの(　　)にあてはまる語句を，それぞれ書け。

> 2　内容
>
> <　前略　>
>
> C　消費生活・環境
>
> 次の(1)から(3)までの項目について，課題をもって，持続可能な社会の構築に向けて考え，工夫する活動を通して，次の事項を身に付けることができるよう指導する。
>
> (1)　金銭の管理と購入
>
> ア　次のような知識及び技能を身に付けること。
>
> (ア)　購入方法や支払い方法の特徴が分かり，(　a　)な金銭管理の必要性について理解すること。
>
> (イ)　売買契約の仕組み，(　b　)の背景とその対応について理解し，物資・サービスの選択に必要な情報の収集・整理が適切にできること。
>
> イ　物資・サービスの選択に必要な情報を(　c　)して購入について考え，工夫すること。
>
> (2)　消費者の権利と責任
>
> ア　消費者の(　d　)な権利と責任，自分や家族の消費生活が環境や社会に及ぼす影響について理解すること。
>
> イ　身近な消費生活について，自立した消費者としての責任ある(　e　)を考え，工夫すること。

(3) 消費生活・環境についての課題と実践
＜ 後略 ＞

2024年度 香川県 難易度

【4】次の枠内の記述は,「中学校学習指導要領」(平成29年3月告示)「第2章 各教科」「第8節 技術・家庭」「第2 各分野の目標及び内容〔家庭分野〕」「2 内容」「A 家族・家庭生活」の一部である。空欄[a]~[c]に当てはまるものの組合せとして最も適切なものを,以下の①~④のうちから選びなさい。

A 家族・家庭生活
(中略)
(2) 幼児の生活と家族
ア 次のような知識を身に付けること。
(ア) 幼児の発達と[a]の特徴が分かり,子供が育つ[b]としての家族の役割について理解すること。
(イ) 幼児にとっての[c]の意義や幼児との関わり方について理解すること。

① a 身体 b 場 c 遊び
② a 身体 b 環境 c 学び
③ a 生活 b 環境 c 遊び
④ a 生活 b 場 c 学び

2024年度 神奈川県・横浜市・川崎市・相模原市 難易度

【5】次の文章は,「中学校学習指導要領解説 技術・家庭編」(平成29年7月)第2章 技術・家庭科の目標及び内容 第3節 家庭分野の目標及び内容 からの抜粋である。空欄(①)~(⑩)に当てはまる語句を,以下のa~pからそれぞれ1つずつ選び,記号で答えなさい。

C 消費生活・環境
「消費生活・環境」の内容は,全ての生徒に履修させる(1)

「(①)と購入」,(2)「消費者の権利と責任」と,生徒の興味・関心や学校,地域の実態等に応じて選択して履修させる(3)「消費生活・環境についての(②)」の3項目で構成されている。(中略)

このねらいを実現するため,(1),(2)の項目はそれぞれ指導事項ア及びイで構成されている。指導事項のアは,消費生活・環境に関する「(③)」について示したものである。指導事項のイは,「(④)」について示したものであり,アで身に付けた「(③)」を(⑤)で活用できるようにすることを意図している。

(3)の項目の指導事項は,アのみで構成されているが,(1)及び(2)の学習を基礎とし,(⑤)の中から問題を見いだして課題を設定し,その解決に向けて計画を立てて実践できるようにすることを意図している。(中略)

今回の改訂では,(⑥)化の進行に伴い,小・中・高等学校の内容の系統性を図り,中学校に(①)に関する内容を新設している。また,消費者被害の(⑦)化に伴い,消費者被害の回避や(⑧)が一層重視されることから,(⑨)と関連させて消費者被害について取り扱うこととしている。さらに,持続可能な社会の構築に向けて,消費生活と環境を一層関連させて学習できるようにし,消費者教育の推進に関する法律(消費者教育推進法)の定義に基づく(⑩)社会の担い手として,自覚をもって環境に配慮したライフスタイルの確立の基礎を培うことを意図している。

a 家庭　　b 循環型
c 消費者市民　　d 課題と実践
e キャッシュレス　　f 生活
g 低年齢　　h 適切な対応
i 消費者保護　　j 売買契約の仕組み
k 情報　　l サービス
m 金銭の管理　　n 知識及び技能

o　学びに向かう力，人間性　　p　思考力，判断力，表現力等

2024年度 京都府 難易度

【6】次の1～3の問いに答えなさい。

1　次の［　　］の中の文は，「中学校学習指導要領(平成29年告示)解説　技術・家庭編(平成29年7月　文部科学省)第2章　技術・家庭科の目標及び内容　第3節　家庭分野の目標及び内容　1　家庭分野の目標」の一部を抜粋したものである。文中の(　　)の①～③に当てはまる語句を以下のa～eの中から一つずつ選びなさい。

> 生活の営みに係る見方・考え方を働かせ，衣食住などに関する実践的・(　①　)な活動を通して，よりよい生活の実現に向けて，生活を工夫し創造する資質・能力を次のとおり育成することを目指す。
> (1)　家族・家庭の機能について理解を深め，家族・家庭，衣食住，消費や環境などについて，(　②　)に必要な基礎的な理解を図るとともに，それらに係る技能を身に付けるようにする。
> ＜中略＞
> (3)　自分と家族，家庭生活と地域との関わりを考え，家族や地域の人々と協働し，よりよい生活の実現に向けて，生活を工夫し創造しようとする(　③　)態度を養う。

①

a	体験的
b	主体的
c	系統的
d	問題解決的
e	総合的

②

a	日常生活
b	課題の解決
c	生活の自立
d	健康な生活
e	持続可能な社会の構築

③

a	主体的な
b	生活に生かす
c	豊かな
d	持続可能な
e	実践的な

2　次の□の中の文は，「中学校学習指導要領(平成29年告示)解説　技術・家庭編(平成29年7月　文部科学省)第3章　指導計画の作成と内容の取扱い　3　実習の指導」の一部を抜粋したものである。文中の(　　)の①，②に当てはまる語句を以下のa～eの中から一つずつ選びなさい。

> 3　実習の指導に当たっては，施設・設備の安全管理に配慮し，学習環境を整備するとともに，火気，用具，材料などの取扱いに注意して事故防止の指導を徹底し，(　①　)に十分留意するものとする。
>
> ＜中略＞
>
> (2)　安全指導
>
> ＜中略＞
>
> ③校外での学習
>
> (　②　)等を校外で実施する場合には，目的地に到着するまでの移動経路や方法を事前に調査し，交通などの安全の確認や生徒自身の安全の確保に留意する。また，学習の対象が幼児や高齢者など人である場合には，相手に対する配慮や安全の確保などに十分気を配るように指導する。

①

a	安全
b	衛生管理
c	安全と衛生
d	事故発生
e	安全の確保

②

a	見学，調査
b	見学，調査，実習
c	調査
d	見学
e	調査，実習

3　次の□の中の文は，「『指導と評価の一体化』のための学習評価に関する参考資料　中学校　技術・家庭(令和2年3月　文部科学省国立教育政策研究所　教育課程研究センター)第2編『内容のまとまりごとの評価規準』を作成する際の手順　3　中学校技術・家庭科(家庭分野)における『内容のまとまりごとの評価規準』作成の手順①各教科における『内容のまとまり』と『評価の観点』との関係を確認する。」の一部を抜粋したものである。文中の□の(　　)の①，②に関係する評価の観点の組み合わせとして最も適切なものを，以下のa～eの中から一つ選びなさい。ただし，(　　)の同じ番号には同じ語句が入るものとする。

> B　衣食住の生活
>
> (4)　衣服の選択と手入れ
>
> 次の(1)から(7)までの項目について，課題をもって，健康・快適・安全で豊かな食生活，衣生活，住生活に向けて考え，工夫する活動を通して，次の事項を身に付けることができるよう指導する。
>
> ア　次のような(　①　)を身に付けること。
>
> (ア)　衣服と社会生活との関わりが分かり，目的に応じた着用，個性を生かす着用及び衣服の適切な選択について理解すること。
>
> (イ)　衣服の計画的な活用の必要性，衣服の材料や状態に応じた日常着の手入れについて理解し，適切にできること。
>
> イ　衣服の選択，材料や状態に応じた日常着の手入れの仕方を考え，工夫すること。

(下線)…(①)に関する内容
(波線)…(②)に関する内容

選択肢	①	②
a	知識及び技能	主体的に学習に取り組む態度
b	思考力，判断力，表現力等	主体的に学習に取り組む態度
c	思考力，判断力，表現力等	知識及び技能
d	知識及び技能	思考力，判断力，表現力等
e	知識及び技術	思考力，判断力，表現力等

2024年度 茨城県 難易度

【7】次の文章は，中学校学習指導要領(平成29年告示)解説 技術・家庭編「第2章 第3節 家庭分野の目標及び内容」の一部を抜粋したものである。(①)～(⑧)に適する語句を以下の《語群》からそれぞれ1つ選び，記号で答えよ。ただし，同一番号には同一語句が入る。

「食生活」の内容は，(1)「食事の役割と中学生の栄養の特徴」，(2)「中学生に必要な栄養を満たす食事」，(3)日常食の調理と(①)の食文化」の3項目で構成されている。

ここでは，(②)をもって，(③)・安全で豊かな食生活に向けて考え，(④)する活動を通して，中学生に必要な栄養の特徴や健康によい食習慣，栄養素や食品の栄養的な特質，食品の種類と概量，(⑤)作成，食品の選択と調理などに関する知識及び技能を身に付け，これからの生活を展望して，食生活の課題を解決する力を養い，食生活を(④)し(⑥)しようとする実践的な態度を育成することをねらいとしている。

今回の改訂では，小学校と中学校の内容の系統性を図り，小・中学校ともに食事の役割，栄養・献立，調理の三つの内容とし，基礎的・基本的な知識及び技能を確実に習得できるようにしている。特に，調理の学習については，義務教育段階における基礎的・基本的な知識及び技能の習得のため，小学校での「ゆでる，いためる」に加え，「煮る，焼く，(⑦)等」の調理方法を扱うこととしている。

また，日本の食文化への理解を深めるために，(①)の食材を用いた調理として(　⑧　)を扱うこととしている。

≪語群≫

ア　実践	イ　創造	ウ　課題	エ　健康	オ　揚げる
カ　献立	キ　蒸す	ク　日本	ケ　ねらい	コ　安心
サ　工夫	シ　地域	ス　和食	セ　みそ汁	ソ　洋食

2024年度　長崎県　難易度

【8】中学校学習指導要領「技術・家庭」の「家庭分野」の一部について，次の(1)，(2)に答えなさい。

(1)　次の「内容」及び「内容の取扱い」について，(　①　)～(　⑥　)にあてはまる語句を書きなさい。

2　内容

C　消費生活・環境

(1)　金銭の管理と購入

ア　次のような知識及び技能を身に付けること。

(ア)　購入方法や支払い方法の特徴が分かり，計画的な金銭管理の必要性について理解すること。

(イ)　(　①　)の仕組み，(　②　)の背景とその対応について理解し，物資・サービスの選択に必要な情報の収集・整理が適切にできること。

イ　物資・サービスの選択に必要な情報を活用して購入について考え，工夫すること。

(2)　消費者の権利と責任

ア　消費者の基本的な権利と責任，自分や家族の消費生活が環境や(　③　)に及ぼす影響について理解すること。

イ　身近な消費生活について，(　④　)した消費者としての責任ある消費行動を考え，工夫すること。

3　内容の取扱い

(4)　内容の「C消費生活・環境」については，次のとおり取り扱うものとする。

(中略)

(中略)

イ　(1)については，(　⑤　)の身近な消費行動と関連を図った物資・サービスや(　②　)を扱うこと。アの(ア)については，クレジットなどの(　⑥　)についても扱うこと。

(2)　次の「指導計画の作成と内容の取扱い」について，(　①　)～(　④　)にあてはまる語句を書きなさい。

1　指導計画の作成に当たっては，次の事項に配慮するものとする。

(2)　技術分野及び家庭分野の授業時数については，3学年間を見通した全体的な指導計画に基づき，いずれかの分野に偏ることなく配当して(　①　)させること。その際，各学年において，技術分野及び家庭分野のいずれも(　①　)させること。

家庭分野の内容の「A(　②　)」の(4)，「B衣食住の生活」の(7)及び「C消費生活・環境」の(3)については，これら三項目のうち，(　③　)以上を選択し(　①　)させること。その際，他の内容と関連を図り，実践的な(　④　)を家庭や地域などで行うことができるよう配慮すること。

2024年度　青森県　難易度

【9】次の文は，中学校学習指導要領(平成29年3月告示　文部科学省)「第2章　各教科」「第8節　技術・家庭」「第2　各分野の目標及び内容〔家庭分野〕」「2　内容　B　衣食住の生活」から一部抜粋したものである。文中の[　1　]～[　4　]に当てはまる語句として正しいものを，語群①～⑨の中からそれぞれ一つ選びなさい。

(3)　日常食の調理と地域の食文化

ア　次のような知識及び技能を身に付けること。

(ア)　日常生活と関連付け，用途に応じた食品の[　1　]について理解し，適切にできること。

(イ)　食品や調理用具等の[　2　]と衛生に留意した管理について理解し，適切にできること。
(ウ)　材料に適した[　3　]の仕方について理解し，基礎的な日常食の調理が適切にできること。
(エ)　地域の食文化について理解し，地域の食材を用いた[　4　]の調理が適切にできること。
イ　日常の1食分の調理について，食品の[　1　]や調理の仕方，調理計画を考え，工夫すること。

＜語群＞

①　安心　②　加熱調理　③　選択　④　郷土食
⑤　購入　⑥　和食　⑦　安全　⑧　特徴
⑨　保存

2024年度　三重県　難易度

【10】次の(1)，(2)に答えよ。

(1)　次は，中学校学習指導要領「第2章　第8節　技術・家庭」の〔家庭分野〕「2　内容」の一部である。(　①　)～(　⑤　)にあてはまることばを，それぞれ記せ。なお，同じ番号には同じことばが入るものとする。

A　家族・家庭生活
(3)　家族・家庭や地域との関わり
ア　次のような知識を身に付けること。
(ア)　家族の互いの立場や(　①　)が分かり，(　②　)することによって家族関係をよりよくできることについて理解すること。
(イ)　家庭生活は地域との相互の関わりで成り立っていることが分かり，高齢者など地域の人々と(　③　)する必要があることや(　④　)など高齢者との関わり方について理解すること。
イ　家族関係をよりよくする方法及び高齢者など地域の

人々と関わり，（　③　）する方法について考え，
　　　　（　⑤　）すること。

(2)　中学校学習指導要領解説　技術・家庭編　「第1章　総説」の
　　「2　技術・家庭科改訂の趣旨及び要点」に記載されている「生活の
　　営みに係る見方・考え方」には，生活事象を捉える視点が示されて
　　いる。このうちの2つを記せ。

┃ 2024年度 ┃ 山梨県 ┃ 難易度 ■■■□□

【11】「中学校学習指導要領(平成29年告示)技術・家庭」について，次の1,
2の問いに答えよ。

1　次の文章は，「第2　各分野の目標及び内容〔家庭分野〕　2　内容」
の一部である。文章中の（　a　），（　b　）にあてはまる語句を答えよ。

　B　衣食住の生活
　　次の(1)から(7)までの項目について，課題をもって，健
　康・快適・安全で豊かな食生活，衣生活，住生活に向けて
　考え，工夫する活動を通して，次の事項を身に付けること
　ができるよう指導する。
　　　（中略）
　(3)　日常食の調理と地域の食文化
　　ア　次のような知識及び技能を身に付けること。
　　　(ア)　日常生活と関連付け，用途に応じた食品の
　　　　（　a　）について理解し，適切にできること。
　　　(イ)　食品や調理用具等の安全と衛生に留意した管理
　　　　について理解し，適切にできること。
　　　(ウ)　材料に適した加熱調理の仕方について理解し，
　　　　基礎的な日常食の調理が適切にできること。
　　　(エ)　地域の食文化について理解し，地域の食材を用
　　　　いた（　b　）の調理が適切にできること。
　　イ　日常の1食分の調理について，食品の（　a　）や調理の
　　　仕方，調理計画を考え，工夫すること。

2　次の文章は，「第2　各分野の目標及び内容〔家庭分野〕　3　内容の取扱い」の一部である。文章中の(c)，(d)，(e)にあてはまる語句を答えよ。

> (3)　内容の「B衣食住の生活」については，次のとおり取り扱うものとする。
>
> 　　(中略)
>
> エ　(3)のアの(ア)については，主として調理実習で用いる生鮮食品と(c)食品の表示を扱うこと。(ウ)については，煮る，焼く，(d)等を扱うこと。また，魚・肉・野菜を中心として扱い，基礎的な題材を取り上げること。(エ)については，だしを用いた(e)又は汁物を取り上げること。また，地域の伝統的な行事食や郷土料理を扱うこともできること。

| 2024年度 | 栃木県 | 難易度 ■■■□□ |

【12】中学校学習指導要領解説(平成29年7月)「技術・家庭編」の一部を読んで，次の問1，問2に答えなさい。

> 1　家庭分野の目標
> (略)
> 　　生活の営みに係る見方・考え方を働かせとは，家庭分野が学習対象としている家族や家庭，衣食住，消費や環境などに係る生活事象を，協力・協働，健康・快適・安全，[1]，[2]等の視点で捉え，生涯にわたって，自立し共に生きる生活を創造できるよう，よりよい生活を営むために工夫することを示したものである。
> (略)
> 2　家庭分野の内容構成
> (1)　内容構成の考え方
> (略)
> 　　二つ目は，空間軸と時間軸の視点からの小・中・高等学校における学習対象の明確化である。

> (略)
> (2) 内容の示し方
> (略)
> ② 空間軸と時間軸の視点からの学習対象の明確化
> 中学校における空間軸の視点は，主に[3]，時間軸の視点は，主に[4]の生活である。

問1 空欄1，2に当てはまるものの組合せとして，正しいものを選びなさい。

ア 1－生活の質の向上 2－社会への参画
イ 1－生活の質の向上 2－持続可能な社会の構築
ウ 1－生活文化の継承・創造 2－社会への参画
エ 1－生活文化の継承・創造 2－持続可能な社会の構築

問2 空欄3，4に当てはまるものの組合せとして，正しいものを選びなさい。

ア 3－家庭と地域 4－これからの生活を展望した現在
イ 3－家庭と地域 4－現在及びこれまで
ウ 3－自己と家庭 4－これからの生活を展望した現在
エ 3－自己と家庭 4－現在及びこれまで

2024年度 北海道・札幌市 難易度

【13】中学校学習指導要領解説(平成29年7月)「技術・家庭編」の一部を読んで，次の空欄1，2に当てはまる語句の組合せとして，正しいものを選びなさい。

> 3 家庭分野の内容
> A 家族・家庭生活
> (略)
> (1) 自分の成長と家族・家庭生活
> (略)
> 指導計画の作成に当たっては，次のことに留意する必要がある。
> [1]としては，第1学年の最初に履修させ，これまで

の家庭生活や小学校家庭科の学習を振り返ったり，家庭分野の学習のねらいや概要に触れたりして中学校3学年間の学習の[　2　]をもたせるようにする。

ア　1－オリエンテーション　　2－課題
イ　1－オリエンテーション　　2－見通し
ウ　1－ガイダンス　　2－課題
エ　1－ガイダンス　　2－見通し

▌2024年度 ▌北海道・札幌市 ▌難易度

【14】学習指導要領に関する(1)・(2)の問いに答えなさい。

(1)　次の文は，中学校学習指導要領(平成29年告示)解説　技術・家庭編(平成29年7月)　第2章　技術・家庭科の目標及び内容　第3節　家庭分野の目標及び内容　3　家庭分野の内容　B　衣食住の生活　衣生活の一部である。[　ア　]～[　ウ　]に該当する語句として適切なものを，それぞれ以下のa～eから一つ選びなさい。

(5)　生活を豊かにするための布を用いた製作
ア　製作する物に適した材料や縫い方について理解し，用具を安全に取り扱い，製作が適切にできること。
イ　資源や環境に配慮し，生活を豊かにするために布を用いた物の製作計画を考え，製作を工夫すること。

ここでは，生活を豊かにするための布を用いた製作について，課題をもって，製作する物に適した材料や縫い方，用具の安全な取扱いに関する基礎的・基本的な知識及び技能を身に付け，資源や環境に配慮して製作計画を考え，製作を工夫することができるようにすることをねらいとしている。

生活を豊かにするための布を用いた製作とは，身の回りの生活を快適にしたり，便利にしたり，さらに資源や環境に配慮したりするなど，自分や家族，地域の人々の生活を豊かにする物を製作することである。布を用いた製作は，生活に役立つばかりではなく，家族や地域の人々との関わりを深めたり，[　ア　]への関心を高めたり，

[　イ　]について考えたりすることにつながり，生活を豊かにするための営みに係るものである。

また，製作を通して，自分自身が豊かな気持ちになることに気付くことができるようにするとともに，[　ウ　]など布を無駄なく使うことが，資源や環境への配慮につながることを理解し，製作を工夫することができるようにする。

ア　a　健康　　b　快適さ　　c　安全
　　d　生活文化　　e　環境

イ　a　防災　　b　生活の課題　　c　生活の営み
　　d　地域社会　　e　持続可能な社会の構築

ウ　a　衣服と社会生活との関わり　　b　衣服の適切な選択
　　c　衣服の計画的な活用　　d　日常着の手入れ
　　e　衣服等の再利用

(2)　次の文は，中学校学習指導要領(平成29年告示)解説　技術・家庭編(平成29年7月)　第3章　指導計画の作成と内容の取扱い　1　指導計画作成上の配慮事項　(4)　題材の設定　の一部である。[　エ　]～[　キ　]に該当する語句として適切なものを，それぞれ以下のa～eから一つ選びなさい。

家庭分野においては，例えば，「C　消費生活・環境」の(1)及び(2)については，内容の「A家族・家庭生活」又は「B衣食住の生活」との関連を図り，題材を設定することが考えられる。

また，生徒や学校，地域の実態等を十分考慮するとともに，次の観点に配慮して実践的・体験的な活動を中心とした題材を設定して計画を作成することが必要である。

①　小学校における家庭科及び図画工作科等の関連する教科の指導内容や中学校の他教科等との関連を図るとともに，高等学校における学習を見据え，教科のねらいを十分達成できるよう[　エ　]な内容を押さえたもの。

②　生徒の発達の段階に応じたもので，[　オ　]を高めるとともに，生徒の[　カ　]な学習活動や個性を生かすことができるもの。

③　生徒の身近な生活との関わりや社会とのつながりを重視したもので，自己の生活の向上とともに家庭や[　キ　]における実践に

結び付けることができるもの。

④　持続可能な開発のための教育を推進する視点から，関係する教科等のそれぞれの特質を踏まえて連携を図ることができるもの。

エ　a　実践的・体験的　b　総合的　c　基礎的・基本的
　　d　発展的　e　系統的

オ　a　興味・関心　b　自尊心　c　達成感
　　d　実践力　e　生活の質

カ　a　計画的　b　効果的　c　協働的
　　d　主体的　e　継続的

キ　a　学校　b　地域社会　c　社会
　　d　他教科　e　消費生活

■2024年度■高知県■難易度■■■■■

【15】中学校学習指導要領解説　技術・家庭編　の家庭分野　「B　衣食住の生活」の内容について，次の(1)，(2)に答えよ。

(1)　(4)「衣服の選択と手入れ」の中で，衣服の状態に応じた日常着の手入れとして例示されている補修のうち，小学校家庭科では学習しないものを，2つ記せ。

(2)　(5)「生活を豊かにするための布を用いた製作」を扱う際，製作の計画や材料の選定にあたり配慮すべき事項について，具体例を示しながら，簡潔に記せ。

■2024年度■山梨県■難易度■■■■■

高等学校

【1】次の文は，高等学校学習指導要領(平成30年3月告示)「第3章　主として専門学科において開設される各教科　第5節　家庭　第2款　各科目　第7　生活と福祉　1　目標」である。文中の[　ア　]~[　オ　]に当てはまることばを書きなさい。

> 家庭の生活に関わる産業の見方・考え方を働かせ，[　ア　]な学習活動を行うことなどを通して，高齢者の自立生活支援と[　イ　]の充実を担う職業人として必要な資質・能力を次のとおり育成することを目指す。

(1) 高齢者の健康と生活，介護などについて[　ウ　]に理解するとともに，関連する技術を身に付けるようにする。
(2) 高齢者の健康と生活，介護などに関する課題を発見し，高齢者の自立生活支援と[　イ　]の充実を担う職業人として[　エ　]かつ創造的に解決する力を養う。
(3) 家族や地域の人々の豊かな生活の実現を目指して自ら学び，高齢者の[　オ　]の向上と自立生活支援に主体的かつ協働的に取り組む態度を養う。

2024年度 | 福島県 | 難易度

【2】次の文は，高等学校学習指導要領(平成30年告示)第2章第9節家庭第1款目標である。以下の(1)～(3)の問いに答えなさい。

第1款　目標
(ア)生活の営みに係る見方・考え方を働かせ，(　a　)・(　b　)な学習活動を通して，様々な人々と(　c　)し，よりよい社会の構築に向けて，男女が協力して(　d　)に家庭や地域の生活を創造する資質・能力を次のとおり育成することを目指す。
(1) 人間の生涯にわたる発達と生活の営みを総合的に捉え，家族・家庭の意義，家族・家庭と社会との関わりについて理解を深め，家族・家庭，衣食住，消費や環境などについて，生活を(　d　)に営むために必要な理解を図るとともに，それらに係る(　e　)を身に付けるようにする。
(2) 家庭や地域及び社会における生活の中から問題を見いだして課題を設定し，解決策を構想し，実践を評価・改善し，考察したことを根拠に基づいて論理的に表現するなど，生涯を見通して(イ)生活の課題を解決する力を養う。
(3) 様々な人々と(　c　)し，よりよい社会の構築に向けて，地域社会に参画しようとするとともに，自分や家庭，地域の生活を(　d　)に創造しようとする(　a　)な態度を養う。

(1) (　a　)～(　e　)に当てはまる語句を書け。

(2)　下線部(ア)について，衣食住の生活に関する内容を指導する際に重視される視点は「生活文化の継承・創造」の他に何があるか答えよ。

(3)　下線部(イ)について，ホームルーム単位又は家庭科の講座単位，さらに学校としてまとまって，学校や地域の生活の中から課題を見出し，グループで主体的に計画を立てて実践する学習活動の名称と，その指導に当たっての留意点を3つ答えよ。

2024年度　群馬県　難易度

【3】次の文は，高等学校学習指導要領(平成30年告示)「第2章　第9節 家庭」の「第3款　各科目にわたる指導計画の作成と内容の取扱い」の一部について示そうとしたものである。文中のア～オの(　　)にあてはまる語句を，それぞれ書け。

＜　略　＞

2　内容の取扱いに当たっては，次の事項に配慮するものとする。

(1)　生徒が自分の(　ア　)に結び付けて学習できるよう，問題を見いだし課題を設定し解決する学習を充実すること。

(2)　子供や高齢者など様々な人々と触れ合い，他者と(　イ　)力を高める活動，衣食住などの(　ア　)における様々な事象を言葉や概念などを用いて考察する活動，判断が必要な場面を設けて理由や(　ウ　)を論述したり適切な解決方法を探究したりする活動などを充実すること。

(3)　食に関する指導については，家庭科の特質を生かして，(　エ　)の充実を図ること。

(4)　各科目の指導に当たっては，コンピュータや情報通信ネットワークなどの活用を図り，学習の効果を高めるようにすること。

3　実験・実習を行うに当たっては，関連する法規等に従い，施設・設備の安全管理に配慮し，学習環境を整備するとともに，火気，用具，材料などの取扱いに注意して(　オ　)の指導を徹底し，安全と衛生に十分留意するものとする。

2024年度　香川県　難易度

【4】高等学校学習指導要領(平成30年3月告示)の「第2章　各学科に共通する各教科　第9節　家庭　第1款　目標」に示されていないものを，次の(1)～(4)の中から1つ選びなさい。

(1)　人間の生涯にわたる発達と生活の営みを総合的に捉え，家族・家庭の意義，家族・家庭と社会との関わりについて理解を深め，家族・家庭，衣食住，消費や環境などについて，生活を主体的に営むために必要な理解を図るとともに，それらに係る技能を身に付けるようにする。

(2)　家庭や地域及び社会における生活の中から問題を見いだして課題を設定し，解決策を構想し，実践を評価・改善し，考察したことを根拠に基づいて論理的に表現するなど，生涯を見通して生活の課題を解決する力を養う。

(3)　様々な人々と協働し，よりよい社会の構築に向けて，地域社会に参画しようとするとともに，自分や家庭，地域の生活を主体的に創造しようとする実践的な態度を養う。

(4)　職業人として必要な豊かな人間性を育み，よりよい社会の構築を目指して自ら学び，生活の質の向上と社会の発展に主体的かつ協働的に取り組む態度を養う。

▌2024年度 ▌埼玉県・さいたま市 ▌難易度 ■■□□□

【5】次の文章は，平成30年告示の高等学校学習指導要領の共通教科「家庭」の「第3款　各科目にわたる指導計画の作成と内容の取扱い」の一部である。(　①　)～(　④　)に当てはまる語句をそれぞれ漢字二字で答えよ。

2　内容の取扱いに当たっては，次の事項に配慮するものとする。

(1)　生徒が自分の生活に結び付けて学習できるよう，問題を見いだし課題を設定し(　①　)する学習を充実すること。

(2)　子供や高齢者など様々な人々と触れ合い，(　②　)と関わる力を高める活動，衣食住などの生活における様々な事象を言葉や(　③　)などを用いて考察する活動，判断が必要な場面を設けて理由や根拠を論述したり適切な(　①　)

方法を(　④　)したりする活動などを充実すること。

2024年度 岡山県 難易度

【6】次は，高等学校学習指導要領(平成30年告示)解説　家庭編「第1部　各学科に共通する教科『家庭』　第2章　家庭科の各科目　第1節　家庭基礎　2　内容とその取扱い　D　ホームプロジェクトと学校家庭クラブ活動」に示された学校家庭クラブ活動についての文章です。(　ア　)～(　エ　)に入る語句の組み合わせとして正しいものを，以下の(1)～(4)の中から1つ選びなさい。

学校家庭クラブ活動とは，(　ア　)単位又は家庭科の講座単位，さらに学校としてまとまって，学校や地域の生活の中から課題を見いだし，課題解決を目指して，グループで主体的に計画を立てて実践する(　イ　)的な学習活動である。学校家庭クラブ活動を実践することによって，内容のAからCまでの学習で習得した知識と技能を，学校生活や(　ウ　)の生活の場に生かすことができ，(　イ　)能力と実践的態度の育成はもとより，(　エ　)などの社会参画や勤労への意欲を高めることができる。

	ア	イ	ウ	エ
(1)	ホームルーム	問題解決	地域	ボランティア活動
(2)	部活動	課題設定	自己	ボランティア活動
(3)	部活動	問題解決	家庭	インターンシップ
(4)	ホームルーム	課題設定	地域	インターンシップ

2024年度 埼玉県・さいたま市 難易度

【7】高等学校学習指導要領(平成30年3月)及び解説の内容について，次の問1，問2に答えなさい。

問1　次の①～④のうち，ホームプロジェクトと学校家庭クラブ活動の内容の組合せとして，最も適当なものを選びなさい。

①　ホームプロジェクトとは，自己の家庭生活の中から課題を見いだし，課題解決を目指して主体的に計画を立てて実践する問題解決的な学習活動である。

② ホームプロジェクトは，家庭科の授業の一環として，年間指導計画に位置付ける必要はない。

③ 学校家庭クラブ活動とは，ホームルーム単位で，学校の課題を見いだし，課題解決を目指して，個々で主体的に計画を立てて実践する問題解決的な学習活動である。

④ 学校家庭クラブ活動を実践することによって，学習で習得した知識と技能を，学校生活や地域の生活の場に生かすことができ，問題解決能力と実践的態度の育成はもとより，ボランティア活動などの社会参画や勤労への意欲を高めることができる。

ア ①③　イ ①④　ウ ②③　エ ②④

問2 次の①～③は，「第3章 各科目にわたる指導計画の作成と内容の取扱い『1 指導計画作成上の配慮事項』」について述べたものです。正誤の組合せとして，正しいものを選びなさい。

① 「家庭基礎」及び「家庭総合」の各科目に配当する総授業時数のうち，原則として10分の1以上を実験・実習に配当すること。

② 「家庭基礎」は，原則として同一年次で履修させること。

③ 「家庭総合」を複数の年次にわたって分割して履修させる場合には，原則として連続する2か年において履修させること。

	①	②	③
ア	正	正	誤
イ	正	誤	正
ウ	正	誤	誤
エ	誤	正	正
オ	誤	誤	正

2024年度 ▌北海道・札幌市 ▌難易度

【8】次の文章は，高等学校学習指導要領(平成30年告示)解説 家庭科編「第2章 第1節 家庭基礎」の一部を抜粋したものである。次の(1)～(8)に適する語句を以下の《語群》からそれぞれ1つ選び，記号で答えよ。ただし，同一番号には同一語句が入る。

D　ホームプロジェクトと学校家庭クラブ活動

生活上の(　1　)を設定し，解決に向けて生活を(　2　)的に探究したり，創造したりすることができるよう次の事項を指導する。

ア　ホームプロジェクト及び学校家庭クラブ活動の意義と実施方法について理解すること。 イ　自己の家庭生活や地域の生活と関連付けて生活上の(　1　)を設定し，解決方法を考え，計画を立てて実践すること。

・・・中略・・・

ホームプロジェクトとは，内容のAからCまでの学習を進める中で，自己の家庭生活の中から(　1　)を見いだし，(　1　)解決を目指して(　3　)的に計画を立てて実践する問題解決的な学習活動である。ホームプロジェクトを実践することによって，内容のAからCまでの学習で習得した知識と(　4　)を一層定着し，総合化することができ，問題解決能力と(　5　)を育てることができる。

ホームプロジェクトの指導に当たっては，次の事項に留意する。

① 家庭科の授業の一環として，(　6　)に位置付けて実施すること。

② 家庭科の授業の早い段階において，ホームプロジェクトの意義と実施方法について理解できるよう，家庭科の知識や(　4　)を活用してホームプロジェクトを実施することを説明し，学習の見通しが立てられるように指導すること。

③ 内容のAからCまでの指導に当たっては，中学校の「生活の(　1　)と実践」を踏まえ，より発展的な取組になるように，学習内容を自己の家庭生活と結び付けて考え，常に(　1　)意識をもち，題目を選択できるようにすること。

④ (　1　)の解決に当たっては，まず，目標を明確にして綿密な実施計画を作成できるよう指導すること。次に生徒の(　3　)的な活動を重視し，教師が適切な指導・助言を行うこと。

⑤ 学習活動は，計画，実行，反省・(　7　)の流れに基づいて行い，実施過程を記録させること。

⑥　実施後は，反省・(　7　)をして次の(　1　)へとつなげるとともに，成果の発表会を行うこと。

学校家庭クラブ活動とは，ホームルーム単位又は家庭科の講座単位，さらに学校としてまとまって，学校や地域の生活の中から(　1　)を見いだし，(　1　)解決を目指して，グループで(　3　)的に計画を立てて実践する問題解決的な学習活動である。学校家庭クラブ活動を実践することによって，内容のAからCまでの学習で習得した知識と(　4　)を，学校生活や地域の生活の場に生かすことができ，問題解決能力と(　5　)の育成はもとより，(　8　)活動などの社会参画や勤労への意欲を高めることができる。学校家庭クラブ活動の指導に当たっては，次の事項に留意する。

①　家庭科の授業の一環として，(　6　)に位置付けるとともに，生徒が計画，立案，参加できるよう工夫すること。

②　家庭科の授業の早い段階において，学校家庭クラブ活動の意義と実施方法について理解できるよう，これから学習する家庭科の知識や(　4　)を活用して学校家庭クラブ活動を実践することを説明し，学習の見通しが立てられるように指導すること。その際，ホームプロジェクトを発展させ，学校生活や地域の生活を充実向上させる意義を十分理解できるように指導すること。

③　ホームルーム活動，生徒会活動，学校行事，総合的な探究の時間など学校全体の教育活動との関連を図るようにすること。

④　(　8　)活動については，地域の社会福祉協議会などとの連携を図るように工夫すること。

特に，「家庭基礎」においては，単位数が少ないので効果的な指導を図るように工夫する。

≪語群≫

ア　地域	イ　年間指導計画	ウ　科学
エ　主体	オ　対話	カ　実践的態度
キ　評価	ク　論理的態度	ケ　点検
コ　技術	サ　技能	シ　課題
ス　ボランティア	セ　根拠	ソ　体験

▌2024年度▌長崎県▌難易度

【9】 次の文は，高等学校学習指導要領(平成30年3月告示　文部科学省)「第2章　各学科に共通する各教科」「第9節　家庭」「第2款　各科目」「第2　家庭総合」「2　内容　C　持続可能な消費生活・環境」から一部抜粋したものである。文中の[　1　]～[　4　]に当てはまる語句として正しいものを，語群①～⑨の中からそれぞれ一つ選びなさい。

> (2)　消費行動と[　1　]
> ア　次のような知識及び技能を身に付けること。
> (ア)　消費生活の現状と課題，消費行動における[　1　]や責任ある消費の重要性について理解を深めるとともに生活情報の収集・[　2　]が適切にできること。
> (イ)　消費者の権利と責任を自覚して行動できるよう，消費者問題や消費者の自立と[　3　]などについて理解するとともに，契約の重要性や消費者保護の仕組みについて理解を深めること。
> イ　自立した消費者として，生活情報を[　4　]し，適切な[　1　]に基づいて行動できるよう考察し，責任ある消費について工夫すること。

＜語群＞
① 支援　　② 安心　　③ 比較　　④ 整理
⑤ 意思決定　⑥ 活用　⑦ 主体性　⑧ 選択
⑨ 探求

｜2024年度｜三重県｜難易度■■□□□

【10】 次の(1)，(2)の問いに答えよ。

(1)　次の文章は，高等学校学習指導要領(平成30年告示)「第2章　各学科に共通する各教科　第9節　家庭　第3款　各科目にわたる指導計画の作成と内容の取扱い」の内容の一部である。以下の①～③の問いに答えよ。

> 1　指導計画の作成に当たっては，次の事項に配慮するものとする。
> (1)　単元など内容や時間のまとまりを見通して，その中で

育む資質・能力の育成に向けて生徒の(　ア　)で深い学びの実現を図るようにすること。その際，生活の営みに係る(　イ　)を働かせ，知識を相互に関連付けてより深く理解するとともに，家庭や地域及び社会における生活の中から問題を見いだして解決策を構想し，実践を評価・改善して，新たな課題の解決に向かう過程を重視した学習の充実を図ること。

(2) 「家庭基礎」及び「家庭総合」の各科目に配当する総授業時数のうち，原則として10分の(　ウ　)以上を実験・実習に配当すること。

(3) 「家庭基礎」は，原則として，(　エ　)年次で履修させること。その際，原則として入学年次及びその次の年次の2か年のうちに履修させること。

(4) 「家庭総合」を複数の年次にわたって分割して履修させる場合には，原則として連続する2か年において履修させること。また，(i)<u>内容のC(持続可能な消費生活・環境)については，原則として入学年次及びその次の年次の2か年のうちに取り上げること</u>。

(5) 地域や関係機関等との(　オ　)・交流を通じた実践的な学習活動を取り入れるとともに，外部人材を活用するなどの工夫に努めること。

(6) 障害のある生徒などについては，学習活動を行う場合に生じる困難さに応じた指導内容や指導方法の工夫を計画的，(　カ　)に行うこと。

(7) 中学校技術・家庭科を踏まえた(　キ　)な指導に留意すること。また，(ii)<u>高等学校公民科，数学科，理科及び保健体育科などとの関連を図り，家庭科の目標に即した調和のとれた指導</u>が行われるよう留意すること。

＊一部加筆

① 文章中の空欄ア～キに当てはまる語句，または数字を記せ。

② 下線部(i)に関して，その理由を記せ。

③　下線部(ii)に関して，教科横断的な学びで公民科と連携する場合，題材を示し，学習指導の展開例を説明せよ。

(2)　ホームプロジェクトと学校家庭クラブ活動の指導にあたっての配慮事項を記せ。

2024年度 山梨県 難易度

【11】高等学校学習指導要領(平成30年文部科学省告示)について，次の(1)～(5)の問いに答えよ。ただし，箇条書きの行頭文字及び段落番号は変更している。

(1)　「第2章　第9節　第2款　各科目　第1　家庭基礎　2　内容　B　衣食住の生活の自立と設計」について，文中の(　A　)～(　C　)に当てはまる言葉として適切なものを書け。

> ①　食生活と健康
> ア　次のような知識及び技能を身に付けること。
> (ア)　ライフステージに応じた栄養の特徴や食品の栄養的特質，健康や環境に配慮した食生活について理解し，自己や家族の食生活の(　A　)に必要な技能を身に付けること。
> (イ)　(　B　)の構成要素や食品の調理上の性質，食品衛生について理解し，目的に応じた調理に必要な技能を身に付けること。
> イ　食の安全や食品の調理上の性質，食文化の継承を考慮した(　C　)や調理計画，健康や環境に配慮した食生活について考察し，自己や家族の食事を工夫すること。

(2)　「第3章　第5節　第2款　各科目　第3　生活産業情報　2　内容」に示された［指導項目］について，(　A　)～(　C　)に当てはまる言葉として適切なものを書け。ただし，同じ記号には同じ言葉が入る。

> 〔指導項目〕
> ①　情報化の進展と生活産業
> ア　情報化の進展と社会
> イ　生活産業における情報化の進展

② (A)とセキュリティ
ア (A)
イ (B)の仕組みとセキュリティ管理
③ コンピュータとプログラミング
ア モデル化とシミュレーション
イ (C)とプログラミング
④ 生活産業におけるコミュニケーションと情報デザイン
ア 目的に応じたコミュニケーション
イ 情報コンテンツと情報デザイン

(3) 「第3章 第5節 第2款 各科目 第9 服飾文化 3 内容の取扱い」に示された内容として正しいものを①～⑤から全て選び，その番号を書け。

① 「服飾の多様性」については，多様な民族の服飾の形態を取り上げ，服飾の起源や基本型と関連付けて指導すること。
② 「被服材料の特徴と性能」については，繊維，糸及び布を中心に扱い，新素材や特殊素材についても触れること。
③ 「総合実習」については，個人又はグループで適切な課題を設定するなど，生徒の主体的な学習活動の充実を図ること。
④ 「着装」については，トータルコーディネートと社会生活上の着装のマナーについても扱うこと。
⑤ 「構成技法」については，具体的な事例を通して立体裁断と平面製図の特徴や方法を扱うこと。

(4) 次の文は，「高等学校学習指導要領解説 家庭編」(平成30年7月文部科学省)の「第1部 各学科に共通する教科「家庭」 第2章 家庭科の各科目 第1節 家庭基礎 1 科目の性格と目標 (2)目標」に示されている内容の一部である。文中の(①)～(⑤)に当てはまる言葉として適切なものを書け。ただし，同じ番号には同じ言葉が入る。

「家庭基礎」は，学習内容を「A　(　①　)と家族・家庭及び福祉」「B　衣食住の(　②　)と設計」「C　持続可能な消費生活・環境」「D　ホームプロジェクトと(　③　)」の四つとし，家族や生活の営みを(　①　)との関わりの中で捉え，家族や家庭生活の在り方，子供と高齢者の生活と福祉，(　②　)と健康のための衣食住，消費生活と環境などに関する基礎的・基本的な知識と技能を習得し，男女が協力して家庭や地域の生活の充実向上を図る能力と実践的な態度を養うことをねらいとしている。特に，生活をする上での様々な課題を主体的に解決する能力の育成を目指して，ホームプロジェクトと(　③　)を充実することが重要である。

今回の改訂においては，家庭科の特質である実践的・体験的な学習活動を充実させることを目標の(　④　)に位置付け，明確にしている。家庭科の学習は，生活の中から生徒自身が見いだした課題についてその解決を図る過程を重視しており，その際，例えば，実験・実習の見通しを持たせたり，結果を検証したりすることなどによって，生活についての科学的な理解を深めていくことが大切である。また，生涯の生活設計を本科目の導入として位置付けるとともに，各内容と関連付けて扱うことを踏まえ，(　①　)を(　⑤　)として捉えたり，生活の営みに必要な金銭，生活時間，人間関係などの生活資源や，衣食住，保育，消費などの生活活動に関わる事柄を，(　①　)との関わりの中で空間軸において捉えたりすることができるよう指導を工夫することとしている。

(5)　次の文は，「高等学校学習指導要領解説　家庭編」(平成30年7月文部科学省)の「第1部　各学科に共通する教科「家庭」　第2章　家庭科の各科目　第1節　家庭基礎　2　内容とその取扱い　C　持続可能な消費生活・環境　(3)持続可能なライフスタイルと環境」に示されている内容の一部である。文中の(　①　)～(　③　)に当てはまる言葉として適切なものを書け。

ここでは，日常の生活が地球環境問題や(　①　)社会における諸問題と密接に関わっていることを理解し，その解決に向けて，持続可能な社会を目指した消費の在り方としての持続可能な消費について理解し，自らの身近な消費生活から(　②　)できるようにすることをねらいとしている。さらに，自らの消費行動によって(　③　)を低減させ，進んで地球環境保全に貢献できるライフスタイルを工夫することができるようにする。

2024年度 愛媛県 難易度 ■■■□□

【12】次の各問いに答えなさい。

(1) 「高等学校学習指導要領(平成30年3月告示)」において示された，各学科に共通する教科「家庭」の，科目「家庭基礎」の3　内容の取扱い(2)内容の範囲や程度について配慮するものとして記載されていることに関する，次の文章の(　①　)，(　②　)に最も適する語句を答えなさい。

高齢期の生活と福祉については，(　①　)などにも触れること。「高齢期の心身の特徴，高齢者を取り巻く社会環境，高齢者の尊厳と自立生活の支援や介護について理解するとともに，生活支援に関する基礎的な技能を身に付けること」については，生活支援に関する基礎的な技能を身に付けることができるよう(　②　)的に学習を行うこと。

(2) 「高等学校学習指導要領(平成30年3月告示)」において示された，第3章　主として専門学科において開設される各教科　第5節　家庭　第2款　各科目　第6　保育実践の目標に関する，次の文章の(　ア　)～(　エ　)に最も適する語句を答えなさい。なお，同じ記号の(　　)には，同じ語句が入るものとする。

家庭の生活に関わる産業の見方・考え方を働かせ，実践的・体験的な学習活動を行うことなどを通して，保育を担う(　ア　)として必要な資質・能力を次のとおり育成することを目指す。

(1) 子供の(　イ　)や子育て支援について体系的・系統的に理解するとともに，関連する技術を身に付けるようにする。
(2) 保育や子育て支援に関する課題を発見し，子供を取り巻く環境の変化に対応した保育を担う(　ア　)として合理的かつ(　ウ　)に解決する力を養う。
(3) 保育の充実を目指して自ら学び，保育や子育て支援の実践に主体的かつ(　エ　)に取り組む態度を養う。

2024年度 鳥取県 難易度

【13】「高等学校学習指導要領(平成30年告示)解説　家庭編」の『第一部　各学科に共通する教科「家庭」』について，次の1，2の問いに答えよ。
1　次の文章は，「第1章　総説　第2節　家庭科改訂の趣旨及び要点　2　家庭科改訂の要点　(3)各科目の内容の改善」の一部である。文章中の(　a　)，(　b　)，(　c　)にあてはまる語句を答えよ。

② 「家庭基礎」は，「A　人の一生と家族・家庭及び福祉」，「B　衣食住の生活の(　a　)と設計」，「C　持続可能な消費生活・環境」，「D　ホームプロジェクトと学校家庭クラブ活動」の内容で構成し，生活を主体的に営むために必要な基礎的な理解と技能を身に付け，(　a　)した生活者として必要な実践力を育成することを重視した。
③ 「家庭総合」は，「A　人の一生と家族・家庭及び福祉」，「B　衣食住の生活の(　b　)と文化」，「C　持続可能な消費生活・環境」，「D　ホームプロジェクトと学校家庭クラブ活動」の四つの内容で構成し，従前の「家庭総合」や「生活デザイン」の内容を継承し，生活を主体的に営むために必要な(　b　)的な理解と技を体験的・総合的に身に付け，生活文化の継承・創造，高齢者の介護や消費生活に関する実習や演習を行うことを重視した。
④ いずれの科目においても，従前の「生涯の(　c　)」をまとめとしてだけでなく，科目の導入として位置付けるとと

もに，AからCまでの内容と関連付けることで，生活課題に対応した意思決定の重要性についての理解や生涯を見通した(　c　)の工夫ができるよう内容の充実を図った。

2　次の文章は，「第3章　各科目にわたる指導計画の作成と内容の取扱い　1　指導計画作成上の配慮事項」の一部である。次の(　d　)，(　e　)にあてはまる語句を答えよ。

(2)「家庭基礎」及び「家庭総合」の各科目に配当する総授業時数のうち，原則として10分の(　d　)以上を実験・実習に配当すること。
(3)「家庭基礎」は，原則として，(　e　)年次で履修させること。

2024年度　栃木県　難易度

【14】平成30年3月告示の高等学校学習指導要領　家庭　について，次の1・2に答えなさい。

1　次の文章は，家庭基礎　内容　B　衣食住の生活の自立と設計　(1)食生活と健康　の指導事項を示したものです。下線部について指導をする際に，どのような指導の工夫が考えられますか。簡潔に書きなさい。

ア　次のような知識及び技能を身に付けること。
(ア)　ライフステージに応じた栄養の特徴や食品の栄養的特質，健康や環境に配慮した食生活について理解し，自己や家族の食生活の計画・管理に必要な技能を身に付けること。
(イ)　おいしさの構成要素や食品の調理上の性質，食品衛生について理解し，目的に応じた調理に必要な技能を身に付けること。
イ　食の安全や食品の調理上の性質，<u>食文化の継承を考慮した献立作成や調理計画</u>，健康や環境に配慮した食生活について考察し，自己や家族の食事を工夫すること。

2　主として専門学科において開設される教科「家庭」における科目「生活産業基礎」は，家庭に関する学科における原則履修科目として位置付いています。それはなぜですか。その理由を，この科目がねらいとしていることを踏まえて書きなさい。

2024年度　広島県・広島市　難易度

【15】学習指導要領に関する次の問いに答えなさい。

次の文は，高等学校学習指導要領(平成30年告示)解説　家庭編(平成30年7月)第1章　総説　第3節　家庭科の目標　の一部である。[　ア　]～[　カ　]に該当する語句として適切なものを，それぞれ以下のa～eから一つ選びなさい。

(2)　家庭や地域及び社会における生活の中から問題を見いだして課題を設定し，解決策を構想し，実践を評価・改善し，考察したことを根拠に基づいて論理的に表現するなど，生涯を見通して生活の課題を解決する力を養う。

(2)の目標は，次のような学習過程を通して，習得した「知識及び技能」を活用し，「思考力，判断力，表現力等」を育成することにより，課題を解決する力を養うことを明確にしたものである。(略)

家庭や地域及び社会における生活の中から問題を見いだして課題を設定しとは，本解説第1部第1章第2節1において，「『生活の営みに係る見方・考え方』を働かせつつ，生活の中の様々な問題の中から課題を設定し，その解決を目指して解決方法を検討し，計画を立てて実践するとともに，その結果を評価・改善するという活動の中で育成できると考えられる。」と示されたことを踏まえ，小学校では「日常生活の中から問題を見いだし…」，中学校では「家族・家庭や地域における生活の中から問題を見いだし…」と示されているのに対して，高等学校は「家庭や地域及び社会における生活の中から問題を見いだし…」としており，各校種における学習対象の違いを明確にしたものである。このことは，小・中・高等学校の[　ア　]を踏まえつつ，学習対象としての広がりに留意して指導することが大切であることを意味している。

解決策を構想しとは，解決の見通しをもって計画を立てることを通して，生活課題について他の[　イ　]と関連付け，生涯を見通して多角的に捉え，解決方法を検討し，計画，立案する力を育成することについて示したものである。その際，様々な人々との関わりを通して他者からの意見等を踏まえて，計画を評価・改善し，最善の方法を判断・決定できるようにする。

実践を評価・改善し，考察したことを根拠に基づいて論理的に表現するとは，実習や観察・実験，調査，交流活動等を通して，課題の解決に向けて実践したことを[　ウ　]，考察したことを発表し合い，他者からの意見を踏まえて改善策を検討するなど，実践活動を評価・改善する力を育成することについて示したものである。その際，[　エ　]したことを科学的な根拠に基づいて理由を明確にして論理的に説明したり，発表したりすることができるようにする。

生涯を見通して生活の課題を解決するとは，自立した生活者として，様々な人々と関わり合う中で，他者の立場を考え，多様な意見や価値観があることを踏まえつつ，よりよい生活の実現に向けて，身近な生活の課題を主体的に捉え，具体的な[　オ　]を通して，課題の解決を目指すことを意味している。

このような一連の学習過程は，本解説第1部第1章第2節1において，㋐生活の課題発見，㋑解決方法の検討と計画，㋒課題解決に向けた実践活動，㋓実践活動の評価・改善と整理することができると示されている。(学習過程の参考例)これらの学習過程を通して，生徒が自分や家庭，地域の生活を主体的に創造しようとすること，[　カ　]や有用感を涵養し，次の学習に主体的に取り組むことができるようにすることが大切である。

なお，この学習過程は，生徒や学校の実態や題材構成に応じて異なることなどに留意する必要がある。また，ホームプロジェクトと学校家庭クラブ活動と関連を図り，一連の学習過程として位置付けることも考えられる。

ア　a　生活経験　　b　家庭科の学び　　c　系統性
　　d　実践活動　　e　学習過程
イ　a　生活課題　　b　家庭科の学び　　c　生活事象

d	実践活動	e	学習対象		
ウ	a	評価し	b	振り返り	c	改善し
	d	説明し	e	判断し		
エ	a	評価	b	計画	c	改善
	d	分析	e	考察		
オ	a	体験	b	計画	c	改善
	d	実践	e	説明		
カ	a	思考力	b	達成感	c	表現力
	d	実践力	e	判断力		

‖ 2024年度 ‖ 高知県 ‖ 難易度 ■■■□□

解答・解説

中学校

【1】構想
○**解説**○ 学年ごとの目標についても，文言は必ず覚えること。

【2】A ア，ウ　B イ，エ　C イ，ウ
○**解説**○ 各項目の内容は，学習指導要領の指導事項で，Aのアは中学校(3)ア(ア)，イは小学校(3)ア(ア)，ウは中学校(2)イ，エは小学校(2)イである。Bのアは小学校(3)ア(ア)，イは中学校(2)ア(ア)，ウは小学校(2)ア(エ)，エは中学校(3)ア(ウ)である。Cのアは小学校(1)ア(イ)，イは中学校(2)イ，ウは中学校(1)ア(イ)，エは小学校(2)アである。

【3】a 計画的　b 消費者被害　c 活用　d 基本的　e 消費行動
○**解説**○ 内容構成は，小・中・高等学校の内容の系統性の明確化という考えに基づき，小・中学校においては，「家族・家庭生活」，「衣食住の生活」，「消費生活・環境」に整理されている。内容について，「A家

族・家庭生活」は4項目,「B衣食住の生活」は7項目あげられているので文言は覚えておくこと。

【4】③

○解説○ 中学校学習指導要領の内容のうちA家族・家庭生活から出題された。B衣食住の生活,C消費生活・環境の項目についても学習しておくこと。

【5】① m　② d　③ n　④ p　⑤ f　⑥ e　⑦ g　⑧ h　⑨ j　⑩ c

○解説○ 中学校学習指導要領解説より,C消費生活・環境の内容の解説部分から語句の穴埋め選択式の問題である。今回の改訂では,金銭の管理に関する内容や,消費生活や環境に配慮したライフスタイルの確立の基礎となる内容を充実するとともに,他の内容との関連を図り,実践的な学習活動を一層充実するとされている。

【6】1 ① a ② c　③ e　2 ① c　② b　3 d

○解説○ 1 中学校学習指導要領解説について,文言の穴埋め選択式の問題である。家庭分野の目標については,文言は必ず覚えること。

2 実習の指導についての解説部分からの出題である。解説では2つに分けて記載されており,(1)安全管理では,①実習室等の環境の整備と管理,②材料や用具の管理の2項目,(2)安全指導では,①実習室の使用等,②学習時の服装及び留意事項,③校外での学習の3項目が示されている。授業に関わる具体的な内容なので理解を深めておきたい。

3 「『指導と評価の一体化』のための学習評価に関する参考資料」からの出題である。評価基準(観点別評価)は,「知識・技能」,「思考・判断・表現」,「主体的に学習に取り組む態度」の3観点である。学習指導要領の内容ごとに,どの観点についての項目なのか理解しておきたい。

【7】① シ　② ウ　③ エ　④ サ　⑤ カ　⑥ イ　⑦ キ　⑧ ス

○解説○ 中学学習指導要領解説よりB衣食住の生活の「食生活」の内容

についての解説部分から，語句の穴埋め選択式の問題である。中学校学習指導要領解説では，改訂による指導のねらいなど詳細に示されているので，文言を覚えるだけでなく，理解を深めておくこと。「衣生活」「住生活」について，またA家族・家庭生活，C消費生活・環境の内容についても同様に学習しておくこと。

【8】(1) ① 売買契約　② 消費者被害　③ 社会　④ 自立　⑤ 中学生　⑥ 三者間契約　(2) ① 履修　② 家族・家庭生活　③ 一　④ 活動

○解説○ (1) 中学学習指導要領のC消費生活・環境から，内容，内容の取扱いについて，語句の穴埋め記述式の問題である。内容については，ここでは(1)(2)から問われたが，全部で3項目あるので確認しておくこと。内容の取扱いについて，C消費生活・環境についての項目は(4)だが，全部で4項目あるので確認しておくこと。 (2) 指導計画の作成と内容の取扱いの指導計画の作成に当たっての配慮事項から出題された。ここでは(2)について問われている。「A家族・家庭生活」の(4)，「B衣食住の生活」の(7)，「C消費生活・環境」の(3)が示しているのは，いずれも「生活の課題と実践」である。これら三項目のうち，一以上選択となっている。指導計画の作成に当たっての配慮事項は全部で6項目，内容の取扱いについての配慮事項は5項目，実習の指導に当たっての配慮事項が1項目あげられているので確認しておくこと。

【9】1 ③　2 ⑦　3 ②　4 ⑥

○解説○ 中学校学習指導要領より，B衣食住の生活の(3)の食生活の項目の内容から，語句の穴埋め選択式の問題である。内容について，A家族・家庭生活は4項目，B衣食住の生活は，食生活について3項目，衣生活について2項目，住生活について1項目，衣食住について1項目，C消費生活・環境は3項目あげられているので，文言は覚え，理解を深めておくこと。

【10】(1) ① 役割　② 協力　③ 協働　④ 介護　⑤ 工夫　(2) ・協力・協働，健康・快適・安全　・生活文化の継承・創造，持続可能な社会の構築

○**解説**○ (1)　中学校学習指導要領のA家族・家庭生活の内容のうち(3)から語句の穴埋め記述式の問題である。A家族・家庭生活の項目は全部で4項目あるので他の部分も確認しておくこと。また，B衣食住の生活の7項目，C消費生活・環境の3項目についても同様である。　(2)　中学校学習指導要領の同項目には「『生活の営みに係る見方・考え方』家族や家庭，衣食住，消費や環境などに係る生活事象を，協力・協働，健康・快適・安全，生活文化の継承・創造，持続可能な社会の構築等の視点で捉え，よりよい生活を営むために工夫すること。」と示している。改正の趣旨及び要点には，教育方針の方向性が示されているので，深い理解が必要である。

【11】1　a　選択　　b　和食　　2　c　加工　　d　蒸す　　e　煮物

○**解説**○ 1　中学校学習指導要領から，B衣食住の生活の食生活の内容から，語句の穴埋め記述式の問題である。ここでは(3)から出題されたが，食生活は全部で3項目，衣生活は2項目，住生活が1項目あげられているのですべて確認しておくこと。　2　内容の取扱いより出題された。(3)のエから出題されたが，ア～クまで示されているので確認しておくこと。いずれも授業に関する具体的な内容である。

【12】問1　エ　　問2　ア

○**解説**○ 問1　中学校学習指導要領の家庭分野の目標から，生活の営みに係る見方・考え方について解説された箇所からの出題である。設問の部分に続けて，「『生活の営みに係る見方・考え方』に示される視点は，家庭分野で扱う全ての内容に共通する視点であり，相互に関わり合うものである。したがって，生徒の発達の段階を踏まえるとともに，取り上げる内容や題材構成などによって，いずれの視点を重視するのかを適切に定めることが大切である。例えば，家族・家庭生活に関する内容においては，主に『協力・協働』，衣食住の生活に関する内容においては，主に『健康・快適・安全』や『生活文化の継承・創造』，さらに，消費生活・環境に関する内容においては，主に『持続可能な社会の構築』の視点から物事を捉え，考察することなどが考えられる。」としている。　問2　新学習指導要領では，内容構成は三つの考え方に基づいている。一つ目は，小・中・高等学校の内容の系統性の明確化，二つ目は，空間軸と時間軸の視点からの小・中・高等学校における学習対象の明確化，三つ目は，学習過程を踏まえた育成する資質・能力の明確化である。文言を覚えるだけでなく理解を深めておくこと。

【13】エ

○解説○ この項目は，家庭分野のガイダンスとしての扱いと，A(2)「幼児の生活と家族」や(3)「家族・家庭や地域との関わり」との関連を図り学習を進める扱いの二つがある。それぞれ中学校学習指導要領解説の同項目に詳しく解説されているので確認しておくこと。

【14】(1) ア d イ e ウ e (2) エ c オ a カ d キ b

○解説○ (1) 解答となる「生活文化」「持続可能な社会の構築」「衣服等の再利用」の語句は，学習指導要領の様々な箇所で見受けられ，家庭科の目標の重要な位置を占めている。家庭科が目指しているものを正しく理解していくことで，解答が導きやすくなる。 (2) 指導計画の作成では，基礎的・基本的な知識及び技能の確実な定着，生徒の興味・関心に応じた課題設定，生徒の主体的・対話的で深い学びの実現，学習した内容を家庭や地域社会で活かしていけることなどが留意点である。

【15】(1) まつり縫い，スナップ付け (2) 着用されなくなった衣服を他の衣服に作り直す，別の用途の物に作り替えるなどの再利用の仕方を考えたり，色や柄の異なる複数の布を組み合わせて布の無駄のない使い方を考えたりして，資源や環境に配慮すること。

○解説○ (1) 中学学習指導要領解説より，衣生活の内容についての出題である。今回の改定では小学校と中学校の内容の系統性を図る方針が大きく掲げられているので，どの項目についても確認しておきたい。同資料に「衣服の状態に応じた日常着の手入れについては，衣服を大切にし，長持ちさせるために，例えば，まつり縫いによる裾上げ，ミシン縫いによるほころび直し，スナップ付けなどの補修を取り上げ，その目的と布地に適した方法について理解し，適切にできるようにする。また，日常の手入れとして，ブラシかけなどが有効であることを理解し，適切にできるようにする。」としている。小学校では，手縫い(玉結び・玉どめ，なみ縫い，本返し縫い，半返し縫い，かがり縫い，ボタン付け)とミシン縫い(直線縫い)が取り上げられている。　(2)　B 衣食住の生活は7項目で構成され，衣生活は(4)衣服の選択と手入れ，(5)生活を豊かにするための布を用いた製作の2項目で構成されている。生活を豊かにするための布を用いた製作では，資源や環境に配慮し，衣服の再利用の方法についても触れることとしている。

高等学校

【1】ア　実践的・体験的　　イ　福祉　　ウ　体系的・系統的
エ　合理的　　オ　生活の質

○**解説**○ 主として専門学科において開設される各教科「家庭」の「第7 生活と福祉」の目標から，語句の穴埋め記述式の問題である。教科の目標，全部で21ある各科目の目標について文言を覚えておくこと。また，各学科に共通する各教科の「家庭」の教科の目標，「家庭基礎」と「家庭総合」の科目の目標についても同様である。

【2】(1)　a　実践的　　b　体験的　　c　協働　　d　主体的　　e　技能　　(2)　健康・快適・安全　　(3)　名称…学校家庭クラブ活動　留意点…・家庭科の授業の一環として，年間指導計画に位置付けるとともに，生徒が計画，立案，参加できるよう工夫すること。　・ホームルーム活動，生徒会活動，学校行事，総合的な探究の時間など学校全体の教育活動との関連を図るようにすること。　・ホームプロジェクトを発展させ，学校生活や地域の生活を充実向上させる意義を十分理解できるように指導すること。

○**解説**○ (1)　目標は，科目の目標についても違いを整理して文言は必ず覚えること。　(2)　下線部について，高等学校学習指導要領解説では「生涯にわたって，自立し共に生きる生活を創造するために，家庭科が学習対象としている家族や家庭，衣食住，消費や環境などに係る生活事象を，協力・協働，健康・快適・安全，生活文化の継承・創造，持続可能な社会の構築等の視点で捉え，よりよい生活を営むために工夫することを示したものであると考えられる。」と説明している。
(3) 留意点は解答例の他に，授業の早い段階で，学校家庭クラブの意義と実施方法について理解できるように指導，これから学習する家庭科の知識や技能を活用して学校家庭クラブ活動を実践することを説明し，学習の見通しが立てられるよう指導するなどがある。ホームプロジェクトについても同様に解答できるよう学習しておくこと。

【3】ア 生活　イ 関わる　ウ 根拠　エ 食育　オ 事故防止

○**解説**○ 高等学校学習指導要領から指導計画の作成と内容の取扱いより，内容の取扱いについての配慮事項と実験・実習を行うに当たっての配慮事項の項目から語句の穴埋め記述式の問題である。これらの項目は授業に直結する具体的で重要な内容なので，文言を覚えるだけでなく理解を深めておくこと。また，指導計画の作成に当たっての配慮事項も7項目あげられているので確認しておくこと。

【4】(4)

○**解説**○ 高等学校学習指導要領の各学科に共通する各教科の家庭の目標から出題された。各科目である家庭基礎と家庭総合の目標も文言は覚えておきたい。選択肢(4)は，主として専門学科において開設される各教科の家庭の目標(3)である。

【5】① 解決　② 他者　③ 概念　④ 探究

○**解説**○ 指導計画の作成と内容の取扱いから，内容の取扱いについての配慮事項(1)(2)から出題された。全部で4つの項目が示されているので他も確認しておくこと。また，指導計画の作成に当たっての配慮事項は7項目，実習の指導に当たっての配慮事項が1項目あるのでこれらも確認すること。

【6】(1)

○**解説**○ 高等学校学習指導要領解説から，Dホームプロジェクトと学校家庭クラブ活動についての解説部分からの出題である。高等学校学習指導要領の問題で，ホームプロジェクトと学校家庭クラブ活動に関する出題は頻出なので，内容を十分理解しておくこと。ホームプロジェクトについては「内容のAからCまでの学習を進める中で，自己の家庭生活の中から課題を見いだし，課題解決を目指して主体的に計画を立てて実践する問題解決的な学習活動である。ホームプロジェクトを実践することによって，内容のAからCまでの学習で習得した知識と技能を一層定着し，総合化することができ，問題解決能力と実践的態度を育てることができる。」としている。

【7】問1　イ　　問2　エ

○**解説**○ 問1　誤りのあり選択肢②について，高等学校学習指導要領解説には，ホームプロジェクトの指導にあたっての留意点として「①家庭科の授業の一環として，年間指導計画に位置付けて実施すること。」とある。③について同資料の学校家庭クラブ活動について「ホームルーム単位又は家庭科の講座単位，さらに学校としてまとまって，学校や地域の生活の中から課題を見いだし，課題解決を目指して，グループで主体的に計画を立てて実践する問題解決的な学習活動である。」としている。　問2　誤りのある選択肢①について，正しくは10分の5以上である。

【8】1　シ　　2　ウ　　3　エ　　4　サ　　5　カ　　6　イ　　7　キ　　8　ス

○**解説**○ 高等学校学習指導要領解説の家庭基礎からDホームプロジェクトと学校家庭クラブ活動の解説部分より語句の穴埋め選択式の問題である。家庭基礎の内容構成は，A人の一生と家族・家庭及び福祉，B衣食住の生活の自立と設計，C持続可能な消費生活・環境，Dホームプロジェクトと学校家庭クラブ活動の4つである。Dは出題傾向が高いので理解を深めておくこと。ホームプロジェクトは自己の家庭生活，学校家庭クラブは学校や地域生活の中から課題を見つけ学習していくものである。

【9】1 ⑤　2 ④　3 ①　4 ⑥

○**解説**○ 高等学校学習指導要領より，家庭総合のC持続可能な消費生活・環境の内容から，語句の穴埋め選択式の問題である。家庭総合と家庭基礎の違いを理解しておくこと。家庭基礎の，A人の一生と家族・家庭及び福祉，B衣食住の生活の自立と設計，C持続可能な消費生活・環境，Dホームプロジェクトと学校家庭クラブ活動と，家庭総合の，A人の一生と家族・家庭及び福祉，B衣食住の生活の科学と文化，C持続可能な消費生活・環境，Dホームプロジェクトと学校家庭クラブ活動の内容は理解しておくこと。

【10】(1) ① ア 主体的・対話的　イ 見方・考え方　ウ 5　エ 同一　オ 連携　カ 組織的　キ 系統的　② 民法改正により成年年齢が18歳に引き下げられたため。　③ 題材…生活設計・家計管理に関する分野　学習指導の展開例…小学校から高校までの教育費を計算して将来に対する生活設計を行う　(2) これまでの学習の発展として実践的な活動を家庭や地域などで行うこと。

○**解説**○ (1) ① 高等学校学習指導要領，指導計画の作成と内容の取扱いの，指導計画作成上の配慮事項より語句の穴埋め記述式の問題である。指導を行う上での具体的な内容なので，文言を覚えるだけでなく，深い理解が必要である。内容の取扱いについての配慮事項4項目と，実験・実習を行うに当たっての配慮事項1項目についても同様である。共通する教科「家庭」には家庭基礎と家庭総合があるが内容構成で違うのは，「B衣食住の生活の自立と設計」「B衣食住の生活の科学と文化」である。家庭基礎と家庭総合の違いを理解しておくこと。　② 2022年4月1日から成年年齢が18歳に引き下げられたことにより，18～20歳までの若者が消費者トラブルに巻き込まれる可能性が高まった。これに対応し消費者教育を高校生のうちから行うことが必要である。　③ 公民科は「公共」を原則として入学年次及びその次の年次の2か年のうちに全ての生徒に履修させることとしており，その内容は「A公共の扉」,「B自立した主体としてよりよい社会の形成に参画する私たち」,「C持続可能な社会づくりの主体となる私たち」である。家庭科との関連については，家庭科の内容の中で，生涯の生活設計，自助，共助及び公助の重要性，消費行動における意思決定や契約の重要性，ライフスタイルと環境などに関する部分との関連が図れる可能性が高い。

(2) 学習指導要領の問題で，ホームプロジェクトと学校家庭クラブ活動についての問いは頻出である。高等学校学習指導要領解説で詳細に学習しておくこと。ホームプロジェクト，学校家庭クラブ活動を指導するに当たっての留意点も示されているので確認しておきたい。ホームプロジェクトが自己の課題であるのに対して，学校家庭クラブは学校や地域など多くの人の課題であることを念頭に置くと理解しやすい。

【11】(1) A 計画・管理 B おいしさ C 献立作成

(2) A 情報モラル B 情報通信ネットワーク C アルゴリズム (3) ①，④ (4) ① 人の一生 ② 生活の自立 ③ 学校家庭クラブ活動 ④ 柱書 ⑤ 時間軸 (5) ① グローバル ② 参画 ③ 環境負荷

○**解説**○ (1) 高等学校学習指導要領の家庭基礎からB衣食住の生活の自立と設計 ①食生活と健康の内容から出題された。②衣生活と健康と③住生活と住環境の内容も確認しておくこと。また，A人の一生と家族・家庭及び福祉，C持続可能な消費生活・環境，Dホームプロジェクトと学校家庭クラブ活動についても学習しておくこと。 (2) 生活産業情報の指導項目から出題された。目標も確認しておきたい。

(3) 目標と指導項目も確認しておくこと。主として専門学科において開設される各教科の科目は覚えておくこと。 (4) 家庭基礎の科目の目標の解説部分から出題された。家庭基礎の内容をA人の一生と家族・家庭及び福祉，B衣食住の生活の自立と設計，C持続可能な消費生活・環境，Dホームプロジェクトと学校家庭クラブ活動の4つに整理されている。家庭総合においては，A人の一生と家族・家庭及び福祉，B衣食住の生活の科学と文化，C持続可能な消費生活・環境，Dホームプロジェクトと学校家庭クラブ活動である。時間軸と空間軸の視点からの学習の明確化は今回の改定の新しい視点である。高校では時間軸を主に生涯を見通した生活，空間軸を主に地域と社会としている。 (5) C持続可能な消費生活・環境の内容の取扱いから出題された。他の項

目についても学習しておくこと。

【12】(1) ① 認知症 ② 体験 (2) ア 職業人 イ 表現活動 ウ 創造的 エ 協働的

○解説○ (1) 高等学校学習指導要領の内容の取扱いから出題された。(1)内容の取扱いについての配慮事項がア～カの6項目，(2)内容の範囲や程度についての配慮事項がア～ウの3項目示されているので，理解しておくこと。 (2) 科目「保育実践」は，新しい保育所保育方針などに対応するとともに，保育を担う職業人として必要な子供の様々な表現活動を促す具体的な技術を身に付けることができるように改善された科目である。主として専門学科において解説される各教科の家庭科には21科目あるのですべての科を確認しておくこと。

【13】1 a 自立 b 科学 c 生活設計 2 d 5 e 同一

○解説○ 1 高等学校学習指導要領解説の家庭科改訂の趣旨及び要点より，語句の穴埋め記述式の問題である。家庭基礎と家庭総合の違いは整理して覚えておくこと。 2 指導計画の作成と内容の取り扱いから，指導計画作成上の配慮事項(2)(3)について問われた。指導計画作成上の配慮事項は(1)～(7)の7項目あるので，他も理解しておくこと。また内容の取扱いについての配慮事項が4項目，実験・実習を行うに当たっての配慮事項が1項目示されているので，これらも確認しておくこと。

【14】1 地域又は季節の食材を活用した献立を作成し，調理実習を行う際，和食や地域に食文化についても調べたり，実習内容を手作りといった視点で比較・考察し，これからの食生活に結び付けたりするなどの指導の工夫が考えられる。 2 専門的な学習への動機づけや，卒業後の進路に向けての生徒たちの意識を高めることをねらいとして設定されている科目であるため。

○解説○ 1 和食の特徴について指導したい。郷土料理について，自分の暮らす地域の風土やなぜその料理が食べ継がれてきたかなど背景を調べて発表しあい，食文化を研究し，実際に料理することで，日本や自分の育つ地域への理解が深まる。日本の食文化の題材として，雑煮をテーマにもちの形や汁，具について調べさせ，地図に表示させるなど，興味をもって取り組める内容にしたい。　2　衣食住，保育，家庭看護及び介護などのヒューマンサービスに関する基礎的な内容の学習を通して，働くことの意義，自分の進路に対する追求心，専門学科への知識・技能への向上心に対する動機付けとなる。更に，ヒューマンサービスに関する専門学科は，人との触れ合いや円滑なコミュニケーションが求められることから，コミュニケーション能力の育成を通して，専門学科にふさわしい資質を身につけさせる。又，情報機器の活用を身につけ，生活産業における課題を認識し，将来生活産業の担う職業人として，持続可能な社会に貢献でき，消費者のニーズに応えられるような資質を身につける。全員履修科目には生活産業基礎と課題研究があり，生活産業基礎は入学年度に，課題研究は卒業年度に履修させる。

【15】ア　c　イ　c　ウ　b　エ　e　オ　d　カ　b

○**解説**○ 家庭科の目標は3つあげられており，今回は(2)からの出題であるが，他の目標も解説とともによく読み理解しておきたい。特に小・中・高等学校の学習内容が系統化され，小・中・高等学校を通して内容構成が統一された点も確認しておきたい。

●書籍内容の訂正等について

弊社では教員採用試験対策シリーズ（参考書，過去問，全国まるごと過去問題集），公務員試験対策シリーズ，公立幼稚園・保育士試験対策シリーズ，会社別就職試験対策シリーズについて，正誤表をホームページ（https://www.kyodo-s.jp）に掲載いたします。内容に訂正等，疑問点がございましたら，まずホームページをご確認ください。もし，正誤表に掲載されていない訂正等，疑問点がございましたら，下記項目をご記入の上，以下の送付先までお送りいただくようお願いいたします。

① **書籍名，都道府県（学校）名，年度**
（例：教員採用試験過去問シリーズ　小学校教諭 過去問　2025 年度版）
② **ページ数**（書籍に記載されているページ数をご記入ください。）
③ **訂正等，疑問点**（内容は具体的にご記入ください。）
（例:問題文では“ア～オの中から選べ”とあるが,選択肢はエまでしかない）

〔ご注意〕
○ 電話での質問や相談等につきましては，受付けておりません。ご注意ください。
○ 正誤表の更新は適宜行います。
○ いただいた疑問点につきましては，当社編集制作部で検討の上，正誤表への反映を決定させていただきます（個別回答は，原則行いませんのであしからずご了承ください）。

●情報提供のお願い

協同教育研究会では，これから教員採用試験を受験される方々に，より正確な問題を，より多くご提供できるよう情報の収集を行っております。つきましては，教員採用試験に関する次の項目の情報を，以下の送付先までお送りいただけますと幸いでございます。お送りいただきました方には謝礼を差し上げます。
（情報量があまりに少ない場合は，謝礼をご用意できかねる場合があります）。

◆あなたの受験された面接試験，論作文試験の実施方法や質問内容
◆教員採用試験の受験体験記

送付先
○電子メール：edit@kyodo-s.jp
○FAX：03-3233-1233（協同出版株式会社　編集制作部 行）
○郵送：〒101-0054　東京都千代田区神田錦町2-5
協同出版株式会社　編集制作部 行
○HP：https://kyodo-s.jp/provision（右記のQRコードからもアクセスできます）

※謝礼をお送りする関係から，いずれの方法でお送りいただく際にも，「お名前」「ご住所」は，必ず明記いただきますよう，よろしくお願い申し上げます。

教員採用試験「全国版」過去問シリーズ⑪

全国まるごと過去問題集
家庭科

編　集	© 協同教育研究会
発　行	令和6年2月10日
発行者	小貫　輝雄
発行所	協同出版株式会社
	〒101-0054　東京都千代田区神田錦町2 - 5
	電話　03－3295－1341
	振替　東京00190－4－94061
印刷所	協同出版・POD工場

落丁・乱丁はお取り替えいたします。